国家重点图书出版规划项目

20世纪中国知名科学家学术成就概览

总 主 编　钱伟长

本卷主编　陈佳洱

物 理 学 卷

第一分册

科学出版社

北　京

内 容 简 介

国家重点图书出版规划项目《20世纪中国知名科学家学术成就概览》以纪传文体记述中国20世纪在各学术专业领域取得突出成就的数千位华人科学技术和人文社会科学专家学者，展示他们的求学经历、学术成就、治学方略和价值观念，彰显他们为促进中国和世界科技发展、经济和社会进步所作出的贡献。

本书为《20世纪中国知名科学家学术成就概览·物理学卷》第一分册，收录了60位物理学家和教育家的传文，卷末附学科发展大事记，与传文两相映照，从而反映出中国物理学科的百年发展脉络。

全书以突出学术成就为重点，着力勾画这些物理学家和教育家研究路径和学术生涯，力求对学界同行的学术探索有所镜鉴，对青年学生的学术成长有所启迪。

图书在版编目(CIP)数据

20世纪中国知名科学家学术成就概览·物理学卷·第一分册/钱伟长总主编；陈佳洱本卷主编. —北京：科学出版社，2014.6

国家重点图书出版规划项目　国家出版基金资助项目

ISBN 978-7-03-026170-0

Ⅰ.2… Ⅱ.①钱…②陈… Ⅲ.①物理学家和教育家-列传-中国-20世纪　②物理学-技术发展-成就-中国-20世纪　Ⅳ.K826.1 N12

中国版本图书馆CIP数据核字（2009）第222775号

责任编辑：鄢德平　唐金媛　李　锋/责任校对：邹慧卿　赵桂芬
责任印制：钱玉芬/封面设计：黄华斌

科 学 出 版 社 出版
北京东黄城根北街16号
邮政编码：100717
http://www.sciencep.com

中国科学院印刷厂 印刷

科学出版社发行　各地新华书店经销

*

2014年6月第 一 版　　开本：889×1194　1/16
2014年6月第一次印刷　　印张：38 1/2
字数：707 000

定价：198.00元

（如有印装质量问题，我社负责调换）

《20世纪中国知名科学家学术成就概览·物理学卷》编辑委员会

主　编　陈佳洱

副主编　王乃彦　于　渌　聂玉昕

编　委　（按姓氏汉语拼音排序）

　　　　　陈佳洱　戴念祖　何多慧
　　　　　李方华　李家明　闵乃本
　　　　　聂玉昕　欧阳钟灿　王鼎盛
　　　　　王乃彦　魏宝文　夏建白
　　　　　冼鼎昌　徐至展　于　渌
　　　　　赵凯华

《20 世纪中国知名科学家学术成就概览》
总　　序

记得早在 21 世纪的新世纪之初，中国科学院、中国工程院和中国社会科学院的一些老同志给我写信，邀我来牵头一起编一套书，书名就叫《20 世纪中国知名科学家学术成就概览》（以下简称《概览》）。主要目的就是以此来记录近代中国科技历史、铭记新中国科技成就，同时也使之成为科技创新的基础人文平台，传承老一辈科技工作者爱国奉献、不断创新、追求卓越的精神，并以此激励后人。中国是一个高速发展中的大国，世界上的影响力不断增强，编写出版这样一套史料性文献，可以总结中华民族对人类科技、文化、经济与社会所作出的巨大成就与贡献，从而最广泛地凝聚民族精神与所有炎黄子孙的"中华魂"，让中国的科技工作者能团结奋进，为共建和谐的祖国多作贡献，更可以激发年轻一代奋发图强，积极投身祖国"科教兴国"战略的伟大实践中。

在党和政府的高度重视和长期大力支持下，酝酿已久的《概览》项目终于被列为国家重点出版规划项目，并由科学出版社承担实施。

《概览》总体工程包括纸书出版、资料数据库与光盘、网络传播三大部分。全套纸书计划由数学、力学、天文学、物理学、化学、地学、生物学、农学、医学，机械与运载工程学、信息与电子工程学、化工冶金与材料工程学、能源与矿业工程学、环境与轻纺工程学、土木水利与建筑工程学，以及哲学、法学、考古学、经济学和管理学等卷组成。

《概览》纸书预计收录数千名海内外知名华人科学技术和人文社会科学专家学者，展示他们的求学经历、学术成就、治学方略、价值观念，彰显他们为促进中国和世界科技发展、经济和社会进步所作出的贡献，秉承他们在百年内忧外患中坚韧不拔、追求真理的科学精神和执著、赤诚的爱国传统，激励后人见贤思齐、知耻后勇，在新世纪的大繁荣、大发展时期，为中华民族的伟大复兴和全人类的知识创新而奋发有为。

在搜集整理和研究利用已有各类学术人物传记资料的基础上，《概览》以突出对学术成就的归纳和总结为主要特色。在整理传主所取得的学术成就的基础上，分析并总结他们所以取得这些学术成就的情境和他们得以取得这些学术成就的路径，如实评介这些学术成就对学术发展的承前启后的贡献和影响，以及这些学术成就给人类社会所带来的改变。从知识发生、发展的脉络上揭示他们创造、创新的过程，从而给当前的教育界在培养创新型人才方面，以及给年轻科技工作者自我成长方面有诸多启示。同时，《概览》还力求剖析这些海内外知名华人科学技术和人文社会科学专家学者之所以成才成家的内外促因，提供他们对当前科技和学术后继人才培养的独到见解，试图得出在科学史和方法论方面具有普遍性意义的结论，进而对后学诸生的个人成长和科技人才培育体系的优化完善有所裨益。

在世纪转型的战略机遇期，编写出版《概览》图书，可以荟萃知名专家学者宝贵的治学思想、学术轨迹和具有整体性的科技史料，为科研、教学、生产建设、科研管理和人才培养等提供一个精要的蓝本。

他们的英名和成就将光耀中华，垂范青史。

钱伟长

2009 年 1 月 9 日

《20世纪中国知名科学家学术成就概览·物理学卷》
前　言

20世纪是物理学发生伟大变革的时代：量子论和相对论的建立从根本上改变了人类的时空观、运动观与物质观，以及对微观、宏观和宇观世界的认识，为半导体晶体管、集成电路、激光、核能利用等新技术的发展奠定了基础，这些技术的广泛应用造就了信息时代的物质文明。

物理学作为现代科学的基石从20世纪才开始在中国系统地传播和发展。一批优秀的中华学子在海外留学，参与了物理学的伟大变革，作出了自己的贡献。他们学成归国，兴办教育、开创研究、组织学会、出版刊物，逐渐使物理教学和研究在中国生根发芽。然而，列强入侵和连年战乱，严重阻碍了这个进程，使物理学在中国失去了一次快速发展的机遇。

1949年新中国的成立打开了科学发展的新篇章，群情振奋，百废待兴。一批在海外学有所成的先辈相继归国服务，发挥了重要的骨干和引领作用。随着经济的发展和国力的增强，物理系科和研究机构的设置逐步完备，教学和研究水平不断提高，自己培养的优秀人才开始涌现。许多物理学工作者在开发国家急需的半导体晶体管、计算机、自动化、新材料等科技领域，特别是在实现"两弹一星"的突破中发挥了巨大作用，为人民立下了不可磨灭的功勋。

但是，连续的政治干扰，特别是"文化大革命"的浩劫严重冲击了研究和教学队伍，破坏了发展的好势头，与国际先进水平刚开始缩小的差距又拉大了。1978年改革开放，才真正迎来科学的春天。科学工作者重新获得了正常开展教学、研究，以及与国际同行交流的机会，加倍努力工作，力图把失去的时间补回来。国家对科研和教育的支持力度不断加大，研究条件迅速改善，人才和成果开始大量涌现，先辈辛勤培育的科学种子终于开花结果。许多出国留学的优秀人才相继回国，成为加速发展学科的有生力量。物理学的各个领域都有了长足的进步，有些方面已接近或达到国际水平，对本学科的发展作出了重要贡献，得到国际同行的认可。这些进展为在新世纪攀登科学高峰，为解决国家重大需求和原始创新提供了坚实的基础和人才储备。

在20世纪的百年里,中国几代物理工作者付出了艰辛的劳动,奉献了青春和年华,为国家和民族作出了重大贡献。《20世纪中国知名科学家学术成就概览·物理学卷》旨在真实地记载中国物理学家人生轨迹、学术成就,以及价值观念,彰显他们为促进科技发展、经济和社会进步所作出的贡献,秉承他们在百年内忧外患中坚忍不拔、求真务实的科学精神和百折不挠的爱国传统,由此来增强中华民族的凝聚力和向心力,激励年轻一代为中华民族的复兴和腾飞而奋发图强。

《概览·物理学卷》卷末另附"20世纪中国物理学发展大事记",力图勾画出20世纪的百年里中国物理学发展的艰辛历程,与传文两相映照,使读者对传主所作贡献的背景有更深入的理解。大事记由编委会聘请聂玉昕、戴念祖等同志起草,并在广泛征求意见的基础上由正副主编会议讨论确定。

《概览》系列丛书鼓励入传人亲自撰写,或由传主推荐撰写人,对已故传主由其家属,或生前挚友,或单位推荐撰写人。尽量忠实于当事人的第一手资料是我们的宗旨。由于不同的学识背景,全书各篇表述的方式不尽相同。

《概览·物理学卷》编委会尽力做好学术把关工作。入传的原则和名单由编委会讨论通过;编委会对每一篇传文委任了责任编委和审稿人,编委会办公室组织了专家审稿工作;有不同意见处,由责任编委汇总后提交编委会内相关专业的编委集体讨论酌定;传文篇头摘要经编委会集体讨论通过。

经过编辑加工的稿件,作为建议提供给撰写人定稿,也即采取文责自负的原则。虽然编者尽可能使撰文表述符合历史事实,但受认识的局限,陈述也不尽正确。相信多篇从不同角度撰写的传记,作为一个整体,应该能比较客观地反映中国物理学的发展状况。

值此《概览·物理学卷》付梓之际,谨向在项目策划、遴选入传人员、撰写、审稿和编辑,以及所有对本书作出贡献的专家学者、相关单位,致以崇高的敬意和衷心的感谢。

《20世纪中国知名科学家学术成就概览·物理学卷》

陈佳洱

2010年1月29日

目　录

《20世纪中国知名科学家学术成就概览》总序 ……………………… 钱伟长（ i ）
《20世纪中国知名科学家学术成就概览·物理学卷》前言 ………… 陈佳洱（ iii ）
20世纪中国知名物理学家 ……………………………………………………（ 1 ）
　王季烈（1873～1952） ……………………………………………………（ 3 ）
　何育杰（1882～1939） ……………………………………………………（ 13 ）
　夏元瑮（1884～1944） ……………………………………………………（ 17 ）
　张贻惠（1886～1946） ……………………………………………………（ 22 ）
　颜任光（1888～1969） ……………………………………………………（ 27 ）
　周昌寿（1888～1950） ……………………………………………………（ 34 ）
　李书华（1890～1979） ……………………………………………………（ 42 ）
　裘维裕（1891～1950） ……………………………………………………（ 54 ）
　饶毓泰（1891～1968） ……………………………………………………（ 66 ）
　胡刚复（1892～1966） ……………………………………………………（ 77 ）
　丁西林（1893～1974） ……………………………………………………（ 89 ）
　谢玉铭（1895～1986） ……………………………………………………（ 95 ）
　桂质廷（1895～1961） ……………………………………………………（ 104 ）
　葛正权（1896～1988） ……………………………………………………（ 116 ）
　张绍忠（1896～1947） ……………………………………………………（ 119 ）
　查　谦（1896～1975） ……………………………………………………（ 122 ）
　丁佐成（1897～1966） ……………………………………………………（ 131 ）
　吴有训（1897～1977） ……………………………………………………（ 136 ）
　戴运轨（1897～1982） ……………………………………………………（ 150 ）
　叶企孙（1898～1977） ……………………………………………………（ 157 ）
　何增禄（1898～1979） ……………………………………………………（ 174 ）
　杨肇燫（1898～1974） ……………………………………………………（ 181 ）
　严济慈（1901～1996） ……………………………………………………（ 190 ）
　施汝为（1901～1983） ……………………………………………………（ 207 ）

姓名	页码
赵广增（1902～1987）	（218）
赵忠尧（1902～1998）	（221）
萨本栋（1902～1949）	（234）
周培源（1902～1993）	（247）
王　普（1902～1969）	（264）
李庆贤（1902～1987）	（271）
霍秉权（1903～1988）	（278）
郑建宣（1903～1987）	（287）
郑华炽（1903～1990）	（295）
王守竞（1904～1984）	（303）
龚祖同（1904～1986）	（315）
陆学善（1905～1981）	（327）
褚圣麟（1905～2002）	（340）
汪德昭（1905～1998）	（343）
余瑞璜（1906～1997）	（356）
郭贻诚（1906～1994）	（365）
钱临照（1906～1999）	（376）
王明贞（1906～2010）	（388）
王淦昌（1907～1998）	（396）
吴大猷（1907～2000）	（407）
束星北（1907～1983）	（415）
王福山（1907～1993）	（429）
周同庆（1907～1989）	（442）
施士元（1908～2007）	（450）
周誉侃（1908～1976）	（460）
张文裕（1910～1992）	（470）
吴乾章（1910～1998）	（484）
潘孝硕（1910～1988）	（496）
陈仁烈（1911～1974）	（506）
王竹溪（1911～1983）	（514）
王天眷（1912～1989）	（528）
王承书（1912～1994）	（540）

杨澄中（1913～1987） …………………………………………………（549）
葛庭燧（1913～2000） …………………………………………………（556）
钱三强（1913～1992） …………………………………………………（567）
马仕俊（1913～1962） …………………………………………………（580）
20 世纪中国物理学发展大事记 ………………………………………（584）

20世纪
中国知名物理学家

王季烈

王季烈（1873~1952），江苏苏州人。清末民初时期的物理教育家。1894年中举，1898年入江南制造局翻译馆，参与翻译中国第一本介绍X射线的《通物电光》一书。重编《物理学》，这是中国第一本称为"物理学"的教科书。1900年到汉阳入张之洞幕府，任自强学堂理化教习。1904年考中进士，任职学部，后升任专门司郎中，先后任八旗学堂、京师译学馆的理化教员。1907年起任京师译学馆监督，兼任商务印书馆理科编辑，译、编理化教材多种，为近代科学特别是物理学在中国的起步作出了重要贡献。

一、生平概要

1. 家世

王季烈，字晋余，号君九、又号螾庐，1873年9月7日生于苏州，是明代左侍郎王鏊的后裔。他的父亲王颂蔚（1848~1896），号芾卿，曾参与校定《铁琴铜剑楼书目》。改革思想家冯桂芬主持编纂同治苏州府志时，王颂蔚撰写其中艺文、古迹两部分，其敦品励学为潘世恩、翁同龢推重。王颂蔚提倡"开贤良、登俊良、讲求实学"，希望士人"学习测量、化学、光学……"并"咨商制造"。王颂蔚于光绪六年（1880年）中进士，官户部郎中，1887年补军机处章京，撰《明史考证攟逸》42卷。他曾被派充工程监督，拒绝厂商回扣。1890年王颂蔚任会试考官，曾力荐蔡元培的考卷。甲午战争时，王颂蔚见清廷平时不作准备，战时无地图可用，弄到一张朝鲜半岛地图却是日本印制的，其上交通线、电报线都详细标明，因而叹息我方"临渴掘井，而人谋我已久"。他因"王师失利、割地求和"，益悲愤，翌年病逝，留有《写礼庼文集》、《诗集》等书。《清史稿·列传273》有其传。蔡元培曾为其撰诔文（《蔡元培全集·第一卷》）。王季烈的母亲谢长达（1849~1934）是著名女教育家。在王颂蔚亡故后，她率全家回到苏州，创办"放足会"，劝导已缠足妇女放足，反对女童缠足。她50多岁时苦心兴办"振华女学"，志在教育女童、振兴中华。该校现为江苏省重点中学即苏州市十中,校园内谢长达纪念塔的碑文由章太炎撰、李根源书,碑文中称颂她"既兴妇学,终解天囚,去其缄羁,淑以诗礼"。她"严课子女,教以义方、励以大志,各按其志趣培养成才。或则精通旧学,蜚声政界;或则精研科学,成为专家;或则牺牲一切,专致力于教育事业。一门俊杰,有功于社会国家者,皆出自母教之力。"(《中华教育》,中华书局,1937年)在这"一门俊杰"中有王季烈的弟妹:王季同、王季点、王季绪、王季茝、王季玉、王季常,皆为科学家、教育家;后辈中又涌现出王淑贞、王守竞、王明贞、王守融、王守武、王守觉、王守泰、何怡贞、何泽明、何泽慧、何泽涌、何泽瑛、何泽庆、王义润(王守则之女)、王义翘(王守竞之子)、王守辰(王季点之女)等科技界泰斗,姻亲中也有诸多著名科学家。

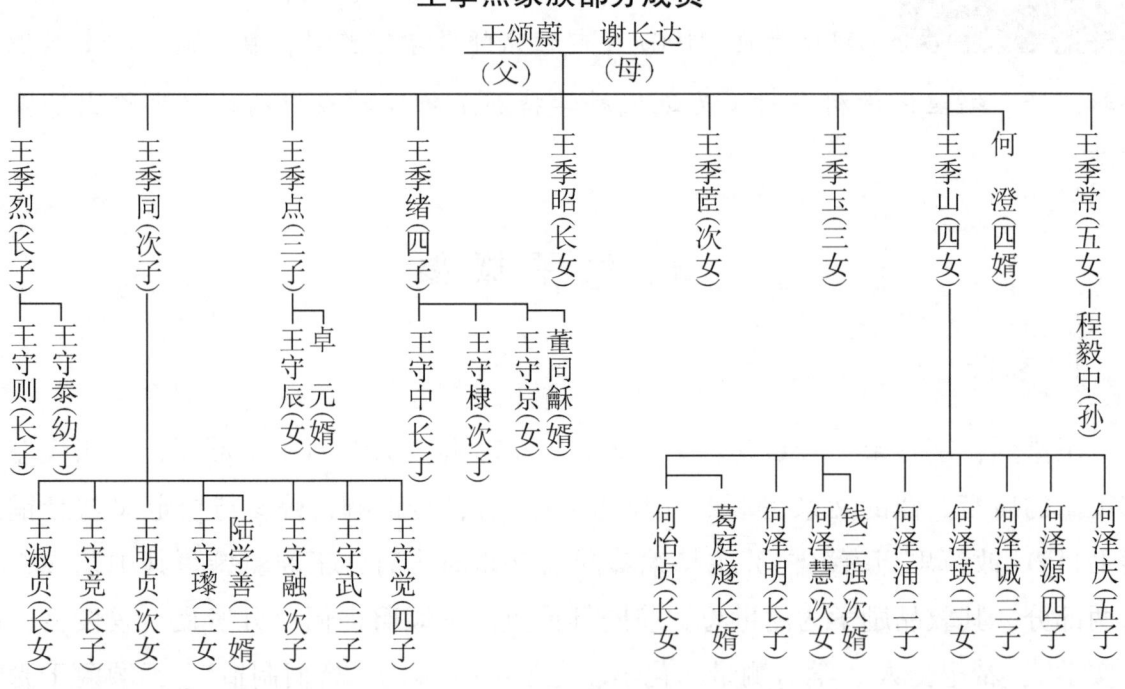

王季烈家族部分成员

2. 前半生——学习西学,讲授理化

王季烈幼承父教,21岁参加乡试,考中举人。24岁时协助同乡汪甘卿(维新派,曾任驻奥地利使馆参赞)编辑《蒙学报》,期间他编写过一本《身理卫生论》。后入上海江南制造局,从事科技翻译。译编有中国第一本介绍X射线的《通物电光》;重编大学物理教科书《物理学》。

1900年,王季烈到汉阳,入洋务派重臣张之洞的幕府,兼任自强学堂、经心书院理化教习;1903年张之洞在推荐王季烈参加经济特科考试的片子上称赞他"好学深思、博闻强识,于中西算学、物理、化学,研习精勤、俱有心得"。1904年张又资助他进京赶考甲辰科，在王考中进士后又保举王入刚组建的学部。在此后六年中，王季烈在学部先任职于普通司小学科，后升任专门司郎中，主管高等教育与派遣留学生事务，在选派留学生的学科分配中，学部执行了"嗣后出洋学生应分入各国农工商学堂，专门肄业，以便回华后传授"的指令。1908年又规定官费留学生必须是理工科。这些政策固然是"中学为体、西学为用"原则的延伸，但对于发展中国自己的科学技术有相当作用。大批青年俊才负笈海外，学成归国后成为民族科教事业的骨干。

王季烈兼任京师译学馆（其前身即同文馆，后并入北京大学）理化教员，期间一度担任该馆监督（即校长），在他的严格管理下，第一届学生顺利毕业。又兼任商务印书馆理科编辑，翻译了中小学理化教材多种。

辛亥革命后，袁世凯委任王季烈为京师学务局长。他拒绝出仕，自号螾庐，示"不食非义之禄"；又镌小印曰："前进士"，示不忘逊清。民国初期他编写了民国最早的《共和国教科书·物理》、《共和国教科书·化学》。据苏州大学物理系教授朱正元（1900～1985）回忆，他在中学里就学习过王季烈编写的物理教材。清末民初，他曾赴天津兴办乐利农垦公司及华昌火柴公司。1918～1920年应交通总长叶恭绰之聘为交通部筹办"扶轮"子弟学校。扶轮小学遍布京、津、唐地区，扶轮中学仅在天津试办，数学家陈省身曾就读该校，该校现为天津铁路一中。

3. 后半生——醉心旧学，研究昆曲

王季烈始终忠于清廷，他不赞成辛亥革命。民国以后，他醉心旧学，1923年与郑孝胥、罗振玉、王国维、辜鸿铭等成立东方学会，旨在以东方文化振兴民族。王季烈坚持"中体西用"的教育思想，他在家族内主张子弟学习西方科学技术，入外国人所设学校以求高等学问。而他自己却皈依国粹论者，自称"辛亥以后，重稍理故业，而悔前此醉心欧化之误，虽秉烛夜行，犹胜于一无所见也"，以为"堂堂神州之育，五千年之道，德冠各国，只以物质文明之不如人，见凌于神明之强敌，乃转自弃其精神之文明"，"欧西之物质文明确胜东亚，而其精神则未脱其野蛮之积习，以金钱万能之故造成社会上种种罪恶，以扩张权势之故牺牲国际间无数民命"。他讽刺那些崇拜西方的人"恨不能晰其肤而碧其睛，庶几谓他人父"。他认为尊孔复古才是民族救亡的道路。他与罗振玉、陈曾寿（婉容的师傅）关系很好。王与罗振玉一起做过古董生意；陈曾寿为王母谢长达撰写六十岁、七十岁、八十岁寿诞颂词。1927年他去大连做房产生意。1930年8月，讲学金州明伦堂，主讲《孟子》，收孙宝田（1903～1991，大连地方史专家、爱国诗人）为其徒。

王季烈在天津曾觐见逊帝溥仪（有诗句"孤忠永矢故君恩"），婉容逃离天津到

大连，就在王家住过。郑孝胥和王季烈多次商谈。1932年伪"满洲国"成立时王季烈跟溥仪去长春，任内府顾问（在溥仪《我的前半生》中有记载）。他的弟弟王季绪是著名的抗日校长，幼妹王季常也来信劝他离开东北（即脱离伪满）回家乡，他写了《五妹贻书劝作归计以诗答之》，诗中感谢妹妹"殷勤寄远音，劝归亦良是"，表示自己"我幼秉庭训，家世传修名。人臣既委贽，所矢惟忠贤"，不会忘记母亲"教子欲何为，冰玉坚情操"。但自己有苦衷，"岂知阿兄心，别有难言意。正言触时忌，跬步胥榛荆。"（见孙海鹏《〈辽东诗坛〉研究》）。二年后（1934年春）他"上疏乞归"、南下返回大连。虽跟随溥仪，但他对日军暴行也时有愆对。他在大连了解到甲午战争日军暴行时，曾以诗《题曲氏井题咏》，"强敌尚未来，相率投井底"描述曲氏众女子投井慷慨赴死之情。对于阎世开慷慨就义的事迹，他也题诗《阎生笔歌》以示对日军之怨责（见张本义《三首甲午诗歌本事考证及其他》）。离开长春回大连后一直闲居在家，钻研昆曲。1939移居北京，大连的房子也托孙宝田卖去。他也常回苏州居住，1945年在苏州与贝晋眉等同创吴社；1947年与张紫东等组成正俗曲社。

40年代初，王季烈做了前列腺手术。1949年，毛泽东出于"敬老崇文"决定成立"文史机关"吸收文人耆宿研究文史，陈叔通（王季烈同科进士）邀请王季烈参加筹备文史馆的工作，王即离苏州到北京。但赴京后未久因病瘫痪，于1952年3月1日在北京毛家湾旧居病故，葬翠微山福田公墓，墓碑上写其号"君九"。弟子孙宝田为撰《行述》。

其长子王守则曾任苏州工专土木系主任，新中国成立后该校合并至西安冶金建筑工程学院。幼子王守泰在抗战时期任中央机器厂内燃机分厂厂长，设计、制造了第一批国产水轮机，后任南京工学院（现东南大学）动力系教授、江苏省政协委员，业余也钻研昆曲，著有《昆曲格律》，是著名昆曲专家。

二、教 学 成 就

1. 编译科技教材

王季烈一生重要成就之一在于编译中小学理化教材，润色并重编大学《物理学》一书，为当时物理学在中国起步生根作出了重要贡献。

（1）物理。1896年1月，伦琴宣布发现X射线，立即引起各国科学界的关注，美国医生莫顿（W. J. Morton，1845~1920），与电机工程师哈默（E. W. Hammer），在年底合作编成 *The X Ray, or Photography of the Invisible and its Value in Surgery*（《X

射线，或不可见射线的照相术及其在外科术中的价值》），纽约美国技术图书公司（American Technical Book Co.）出版。王季烈在江南制造局翻译馆与英国人华教士傅兰雅（J. Fryer，1839～1928）合作翻译了这本书，取中文书名为《通物电光》。该书分四卷，分别是"论各名目解说"（Definition）、"论各种器具"（Apparatus）、"论各事手工"（Operation）和卷四"论医学致用之益"（Surgical Value of the X Ray）。每部分又分为若干章，共有27章，101页，插图91幅。此书较详细地介绍了产生X光所用的电路与元件特性、X光照相原理与技术，附有人手与鱼的各种X光照片。翻译者考虑到当时人们对X这个字母尚不熟悉，而X光由放电现象产生，又具有透过物体的特性，就把X光译为"通物电光"。虽然这个译名后来没有通用，但它比较能反映X光的特点，在当时对传播知识有一定意义。正文后有三个附录：(A)"伦琴教授的原始报告"（Prof. Roentgen's Original Announcement），(B) 妥玛斯·艾迪逊（T. Edison，即发明家爱迪生）最早演示的X射线荧光显示屏，(C) 奥利维尔·罗治（O. Lodge，即英国物理学家洛奇）用X射线照相术摄得手腕中的子弹头。这本书的翻译过程与江南制造局其他译书相同，由傅兰雅口述、王季烈作文字润色并笔述，1899年江南制造局出版。"通物电光"这一译名的提出，很可能是王季烈的主意。《通物电光》出版时间（1900）比伦琴发现X光仅晚四年，因此中国物理学史专家戴念祖称此书是那时所有科技译书中最及时的一本。

　　自19世纪中叶始，近代物理在中国开始传播。最初，物理与化学并称为"格致"。以后陆续有物理学各分支的中译本出现（如电学、光学等）。第一本称之为"物理学"且具有大学水平的物理学教科书是江南制造局在1900～1903年分三册出版的《物理学》。此书的日文版编者饭盛挺造[1851～1916，日本佐贺县人，留学德国并获博士学位。曾在第四高等学校（现金泽大学）任教务长，在高等师范学校（现筑波大学）任教授，也在东京大学医学部兼任过物理课]，他在为东京大学医学部讲课时根据德国缪勒（J. Müller）等人的物理学教材编成此书，初版印于19世纪70年代。此书内容丰富，数学演绎少而讲解物理概念比较深入，有许多实验插图；在日本很受欢迎，多次重印，且不断修改补充，如1900年第22版中就用十多面篇幅介绍X光。此书由日本人藤田丰八[1869～1929，字剑峰。1895年毕业于东京帝大汉文科。1897～1912年在上海任教东文学社，为《农学报》翻译日文。江苏巡抚端方在苏州府学原址上办江苏师范学堂（现江苏省苏州中学），聘罗振玉任监督（校长），藤田丰八为总教习，藤田丰八带领十名日本教习任教该校。辛亥革命后他返回日本，任教早稻田大学与东京帝大，另有文史著作多种]译成中文，王季烈润辞重编。据王守泰先生告诉笔者，当时藤田丰八打算继续用"格致"作书名，是王季烈主张用中国古已有之且日文已用来作 physics 译名的"物理"。王季烈自己也说"物理学名称输入我国,殆自此始。"(《共和国教科书·中学物理学·序言》),这个名称很快被大家接受,"格致"逐渐被弃用。

《物理学》(中文本)的上册有总论、固体力学、流体力学与气体力学四卷;中册有波动通论、声学、光学与热学四卷;下册为磁学、电学和大气物理三卷;全书约 500 页,是文言体直排大字本。日译物理学名词,在中文本里有直接借用的日本词汇,如极化(偏振),也有改为中文里已有的译名,如音响学改用声学,记音机改留声机,吸液器改用虹吸,日语用片假名表示的音译词レソス(英语 lens)改透光镜,ューテル(英语 ether)改以太,スペクトルム(英语 spectrum)改光带(光谱)等等。物理学公式与计算式均改用当时中国通用的李善兰式符号:如用甲、乙代表 x、y,角度及三角函数用汉字表示,分母写在分子式上方,如透镜公式与计算光线由空气进入水中的折射角的算式分别为

$$\frac{己}{一}=\frac{甲}{一}+\frac{乙}{一}\left(\frac{1}{f}=\frac{1}{u}+\frac{1}{v}\right) 与 \frac{正弦折}{正弦射}=\frac{三}{四}\left(即 \frac{\sin i}{\sin r}=\frac{4}{3}\right)$$

虽当时的术语后来已演变为现代用语,这些符号系统也不再使用,但它们在历史上曾帮助了一代人学习物理学。《物理学》(中文本)中共有 519 条英文标注物理学名词。至今的汉译沿用有 126 条,比例为 24%;1908 年清政府学部颁发的中、日、英 3 种文字对照的《物理学语汇》中,用该书的中译名 167 条,比例为 32%。中译本中物理学术语、人名、地名和其他有关名词都用英文标注。还有一些物理单位方面的中西换算表。

在重编这部教材时,王季烈融会贯通、提出了诸多见解。如在该书中册第三卷光学的第六章第八节"薄片的色彩"中,先说明透明薄片的干涉色。关于厚片上不呈现干涉现象的原因,一般都说是由于红绿各色光的干涉条纹互相重叠。而王根据自己设计的示意图(光波长与光程差关系的图解),作了比较透彻的讲解:"季烈按:彩色所以只现于极薄片者,可作图以明之。如第一百八十九图,其纵线之长作为若干圆圈之半径,图内所绘为第十四紫圈、第七红圈之半径其平行各横虚线为各圈上之一点而各不等长之浪,当重叠掩盖于一点上,今特展为线,以显一点上有无数不等长之光浪也。"用这张图可以很方便地说明各种色光干涉强度的极强与极弱的重叠,他还进一步推究各色光本身的相干性与波长差的关系:"今视此图,则知光浪之长短,不独此色与彼色异,即同一色,其浪之长短亦各不同……而今生第一圈之处,一色内之各光浪长短之差因极微而不显但积至多浪之后,则一色内所有浪之长短愈显,而一色内之明圈与暗圈亦渐混杂,而其光各处调匀,渐现白色矣。"此语亦即在一定光程差后不再呈现相干性之说。用现代语言说,就是组成白光的七

种色光本身并非单色光,各是一定范围内波长的集合,每种色光内各波长单色光的干涉图在光程差累积得较大后在互相叠加时已经明暗混杂,各种色光再作叠加就更显调匀,呈现白色。他还特地声明"季烈按,此图原本无,特增之以解明其理"。这样考察各色光的有限相干性比笼统地说各色光的干涉图叠加即显白光更为精确,也更为合理。从此例可看出他对所编内容不仅已融会贯通,而且能有所发挥。

当时日本已经走上向外扩张侵略的军国主义道路,《物理学》日文本作者居然把侵略战争中的"胜利""占领旅顺口"的字样作为解释双折射的插图。译者则改为"天子万年"的插图。

这部具有现代物理学系统与内容的教科书问世后即产生较大的影响。顾燮林《译书经眼录》赞其"论理新确,且有实验、列式以相发明,洵理科中善本也。""析理既精,译言亦雅,言格致者亟宜读"。此书不仅是中国第一本物理学,也是当时内容最完全、水平最高的物理教材,流行了近20年。有上海书局版、江南群学社刊本、《江南制造局所刻书》本等4种版本。

王季烈在京师译学馆讲授物理时,翻译中村清二的《近世物理学教科书》[光绪三十二年(1907)学部编译图书局铅印本]为教材。此书颇风行,因其中有介绍"照相器械"的构造和应用等内容,还受到学摄影者的欢迎。

1908年学部颁发了中、日、英三种文字对照的《物理学语汇》,由商务印书馆出版发行,这是中国第一种法定物理学名词。物理学名词与学术用语的标准化对于中国物理科学的发展有着重要的意义。该书封面仅署学部颁发,没有编写人的姓名,但从学部当时实际组成情况看,王季烈对此事是处于负责地位的。另一位参与者可能是王国维,留学过东京物理学校,1907年任学部图书编译局编译。但王国维在那几年北上南下,在京时间并不长。

1912年,王季烈根据民国教育部的课程规定,编写了中学用《共和国教科书·物理》,在力学部分,他鉴于运动和能的重要,另立为一章。他特别重视实验,而且希望尽量使用简便器材。在该教材改订本"编辑大意"中,他说:"本书所记实验共百余条,皆取足以证明学理,而又无需繁重之器具。以便学校易于设备,且令生徒可借日用之器具,自行单简之试验,以得确实之知识。凡教员诸君遇实验事项,苟能以日常用品行之者,即不必购特别之器械。庶于学校之经费多所节减,而生徒之获益反为增加。"在物理术语后照例附英语,以便学生以后阅读原版物理书籍。由于他同时编写了化学教材,因此可互相衔接,"凡关涉理化二科之事项,此详则彼略(如玻耳定律等),彼详则此略(如电解等),既无挂漏之病,亦无重复之嫌。"此书1912年初版后,到1924年已印至22版。

（2）化学教材。王季烈在京师译学馆讲授化学时，翻译了日本大幸勇吉原编的中学用《最新化学教科书》，1906年文明书局出版，其中还使用中国19世纪的术语，如把日文中的原子、分子分别按当时中国习惯改称为原点、质点，分子式称为质点式，将氯化氢写为"绿化轻"等。后来，王季烈又译编大幸勇吉原的新版教材《改订近世化学教科书》。

进入民国后，王季烈编纂了中学用《共和国教科书·化学》。他在序言里述及昔日因完善、适用的中学化学教材少，只能用译本，但"译本虽善，其编纂目的究非为我国学生所设"。这是他"数年以来用译本教授化学所亲历之境"。因此常思自己编纂"以应当世之需"。此书到1920年已印至19版，1922年又出改订版，他在改订版绪言里说："十年来化学之进步，尤迥异于寻常"，因此把电子论、放射能论加入新设的"放射性元素一章，使读者略知进来化学进步之梗概"。又说过去科学名称"多用音译，既难明其系统，复不便于记忆，兹值改版之际，特将其中名词，一律改用有系统之学名；并于有机化合物，提示命名之法，以助其理解。（无机化学用郑贞文著《无机化学命名草案》）"。以前的原点、质点在此版中改称新译名原子、分子。在编辑大意里，他还表示应该重视实验，故"本书所记实验九十余条"。又说："因内地各处工业未兴，欲参观工场而不可得，故于讲筵之实验，记述务求详细，皆比他书为详。"

（3）生物教材。王季烈译编了日本箕作佳吉的中学用《动物学新教科书》，1910年出版，到1916年已印第8版。此书绪论两章，第一章谈生物和无生物（非生物）、生物分动物和植物；第二章为动物界及其分类。正文第一篇是动物分论：前六章分别介绍哺乳类、鸟类等脊椎动物。其后四章介绍节足节肢动物及软体动物等。第二篇是动物通论，第三篇为结论。在其结论的第一章论述"自然之平均"理论，指出动物与植物有因各自之生理作用而助相互生计关系，实质即今之维持生态平衡、保护环境之说。第二章介绍进化论。

清末民国初，中学生习理化科者甚少。以上所述中学理化教材也常被某些高等学府理科一年级参考，或作为大学生补习之用。

（4）小学自然教材。除上述之外，王季烈于1904年翻译日本棚桥源太郎和通口勘次郎合著《高等小学理科教科书》。该书分四卷，每卷30页左右。卷一的第一篇分春之田野、春之树林、夏之林沼、夏之田野四章，第二篇是秋之田野，第三篇是居屋中的动物。这三篇主要介绍动植物知识如桃树、豌豆、马铃薯、水稻及树林、水田里的害虫。卷二介绍岩石、土壤，类似现在的自然地理。卷三的内容是光、电等的物理知识。卷四说的是森林海洋星体声音，人体之构造及生理。用彩色插图，表示昆虫的结构、人体的血液循环图等。此书在民国初年继续使用。1909年商务印书馆出版他的《初等小学格致》和《初等小学格致教授语》,文明书局出版他的《初等小学生理卫生教科书》。

2. 研究昆曲、编修家谱

王季烈在昆曲研究方面,深有成就。他和吴梅、俞粟庐一起被誉为中国近代昆曲三大家。由于他国学功底深厚,后来又研习理化,受西方方法论、系统论等研究方法的影响,对传统昆曲的研究较前人更加科学而系统。苏州戏曲博物馆有专版介绍他的成就,《中国大百科全书戏曲曲艺卷》设条目介绍他的昆曲成就,撰写者"王瞻岩","瞻岩"是子王守泰的号。1914年在南开学堂校董严范孙的支持下,王季烈在天津创办昆曲社"景璟社",意为景仰沈璟(明代昆曲家),为天津昆曲活动的开展起到开创性作用。王季烈与刘富梁合作整理昆曲旧谱,历时两年编成《集成曲谱》一书。该书分金、声、玉、振四集,共32卷。总计收入昆曲、折子戏416出,为从音乐和剧目上保存昆曲这一文化遗产作出贡献。随后,王季烈受张元济委托校订编校《孤本元明杂剧》(见《张元济全集第1卷书信》)。后他从《集成曲谱》选编《与众曲谱》8卷,把工尺谱与西洋音乐对比,便于对照学习。《螾庐曲谈》是王季烈从事昆曲研究的具有代表性的论著。《螾庐曲谈》中论述昆曲曲牌、套数,尤其提出了"主腔说"。另编有《正俗曲谱》和《人兽鉴》传奇。

王季烈编修王氏家谱《莫厘王氏家谱》(莫厘是王氏祖居地苏州东山的山峰名)。他还从清末民初学者叶昌炽(1870~1917,精于金石、版本目录,对敦煌史料有深研,《清史稿》有传)的日记原稿中取精华编成《缘督庐日记钞》16卷,此书对于了解叶昌炽在金石学、版本目录学乃至敦煌学各领域的贡献有重要价值,国家图书馆出版社在2007年出版了此书。

三、王季烈主要论著

莫尔登.1899.通物电光.傅兰雅,王季烈,译.上海:江南制造局.
王季烈.1900-1903.物理学(共三册).上海:江南制造局.
棚桥源太郎,通口勘次郎.1904.高等小学理科教科书(共四册).王季烈译.上海:文明书局.
大幸勇吉原.1906.最新化学教科书.王季烈,译.上海:文明书局.
中村清二.1907.近世物理学教科书.王季烈,译.北京:学部编译图书局.
王季烈.1909.初等小学格致.上海:商务印书馆.
王季烈.1909.初等小学格致教授语.上海:商务印书馆.
王季烈.1909.初等小学生理卫生教科书.上海:文明书局.

箕作佳吉. 1910. 动物学新教科书. 王季烈, 编译. 上海: 商务印书馆.

王季烈. 1912. 共和国教科书·物理. 上海: 商务印书馆.

王季烈. 1912. 共和国教科书·化学. 上海: 商务印书馆.

大幸勇吉原. 1913. 近世化学教科书 (修订版). 王季烈编译. 上海: 商务印书馆.

王季烈, 刘富梁. 1925. 集成曲谱. 上海: 商务印书馆.

王季烈. 1937. 莫厘王氏家谱. 王氏家族石印.

王季烈. 1940. 与众曲谱. 北京: 合笙曲社.

王季烈. 1969. 螾庐未定稿//沈云龙, 等. 近代中国史料丛刊. 台湾: 文海出版社: 40辑.

王季烈. 2007. 缘督庐日记钞. 北京: 国家图书馆出版社.

主要参考文献

孙宝田. 1975. 先师长洲王公行述《螾庐剩稿》. 大连图书馆藏手稿.

王瞻岩. 1983. 王季烈//中国大百科全书·戏曲曲艺卷编辑委员会. 中国大百科全书·戏曲曲艺. 北京: 中国大百科全书出版社: 401.

张橙华. 1986. 苏州光学史初探. 物理, 15 (6): 381.

杨振良. 1993. 近代曲学大师王季烈年谱. 国际人文年刊, (2): 268.

撰写者

张橙华 (1946~), 苏州大学物理系副教授。1969年北京大学物理系毕业, 1981年获苏州大学硕士学位。现任苏州市科技史学会常务副理事长, 苏州市传统文化研究会副秘书长。因研究苏州科技史, 和王守泰等先生相识。

何育杰

何育杰（1882～1939），浙江宁波人。中国早期近代物理学家和教育家。先后任京师大学堂格致科教习，北京大学物理系教授，系主任，东北大学物理系主任。终生从事物理学教育事业，和夏元瑮一起共同创办了北京大学格致科和物理系，培养了中国早期几代物理学工作者。20世纪30年代，参与审定中国物理学名词，晚年有译著数种。

一、生平概要

何育杰，字吟苢，1882年生于浙江省宁波县（今宁波市）慈城镇。1898年入宁波中西储才学堂念书，1902年入京师大学堂师范馆格致科学习。1904年初至1907年夏秋间，留学英国，先入维多利亚大学（University of Victoria）习语言一年，后转入曼彻斯特大学（University of Manchester）物理系学习，并获学士学位。继而，赴欧洲大陆察访教学，1909年回国。1909～1927年在京师大学堂、北京大学教授物理学，并曾任物理系主任二年。1927～1931年，任东北大学理工学院物理系主任，后因病辞职归里。1937年出任国民政府交通部参事，但不满一年而辞职。1939年1月19日因心脏病卒于重庆。

二、教学生涯

何育杰，其父何麟祥，光绪二年（1876）丙子科举人，曾先后任江西新喻县、贵溪县知县，为官清廉。何育杰自幼聪敏好学，11岁丧父后，笃学勤奋，尤长古诗文，15岁中秀才。中日甲午之战（1894），清政府告败，全国上下为国耻而悲愤憾天，有志有识之士逐掀起变法图新浪潮。学西人之器用以制夷，也成为当时绝大多数学人之共识。何育杰逐舍科举而习西学。戊戌之年（1898），他入宁波中西储才学堂。这是当地维新志士刚创立的学校。何育杰成为该校第一批学生之一。他在该学堂培养了自己对西学（自然科学）的兴趣，并因成绩优异而被学堂于庚子

(1901)年推荐入京师大学堂。庚子年，八国联军入侵，义和团闹京师，京师大学堂因此停办。直至次年底，京师大学堂才招收新生。何育杰顺利地通过入学考试，成为京师大学堂速成科师范馆学生之一。

光绪壬寅年（1903）四五月间，上海、北京等地学生掀起"拒俄运动"。按照 1902 年中俄签订"东三省交收条约"，俄国应于 1903 年撤走其在东北的侵略军。但俄国政府于 1903 年 4 月 18 日向清政府提出新的七项要求，以确保我东北成为其独占的势力范围。此事引发中国人愤慨。4 月 30 日，京师大学堂学生集会，要求誓保国土、坚决拒俄。他们通电清政府管学大臣，愤而扯碎了学堂副总教习张鹤龄悬挂的"禁止集会议论国事"的牌示。何育杰积极参加拒俄运动，是上书拒俄的带头签名者之一。

拒俄运动受清政府压制，部分学生愤而退学，部分学生要求出国留学。时任管学大臣张百熙以图造就师资为由，遂支持出国留学之见。于是派遣 16 人赴西洋留学，何育杰因学业优异而在其中。1904 年初，何育杰启程赴英，入英国维多利亚大学习语言，一年后转曼彻斯特大学，入英国物理学家舒斯特（S. A. Schuster）门下。1907 年 5 月，卢瑟福（E. Rutherford）从加拿大回英国，任曼彻斯特大学物理学教授并主持实验室。何育杰是第一个听卢瑟福讲演的中国学生。1907 年何育杰获该校学士学位。继而，他游历欧洲大陆德、法诸国，于 1909 年初回到中国。

回国后，何育杰接受朝廷举行的廷试，并被授予翰林院编修。这是一个五至七品的闲官职，何育杰未就任，旋即任京师大学堂格致科（理科）教习。1909 年，京师大学堂师范馆独立而成北京优等师范学堂，即后来北京师范大学的前身。1910 年，京师大学堂始招分科大学生。由于生源极为稀少，初始之格致科仅有地学一门。1911 年，因辛亥革命，京师大学堂一度中辍。何育杰返家乡宁波，并在宁波协助当地名士兴办"效时学校"。

1912 年 5 月京师大学堂更名北京大学，校长严复。格致科改称理科，"教习"改称教授。何育杰任北京大学理科教授。1913 年，北京大学理科招收数学、理论物理、化学各一班学生。何育杰编写物理讲义和教授要目，讲授普通物理、原能论（又称原量论，即今称量子论）、数学物理、电学、热力学、气体动力论等课程。草莽初辟，他和夏元瑮是中国近代物理学的第一批拓荒者。1916 年，在中国历史上才有了自己培养的第一届大学物理学本科毕业生。这第一届物理大学毕业生虽屈指可数，但他们中却有在后来成为实验物理学家的孙国封、丁绪宝二人。

1917 年蔡元培任北京大学校长，并对北大教学体制进行改革。是年底开始组织各学科的教授会。何育杰于 1918 年 1 月被选为物理学教授会主任（相当于物理系主任），在理科学长（相当于理学院院长，时任理科学长为夏元瑮）领导下主持物理学本科教学工作。1919年4月，北大废除学长制，分设文理两科教务处，教务处下设系。系正式成为一级行政与教学机构，由各系教授会主任负责处理有关本系事务。此时的北大物理系就成为中国大学中最早的物理教学单元。何育杰再次当选物理系系主任。1920年4月任期届满，何育杰主动提出由张大椿（字菊人）继任。当时物理系本科教授仅何、张二人。丁燮林是北大预科教授。未久，预科教学改由各系分管，颜任光、李书华等先后到校任教。夏元瑮、何育杰、颜任光、丁燮林等先后主持物理系，使该系成为其时全国培养物理人才的重镇。

1927年初，何育杰因体弱多病而辞北大教授职，回故里疗养。半年后，其门生、东北大学理工学院院长孙国封多次请其出山、任该校物理系主任。一时间，望其名者咸趋东北大学。在该校，何育杰主讲相对论和量子论。他收集资料、编写讲义，用力甚勤；讲课深入浅出，善于启发引导。为便于学生习德、英两种语言，他将德文本《波动力学通论》译成英文，给学生提供多种文字的物理学参考书。1931年，他因患严重失眠症，体力衰弱，因而辞职，再次归故里养病。他不顾身体虚弱，在故乡又翻译了安德雷德（E. N. de C. Andrade）的《自然之机构》，因费耳德（L. Infeld）的《物质与量子》。上海商务印书馆于1936年将这二书列入"自然科学小丛书"中出版。

1932年中国物理学会成立，何育杰被选为该会下属物理学名词审查委员会委员，又曾任《中国物理学报》编委。1933年，他抱病参加在上海中央研究院物理研究所举行的第一次物理学名词审查工作。其时参加者有丁燮林、吴有训、严济慈、杨肇燫等约10人，何育杰是其中长者。时值盛夏，挥扇座谈，各抒己见，何育杰自始至终参与讨论，对每个名词反复琢磨，时而引经据典、切磋再三。他尤其尊重年轻人意见，讨论会融洽无间。1934年，教育部公布了这次物理学名词审查结果。这对其后的名词审查工作起了极好的影响。

1937年，何育杰被聘为国民政府交通部参事。因不喜官场应事，不一年即以病辞。当年，上海"八一三"事变，他携眷避难入川。他忧国愁家，又路途颠簸、生活拮据、爱子病卒，1939年1月19日因心脏病逝于重庆，享年57岁。

严济慈曾在1935年撰文叙述中国近代物理学的发展过程。他写道："在国内开始做物理学研究，不过是近几年事。但是科学研究，能在我们这片荒土上滋生结实，决非事出偶然。探根溯源，盖多赖几位物理学界的先进，惨淡经营，经过一个颇长而极富有意义的预备时期，始有今日之局面。前清末年我国大学里就有高等物理的课程，夏元瑮、何育杰诸人就是我国最早且最好的物理大师。他们设帐至今垂二十多年，诱掖有方，始终不懈。"

鉴于何育杰在开辟中国物理学、培养人才方面的功绩，1940 年中国科学社特设"何育杰物理学纪念奖金"，以鼓励青年从事物理研究。在 1940 年第一届物理学征文奖中，获奖者有马振玉、葛庭燧和钱人元。

三、何育杰主要论著

何育杰.1919. X 射线与原子内部构造之类系. 北京大学月刊，1（1）：131.

何育杰.1921. 安斯顿相对论. 北京大学月刊，1（8）：1.

何育杰.1921. 安斯顿相对论. 北京大学数理杂志，3（1）：1.

何育杰.1922. 相对各论. 理化杂志（北京师范大学理化学会编），2（4）：1.

Andrade E N de C.1936. 自然之机构. 何育杰，译. 上海：商务印书馆.

Infeld L.1936. 物质与量子. 何育杰译. 上海：商务印书馆.

主要参考文献

严济慈.1935. 近数年来国内之物理学研究. 东方杂志，32（1），15.

裘宗尧.1939. 何育杰教授小传. 科学，23：788.

戴念祖，何育杰.1984. 物理通报，3：47.

谢振声.1990. 中国近代物理学的先驱者何育杰. 中国科技史料，（1）：36.

撰写者

戴念祖（1942~），中国科学院自然科学史研究所研究员，首都师范大学物理系讲座教授。曾任自然科学史研究所物理学史和化学史研究室主任。

夏元瑮

夏元瑮（1884～1944），浙江杭州人。中国早期近代物理学家和教育家。1909年耶鲁大学毕业，长于理论物理。曾任北京大学物理系主任，同济大学校长，北平大学女子文理学院院长，北平大学代校长，湖南省教育厅厅长。抗战期间，先后任湖南大学、重庆大学教务长，大夏大学教务长暨理学院院长。他与何育杰共同创建了中国大学物理本科教育，毕生从事高等教育工作，培养了许多物理学和工程技术人才。最早翻译爱因斯坦名著《相对论浅释》，为相对论在中国传播作出了贡献。他是中国第一代理论物理学家，为中国20世纪20年代初辟划高等院校理科教学作出了重要贡献。

一、生平概要

夏元瑮，字浮筠，1884年生于杭州。1904年入上海南洋公学，1905年夏至1909年秋，先后入美国伯克利学校、耶鲁大学（Yale University）攻读物理学。继而，转至德国柏林大学（Humboldt-Universität Zu Berlin）深造（1909～1912）。1912年回国，任北京大学理科学长。1919年夏至1921年夏，出访德国并以访问学者身份入柏林大学。二次回国后，任北京大学物理系教授、兼北京师范大学、辅仁大学教授（1921～1923），同济大学校长（1923～1924），大夏大学教授兼第一交通大学（上海）教授（1924～1927），北平大学女子文理学院院长兼工学院物理学教授（1928～1929），北京大学物理系主任（1929～1931），北平大学代校长（1932～1935），湖南省教育厅厅长（1936～1937）。1937～1944年间，先后任湖南大学、重庆大学和大夏大学（贵阳）教务长，大夏大学理学院院长。1944年7月卒于贵阳。

二、教学生涯

夏元瑮祖父夏鸾翔（？～1864），字紫笙，清代畴人之一。著算书多种，如《少广缒凿》、《洞方术图解》、《致曲术》、《致曲图解》和《万象一源》等。广东南海县数理学家邹伯奇（1819～1869）曾集其遗稿付梓，今存《邹微君遗书》内。其父夏曾佑（1865～1924），字穗卿，近代文学家、史学家，好八股，精释典，著有《中国古代史》。夏元瑮在西学、国学两方面自幼受家学熏陶。

夏元瑮少年入杭州求是书院，喜爱社会、宗教、文学等书籍，尤恋先秦诸子书。祖母每月给他200文钱，他全都积攒起来买书。1904年入上海南洋公学，这是一个注重理科的学校。第一学期，由于是插班生，期末考试排名倒数第二。他决心暑假留校补习，遇算学难题，终日思考，时而夜有所梦。第二学期，全部功课名列第二。1905年，广东省招考留学生，有三名省外名额。夏元瑮即去应考，在600名考生中，他名列第一。

1905年，夏元瑮赴美留学。第一年，在伯克利学校补习理化实验，1906年，转入耶鲁大学攻读物理学，三年后毕业。1909年转入德国柏林大学深造，在校期间与老师普朗克（M. Planck）教授结下友谊。1911年辛亥革命成功，1912年袁世凯任大总统，广东省留学经费被取消，夏元瑮只好辍学回国。他受北京大学校长严复之聘，出任北京大学理科学长（相当于今日理学院院长）。1912年北大理科仅地质学门和化学门有学生，其余均在筹划并招收学生之中。1913年，理科招收数学、理论物理、化学各一班学生。夏元瑮上台讲授理论物理学等。他与物理教授何育杰、张大椿协力同心，培养了中国历史上第一届（1916年毕业）大学物理学本科毕业生。1917年初，蔡元培出任北京大学校长，聘请夏元瑮继任理科学长。直到1919年4月废除"学长"制为止，他一直任该职。

从1912～1919年七年间，夏元瑮对北大理科建设精心筹划，贡献尤多。1917年11月在北京专门以上的学校校长会议上，他提出了由他主持制订的《改订理科课程案报告》，该方案提出，改预科为2年、本科4年；加强实验，增加选修课，令课程设置水平大为提高。整个方案涉及天文、算学、物理、化学、生物学、地质学各门全部课程设置的建议。他的建议综合了他所了解的欧美理科教学情况，对全国理科建设都有指导意义。1918年10月，他又代表北京大学向专门以上各校校长会议提出理科各门学科的教学方案，使理科课程设置更加完备，并提议将理科各门的最新成就纳入教学内容之中。前后两个方案，奠定20世纪20年代中国大学理科教育的大纲。1919年4月，夏元瑮因"办理学务、著有功绩，获大总统批准的三等嘉禾章"。

1919年夏，夏元瑮休假赴欧游学。他二次到柏林。在柏林大学听物理学家普朗克和鲁本斯（N. Rubens，1865～1922）的课，经普朗克介绍结识了爱因斯坦（A. Einstein）。他随爱因斯坦学习相对论，爱因斯坦从他那里听到有关中国的古老文明。1920年，夏元瑮和一位德国小姐结婚。1921年春，北京大学校长蔡元培游历欧洲各国，途经柏林，夏元瑮为其翻译、导游，并参与旅行访问，邀请学界名流来华讲学。夏元瑮陪同蔡元培访问了爱因斯坦，并邀请爱因斯坦访问中国。1921年夏，夏元瑮回北京，继续在北京大学任教。他和普朗克、爱因斯坦常有书信往来，也为邀请爱因斯坦来华讲学继续努力。1922年底，爱因斯坦到日本讲学路过上海，并于12月17日在日本致信夏元瑮述其不能访华的原因：

夏博士鉴

> 今日接来书，甚为欣喜。然予恐不能来京，对于君之盛意，实异常抱歉。此次在日本，以种种原因，费时太久，游中国、印度之决心，竟不能见诸事实。北京如此之近，而予之宿愿，终不得偿，其怅怅之情，君当可想象也。现以要事，急需西归，不能与君一晤，止能函告一切，君之盛情，敬心领矣。然预期甚望，君不久再来欧洲，吾等仍可会谈也。尊夫人之处亦乞问候。

安斯坦

鉴于夏元瑮对德国文化的了解，1923年夏秋间他离开北京大学，受聘为同济大学校长。1929年3月他又回北大任物理系主任，直至1931年王守竞被聘为北大物理系主任为止。他在北京大学任教10余年，为建设北大物理系作出了贡献。

夏元瑮是中国第一代理论物理学家。在讲坛上主讲相对论、理论物理、数学物理、原量论（即今量子论）、波动力学等课程。二次从柏林回国后，他仅用几个月时间，译出爱因斯坦名著《相对论浅释》（今译为《狭义与广义相对论浅说》），1922年由商务印书馆出版。这是第一本译成中文的相对论著作，于20世纪前半叶在中国和东南亚各地颇具影响。20世纪20年代，夏元瑮作过许多有关相对论和物理学的公开演讲，为普及科学知识作了不少努力。

热爱教学、视教书为高尚职业，是夏元瑮的人格特质。他教书几十年，从不随便开口；每次上课，必先思索所讲内容及如何讲法。因此，他的讲课总能吸引学生。再深的学理，经他浅显比喻、反复讲解，学生无不通晓。他一生中，除前述课程外，还讲过普通物理、光学、电学、热学、解析几何、高等微积分、群论、科学通论，甚至英文、德文等外语课。对当代物理进展，他也了如指掌。他虽是理论物理学家，但他主张"实验物理与理论物理能合而不能分，合则有利，分则有害"。他反复强调："物理学的最高法庭在实验与观测。无论何人有何种程度，都可发挥自己奇特的思想，不过务需求其是否与实验相吻合。"教书所以高尚，在他看来，"因为人类最高智慧即科学，而传授科学知识的人就是教员。不可以教书匠妄自菲薄。社会官僚轻视教员的陋习，不足计较。"对于官场陋规，他极反感。他一生无意高官厚禄，也放弃了许多机会。他觉得，"当官无聊"，"心思用于建设的少，而用于对人者反多。人的寿命有限，何必如此自苦""此外最感痛苦的是，好计划常不能实行。各机关当局，大多是空言，很少埋头苦干的人，又未必为上司所赏识。总之，性情不近之事，勉强为之，则痛苦万分也"。他的这席话，也可谓切中社会官僚制度之时弊。

1932 年中国物理学会成立。初始，该学会还设立董事会。夏元瑮被选为该会董事，热心赞助并积极支持物理学事业。他为人谦虚、学识渊博、提携后学、真诚热心。1935 年，他刚过知天命之岁。有记者问他为何不著书立说，他回答："一因学界胜我者甚多，不敢献丑；二因近代物理日新月异，书犹未出，材料已旧；三因材料太多，选择为难，而且觉得作一书必有独到见解，或更好讲法，同新鲜的表演等，自问全不如人；四因翻译名词为难，看者不懂，懂者不看。我教书几十年，但不敢出书，自觉没有过人的地方。中国物理，近年有长足进步，各国物理杂志也时见中国人的论文。清华大学、北京大学物理系，北平研究院物理研究所诸君，都是很努力的，我不能相与伦比了。"

如此诚挚、谦逊的态度，令人敬仰。严济慈在 1935 年曾撰文称赞这位在中国近代物理领域的辟藁拓荒者："在国内开始做物理学研究，不过是近几年来的事。但是科学研究，能在我们这片荒土上滋生结实，决非事出偶然。探根溯源，盖多赖几位物理学界的先进，惨淡经营，经过一个颇长而极富有意义的预备时期，始有今日之局面。前清末年我国大学里就有高等物理的课程，夏元瑮、何育杰诸人就是我国最早且最好的物理大师。他们设帐至今垂二十多年，诱掖有方，始终不懈。"

夏元瑮身材不高，精悍强壮，一副和蔼面孔。平日喜看电影。他待人热情，视学生如同子女。1937 年日军大举侵略中国，中国科学文化中心转移到西南。夏元瑮此时离开长沙，辗转到西南各大学任教。他的德国妻子难耐颠沛之苦而回国。孤身的他，思愁万千，忧国忧家，因心脏病突发于 1944 年 7 月卒于贵阳，时年 60 岁。

三、夏元瑮主要论著

夏元瑮. 1921. 安斯坦相对论浅释. 改造（杂志），3（8）：1.

夏元瑮. 1922. 相对论浅释. 上海：商务印书馆.

夏元瑮. 1922. 安斯坦相对论及安斯坦传. 改造，4（8）：1.

夏元瑮. 1923. 物理学家卢奔斯（H. Rubens）之纪念. 理化杂志（北京师范大学理化学会编），3（1）：1.

夏元瑮. 1923.1.3-4. 安斯坦及其学说. 时事新报（副刊"学灯"）.

夏元瑮. 1923.1.17-31. 物理学之新潮及相对论学说. 时事新报（副刊"学灯"）.

夏元瑮. 1923.2.22-23. 相对论及其发现之历史. 晨报副刊.

夏元瑮. 1923.4.17. 物理学与各学科之关系. 晨报副刊.

夏元瑮. 1923.5.1. 安斯坦相对论概略. 晨报副刊.

夏元瑮. 1923.7.2-3. 新原子论大略. 晨报副刊.

夏元瑮. 1923.11.6-10. 新旧力学之异同. 晨报副刊.

主要参考文献

茜频. 1935.7.8-16. 理论物理学家夏元瑮. 世界日报（北平）（"学人访问记"专栏）.

严济慈. 1935. 近数年来国内之物理学研究. 东方杂志, 32（1）: 15.

戴念祖. 1979. 爱因斯坦在中国. 社会科学战线,（2）: 74.

戴念祖. 1984. 夏元瑮. 物理通报, 5: 44.

撰写者

戴念祖（1942~），中国科学院自然科学史研究所研究员，首都师范大学物理系讲座教授。曾任自然科学史研究所物理学史和化学史研究室主任。

张 贻 惠

张贻惠（1886～1946），安徽全椒人。中国近代物理学家和教育家。1914年获日本京都帝国大学学士学位，1914年回国任教于北京高等师范学校。1924～1927年任北京师范大学数理系主任、校长。1929～1930年任国立北平师范大学校长。1930～1933年，同时在北平大学和北平师范大学任教，1933年为北平大学工学院教授兼教务主任和工学院院长。他首先在中国高等院校开设原子构造论的课程，率先编译"科学丛书"；为创建北京师范大学物理系和对该校的发展作出了积极的贡献。

一、生平概要

张贻惠，字绍涵，1886年生于安徽省全椒县。父亲是进士，当过内阁中书，这种良好的家庭环境为少年的张贻惠创造了良好的学习氛围。他自小就聪明伶俐，1898年，13岁的张贻惠就中了秀才。1902年，张贻惠去南京参加乡试，恰巧赶上江南高等学堂招生，这所学校正是为预备进入京师大学堂的前期学校，于是他便通过考试进入了该校学习。由于学习成绩优秀，1904年，他获得了安徽第一批（共十人）公费留学日本的机会。

张贻惠先入日本东京高等师范学校学习，后到京都帝国大学求学，获理学士学位，于1914年回国。1915年起在北京高等师范学校（北京师范大学前身）任教，同时兼任北京大学、女子高等师范学校、农科大学、医科大学等校教授。1922年赴美国芝加哥大学（University of Chicago）研究院从事研究工作。1923年曾到英、法、德等欧洲国家考察教育。1924年回国任国立北京师范大学数理系教授兼系主任，1925年任该校校长。

1927年6月，张作霖自称安国军大元帅，请刘哲出任当时"中华民国"教育总长兼京师大学堂校长、该校美专部学长。同时张作霖下令，合并"国立九校"为京师大学，以刘哲兼任校长。此时，北京师范大学改称为京师大学师范部，张贻惠任师范部学长。1928年，京师大学又改名为北平大学，原北京大学改为国立北平大学北京大学院，原北京师范大学改名为北平大学第一师范学院，张贻惠任第一师范学院院长。1928年夏，张贻惠应南京中央大学校长张乃燕的邀请，任中央大学教育政治学院高等教育处处长和物理系主任。几个月后，他又重回北平大学第一师范学院任院长。1929年，北平大学改组，北京大学、北平师范大学独立，国立北平大学第一师范学院改名为国立北平师范大学，张贻惠于1929年8月~1930年2月担任该校校长。1930~1933年期间，他同时在北平大学和北平师范大学任教。1933~1937年，任北平大学工学院院长。

1937年七七事变后，北平师范大学、北平大学、天津北洋工学院等院校西迁，在陕西西安合组为国立西安临时大学，1938年4月又改名为西北联合大学，张贻惠出任西北联合大学物理学系主任。1939年国民政府行政院决定将西北联合大学改为国立西北大学，并将原有师范学院独立为国立西北师范学院（后又更名为西北师范大学，校址先后在城固和兰州），张贻惠出任西北师范大学教务长。1940年，张贻惠奉命调到国民政府经济部，就任技正一职。1946年，抗战胜利后回乡省亲，在由安徽返北平途中因飞机失事，不幸逝世，享年60岁。

二、教学生涯

1. 教书育人，创建北京师范大学物理系

张贻惠是近代中国较早出国学习物理的人，在20世纪的第一个十年里，出国学习物理学的学生除张贻惠外，仅有何育杰、夏元瑮、李复几、李耀邦、胡刚复等少数几个人。

张贻惠留学回国后，很想在学术上做出贡献。但那时的国家一片混乱，各大学设备不齐，既没有良好的实验室，也没有完备的图书馆。他感到很难在实验室里或著作室里仔仔细细地做实验或理论研究，以实现自己的夙愿，遂将一腔热情倾注于教育之中，以期培养出优秀人才。

1924年，张贻惠参与了筹建、规划和创建北京师范大学数理系。他对课程的设置、教学质量的提高、人才的选拔和留用、科学知识的推广等方面做了大量工作。他讲授力学、光学、普通物理学和原子构造论（现称原子物理学）等课程，是当时在国内开设原子物理学课程的第一人。在教学中，他自编讲义，力求有实验，以加强直观性。据北京师范大学数学系教授赵慈庚回忆，张贻惠在讲授普通物理学中，条理清楚，语言简练，很吸引人，学生们都很愿意听。他还在讲课中介绍国外新建理论，如相对论，为将国外的现代物理知识介绍到国内作出了贡献。

20世纪20年代，国内军阀混战，军阀挪用教育经费，使许多高校面临严重的

财政危机。1924年，北京师范大学校长范源廉因此而突然辞职离校。1925年，张贻惠接任北京师范大学校长职务。他为坚持办学，到处筹措资金，他先向中华教育文化基金董事会求助，由该基金会每年赠与科学教习设备费、中小学补助费一万元。张贻惠又独辟蹊径，为广西代培师资，开办特别班，由广西政府拨给补助费。正是由于张贻惠的四处奔波与努力，学校才得以维持，挽救了濒于崩溃的北京师范大学及其附属中学。

张贻惠注重教学的同时，还十分重视学校的学风建设。他以育优秀师资为职志，启迪后进，不遗余力。他也非常关心学校图书馆的建设。当时国内科技图书缺乏，校图书馆在这方面的藏书也很少，为使广大师生能阅读到更多的图书，他与家人将自藏的一批科技图书无偿献给学校。现在这些书已成为该校图书馆的珍藏。

关心学生也是张贻惠的掌校特色。在他任校长期间，常常注意读书的学子，并为其创造成才条件。1928年，北京师范大学品学兼优的学生汪德昭毕业，张贻惠破格聘其为北京师范大学物理系助教。汪德昭此后到法国留学，归国后成为中国第一批中国科学院院士，为中国水声科学研究的建立和发展作出了重要贡献，汪德昭也从未忘记张贻惠校长和北师大给予的教导之恩。

在教学过程中张贻惠注重对学生的全面考察。在他任西北大学教务长期间，学校通过了《本校学生操行成绩考察办法》，其中规定："切实考查其平日进修情形，阅读书报、言论、写作、礼节、仪容、内务及团体活动等项为评定分数之根据。"使学生在学校得到一个学识、人格素质的全面训练。为充实和提高教师的教学水平，张贻惠还利用暑假期间组织教授到甘肃、青海、宁夏考查，以使教师不脱离社会实际。

张贻惠为北京师范大学的发展和该校物理系的创建作出了不可磨灭的贡献，北京师范大学的广大师生对他仍铭记在心。1948年在校长袁敦礼的主持下，将原物理楼命名为"贻惠楼"，以表示对他永久的纪念。

在张贻惠任北平大学工学院院长期间，他的主要精力也是在教学上，他说："工学院往往被外界人士误会为老朽落后的工业学校，固然工学院的房子、一部分的机器、仪器已有三十余年的历史，够得上说是老的了，但是在课程同研究上并不觉得比一般学校老朽，所有的教授同学生都是非常的努力"。他努力节省日常经费开支，用于扩充工学院的机器设备，使工学院的教学与实验、实习活动逐渐走向正常化。

物理学家吴大猷说："由于庚款留学的关系，中国第一代物理学家以留美居多。而留学日本的吴南薰、张贻惠、周昌寿、文元模等，均未获得博士学位，也没有重要的物理论文发表。"但他们开创中国物理学教育，培养人才方面有启山林之功。

2. 积极参与筹备中国物理学会

1932年，中国物理学会成立，张贻惠是中国物理学会第一次年会筹备委员会成员之一，并当选了中国物理学会第一届委员会的评议员。此后他积极参与中国物理学会活动，以谋物理学之进步及其科学普及工作。

3. 积极投身科学普及工作

1932年，他翻译了英国物理学家和天文学家琼斯（J. H. Jeans）的通俗篇作《宇宙及其进化》一书。他在该书的编纂缘起中写道："一个科学家主要的工作，自然是在实验室里，或者工作室里，仔仔细细地做那实验或理论的研究。但在科学落后的国家，像我们中国，把科学思想普及到社会，似乎也是很要紧的一种工作"。张贻惠翻译的这本著作于1933年由上海震亚书局出版发行。张贻惠在书的序中指出："他在译文时注意达意，而不去斤斤做句句字字的对照。为了使意思更圆满，译文更通达，在有些地方做了些变动。"书后还有译者增补的附录三条：一是太阳距离的测法；二是天文用干涉表；三是希腊字母和罗马字母表。此书由于原作者的学术水平和娴熟的文笔，加上译者的补充和润色，以富有趣味的文句，叙述深奥的科学原理，使读者爱不释倦。

4. 对统一度量衡作出努力

1935年国民政府实业部就中国度量衡名称、单位、中西单位换算等问题提出改革方案，遂引起物理学界广泛关注和讨论。因为它不仅涉及实业生产计量标准，涉及贸易交换的彼此计算，更涉及物理学基本量纲的科学与否。张贻惠也积极地参与到这场争论中，他对度量衡标准的命名法提出自己的意见，还根据国家推行统一度量衡所遇到的困难，提出应该在推行市制上做出努力。这就是此后几十年间中国度量衡制既有国际米制，又有中国市制，二者并行的基本结果。

三、张贻惠主要论著

琼斯（J. H. Jeans）. 1933. 宇宙及其进化. 张贻惠，译. 上海：震亚书局.
张贻惠. 1935. 标准制度量衡命名评议，东方杂志，32（2）.

主要参考文献

茜蘋. 1935-2-20. 张贻惠——学人访问记. 世界日报（7）.

陈毓芳. 2002. 物理学家张贻惠//王淑芳,邵红英. 师范之光. 北京:北京师范大学出版社:88.
赵弘毅,程玲华. 2002. 西北大学大事记(修订本)1901-2002. 西安:西北大学出版社.

撰写者

白欣(1975~),科学技术史博士,首都师范大学物理系副教授,从事中国科学技术史研究。

颜任光

颜任光（1888~1969），海南乐东人。物理学家和物理教育家，中国仪器仪表业的开创者之一，无线电技术专家。1918年因测定离子迁移率和气体黏性系数而获得美国芝加哥大学博士学位。历任北京大学物理系教授、系主任，上海光华大学物理系主任、理学院院长、副校长，南海大学校长。在北京大学，开创了中国实验物理教学的先河。1926年与丁佐成共同创建大华科学仪器公司，开创了中国人自制物理仪器的历史。1932~1946年，先后出任国民政府交通部电政司司长，中央无线电器材厂厂长。1950年后，任大华公司工程师，华东工业部电器工业局电表制造指导，上海电表厂副厂长兼总工程师，为中国精密仪表工业的发展作出重要贡献。

一、生平概要

颜任光（1888年10月25日至1969年6月16日），又名颜嘉禄（西文名Kia-Lok Yen），字耀秋。光绪十四年九月二十一日（1888年10月25日）出生于广东海南岛崖县（今海南省乐东县）乐罗村一个书香家庭。父亲颜荣清是个贡生，曾在当地蒙学馆任教。母亲为一勤劳朴实之农妇。颜任光有一弟一妹。父亲微薄的贡生岁禄，不足于一家过清淡日子。幼小的颜任光随父在蒙学馆读书，7岁始上小学。据地方文史资料记载，颜任光就读于当地教会学堂。这是一个尚不完备的学校，传教士在传教之余教儿童颂经、念书。加之，颜任光家境贫寒，作为长子的他，尚需帮助家务劳作，可谓"半农半读"的学生。颜任光聪敏好学，心灵手巧，给传教士留有深刻印象。大约15岁（1904年）时，被当地教堂保送到广州岭南中学念书。1908年，越级考入岭南学堂。该大学前身是美国基督教会于1888年在广州创办的岭南格致书院，1904年改名为岭南学堂，1918年定名岭南大学。当时学生人数极少，颜任光是该大学第四届学生。1912年，颜任光考取公费留学美国。该年秋，入康奈尔大学（Cornell University），习机械工程，1916年获该校硕士学位。1916年秋，入芝加哥大学（University of Chicago）深造，师从美国物理学家密立根（R. A. Millikan, 1868~1923）。密立根于1923年因电子电荷和光电效应的研究而获诺贝尔物理学奖。在密立根指导下，颜任光以精密测定离子迁移率和气体黏性系数于1918年获芝加哥大学哲学博士学位。

1918年夏间，颜任光由美国赴英国，在剑桥大学（University of Cambridge）卡文迪许实验室随汤姆孙（J. J. Thomson，1856～1940）从事研究一年有余。汤姆孙于1906年因气体导电研究获诺贝尔物理学奖。1895～1914年间，其周围聚集了一群来自世界各地的科学家，在其门下工作过的人中有7位获得诺贝尔奖。这种学术研究的环境气氛极大地吸引了颜任光。1920年颜任光回国。同年秋，受聘为北京大学物理学教授。

1921年9月3日至1925年11月7日，颜任光出任北京大学物理系主任。其间，1924年6月起，休假一年，他又赴英国参观剑桥大学卡文迪许实验室，后到母校芝加哥大学参观学习。卡文迪许实验室不仅因汤姆孙的工作而获得了科学研究和教育中心的盛名，而且曾于1908年获诺贝尔化学奖的卢瑟福（E. Rutherford，1871～1937）此时正在从事 γ 粒子轰击氮核实验，目睹科学飞速发展情况，令颜任光最为感慨的是"巧妇难做无米之炊"，中国太缺少从事科学实验的仪器设备了。手中没有任何仪器的物理学家，再好的科学见解也难能付诸实施。在芝加哥大学，颜任光与丁佐成相识。回国后，颜任光毅然放弃北大教授之职，和物理学家丁佐成在上海创建了中国第一个现代科学仪器工厂，即上海大华科学仪器公司。该公司始称中华科学仪器馆，1927年发展成为公司，宁波富商朱旭昌任董事长，丁佐成任经理，颜任光为工程师。从此之后，中国有了自己生产的科学仪器、仪表。

在上海期间，颜任光于1926～1932年先后任光华大学物理系主任、理学院院长和副校长，上海建设委员会专门委员。1932年，出任南京政府交通部电政司司长。抗战爆发后又任资源委员会专门委员，于1938年6月当选为第一届国民参政会参政员。1942年离开电政司，专职中央无线电器材厂厂长（时厂址在桂林）。抗战胜利后，奉资源委员会之命赴海南考察矿业，成立了海南矿电事业办事处。1948年2月，任广东省私立南海大学校长。1949年6月，赴香港任麦变洋行技术顾问。

1950年冬，颜任光由香港回上海，先后出任上海大华科学仪器公司研究室主任、工程师，华东工业部电器工业管理局电表制造指导。1953年参与筹建大型国营企业上海电表厂，出任副厂长兼总工程师。

1932年中国物理学会成立之时，尚设有"董事会"。颜任光和李书华、梅贻琦、夏元瑮、丁西林五人当选为董事。1963年，颜任光和丁西林、胡刚复、饶毓泰四人被选为中国物理学会名誉理事。颜任光还是上海市物理学会理事、电子学会理事，上海市政协委员会第三、四届委员。"文化大革命"爆发后，颜任光夫妇均受到严重冲击。其夫人黄次松于1966年8月受"四人帮"迫害致死。颜任光被加以"美蒋特务"等莫须有罪名而长期受批斗、审查,1969年6月16日含冤而卒,时年81岁。1979年9月6日,颜任光夫妇得以平反昭雪。

二、学 术 成 就

1. 对离子迁移率和气体黏性系数的测定

在20世纪最初的两个10年间,关于离子迁移的问题在理论上和实验上都存在着混乱。一种假说认为,每单个离子不是单个的带电分子,而是在其周围环绕着基本电荷的中性分子团。因此,这样的离子的质量大于每个分子不带电时的分子团质量,在相同的条件下这样的离子就比单个不带电的分子移动得慢。另一种假设认为,离子是单个的带电分子或称"小离子",它缓慢的迁移率是由于它携有电荷而在通过气体的路径上减速的缘故。这两个假设是不相同的,但它们都被当时物理界一部分人所接受。在实验方面,也存在着相互对立的结果。颜任光正是在当时不同的理论与实验处在分庭抗礼的情形下,在密立根教授指导下从事气体离子迁移率研究的。

颜任光采用卢瑟福-弗兰克(Rutherford-Franck)交流电势的方法,在场强从 9~6669 伏/厘米下测量了氢离子的迁移率,在场强从 11~17670 伏/厘米下测量了氮离子的迁移率。实验结果不仅证明了"小离子"的结论,而且发现了 $up=$ 常数。式中,u 是迁移率,p 是气体压强。颜任光的实验所以成功,令人信服,并且有新发现,是因为他的实验特别注意到气体的产生和净化,以及气体中出现的自由电子,并且认真地测量了在高压和低压下自由电子的相对数量。这样,他就可以尽量排除自由电子对离子迁移的影响。颜任光的实验,加深了人们对离子性质及其迁移缓慢原因的理解。

在颜任光之前,精确的气体黏性系数测量法是利用气体通过毛细管流动的所谓"流逸法"。鉴于毛细管的孔径、大小和形状的无规性,以及在其末端易产生涡流,因此,流逸法最准确的测定值也只是相对值。在密立根教授指导下,颜任光开创了气体黏性系数绝对值的测定方法。他选择这一课题的另一原因是,在密立根开创油滴法测定电荷之后,测定电荷的精确度就仅仅决定于油滴在气体中下落的黏性系数的绝对值。因而,对气体黏性系数绝对值的测定就成了当时一项紧迫的研究课题。

颜任光所采用的方法是:让外面圆筒以恒定角速度 ω 绕另一个用扭力悬丝悬挂的内圆筒旋转,从理论上推得的黏性系数为 η。

$$\eta = \frac{\pi I\theta(a^2 - b^2)}{la^2b^2\omega}$$

式中，I 为悬挂系统的转动惯量，a 和 b 分别为外圆筒和内圆筒的半径，θ 为内圆筒转过的角度，l 为内圆筒的长度。该式中各个量值均可以高精度测得。在实验中，颜任光利用了密立根设计并改进的恒偏转装置，而且还改进了测量偏转角 θ 的方法，从而显著地提高了精确度。在整个实验的结果中误差大约不超过千分之一。颜任光测定了氢气、氧气和氮气的黏性系数，修正了当时通用的物理-化学用表中已被公认的黏滞系数表，其测定值被科学界广泛采用，且对于后来精确测定电子电荷值起到了重要作用。

2. 开创中国实验物理教学的先河

辛亥革命之后，1912 年京师大学堂更名北京大学，原格致科更名理科，由理论物理学出身的夏元瑮任理科学长。大学伊始，在开设课程、安排教学方面，夏元瑮有擘划之功。然而，由于缺少仪器设备，物理实验课显得非常薄弱。除了尺子、镜子可做误差测量、光反射等少数实验外，多以概念教学，或偶有挂图，学生大多仍沿袭清末洋务运动以来的背书、习题为主。丁西林于 1919 年到校任教，颜任光于 1920 年到校任教。他们极大地加强了实验物理的教学。他们自制仪器，添置设备，编写实验讲义，安排实验课程，尽量让学生的课堂理论学习和实验相结合，培养学生动手能力。本科一、二、三年级均有 3 课时实验课。作为系主任的颜任光，俨然是一个电工，常常出入于课堂和实验室。他随身带着钳、锥等常用工具，不仅在实验室表演实验，解答疑难，而且要求学生学会使用刀、锉、锯、凿，做一些简单铁木器具，进行实验和实践活动。在课堂上，他边讲边表演，在儒学传统下的学生们无不感到新鲜有趣。由于颜任光和丁西林的努力，北京大学物理系的教学质量迅速提高，赢得了人们对该系的重视。1920 年代初，教育界有"南胡北颜"之称，推崇主持东南大学物理系的胡刚复和北京大学物理系的颜任光。足见其在中国物理教学和人才培养上所建立的功绩。

在颜任光、丁西林努力下，加上 1922 年和 1923 年分别在欧美留学归国任教的李书华教授、温毓庆教授的合作，到 1925 年北京大学物理系已初步建起电振动实验室、应用电学实验室、光学实验室、力学实验室、X 光室。开出预科物理实验 62 个；普通物理实验 69 个。后者包括电学实验 22 个，光学实验 14 个，热学实验 10 个，力学 20 个，声学 3 个，以及个别的专门物理实验。已有实验仪器如测长望远镜、压力表、温度表、湿度表、音叉、放大镜、分光镜、棱镜、菲涅耳双面镜、电容器、电阻器、电流计、象限静电计等。实验教学初具规模。北大物理系已成为全国各大学物理教学中仪器与实验最多、物理教授最多的一个系。1927 年，该系被中华文化教育基金会董事会评为全国各校物理系之冠。

当颜任光在美国康奈尔大学学习时，曾与胡适（1891～1962）同学三年。胡适于1910～1914年在该校学习文学，1915年转入哥伦比亚大学（Columbia University）深造，获文学博士学位。1917年8月胡适任北大教授，一心要创立一个"真正的大学"。在获蔡元培校长赞同下，胡适于1918年春函邀颜任光归国赴北大任教。颜任光即复函道："把大学办成一个真正的大学，是我们应当干的事。现在既然有人提倡，我也很喜欢同去帮忙，将来成效，我也增光，哪有不肯来的道理。"复信中，颜任光述及自己夏天拟往英国剑桥大学随汤姆孙研究一年，"将来回国一定直上北京"参与北大建设。

颜任光不仅重视实验，重视课堂教学，也重视宣讲物理学上新理论和新发现。当闻讯1922年底爱因斯坦要访问中国、访问北大时，颜任光从1921年1月起，就多次演讲相对论，报告了"相对论的起源"，"爱因斯坦的相对论"，"相对论的发展"。在他带领下，许多教授起而作相关演讲，或撰文刊载出来，掀起了一股学习相对论的热潮。

颜任光的学术生涯中著述甚少，但他是国民政府教育部下设"大学丛书委员会"53位委员之一。他和丁西林、李书华、周昌寿、梅贻琦等都是该委员会委员。他们在推荐、核准大学物理教科书方面也颇有功劳。物理学家周均时（1891～1949，字君适，以字行）于1935年编写《高等物理学》一书时，颜任光等极力推荐，促其尽快出版。该书在抗战期间成为西南、西北诸多大学物理教材。

1925年5月，颜任光休假回到上海。恰逢"五卅惨案"之时。国人对于英国军警在黄浦江边枪杀工人义愤填膺，罢工浪潮持续不断。为争取国际舆论并在英国议会获得同情，胡适、罗文干、丁文江和颜任光联名向英国议会呈送《中国的讼词》（China's Case）。全文3000字，陈述惨案经过，揭露英方军警暴行。时在伦敦的罗家伦将此文递交英国议会，他读此文件后写道："（该讼词）如老吏断狱，不但深刻，且说得令人信服。每字每句不是深懂英国人心理的作者，是一定写不出来的。"这份文件在英国议会散发后，为英国工党议员在议会上作出同情中国的陈述提供了理由。8月23日，胡适与颜任光同游上海大世界。当年康奈尔大学的这两位同学同为中华民族反帝、抗军阀的胜利而喜悦。

3. 创建中国的科学仪器工业

1925年秋，颜任光辞去北京大学物理系主任和教授之职，到上海和丁佐成合作创办大华科学仪器公司。

丁佐成，1918 年金陵大学物理系毕业，1923 年获芝加哥大学电器工程硕士学位，后曾任职于西屋电气公司（Westinghouse Electric Corporation），1925 年回国。颜任光与丁佐成先后出入于芝加哥大学。1925 年，颜任光休假，再回母校参观，同乡相遇于国外。两人目睹外国实验室设备，切身感受到仪器仪表对物理学本身的发展、对工业生产的重要性，志向相投，回国后即携手合作。1925 年 10 月，他们二人筹措资金，收购了一家美国人在上海开办的幻灯机维修厂，开办了中华科学仪器馆。初，仅有员工 5 人，资金 6 千元。初始业务是修理幻灯机和实验室仪表。经他们努力，研制成船舶和航空用无线电收发报机，为仪器馆掘得第一桶发展资金。1927 年，该馆又得到一次发展机会，宁波富商朱旭昌加盟。于是，朱任董事长、丁佐成任经理、颜任光为工程师的大华科学仪器公司（以下简称大华公司）正式成立。

大华公司初始业务，主要是为上海招商局等轮船公司制造无线电通信设备，并代理美国西屋电器公司的远东经销业务。1928 年，大华公司职工增至 60 多人。公司的发展遭到外商嫉恨。为保存实力，被迫以 15 万元将无线电通讯装置经营权转让给美商亚洲电器公司，并以此资金全面转向电表制造。1929 年 10 月，大华公司成功制出第一块只国产电表—R301 型直流电表，从而开创了中国人自制仪表的历史。其中，"R"一字母系丁佐成英文名 Reber Ting 的第一个字。

作为工程师的颜任光，此期间虽任职于光华大学，但他的课余时间几乎都在大华公司设计室，直到 1932 年他被调任交通部电政司司长为止。此期间，他主持了国内第一台无线电收发报机的制造，参与设计国内首批交直流电表。1928 年他曾赴南京主持装配由孙传芳留下的一套电调设备，即无线电广播设备。北洋军阀孙传芳（1885～1935）于 1927 年 8 月在南京被国民党军打败。他留下了一套残缺的无线电广播设备，尚无人能装修、调试并使用。对于中国而言，无线广播在 20 年代犹如电视设备在 50 年代一样，都是极为先进的技术。颜任光受命完成该设备的修理、安装、调频及使用，曾一时轰动南京京城。

在颜任光出任交通电政司司长期间，为改造上海和南京电路，排除上海真如国际无线电台的故障，又声名远扬。1933 年，无线电通讯技术的开创者马可尼（G. Marconi，1874～1937）夫妇来华访问，意在查验他的公司产品在华利用情况。来华后，他受到军、政、商、学界广泛欢迎。学界领袖蔡元培、财政大鳄孔祥熙都曾设宴款待。当年 12 月 11 日由国际电信局局长、曾任北大物理学教授的温毓庆（1895～?）、颜任光等一行陪同视察真如国际无线电台。温、颜讲述了电台维修、保养以及运行情况，对马可尼公司产品提出改进措施。当晚宴会中，马可尼致答辞道：

"吾对贵国万分敬慕。深望来日能有机会重来贵邦，多多认识。此来晤及贵国几位无线电工程师，都是在欧美时的老友，学识渊博，钦佩之至。今晨前往参观此间附近正在建筑的贵国国际电台，晤及欧美专家，赞赏中国工程师的聪明才智，无人能与比拟，鄙人深为钦佩。贵国来日科学发展，正无限量。"

马可尼的答辞折射出诸如颜任光、温毓庆等一批专于实验物理的中国科学家在无线电技术中发挥的作用。抗战期间，鉴于日军封锁，急需军用无钱电台，颜任光又被委以中央无线电器材厂厂长。直至抗战结束，他曾设计制造多种元件和收发报机，培养了一大批熟练的技术人员。

新中国成立后，在颜任光任职上海电表厂期间，他先后组织领导并主持设计了当时国家急需的开关板涨丝式电表、电子自动控制记录电表、电子电桥式自动记录周率表，远近遥测电表等系列重大新产品，其中包括 LU6 电子电位差计、LC-1 和 LC-4 记录电表等多种仪表。在从事仪器仪表研制中，培养了大批技术人才，为中国精密仪表工业的发展作出了重大贡献。

三、颜任光主要论著

Yeh K L（颜任光）. 1918. Mobility of ions in air, hydrogen and nitrogen. Phys Rev, 11: 248.
Yeh K L. 1918. The mobility of gaseous ions. Phys Rev, 11: 337.
Yeh K L. 1919. An absolute determination of the coefficients of viscosity of hydrogen, nitrogen and oxygen. Phil Mag, 38: 528.

主要参考文献

罗家伦. 1956. 现代学人丁在君的一角. 台北《中研院院刊》第 3 辑.
陈作平. 1992. 我国早期杰出的物理学家颜任光博士//蔡明康. 三亚文史. 4: 18.
耿云志. 1994. 胡适遗稿及秘藏书信. 合肥：黄山书社.
秦福祥. 1999. 上海电子仪表工业志. 上海：上海社会科学院出版社.
欧阳哲生. 2008. 丁文江先生学行录. 上海：中华书局.

撰写者

戴念祖（1942~），中国科学院自然科学史研究所研究员，首都师范大学物理系讲座教授。曾任自然科学史研究所物理学史和化学史研究室主任。

周昌寿

周昌寿（1888~1950），贵州麻江人（生于成都）。物理学翻译家和教育家。1906年赴日本东京第一高等学校学习，1909~1914年就读东京帝国大学物理系，获学士学位。先后任商务印书馆编译，大夏大学教授、理学院数理系主任，兼任中华学艺社理事长，复旦大学、同济大学、上海交通大学教授等职。他毕生致力于物理学著作的编译工作，译述甚丰，是早期向国内介绍量子论和相对论等物理学新成就的学者之一；参与中国物理学会物理学名词术语的审定工作；编写了系统的中学物理教材，影响和培育了几代物理人才。

一、生平概况

周昌寿，字颂久，祖籍贵州省麻江县景阳乡。1888年生于四川成都的一个书香门第。祖父周之翰曾任四川知府。父亲周诚，为举人，曾任知县、盐务使等职。兄长周恭寿历任贵州大学堂讲师、贵州大学校长和首任贵州省教育厅长、国大代表等职，是省内外知名的教育家。周昌寿从小受父亲、兄长的影响，聪明敏睿，笃学不倦。虽生在穷乡僻壤，但跟随父兄在外读书多年，思想开放、视野开阔、心志高远。

1905年，兄长周恭寿率8名学生"赴日留学和考察政务"。一年后返回贵州，受命负责省内教育事务。周恭寿生活俭朴，但将很大一部分收入用以支持弟弟周昌寿在日本留学。在哥哥的资助下，周昌寿离开了生活18年的祖国，开始了在日本留学的日子。

1906年周昌寿到日本东京第一高等学校学习，1909年考取东京帝国大学，专攻物理学，主修实验物理，经四年学习，本科毕业，考入帝国大学研究院深造，师从当时日本著名物理学家石原纯，成绩名列前茅。石原纯为日本理论物理学之权威。周昌寿深受老师的影响。

1916年12月3日，周昌寿与陈启修、王兆荣等其他几位中国留日学生一同发起成立了"丙辰学社"，以"研究真理，昌明学艺，交换智识，促进文化"为宗旨。1920年郑贞文担任该会总干事，该会的骨干社员周昌寿、杨端六、何公敢等均在商务印书馆编译所任职，经编译所长高梦旦同意，1920~1932年间该刊曾由商务编译所出版发行。1932年丙辰学社改名为"中华学艺社"，总事务所设在上海。周昌寿曾任副总干事，做过总务部、编辑部的工作，参与创办《学艺》杂志、《学艺丛刊》，积极推动社内各项活动。多次组织筹备中华学艺社重要会议，组织赴日学术视察团、中华学艺社日本研究委员会等。同时，在中华学艺社的《学艺》月刊上屡屡发表科学人文文章，深得读者喜爱。

周昌寿1919年从日本回沪，应聘上海商务印书馆编译所物理化学部编译。1922年在上海与清末著名书法家夏同和的侄女夏桂徵结婚。1937年，日军侵占上海，周昌寿随馆部分人员，撤到长沙，任第三组组长，主持自然科学书籍的编审工作。1939年，商务印书馆编审部迁到香港，周昌寿到港主持工作。1940年，上海商务印书馆遭到日军查封，在重庆的商务印书馆总经理王云五知道周昌寿通晓日语，派其回上海保全商务印书馆财产和维持业务。周昌寿回上海与商务印书馆经理鲍庆林、中华书局经理吴叔同等一起多次找日方交涉。此时，他将个人安危置之度外，每去日军司令部交涉前，总是嘱咐家人做好他回不来的思想准备。经他多方交涉，据理力争，终于迫使日方交还了商务印书馆的财产，使得商务印书馆在战争期间得以保存并且继续出版工作。在敌伪统治下，周昌寿称病不参加政治社交活动，埋头于学术研究和译著。20世纪40年代，他被提升为襄理；1944年，又升任协理。1945年，当时任总经理的王云五提出，沪地"在职全部编辑人员完成增订《辞源》工作，务请傅维平主持，如傅先生精力不济，改请周颂久先生主持"。可见，王云五对周昌寿的为人和工作是肯定的。

1946年，周昌寿应留日同学、数学家苏步青邀约，同往台北接收台湾大学，任校部秘书长。1947年，台湾爆发"二·二八"事件后离开台湾返回上海，先后在大夏大学、复旦大学、交通大学任教。

1949年5月，上海市解放后，郭沫若从北京写信邀请周昌寿到中国科学院工作。不料在1950年1月的一天清晨，周昌寿突发脑出血，溘然辞世。

二、译书育人

1. 编写物理学教材

1922年，国民政府教育部提出《学校系统改革方案》，称为"壬戌学制"，规定小学6年，初中3年，高中3年，高等院校4至6年。经过一段实行之后又于1932年颁布了《中小学课程暂行标准纲要》，称为"正式标准"。在这种背景下，

1923 年周昌寿编写了《现代初中教科书物理学》，以适应初中自然科学课程分物理、化学、生物讲授的需要。经过几年试用后，该书又改写为《新撰初级中学物理教科书》，于 1926 年出版。1924 年，他还和郑贞文、高铦合编了《实用自然科学教科书》，以适应当时初等中学物理学、自然科学课程的需要。1933 年他又编写、出版了《新标准初中教本物理学》。

周昌寿 1935 年前后编写了《复兴高级中学教科书物理学》、《复兴高级中学教科书物理学实验》、《新学制实用自然科学教科书》、《复兴初级中学教科书物理学（上）、（下）》，这四本书都是作为教科书用的。尤其是《复兴高级中学教科书物理学》这本教材，该书分为上下两册，"根据民国二十五年四月教育部颁行之修正课程标准，编译而成，以供高级中学校教科书之用，兼做师范学校职业学校等之参考书之用"。这本书的特点："①一律从初步入手，循序而尽；②专为课室讲演而编，采用实验，大都轻而易举；③一切标准，均遵照部定；④本书使用各种名词，全系中国物理学会所决定；⑤本书于每章之后，各附以问题若干条，一则使学生根据所学原理，解释自然现象，二则训练之使其应用定律。"其中还穿插了各种图片，易于理解、记忆。

周昌寿还翻译一些国外著名的物理教材。1924 年他与高铦合译大学普通物理的《密尔根盖尔实用物理学》一书。该书原著是美国芝加哥大学物理学家密立根（R. A. millikan）和盖尔（H. G. Gale）在 1920 年编著的"Practical Physics"。"Practical Physics"一经出版，便风靡全美，成为美国当时通用的物理学教科书。屠坤华曾翻译《密尔根盖尔初等物理学教程》一书，由商务印书馆出版，该书出版后，被国内多所大学采作教本，蜚声讲坛。鉴于此，周昌寿与高铦再次修订出版，通顺原译文，并加入一些新理论和实际应用例子。

1929 年商务印书馆出版了周昌寿译、日本田丸卓郎原著的《中等教育物理学讲义》。由于出版发行后不久，上海发生了淞沪抗战，日军炸毁了商务印书馆的编译所、货栈以及附设的涵芬楼东方图书馆等处。所以此书直至三年后才改版发行，书名改为《物理学精义》。此书分 10 篇，52 章，有 830 页。全书虽然基本上按照力、热、声、光、电的体系，但各篇详略不同。因该书不符合中国的《课程标准》，内容冗杂，书末还附有当时日本的入学试题，所以不适宜作为中国的教科书。但是这本书中包含物理知识之广泛、详细，是当时中国少见的中学物理书。

2. 推广物理学教学法

周昌寿还是一位出色的物理教师，他学识渊博、口才出众，讲课时表述严谨而又生动幽默，因此颇受学生喜欢。郭沫若曾记述1924年3月学艺社杭州年会上周昌寿作相对论讲演的情景："千人大礼堂里……楼上楼下都被人坐满了……只见颂久在讲坛上踱来踱去，妙喻取譬地讲得头头是道。满场的听众都肃静无声，听得十分专一。……颂久讲演了一个钟头光景，在热烈的掌声中终究结束了。"

20年代和30年代初期，周昌寿曾两次兼任大夏大学教授。抗日战争胜利后，又任该校教授并数理系主任，还兼任复旦大学、同济大学和上海交通大学教授和一些中学的物理教师。很多名人都是他的学生，陈佳洱院士就是其中一个。陈佳洱院士曾回忆："当时我上的学校是位育中学，这个中学有一批非常优秀的数理化老师。物理老师叫周昌寿，是复旦大学前身的物理学讲师，他讲的物理深入浅出，概念清楚。"

周昌寿不仅物理课程讲得好，他也十分注重教学方法，曾编译《自然科学及其教授法》一书。该书分为三编，分别是：科学概论、自然科学发展史、自然科学教授原理。分类很详细，涉及自然科学的公理、推理，科学探究的方法——观察、实验、测定等，还包括从古代、中世纪、近现代的自然科学发展史，社会、教育、教法、教材与自然科学的关系。周昌寿认为："自然科学为近世文明唯一之泉源，同时又为改革社会组织之直接原因……但若穷其本源均可归之于自然科学之发展……综观欧美各国，任何事业皆有一研究院，用科学的方法，作彻底之研究。不仅应用已知之原理，且进而探求未窥之奥秘。其所以殚精竭智，兀兀穷年者，岂均出于单纯好学之一念耶？盖非此不能推知自然科学对于现代社会及工业生活所具之关系，即无从求改进生活状况之道也。"表达了知识分子"科学救国"、"教育救国"的基本出发点。

3. 传播最新物理学知识

爱因斯坦相对论于20年代在中国的早期传播过程中，留日学生周昌寿、张贻惠、郑贞文和文元模扮演了重要角色。他们切实地介绍了许多最新自然科学，特别是物理学的成就，在各种报刊杂志上发表了大量的文章。周昌寿不仅翻译了日本石原纯所著的《爱因斯坦和相对论原理》，还撰写了《相对律之由来及其概念》等文章，积极宣传爱因斯坦及其相对论。尤其是《相对律之由来及其概念》一书，值得称道。该书分为两篇：①相对律之由来及其概念；②相对性原理概观。"前一篇介绍相对论的最重要而又最基础的概念，及其数学的演绎"；"后一篇摘释相对性原理的内容"。书中还多处写到相对论对中国的影响，"这个时候正正碰着我国学界兴高采烈地在那里高唱新文化运动。照道理说起来，对于这件轰轰烈烈的伟大功绩，似乎也得要知道一些风声的了。现在因爱因斯坦来东亚演讲过一次，所以国人对于他的兴味，也大非昔比，杂志上介绍的论文也不少，就是一个明证"。该文先刊于《学艺》，后又出单本。其社会影响颇大。

周昌寿还是早期向国内介绍量子论成就的学者之一，撰写过《热辐射律及其作用量元之假说》一文，介绍了早期辐射定律的矛盾及普朗克的量子说缘起；还发表了《光波诱电论》，叙述了爱因斯坦光电效应的发现及相关的各种物理问题；又以"量子论的梗概"为题，进一步介绍了能量子的形成及概念、光电效应、卢瑟福-玻尔原子模型和索末菲原子轨道等最新物理发现和理论。周昌寿文采熠熠，其文章给那些在新文化运动下的读者以新宇宙观、新自然定律的深刻印象，也给社会革命家们提供了丰富的自然科学的文化背景。

4. 审定物理学名词

科学名词的审定与统一是一项极为重要和严肃的基础性工作，对中国物理学的教学与发展具有十分重要的意义和作用。周昌寿作为中国物理学会最早的会员之一，长期担任该学会名词审查委员会委员，对统一物理学名词术语的工作作出了努力和贡献。"民国九年，科学名词审查会议决定增加物理组，由中国科学社主稿。十六年大学院组织译名统一委员会，略有搜集。翌年大学院改组，译名事业归教育部编审处办理。根据科学名词审查会物理组审查本，酌加订正，于二十年分发国内物理学者，征求意见。"1932 年，国立编译馆成立，在中国物理学会成立大会上，该馆提请中国物理学会组织名词审查委员会，专任厘订物理学名词事宜。1933 年 8 月 2~4 日中国物理学会在上海交通大学工程馆召开第二届年会，会上讨论了国立编译馆的建议，推举吴有训、周昌寿、何育杰、杨肇燫、裘维裕、王守竞、严济慈 7 人组织名词审查委员会，杨肇燫为召集人，并限定 9 月 15 日前完成第一批名词审查工作。又决定把物理名词审查委员会作为常设组织，由杨肇燫、萨本栋、王守竞、严济慈、张贻惠、裘维裕、周昌寿、何育杰、吴有训、张绍忠、文元模、胡刚复、丁西林、倪尚达、饶毓泰等 15 人为委员，每届任期两年。同年 8 月 21 日~9 月 2 日，在中央研究院物理研究所召开了第一次名词审查会议，共审定名词 5000 余则。为求完备起见，参考"科学名词审查会，中华文化教育文化董事会，中央研究院，商务印书馆周昌寿君等各稿，及其他各方意见，分别注明出处"。9 月 2 日在物理学会评议通过后，立即送交国立编译馆，稍加整理后，1934 年 1 月 25 日呈请教育部核定，同月 31 日由教育部核准公布。

5. 开展科学普及

科普读物可使民众了解科学、掌握科学文化知识、改善生活和提高科学素养，因而科普读物是近代中国各科技团体实施科普教育的重要形式。在这方面，周昌寿做了许多工作，撰写了很多科普著作。如商务印书馆出版的《万有文库》系列丛书和《大学丛书》系列，留下他的诸多墨宝和心路历程。周昌寿不仅在其中撰写翻译了诸如《以太》、《宇宙论》、《天体物理学》、《飞机》以及《法拉第传》、《罗伦彻及蒲郎克传》（"罗伦彻"今译"罗伦兹"，即 H. A. Lorenz）等一批科普名作，影响了几代年轻人的智力成长，而且这两套在中国近代史上颇具影响的丛书本身在拟题、组稿、审定和编辑方面也凝聚了他的一份心血。

周昌寿在1929、1933年分别编写了天文学科普图书《宇宙论》、《天体物理学》。编写这两本书的目的是为了满足人们多年来对宇宙的好奇心，介绍宇宙天体，记载当时对宇宙的认识。介绍应用物理学的一些原理、方法去了解宇宙中的一些物质、现象，观察、研究天体的工具及使用方法。《宇宙论》分为三章，分别是恒星、太阳、行星，每一章分为若干小节，详细的介绍以上三种星体。该书用通俗易懂的语言叙述天文物理问题。如应用比喻的手法叙述太阳离我们的距离之远："试用地球上之经验，以测太阳系之广延，即可得其大概。假定以通常炮弹飞行之速度，作直线进行之运动，则欲横断海王星之轨道直径，非五百年不为功，太阳系之大可知，然以此距离与地球与恒星间之距离相比较，则又渺小不足道矣。"《天体物理学》分为十一章，前四章主要介绍天体物理学之基础原则、方法及各种观测器械，后七章则是应用以上的原则、方法、器械来研究各种天体的一些状况。书中指出："天体物理学，系最近百年来始露其头角故又有新天文学之称。天体物理学又名为天文的物理学，为最近数十年间始发展而成之一新科。其目的在应用物理学上之各项原理，决定各天体之物理的性质，个别之构造，各种之变动，以及相互间之关系等，各项重要问题。更因其研究之方法不同，分为若干分科。本书范围，即在于此。"

《以太》是周昌寿1930年编著的科普类图书，该书的出版对传播与宣传相对论起到一定积极作用。写这本书的目的在于宣传相对论。至于以太："宗其自产生，以至现在，前后不过二三百年，而其位置的变动，竟有如斯之甚，真不可不谓出人意料以外的了。究竟当日何以能够成立？后来又何以能够如此重要？现在又何以非抛弃不可？抛弃以后又将何以解释能的传播？"本书的目的在用力所能及的简明文字，将上列各项问题，解释出来，使论者能得一原原本本的了解，然后就能做进一步的研究。

1929 年周昌寿编著了普及读物《飞机》一书。全书分为十九章，前两章写了飞机的发展史，后面几章则详细介绍飞机的原理、应用。普及飞机这一改变人类历史的机器的物理知识，不仅可以拉近人们与科学的距离，更能达到作者写这本书的目的："希望能引起读者的兴趣，去做更进一步的研究。"

周昌寿还在 1933 年翻译了《法拉第电学实验研究》一书。该书原为英国著名科学家法拉第（M. Faraday）著。周昌寿翻译这本书的目的不单单向人们介绍法拉第的科学贡献，普及电学知识，更重要的是向国人宣传法拉第的科学精神"就他全人格而论，可以断定，法拉第实是世界上从未见过的最大的实验学者。我还要加上一点意见，就是此后的研究上的进步，不但不会使这位伟大研究家的成绩减色，反而只有增进他的光荣的趋势。"时至今日，法拉第的科学著作已有多种文本出版，而周昌寿所译该书仍是中国唯一一本译成中文的法拉第原著。

总之，周昌寿的一生是尽心尽职的一生，他尽心尽职地编、译、著各类物理学教材，面向社会普及物理学知识，提倡物理学（自然科学）教学法，统一物理学名词，为物理学知识在中国的传播与发展作出了不可磨灭的贡献。中国早期的物理学家由于环境所限，没有条件展开很好的物理学研究，但他们通过自己的努力，使得更多人学习、掌握了西方现代物理学知识。正是他们的努力，才使物理学在中国古老的土地上生根、发芽，长出了茂密的参天大树。在我们参与到世界物理研究最前沿的今天，更不应当忘记中国物理学的早期传播者——周昌寿。

三、周昌寿主要论著

周昌寿. 1920. 光波诱电论. 学艺，2（3）：11

周昌寿. 1921. 相对律之文献，学艺，3（1）：6

周昌寿. 1921. 量子说的梗概. 东方杂志，18（3）：79

周昌寿. 1923. 现代初中教科书物理学. 上海：商务印书馆.

郑贞文，周昌寿，高铦，等. 1924. 实用自然科学教科书. 上海：商务印书馆.

Millikan R A, Gale H G. 1924. 密尔根盖尔实用物理学. 周昌寿，高铦，译. 上海：商务印书馆.

石原纯. 1924. 爱因斯坦和相对性原理. 周昌寿，郑贞文，译. 上海：商务印书馆.

周昌寿. 1925. 自然科学及其教授法. 上海：商务印书馆.

周昌寿. 1929. 宇宙论. 上海：商务印书馆.

周昌寿. 1930. 天体物理学. 上海：商务印书馆.

周昌寿. 1930. 以太. 上海：商务印书馆.

田丸卓郎. 1932. 物理学精义. 周昌寿，译. 上海：商务印书馆.

周昌寿. 1933. 新标准初中教本物理学. 上海：开明书店.

Faraday M. 1933. 法拉第电学实验研究. 周昌寿, 译. 上海: 商务印书馆.

周颂久. 1933. 复兴初级中学教科书物理学. 上海: 商务印书馆.

周昌寿. 1934. 飞机. 上海: 商务印书馆.

周昌寿. 1934. 复兴高级中学教科书物理学. 上海: 商务印书馆.

周昌寿, 文元模. 1935. 复兴高级中学教科书物理学实验. 上海: 商务印书馆.

Crowther J A. 1937. 法拉第传. 周昌寿, 译. 上海: 商务印书馆.

周昌寿. 1939. 相对律之由来及其概念. 上海: 商务印书馆.

主要参考文献

国立编译馆. 1934. 物理学名词. 上海: 商务印书馆.

周昌寿. 1934. 自然科学及其教授法. 上海: 商务印书馆

季烨. 1996. 周寿昌//沈克琦. 中国科学技术专家传略: 理学编: 物理学卷1. 石家庄: 河北教育出版社: 35.

骆炳贤. 2001. 物理教育史. 长沙: 湖南教育出版社.

撰写者

白欣（1975~），科学技术史博士，首都师范大学物理系副教授，从事中国科学技术史研究。

李书华

李书华（1890～1979），河北昌黎人。中国早期近代物理学家和教育家。中央研究院院士。中国物理学会创建者之一。1912年直隶农业专门学校毕业后，留学法国，1918年获图卢兹大学硕士学位，1922年获巴黎大学博士学位，成为中国第一位法国国家理学博士，同年回国。曾任北京大学物理系教授、系主任，北京中法大学代理校长，北平大学副校长兼代理校长，北平研究院副院长，南京国民政府教育部政务次长、部长，中央研究院总干事，以及中国物理学会第一、第二届理事长等职。他为建设北京大学物理系和中法大学、创建北平研究院作出重要贡献。20世纪20年代，李书华在法国研究生物膜渗透性问题，50年代曾从事大分子物理性质研究，后转向中国古代科学技术史研究。1922年李书华发表"极化膜的选择渗透性"，1926年和1945年法国政府两次授予李书华荣誉勋章。著有《中国印刷术起源》等。

一、生平概要

李书华，字润章，1890年生于河北省昌黎县。李氏世代均以务农为业，兼读书或习武，后来亦闻有经商者，李书华辈起，李家进入儒士阶层。李书华的二弟李书田1926年在美国康奈尔大学（Cornell University）获得博士学位，1927年被聘为母校天津北洋大学土木工程系教授，后曾任北洋工学院院长、交通大学唐山土木工程学院院长，是中国近代享有盛名的教育家。1997年诺贝尔物理学奖获得者朱棣文是李书田外孙。

李书华1912年留学法国，1918年获图卢兹大学（Université de Toulouse）理学硕士学位，1922年在巴黎大学（Université de Paris）获法国国家理学博士学位。1922年7月回国，1922～1929年受聘北京大学物理系教授，1926～1927年任物理系主任。1926～1928年任北京中法大学代理校长，1928～1929年任北平大学副校长兼代理校长。1929～1949年任北平研究院副院长。1930～1931年任南京国民政府教

---

* 本文写作得到国家自然科学基金项目（11075109）资助。

育部政务次长、部长。1932~1935任中国物理学会会长（理事长）。1943~1945年兼任中央研究院总干事。

1945年11月联合国教科文组织产生于伦敦，李书华作为中国代表团成员之一出席创设该组织之国际会议。1948年当选中央研究院院士。

1926年和1945年法国政府两次授予李书华荣誉勋章。

1949年李书华到巴黎参加联合国教科文组织会议，后在巴黎大学物理、化学和生物学研究所从事研究工作。1951~1952年，为德国汉堡大学（Universität Hamburg）访问教授，1952年到美国，曾在纽约哥伦比亚大学（Columbia University）化学系从事中国科学技术史研究。

1979年7月5日，李书华在美国纽约逝世，终年89岁。

二、学术生涯

李书华六岁入私塾读书，1905年参加县考和府考，由于府考四场成绩俱佳，老师和父亲皆认为随后考中秀才的可能性很大，均十分满意。是年8月，科举考试取消。1907年，李书华入昌黎县高等小学堂，读书一年。1908年考入保定直隶高等农业学堂农科第三班，一年后升入中等班。1912年4月毕业考试，李书华名列第一，此时该校已改名为直隶农业专门学校。经校方推荐，李书华获得省留日公费，每年大洋五百元。毕业考试后，李书华获悉李石曾（1881~1973，名煜瀛，字石曾，笔名石僧。中国教育家，故宫博物院创建人之一。早年发起和组织赴法勤工俭学运动，为中法文化交流作出了很大贡献。）等在北京创办留法俭学会，每年以大洋六百元的费用，外加旅费大洋二百元，可以前往法国留学，且李石曾已在北京设立留法预备学校，学习法文数月，即可赴法留学。经李书华申请，农业专门学校和直隶省同意，加给大洋一百元，改往法国留学。李书华加入留法俭学会，入留法预备学校第一班，于1912年四五月在北京开始上课。1912年底，李书华和第一、第二班约30余人乘火车到达巴黎。到法后，李书华先入中学学习法文和科学课程。1915年暑假后，入图卢兹大学理学院的农科。李书华同时选学了图卢兹大学理学院的数学、化学和物理学课程。在图卢兹大学，李书华曾受教于多位著名学者，其中化学老师萨巴蒂埃（P. Sabatier，1854~1941。1912年获诺贝尔化学奖，获奖工作是发现有细碎金属存在时有机化合物的氧化方法而推动有机化学迅速进展。）时任图卢兹大学化学系主任。1917年，李书华获得图卢兹大学理学院应用植物学和数学高等证书，1918年获得农学工程师证书和化学高等证书。因取得三张高等证书，遂得到图卢兹大学理学硕士学位。这一年，李书华在《东方杂志》发表文章《敬告留学生与教育当局》，从国家对留学人才需要的角度，提出他对当时中国留学现状的思考和建议。他认为，留学生在国外除了用功学习以外，还要注意个人的责任、人格和团结。他说，留学生有为中国富强的责任，回国后对国家有转危为安之责，对社会有维持改良之责。对留学生回国后的工作，他说："习政法者，可入政界，习科学者，则万不可弃其所学，从事他业。"对于团结，他认为，留学生不该以留学地点分党派，"当合欧美日本各处留学界，联络一起。回国者当创办总学会，分科进行，习某科者集合同类从事某科之研究。传布学识，发展学术。""而今日所最重要者为创办科学杂志与编译科学书籍。"对于留学当局，他建议要加强留学规划、在国内创办科学研究院、注重留学生实习等。"中国今日所需者，非一知半解之人，乃深造精通之士。非浅近粗通之辈，乃专门应用之才。在昔初变法时，对于学务，在开通风气，略有新知识者足矣。今日风气已开，所患者在无真实学问足以应用之人才。欲得此项人才，非延长留学期间不可，且非注重实习不可。"

1918~1919学年，李书华继续在图卢兹大学学习物理。1919年暑假后，李书华转到巴黎大学学习物理学，聆听了李普曼（G. Lippmann，1845~1921。1908年获诺贝尔物理学奖，获奖工作是发明用干涉效应使照相底片重现彩色的方法。）讲授的电学、勒迪克（Leduc）的热力学、吉耶（Guillet）的光学，以及居里夫人的放射学，并在实验室完成相关物理学实验。1920年6月，李书华通过考试获得巴黎大学物理学高等证书。由于取得了四张高等证书，且其中有物理和化学两张高等证书，便获得了法国任教理学硕士，同时有资格注册准备法国国家理学博士学位。得到巴黎大学理学院物理学教授佩兰（J. Perrin，1870~1942）的允许，李书华于暑假后入佩兰的研究室，开始博士论文的研究工作。李书华的导师佩兰是法国著名物理学家，在阴极射线和布朗运动研究，尤其是分子真实存在的实验证实上取得重要成果，后在1926年获得诺贝尔物理学奖。

在佩兰的研究室里，李书华与佩兰教授的儿子F. 佩兰（F. Perrin，1901~1992）及奥盖（P. Auger，1899~1993）等成为同学，此二者后来均成为法国科学院院士。紧张的实验室研究工作外，佩兰研究室的学术讨论活动也使李书华受到很多启发。佩兰研究室每周举行一两次咖啡会，佩兰和所有做研究工作的人参加，报告并讨论研究工作的进展。在报告和讨论中，有时激发出新的想法或好的意见。讨论会也吸引了研究室以外的学者，居里夫人和她的女儿I. 居里（当时也在准备博士论文）、朗之万等有时亦来参加讨论，佩兰已经毕业的学生吉拉尔（P. Girard）几乎每次都来参加。

关于准备博士论文的过程，李书华曾简短回忆说："自入毕汉（佩兰）教授研究室以后，我工作甚忙。因为想在两年内把毕业论文做完，所以在研究室加紧赶做实验工作。有时夜间还去做，1921年暑假期间，亦未停工。至1922年4月间我的研究工作，幸能告一段落。"当时，法国国家博士论文需要两篇，第一篇为主要工作，必须有新的研究结果，包括新发明和新发现或新理论在内；第二篇则为大学理学院命题。"关于第一篇论文的实验工作，已得到不少新的结果，毕汉（佩兰）教授认为满意。于是我把这些结果加以整理。用了几个星期的功夫，一气把这篇论文写完。"李书华博士论文的第一篇题为"极化膜的选择渗透性"，1922年论文内容要点发表在《法国科学院周刊》，论文全文则发表于法国的《物理学报》。李书华的第二篇论文，理学院的命题为"同位素"，只要求写一篇综述性的讨论文字，不久李书华完成了这篇论文。李书华的博士论文研究工作涉及物理化学和生物学交叉领域，在研究中吉拉尔给予他很多帮助，他们也在合作研究中结下了深厚的友谊。

李书华的博士论文答辩于1922年6月11日在巴黎大学理学院举行，答辩委员会由巴黎大学三位著名教授组成：化学教授于尔班（G. Urbain）、物理化学教授佩兰、生物学教授拉博（E. Rabaud），于尔班任答辩委员会主席。论文委员会决定予以通过，给以最优等的等级（Mention：Très Honorable），并公开宣布。李书华成为中国第一位法国国家理学博士。

1922年6月李书华接受北京大学蔡元培校长聘书，于7月下旬由法国南部港口马赛乘法国邮船回国。李书华与北京大学早有学术联系，1920年，他就接受了北京大学驻欧通讯员聘书，第二年他曾以"北京大学驻欧洲通讯员"身份在《北京大学》月刊发表他在法国华侨协社的讲演"科学定律与事实"。1921年，蔡元培到欧洲考察，在巴黎时，李书华与他有过多次交谈，所谈多关于改善北京大学理科问题。1922年9月李书华到北京大学任物理系教授，此时，物理系主任是颜任光，教授有何育杰、夏元瑮、丁燮林。李书华在历年教学中，曾分别讲授一年级普通物理学（包括物性、热学、热力学、音学）、初等力学和普通物理实验；二年级普通物理学（包括光学、电磁学）和普通物理实验；三、四年级的近代物理学（当时称为"放射学及X光线"，包括离子、电子、阳射线、X光和放射学等内容）；预科物理、初等物理实验和本科四年级的专门物理实验。李书华教学极为认真，"那几年，我全部的精力，都给予北大物理系。同系的几位教授也都很合作。除授课外，我终日在办公室或实验室工作。一方面充实功课内容，一方面为学生准备实验室的各种实验。目标在提高学生程度，使学生在毕业时有充分的基本知识。然后我们希望进一步能进行科学研究。"为了教学的需要，1922~1923年，李书华讲授的"普通物理讲演"

由品青记录整理连续刊载在《北京大学日刊》。1923 年李书华还编写了《普通物理实验讲义》。中国物理学本科教育 1913 年肇始于北京大学，抗日战争前设立物理系的学校已有二十余所，但各校一般采用英、美等国教材。20 世纪 20 年代起，中国物理学家才开始编写大学物理教材，李书华为此做了开创性工作。这个时期，李书华还在《东方杂志》等期刊发表了多篇介绍科学发展历史和最新进展的文章，如"相对论及其产生前后之科学状况"、"二十年来物理学之进步"、"各国科学家对于物理学之贡献"等。

1925 年和 1926 年，李书华当选为全校教授会评议员。1926 年 11 月，当选物理系教授会主任（物理系主任），但他仍然担任一年级普通物理学和普通物理实验、四年级的专门物理实验课程。1925～1926 年，北洋政府经常拖欠教育经费和教师薪金，教授们一年只能领到 5 个月的报酬。因此，教师离校、改从他事者日益增多。这使学校不仅不能开展科学研究，甚至连维持正常上课和实验都感到困难万分。李书华任系主任时期恰遭此厄运，他勉力维持系里工作，殊为不易。

1926 年"三一八"惨案后，北京中法大学代理校长李石曾被北洋政府无理通缉，李书华出任中法大学代理校长，他迅速到校执行校长职务，至 1928 年秋。李书华任职期间正值北洋政府后期，"是时北平教育界同情于中国国民党与国民政府，常为北方少数军人所不满。中法大学因创办人均属国民党人物，故尤被注意"。在此两年多的时间，李书华能使中法大学平安度过且有发展，克服了许多困难，为中法大学的建设作出了重要贡献。北京中法大学在 1925 年后，就得到中法教育基金委员会的补助，利用这一条件，李书华为中法大学增聘了一些教授，大量扩充了物理、化学、生物各实验室的设备，大量增加了图书馆中各个学科的中法文书籍，使中法大学图书馆成为各大学重要的图书馆之一，尤其是法文图书极为丰富。他还利用各种机会约请许多中法学者到中法大学演讲，扩大了师生的学术眼界，促进中法文化交流。其中 1926 年法国工程师、贝兰式传真机的发明者贝兰（É. Belin，1876～1963）的到访格外引起关注。贝兰是传真技术实用化进程中的关键人物之一。在中法大学，贝兰先是参加该校成立七周年庆典，随后讲演"传递图像的电报"（即传真），李书华亲自为他翻译。贝兰的演讲吸引了中外人士 800 余人，其中包括法国驻华公使马泰尔（C. D. Martel，1878～1940）。后贝兰还曾在北京大学物理实验室，利用北京至沈阳间长途电话线，向军、政、学三界人士演示传真文字和图像。李书华回忆说："在我代理校长时期，曾约请许多中法学者到校演讲，很引起学生的兴趣。其中白兰（E. Belin）演讲，尤其是破天荒的一次。民国十五年十月十四日法国电传图像发明家白兰先生在北平中法大学演讲'电传图像'（La Télégraphie des

Images），并借北大物理实验室利用北京沈阳间长途电话线试验电传字书及电传照相，成绩甚佳。第一次电传字书，是我亲笔写给东北大学张翼军教授的一封信，照原笔迹由北京用电话线传递至沈阳。这是中国电传图像的第一次。"李书华是将传真技术引入中国的中介人。

1928年，北平各学校合组为国立中华大学，后改称国立北平大学，李石曾为校长，李书华为副校长，至1929年大学区制撤销。北平大学区时期，李书华十分繁忙，但他仍每周到北大物理系讲授"近代物理"两小时。李书华说："我们推行北平大学区制，本抱有很高的理想：我们以为首都既在南京，北平应为教育与学术重心。推行大学区制的目标，即以北平国立学校与天津北洋大学原有人才和设备，加以充实与扩大，使成为一个完备而合理的大学，负起大学教育与学术研究的责任。同时使河北高等教育与北平高等教育发生联系，使北方普通教育与高等教育亦得以彼此衔接。"

1929年，北平研究院成立，李石曾任院长，李书华任副院长。李书华担任此职直至北平研究院1949年结束，因院长李石曾社会事务繁多，北平研究院的院务实际由李书华主持。李书华为北平研究院的建设、组织和发展起了重要作用。北平研究院经费有限，考虑到中国自然科学尚无基础，故特别注重自然科学研究，同时亦从事其他应用科学、人文科学与社会科学之研究。1929～1936年，北平研究院为院、部、所三级结构，1936年后该院为院、所二级结构。起初，李书华除负责全院日常事务外，还兼任出版部部长、理化部部长、物理研究所所长、理化部水利研究会干事。1931年起严济慈任物理研究所所长兼镭学研究所主任，李书华的所级事务才稍有减轻。物理研究所开展光谱学、感光材料、水晶压电效应、重力加速度和经纬度测量、物理探矿等方面研究。

李书华将北平研究院的历史划分为创设发展（1929～1937）、抗战迁滇（1937～1945）和复员暂停（1946～1948）三个时期。"1929～1937年，北平研究院发展甚速。在此时期各研究所同仁研究兴趣极为浓厚。每人均努力前进，使其工作早有结果或早日完成，以便提前发表，为其最大目标。各所研究人员在此一时期完成研究论文最多，可称为北平研究院鼎盛时期。本来在此时期，中国各方面都有进步，科学教育与科学研究在此时期进步最大。"1936～1937年，随着日本帝国主义侵华战争的扩大，北平研究院进入战前预备时期，部分研究所迁离北平，李书华为北平研究院的疏散及内迁做了大量的组织工作。1938年8月，他在昆明设立办事处，安排各研究所相继迁入昆明等地。又由于战事影响，停发数月经费，在极端困难的条件下，他维持了全院研究工作和日常事务。在整个抗日战争的特殊环境和特殊时期，北平研究院得以存在和发展，是和李书华的辛勤工作与组织管理才干分不开的。对于北平研究院的工作，李书华认为："我们办独立研究院最初的目标，就是要发展中国的科学研究。先使中国科学研究由'无'变为'有'，再进一步由'少'变成'多'，由'粗'变成'精'。办研究院将近二十年的成果，可以说已经达到原定的目标。这种结果很可以鼓励我们大家向前继续努力！"

1930年12月，李书华被任为教育部政务次长，1931年6月任教育部长，至当年12月辞职。这期间，他曾与常务次长陈布雷进行大学教育调整。李书华任教育部长时，清华大学暂无校长，李书华认为，正在美国任清华留美学生监督的梅贻琦是清华校长的最合适人选，他提出后得到行政院国务会议通过。梅贻琦遂从美国回国任职。李书华说："回想我在教育部所做的事令我满意的并不多，我为清华选择了这位校长，却是我最满意的一件事。"1931年，应中国政府邀请，国际联盟教育考察团来华考察教育。考察团到南京后，李书华即在教育部设宴招待考察团专家，与他们交流发展教育的意见。法国著名物理学家朗之万是考察团的四位专家之一，主要负责考察中国高等教育的情况。朗之万在华期间，李书华多次与朗之万进行交流。李书华还请严济慈在《科学》撰文介绍朗之万的科学贡献，并全程陪同朗之万在北平的学术活动。应北京大学、清华大学、北平研究院等教育和研究机构邀请，在华考察结束后，朗之万由南京再回到北平讲学数周，介绍了相对论、量子论、现代磁学理论等物理学新进展，促进了中外物理学交流。

1932年，李书华在上海世界学院发表演讲"中国教育问题"，在指出当时高等教育、中等教育、初等教育及成人补习教育中存在的问题后，他说："教育与政治及社会的关系太密切。中国的政治及社会糟到不堪言状，要想把教育由政治及社会中拿出来独立地办好，那是很难的。"对于等待政治办好后再办教育的说法，李书华反问道，就现在中国的情形看，"政治何时可以弄好？何时有清明的希望？"而对于办好教育，用教育的力量改良政治的说法，他认为，中国教育的力量太弱，"照现在国内情形观察，要等着教育去改良政治同社会，那政治同社会恐怕难以改良了"。他认为："我们只有一方面希望政治同社会的改善，一方面努力于教育本身的改善，双方并进，方可以有改善希望。""但是对办教育的人，则要从教育上努力救国。"

1932年8月中国物理学会成立，李书华是中国物理学会的创建者之一，并在1932～1935年连续三届当选为该会会长。中国物理学会的成立标志着中国近代物理学发展到一个新阶段。1931年，朗之万在华期间，在一次北平物理学者欢迎宴会中，朗之万建议中国物理学工作者联合起来，成立自己的组织，以交流研究与教学情况，促进中国物理学的发展，并与国际学术界建立联系。朗之万的建议得到中国物理学家的积极响应，中国物理学会很快成立。同时，李书华还被推为中国天文学会理事会首任理事长。

1943～1945年，李书华接替叶企孙出任中央研究院总干事。在抗战的艰难时期，他身兼两个研究院的日常行政事务，并且着实下工夫要将它们办好。在他任总干事期间，1943年11月修订了中央研究院组织法和该院评议会条例，1944年又制定了中央研究院研究所组织规程。他还先后操办了动植物研究所分为动物研究所和植物研究所，地质研究所、物理研究所和心理学研究所3个研究所搬迁事务，筹备成立医学研究所和其他一些所改名等具体事务。

1943～1946年李约瑟（J. Needham）来华，是中英科学交流史上具有重要意义的事件。当时国内有两大国立综合研究机构，中央研究院与北平研究院，李书华是北平研究院的副院长，正好在李约瑟来华期间，还兼任了中央研究院总干事。李书华积极联系、安排李约瑟的在华活动，向他介绍中国科学研究情况，并在李约瑟帮助下为北平研究院购买光学、探矿方面急需的设备和材料，积极促成在重庆开设中英科学合作馆，并积极把中国科学家的工作介绍给国际科学界。二战后，在共同参与联合国教科文组织的工作中，李书华与李约瑟保持着继续交往。

李书华业余雅好旅行，尤好游览山水、名胜、古迹。1926～1937年，他游览了国内很多地方，并发表有《游西陵记》、《黄山游记》、《房山游记》、《雁荡山游记》、《陕游日记》等多篇游记，这些游记具有科学家的敏锐观察和独到见解。1969年李书华将这些游记辑为《李书华游记》在台湾出版。李书华旅行必携带气压计（高度计）、照相机、指南针等，所写游记均各附地图与照片，对于各地点注意方向、位置、距离与海拔，不仅描写风景，有时还要做些考证，补充前人写游记所不注意的地方。1925年4月，李书华游黄山时对天都、莲花二峰高度做了测量比较。当时"天都、莲花两峰之高低比较，向无定论，而各种记载中则多以天都峰高于莲花峰"。李书华则测得莲花峰高于天都峰。他以高度表测得天都峰高1770米，进一步，李书华在天都峰顶点置一大碗，碗中盛水，一只眼睛在碗后与水面齐，沿水面之延长线（水平线）对准莲花峰顶点看过去，见莲花峰顶点尚高出此水平线一段，得知莲花峰必较天都峰高。"此本中国土木工程定水平的老法，虽极简单，然极合乎科学。"登上莲花峰后，他首先用高度表测得莲花峰高1820米，"余又用水碗满盛白水，顺水面测试天都及其他各峰，均不能见，尤可证明莲花峰最高"。"至天都、莲花二峰，高低比较，聚讼纷纭，莫衷一是。而余于此行，且在一日之间，得以解决，不禁狂喜。"

1945年11月联合国教科文组织产生于伦敦，李书华作为中国代表团成员之一出席创设该组织之国际会议，此后他以代表资格多次出席该组织会议。

1949年7月李书华抵达巴黎，参加了9~10月举行的联合国教科文组织第四次大会。1950~1951年，李书华曾在巴黎大学理化生研究所进行研究。李书华博士期间的指导老师吉拉尔时任该所所长，李书华与巴多瑟（M. Badoche）等合作发表了3篇有关聚乙烯的氯化物、聚苯乙烯等大分子的研究论文。1951~1952学年，李书华到德国汉堡大学讲授中国语言与文化，1953年后，李书华曾在美国哥伦比亚大学化学系做访问学者多年。20世纪50~60年代李书华发表了一系列关于中国科学技术史的研究论著。

三、主要研究领域和学术成就

1. 极化生物膜渗透性研究

1920~1922年，李书华在巴黎大学对有机体薄膜渗透性进行了研究。

处于酸或碱溶液中的有机体薄膜会发生极化现象，即在薄膜两面吸附着不同符号的电荷。在20世纪初之前，科学界常以这种现象解释动物体内发生的一些过程，但流行的解释没有得到任何物理化学上的证明。对有生命的细胞壁可被其分隔的介质粒子渗透的实验研究开始于20世纪初期。李书华博士论文的指导老师之一吉拉尔等人也进行过实验探索，并在实验中观察到活细胞壁对离子的选择性渗透现象。

李书华的研究进一步确认生物膜的选择性渗透现象的普遍性，并探讨其机理。李书华对牛羊大肠、明胶、猪膀胱制成的惰性膈膜的某种极化状态进行了丰富的实验研究，他试图努力得到一个在玻璃试管内的物理模式，以便对活细胞的物理和化学特性做出大致的描述。

李书华的实验结果完全证实前人有关薄膜极化的结论，即只有在浓度不同的酸性或碱性的两种溶液中插入薄膜时，电位差才能发生变化；而在完全中性的浓度不同的两种溶液中，插入薄膜并不使电位差发生改变。李书华在实验中发现了薄膜极化的瞬时性，膜一旦置于两种溶液之间，极化电位差立即达到非常接近其最大值的状态，而且这个最大值与膜的厚度无关。李书华的另一个重要发现是：在薄膜极化的吸附带电过程中，真正活跃的是H^+和OH^-离子。李书华着重从实验上研究了极化膜的渗透作用，即某种电解液穿过薄膜在水中的扩散过程。他确认了极化膜的选择性渗透现象，即在盐的电解液中阳离子不容易穿过薄膜，而其阴离子却完全相反；他还进一步指出：在穿过薄膜的各种阴离子中，其穿越速度也不相同。李书华对这一现象做出的理论解释是：由于离子体积不同所致，体积越小越容易穿过薄膜组织的孔洞。李书华的实验还证实离子通过生物膜的渗透过程和有机体内细胞壁对湿润它的介质的分离过程有类似性。

李书华的实验不仅完成了对活细胞物理特性的试管模拟，而且得到了胃酸形成过程中胃腺细胞作用的实验室证据。李书华的研究对生物物理、生物化学以及了解生物体内发生的物理化学过程有重要意义。李书华的博士论文选题属于物理化学和生物学交叉领域，当时这个领域的工作极具前瞻性与探索性。

2. 中国科学技术史研究

李书华撰有中国指南针、造纸和印刷术等的论著，对于传播中国传统科学文化起了一定作用。

有关指南针的起源，李书华发表了多篇中英文论述，其中包括1954年在著名科学技术史期刊 *Isis* 上的长篇论文"指南针的起源"和1954年的著作《指南针的起源》等。李书华分别考证了指南车和指南针的起源，以澄清将它们混为一谈的错误。对于指南针的研究，李书华收集整理了中国古代对磁铁、磁针的记述和利用指南针航海的历史文献，评述了世界各国学者有关指南针研究的各种观点。他用丰富的史料说明，指南针的发明，与地磁偏角的发现，是中国人的贡献，利用指南针航海也是中国人的贡献。1960年出版的《造纸的传播及古纸的发现》则主要厘清了中国造纸术传入阿拉伯、欧洲及印度的历史过程。

1962年李书华出版《中国印刷术起源》。该书用很大篇幅讨论雕版印刷术发明的时期问题，这是一个学术界长期讨论，至今观点不一的问题。李书华认为，虽然无论文献与实物，全找不出唐代以前有雕版印书的证据，但是到了唐代后期，雕版印书已颇发达，五代时期更续有进展。所以雕版印刷术的发明，应该在唐代前期。他进一步推测，7世纪下半叶中国似已有雕版印书的可能。他的论据是"公元645年前，中国已有板印佛像，而板印佛像，与雕版印书系同样手续，故先后或者同时发展均有可能"。且中国使用印章甚古，"印章对于雕版印刷的发明，无疑的应该有直接的影响"。另外他还分析了雕版印书出现的条件，"南北朝时，纸已在全国普遍使用，墨亦制造精良。到了唐代前期，中国文化甚高，且已实行考试制度，士子需要书籍甚多。此时雕版印书的各种条件，具已齐备。因之雕版印书便在此时应运而生，并不是偶然的"。钱穆在为该书所做序中说，《中国印刷术起源》"是一部精心结撰的著作。凡属有关此一问题之资料，及中外学者各方意见无不详密搜罗，审细讨论。折中妥惬，创辟尤富"。1974年西安柴油机厂唐墓出土的梵文《陀罗尼咒》

刻本，刻印时间为7世纪初期的唐代初期，这已证明雕版印刷术的发明时间当不晚于唐代初期。李书华的观点得到考古发现的支持。

四、李书华主要论著

李书华.1918.敬告留学生与教育当局.东方杂志,15（1）：7.

李书华.1921.科学定律与事实.北京大学,1（8）：19.

Li S H（李书华）, Girard P, Mestrezat W. 1922. Schéme physique de la perméabilité sélective des cellules vivantes aux différents ions. Comptes Rendus de l'Académie des Sciences, 175：183.

Li S H. 1922. Perméabilité sélective des membranes polarisées. Annales de Physique, XVII（15）：475.

Li S H. 1922. Perméabilité sélective des membranes polarisées. Paris：Masson.

李润章.1922.相对论及其产生前后之科学状况.东方杂志,19（24）：28.

李书华.1923.原子论浅说.上海：商务印书馆.

李书华.1923.普通物理实验讲义（第一册）.北京：北京大学出版部.

李润章.1924.二十年来物理学之进步.东方杂志,21（发刊20周年纪念号）：9.

李润章.1924.太阳热之起源.学艺,5（9）：1.

李润章.1925.何谓"伪工业国之文明".现代评论.1（6）：8.

李润章.1926.各国科学家对于物理学之贡献.东方杂志,23（1）：141.

李书华.1932.中国教育问题——二十一年五月二十日在上海世界学院讲演.大陆杂志,1（4）：7.

李书华.1943.中国科学研究的过去与未来.东方杂志,39（1）：75.

李书华,等.1945.科学概论.重庆：商务印书馆.

Li S H, Badoche M. 1950. Cohésion et polymérisation du chlorure de polyvinyle d'après sa chaleur spécifique. Comptes Rendus de l'Académie des Sciences, 231：50.

Li S H. 1951. Cohésion et degré de polymérisation des grosses molécules de polystyrolène d'après leurs chaleurs spécifique. Comptes Rendus de l'Académie des Sciences. 232：821.

Li S H, Badoche M. 1951. Variations de la chaleur spécifique de dérivés polyvinyliques en fonction du degré de polymerization à différentes températures. Bulletin de la Société Chimique de France. 18：546.

Li S H. 1954. Origine de la Boussole. Isis, 45（1）：78；45（2）：175.

李书华.1954.指南针的起源.台北：大陆杂志社.

李书华.1960.造纸的传播及古纸的发现（中英文本）.台北：中华丛书编审委员会.

李书华.1962.中国印刷术起源.香港：新亚研究所印行.

李书华.1967.碣庐集.台北：传记文学出版社.

李书华.1969.李书华游记.台北：传记文学出版社.

李书华.2009.李书华自述.长沙：湖南教育出版社.

主要参考文献

李书华.1993.极化膜的选择渗透性.卞约译//戴念祖,等.20世纪上半叶中国物理学论文集萃.长沙：湖南教育出版社.30.

戴念祖.1996.李书华//沈克琦.中国科学技术专家传略：理学编：物理学卷1.石家庄：河北教育出版社：43.

杜石然，等.2003.中国科学技术史·通史卷.北京：科学出版社：459.

刘晓.2007.从李书华与李约瑟的通信看战时中英科学合作.广西民族大学学报（自然科学版）.13（3）：49.

李书华.2009.李书华自述.长沙：湖南教育出版社.

撰写者

李艳平（1958~），首都师范大学物理系教授。主要从事物理学史教学和研究工作。

裘维裕

裘维裕（1891～1950），无锡人。物理学家和教育家。交通大学教授。中国大学物理学教育开拓者之一。1916年交通部上海工业专门学校电气机械科毕业，考取庚子赔款留美预备班赴美国麻省理工学院电机系深造，1919年获硕士学位后转纽约爱迪生电厂西屋电气公司任计划工程师，并到欧洲考察电机工业。1923年回国，1928年创办交通大学物理系，任系主任，1930年创办交通大学科学学院，任院长，曾任交通大学教务长。长期担任中国科学工作者协会上海分会理事长。从事物理学教育20多年，他的学生中出了许多优秀的科学家、教育家，如钱学森、曹鹤荪、钱钟韩、吴大榕、张煦、张钟俊、王淦昌、张光斗、朱兰成、王安等。创办《科学通讯》，主编《电工技术丛书》第一辑。著有英文版的《大学物理纲要》（VolⅠ、Ⅱ）、《直流电机》、《电力传输》，编译《交流电学》、《电学和磁学》。为交通大学和中国的高等物理教育作出了重要贡献。

一、生平概要

裘维裕，字次丰，1891年9月21日出生，1950年4月13日因脑出血不幸去世，终年59岁。

裘维裕出身于江苏无锡县一个书香门第。父亲是江南著名书法家裘昌年。母亲过墨琴，是一位知书达理、来自农家的旧式女子。父母养育5子1女，裘维裕排行第二。少年时候，他数学成绩特别好，连老师都感到难于解析的算题，经他运算，往往迎刃而解。由于学习成绩优秀，入学后连连多次跳级，1910年被保送入交通部上海工业专门学校（交大前身）中院（中学部），继而直升大学电气机械科学习。1916年毕业，旋即考取清华学校庚子赔款留美预备班。1916年赴美国麻省理工学院（Massachusetts Institute of Technology）电机系学习，1919年获电机科硕士学位，期间在哈佛大学（Harvard University）电机系学习获得学士学位并进入研究院从事物理学研究一年。1920～1923年转纽约爱迪生电厂［西屋电气公司（Westinghouse Electric Company）］做计划工程师，并到欧洲考察电机工业。1923年2月回国，任交通大学电机系教授，教授直流电机、汽车工程、电机工程等课程。

裘维裕在美国留学时，认识了在美国威斯理安女子大学（Wesleyan College）学习西洋文学的程婉珍女士，她与宋美龄是同学。裘维裕和程婉珍自由恋爱并在美国结成夫妇。回国后，宋美龄两次向程婉珍表示，愿意向蒋委员长推荐裘维裕，做国民政府的立法委员，主管教育。裘维裕对此提议只是淡淡一笑说："我只是个教书的材料，务望蒋夫人不要在委员长面前提起您的想法。"表示他甘当一名教师。

1923年4月任交通大学电机工程系教授。1928~1948年任物理系主任，先后任交通大学科学学院（1937年改为理学院）院长（1930~1950）。1934年7月~1935年7月任交通大学教务长，从1936年起，兼任学校课程委员会、训育委员会、图书委员会、设备委员会、法规委员会、招生委员会、暑校委员会、奖励委员会、设置委员会委员以及考试委员会主席。

1931~1932年间，裘维裕积极支持成立中国物理学会，1933年他被选为该会物理学名词审查委员会委员，抗战胜利后成立上海分会他连任理事多年。1934年他和钟兆琳等参与创建中国电机工程师协会（1958年改称中国电机工程学会），长期任上海分会理事。1946年参与创办《电世界》杂志，他和毛启爽任总编辑，赵曾珏任社长。1915年在美国康乃尔大学（Cornell University）成立的中国科学社，主要发起人为任鸿隽、秉志、周仁、胡明复、赵元任、杨杏佛（杨铨）、过探先、章元善、金邦正等9人，1928年该社定址上海后，裘维裕长期任理事，积极参加科学社的各项工作。他在中国科技界有很大影响，如30年代初，他作为中国物理学会物理学名词审查委员会委员，为审定物理学名词术语做了许多工作。新中国成立前夕，他与上海科学界的吴有训、侯德榜、茅以升、吴觉农、吴学周、陆学善、张孟闻等积极筹办全国科学团体联合会，团结上海的科技工作者迎接解放，并做好了参加新中国建设的准备。

1940年夏天，他在租界创办了"中国工专"，任校长。创办人都是社会名流、实业家、老教授，也都是美国麻省理工学院的留学生。原定学制两年，不放暑假，4个月一学期，两年6个学期毕业。他雄心勃勃，拟办成麻省理工学那样的学校，为拯救祖国培养人才。可是到第五学期中，1941年12月8日珍珠港事件爆发后，日军侵占上海租界，学校停办。

1942年8月，汪伪政权强行接收交大，虽然家里经济十分拮据，裘维裕仍毅然辞职离开交大，誓不与汪伪政府合作，是沪上著名的"反伪六教授"之一。1950年，他的挚友吴有训先生（交通大学校长）在《悼裘维裕先生》一文中提及此事时，赞扬裘先生"高风亮节"。

1945年8月，抗日战争胜利后，裘先生又挺身而出，首先赶到交大，协助学校接收残存的仪器设备，使之不再遭受损失。抗战胜利后，仍担任交大理学院院长兼物理系主任，并兼任教授会理事。他虽然健康状况下降，常忍受高血压的痛苦，但仍坚持上课，并努力为上海各中学开设物理试验而不断努力。1948年，因工作需要，曾一度兼任化学系主任，而先后辞去物理系主任和理学院院长职务。在此期间，他和钟兆琳教授等利用业余时间，主编了《电工技术丛书》第一辑，这是当时深受电工界人士欢迎的读物。

1948年冬的一个上午，国民党军警要冲进交大抓捕进步学生，交大华山路校门紧闭，门外站着一排教授手挽手地阻止军警进校，裘维裕挺身站在中间和士官们讲理，被军警的枪托在背上和腿上击伤多处，晕倒在地。教授们当然不是士兵们的对手，防线很快被冲开，十几个学生被抓走了。裘维裕苏醒过来后，服下校医给的降压药，不顾师生们的劝阻，与几位教授一起赶到了上海市政府，指名要见市长吴国桢，终于将被捕学生都救了出来。

裘维裕爱妻程婉珍早逝。1940年，裘维裕娶陆澄珠为妻，陆女士毕业于上海沪江大学商学院，任交大图书馆西文编目，能讲一口流利的英语。裘维裕和陆澄珠生有两男一女。长子绍程（浙江义乌供电局总工程师）、女儿德昭（上海市一级教师）、幼子兆泰（上海交通大学教授），他们没有辜负父母的期望，都是各自岗位上的模范工作者。在妻子和儿女的心目中，裘维裕是"模范丈夫"、"慈祥的父亲"和"严格的导师"。

裘维裕清正廉洁，新中国成立前，家庭经济陷于困境，连新置的一套有玻璃的衣橱都变卖了。上海江南造纸厂有意帮助他解决家庭的经济困境，安排他担任厂长，以让他拿一份薪水养家，但他则认为这名不副实，结果，他当了不长时间的挂名厂长，也是分文不取。他在家里常讲："不该取者一文不取，取一文则不值一文。"

他从事物理学和电机工程教育，献身教育事业数十年如一日，受益的学生数以万计，其中也不乏社会名流、科学技术界知名人士，真可谓"桃李满天下"，但他没有丝毫居功自傲之意。他平易近人，乐于助人。特别是对一些公勤人员和理发师、总机接线员等，无不平等相待。凡有求助于他者，无不鼎力相助，而从不收一分谢礼。他诲人不倦，心中只有他人。直到他病危时，对夫人说的最后的一句话是："不要去麻烦别人！"他去世后所用的棺木、丧葬费都是生前的好友、同事帮助解决的。他毕生献身教育事业，和陶行知先生一样"捧着一颗心来，不带半根草去"。

二、教育生涯

留美回国后，裘维裕在交通大学任电机系教授，教直流电机。1924年为加强基础课教学转为教物理学，1928年创办交通大学物理系，1930年成立包括数学、物理、化学三系的科学学院（1937年改称理学院）任院长，直到1950年，从事物理教学20多年。在他和周铭、徐名材、胡敦复、赵富鑫、许国保、周同庆、黄席棠、殷大钧等教授的努力下，为交通大学的教学开创了一个新时代。在10余年中，除对工程学科各系学生的教学外，还在物理系培养了100余名物理学者，如华中一、邬学文、吴百诗、蔡建华、陶正耀、杨恒彩、任有恒等著名教授。

在20世纪20年代以前，中国只有几所工科大学，其中以北洋大学（1895年）和南洋公学（1896年，交通大学前身）建校最早。当时，中国自然科学领域中的高级人才很少，学校的教师不少是从欧美各国聘请的外国专家。数学、物理、化学等课程对培养工程技术人员至关重要，但不少学校对这些基础课教学缺乏师资未予必要的重视，这就必然影响学生的培养质量。

交通大学1911年在土木、电机科开设了物理课，已有略具规模的实验室，但因数、理、化的课程都由外籍教师任教，每周讲课和做实验的课时较少且不稳定，因此教学质量不高。有鉴于此，交通大学从20年代开始，决定加强基础课教学。此时交通大学一批出国留学的学生先后学成回国，并且回到交大任教，如裘维裕、周厚坤、徐名材、周铭、杜光祖、胡刚复、胡敦复、胡名复等，他们取代了外籍教师，充实了师资力量。他们灵活运用美国的教育经验，治学严谨，教学认真，要求严格，教学效果好。为了使教学工作适应中国的特点，他们改编美国的教材，自制实验仪器和教具，改变了以前照搬外国教材的做法。

裘维裕等认为大学教育不应片面强调职业教育，而应该加强基础科学的教育，培养学生用脑用手的能力。这是从一次教授会上的争论开始的：

1924年8月，正是酷暑季节。交通大学正在举行教务会议，研究下一学期的课程设置。会议桌右首，坐着一位30岁出头的年轻教授，他面色清癯，两眼炯炯有神，鼻梁上架着一副金丝边眼镜，上身穿着一件熨烫得笔挺的白色衬衫，领口系着黑色的领结，腰板挺得很直，他就是裘维裕。他正聚精会神地听着坐在斜对面的一位教授发言："现今，军人争权，战乱不已，百业凋敝，民生维艰，学生毕业后诸多人谋业困难。因此，学校应设法增设一些专科，对学生进行职业训练，教给学生一种吃饭的本领，俾使他们毕业后，能够在社会上找到工作，解决出路问题。"

这位教授的意见得到几位教授的赞同。一位身穿长衫的老教授还发了一番宏论，表示支持。裘维裕则忍不住了，耐着性子等这位教授把话讲完，紧接着说："我回国不久，初来学校，对国内校内情况不甚了解。但我认为，国内也好，国外也好，大学的使命，并不是教学生一种吃饭的本领，而是要学生养成一种健全的人格。训练一种相当的科学思想，有了这种训练，学生毕业以后，无论做什么工作，都能够胜任。"说到这里，接着又极为严肃地说："现在，很多人主张大学教育的职业化，我认为是不妥的。职业化的情形，是随时随地不同的，大学的课程，再怎样的增加都是适应不了的。就以修汽车来说，如果不使学生懂得基本的科学原理，只教他们如何修车，汽车日新月异地在改良，隔了三五年，也许他们连汽车也不会修了。如果把修汽车也列入学课，那么小车驾驶学、客站管理学、烟纸店学等，都应列入学课了。我认为，这是舍本求末，断然不能希望有良好的结果。"

会场顿时一片沉静，教务长打破了这一沉静说："裘先生的具体意见呢？"

"我建议，对学生强化基础科学的教育，培养学生用脑用手的能力。目前，学校安排数学、物理、化学这3门课均为一学年的课程，这是很不够的，应该各增加一个学年的课程。同时增加实验课，如物理学课，第一学年可以设置力学、物性学和热学，第二学年设置电学和光学，同时，每周要安排3节实验课。在教学方法上不仅要使学生理解书本上的知识，会做习题，记住公式，而且要学生能够演绎、归纳，触类旁通，能够解决新的实际问题。我相信，经过4年的科学思想训练，学生毕业以后随时随地都可以得到实用的学识。"

听了裘维裕的这一席话，周铭教授激动地说："我完全赞同次丰先生的意见。这不仅关系着学生的前途，也关系着我国的未来。如果我国没有一大批受过科学思想训练的人才，很难谈得上民族振兴，国家富强。次丰先生的意见校方如能采纳，我愿主持实验教学。"

教务长沉思了片刻后，又问："教材问题如何解决？"因为当时用的是美国教材。

裘维裕和周铭都表示："自己编写。"

此次会议以后，学校采纳了裘维裕和周铭的建议，着手准备加强理科教学。

经过几年的准备，1928年学校决定成立数学、物理和化学3个理科系，面向全校一、二年级学生，以加强基础理论课程的教学。裘维裕任物理系主任。1930年物理、数学和化学3系组成科学学院，裘维裕出任院长兼物理系主任。从此时起，数学、物理和化学课程充实了内容，尤其是物理和化学，不但增加了课时数，还加强了实验室建设，对人员和实验条件都给予了相应的保障。物理课程和物理实验课程都定为 4 个学期，物理课程每周 4 节，一年级讲授力学、物性学和热学；二年级讲授电学和光学（当时原子物理内容很少）。内容丰富，不断更新以结合工程实际。弃用美国 A. Wirmer Duff 教授的教材 *College Physics*，裘维裕编写的英文版《大学物理纲要》，一直用到 1945 年。当时，交大的各个工程专科如土木、电机的课程中，物理课教学改为两年，同时重视实验课和实习课，物理实验课每周必做，并与理论的讲授相配合，这与美国如麻省理工学院的课程基本相同。当时国内只有交大这样做，开创了物理教学的新时代。

1928~1936 年，交大处于稳定发展时期。1928 年 2 月南京国民政府接管交大，蔡元培任校长，提倡加强文科和理科教育。1928 年 10 月改隶铁道部，孙科兼任校长。1929 年 6 月，铁道部次长黎照寰任校长，黎校长提出了"十大纲领"，一是要"从精神上提起交大的精神"，二是要"从物质上重新建设"交大，"部（铁道部）、路（铁路）、校（交大）连成一贯"，培养"具有高深学问之人员"，即工程师、科学家、经济学家和管理学家等和"具有日常应用学问之人员"亦即服务人员，通才。黎校长完全支持裘维裕的理科教学改革。同时，学校在人力、物力上得到了铁道部有力的支持。黎校长直至 1944 年，主持校务达 14 年之久，使交大得到了长足的发展。

在此期间，交大陆续聘请了一批在国外获得博士学位的校友回母校任教，名师汇聚，尤其是理科的师资力量得到了很大的加强。由于这些教授对母校有着强烈的认同感，师资队伍相对稳定和具有凝聚力，形成了一支"大师队伍"。交大当年的学子们曾用生动的语言，称赞交大的名教授。武昌起义成功后，孙中山主张的"三民主义"和"五权宪法"享誉全国，学生们称赞数学教授胡明复、物理教授周铭、化学教授徐名材三位名教授为"三民主义"教授，因为他们的名字中都有一个"民"字的谐音；还有那"五权宪法教授"，是指五门基础课名教授，英文教授唐庆诒、国文教授陈柱、微积分教授胡敦复、物理教授裘维裕、化学教授徐名材，这些教授，现在还是交大人心目中的一代宗师。

科学学院成立以后，理科教学得到空前的加强。如普通物理，是理工科各系的重要课程之一，安排在一、二年级，共修 4 个学期。一年级主要由贾存鉴主讲，二年级主要由赵富鑫主讲。他们都是裘维裕的得意门生，教学内容和进度由裘维裕裁定。理论力学由裘维裕讲授，黄志诚辅导。光学由胡刚复主讲，光学实验由黄志诚指导。电磁学和理论物理（甲、乙）由许国保主讲。近代物理导论及近代物理，由束星北主讲。束星北刚从英国留学回国，讲课内容丰富，有时三、四年级合班上课，时间为一学期。普通物理实验，实验教材为周铭所著的英文版《大学物理实验》，从 1930～1949 年的 20 年间一直使用。对物理系的学生又开设高等物理实验（1～5），由周铭等授课，其中《高等物理实验》（5）的内容为高频电路。由于真空管刚在各国使用，无线电电路亦在发展，物理系学生要具备无线电知识和动手能力，由周铭亲自安排教具，实验内容以高频电路为主，时间为两学期，每周实验一次。实验研究、问题讨论和专家演讲，主要针对四年级学生做毕业论文，每周一次，由周铭、胡刚复、班乐夫 3 位从国外获得博士学位的教师主持。普通化学、化学实验、定性分析，由徐名材主讲，张怀义等担任副主讲和辅导。高等数学中的微分方程、高等微分方程、函数论是物理系的课程，微积分是理工各系的公共课，由胡明复、汤彦颐教授和石发仁等主讲。

这次理科教学改革的特点是增加了一个学年的课时，要求严格，基础厚实。以物理教学为例：普通物理课，理工科各系一、二年级学生共修 4 个学期，每学期约 16 周，每周 4 个学时，两年中共 256 学时。课堂讲授皆用英文，理工各系均以小班上课，每班约 40 人，课后，以自学为主，不设辅导，考试前亦不设专人答疑。学生做好习题后要交老师盖章发还（不批改）。学生每学期约做习题 100 题，两年中共做 400 题左右。

普通物理实验课，配合物理课的讲授进行，学生每周做一个实验，每次实验用 3 小时，课内只完成操作过程，课后做实验报告，以加深实验的印象。每学期学生约做 14-15 个实验，在实验教材中的 60 个实验，要做 55 个。做实验时，两人一组协同操作，但实验报告仍需各自完成，一律用英文书写，以备今后出国留学时作参考成绩。这 60 个实验的内容丰富，包括基本测量、力学、物性学、热学、电学、声学、波动学和光学等。这些实验，不但可以加深学生对物理概念的理解，而且通过操作可以加强学生的动手能力。

学生每月要考试两次，一次是考理论知识，常称 Lecture Test，只要及时温习和训练记忆，就能取得高分；一次是考测试计算题，常称 Problem Test，是考察学生的思考能力和熟练程度，学生平时若刻苦做习题，能按时完成作业，则考试成绩必能及格，如欲达到优秀成绩，则要依靠他的聪明才智和勤奋。每学期终了再进行大考一次（不及格的可补考）。两年的物理课中，共有大小考试 28 次，如此频繁的考试，其目的在于督促学生刻苦学习。理工科各系学生都得到这种训练，因此，交大毕业生进入社会以后，不但对物理学能经久不忘，而且对考试都不生畏惧之心，无论在国内国外，其考试成绩大都名列前茅。后人戏称交大普通物理课是一门"霸王课"。

裘维裕和周铭志同道合，不惜放弃各自所学电机工程和化学，转到基础物理教学上来。他们忠实地执行向教务长所做出的承诺"教材我们自己编写"。裴维裕执教物理的基础理论部分，并编写教材，周铭则除授课外，全力献身于物理实验教学和实验室建设。他俩根据当时国内高等工程教育的实际情况，借鉴美国麻省理工学院办学经验以及裴维裕在哈佛大学研究院从事物理研究一年的经验，自编讲义。裴维裕编写了交大所用的全套英文的物理教材（包括上课的纲要、讲义、习题和习题集）共有数百万字，并逐年加以修改和增补，其内容较一般教材更为深广。

数学课、化学课也同物理课一样要求严格。授课、实验（实习）、考试，这些教学的基本环节都一丝不苟。交大一以贯之，成为交大"基础厚、要求严"的优良传统。

裴维裕作为理学院院长，是这一教学改革的领头人，模范的执行者，为交大这一理科教学改革做出了不可磨灭的贡献。从此，开创了交大理科教学的崭新时期。

按裴维裕的学问，是可以在科学事业中大有作为的，但是，由于当时国家落后，缺乏科学研究的条件，大多数在国外学物理的回国后都改行了。他把教书育人看成是神圣的事业，以从事科学研究的态度全力做好教学工作，几十年如一日，使交大基础理论教学工作处于国内先进水平。钱学森曾说，1934年他从交大毕业，到美国麻省理工学院学习时，"这才发现，交通大学的课程安排全部是参照此校的，连实验课的内容都是一样的"。"因此也可以说交通大学在当时的大学本科教学是世界先进水平的"。1996年3月26日，上海《新民晚报》发表的张光斗《忆母校 念母校》一文中，高度称赞交大这一时期理科教学，说"到了大学一二年级，由裴维裕、徐名材、胡敦复三位先生教我们物理、化学和数学，是母校本科有名的三大关"，"这三门课给我们打好扎实的理论基础，培养我们严肃认真的科学作风，使我们终身受益匪浅，至今我仍常怀念三位先生"。许多听过他讲课的校友说，裴维裕先生"是对我影响最深远的教师之一"。

1940届机械工程学院毕业、曾经听过裴维裕讲课的傅景常，在80年代所写的《怀念裴维裕先生》一文中写道："我的物理老师，在一年级学力学、热学时是交大科学院院长裴维裕先生，鹤发童颜，戴着金丝边眼镜，目光四射，炯炯有神，上课时，教室的大门忽然开启，他即从中走出来，到讲台上一站，同时助教先生即来分发他编写的英文讲义。裴先生立刻开始口若悬河地讲课，全用英文讲授，非常流利清楚。那种清癯潇洒的学者风度，令人至今难以忘怀。但是他的定期考试，难得要命，同学们喻为'上屠宰场'，至今心有余悸。"傅景常还赋诗一首云："鹤发童颜潇洒姿，今我何处找良师；长江滚滚流不尽，此是我师授课时。"

在裴维裕的学生中，许多人后来成了著名学者，他们仍牢牢地记得裴维裕的教海，连当时第一次听裘先生课的情景，至今还跃然纸上："新生差不多是平生第一次到阶梯教室听课，故而提前进入，静静地候至正点，不见裘先生来。突然教室大门打开，裘先生出现了。闪闪银发，结合金丝眼镜，令人肃然起敬，讲课时，全用英语，课后习题令人颇费思索。"

交大一年级的物理课，开始由裘维裕担任，以后由他培养的教师担任。裘维裕讲课的特点是：教学严谨，概念清楚，语言精练，由浅入深，循循善诱，重点突出，既讲出来龙去脉，又能化繁为简，遇着难点，力求讲解清楚。他上课时，从不用讲稿，也不翻动他放在讲台上的讲稿提纲，可是，所讲的内容、每节的大小标题，完全与事先发给学生的讲义中的章节一致。他结合学生的实际，深入浅出，生动活泼清楚地表达出来。遇到比较抽象的内容，他用图表帮助学生理解，图画得清晰整齐，使学生一目了然。如果讲到复杂的数学推导，也是一步一步地推演。板书整洁，英文写得相当秀丽。这反映出他高深渊博的学术造诣和精湛的教学艺术，已经炉火纯青。他的学生对他的科学教学方法作了如下的概括：

分析基本事实——事实现象对科学犹如空气对人一样；

建立基本概念——概念对科学逻辑思维犹如生物的细胞；

探索基本规律——不但知其然，还要知其所以然；

掌握基本方法——各式各样的科学方法犹如过河的桥和船；

熟悉基本技巧——科学的技巧如虎添翼。

总之，按照人们认识客观世界的规律来组织教学内容，按照科学知识本身逻辑性来编排讲解次序，从爱护学生的感情出发，满腔热情地用生动的语言讲解概念、规律、方法。调动学生学习的积极性和主动性，这就是裘维裕科学教学方法的精义所在。

裘维裕编制的物理习题集也很有特色。据他的学生刘其昶教授回忆，习题数量多，每次以百计，既有理论分析，又有联系实际的计算题，编排由浅入深，循序渐进，颇有"引人入胜渐入佳境"的妙用。习题开始的二三十道是容易的，以后的愈来愈难，简直一时不知如何下手。每次发下习题，学生们经常要做到深夜乃至筋疲力尽，几个星期才能完成。学生们完成习题以后，大家的心情是"不以为苦，反以为乐"，得到了许多教益。

裘维裕的考试题目多而难。他所出的考题要求学生必须彻底弄懂而且善于运用各种定理和公式，经过认真思考才能答对。考题内容之多几乎是"残酷"的，尽管已有充分准备，即使是学得好的学生，一拿到考卷就不停笔地写，顺利而快速地答题目，往往到下课铃响了也不一定能答完，而且即使答数对，演算中稍有错误，照样扣分。所以，很少有人得八九十分。当时的考试记分方法是考试成绩的开方乘以系数10，即是说，考分36分才能达到60分的及格分数。这说明题目难度之大，批改之严。这样既考核了学生的熟练程度，又防止了考试作弊的不良之风。

监考之严，绝无仅有。如遇裘维裕亲自出马，那严肃态度使人不寒而栗。但说来也奇怪，只要听过他一两个月的课，做过他所发一两次数以百计的习题，并经过他一两次测验，简直都会产生"茅塞顿开"和"柳暗花明"的愉悦心情。

裘维裕的物理课中涉及数学领域之广，难以形容。无论从几何、三角、代数、解析几何、微积分、微分方程、直到矢量分析、概率统计，几乎无不通晓。他将各个教学环节讲课、习题、辅导、实验、测验和考试安排得十分紧凑而巧妙合理，他的许多学生都有这种感受：无形中按照他布置的进度学习，不知不觉地紧张又愉快地步入"科学殿堂"，大开"科学眼界"。而且他还注意锻炼学生的英语能力。他用英语讲课，学生用英文记笔记、做习题、写报告和答考卷。为学生学习专业课和从事研究、查阅资料打下了厚实的基础。

裘维裕在主持交大科学学院（理学院）期间，重视引导学生进行自由研究。注重提高学生应用理科知识解决工程问题的能力。尤其是对物理系的学生，注重进行科学研究能力的训练。在物理系开设了"试验研究"、"问题讨论"等研究课题。还设置"科学思想史"、"近代物理导引"等科学技术发展史的课程。使物理系学生开阔眼界，活跃思想，掌握独立研究问题的方法和有关规律，发展学生的创造能力。在他们的努力下，在短短的几年时间内，不仅开出了所有的课程，而且当时价值几十万元的实验设备也按计划完成。这在当时全国著名大学中是属于前列的。

裘维裕编写的 *An Outline of College Physics*（《大学物理学纲要》）（Vol I、II），不仅是很好的大学物理学教材，而且也是一本学术水平很高的著作。如第一卷包括绪论、力学、物性学、热学三大部分。整套物理教材，博采众长，采用了当时国内外先进的物理教材和文献资料，结合他在工厂中的实践知识，参考了美国麻省理工学院的讲义，虽然只是列出了所讲授内容的标题、简要定义和主要公式，但内容丰富，并逐年加以补充和修改，讲课时增加许多新内容。1995年，中国科技大学张玉民教授和吴自勤教授经过对《纲要》的研究后认为：这一《纲要》的内容"安排得十分有条理，层次分明，思路清晰"。"《纲要》十分重视理论联系实际，强调观察与实验在物理学中的突出地位"。从《纲要》中可以看出，裘先生在物理学内容的体系安排上是花了心血的。他本着先易后难、先直观后抽象、前后对照呼应的精神安排内容体系。这使学生在学习大学物理时，对感到困难的一些难点概念变得容易理解了。长期在裘先生手下当助教的王诚昊教授说："裘维裕的物理学教材可说是他一生心血的结晶,又是祖国在物理学方面的一笔宝贵遗产。"

他在交通大学科学学院院长任上,于1935年4月主持创办学术刊物《科学通讯》,以"训练人才与阐扬学术并重",他在《发刊大意》中指出:"本刊宗旨约有四端:①以备中学教员之顾问;②以资大学学生之参考;③以助无师自修者之研究;④则本校校友散处各地,借兹一编可相切磋此尤本刊目的之所在,通讯二字所由起。"在普及科学方面所做的主要工作有:①阐明一些科学的根本问题和介绍自然科学的传播方法与研究方法;②编写中学、大学自然科学教材教学参考材料;③介绍中外科学杂志名人著作、前贤传记和海内外科学要闻;④仿函授办法,编写讲义,供中小学理科教员和研究生等自修应用;⑤提供科学咨询。这些工作对我国30年代的科技普及起了较大的作用。1936年4月,交通大学学生成立国防科学研究会,裴先生又应聘担任指导。

裴维裕著书立说,出版了在当时很有影响的著作。1945年10月上海科学图书仪器公司出版了他编译的《电学和磁学》与《交流电学》。他和钟兆琳教授等,利用业余时间主编了《电机工程手册》,1947年由上海龙门书店出版他著的《直流电机》和《电力传输》2个分册,整个手册含十余分册,署名国际函授学会(International Correspondence Society)编辑。

裴维裕还写了其他多种讲义和论文。在上海交通大学档案馆,现在还存有他的《静电学纲要》、《磁学纲要》、《波动概要》(裴维裕演讲,林致平译著)、《大小数名称意见书》。他在交通大学担任物理系主任和理学院院长20余年,加强理科基础教学,取得了成功,为交通大学和中国的高等物理教育作出了巨大的贡献。

三、裴维裕主要论著

裴维裕.1933.科学思想的训练应当是大学的一种使命.交大季刊(科学专号),(10):1.

裴维裕.1933.静电学纲要.交大季刊(科学专号),(10):158.

裴维裕.1933.波动概要.交大季刊(科学专号),(10):175.

裴维裕.1934.磁学(Magnetism)纲要.交大季刊(科学专号),(13):153.

美国国际函授学会.1945.电学和磁学.裴维裕,编译,上海:上海科学图书仪器公司.

Staff I C S.1945.交流电学.裴维裕,编译.上海:上海科学图书仪器公司.

裴维裕.1945.An Outline of College Physics(Ⅰ)(Ⅱ).上海:苏新书社.

裴维裕.1947.直流电机.上海:上海龙门书店.

裴维裕.1947.电力传输.上海:上海龙门书店.

裴维裕.1947.大小数名称意见书.交大电机,创刊号:1.

主要参考文献

赵永良.1989.无锡名人词典.南京:南京大学出版社.
王诚呆.1996.裘维裕先生纪念集(上海交通大学档案馆内部资料).
王宗光.1996.上海交通大学志.上海:上海交通大学出版社.
王宗光.2006.上海交通大学纪事(1896-2005).上海:上海交通大学出版社.
王宗光.2008.老交大名师.上海:上海交通大学出版社.

撰写者

朱隆泉(1939~)上海交通大学党史校史研究室研究员,上海交通大学原校报编辑部主任、编审。

饶毓泰

饶毓泰（1891～1968），江西临川人。物理学家和教育家。中国近代物理学奠基人之一。中国物理学会创建人之一。中央研究院院士、中国科学院学部委员（院士）。1913年公费赴美国芝加哥大学留学，1922年获普林斯顿大学博士学位后立即回国，任南开大学首任物理系主任兼理学院院长。1929年赴德国，在莱比锡大学波茨坦天体物理实验室进行反斯塔克效应的研究。1932年回国，先后任北平研究院物理研究所研究员；北京大学物理系主任兼理学院院长；中国物理学会常务副理事长、物理教学委员会主任委员、物理学报编委。抗日战争时期，任西南联合大学物理系主任。之后，自费赴美国，在麻省理工学院、普林斯顿大学和俄亥俄州立大学研究分子光谱。1947年回国，再次受聘担任北京大学理学院院长兼物理系主任等职。他研究了气体导电过程，对低压汞弧放电机理的研究，是当时这一领域研究工作的前沿。在反斯塔克效应、分子光谱等方面取得很有意义的研究成果。长期担任北京大学物理系主任，为北京大学物理学教育和实验室建设作出重要贡献。执教40余年，为中国数理教育培养了吴大猷、陈省身、马仕俊、马大猷、郭永怀、虞福春、黄昆等一批优秀数理学家，贡献尤为突出。

一、生平概要

饶毓泰，字树人。1891年12月1日生于江西省临川县（现临川市），1968年10月16日于北京逝世，终年77岁。

饶毓泰的父亲饶之麟是清朝的举人，拔贡生，曾任七品京官户部主事。饶毓泰在父亲、叔父和舅父教导下，自幼学习四书经史。1903年，入抚州中学堂学习。1905年，独自到上海，先后在中国公学、中国新公学读书。1911年以优异成绩毕业于上海南洋公学（上海交通大学前身）。1912年满怀教育救国理想返回家乡，在临川中学（今抚州一中）任教半年。

1913年，饶毓泰考取了江西省公费留学，到美国芝加哥大学（The University of Chicago）学习物理学，并于1918年获得芝加哥大学物理学学士学位。此后转到普林斯顿大学（Princeton University），在康普顿（K. T. Compton）教授的指导下，从事气体放电的研究。1922年获该校授予的博士学位。因为在此前，南开大学就聘请他来该校任职，故获博士学位后，即到南开大学任教授、物理系首任系主任，兼任南开大学理学院院长。于是，南开大学物理系正式成立。

1929年，饶毓泰任届期满，享受带薪休假，并得到中华教育基金会的资助，到德国留学，在莱比锡大学波茨坦天体物理实验室（Potsdam Astrophysical Laboratory of Leipzig University）从事铷（Rb）和铯（Cs）原子光谱的反斯塔克效应的科学研究。

1932年8月，饶毓泰由德国归来，先在北平研究院物理研究所任专职研究员。1933年6月，应北京大学聘请，担任北京大学物理系主任、研究教授兼任理学院院长。

抗日战争时期，饶毓泰任西南联合大学物理系主任。

为了抗战胜利后的重建，1944年饶毓泰再次到美国，先后在麻省理工学院（Massachusetts Institute of Technology）、普林斯顿大学和俄亥俄州立大学（The Ohio State University）与尼尔森（A. N. Nielsen）合作继续进行分子光谱学方面的研究工作。这次赴美国，全部经费都是自己筹措的。

1947年初回国，再次受北京大学校长胡适的聘请，出任北京大学理学院院长，兼任物理系主任。

由于饶毓泰在光谱学研究方面的杰出成就，1948年当选为中央研究院院士。

新中国成立后，饶毓泰积极投身于新中国科学和教育事业的建设中。1952年院系调整时，饶毓泰已年逾花甲，虽然不担任物理系的领导职务，但仍亲自参加光学专门组的建设。

饶毓泰曾任中国物理学会《物理学报》编委（1933~1938）、中国物理学会常务副理事长（1947~1951）、物理教学委员会主任委员（1951~1963）。

1955年，饶毓泰被选聘为中国科学院学部委员（院士），他还是中国人民政治协商会议全国委员会第二届（1954~1959）和第三届（1959~1963）委员，第四届（1964~1968年逝世）常务委员会委员。

1966年"文化大革命"开始，饶毓泰已年过古稀，妻子在上海病故后，一直孤身一人，日常生活仅有一位保姆照料，独居在北京大学燕园，其室内的陈设只有装满图书的书柜。虽然党中央明文通知北京大学：饶毓泰同志是保护对象之一，然而在1968年10月开始的"清理阶级队伍"浪潮中，被强令搬进北京大学物理系大楼中，集体住宿，接受"审查"，这使他在精神上和身体上受到极大的摧残。他性情耿直，坚持真理，终不堪迫害，于1968年10月16日回到家中自缢身亡。

十年后，1978年9月7日下午，在北京八宝山革命公墓礼堂，为饶毓泰举行了隆重的追悼会。邓小平、乌兰夫、方毅、王首道等党和国家领导人，中国人民政治协商会议、中共中央统战部、教育部、中国科学院、江西省委、江西省临川县等单位代表，北京大学、清华大学、南开大学等十几所高等院校代表，中国著名科学家和教育家以及生前友好和家属500多人参加了追悼会。追悼会由全国政协副主席王首道主持，北京大学校长周培源教授致悼词。

1987年，中国物理学会为了纪念胡刚复、饶毓泰、叶企孙、吴有训在开创中国物理学研究和教育以及创建中国物理学会所作出的贡献，专门设立了以他们姓名命名的物理奖，其中饶毓泰物理奖授予在光学、声学、分子和原子物理学方面有突出成就的物理学家。

二、学 术 生 涯

1. 1913～1922年留学美国师从康普顿

1913～1922年，饶毓泰在康普顿教授的指导下，研究气体放电。当时研究气体放电是物理学研究工作的前沿。

1922年饶毓泰获美国普林斯顿大学授予的博士学位。《关于水银蒸气的低压电弧光和它对荧光的影响》是他的博士论文，刊登在美国《物理学评论》（Yao，1923）。饶毓泰在实验前，对水银蒸气低压弧光及其对荧光影响的各种不同解释，进行了仔细的分析。在他的实验中采用不同材料作为阴极，实验中的电弧放电电压为1.8V，测量不同温度下低压电弧的电子发射率。这个研究，科学地解释了水银蒸气在低电压下弧光产生的机理，以及它对荧光的影响。饶毓泰实验的成果，是当时气体放电研究的一项新成就。这篇论文发表后，得到科学界很高评价，并为多篇论文所引用。

2. 1922～1929年受聘回国创建南开大学物理系

饶毓泰还在美国攻读博士学位时，南开大学张伯苓校长就托人聘请他来该校任职。那时中国有物理系的大学可以说是屈指可数。为了培养物理学人才，发展物理科学，饶毓泰欣然接受聘请，远离家乡故土，来到渤海之滨的天津，在南开大学创办物理系。南开大学还委托饶毓泰在美国购置物理系实验室需要的仪器和设备。

初建校时的南开大学，基于科学、教育为救国途径的信念，设立了包括数学、化学、物理学、生物学等系的理科，在理科中开设物理课程。最初由于任课教师难聘，上课时间得不到保证，选课的学生少，致使该课程时断时续，以至于学生中途退学或转到其他系学习，故而最初几年理科中没有物理系的毕业生。在《南开大学校史资料选》中有这样的记载："饶树人先生返国，其在美所预定之仪器亦随而至。自是物理学乃有实验，是系亦正式成立。"（王文俊，1989）正是饶毓泰来到南开大学，任物理系教授，首任物理系系主任，不仅可以正规上课，还有了实验室，于是物理系正式成立，物理系的建设才能开始。

1922年夏季，物理系与理科其他各系一起迁入八里台南开大学理学院，在秀山堂西北面设有物理学实验室。

饶毓泰初来南开大学的工作，除了要为物理系和初建的矿科讲授普通物理学课，还要筹建实验室，亲自辅导学生的实验课。到了转年的春季，饶毓泰又开设了分析力学课程。

南开大学物理系的发展出现转机是在1923年。这一年，理科得到袁述之先生及美国洛克菲勒基金会的捐助，兴建科学馆（命名为思源堂，是至今在南开大学保留下来新中国成立前唯一的建筑物，是天津市级文物重点保护单位）。洛克菲勒基金会还派来P. I. Wold博士来到物理系，他除了授课外，并协助饶毓泰布置在秀山堂的实验室。一年以后，Wold博士任期届满返回美国。

饶毓授讲过的课程有普通物理学、力学、电磁学、现代物理学等，所选用的参考书，均是当时国外著名的高水平的教材。与此同时，饶毓泰和同事们通力合作，在科学馆建成了普通物理学、电学、光学、热学、直流电、交流电和无线电实验室，使得物理系的建设取得了长足的进展。在当时，无论课程的设置，选用的教材，实验室的仪器设备，图书资料等方面，均与国际接轨。此时的南开大学物理系，"课程之次序及实验之设备，比诸欧美有名大学固尚多缺憾，然比诸今日之国中各大学尚不落人后。"（南开大学校史编写组，1989）。在系主任饶毓泰的组织和带领下，全系教师齐心协力密切配合，这时的南开大学物理系，在国内大学中确立了自身的优势地位，并为国人首肯。

虽然饶毓泰自幼跟随他的父亲学国学，有很深厚国学根底，还精通英、德、法三国语言。但是他的语言表述并不很好，讲课时带有很重的江西口音。由于他讲课采用启发式教学，突出重点，反复阐述基本概念，因此学生从中受益匪浅。不仅如此，饶毓泰在讲课时或在课外，经常向学生介绍物理学研究的新成果和新思想。当年吴大猷在南开大学物理系读书时，曾经听过饶毓泰所做的《爱因斯坦相对论之原理》的讲演。吴大猷在《怀念饶毓泰（树人）师》中写道："学生由他获益处，不在流畅的讲演，而在其对学术了解之深，对求知态度之诚，对学术之欣赏与尊敬，以及为人的严正不阿的人格的影响。"这些不仅对吴大猷本人，乃至其他学生"以后的学习、工作和生活，起到了关键的、亦可以说是举足轻重的影响"（南开大学校史编写组，1989）。

为了培养学生学习上的主动精神，饶毓泰倡导学生可以根据自己的兴趣、爱好，单独或几个人自由组合阅读文献，并在班上作科学报告。当时的南开大学有一个理科学会，出版一份科学小报，学生可以在报上发表有见解的文章，或是报道最新科学的进展。南开大学原副校长，数学家和教育家吴大任教授，刚入学时是在物理系学习，二年级时对现代物理有极大的兴趣，经常利用课余时间到阅览室阅读物理学方面的杂志。他写了一篇《大宇中的高频率辐射线》的文章，介绍刚发现不久、而且还没有命名的宇宙射线。饶毓泰在科学小报上读了这篇文章，非常高兴，并对吴大任进行重点培养。后来吴大任转入数学系学习，成为中国著名的数学家、教育家。吴大猷在物理系读四年级时，和杨景才、龚祖瑛、沈士骏几位同学组成阅读讨论会，小组成员轮流做阅读报告，吴大猷那时读的是有关相对论的文献。当时在学生中形成了主动学习和研讨物理学最新进展的浓厚气氛。在饶毓泰任教期间，在他的悉心教育和引导下，培养出了一批优秀学生。在物理学、数学和化学各系，受教于饶毓泰的学生中，有如刘晋年、江泽涵、申又枨、吴大猷、吴大任、陈省身、马仕俊、郑华炽等人，他们在物理学、化学、数学各学科中，都有很大的影响，并在相关的学科建设和发展中做出了很大的贡献。其中吴大猷教授和陈省身教授，则是世界著名的物理学家和数学家。

饶毓泰非常关心学生，对他们的成长给以多方面的鼓励和帮助。吴大猷先生于1929年毕业，饶毓泰将这位学习成绩极为优秀的学生留校任教，为了他能在教学实践中锻炼成长，安排他同时讲授近代物理学和力学两门课程。此后，已在德国进行科学研究的饶毓泰，仍然惦记着自己的学生，并于1931年推荐吴大猷获得中华教育基金会乙种研究奖学金。吴大猷最初的计划是到德国留学深造，他担心语言方面有困难，转而去了美国。

饶毓泰不仅关心理科的学生，对于文科的学生，也一视同仁。曾任北京儿童青少年卫生研究所名誉所长，一直从事少年儿童卫生事业方面工作的叶恭绍教授，曾为北平燕京大学医学预科录取。由于家庭不准一个年仅18岁的女孩独自一人去北平，被迫放弃自己的选择，于1927年考入家庭所在的天津的南开大学文科。开学之初，她去北平协和医学院学习的念头又重新萌发。在无计可施的时候，叶恭绍找到理学院院长饶毓泰，向他详细讲述了自己早已立下献身医学事业，为平民百姓解除病痛的志愿。饶毓泰院长耐心听完她的叙述，为她设计了在理学院预科的学习计划和课程安排，使她顺利转到理科学习。叶恭绍转到理科后，发愤攻读医学预科所需的课程。到了 1929 年她的家庭迁居北平，她终于考取了期望已久的北平燕京大学医学预科。三年以后考入协和医学院，并于 1935 年毕业。叶恭绍在 1989 年《饶毓泰——我的恩师》一文中回忆说，"虽然时间已经过去了 60 个年头，但记忆非常深刻"。写这篇文章"主要是对我的恩师饶毓泰教授表示衷心的感谢和怀念。没有他的帮助，就没有我的今天"（张洪光，1999）。

3. 1929~1932 年赴德国从事原子光谱方面的研究

饶毓泰来到德国，他的研究工作是原子光谱的反斯塔克效应。在他的研究工作中，不仅在实验上观察到铷（Rb）和铯（Cs）这两个元素的主线系发生分裂，而且观察到光谱线向长波方向发生了位移（红移）。这一研究成果还丰富了量子力学用微扰理论处理和计算斯塔克效应时的实验数据。因此，他的研究工作是很有意义的。他的研究成果发表在 1932 年德国《物理学期刊》上（Yao, 1932）。

4. 1944~1947 年赴美国从事分子红外光谱的实验研究

1944 年中国人民的抗日战争的胜利在望，为了抗战胜利后中国物理学的恢复和发展，饶毓泰经过多方筹措，自费到美国俄亥俄州立大学，与 A. N. Nielsen 合作继续进行分子光谱学方面的研究工作。饶毓泰与他的合作者系统地研究了碳原子和碳同位素原子在二氧化碳分子中的振动-转动光谱，这一研究成果以《对 $C^{12}O_2^{16}$ 和 $C^{13}O_2^{16}$ 振动-转动光谱带 ω_3 的分析》为题发表在美国《物理学评论》（Nielsen, Yao, 1945）上。在他们记录下的光谱图上，清晰地显示 ω_3 光谱带的结构。就是说，他们的实验同时获得了含有同位素气体分子的振动和转动光谱。此外，饶毓泰在美国工作时，还对丁二烯的吸收光谱带进行过研究（Yao, 1945）。

5. 1933~1944 年和 1946~1952 年，两度担任北京大学物理系主任

20 世纪 20 年代，北京大学物理系先后有丁西林教授、王守竞教授担任系主任。二位任职不久，也都先后离去，由他们聘来的名教授也相继随之各觅新职。在这种困难的局面下，饶毓泰受聘来到北京大学，就任物理系系主任。他精心筹划，而且身体力行，全身心为北京大学物理系的建设和振兴而工作。作为物理系系主任，他非常明确，要办好一个物理系，最为重要的是要有一批学术造诣精深的教授，于是饶毓泰聘请周同庆、孙宗蠢、朱物华、吴大猷等教授来北京大学物理系执教。饶毓泰还留用了一批年轻有为的青年教师担任助教，并让他们承担教学和科学研究的重

任，使他们在实际工作中锻炼成长。由于饶毓泰的统筹安排，北京大学物理系不仅教学工作得以稳定地进行，而且在科学研究和实验室建设方面，都有长足进展。饶毓泰工作虽然繁忙，他始终坚持在教学第一线，他讲过的课程有电磁学、光学、大气物理学和电动力学，此外还要亲自指导学生的实验课。

饶毓泰作为实验物理学家，他在重视实验室建设的同时，还十分重视课堂演示教学。他在德国学习时，亲身体验到德国大学在物理教学演示实验方面的优良传统和经验，因此他经常向青年助教介绍国际上物理学大师们重视实验的事迹。为了教学的需要，经过多方面的协调，最后决定将北京大学理学院的大讲堂，改建成为演示实验用的阶梯教室。这样，教师可以在讲课的同时进行演示，使学生将感性认识和理性认识有机地结合起来。

饶毓泰十分重视图书资料室的建设，在北京大学物理系的图书资料室里，有比较齐全的国内、国外期刊和杂志。在他的倡议下，图书资料室采用开架形式，方便教师和学生自由选择阅读。图书资料室还向学生开放，这对高年级的学生，可以提高他们的学习能力，培养学习的主动性，扩大视野，了解物理学最新研究成果。这在激励他们投身物理学的教学和科学研究等方面，起了不可估量的作用。

饶毓泰在积极地组织全系教师进行科学研究的同时，还十分重视开展学术交流，活跃学术气氛。1935年夏季，当代著名的物理学家狄拉克（P. Dirac）曾在北京大学物理系的阶梯教室作过关于相对论之电子论的数次讲演。1937年春天，物理学大师玻尔（N. Bolr）全家来到北平游览，并登临长城。玻尔曾在北京大学和清华大学作了关于他的"原子核模型理论及量子力学的哲学观点"的讲演，玻尔在北京大学讲演后还参观物理系的实验室，当他见到由金工车间制作的大型光谱仪可以拍摄984谱线时，曾给以极高的评价。

除了邀请当时世界著名的物理学大师来北京大学讲演以外，北京大学物理系每周还要举行科学讨论会。不仅如此，还开展了校际、学校和科学研究机构间的学术研讨和交流。北平研究院和清华大学都曾经和北京大学物理系联合举行过学术讨论会，这种举措可认为是开当时学术交流之先河。

为了培养高水平人才从事教学和科学研究工作，在饶毓泰担任北京大学物理主任期间，招收并培养了一批研究生，其中有马仕俊和郭永怀等，他们后来都成了著名的科学家，为中国的建设事业作出了杰出的贡献。

饶毓泰深知科学研究的重要性。他一直强调高等学校的教师，一定要进行科学研究，教学和科学研究不可偏废，只有这样才能提高教师的学术水平和教学水平。为此，饶毓泰委托吴大猷从美国约翰霍普金斯大学（The Johns Hopkins University）

R. W. Wood 教授那里洽购来罗兰（Rowland）光栅（直径 30 英尺，每英寸 3 万条线），并在密西根大学（University of Michigan）买回石英水银灯，饶毓泰又从德国购进光谱仪。饶毓泰和周同庆两位教授，以及当时的助教赵广增、沈寿春和江安才，进行原子光谱和拉曼（Raman）光谱方面的研究，使这些仪器得以充分发挥作用。朱物华教授和张仲圭助教则在电路瞬流理论和实验方面开展研究工作。吴大猷由美国留学回来，在北京大学物理系任教授。他除了在光谱方面进行实验研究，还在原子物理的理论方面开展研究工作，这两方面科学研究的成果，都发表在国内外的学术刊物上。这时的北京大学物理系，形成了一个平等、融洽、团结、进取的氛围，学术空气异常活跃。在这样的环境中，尤其是在原子光谱和分子光谱的理论研究及光谱学实验方面，都有不少有价值的成果。例如，1937 年在美国《物理学评论》上。饶毓泰和他的合作者，以"拉曼线的退偏振度和氯化物、溴化物及碘化物的结构"为题发表的这篇研究论文中（Shen，1937），由实验中观测到的数据，认为这三种自由基并不像以前研究者在文章中提出的是平面结构，而应该是空间正四面体结构，并计算出正四面体的顶角和离子间的价键力常数。此外，根据吴大猷的回忆，在 1935~1937 年的三年中，仅他一人发表在国内和美国、英国刊物上的论文就有十四五篇之多。这足以说明，当时的北京大学物理系科学研究工作的水平。

多年来，由于饶毓泰卓有成效的工作，北京大学物理系走出困境，并在多方面出现了崭新的局面。仅就培养人才方面，先后有马仕俊、郭永怀、马大猷、虞福春等先后出国学习，而且他们都学有所成。此外，还有 1954~1966 年任南开大学物理系主任的江安才教授，一直担任南开大学物理系光学教研室主任的沈寿春教授，他们先后在 20 世纪 30 年代初期考入北京大学物理系，后来都留在系里任助教，进行光谱学方面的科学研究工作，一直随同饶毓泰到西南联合大学。沈寿春于 1948 年、江安才于 1953 年先后来到南开大学，他们秉承饶毓泰的教诲，倾注全部的精力，于 1954 年共同将南开大学物理系光学教研组，建成为中国第一批光学专门化，为南开大学光学学科的建设和发展奠定了坚实的基础。无论留在国外，还是留学归来为中国效力；无论在高等学校培养人才，还是在科学研究单位从事研究工作，饶毓泰培养的学生，他们均业绩突出，成为各方面的中坚力量。

1945 年 9 月，胡适担任北京大学的校长。经过扩建后，北京大学包括文学院、理学院、法学院、医学院、农学院和工学院共有六个学院，成为一个多科性的综合大学。1946 年聘请在美国工作的饶毓泰为北京大学教授、理学院院长，兼任物理系的系主任。饶毓泰虽然身在美国，他心系北京大学物理系，仔细筹划物理系的恢复和发展。聘请张宗燧、胡宁、朱光亚、黄昆等学者到北京大学物理系任教。他切身感到，在国内开展科学研究工作最大的困难是缺乏先进的科学仪器设备。于是他努力向各方面争取，最后得到中华文化教育基金会的资助，准备建立一个近代物理中心。委托在美国工作的吴大猷和吴健雄共同订购一批仪器设备。为了将已经有基础的光谱学方面的研究工作深入开展，饶毓泰还委托在美国工作的虞福春向俄亥俄州立大学物理系主任 H. H. Hielsen 订购加工远红外摄谱仪。后来，因为全国解放，这些仪器设备未能运来，使得饶毓泰预先的设想没能实现。

1947 年初，饶毓泰由美国归来即到北京大学任职。他对北京大学物理系的建设和发展，已经有了一个较为详细的计划。虽然系里工作繁忙，且头绪多，饶毓泰不忘作为一个教师的职责，始终坚持在教学第一线，担任物理系的光学等课程的教学工作。

北平解放前夕，北京大学校长胡适和国民党当局，动员饶毓泰跟随国民党一起撤离北平，饶毓泰始终不改变坚持留在北平的初衷，还劝说其他教授要留在北平。新中国成立后，饶毓泰积极投身到自己所从事的教育和科学研究的实践中。

1952 年全国实行高等院校院系调整，由于饶毓泰已是六十多岁，长期患有胃溃疡病，医生只允许他半日工作，于是不再担任物理系系主任职务，可是他始终关心物理系的工作。他对物理系的发展积极地提出建议，并亲自参加光学专门组的筹建工作，使得北京大学物理系光学专门组，成为中国最早成立的光学专门组中的一个。他除了指导研究生以外，还亲自到图书馆查阅文献、资料，编写讲义，先后开设了原子光谱、光的电磁理论、气体导电基本过程等课程。饶毓泰讲授的这些课程，听讲的不只有学生，还有本系的青年教师和兄弟院校派来的进修教师。这些课程为青年教师以后开设相关的课程和提高他们的业务水平，打下了很好的基础。特别是在 20 世纪 60 年代初期，当激光刚一问世，饶毓泰以他学术上的精深造诣，敏锐地察觉这是一个新的科学和技术发展方向，光学和光谱学将得到迅猛的发展。为了不失时机地抓住这个机遇，为了能跟上刚刚起步的新方向，他专门为物理系的中年和青年教师讲授了光的相干性理论、光磁双共振等这些和当时科学发展相关的基础课程。如今人们忆及饶毓泰的这一举措，无不钦佩他对于还处在萌芽状态的新发现和新技术高度的敏感，敬佩他为培养后人甘做铺路石的奉献精神。

6. 抗日战争时期担任西南联合大学物理系主任

1937 年 7 月 7 日，日本侵略军在卢沟桥发动进攻，中国人民浴血奋战的抗日战争，从此揭开了极其惨烈的一页。当时国民党政府的教育部，下令清华大学、北京大学和南开大学南迁，历经长途跋涉，克服重重困难，最后到达抗战的大后方云南昆明，组成西南联合大学。西南联合大学汇集了这三个学校的精英，可算得上中国在抗战时期最大的教育中心。饶毓泰担任西南联合大学物理系主任。在北京大学南迁时，没能将图书资料、仪器设备运往内地。唯独物理系在饶毓泰的主持下，将得来不易的罗兰凹面光栅、光谱仪的石英棱镜和玻璃棱镜等贵重的光学器件，妥善包装，一路上精心保管，平安运到昆明。抗战时期经费极端困难，为了鼓励教师在困难条件下进行科学研究，也为了培养抗日战争胜利后从事科学研究的人才，饶毓泰组织教师们，尽量创造条件开展科学实验工作。

饶毓泰长期在分子光谱学方面进行研究，逐渐形成一个人才结构合理，配合默契的研究集体。为了将这方面的工作继续下去，他们在租赁来的一间极其简陋的房子里，将带来的棱镜放在用木材做的架子上面，拼装了一台最简单、最原始的光谱仪，用马大猷从美国带回来的低压水银灯作为光源，就在这样简陋的条件下，重新开始了分子拉曼光谱的研究。除了进行原子光谱和分子光谱的实验工作外，还在原子的双激发态、锂原子能态的 Hyllesruas 函数变分的计算、分子振动与转动的相互作用、分子的简正振动的计算等方面，进行了理论研究。在抗日战争时期，仍有一批科学研究论文在《中国物理学报》、《美国物理学评论》、《美国化学评论》等学术刊物上发表。后来，吴大猷在他的《传记文学》中曾经回忆道，在抗战时期，物质生活困难是实情，但是大家不畏艰难，努力认真做研究。仅他一人就写了一本讨论物理学近年来发展的专著，17 篇的研究论文，将一本关于群论的德文书译成英文。饶毓泰还为吴大猷的专著《多原子分子的结构及其振动光谱》英文版作了校对，成为这部专著的第一位读者。该书于 1939 年脱稿，1940 年出版，获得中央研究院丁文江奖金，饮誉海内外。

作为一位教育家，饶毓泰始终将培养人才牢记心中。在抗战时期西南联合大学教学条件相当恶劣，教室是泥土地面，窗户没有玻璃用纸糊，用铁皮作屋顶，用蜡烛照明。有时日本飞机空袭，为了避免伤亡，只得到防空洞暂避一时。尽管如此，全体师生精神却十分振奋，教学风气非常好。教师备课充分，教学极为认真，以极其严谨的态度治学，弥补了物质条件的不足。物理系教师的阵容十分强大，当时任教的著名教授除了饶毓泰以外，还有吴有训、叶企孙、赵忠尧、吴大猷、周培源、张文裕、王竹溪、霍炳权等。这些名教授都讲授基础课，赵忠尧讲大学一年级的物理学，二年级的电磁学是吴有训上课，而主讲力学的是周培源。除了公务外，饶毓泰还要为学生讲授光学和光的电磁理论等课程。除了本科生，还培养研究生。得到这些名师精心的培养，在这些学生中出现了几位物理学界极为杰出的人才。1957 年诺贝尔物理学奖获得者的杨振宁于 1941～1942 年是物理系的本科生，1942 年成为该系的研究生,并获得硕士学位。和杨振宁共同获得 1957 年诺贝尔物理学奖的李政道,1945 年春天转学来到西南联合大学学习,就读于物理系二年级。抗战时期的西南联合大学在培养人才方面,成为中国教育史上极为光辉的一个篇章。

饶毓泰只要发现有培养前途的青年,就倾尽全力予以帮助。1937 年虞福春到北京大学物理系做研究生,抗日战争爆发,他没有及时撤离,在北平流落了两年。在得知虞福春的下落以后,饶毓泰在各方面给以资助,使他冲破日本宪兵的阻挠,最后来到西南联合大学。葛庭燧介绍黄昆由北平燕京大学来到西南联合大学。通过了解和接触,饶毓泰觉得黄昆是一个很有培养前途的青年。黄昆于 1944 年获得西南联合大学硕士学位(导师是吴大猷),饶毓泰在物理系腾出编制,聘任黄昆为助教。一年后,黄昆到英国留学,在导师莫特(N. F. Mott)教授的指导下于 1947 年获得博士学位。1951 年回到中国,成为中国固体物理学和半导体物理学的奠基人,中国科学院院士,2001 年获得国家最高科学技术奖。

三、饶毓泰主要论著

Yao Y T(饶毓泰). 1923. Studies on the low-voltage arc in mercury vapor and its relation to fluorescence. Phys Rev, 21: 1.

Yao Y T. 1932. Under den inverzen Starkeffekt bei den zweiten gliedern der Hauptserien von Rubidium und Caesium. Z Phys, 77: 307.

Shen S T, Yao Y T, Wu T Y. 1937. Depolarization of Raman lines and structure of chlorate, bromate and iodate ions. Phys Rev, 51: 235.

Nielsen A H, Yao Y T. 1945. The analysis of the vibration-rotation band ω_3 for $C^{12}O_2^{16}$ and $C^{13}O_2^{16}$. Phys Rev, 68: 1.

Yao Y T. 1945. Absorption bands in the spectrum of butadiene. Phys Rev, 69: 1.

主要参考文献

吴大猷. 1977. 回忆. 台北: 联经出版事业有限公司.

王文俊, 梁吉生, 杨珣, 等. 1989. 南开大学校史资料选. 天津: 南开大学出版社.

南开大学校史编写组. 1989. 南开大学校史. 天津: 南开大学出版社.

张洪光. 1999. 饶毓泰//南开大学办公室. 南开人物志·第一辑. 天津: 南开大学出版社.: 61.

白金骠. 2011. 中国现代物理学奠基人饶毓泰//中国人民政治协商会议天津市委员会文史资料委员会. 近代天津十二大自然科学家. 天津: 天津人民出版社: 20.

撰写者

白金骠(1934~),南开大学物理科学学院副教授。从事"高等光学"教学以及南开大学校史研究等。

胡刚复

胡刚复（1892~1966），江苏无锡人。物理学家和教育家。中国近代物理学奠基人之一。1909年考取第一届庚款留美生，入哈佛大学物理系，1918年获得该校博士学位。1918年回国，先后在南京高等师范学校、东南大学、厦门大学、第四中山大学（中央大学前身）、浙江大学、大同大学、南开大学等11所高等学校中筹建物理系或理学院或在其中任教，培养了如吴有训、严济慈、赵忠尧等优秀物理人才。留学期间，胡刚复将X射线标识谱、吸收谱和原子序数之间的实验规律扩展到25号至34号元素，并测定了X射线频率和光电子速度的关系，对X射线学发展作出贡献。胡刚复在南京高等师范学校和上海大同大学等校创建物理教学实验室，开设物理实验课程，培养学生的物理实验动手能力，开创了中国高等物理实验教学。在抗日战争极为艰苦的条件下，作为浙江大学理学院院长，协助竺可桢校长领导组织浙江大学西迁，并将浙江大学理学院办成中国当时最好的学院之一。

一、生平概要

胡刚复，小名龙倌，原名文生，又名光复（1909年前曾用名），1892年3月24日出生于江苏省桃源县（现泗阳县）。清末其祖父胡和梅曾任桃源县教谕，父亲胡壹修和伯父胡雨人曾随侍左右，帮助兴学。胡壹修和胡雨人兄弟是晚清民初著名教育家和社会活动家，他们热心公益，兴修水利，提倡科学，设立家塾并首开女学。他们于1902年在家乡创办的胡氏公立蒙学堂是无锡地区最早的近代新式学校之一。胡刚复兄弟姐妹9人以及堂兄弟姐妹多人，都曾分别留学日本、美国，回国后又多从事教育，卓有建树。胡刚复在这个开明的家庭中度过童年，自幼养成了刚直严正、意志坚强的性格。1903年，胡刚复从上海南洋公学附属小学毕业，是该校第一届附小毕业生，是年升入南洋公学中院（当时南洋工学中院学制为5年，包括3年中学

---

* 感谢胡刚复先生的女婿和女儿周光地、胡珊先生审阅本文，并提出修改意见。本文写作得到国家自然科学基金项目（11205106）资助。

和 2 年预科），1908 年以优异成绩毕业。后曾参加无锡理化研究会，并入上海震旦大学预科学习。

1909 年，胡刚复考取首批庚款留美生，入美国哈佛大学（Harvard University）物理系。在大学期间，胡刚复爱好体育，为哈佛大学校足球队队员，练就了好的体魄。1913 年，胡刚复哈佛大学毕业，获理学学士学位，同时获奖学金入哈佛研究院。1913～1914 年，在杜安（W. Duane，1872～1935）教授指导下，胡刚复进入放射性研究领域，从事萃取和提纯镭放射物，并在波士顿亨廷顿肿瘤医院（Huntington Cancer Hospital）进行放射性癌症治疗研究，1914 年获硕士学位。此后，胡刚复开始在杜安指导下进行 X 射线光谱研究，1918 年获哲学博士学位。他是第一位在哈佛大学学习物理学并获得哲学博士学位的中国留学生。

留学期间，胡刚复参与了中国科学社的早期创建活动。1914 年，在美国康奈尔大学（Cornell University）的一批中国留学生发起创办《科学》杂志社，成立中国科学社，以"提倡科学、鼓吹实业、审定名词、传播知识"为宗旨。胡刚复的哥哥胡明复（1891～1927）是中国科学社的 9 位发起人之一。胡明复 1910 年第二批庚款留美，入康奈尔大学文理学院，1914 年毕业后进入哈佛大学研究院，1917 年获得哲学博士学位，是中国以攻读数学在国外获得博士学位的第一人。1915 年 1 月，中国科学社编辑的中国最早的自然科学杂志《科学》月刊 1 卷 1 期在上海出版。第二年，胡刚复在《科学》上发表"大地电象"和"电位定名解"两篇文章。1918 年中国科学社自美国迁中国后设总社于南京高等师范学校，胡刚复 1918 年回国后曾任中国科学社董事或理事、图书馆主任、名词审查委员会成员等。和中国科学社的创始者一样，胡刚复具有极高的爱国主义热忱和科学救国理想，并在其科学和教育生涯中持之以恒地为实现这一理想积极努力。

胡刚复 1918 年回国，历任南京高等师范学校（1921 年改为国立东南大学）教授、物理系主任（1918～1925），厦门大学教授、数理系主任和理科部主任（1926～1927），南京第四中山大学教授、教务处处长、理学院院长、创办中央大学并任教授（1927～1928），协助蔡元培和丁西林创建中央研究院物理研究所并任专职研究员（1928～1931），稍晚协助创建北平研究院，兼任该院镭学研究所的特邀研究员，交通大学教授（1925～1926，1931～1936），浙江大学教授、理学院院长（1936～1949），上海大同大学教授、理学院和工学院院长、校长（1918～1950），北洋大学、天津大学、南开大学教授（1949～1966）。胡刚复是中国高等物理教育事业的开拓者和奠基者之一，他把毕生的精力献给了中国物理教育事业。

胡刚复是一位身体力行的爱国者。1932 年 1 月在抵抗日军侵略上海时，他在上海最高层建筑的楼顶上日夜用望远镜侦察日军军舰，配合抗日战士重创日军旗舰"出云号"。1938年，浙江大学西迁江西泰和县期间，在竺可桢和胡刚复领导下，浙大师生帮助当地筑堤防洪，兴办水利。他们帮助民工完成测量、挖土方筑堤十五里（7.5千米）。工程期间，胡刚复每天都在施工现场巡视。第二年赣江洪期来临时，浙江大学已迁往广西，大堤保住了泰和广大农田，当地人称该堤为浙堤或刚堤。

1918年胡刚复回国后与华昭复结婚，华昭复于1954年病逝。他们有二女一子。1956年胡刚复与吴新德结婚。1966年2月19日，胡刚复在天津病逝，时任南开大学校长杨石先参加了遗体告别，骨灰运抵北京时，竺可桢、严济慈、吴有训夫妇到车站迎接并陪同子女至北京西郊万安公墓安葬。

胡刚复是中国物理学会的创立者之一，曾任中国物理学会理事、常务理事，1963年被选为名誉理事。1988年中国物理学会为纪念胡刚复、饶毓泰、吴有训、叶企孙分别设立了以他们个人命名的物理学奖，后又加入纪念王淦昌，成为中国物理学会五项物理奖。胡刚复物理奖授予实验技术方面有突出成就的物理学家。

钱临照院士曾说："中国知识分子爱科学、爱国家的传统美德，在物理学四位前辈（胡刚复、饶毓泰、吴有训、叶企孙）身上，昭昭如日月，为后生作出了榜样，为我辈所敬仰。"

二、学 术 生 涯

1909年，胡刚复与梅贻琦、秉志等47人考取首批庚款留美生。胡刚复是其中年龄最小的一位。胡刚复酷爱数理化三科，出于科学救国、实业救国的抱负，他选择了与工业关系密切的物理学，进入哈佛大学物理系学习，1913年毕业，获得理学学士学位。1913~1914年攻读硕士学位期间，胡刚复从事放射性领域研究。1914年，转入博士阶段，进入当时物理学前沿的X射线领域进行实验研究。在杜安教授指导下，研究了X射线K线系与化学元素原子序数的关系。1918年4月，美国物理学会在纽约哥伦比亚大学（Columbia University）举行会议。基于胡刚复博士论文的研究成果，胡刚复和杜安合作提交这次会议两篇论文，胡刚复独立提交一篇论文，会后美国物理学会将包括这三篇论文在内的会议论文摘要集中发表在1918年第6期的美国《物理评论》。1919年，胡刚复和杜安合作在美国《物理评论》再发表两篇论文，介绍了胡刚复博士论文的主要内容。

1918年获得博士学位后，杜安希望胡刚复能留校继续进行合作研究，胡刚复为了报效祖国，毅然决定回国。胡刚复在1920年的一段自述中说："1918年夏，我的研究暂告完成，我之所以说是暂告完成，是指科学研究没有止境。此时欧战方酣，我深感循实业科研路线报效祖国之责任。另一方面，吾师杜安教授也希望我帮助他从事物理实验工作。但我终于决定离开我愉快逗留八年的美国而回到祖国，担任教职。我面临着与命运作艰苦的搏斗。"

1918 年秋回国后，胡刚复被聘任为南京高等师范学校教授，开始投身中国高等物理教育事业。中国高等物理教育是在 20 世纪早期开始逐步建立起来的。1913 年北京大学理科招收理论物理专业学生，是中国大学物理学本科招生的开始。南京高等师范学院成立于 1915 年，当时设有理化部，1920 年设物理系，是中国最早开创高等物理教育的学校之一。这个时期开始有一批学习物理的留学生回国担任大学物理教师，他们中在留学期间从事过研究工作，发表过物理学论文者屈指可数。1920 年前，中国人在国外学习物理学获得博士学位的只有四人。中国最早的物理学博士是李复几（1907）和李耀邦（1914），李复几回国后未从事教育，李耀邦 1915～1917 年在南京高等师范学校短期任教。继李复几和李耀邦之后，1918 年，胡刚复与颜任光同年获得哲学博士学位，颜任光毕业于美国芝加哥大学，他于 1920 年回国在北京大学任教授、物理系系主任（1921～1924）。20 年代，教育界有"南胡北颜"之称。

胡刚复回国后同时在上海大同大学任教。大同大学是胡刚复的哥哥胡敦复（1886～1978）和友人一起创办的。胡敦复 1907 年官费留美，1909 年获康奈尔大学（Cornell University）理学学士。同年回国在北京游美学务处主管教务，1911 年 1 月，胡敦复被任命为清华学堂第一任教务长。不久，由于游美学务处和清华学堂的许多工作遭美国公使馆干涉，胡敦复愤而辞职。是年，大同大学这所独立自主的大学在上海成立，胡敦复被公推为首任校长。从 1918 年回国至 1950 年大同大学解体，胡刚复一直在大同大学兼职，先后任教授、理学院院长、工学院院长和校长。由于大同大学经费短缺，他三十余年教书、任职，却从不领该校工资。并按胡氏的规则，他多年将在外校兼课所得工资的 20% 捐大同大学，作为该校的办学经费。

胡刚复在南京师范学校和大同大学创建了中国最早的高等物理教学实验室，20 年代初期，已开设出 30 余个普通物理实验。刚回国时，南京高等师范学校只有他一位物理学教授，讲课带实验全由他一人担任。同时，为了在上海大同大学授课，他每周三天在南京、三天在上海。1923 年 12 月 12 日夜，东南大学理化楼失火，物理实验仪器全部烧毁，胡刚复亲自从上海大同大学借得仪器，搬到南京给学生使用。在实验课上，胡刚复要求学生自行设计、制作或校检、修理仪器部件，训练学生动脑动手能力，并将理论与实验教学结合。钱临照（1929 年毕业于上海大同大学）在

《怀念胡刚复先生》一文中回忆胡刚复在大同大学开设实验课的情况说："有一次胡先生要我测量一根铁丝的磁滞回线，他要我选择一只适当的纸筒，给我一些纱包导线，要我自己计算在那只纸筒上绕多少圈才能得到需要的磁感应强度。又有一次胡先生竟然要我把一只有毛病的墙式电流计修理好了之后再用它来做实验。有时得出的实验结果和书本的答案不一致，胡先生要我们讨论其原因。"在实验中，胡刚复常设计一些简单巧妙的方法，如在做电磁波反射实验时，他指导学生在墙上钉两张铁皮作为反射体。

这个时期南京高等师范学校（东南大学）和大同大学培养出了多位在中国物理学发展上有重要影响的优秀人才，如：吴有训1920年毕业于南京高等师范学校、严济慈1923年毕业于东南大学、赵忠尧1925年毕业于东南大学。严济慈1918年以浙江省第一名成绩考入南京高等师范学校商业专修科，1920年转学数理化学科，由于学习成绩优异，深得胡刚复和著名数学家何鲁、熊庆来的赏识。课余时间，他常帮助胡刚复管理当时设在南京高等师范学校的中国科学社图书馆。严济慈回忆说："1920年前后，何鲁、胡刚复、杨铨、竺可桢、周仁、秉志先生等先后到南京高等师范任教。为了提供一个学术交流的场所，通过张謇先生出面，在南京成贤街文德里谋得一处官产房屋，办起了一个图书馆和讲演室。这就是中国科学社的新社址。由于缺少经费，图书馆的图书是从各位先生家里的藏书中搜集来的，讲演室也十分窄小。当时英国哲学家罗素（B. Russell，1872～1970）爵士应中国科学社邀请访华，只好站在院子里演讲。""那时胡刚复先生兼任图书馆馆长。因为他的家眷在上海，图书馆就成了他的工作室和起居屋。我受胡刚复先生的信任，经常出入图书馆，帮助整理图书，编目分类，我还有幸受教师的委托代为《科学》月刊初审稿件。那时，杨铨、何鲁先生也住在图书馆附近，他们经常来馆里与胡刚复先生一起研究社务与教学。我有机会向他们求教，受益匪浅。""1923年秋天，我赴法留学前，何鲁、胡刚复、杨铨等先生还在中国科学社为我设宴送行，以示鼓励。"1935年，在纪念南京高等师范学校二十周年之际，严济慈撰文《南高东大物理系之贡献》，他说："胡师刚复于民七（1918年）入主南高物理课务，增立学程，添置设备，筹办工场，制配仪器，经营惨淡，不遗余力；课程与实验并进，一切规范，俱极严整。当时科学教师，徒作书本解释之弊习，为之洗革无余，而科学重实验之风，于焉树立。唯时美国洛氏基金团来校参观，称我校物理系堪为全国各大学之理科冠，当即慨然解囊，捐助我科学馆建筑费之半数，计银十万元。"那时南高、东大物理系毕业生留学归国从事高等教育的已有张绍忠、倪尚达、郑衍芬、吴有训、方光圻、葛正权、严济慈、章昭煌、何增禄、赵忠尧、施汝为、张宗蠡、王恒守、霍秉权等十余人。对于南京高等师范学校、国立东南大学物理系人才辈出的原因，严济慈认为，首先是"物理系主持之得人：胡师刚复为我国物理学之先进，二十年前，师在美国研究 X 光与光电子，研讨所得，在近代物理学上至为重要。X 光与光电子，时正韧始，师若继续探讨，其为该学上之权威，当不在英之白勒克（W. H. Bragg）、法之德布罗意（M. de Broglie）、德之谢克办（Karl Manne Georg Siegbahn）与美之康普顿（A. H. Compton）等氏下，乃胡师不急于个人之成就，而视造成国内物理学之完善基础，俾后生有求学处所，为当务之急，高诣卓识，令人可敬。故当师之设帐白门也，充实课程，改善设备，自批习题，亲阅报告，教诲之勤与负责之诚，良非粉笔一抛即挟书以去者所可并论。"1933 年，蔡元培在致胡刚复函中说："先生对于大学教育之兴会，亦非其他项所可比，此实后进之福，而亦弟等所深佩者也。"

最初设于南京的中国科学社图书馆毁于战火，1928 年，中国科学社在上海购地建立社所和图书馆，1931 年图书馆落成开馆，蔡元培提议以胡明复命名图书馆（今上海黄浦区明复图书馆），这是中国最早的科技图书馆，胡刚复为该图书馆的建设作了大量工作。

1936 年挚友竺可桢被任命为浙江大学校长，经他敦请，胡刚复受聘为浙江大学文理学院院长，此后十年中，他为浙江大学的建设作出了重要贡献。1937 年 2 月，胡刚复在《国立浙江大学日刊》发表《大学教育》一文，探讨大学教育培养人才的目标、课程设置、选课制度、教学方法等问题。对于大学培养目标，当时一般认为应"偏重专精，造就专门人才"，但也有倡导通识教育（Liberal Education）的观点。胡刚复认为，大学教育不仅要于知识求专精和谋博通，更重要的是品格的培养。他说："大学目标有二，专精兼得博通，求知更重修养。""考吾人在社会上，每人自具其天赋的本能，如何能适应社会，使自己生活圆满，更使他人生活亦为圆满？盖为社会努力事业，实人生最重要的天职。于此当发展本能，砥砺思想，通达事理，明辨是非善恶。当今之世，各方面皆趋专门化，无论经营何事，皆需专门学问。惟应不忘圆满的生活及健全的情绪亦人生最重要事。所以在发展专门技能之下，不可或缺高等普通教育，以此和人生有关，由此目标得以使人发展其人固有之本能，知为欣赏和虚心接受一切外来思想及情感，而有所贡献于社会和人类。"他强调品格培养的重要性："品格即中国古代所谓气节，教育的目的不专门在知识的传授，陶冶品格更关重要。"胡刚复认为知识的博通不仅限于科学方面，"其他文史、社会上之常识亦皆如此"。"吾人为中国人，中国文字的运用，为一基本问题，其他科学固然愈专愈好，但基本素养不可不蓄之有素。"此外，胡刚复还指出体育也不可忽视，"因为人是一个复杂体，各方面训练皆应顾到，抑且体育对德育、智育皆有相互关系"。

1937年卢沟桥事变爆发，日寇大举入侵，平、津、沪、宁相继沦陷。1937年秋，浙江大学在敌机的轰炸声中被迫离开杭州，千里跋涉，经四次搬迁，最后在1939年冬到达贵州遵义和湄潭。胡刚复是浙江大学西迁路上的智囊和先锋，负责策划和拟订方案，担负打前站、找房子、定舟车，冒险抢运图书仪器等任务。他亲自布置师生住处，为图书、设备安排场所，安排教室，安排人员和器材的迁运。迁校途中，他叮嘱师生保护好图书、仪器。他们设计了一批专用的仪器包装箱，短暂停留时，把包装箱打开可做实验桌，临到转移，又要将仪器收拾装箱。浙大物理系朱福炘教授回忆说："由于大家认识到实验的重要性，所以谁也不叫苦嫌烦。在这历时两年半，途经六省，计程二千六百公里（千米）的长途跋涉之中，竟没有损坏一只玻璃仪器，丢失一根直尺。这要特别归功于竺可桢校长的领导与理学院院长胡刚复教授的努力。"胡刚复认为大学有义务向民众传播科学文化。在西迁中，他鼓励各系推广科研成果，要求各系在校庆时开放实验室，安排科学实验演示和讲解，普及科学知识。

浙江大学理学院在湄潭办学期间，胡刚复担任理学院院长兼物理系教授。他努力吸引优秀人才，为浙江大学理学院延聘了一批优秀教授，先后增聘了数学系蒋硕民、徐瑞云，物理系卢鹤绂、丁绪宝，化学系王葆仁、张其楷，生物系罗宗洛、仲崇信、谈家桢、江希明等。至1948年复校杭州，浙大物理系已拥有教授、副教授十余人，如胡刚复、张绍忠、何增禄、束星北、王淦昌、朱正元、丁绪宝、卢鹤拔、朱福炘、周北屏、王模显、胡济民、张有清、斯何晚等。浙大校友杨竹亭说："同济大学理学院院长王葆仁教授，因为学校搬到四川后，图书仪器设备都不能在上海的战火中搬出来，研究工作很难进行。所以他宁愿放弃同济院长的职务，而愿意接受胡刚复院长的邀请，到浙大担任化学系主任。"著名遗传学家谈家桢在发表于《文汇报》的《忆胡刚复先生》一文中说："我和刚复先生相识，是在1937年。那年我国爆发了抗日战争。而我正在美国摩尔根实验室刚获得博士后学位。我学业完成了，但是不愿再留在美国。那时我只想早点回国来，为发展遗传科学多作点贡献。我的母校（东吴大学）希望我回去任教，但是我对当时的教会学校并不满意，我想找一所学术空气浓厚些的国立大学去任教。因为那里的学生，多数清贫刻苦，而且严谨好学，容易培养。可是在旧社会的封建思想影响下，大学里也是学派并立，壁垒森严，我是无法超越这道鸿沟的。正在我无路之时，有一位刚复先生的学生告诉我，他的老师在浙江大学担任文理学院的院长，可以为我去联系。不久刚复先生寄来了竺可桢校长的聘书，要我立刻回国去任教，我喜出望外。当时的浙大名流甚多，硕彦荟萃、学术气氛很浓，是我理想的去所。所以我毅然回国了，由此得受知于刚复先生。我与刚复先生在浙大共事，前后达九年之久，那时正值最艰苦的战争时期。……我一生中有一些很重要的科研成果，就是在这时期完成的，这是与刚复先生的领导和为我们创设的美好的学术环境分不开的。"

在办学条件方面，胡刚复一方面加强图书和实验研究设备建设，另一方面则为自制教学研究装置创造条件。学校建起了金工、吹玻璃、磨玻璃和无线电等工场，请高级技师和青年助教参与工场实习和实验技术教育。

在课程体系中，胡刚复特别强调基础理论和实验训练，要求开好基础课和反映科学前沿的课程。他强调课程要"理论与实验相提并论，而尤注重实验"。"因为科学根基是建筑在实验方面，至于理论科学仅为更进一步的结晶，必实验基础已固，方能运用天才再致力于理论。"对于当时盛行的选课制，胡刚复认为其弱点很多，有可能导致学生选课过于琐碎，无法获得集中训练，可采取导师制，对学生进行具体指导。他自己花费很多精力指导学生。理学院每个学生每学期选课时都要逐一与他面谈，经他签字认可才能确定选课计划。他和每个学生的谈话时间都在半小时以上，有的甚至长达半天。他利用这个机会与学生相识，了解他们上一学期的学习成绩，指导学生按个人志趣、特长等进行选课，以提高学习效果并获得严格的训练。胡刚复认为教育效率和兴趣有关，但严格的训练和刻苦的努力是必不可少的。"使一人能发展其官能至最高的程度，能欣赏，知利用，如有兴趣，则效率为愈大。""兴趣可以帮助获得很好的效率，而严格训练亦称重要，无论任何知识使其不经过相当的苦功，则往往不易永久地保持与迈进。而欲求其运用自如，尤非严格训练，条举实例，力求应用不可。""兴趣仅为初步的推动，刻苦方是成功的基础。"

在教学方法上，胡刚复强调要对学生有所启发，注重方法和思想内容。"学校所得，非仅在知识之积累，而希望得一种根本训练，故教学方法重在启发个人的本能，而不应仅为注入的手续。"抗战期间，为了提倡认真读书和科学家献身科学的求是精神，胡刚复亲自给师生们作报告，讲述伽利略、牛顿、法拉第、麦克斯韦等科学家的科学思想和贡献、探索自然规律的求是精神和伟大的人格，倡导不畏强暴、坚持科学真理的精神。

在抗日战争极端困难的条件下，浙江大学尤其是其理学院在竺可桢校长和胡刚复院长的苦心经营下仍有发展，各系教学工作出色，科研工作亦蓬勃开展，完成了许多世界性的重大科研课题，如苏步青的《影射曲线概论》、《微分几何学》；王淦昌的《中子的放射性》、《关于探索中微子的建议》；陈建功的《三角级数论》；卢鹤绂的《重原子核的潜能及其利用》、《从铀分裂到原子弹》；谈家桢的《亚洲瓢虫色斑嵌镶显性遗传理论》、《中国西南果蝇之调查与研究》；贝时璋的《丰年虫及细胞学研究》

等。浙大在湄潭还培养出了以李政道、程开甲等为代表的一批优秀人才。

知名学者的云集和众多学术成果的取得使浙大成为当时中国的知名大学,1942~1945年,中国物理学会、中国科学社年会曾4次在湄潭召开。据朱福炘回忆:这几次学术活动都在一座简陋的民房举行,摆了一张桌子几条凳子就算是会场,物质条件虽然困苦,与会者却十分认真热烈。1942年12月举行的中国物理学会(贵州区)第十次年会由何增禄主持,到会数十人,宣读论文18篇。这一年适逢牛顿300周年诞辰,故有关于牛顿生平的报告数篇。1943年10月31日举行的第十一次年会由张绍忠主持,宣读论文12篇,朱福炘作了"利用光的弹性研究应力之方法"的公开演讲。1944年1月的第十二次年会是和中国科学社湄潭社友联合举行,由胡刚复主持,宣读论文9篇。竺可桢校长对物理系及其学术活动素来十分关心、支持,此次亲自到会作了著名的"二十八宿之起源"的演讲,钱宝琮报告了"中国古代数学之特点",英国学者李约瑟(J. Needham,1900~1995)博士夫妇应邀在会上作了学术报告,李的讲题为"中英科学合作馆之工作范围",李夫人的讲题为"肌肉伸缩时之化学作用"。1945年10月7日举行了第十三次年会,由何增禄主持,宣读论文11篇,并有何增禄的"光和机械运动"和韩康琦的"雷达"两次公开演讲。

李约瑟是受英国皇家学会(Royal Society)之命来中国援助战时科学与教育机构的,他在华广泛参观考察。1944年,除在湄潭参加学术会议外,李约瑟在浙大遵义、湄潭校区进行了全面考察,浙大师生在艰苦环境中的治学精神和取得的成就给他留下了深刻印象,他将浙大誉为"东方剑桥"。

1946年胡刚复被委派率学生前往英国学习雷达技术,在英国期间,他每周均到剑桥听课,听微波原理、量子力学、电动力学和统计力学等课程。他的伤寒病后遗症(耳朵失聪)此时更为严重,他听课总是坐在第一排。1948年他借道美国,考察了美国的战后科学研究,特别是核物理、高能物理的进展,11月回到杭州。之后不久,便和竺可桢一起到上海,坚决抵制要他们撤到台湾的国民政府的安排,留在上海等候解放。

1950年上海大同大学解体,胡刚复应茅以升之聘在唐山交通大学和北洋大学任教。1952年院系调整,他被聘为南开大学物理系教授。在北洋大学、南开大学期间,他教授过光学、近代物理、X射线金属学等多门课程。

三、主要研究领域和学术成就

1. X射线领域实验研究

1918年,在杜安指导下,胡刚复完成博士论文"X射线研究:Ⅰ.化学元素的

X 射线临界吸收频率的实验研究；Ⅱ. 光电子在 X 射线频率上最大速度的实验测定"（Studies in X-rays: Part I. Experimental studies of the X-ray critical absorption frequencies of chemical elements, Part Ⅱ. Experimental determination of the maximum velocities of photo—electrons at X-ray frequencies）。胡刚复和杜安对 X 射线 K 线系和化学元素原子序数的关系作出了富有成果的研究。当时，X 射线标识谱和吸收谱是实验物理学的前沿课题，杜安和布莱克（F. C. Black）已经对 58 号元素铈、35 号元素溴以及它们之间共 19 个元素（除了惰性元素和未发现的 43 号元素之外）做了 X 射线吸收谱的实验测定。胡刚复的工作是对原子序数更低的元素进行测定，但由于这些元素的原子发射的 X 射线较软，易被当时使用的 X 射线管的厚玻璃窗大量吸收，胡刚复要自制新的实验设备。胡刚复研制了一套新型 X 射线管，他在窗口处直接焊上一长玻璃管，在管的另一端封上极薄的玻璃半球作为窗口，其凹面朝外以增强机械强度。此长管一直伸到 X 射线仪的狭缝前，用作准直管，避免空气吸收 X 射线，从而测定了较软的 X 射线的可靠数据。此外他还提高了 X 射线管的真空度，并采用布拉格父子发明的晶体反射式 X 射线谱仪来测定波长。胡刚复这项研究的主要成果有：其一，用布拉格方法精确测定了原子序数自 25 至 34 的元素 K 线的临界吸收频率。他以电子速度和原子序数作图，提高了莫塞莱定律的精度，验明了 X 射线临界吸收频率、吸收体内临界电离频率、X 射线管中由激励电子能量确定的临界 X 射线频率和最高特征发射频率都相等这一事实；其二，首次在 X 射线频率范围内测定了光电子在不同方向的速度分布和 X 射线散射的空间分布及其光谱特性，明确了选择性光电效应和选择散射的存在，确定了 X 射线光电子的最大发射速度。

这些成果对于确定 X 射线谱项结构、揭示原子发射 X 射线的机制、理解原子内层电子构造都具有重要意义，特别是可以看作是发现康普顿效应建立物质波概念的前奏。

2. 物理学名词定名工作

19 世纪后期到 20 世纪初期，在西方科学技术在引入中国的过程中，科学技术名词术语的翻译、规范和统一是一项重要工作。它一直受到学术界的注意。胡刚复在 1918 年回国后任中国科学社名词审查委员会的主要成员，在译名和统一术语方面作出了重要贡献。

1916 年，胡刚复发表"电位定名解"一文，指出当时 potential electrical 有多种译法，极不统一，甚而有译为"电压"者。胡刚复建议译为"电位"。他认为，potential 的物理意义不是"力"，也不是"能"。在电学中，它与力学、热学中的水位和热度相似，可称为"电位"。

热力学中英文 entropy 一词的翻译一度议论纷纷，此词物理含义深奥，曾有学者译为"热温商"，但这种多字翻译不合汉字规范。1923 年，德国学者、制冷技术专家普兰克（R. V. Plank，1885~1973）来华，胡刚复在东南大学为他的学术报告做翻译时，将 entropy 创造性地翻译为"熵"，火代表与热学有关，而意为温度 T 与热量 Q 的商，熵读如商。胡刚复的建议很快得到物理学界的一致称赞，且沿用至今。在胡刚复初定此名词中译之近 80 年后，台北"中央研究院院长"吴大猷在《早期中国物理学之回忆》中仍赞赏这一中译名词的科学性和准确性。

3. 参与度量衡改革

度量衡制是关系国计民生的大事。进入民国以后，由于种种原因，清末已存在的度量衡的混乱愈演愈烈。与此同时，与国际科学界的接轨却使人们对度量衡科学原理的掌握达到了前所未有的程度。民国年间，中国多次对度量衡制作出改革。1915 年，中国科学社以"社员"名义在《科学》1 卷 2 期上发表《权度新名商榷》一文，讨论了当时中国度量衡制度中存在的问题，及国际通用米制单位的中译和中外单位大小对照等内容，称该刊此后将据此统一有关内容。1929 年，南京政府颁布《度量衡法案》对度量衡各单位的名称及定位都做了详细的规定，特别是明确指出，中华民国度量衡采用"万国公制"（米制）为标准制，暂设辅制，称作"市用制"，并规定了标准制与辅制之间简单的折合比例。《度量衡法案》推行和实施过程中，发现在两种计量制的换算、一些计量单位的名称及其定义上存在混乱，1935 年多方撰文对此展开热烈讨论。此时，胡刚复撰文"对于吾国度量衡制之商榷"，分析当时米制和市用制两制并存使用出现的问题。他指出："万国公制之优点，在其十进，及各个（单位）间具有确切贯通之关系，容及衡之间以水之比重为沟通之工具。其命名法亦简明合理，故能为万国所公认，成现代科学上之共同工具。"但是当时正在推行的"辅制"——市用制"虽其各个单位与标准值之相当单位相通，然其自身之基本单位，则并不相通。单位之大小虽与民间习惯相差不远，而其为另一创制则无可讳言"。胡刚复建议对辅制进行改进，他提出一种基于中国传统尺制、且与国际通用米制相互沟通的"中华制"度量衡体系，希望便利民众生活和工商业习惯，又便于国际科学交流。此时中国物理学会亦向教育部提出建议，北平研究院物理研究所也作了相应的研究报告。因而促成了当时度量衡单位名称及其大小的较为统一、科学的认识，并由此造成米制和市制并用的中国国情。

四、胡刚复主要论著

胡刚复. 1916. 大地电象. 科学, 5（2）: 509.

胡刚复. 1916. 电位定名解. 科学, 8（2）: 858.

胡刚复. 1917. 法国产殇儿调查之分析. 科学, 2（3）: 204.

Duane W, Hu K F（胡刚复）. 1918. On the relation between the K X-ray series and the atomic numbers of the chemical elements. Phys Rev, 6（11）: 488.

Duane W, Hu K F. 1918. On the critical absorption and characteristic emission X-ray frequencies, Phys Rev, 6（11）: 489.

Hu K F. 1918. Some preliminary results in a determination of the maximum emission velocity of the photoelectrons from metals at X-ray frequencies. Phys Rev, 6（11）: 505.

Duane W, Hu K F. 1919. On the X-ray absorption rrequencies characteristic of chemical elements. Phys Rev, （14）: 516.

Duane W, Hu K F. 1919. On the critical absorption and characteristic emission X-ray frequencies. Phys Rev, 6（14）: 369.

濮郎克. 1923. 热力学第二定律及熵（Entropie）之观念. 胡刚复, 译. 科学, 8（5）: 515.

胡慤风. 1933. 物理学（初中用）. 胡刚复, 校. 北平: 北新书局.

胡刚复. 1935. 对于吾国度量衡制之商榷. 东方杂志, 32（7）: 177.

胡刚复. 1935. 科学研究与建设. 科学, 19（11）: 1769.

胡刚复. 1937. 胡院长惠辞. 浙大学生, 创刊号: 3.

爱因斯坦. 1964. 狭义与广义相对论浅说. 杨润殷, 译. 胡刚复, 校. 上海: 上海科学技术出版社.

胡刚复. 2007. 大学教育//何亚平, 朱惠珏, 胡岚. 惊鸿浙大. 杭州: 浙江大学出版社: 89.

参考文献

洪震寰. 1984. 精勤研学艺, 艰辛育英才——朱福忻教授回忆原浙江大学物理系. 物理, 9（13）: 582.

解俊民. 1991. 胡刚复//《科学家传记大辞典》编辑组. 中国现代科学家传记·第二集. 北京: 科学出版社: 141.

朱福忻. 1992. 纪念胡刚复先生//物理实验编辑委员会. 纪念胡刚复教授诞辰百周年. 物理实验特辑.

胡南琦. 1993. 胡刚复//戴念祖. 20世纪上半叶中国物理学论文集萃. 长沙: 湖南教育出版社: 59.

喻朝碧, 曹裕强. 2006. 永远的大学精神——浙大西迁办学纪实. 贵阳: 贵州人民出版社.

撰写者

李艳平（1958~），首都师范大学物理系教授、科学技术史研究室主任；中国科学技术史学会理事，物理学史专业委员会主任委员。主要从事物理学史教学和研究工作。

丁西林

丁西林（1893～1974），江苏泰兴人。物理学家、戏剧家。中央研究院院士。1913年毕业于上海南洋公学，1914年赴英国伯明翰大学攻读物理学，1919年获硕士学位后回国。历任北京大学物理系教授兼理预科主任、物理系主任，中央研究院物理研究所所长，中央研究院代理总干事、总干事，1933年当选第一届评议会评议员，1948年当选中央研究院院士，新中国成立后曾任中华全国科学技术普及协会副主席，中国科学技术协会副主席，文化部副部长等职。曾以热电子发射实验直接验证麦克斯韦速度分布律；设计新的可逆摆测量重力加速度值；研究不同空气压力对摩擦起电的影响及电网络行列式的一般性质以及地磁仪等课题；对中国传统乐器笛进行了改进；主持创办南京地磁台；与颜任光共同创建了北京大学物理实验室；在建设北京大学物理系、中央研究院及创建该院物理研究所中作出积极贡献。

一、生平概要

丁西林，原名丁燮林，字巽甫，江苏省泰兴人。1893年9月29日出生于江苏省泰兴县，1974年4月4日逝世于北京，享年81岁。

丁西林1910～1913年求学于上海南洋公学，获得理学学士学位。1914～1919年入英国伯明翰大学（University of Birmingham）攻读物理学，获理科硕士学位。1919年回国，历任北京大学物理系教授兼理预科主任（1919～1924，1927），北京大学物理系主任（1925～1926），中央研究院物理研究所所长（1928～1946）兼研究员（1946～1948），中央研究院代理总干事（1933～1935），中央研究院总干事（1935～1936、1940～1941），1933年当选为中央研究院第一届评议会评议员，1948年当选为中央研究院院士，1950～1957年任中华全国科学技术普及协会副主席。1958年任中国科学技术协会副主席，1960年后历任文化部副部长，中国对外文化联络委员会副主任，中国人民对外友好协会副主任。

---

* 本文写作得到国家自然科学基金项目（11205106）资助。

1919 年丁西林回国，时值北京大学校长蔡元培以"兼容并包，学术自由"为办校宗旨，不拘一格延聘国内外学有专长的有识之士到校执教。丁西林于 1919 年受聘入北京大学任教。他任物理系主任期间，极力聘请优秀人才到北京大学物理系执教，使物理系一时人才济济，为一时之盛。丁西林入北京大学后即与系主任颜任光一起，大力提倡实验工作，建设物理实验室，亲自编写 60 多个实验讲义以为倡导，并亲自审阅学生的实验报告，以树立理论与实验结合的优良学风。他讲授物理课，首倡采用中文而不用英文编写讲义，并从事整理和订正物理学名词术语的中文译法工作，以利于国人吸收西方科学。他在北京大学任教近 10 年间，成绩卓著，深受学生尊敬，培养了不少学有专长的人才。

1927 年中央研究院在南京成立，蔡元培出任院长。1928 年 1 月，中央研究院在上海霞飞路 899 号设立理化实业研究所，丁西林应蔡元培先生之邀来沪，被聘为该所的物理组主任，着手筹备物理研究所。当时研究院初创，研究所白手起家，经费很少，所需各种器材、设备和书刊均必须从国外购进。这时的中国物理学界，最有名的人物就是"南胡北颜"。"南胡"指的是胡刚复，"北颜"是颜任光，一是大同大学兼东南大学物理系主任，一是北京大学物理系主任，为两个代表性人物。这时，颜任光已转到上海企业界任职，不得脱身。而胡刚复从东南大学辞职后，又被厦门大学聘为理学院院长，也是重任在身。但是胡刚复还是回到上海，愉快地接受了丁西林的聘请，在物理研究所担任专职研究员。丁西林想方设法从国外购置了两批仪器，其中以电学、光学方面的为多，并购置了兼有英、法、德三种文字的 500 余册参考书，为研究创造了条件。1929 年，丁西林为吸引有成就的物理学大师进入研究领域，更好地发挥他们的学科专长，又聘请吴有训、饶毓泰等 5 人为特约研究员。丁西林又增购了 X 射线装置、高压设备、测温装置，以及示波器等一批实验设备，先后开展了无线电标准频率设备、液体热传导率的比较测定、高频电波的发生及其测量等研究工作。此外，丁西林又聘请德国莱比锡大学（Universität Leipzig）的海森伯（W. Heisenberg）博士为名誉研究员。丁西林精心规划，刻苦经营，迄至抗战前夕，物理研究所已建立了一批能开始进行科学研究的实验室和一个藏书丰富的图书馆，并在一些方面取得了科研成果。丁西林十分重视教育工作。他认为培养国家建设人才，首先必须办好大专院校和加强中学物理教学工作。为此，他特意将物理研究所的金木工车间扩充为设备精良的物理仪器厂，从事制造教学所需的分析天平、显微镜、经纬仪等。仅 1935～1937 年间，就生产 600 套高中物理实验仪器和 3000 套初中物理实验仪器，由教育部统购分发全国各地高中、初中供教学使用。这两类仪器的设计均由他亲自审定，并亲自主持编写实验讲义随仪器附送，对中国中学物理教学工作的充实和提高起了重要作用。1937年5月，丁西林应竺可桢之邀，在上海接待了尼尔斯·玻尔（N. Bohr）及其夫人、儿子汉斯·玻尔（Hans Bohr）。他陪同玻尔父子参观了物理研究所，陪玻尔到上海交通大学讲"原子核"，又陪玻尔一家到上海市中心去参观，最后到火车站与玻尔告别，为中丹两国的学术交流作出了自己的贡献。

抗战开始以后，丁西林随研究所西迁昆明。1940年到香港，香港沦陷后，携眷逃出，在广州遭汪伪软禁。汪伪政府曾约请他去南京任职和中山大学任教，均遭其拒绝。后化装逃出广州。抗战胜利后，于1947年初辞去物理研究所所长职务，赴山东大学任教。1948年受北京大学、中央研究院同人庄长恭邀请，1948年6月到台北工作，任台湾大学理学院物理学系教授兼教务长。9月回山东大学执教。1949年9月参加了第一届中国人民政治协商会议。中华人民共和国成立后，为第一、二、三届全国人民代表大会代表，政协第二、三届全国委员会委员，并先后担任了政务院文化教育委员会委员、文化部副部长、中国人民对外文化协会副会长、对外文化联络委员会副主任、北京图书馆馆长、中国文字改革委员会副主任、中国戏剧家协会常务理事等职。

二、学术生涯

1. 物理方面

丁西林长期担任繁重的行政领导工作，但依旧从事科学研究工作，发表过若干研究论文。1917年他在伯明翰大学时，就在英国皇家学会（Royal Society）会员理查逊（O. W. Richardson）教授指导下，以热电子发射实验直接验证麦克斯韦速度分布律。在1907~1909年间，理查逊首次测定了炽热物体射出的电子动能。实验表明，当发射源温度处于热平衡状态，将电子重量视同于气体的分子量时，则射出电子的速度非常符合麦克斯韦气体分布律。但是，这些实验仅限于以铂作为发射源，而且在条件发生改变时，实验误差就较大。1914年，肖特克（W. H. Schottky）利用由圆截面的灯丝阴极和同心柱形阳极制成的同轴圆柱体着手解决这一课题。其结果虽然与麦克斯韦分布律的要求完全符合，但是他的实验是将饱和电流值与其他研究者所给的发射数据相比较而估算出来的。在上述背景下，丁西林首先利用对灯丝温度进行了若干独立检验来研究钨的特性，并研究了当时被认为具有反常特性的材料。丁西林实验的基本方法是测量从炽热物体到邻近电极的电流相对于各个反电势差的关系。他分别在柱形场中的钨丝、柱形场中的铂丝、均匀场中的窄铂条以及有化合物敷层的铂灯丝等情况下，得出了炽热物体发射电子的速度满足麦克斯韦分布律的实验结果，从而验证了麦克斯韦分布律的正确性。他的实验结果表明，很常见的发射类型，除平均动能约两倍于相应的发射温度的动能外，其速度完全合于麦克斯韦分布律之要求。同时丁西林还指出，铂的若干数据显示出了并不完全是麦克斯韦型的速度分布，其原因可能是麦克斯韦型的速度分布适用于纯金属的理想平直平面，亦可能是由于气体被吸收或其他影响而产生了差异。丁西林的工作弥补了理查逊和肖特克二人工作的不足之处，而且进一步完善和发展了验证麦克斯韦速度分布律的实验。

1930 年，丁西林研究了一种新摆，提出了测定引力常数 g 的绝对值的方法。在丁西林之前，用物理摆测量 g 值，总存在一些不确定的假设和不可避免的实验误差，很难达到理想状况。当时研究发现悬体中心与振动中心二者可互换性原理，这个原理可以说明著名的凯特（H. Kater）"可逆摆"之结构。在此背景下，丁西林制造了这种新的可逆摆，避免了过去测定 g 值的许多实验误差。他在有关的论文中详尽地阐述了实验原理、摆的理论、摆的制造、校正以及验证等。丁西林指出，用可逆摆测定 g 是以"观测相等周期"的方法为依据。通过变换悬挂位置的办法，观测其周期，从而可以克服测定转动惯量的困难，也不必知道摆重心的位置。他对摆的制造问题作了判决性考察。他指出，若摆是由容许变化相对位置的两部分制成的，然后悬挂体的某一点固定在其中一部分上，而另一点的位置可以改变，那么，观测相等周期的方法将分别消除各个部分的、与转动惯量有关的数值。在用这种方法得出的方程中，利用周期及其和，或悬挂体中心与已经移动部分的重心间距离的差值就可给出 g。舍弃悬体中心与振动中心间可互换性的原理而采纳这种新方法，则摆的所有改进都可综合到一个单摆里。丁西林在实验原理和摆的制造上作了重大的改进后，第一次精确地测定了 g 值，从而结束了用摆测定 g 值存在较大实验误差的历史。

1934 年他深入地研究了电网络行列式的一般性质。在 30 年代初人们正全面研究电网络行列式的性质。为了解电网络的稳定电流状态，一般运用两种方法。其一是将有效电流作为通过网络的不同支路的未知量。在网络中有 N 个未知量方程，根据基尔霍夫（G. R. Kirchhoff）第一定律求解。其二是运用将其作为未知量的所谓麦克斯韦的回路电流。为了得到回路电流方程，应用基尔霍夫第二定律。然而建立起 N 个或 M 个联立方程后，在物理上可认为问题已被解决了。但在数学上，这些联立方程的解通常以行列式的形式表示。实际上，每一个未知量可由行列式的比率给出。由于这些电网络行列式的特殊性质和包含在以简化法寻找展开式的普通方法中的大量工作，因此已经有获得短路法的多种尝试。基尔霍夫曾经给出了分别独立得到公分母和分子的两个定则。然而，这两个定则表明的是形成分母和分子形式的性质，而未提供获得它们的实际方法。丁西林的论文给出了对电网络行列式总体上的整个研究，并表明如何由这些行列式的一般性质自然地推导出这种新方法。文章最终给出了找出公分母的归纳法。

丁西林还研究了不同空气压力对摩擦起电的影响。在声学方面，他对中国传统乐器——笛进行了改进。鉴于当时国内的迫切需要，他积极推动地磁的研究及测量工作，主持创办了南京紫金山地磁台，填补了中国地磁测量和研究空白。从1946年起，他从事研究"地图四色问题"，先后持续20余年，花费不少心血。

中华人民共和国成立后，中国的科技群众团体进入了新的发展阶段。1950年成立了中华全国自然科学专门学会联合会和中华全国科学技术普及协会，丁西林被选为科普协会副主席。1958年全国科联和全国科普协会合并为中国科学技术协会，他当选为副主席。继而又出任文化部副部长、中国对外文化联络委员会副主任、中国人民对外友好协会副主任等职，曾先后率领各种文化代表团访问亚洲、非洲、欧洲许多国家，为增进中国人民与世界各国人民之间的友好合作作出了重要贡献。

2. 戏剧方面

丁西林是北京大学教授中著名的通才，文理兼优，在中国现代文学史上被誉为极具特色的剧作家。留学英国攻读物理的时候因为外文基础较差，出国后为了提高英语水平，他读了大量的文艺作品。对于书法和绘画，他也有着特别的爱好。他常说：一个人的兴趣应该尽可能的广阔，学科学的人未尝不可以接触文艺。至于一个搞文艺的人就更不能狭隘，各姊妹艺术之间有着千丝万缕的联系，不爱听音乐，对于写戏的人是没有好处的。他虽然是一位业余创作者，可他创作态度严肃，从不轻易落笔，总是经过反复思考和严密构思后，乘兴所致一气呵成。从数量来看，剧作并不算多，但没有一个是粗制滥造的。丁西林的喜剧以描写中上层知识分子及其生活情趣见长，常以委婉笔法嘲笑知识分子和市民生活中的落后和虚伪。语言诙谐幽默，情节构思巧妙，喜剧色彩很浓。其代表作有《一只马蜂》、《压迫》、《三块钱国币》等。他创作的独幕剧《一只马蜂》曾震动当时的话剧界，此后又陆续发表了《亲爱的丈夫》、《酒后》、《北京的空气》、《瞎了一只眼》等不少独幕剧。《一只马蜂》是以辛辣幽默的喜剧手法，嘲笑了当时世态人生的某些方面。《压迫》以更加纯熟的技巧，描写了一个因为没有家眷就租不到房子的人所遭遇的难堪，透过这一喜剧性的情节，引起观众对于当时社会上一切压迫者与欺侮者的反感和对于被压迫者被欺侮者的同情。在抗日战争期间他完成了两个四幕喜剧《等太太回来的时候》

和《妙峰山》。通过动人的戏剧形象,尖锐地谴责了通敌汉奸,歌颂了抗日英雄。他的剧作富有含蓄的幽默、大胆的夸张,充满智慧的机巧对话和在嬉笑怒骂之后对于社会病态的嘲讽。他以独特地风格,丰富了"五四"以来话剧创作的成果。1955年出版了《丁西林剧作选》。

3. 汉字改革方面

丁西林对汉字的难写、难认、字体复杂和查找不便等缺点深为关注,经常在业余时间从事改革的尝试。虽然简化汉字笔画和减少通行的汉字数量为汉字改革的主要课题,但改进汉字检字法也是一项刻不容缓的任务,为此他创造了"笔形查字法",依此可以"见字知号,按号找字",已被吸收进《计算机中文信息笔形编码法》。

三、丁西林主要论著

Ting S L(丁燮林). 1921. Experiments on electron emission from hot bodies. Proc Roy Soc, 98: 374.

丁燮林, 王书庄. 1930. 高中物理实验. 上海: 开明书局.

丁燮林, 王书庄. 1930. 初中物理实验. 上海: 开明书局.

丁燮林. 1930. 初级物理实习讲义. 上海: 商务印书馆.

Ting S L. 1930. A proposed method of absolute determination of "g" by a new pendulum. Scientific Papers of National Research Institute of Physics. Academ Sin, 1 (1): 1.

Ting S L, Chi J H. 1931. Tribo-electricty between mercury and various solids at different pressures below the atmospheric. Scientific Papers of National Research Institute of Physics. Academ Sin, 1 (2): 1.

Ting S L. 1935. On the general properties of electric network determinants and the rules for finding the denominator and the numerators. J Phys, 1: 18.

Ting S L, Lin S T. 1944. A magnetometer for the determination of the vertical component of the earth's magnetic field. Rev Sci Instrum, 15: 171.

主要参考文献

王书庄. 1982. 怀念丁西林老师. 中国科技史料, 8 (1): 46.

金新. 1993. 丁燮林//戴念祖, 等. 20 世纪上半叶中国物理学论文集萃. 长沙: 湖南教育出版社: 67.

王允红. 1994. 丁西林//《科学家传记大辞典》编辑组. 中国现代科学家传记·第六集. 北京: 科学出版社: 147.

大可. 2000. 丁西林//沈克琪. 中国科学技术专家传略: 理学编: 物理学卷 1. 石家庄: 河北教育出版社: 86.

撰写者

尹晓冬(1974~),科学技术史博士,首都师范大学物理系副教授,从事中国科学技术史研究。

谢玉铭

谢玉铭（1895～1986），福建石狮人。实验物理学家和教育家。1923年获美国洛克菲勒基金会奖学金赴美留学，1924年获哥伦比亚大学硕士学位，1926年获芝加哥大学博士学位。1929～1932年任燕京大学物理系主任。1932～1934年应聘为美国加州理工学院客座教授，期间与W. V. Houston合作，用光干涉方法研究氢原子光谱Balmer系的精细结构，意图验证P. A. M. Dirac关于氢光谱的理论及测量精细结构常数α，为最早用光学方法观察到兰姆移位（Lamb shift）的实验者。1934～1937年谢玉铭回燕京大学物理系任教授。1937～1938年任湖南大学物理系教授。1939～1946年先后任厦门大学数理系主任、理学院院长、教务长等职。1950年应马尼拉东方大学之聘，任物理科学系教授兼系主任，1968年退休后移居台湾台北。Houston与谢玉铭发现的兰姆移位现象在光谱学和量子电动力学发展史上具有重要意义；他为早期燕京大学物理系以及抗战时期厦门大学的建设和发展作出了重要贡献。

一、生平概要

谢玉铭，字子瑜，1895年6月5日出生于福建省晋江县祥芝镇赤湖村（现该镇属石狮市），三岁时父亲谢德炳不幸病逝，母亲王耶娟携子迁居泉州城内。家庭生计全靠母亲一人在泉州城里驿内庭"妇（女）学（校）"（基督教会为受家庭虐待无依无靠的女子所办的学校）当女工，收入低微，孤儿寡母生活十分艰辛，母亲节衣缩食，供其进学校读书。谢玉铭先后就读于泉州养正小学（后改为培元小学）、培元中学，他体念慈母持家的艰辛，在家时帮做家务，养成勤劳善于动手的习惯。在中学时对数学、物理有浓厚兴趣，其他科目成绩亦很优秀。此外，他还学会弹奏风琴、钢琴、绘画，并练就一手好字，由于各方面表现优异，校方给予奖学金并免去部分学杂费，这对贫困的家庭是极大的帮助。在高中时，他以勤工俭学的方式减轻母亲的负担。当时学校发给教师、学生的文件、参考材料、歌词曲谱，大都用人工在表面有细颗粒的钢板上刻写蜡纸，然后用蘸上油墨的滚筒一张张滚印出来。由于他写得一手好字，学校让他刻写蜡纸，油印文件；又因他善于绘画，当时市面上没有大幅地图出售，谢玉铭就利用假期为地理老师绘制中国、日本、欧洲、美洲等大张彩色地图。他就是这样不畏艰苦地完成了中学学业。

1913 年谢玉铭以优异的成绩毕业于泉州培元中学，受到校长 A. S. M. Anderson 的赏识，推荐他到北平就读通州协和大学（燕京大学的前身），并约定大学毕业后回母校服务一段时间。他在大学期间除了努力攻读物理学外，还特别注重提高英语水平，曾两度被选为代表协和大学参加校际英语辩论比赛。1917 年燕京大学毕业，为了报答母校培养推荐之恩，他如约回到培元中学服务，担任物理、数学教学工作。由于他英语很好，还担任英语会话及语法的教学工作。1921 年，燕京大学（当时北平通州协和大学已与北平汇文等教会大学合并为燕京大学）聘他担任物理实验等课程的教学工作。1923 年获美国洛克菲勒基金会（Rockefeller Foundation）奖学金资助，赴美国哥伦比亚大学（Columbia University）研究生院攻读物理学。一年后获硕士学位。旋即转学到芝加哥大学（University of Chicago），继续攻读物理学，在诺贝尔物理学奖获得者 A. A. Michelson 的指导下从事光干涉研究，1926 年获博士学位。学成后即遵约回燕京大学，起初担任副教授，后任教授。1929～1932 年任物理系主任。1932～1934 年应邀到美国加州理工学院（California Institute of Technology）任客座教授。1934 年回燕京大学物理系任教授，主讲过普通物理学、光学、气体动力论、近代物理学等许多课程，主持过高级物理实验，还指导本科生和研究生的毕业论文。除了开设一般课程之外，还开设高年级学生必修的课程，举办当代物理学文献研讨会。

谢玉铭在多年教学经验的基础上和 C. H. Corbett 合编了 *Principles of Physics and Their Modern Applications*（《物理学原理及其应用》），把物理学基本原理和日常生活结合起来。该书的英文本和中译本分别由上海商务印书馆在 1926 年和 1935 年出版。1926 年商务印书馆还出版他们合编的《物理学实验问题》。

燕京大学物理系成立于 1926 年，与清华大学物理系同时，而晚于北京大学物理系，但燕京大学物理系在三校中却是最先招收研究生的，从谢玉铭担任系主任的 1929 年开始，到 1937 年共招收研究生 20 余人，其中不少人后来成为中国有卓越贡献的科学家，如张文裕、王承书、袁家骝、卢鹤绂、褚圣麟、孟昭英、陈尚义、蔡馏生、毕德显、戴文赛、鲍家善等。

1937 年抗日战争开始，他携眷离开北平南下。同年秋，到湖南大学物理系任教。1938 年，应茅以升聘请，任教于南迁到贵州的唐山交通大学。抗日战争时期，厦门大学由厦门内迁至山城福建省长汀县，办学条件极为艰辛，但萨本栋校长为提高教学质量还是千方百计地先后聘请多位名教授：傅鹰、陈子英、谢玉铭、周长宁、黄苍林、王敬立、周辨明、王亚南、李庆云、黄开禄、朱宝训，余謇等担任文理工各科系的领导及骨干。谢玉铭1939年应萨本栋之聘请，任数理系教授，到校后第一学期就开设5门课程，每周担任25课时授课。他在厦门大学共任教7年，先后担任系主任、理学院长、教务长等职务，协助萨本栋校长在办学条件十分艰辛情况下，把厦门大学办成享誉国内的大学。

谢玉铭在厦门大学担任教学、科研、领导工作之外，还主编当时在福建省会永安县出版的《中南日报》上的学术副刊《科学》（周刊），以通俗的文字深入浅出地介绍科学原理。谢玉铭还是校音乐委员会主席，他不仅给予学生歌咏团以指导和鼓励，还帮助他们修理钢琴。他还曾为学校的大型歌唱活动进行钢琴伴奏。1940年，厦门大学为纪念陈嘉庚创办该大学的功绩，设嘉庚讲座教授数名，首批4位教授中就有谢玉铭。

谢玉铭出身于贫苦家庭，自幼养成爱动手的好习惯。他先后两次在国外得到名师益友的指导和切磋，受到严格的训练，深切体会实验工作在理工学科中的重要性。回国后，他不论在哪所大学任教，一直非常重视培养学生的实验能力。在燕京大学和抗日战争时期的厦门大学，他讲授普通物理学时，几乎每堂课都有生动且富有启发性的演示实验。这些实验是他不惜用很多时间和精力准备的。演示所用的仪器设备，许多是他亲自设计、制作出来的。这些实验很受学生欢迎。抗战期间在湖南大学时，他设计了一个实验，演示力学中在滑轮两边两只重量相同的猴子爬绳的问题，吸引了几乎全校的学生都来观看。他对学生的实验操作和实验报告，尤其对数据处理、结果讨论都有严格的要求。他规定助教指导实验前，必须自己动手做完实验全过程；对学生的实验报告要认真审阅，不合格者退回重做。谢玉铭非常重视训练学生动手设计、制造实验仪器。他在燕京大学时，为物理系建立了一个金工和木工室，聘请能工巧匠，指导高年级学生和研究生使用机床等设备，制造撰写论文所需部分实验设备。物理系许多仪器设备就是在他指导下制造出来的。1935年左右，燕京大学物理系自制一台较大型的光谱仪，当时北平中央研究院物理研究所的研究人员给予很高的评价。九一八事变后，谢玉铭在物理系倡导普及无线电发报技术并组织通讯组，向全校师生公布战况。抗日战争时期，在山城长汀的厦门大学，经费来源极为困难，但普通物理实验，仍然做到一人或最多二人一组，所用的一部分仪器也是在他带领下自行设计并制造的。这种自力更生、艰苦奋斗的办学精神，确实令人感佩不已。

1946年谢玉铭离开厦门大学到菲律宾，先在马尼拉李氏兄弟公司任副经理，后（1950）应聘任教于菲律宾马尼拉东方大学（University of The East）翌年任物理科学系主任。谢玉铭在该校任教达 18 年之久,其中 16 年担任物理科学系主任。他在东方大学执教期间,两次由高年级学生组织票选为人文学院杰出教授之一。1959 年初,谢玉铭曾应新加坡政府的邀请,参加一个以西澳大利亚大学(University of Western Australia)S. L. Prescott 教授为首的五人委员会考察新加坡南洋大学,就该大学的组织、行政、课程、教职员、考试、学生生活等提出评估和建议,为期一个月,委员会的成员除主席 Prescott 外还有:哈佛大学(Harvard University)洪煨莲教授、台湾大学校长钱思亮、荷兰莱顿大学(Academia Lugduno Batava)汉学院院长 A. E. P. Hulsewe、菲律宾东方大学谢玉铭教授。

谢玉铭自东方大学退休后,于 1968 年移居台湾独自生活。在台北期间,得到友人和厦门大学校友的多方照顾,得以安度晚年。1986 年 3 月 20 日,谢玉铭病逝于台北,享年 91 岁。在台北,由实践家政经济专科学校、燕京大学在台校友会、厦门大学在台校友会、厦门大学校友旅菲代表和旅美代表,为他举行了追悼会。他的骨灰于 1987 年由旅菲厦门大学校友邵建寅先生自台湾护送,经菲律宾到厦门,厦门大学也为他举行了追悼会,会后由其子女将骨灰护送到北京,先安放在万安公墓的骨灰堂,后与谢夫人张舜英女士的骨灰一起安葬在万安公墓。

二、主要科学成就

1932 年,谢玉铭应邀赴美国加州理工学院任客座教授,期间与 W. V. Houston 合作。他们用光学干涉法观察氢原子光谱的精细结构,实验观察到与理论不符的结果,并且以长篇论文详细记载实验方法并讨论实验精度,于 1933 年 9 月投稿 Phys Rev(《物理评论》),1934 年 2 月 Phys. Rev. 第 45 卷 263~272 页全文发表,文章题目为 "The fine structure of the Balmer lines",署名 W. V. Houston and Y. M. Hsieh(谢玉铭)。这是国际上首次以光学方法得出的与 14 年后 W. E. Lamb 用微波共振法得出的被称为兰姆移位相似的实验结果。这个 20 世纪 30 年代初期的科学实验在当时因种种缘故未引起物理学界的重视,直到二战后,从 40 年代末到 90 年代初才逐渐被人提起并承认其为同类型研究的先行者及创见者。要论述 Houston 与谢玉铭这个最早用光干涉法研究氢光谱精细结构的实验,对实验结果的讨论在学术上的重要意义,以及为何相当长时间内他们的实验结果未得到应有评价的原因,不能不简要回顾相关物理学的发展史实与时代背景。

Houston 与谢玉铭进行氢光谱精细结构实验的原始目的有二:一是验证 Dirac 关于电子能级的理论。二是测量与光谱精细结构关系密切的重要常数 α。α 称为精细结构常数，是 A. Sommerfeld 在 1916 年首先提出的，在量子电动力学里又称耦合常数。

对于第一个目的，由于氢原子是由两个最早发现的基本粒子，电子与质子所组成的，因此对它的光谱研究进行得最早最久。1885 年 J. Balmer 得出一个可以导出氢光谱中对应于从主量子数 n 大于 2 到 $n = 2$ 跃迁的 14 条谱线的经验公式，其中四条可见光谱线被称为：H_α，H_β，H_γ，H_δ，它们对应的波长（nm）分别为：656.3，486.1，434.1，410.2。

1886 年，J. Rydberg 推广了 Balmer 公式，涵盖了氢光谱所有谱线。1928 年，Dirac 提出一个方程式，描述电子的波动性、电荷、自旋、磁矩以及随着速度而变动的质量。Dirac 理论可精确地算出电子的能级，它还预言能级 $2^2S_{1/2}$ 与 $2^2P_{1/2}$ 重合（简并化）。为了验证 Dirac 理论的正确性，30 年代开始，许多实验物理学家进行氢原子光谱实验，但一直到 20 世纪 40 年代初尚不能完全肯定 Dirac 理论的正确性。有些光谱实验支持 Dirac 理论，说实验与理论相吻合，而有的则认为理论尚有缺陷。1933 年 Houston 与谢玉铭利用法布里-珀罗干涉仪（Fabry-Pérot interferometer）对氢原子 Balmer 线精细结构进行的实验，显示实验结果与根据 Dirac 理论计算的结果并不相符，他们认为是理论没考虑电子与其辐射场的相互作用造成的。由于当时物理界 N. Bohr，Dirac，A. Sommerfeld，W. Pauli，W. Heisenberg，J. R. Oppenheimer，等人的权威影响，以及理论物理学界正在为困扰他们的量子电动力学中的"无穷大问题"争论不休而苦恼异常，因此无暇顾及此最新实验结果。所谓"无穷大的问题"是指在量子电动力学里，孤立带电粒子产生的辐射场具有的能量可以下式表达：

$$E = e^2/r (\text{cgs 制})$$

其中，E 代表能量，e 代表带电粒子电荷量，r 代表其半径；由于电子一向被认为是点电荷，即 r 为零，因此对应于电子辐射场的总能量 E 为无穷大！而根据相对论，质量正比于能量，如电子能量为无穷大，则电子的电磁质量也应为无穷大！这是理论以及实际都不能接受的。为了解决这个悖论，许多权威理论物理学家为此做出各种不同的假设与研究。由于长期想摆脱这个发散的"魔怪"而不能如愿，Pauli，Heisenberg 等理论物理学家在相当长时间内，感到十分沮丧，被称为物理学界良心的 Pauli 甚至一度声称要离开物理学王国到乡下居住写乌托邦小说！在这情形下，难怪理论物理学家无暇顾及几个光学实验结果，有的则认为实验有误而不是理论有缺陷。因此虽然 Houston 与谢的实验结果在 1933 年 9 月就提交《物理评论》，《物理评论》也于 1934 年 2 月发表了该文，但并没引起物理学界的足够重视与应有的评价。

谢玉铭与 Houston 实验的第二个目的是测定在光谱学和量子电动力学等许多学

科中均有重要意义的精细结构常数 α。α 是量纲一常数，1930 年前大部分实验结果认为它等于 1/137（实际测量的近似值）。在 cgs 制中，$\alpha = e^2/\hbar c$，其中 e 为电子电量，$\hbar$ 为普朗克常数 h 除以 2π（称为约化普朗克常数又称为狄拉克常数），c 为光波在真空中的传播速度；它们分别为量子电动力学、量子理论以及相对论的重要常数。许多物理学家希望探讨，这量纲一的重要常数 α 的值为何是 1/137，而不是其他值。他们认为，如果能揭开这个谜底，就可解决量子电动力学重整化（或重正化）（renormalization）等重大理论问题。天文学家 A. S. Eddington 甚至把 α 视为揭开宇宙结构之谜的钥匙。诺贝尔物理奖获得者 R. Feynman 曾说："这个数字自五十多年前发现以来一直是个谜。所有优秀的理论物理学家都将这个数贴在墙上，为它大伤脑筋。它是物理学中最大的谜之一，一个该死的谜：一个魔数来到我们身边，可是没人能理解它。"不论科学家的观点正确与否，都大为激发人们对测量 α 值的兴趣。

基于以上两个目的，Houston 与谢玉铭，对氢原子的 Balmer 线进行光干涉实验。根据 Dirac 理论可以计算出应该有怎样的精细光谱结构。然后根据谱线精细结构间的频率差与精细结果常数 α^2 的关系，反过来检验常数 α。他们研究上述 Balmer 系 H_α，H_β，H_γ，H_δ，H_ε，每一条线都有自己的精细结构。由于每一条谱线的精细结构彼此间隔很小，强度各异，表观上构成相距为 $\Delta\nu$ 的双峰。谢玉铭及 Houston 发表的论文把它们称为紫峰和红峰。根据 Dirac 理论可以算出两峰的频率差 $\Delta\nu$（单位为 cm^{-1}）。Houston 和谢玉铭利用法布里-珀罗干涉仪进行实验，仔细控制可能引起实验误差的条件，并做仔细的数据处理。他们实际测定的 $\Delta\nu$（实验）比理论计算值小。例如：对于 H_β 线，$\Delta\nu$（实验）= 0.3298 cm^{-1}，$\Delta\nu$（理论）= 0.3440 cm^{-1}，$\Delta\nu$（实验）/$\Delta\nu$（理论）= 0.959。对于 H_γ 线，$\Delta\nu$（实验）= 0.3388 cm^{-1}，$\Delta\nu$（理论）= 0.3534 cm^{-1}，两者之比亦为 0.959。这相当于 α 值由 1/137 降到 $\{0.959(1/137)^2\}^{1/2}$ = 1/139.9，约下降 2.1%！然而 α（= $e^2/\hbar c$）是由三个已得到精确测定的常数 e、$\hbar$、c 组成的，因此，这样大的修正是难以让人接受的，而他们的实验所达到的精确度又足以排除产生这个差异的实验来源。他们的结论是：实验结果是可靠的，α 值也不可能有那么大的修正。对此，他们于 1933 年 9 月，首先以长篇论文投稿《物理评论》（发表于 1934 年 2 月），详细介绍他们的实验方法、数据处理以及实验结果。他们大胆提出，"这个差异如此之大，它不可能是构成 α 的几个常数的测量误差所引起的，我们不能不得出这样的结论：我们所引用的理论不足以解释实验结果"，"产生这个差异的原因，可能是理论计算能级时，没有考虑电子和它的辐射场的相互作用"（即忽略了自能的影响）。几乎同时，康奈尔大学（Cornell

University) 的 R. C. Gibbs 以及他的研究生 R. C. Williams 也进行同样的光学实验, 得到与 Houston-谢玉铭实验相类似的结果, 他们发表了文章, 但不肯定其实验的确实性, 不提理论有缺陷的看法。1935 年末, 同样在加州理工学院的 F. H. Spedding, C. D. Shane and N. Grace 小组也进行类似的光谱实验；起初他们虽也得出类似的与理论不符的实验结果。但不久, Spedding 小组却发文声称经过对实验数据的仔细再处理, "实验结果与理论完全吻合", 并且避开加州理工学院同行 Houston 与谢玉铭, 发文仅批评 Gibbs 小组, 认为他们的实验有误等问题。对此 Williams 与 Houston 都给以及时的反驳。之后, Houston 以及 S. Pasternack 对光学实验所得数据作进一步的分析表明, 他们的实验结果与理论的不符来源于 $2^2S_{1/2}$ 能级相对于 $2^2P_{1/2}$ 有一个移位 0.03cm^{-1}, 而不是 Dirac 理论所预言的两个能级是重合的。由于上述三组光学实验结论不一致, 没有引起当时理论物理学界的足够重视, 同时也由于 Dirac 等人理论的权威性, 人们不易接受理论有缺陷的说法, 没有认真去找原因, 而更多地认为是实验精度不够, 是实验出了问题。加以第二次世界大战期间, 许多物理学家都忙于参加与战争有关的武器研究, 致使以上看法到 40 年代后期才得到澄清。W. E. Lamb 由于其太太问题的影响, 不能参加机密的与武器有关的研究, 因此他得以多年专心进行与微波有关的设备与课题研究, 1947 年 Lamb 与 E. Retherford 用微波共振法研究氢原子光谱。他们准确测定 $n=2$ 的两个能级, 得出 $2^2S_{1/2}$ 的确相对 $2^2P_{1/2}$ 移位了 0.035cm^{-1}, (后被称为兰姆移位)。不久, H. Bethe 在理论上也完成了自能修正计算, 也得出与 Lamb 一致的结果, 从而导致重整化理论的发展。这才引起物理学界的巨大震动, Lamb 也因此于 1955 年获诺贝尔物理奖。

后来, 人们回顾历史, 才认定 20 世纪 30 年代初期, Houston 和谢玉铭的工作是杰出的, 是他们最先用光学方法观察到"兰姆移位"。这个历史事实后来得到国际上权威的认可：R. P. Crease 与 C. C. Mann 于 1986 年出版 (以及 1996 年修订版) 的 *The Second Creation——Makers of The Twentieth Century Revolution of Physics* (《第二次创生——20 世纪物理学革命的缔造者》) 一书, 对 Houston 和谢玉铭 1933～1934 年的工作及其发表在《物理评论》上的论文极为推崇, 认为该项实验及论文做了一个"惊人的建议"。杨振宁 (诺贝尔物理学奖获得者) 在 1987 年《物理》第 16 卷, 第 3 期, 146 页, 也对此作了同样的评价。对于这一贡献, 在《今日物理》1989 年 12 期上, 有人在介绍 1989 年诺贝尔物理学奖获得者 W. Paul 的生平事迹时, 把首先用光学方法发现兰姆移位的功劳归于 H. Kopfermann 与 Paul。但历史作出了公正的论断。1988 年丹麦阿哈斯大学 (Aarhus University) 科学史教授 H. Kragh 著的 Dirac 传记一书中, 以及 1990 年《今日物理》第 11 期, 美国莱斯大学 (Rice University) 的

H. E. Rorschach, I. M. Duck, G. T. Trammell, 和 J. P. Hannon 等作者在 "Shifting Credit for Seeing Lamb Shift" 一文中都将这项杰出工作的首功归于 Houston 和谢玉铭。事实上，1947 年 Lamb 在《物理评论》上发表的论述他以微波共振法测量 $2^2S_{1/2}$ 及 $2^2P_{1/2}$ 能级的论文里，以及他在 1955 年领取诺贝尔物理学奖时的演讲中都曾提到 Houston 1937 年发表在《物理评论》上的论文。该论文着重分析 1933 年他与谢玉铭所进行的光学实验结果。Lamb 在斯坦福大学（Stanford University）的同事 F. Bloch 亦称 Lamb 相信 Houston 与谢玉铭发现理论有缺陷的光学实验是正确的。

Crease 与 Mann 等人还认为，如果当时（20 世纪 30~40 年代）科学界不是更相信理论权威，因而忽视惊人的实验结果，如果不是理论界忙于解决长久挥之不去的"无穷大"难题，加上如果不是第二次世界大战，大部分科学家都投身于与战争有关的研究，科学界无暇顾及理论的修正……那么，也许 Houston 与谢玉铭等实验物理学家的实验工作会早些引起科学界的重视，也许物理学的发展就会有不同的进程。不幸的是，他们的科学工作被埋没了，直到后来才被挖掘出来并得到重新评价！回顾历史，我们深感到：科学殿堂是由千万个科学工作者善于运用他们灵巧的双手及出类拔萃的智慧，认真而执著地建立起来的；他们从不考虑个人的得失，有的科学工作者贡献的是殿堂的基石，埋在地下，不为人所见，有的贡献则是殿堂的拱门、殿柱、雕像，为人所敬仰；但科学的精髓就是根据事实、发现真理、修正错误，因此一时被埋没的终究会被发掘出来，即使他们没得到应有的评价与赞誉，历史总有一天会把他们的贡献记录下来的！今日我们欣慰地看到，谢玉铭与 Houston 的科学工作终于得到国际的承认，他们终于"实至名归"！

谢玉铭为人刚直不阿，从不迁就与自己信念相悖的事物，他又是谨守诺言的人，大学毕业即如约回培元中学服务；到国外留学，取得学位后，便如约回燕京大学服务；到美国访问，时间一到也如约回国。他在学术上有重要的贡献，勤勤恳恳为培养从事科技事业的人才贡献毕生精力，但不论是他的子女或他的学生，从未听他夸耀自己的工作。这种严谨谦虚的学风，值得后人仿效发扬。

三、谢玉铭主要论著

Corbett C H, Hsieh Y M（谢玉铭）. 1926. Laboratory Problems and Projects in Physics. the Commercial Press, Shanghai.

Corbett C H, Hsieh Y M. 1926. Principles of Physics and Their Modern Applications. Shanghai：the Commercial Press. （1935 Revised Edition）

郭察理，谢玉铭. 1926. 物理学原理及其应用. 于树璋，译. 上海：商务印书馆.

Houston W V, Hsieh Y M. 1933. The doublet Separations of the Balmer Lines. Bull Am Phys Soc, 8(6): 5.

Houston W V, Hsieh Y M. 1934. The doublet separations of the Balmer lines. Phys Rev, 45: 132.

Houston W V, Hsieh Y M. 1934. The fine structure of the Balmer lines. Phys Rev, 45: 263.

Hsieh Y M, Wei P H, Anderson P A. 1935. Chemical decomposition of silver oxide by slow electron. Chin Chem J, 3: 6.

Meng C Y, Hsieh Y M, Anderson P A. 1935. Ionization of hydrogen gas in contact with Platinum, Copper and Nickel. Chin Chem J, 3: 103.

Hsieh Y M, Chang W Y. 1935. Electrical insulation of baked soapstone. Chin Chem J, 3: 183.

Hsieh Y M, Chang W Y. 1936. Some properties of baked soapstone. Sci Am, 83: 376.

Hsieh Y M, Hsu Y K. 1936. Emanation content of hot springs and artesian wells in Peiping area. Chinese J Phys, 2: 106.

Hsieh Y M, Hsu T Y. 1936. The Electrical insulation of tung oil. J Chin Chem Soc, 5: 287.

Hsieh Y M, Hsu T Y. 1936. The Absorption spectrum of tung oil. Chin Phys Soc, 13 (Abstracts).

Hsieh Y M, Kao C E. 1936. Determination of "g" by a rotating liquid. Chin Phys Soc, 34 (Abstracts).

Hsieh Y M, Wang C S. 1936. A study of the peiping dust by a continuous recording device. Chin Phys Soc, 35 (Abstracts).

Hsieh Y M, Tsai L S, Wang Y. 1936. The ultra-violet absorption spectrum of insecticidal rotenone. Chin Phys Soc, 10 (Abstracts).

Hsieh Y M, Liu T Y. 1938. A note on the operation of the carrel-dakin cell with alternating current. Chin Med J, 53: 489.

Ke T S, Hsieh Y M, Tsai L S, Wang Y. 1940. Redetermination of the ultra-violet absorption spectrum of the insecticidal rotenone. Chin Phys Soc, 19 (Abstracts).

主要参考文献

Lamb W E. 1956. Fine Structure of the Hydrogen Atom in Les Prix Nobel 1955. Sci, 123: 439.

Crease R P, Mann C C. 1986. The Second Creation-Makers of the Revolution in Twentieth-Century Physics. Macmillan Publishing Company, USA. (Revised edition Published by Rutgers University Press, New Brunswick, New Jersey, 1996)

杨振宁. 1987. 一个真的故事. 物理, 16 (3): 146.

Rorschach H E, Duck I M, Trammell G T, Hannon J P. 1990. Shifting credit for seeing Lamb shift. Phys Today, 118.

KraghH. 1990. Dirac: A Scientific Biography. Cambridge University Press.

撰写者

吴伯僖（1926~），厦门大学物理系教授，谢玉铭的学生。

桂质廷

桂质廷（1895～1961），湖北武昌人。物理学家和教育家。中国地磁、电离层与无线电波传播研究领域的开拓者和奠基人之一。1917、1920、1925年分别在美国耶鲁大学、康奈尔大学、普林斯顿大学获理学学士、硕士和博士学位，回国后先就职于北京协和医学院、长沙雅礼大学，后受聘为沈阳东北大学教授，上海沪江大学物理系主任，武昌华中大学理学院院长兼物理系主任，武汉大学理学院院长、物理系主任、校务委员会委员等职。曾任早期中国物理学会名词审查委员会副主任委员和《中国物理学报》编委会委员等职。桂质廷先前从事气体放电与光谱学研究。1931年开始在华北、华南、华西等地区进行地磁巡测，这是中国人自己首次巡测中国地磁常量；1937～1938年首次在中国大地上进行了长期连续性电离层垂直观测，发现了F_2层临界频率除受纬度影响以外的"经度效应"，与美国科学家H. G. Booker几乎同时观测到，并在同一期刊报道了"扩展F层"的重要现象。他主持创建了中国第一个电离层与电波传播实验室——武汉大学游离层实验室，并领导建立了武汉地球物理观象台。他从教40余年，为中国教育事业、为地磁、电离层电波传播与空间物理学科发展及人才培养作出了重大贡献。

一、生平概要

桂质廷，1895年1月9日生于湖北省江陵县沙市镇（今荆州市沙市区）一个基督教神职人员家庭。1961年10月24日因病于武汉逝世，享年66岁。

桂质廷的父亲桂美鹏是沙市基督教圣公会会长兼该教会所办的小学校长。桂质廷幼年时即接受过基督教的洗礼，教名保罗（Paul）。1903～1909年在沙市、宜昌读完小学及初中后，因神职人员子弟可以免费进入教会学校，故于1909年到上海圣约翰大学中学部就读，以后又进入该大学学习两年。他1912年以总分第一的成绩考入清政府开办的留美预备学校——清华学校高等文科学习，因其英文成绩特别好，1913年毕业后留校任中等科英语教员。

1914年，桂质廷被保送到美国耶鲁大学（Yale University），原本是学习经济学，两个原因促使他弃文就理。一是因为在学习物理学课程时，老师见他很有物理天赋，建议他改学物理。二是他的大姐夫王芳荃（先他一年由清华学校派往美国芝加哥大学攻读教育学硕士学位）常和他谈论当时中国的现状，使他认识到中国积弱积贫，科学技术十分落后，于是他决定改行转学物理，以期科学报国。1917年获耶鲁大学理学学士学位后，随即进入芝加哥大学（University of Chicago）读研究生。因当时正值第一次世界大战，中国北洋政府对德宣战后，许多来自中国农村的青壮年华工被征用到欧洲战场，修工事、挖战壕、运枪炮，生活非常艰苦，卫生条件极差，又常年远离家乡，再加上语言不通，生活异常艰难。国际基督教青年会征召中国留学生志愿者，去帮助欧洲战场上的华工解决各种困难。桂质廷得知这个消息后决定先放下学业，和后来成为中国平民教育先驱的晏阳初（后来成为桂的妻姐夫）等60余名中国留学生报名应征，于1918年5月到达法国。他们教华工识字、为华工代写家信，做翻译，协助做各种改善华工生活的辅助性服务工作。战争结束后，桂质廷才返回美国，进入康奈尔大学（Cornell University）学习研究无线电，1920年获硕士学位。

在康奈尔大学，桂质廷结识了华裔许海兰小姐，两人共同的爱国报国之志，使他们的心连到了一起。桂质廷1920年获硕士学位后立即回国，先后在北京协和医学院、长沙雅礼大学任教。1921年许海兰也毅然放弃美国国籍，来到上海与桂质廷结为伉俪。从此他们开始了互助互勉共同献身祖国科学和教育事业的生涯。

1923年受洛克菲勒基金会（Rockefeller Foundation）奖学金资助，桂质廷再次赴美国深造，师从物理学家康普顿教授（K. T. Compton）研究气体放电及其相关光谱特性，并于1925年获得普林斯顿大学（Princeton University）博士学位。桂质廷的博士论文"氢、氮和氢、汞、氮混合气中的低压电弧的特性和光谱"于1925年11月在美国《物理评论》上发表。桂质廷学成后转回雅礼大学任教。1927年受聘为沈阳东北大学教授。1928年受聘为上海沪江大学教授和物理系系主任。1930年到武昌华中大学任教授、理学院院长兼物理系主任，1936年赴美国华盛顿卡内基研究院［Department of Terrestrial Magnetism, Carnegie Institution of Washington.（Carnegie Institution 2007年更名为 Carnegie Institution for Science）］地磁部、加州理工学院（California Institute of Technology）进修、访问，开展地磁与电离层等课题研究。桂质廷1939年起受聘为武汉大学教授，曾任物理系主任、理学院院长、理科研究所所长、校务委员会委员等职。他还兼任过北平研究院物理研究所通讯研究员，担任过早期中国物理学会理事、监事、名词审查委员会副主任委员和《中国物理学报》编委会委员（1948至辞世）。1946年秋至1947年初受聘为国民政府行政院科学顾问，1949 年受聘为国际学术期刊 Journal of Geophysical Research 的编辑委员，1952 年被聘为中国科学院地球物理组专门委员，1956 年受聘为中国科学院地球物理所兼任研究员，1957 年受聘为该所学术委员会委员，同年还受聘为国际地球物理年中国国家委员会委员。

二、学 术 生 涯

1. 气体放电以及光谱学研究

桂质廷是中国 20 世纪较早到美国留学并攻读物理学学位的学者之一，并分别于 1917、1920、1925 年获耶鲁、康奈尔和普林斯顿大学物理学士、硕士和博士学位。在耶鲁大学、芝加哥大学、康奈尔大学和普林斯顿大学四所顶尖大学学习经历不仅使他打下了坚实的物理学基础，而且让他接触和了解到当时国际物理最前沿的发展动态，并开始了他最初的研究工作。他 1920 年之前就在康奈尔大学开始了无线电的学习研究。1923 年在普林斯顿大学攻读博士学位时，他的研究工作引路人是其导师、时任美国国家科学院院士、普林斯顿大学物理系主任的康普顿教授。康普顿博学多才，其研究领域涉及光电效应、荧光现象、电子在气体中的电离和运动以及电子与原子碰撞等当时国际最热门前沿课题。在康普顿课题组，桂质廷博士论文选题是"气体低压电弧放电及其相关效应的研究"。气体电弧放电的研究在当时虽已开展若干年，但实验测量数据和理论解释均存在着不确定性，更重要的是，康普顿小组的前期工作已初步揭示对混合气体施加一定的电压会导致新的化合物的产生。桂质廷通过大量的精细实验和深入的机理分析，在气体电弧放电和光谱学及电致化学合成等方面取得丰硕成果，三年即获得了普林斯顿大学物理学博士学位。其博士论文的主要工作以 25 页的长文于 1925 年 11 月在美国《物理评论》上发表，这是中国人最早独立发表于这个期刊上的长篇论文之一。这期间桂质廷的主要研究成果包括以下几个方面。

（1）气体电弧放电试验测量方面之改进。当时，不同课题组给出同种气体电弧放电的击穿势有着一定的差异，甚至有些方法得到的氢气的电离势与其他方法以及 Bohr（N. Bohr）的原子理论存在矛盾。桂质廷通过大量实验考察了气体压强高低、阴极灯丝上的电流大小、电极形状、距离等因素的影响，最后揭示原因是来自正负电极间的本征误差，每次加压前，先测量出电极间的本征电势差，所有实际电势差加上这个值后，不仅互相自洽，而且也与 Bohr 原子理论符合得很好。

（2）他在单质氮、双元素氢–氮和氢–汞气体中的加压通电试验中观察到比一般辐射势小得多的低压电弧,以及相应的电流-电压振荡行为,并揭示这类低压电弧主要来自于电极间电子浓度梯度导致的电场变化。

(3) 实验证实了高压击穿电弧的物理机理。当时对高压击穿电弧的产生有两种不同的解释,一是认为主要来自于气体中原子的离化,另一种则认为来自于气体分子的离化。桂质廷一方面在做同种气体的电弧实验时进行光谱测量,另一方面将单质气体实验与双元素气体实验进行对比考察,令人信服地证实了高压击穿电弧主要来自于气体分子的离化。

(4) 在氢-氮-氧三元气体的通电实验及同步光谱测量中,他第一次观察到合成的 $N_xH_yO_z$ 分子的 Schuter 光谱带,并进一步给出不同电压和不同气体压力下该分子,以及氢-氮二元气体是氨分子 NH_3 合成的产率。该成果为上述分子的合成提供了一个简便低电压方法,实际是电致化学合成的开拓性工作之一。

2. 开拓中国电离层空间物理学的研究

中国古代对于地磁的认知处于世界领先地位,史书上有不少记载。然而对于地磁常量的测量,中国却落在外国人之后。从清朝末年起,陆续有俄国、日本、德国、美国及法国人在中国境内做过地磁测量,却没有中国人主持过这项工作。1931 年,桂质廷获得华盛顿卡内基研究院地磁部的资助,借得地磁仪,利用学校假期,自带仪器,率领助手,跋山涉水,先后在华北、华南、华西等地区进行地磁巡测,到 1935 年,共测了 95 个点。《中国物理学报》1933 年第 1 卷第 1 期上发表报道了桂质廷关于华北地区的地磁测量结果,这是中国人自己首次巡测中国地磁常量的成果。

桂质廷于 1935~1936 年在华盛顿卡内基研究院地磁部作短期研究时,就考虑在中国进行电离层探测的计划。桂质廷回国时携带一部先进的电离层垂直探测仪,在武昌华中大学昙华林校园内,与其学生宋百廉一道开始常规化电离层垂直探测。当时正是抗日战争时期,武汉时不时会遭遇空袭,工作条件十分困难,他们尽最大努力,取得了从 1937 年 10 月至 1938 年 6 月共 9 个月的珍贵探测记录。这是中国首度对电离层的常规观测研究,这一阶段的研究取得了两项突破性成果:一是与美国科学家 H. G. Booker 在 1938 年几乎同时观测到,并在同一期刊(*Terrestrial Magnetism and Atmospheric Electricity*)报道了"扩展 F 层"的重要现象;二是发现武汉地区电离层 F_2 层临界频率明显超过了按纬度分布的预期值,桂质廷后来将这一现象称之为"经度效应",这一发现实际上也就是诺贝尔奖获得者爱泼顿(E. V. Appleton)和梁百先后来所总结,论文成果先后都在 *Nature* 上发表的电离层赤道异常现象的先导。

1943 年春,桂质廷被委派参加了由晏阳初、吴贻芳、吴景超、李卓敏、陈源组成的"六人教授团"出访美国，去意是利用他们在国内外的声誉，以个人身份宣传中国的抗日战争，敦促美国开辟第二战场，以加速日本侵略军的灭亡。他们每到一处都发表演讲，介绍中国抗战情况，博得了美国社会的广泛同情。桂质廷还向美国学界同行介绍中国物理学研究与教学状况，写成论文发表在《美国物理学杂志》上。他在宣传中国抗日战争，寻求美方援助的同时，不忘寻求机会设法改善中国电离层观测设备和科研条件。1945 年春，他向美国地磁研究所提出希望在战后赠送新式游离层测量仪器给武大或是长期给予借用的设想，经过协商，武汉大学同美国国家标准局 [National Bureau of Standards（1998 年更名为 National Institute of Standard and Technology）] 中央无线电波传播实验室达成协议：由武汉大学负责测量工作，由美国国家标准局中央无线电波传播实验室购买仪器，为测量工作提供日常费用和给观测人员工资。1945 年 9 月结束访美行程，桂质廷回国后，由美国海军协运的一整套半自动电离层观测设备也及时抵达四川乐山。他立即组织物理系梁百先、龙咸灵、王燊、周炜、李子高等，并邀请工学院陈芳允、许宗岳、张肃文等教授参加，和美方人员用两个多月时间共同协作完成了电离层垂测仪安装调试。这个游离层观测站的建成，标志着中国第一个电离层与电波传播实验室——国立武汉大学游离层实验室正式诞生。1946 年元旦零时起在武汉大学战时校址开始对四川乐山上空电离层进行常规观测，正式启动了中美间在电离层探测研究领域的国际合作，这也是中国首个地球空间探测的大型科研项目。桂质廷亲手绘制了乐山上空第一份电离层的频高图，并从此开始更加系统地积累国内电离层观测资料。由于抗日战争胜利后武汉大学要回迁，四月底停止电离层测量工作，拆机装箱运往武昌。1946 年 6 月底国立武汉大学与美国标准局续签了合作观测和研究电离层的合同。

武汉大学由乐山迁回珞珈山复校，工作甫定，游离层实验室于 8 月 20 日即在武昌恢复观测工作，并转而成为长期持续的正规测量。桂质廷身先士卒，带领梁百先、许宗岳、龙咸灵、王燊、周炜等教师与研究生做了大量的观测、分析和研究工作，使中国早期研究电离层的一支基本队伍得以初步形成。在桂质廷的领导下，游离层实验室开展了 F_2 层临界频率的地磁控制现象、F_2 层的出现规律、日蚀的电离层效应等方面的研究，得到了如发现电离层赤道异常现象和电离层 E_2 层等重要研究成果，获得了国际学术界的高度评价，这也是中国电离层研究领域科学家做出的第一个受到国际学术界认可的空间物理的重大成果，这些工作都处于当时国际前沿。

依据天文年历，武汉地区在 19 世纪 40 年代后期到 50 年代中期将出现几次日蚀。桂质廷教授一次次不失时机地作准备，领导着团队投入工作，还亲自加班观测。测得密集的电离层频高图之后，反复进行数据处理。推导计算出武汉上空电离层正离子同自由电子复合率、自由电子生成率等重要参数。在正常月份期间，桂先生总是带领大家对平时测量记录做到当天登记，当周复查，当月审核、整理、计算，逐年录编，印刷装订成"武昌天空电离层观测报告"。这些观测数据按国立武汉大学与美国标准局签订的合作合同，寄往美国国家标准局所属中央无线电波传播实验室，由该室集中全球几十个国家百余处观测站的观测数据，进行汇编交流，武汉大学从此能及时了解到国际上本领域最新动态与研究成果，有力促进了自己的研究。这项观测研究也成为中国科学家早期参与国际科研合作的一个成功典范。桂质廷创建的游离层实验室在这些工作和后续工作中，系统地积累了中国从1946年到1957年的第一份太阳活动11年完整周期的垂直探测数据资料。

桂质廷甘为人梯，乐于助人。他带领同事和研究生对本实验室的观测结果进行分析，参考国际研究成果信息，亲自指导学生撰写论文，帮助同事修改论文。这一期间游离层实验室不少论文经他推荐在《中国物理学报》、《中国科学》、*Nature*、*Journal of Geophysical Research* 等期刊上得以发表，使年轻人得到进步和成长。由于桂质廷卓有成效的工作和不断增强的国际影响力，国立武汉大学游离层实验室在20世纪40年代已与美国华盛顿卡内基研究院地磁部、美国中央无线电波传播实验室（Central Radio Propagation Laboratory）、英国皇家学会斯劳电离层探测基地〔Base of Slough Ionosonde, the Royal Society of London（1985年更名为Rutherford-Appleton Laboratory）〕、日本邮政省电波综合研究所（1985年更名为日本邮政省通信综合研究所）等30多个主要相关研究机构建立了学术联系，进行学术信息资料交换。1949年，国际学术期刊 *Journal of Geophysical Research* 聘请桂质廷为该刊编辑，成为该刊编辑中第一位中国学者。桂质廷为武汉大学和中国电离层电波传播和与空间物理研究播下了一颗无法估价的珍贵种子。桂质廷与王燊合著并于1957年出版了《极光、气晖和电离层》一书，1960年开始编写《地磁及电离层电波传播》专著，可惜他当时的身体条件已不太好，只是在病中完成初稿，不久就与世长辞了。他的这部遗著，已在桂质廷先生1985年90诞辰之际由他的学生梁百先、龙咸灵、王燊等整理出版。

新中国成立后，桂质廷开创的电离层物理研究与教学工作不断得到发展。1951年起他应中国科学院地球物理研究所赵九章所长邀请，在武汉大学组织人员帮该所复制观测设备、开展高空物理学的合作研究。1952年1月桂质廷被中国科学院聘请为地球物理组专门委员，参加学科管理和学术指导工作。在1953年全国性院系调整后，桂质廷于1954年以游离层实验室为基础，领导创建电离层与电波传播专门化，后来发展成中国大学物理系中的独有专业，1956年被高等教育部确认为重点专业，成为当时全国16个重点学科专业之一。1956年由中国科学院地球物理研究所出资在武汉大学校园内合作修建了武汉地球物理观象台（后属中国科学院武汉物理研究所），桂质廷受聘为地球物理研究所兼任研究员。1957年受聘为地球物理研究所学术委员会委员，并在武汉地球物理观象台开创了中国最早的中层大气臭氧层观测研究，此项目其后在国内其他地区延展。同时按国际地球物理年的要求，组织电离层垂直探测研究等项目参加国际地球物理年活动。1958年桂质廷等参与武汉大学与莫斯科大学签订中苏两国高等学校科学研究合作项目"电离层物理特性及其对电波传播的影响"的合同，并指导、主持开展了"电离层对电波的偏振"、"电离层对电波的吸收"、"电离层风"、"电离层散射传播""斜向探测""电离层不均匀体对电波传播的影响"等课题的研究。武汉大学当年的电离层与电波传播专业其后进一步发展成为空间物理系，成立了武汉大学电波传播与空间物理研究所。现在已发展成为电子信息学院，设有多个研究所或研究中心。

桂质廷不仅与赵九章先生一起开拓了中国空间物理事业，而且桂先生还为国家培育了一代又一代该领域的骨干人才。30年代初在长沙雅礼大学和武昌华中大学他就开始引导梁百先开展电离层的观测工作，40年代初在抗战极其艰难的条件下，在武汉大学招收培养中国第一个空间物理研究生王燊、同时又以中国第一个游离层实验室为基地，积极组建由英国留学回国的梁百先、武汉大学青年教师龙咸灵等人参与的中国第一个空间物理研究团队，培养了一批中国空间物理学家和电离层与电波传播专家，如王燊、张肃文、周炜、沙踪、黄锡文等在中国空间物理和电波传播领域的科研和教学工作中作出了重大贡献。新中国成立后，他又联合梁百先、龙咸灵等人培养了李钧院士、保宗悌、黄天锡、侯杰昌、焦培南等一大批中国第三代空间物理学专门人才，成为当时中国空间物理学和电离层与电波传播事业的中坚力量，为国家两弹一星等工程作出了重大贡献。现在包括桂先生再传弟子万卫星院士、易帆等多位长江特聘教授、国家杰出青年基金获得者在内的几百位第四代中青年学者分布在中国科学院相关研究所、中国航天科技集团、航天科工集团、中国电子科技集团、国家海洋局、高等学校及国防、军事单位，已在中国空间物理和电波传播领域的科研和教学工作中挑起了大梁，成为本领域的骨干力量。这里能人才辈出，硕果累累，无不凝聚着桂质廷等前辈学者昔日创业的艰辛与提携后代的辛劳。

3. 精心育桃李 楷模照后人

桂质廷在大学执教40年，为国家培育了一批又一批优秀学生、教学人才和杰出科研人才。他严谨的治学态度和不畏艰难的实践精神深深感染和影响了同事和学生。在武汉大学，他教授过高等数学、普通物理学、电磁学、光学、无线电、近代物理、理论物理等课程并创建了近代物理实验室。他备课认真，讲授亲切、生动。每堂课都将讲授大纲在卡片上逐条列出，必要时亲自和助手准备演示实验与讲解图表，仔细认真，一丝不苟。他对待学生和蔼可亲，平易近人，作风民主。他提倡自学，鼓励深入思考钻研。建国初期，高等学校采用苏联的教学大纲，基础理论课程内容比以前大为加重。一些新任课的青年教师反映过去学少了，很多内容不熟悉，要求为他们补课。桂质廷耐心地以身说法开导这些教师应在工作中学，边干边学。他自己也正是这样身体力行，近60岁的高龄时，仍参加俄文学习，和学生一样跟班听苏联专家的讲学，从不缺课，为青年教师做出了榜样。

桂质廷是一位实验物理学家，他一生主要成就都与实验观测分不开。桂质廷关于桐油介质常数的测定和华北地磁测量研究，运用国外先进理论结合中国实际，与陈尚义、丁燮林、陈茂康等其他同期研究学者一道共同塑造了以实验研究为主的典范，成为中国20世纪20~30年代物理研究植根本土、注重实验的典型例子。对树立科学理论与实践相结合、重视实验、研究与教学相长的科学方法，具有导向与示范意义。桂质廷在后来的科研教学中也一直坚持理论与实践相结合的做法。对于实验室，很有感情，即使担任系主任、院长等职务，有繁忙的教学、行政任务，仍经常进实验室去工作。动手是他的乐趣，就是在家中，书桌后面也有一块工具板，整整齐齐地排放着一套常用工具。桂质廷对自己的研究助手和学生，特别注意实验技能的培养，亲自指导新型设备的试制、安装和调整。在他的日记上，可以找到当时做实验情况的一些记载。他曾经说过："我和系内一些同事的感情，是在实验室修仪器中建立的。"他经常强调用仪器不能一味贪新、贪精、贪洋，要物尽其用，要学会正确地选择与使用仪器。武汉大学在四川乐山时正值抗日战争的艰苦年代，科研教学条件特别差，在桂质廷的领导和苦心经营下，理化两系重建了多个实验室，基本上适应了教学和相关科研的需要，当时做电子衍射实验所用的真空玻璃罩就是一个截去了酒瓶上半部分，只留下下半部分的半截子酒瓶。在当时的情况下，他还每一两周组织一次报告会或讨论会，使师生在当时消息闭塞的境况下，仍能尽量开阔眼界，基本跟上时代。

桂质廷见多识广，胸怀坦荡。他主要从事地磁、电离层和电波传播研究，却鼓励学生不必一定跟着自己的脚步前进。20世纪40年代他指导第一个研究生时，就为该生指出了两个可供选择的研究方向。一是自己从事研究的电离层物理研究；另一是生物物理研究。当时，生物物理还处于萌芽阶段，他竟高瞻远瞩，预见到它将会迎来的蓬勃发展。桂质廷在科学上的远见卓识，在事业上的卓越追求，在人格上的强大魅力深深地影响着一代又一代人，成为后世学生的楷模，成为激励后人忠诚教育事业、探求科学真谛的榜样。

4. 科学报国矢志不移

桂质廷出生于中国满目疮痍的时代，他的学习和工作经历，家庭和社会关系，都与海外，尤其是与美国有密切的联系。这些一度给他带来过很大困扰，甚至蒙受过不白之冤，但在他一生中，无论多么艰难困苦或坎坷，其爱国之心和报国之志都毫不动摇。早期留学美国时，毅然弃文就理，以期科学救国。第一次世界大战期间，当赴法参加军事工程的华工需要帮助时，他又放下学业，赴法担任法国华工青年会干事，作为志愿者到法国教华工识字，代写书信，为广大华工热心服务。1919 年五四运动的热潮传到美国，康奈尔大学组织了一个"中国同学会"。有一次桂质廷在会上含泪慷慨陈词：我们这一代人再不能让中华民族继续沉沦！用科学救祖国，我们责无旁贷！用热血洒中华，我们矢志不渝！桂质廷的讲话感动了在场的每一个人，也正是这次讲话深深打动了华裔姑娘许海兰的心，让他俩开始从相识、相知到后来相守一生。

桂质廷的老师康普顿在美国被誉为"科学帅才"，是位博学多才的科学家，研究兴趣包括金属的光电效应、电子在气体中的电离和运动、荧光现象、光电子的发射与吸收、电弧理论和电子与原子碰撞等当时的热门课题。他创造了很多新的实验方法和技巧，在国际物理学界享有广泛声誉。康普顿三兄弟都很出色，先后获得普林斯顿大学博士学位，其弟康普顿（A. H. Compton）因发现"康普顿效应"而获得 1927 年诺贝尔物理学奖。K. T. 康普顿对自己要求很高，在物理学研究方面同样卓有建树，对学生要求也很高。他在普林斯顿大学担任物理系主任、并被选为美国国家科学院院士，后来曾任麻省理工学院院长达 17 年，还曾任美国物理学会会长，总统科学顾问委员会主席等要职。桂质廷抓紧在名师手下学习、研究的难得机会，经常埋头在实验室工作，他的工作经常受到周围人的赞赏。有一次桂质廷成功地完成了一个高难度实验，一位美国白人同学称赞他的研究才能说"我们的桂真了不起，像白人一样白"，他在表示谢意后立即更正自己不满意的说法说："不过，你说得不对，我像黄种人一样黄"，他对祖国的眷恋之情溢于言表，令人诚服。

他的拳拳爱国、报国之心，在社会生活、科研教学与家庭教育中都是十分令人钦佩的。根据美国法律，许海兰和桂质廷结婚后，就算自动放弃了美国国籍，然而经过一定的程序，是可以恢复美籍的。但是，他们夫妇相互勉励，无论经受什么样的困苦与坎坷，决不动摇作为中国人的尊严。解放战争后期，有美国朋友来信劝桂质廷出国，并为他找到了工作，他回信谢绝，坚持留在国内，迎接中华人民共和国的诞生。桂质廷 1916 年参加中国科学社,1932 年加入中国物理学会,在两会中都是最早期的会员,并积极参加学术活动,兼任学会职务。在中华人民共和国成立不久,他加入了九三学社,并担任九三学社武汉分社筹备委员会委员,第一届(1958年)、第二届(1961 年)九三学社武汉市委员会副主任委员,武汉市第一届政协委员(1955 年),并当选为武汉市人民代表大会第二届(1956 年)、第三届(1958年)、第四届(1961 年)代表。

1956 年在武汉大学物理系向科学进军誓师大会上,桂质廷表示:"今日的世界已达到原子能的时代、电子计算机的时代、人造卫星的时代。旧中国受反动势力统治多年,科学的发展受到严重的阻碍,而新中国成立才 6 年,我们的科学水平还落后于其他科学先进的国家,要赶上国际先进科学水平是项艰巨的任务……我们必须努力赶上别的国家。"服务祖国,盼望祖国强盛是桂质廷毕生的追求。

桂质廷严格要求子女像自己一样,做热爱祖国,服务祖国的人。抗美援朝时期,桂质廷夫妇送适龄的女儿参加志愿军。接着又敦促在美国的长女和女婿回到祖国参加社会主义建设。儿子桂希恩 1960 年从武汉医学院毕业时桂质廷身体已不是很好,但他支持儿子志愿到缺医少药的青海边区工作,他叮嘱儿子说,你以后的路由你自己选择,你只要把握一点,做一个对人民有益的人。儿子在青海一干就是 16 年,如今因在艾滋病防治领域做了大量工作,2003 年度获得防治艾滋病的贝利-马丁奖,并成为 2004 年感动中国人物及美国《时代》周刊评选出的全球医疗英雄,温家宝总理曾亲临其家中看望。

著名物理学家严济慈先生曾对桂质廷的长女,中国现代运筹学早期开创性研究者之一的桂湘云说:"你父亲是一位很有建树的物理学家,他在电离层方面作出了突出的贡献,可惜他过早离开了这个世界。"的确如此,桂质廷为中国的高等教育事业和地磁、电离层与电波传播研究献出了毕生的精力。他一生热爱祖国,是一位学识渊博,道德高尚,治学严谨,谦虚慈祥的科学家和教育家。

为了纪念这位物理学家和教育家,武汉大学和九三学社武汉市委员会于 1985 年 1 月,举行大会隆重纪念桂质廷 90 诞辰及学术报告会。武汉大学、九三学社、学生、家属共同设立了武汉大学"桂质廷空间物理学奖学金",以缅怀先辈、激励后学。

三、主 要 成 就

1. 气体低电压电弧特性和光谱特性的研究

1925 年在氮、氢-氮、氢-汞气体中观察超低压电弧,以及相应的电流-电压振荡行为，并揭示机理主要来自于电极间电子浓度梯度导致的电场变化；通过设计精细实验证实了高压击穿电弧的物理机理主要来自于气体分子的离化；在氢-氮二元气体、氢-氮-氧三元气体的电弧实验及同步光谱测量中观察到合成的氨分子 NH_3 以及 $N_xH_yO_z$ 分子的 Schuter 光谱带，并给出合成的产率随电压与气压变化的规律，这是电致化学合成领域的开拓性工作。

2. 最早观测到"扩展F层"的重要现象；发现武汉地区 F_2 层临界频率明显超过了按纬度分布的预期值的现象

1937～1938年，桂质廷与美国科学家 H. G. Booker 几乎同时观测到，并在同一期刊报道了"扩展F层"的重要现象；并发现武汉地区 F_2 层临界频率明显超过了按纬度分布的预期值的现象，桂质廷后来将这一现象称之为"经度效应"，这一现象的发现，实际上就是诺贝尔奖获得者爱泼顿和梁百先先后总结，并将成果都发表在 Nature 上的电离层赤道异常现象的先导，这些发现受到国际地球物理学术界的重视。

3. 主持创建了中国第一个电离层与电波传播实验室，领导建立了武汉地球物理观象台

1946年，他主持创建了中国第一个电离层与电波传播实验室——国立武汉大学游离层实验室，1956年领导建立了武汉地球物理观象台。这些科研教学平台在中国电离层与电波传播科研和教学中发挥了重要作用。

4. 潜心教书育人，创建中国第一个电离层与电波传播专业，培养大批科技人才

桂质廷在北京协和医学院、雅礼大学、东北大学、沪江大学、华中大学、武汉大学等多所大学从事教育事业40年，并长期出任物理系主任、理学院院长、校务委员会委员，为中国教育事业殚精竭虑，培养了大批科技人才。他1954年领导创建了电离层与电波传播专门化，后来发展成中国大学物理系中的独有专业，为中国地磁与电离层物理研究，为电波传播和空间物理学的发展造就了许多严谨务实的专门英才。

四、桂质廷主要论著

Kwei C T（桂质廷）. 1925. Characteristics and spectra of low voltage arcs in H_2, N_2 and in mixtures of H_2 with Hg and

N_2. Phys Rev, 26: 537.

Brown F C, Kwei C T. 1933. Results of magnetic observations in North China. Chinese J Phys, 1: 91.

Kwei C T, Tao S C. 1933. Experiment on the dielectric constants of tung oil. Lingnan Sci J（岭南科学杂志）, 12: 93.

Kwei C T. 1936. Some Evidences of the dependence of diurnal variation on magnetic disturbance in the polar latitudes on longitude. Terr Magn Atmos Electr, 41: 57.

Hsu T Y, Kwei C T. 1936. The polarization and electric moment of tung oil. J Chin Chem Soc, 4: 105.

Sung P L, Kwei C T. 1938. Ionospheric measurements at Central China College, Wuchang, China October 1937 to June 1938. Terr Magn Atmos Electr, 43: 453.

桂质廷. 1941. 物理学的新趋势. 读书通讯, 1 (21): 3.

Kwei C T. 1944. The status of Physics in China. Am J Phys, 12: 13.

桂质廷, 许宗岳. 1948. 雷达电波之传播. 科学世界, 17 (10/11): 335.

许宗岳, 桂质廷. 1948. 雷达之测距测向及定位原理. 科学世界, 17 (10/11): 339.

桂质廷, 梁百先, 莫纪华, 周炜. 1951. 一九四八年五月九日日食与武昌上空 F_2 层所受之影响. 中国物理学报, 8: 195.

桂质廷, 王燊. 1957. 极光、气晖和电离层. 北京: 科学普及出版社.

桂质廷. 1960. 磁静日 Sq 电流系统对电离层 E 层的影响. 武汉大学自然科学学报, 4: 1.

桂质廷. 1986. 地磁及电离层电波传播. 武汉: 武汉大学出版社.

主要参考文献

梁百先, 王燊. 1984. 桂质廷先生传略. 物理通报, (4): 46.

王燊, 胡心如, 赵修诜. 1995. 我国空间物理学先驱桂质廷——纪念桂质廷教授 100 周年华诞. 武汉大学学报（自然科学版）, 41 (5): 649.

姚雅欣, 杨舰, 田芊. 2006. 近代建筑声学在中国的奠基——以清华大礼堂听音问题校正为中心的考察. 中国科技史杂志, (6): 353.

撰写者

王燊（1921~），武汉大学电子信息学院教授，桂质廷的学生和长期合作者。

赵基明（1952~），武汉大学物理科学与技术学院资料室研究馆员。

葛正权

葛正权（1896~1988），浙江东阳人。物理学家和教育家。1920 年毕业于南京高等师范学校（今南京大学）。先后在其母校（1920~1923）和厦门大学（1923~1927）任教职，任国民政府湖北省教育厅督学（1827~1929）。1929 年赴美国深造，1930 年获洛杉矶南加州大学硕士学位，1933 年获伯克利加州大学博士学位。回国后，历任武汉大学物理系教授（1934~1938），国民政府航空委员会第一气体制造所所长、空军氧气制造总厂厂长（1938~1946），国防科学研究发展厅设计处处长兼雷达研究所所长（1946~1949）。1951~1988 年任上海第二军医大学教授兼数理教研室主任。葛正权曾精确验证麦克斯韦速度分布律，并发现 Bi_8 分子。他是中国制氧工业先驱，为中国制氧工业奠定了基础；创建中国第一个雷达研究所，开拓了中国雷达的研究和应用；在医学物理学的教学和应用方面培养了一批人才。

一、生平概要

葛正权（1896~1988），字秉衡，别号葛蠡。1896 年 1 月 18 日出生于浙江省东阳县礼村的一个农民家庭。祖辈务农，父亲半农半医，母亲纺纱织布。1917 年，考取南京河海工程学校。一年后转入南京高等师范学校（今南京大学前身）。1920 年毕业后留校任工科助教。其间他学会车、钳、铸造等多种工艺，为今后的工作打下了良好基础。1923 年，受聘于厦门大学，任物理助教。1927~1929 年任国民政府湖北省教育厅督学，走遍了湖北各县、区。这使他视野大开。眼见中国社会落后，灾荒频仍，几无工业可言，从此萌生"教育救国"、"工业救国"之志。1929 年辞职，自费赴美深造，入洛杉矶南加州大学（University of Southern California）学习。

1930 年以《短波干涉仪》论文获硕士学位。1931 年申请到美国洛克菲勒基金会（Rockefeller Foundation）奖学金，入伯克利加州大学（University of California at Berkeley），于 1933 年完成以分子束测定 Bi_2 分解热和验证麦克斯韦速度分布律的论文获得了哲学博士学位。

1933 年，葛正权回国，受聘为武汉大学物理学教授。1938 年，葛正权走出大学讲坛，毅然投入抗战行列中。他出任以钱昌祚为首的国民政府航空委员会第一气体制造所所长（其时该所在贵阳）。日本投降后，葛正权奉命接管日军在各地留下的制氧厂。贵阳气体制造厂迁往武汉，改称航空委员会制氧总厂，葛正权又授命为总厂厂长。1946年年底，国民政府国防部增设第六厅（国防科学发展研究厅），钱昌祚任厅长。在钱昌祚推荐下，葛正权又授命为该厅设计处处长，兼雷达研究所所长（1946～1949）。葛正权对雷达的兴趣起于他在美国作硕士论文期间；加之，抗战胜利后，美军留下了残缺的400余辆雷达车和几千吨的雷达器材。于是，他在南京办起了雷达修理所（一说为"特种电信器材修理所"），后建起了雷达研究所。

1949年南京国民政府败退台湾。葛正权带领雷达研究所百余技术人员起义，将全部雷达设备完整的移交中国人民解放军。他因此获得了护所一等功。1950年2月6日，在葛正权的技术指导下，中国人民解放军雷达部队和高射炮部队相互配合，在上海击落国民党飞机二架。1950年4月，在原雷达研究所基础上组建中国人民解放军空军电讯大队（后改称雷达第101营），奉调东北，在抗美援朝战争中发挥了重要作用。继而，在全国掀起的知识分子思想改造运动和大学重组过程中，葛正权应聘为上海第二军医大学教授兼数理研究室主任。1984年加入中国共产党。

1988年3月22日，葛正权因病卒于上海，终年93岁。

二、在物理学和技术方面的贡献

葛正权最重要的学术贡献是他在1933年利用铋（Bi）分子束实验精确地验证麦克斯韦速度分布率，同时发现了由8个铋原子组成的铋分子（Bi_8）。

麦克斯韦速度分布律说的是，处于热平衡中的气体，其分子的数目按速度大小分布的规律。它是麦克斯韦（J. C. Maxwell）于1859年从理论上推导而得的。此后，许多物理学家对此从各方面做出实验验证。1928～1931年间，查特曼（I. F. Zartmanm）首先利用分子束速度分析仪测定Bi原子的速度谱，并提出分子束中的Bi原子和Bi_2分子的相对速度之差有可能用于测定Bi_2的分解热；利尤（A. Leu）和弗塞雷（R. Fraser）分别以分子束实验计算了分解热。然而，利尤的计算未曾得到正确的结果，弗塞雷也疏忽出误。在查特曼方法的基础上，葛正权重做分子束实验。他的实验不仅在测定Bi_2分子的分解热方面取得了比前人精确得多的结果，并在验证麦克斯韦速度分布律上取得了重大成就。他发现，实测的分布曲线与理论曲线相比，在高速端二者极为符合，而在低速端存在较大误差。葛正权在分析种种误差原因和技术困难时断言，分子束中除Bi、Bi_2外，决没有Bi_3、Bi_4、Bi_6，确

有 Bi_8。整个实验除证明麦克斯韦速度分布律外，又确凿地发现了令人预想不到的 Bi_8 分子。葛正权的实验被作为经典载入热学、气体分子动力学和分子束实验等著作之中。以后数十年间还不断有人以各种方法重复验证麦克斯韦分布律。

葛正权任职第一气体制造所所长期间，很快筹建了生产、装运设备。1939 年开工生产氧气，解决了当时空军作战急需用氧之难题。同时生产出氢气、硫酸气，制造柴油、烧碱、飞机用漆等军需物资，从而为中国制氧工业奠定了基础。在任职雷达修理所和雷达研究所期间，葛正权及其同事修复了大量相关设备，培训了一大批相关技术人才，为中国人民解放军正式组建雷达部队，并在 1950 年抗美援朝中保护鸭绿江大桥等作出了贡献。葛正权是中国雷达应用研究的开拓者之一。

在长期任职军医大学教学期间，葛正权全身心投入传道授业的教学活动中。他曾主编全军军医大学用《医用物理学》（第一版）；指导研制国内第一架脑电波直流放大器，用以观察人脑的反应波；用范德格拉夫高压发生器，装配了放大 50 万倍的场致发射电子显微镜，可以直接观察到有机体苯二甲青色素的原子排列状态；研制了 X 射线硒片干照相术设备。十年动乱初期，又将上述资料赠上海照相器材厂，协助该厂创制静电复印机。他在 85 岁高龄时，主持翻译美国蒂普勒（P. A. Tipler）著《近代物理学基础及其应用》一书，由上海科技出版社于 1981 年 1 月出版。在医学物理学的教学和应用方面培养了一大批人才。

三、葛正权主要论著

Ko C C（葛正权）. 1934. The heat of dissociation of Bi_2 determined by the method of molecular beams. J. Franklin in Institute, 217 (2): 173.
葛正权. 1948. 雷达之发展及其在第二次世界大战中之运用. 世界科学, 17 (10/11): 330.
Tipler P A. 1981. 近代物理学基础及其应用. 葛正权, 译. 上海: 上海科技出版社.

主要参考文献

第二军医大学数理教研室. 1988. 沉痛悼念葛正权教授. 中国医学物理学杂志, 5 (1/2): 2.
葛士忠, 李悟龄. 1993. 葛正权//戴念祖. 20 世纪上半叶中国物理学论文集粹. 长沙: 湖南教育出版社: 117.
葛士忠. 1996. 葛正权//沈克琦. 中国科学技术专家传略: 理学编: 物理学卷 1. 石家庄: 河北教育出版社: 115.

撰写者

戴念祖（1942~），中国科学院自然科学史研究所研究员，首都师范大学物理系讲座教授。曾任自然科学史研究所物理学史和化学史研究室主任。

张绍忠

张绍忠（1896~1947），浙江嘉兴人。物理学家和教育家。1919年毕业于南京高等师范学校，1920年赴美国学习，1922年在芝加哥大学获理学士学位，1924年获哈佛大学硕士学位。1924~1927年随P. W. Bridgman教授研究高压对物质介电常数的影响。1927年回国，先后在厦门大学（1927~1928）、浙江大学（1928~1935；1937~1947）、南开大学（1935~1936）执教。为创建浙江大学物理系作出了重要贡献。

一、生平概要

张绍忠（1896~1947），字荩谋。1896年11月18日生于浙江省嘉兴县。1915~1919年，南京高等师范学校（今南京大学）学习，1919~1920年留校任教。1920~1922年，赴美国芝加哥大学（University of Chicago）深造，1922年获该校理学士学位。1922~1924年在哈佛大学（Harvard University）学习，并获硕士学位。1924~1927年在哈佛大学师从布里奇曼（P. W. Bridgman）教授研究高压对物质介电性的影响。1927年回国，历任厦门大学数理系教授、系主任（1927~1928）；浙江大学物理系教授、系主任兼文理学院副院长（1928~1935）；南开大学物理系教授兼系主任（1935~1936）；浙江大学物理系教授、系主任（1936~1939），该校特种教育委员会副主席、主席（1937~1946），教务长（1939~1947）；兼任中国物理学会会计（1935.9~1936.8）。

1947年7月28日病卒于杭州，享年51岁。

二、主要学术成就

1. 测定高压下液体介电常数的变化

张绍忠是在叶企孙之后师从布里奇曼的又一个中国学生。叶企孙进行高压磁学研究，张绍忠从事高压物性研究，具体测定高压下一些液体物质的介电常数的变化。

在张绍忠之前，已陆续有人做过这方面的工作，最早的测定始于 1894 年。至 1926 年，测定工作一直在进行。各个研究者所测定的介电常数在高压下的变化值各不相同。但较普遍的结论是，介电常数随压力的增加而增加。总体上的变化比克劳修斯－莫索梯（Clausius-Mosotti）理论公式要小。1924～1927 年间，张绍忠利用布里奇曼实验室装置，压强从 0 到 $12000 kg/cm^2$，以电容桥和一特制的液体蓄电器测定甲苯、二硫化碳、正戊烷、正己烷、乙醚和异戊醇的介电常数随压力的变化。张绍忠的结果是，甲苯、二硫化碳的介电常数总是随压力的增加而减少，其减少量约为 3%，其余物质的减少量要大些。张绍忠以自己的实验数据对克劳修斯－莫索梯的理论公式以及后来某些人所做的两种修正公式作出计算，发现克劳修斯－莫索梯公式最接近实验测量的介电常数。张绍忠的实验结果被布里奇曼引入其《高压物理学》（1931 年版，P367）书中，并指出，"张绍忠用我的高压装置所做的未发表的实验，在性质上其结果是初步的"，"现在这些研究正被我的另一个学生 Mr. W. E. Danforth 继续"。

或许当时不能确定张绍忠得到的和前人不相同的结论是否正确，其论文未发表，也未曾授予张绍忠学位。实验报告交导师后，张绍忠随即回国。直到 1933 年，张绍忠的相关论文才发表在《中国物理学报》上。虽然他的结论已经得到布里奇曼的学生的实证，但时过境迁，他已忙于浙江大学的教学，未再申请博士学位。

2. 创建浙江大学物理系

在厦门大学任职一年之后，1928 年张绍忠受聘为浙江大学物理系主任。初办系科，筚路蓝缕，举步维艰。全系教工除张绍忠外，另有二人：助教朱福炘，技工金学煊。三人共同撑起物理系的牌子。第一年招收了三名学生，第二年招收了十一名。1929 年起，王守竞、束星北、徐仁铣、何增禄、郦堃厚、郑衍芬等教授相继受聘到浙大物理系任职，顾功叙、吴学蔺等以助教登坛，又增聘了仪器管理员。1934 年，吴健雄、殷大钧也曾在此任教。浙大物理系师资队伍常年变更，但其阵营逐渐强大。学校尽力支持物理系经费，张绍忠、何增禄二教授尤重视物理实验，特别是对于购置可生产教学仪器的车床工具甚为热心。其时国内物理仪器多以重金在国外购买。教师们有了车床工具，就自己设计图纸，亲自动手加工制造。经过几年艰苦努力，物理系初具规模，理论基础课和实验课全悉具备。30 年代初，浙江大学物理系跻身全国大学之先列。

张绍忠出身于实验物理学，在教学中除理论概念要求清晰之外，对实验演示极为重视。在他的讲桌上，演示仪器必定按照使用次序摆放整齐，联结电路的导线不得交叉杂乱，过长导线必要绕成螺旋形状，使其长短合适。实验先后步骤不得随意更改，电源关闸前必先理一遍线路、看线路安排是否妥当，等等。这些演示实验令学生终身受益。凡是指定的习题作业、实验报告，张绍忠要求学生弄清理论、计算准确、文字通顺，且要简单、规范，否则退回重做。这种教学方法逐渐成为浙大物理系的教学传统。

1936年，竺可桢任浙大校长、胡刚复任文理学院院长，王淦昌到浙大任教，浙大物理系蓬勃发展。1937年，日寇侵华，浙大西迁至贵州省遵义和湄潭。迁徙途中，师生不忘教学。其时任特种教学委员会主席的张绍忠，协助胡刚复院长和竺可桢校长，事必躬亲。他们想方设法向学生传道授业。途中寺庙、芦席棚权作教室、实验室；仪器箱封了又开；师生边走边教。从杭州到湄潭，历时两年半，途径六省，计程2600多公里，未损坏一只玻璃仪器，未丢失一根直尺，出现了像李政道、程开甲等一批优秀学生。这是中国教育史上的一大奇迹。

从浙大物理系创办之时到1947年张绍忠逝世，该系培养了八十余名物理学工作者。其中许多人后来成为中国科学院院士和优秀物理学家，如王谟显、盛耕雨、黄授书、程开甲、胡济民、梅镇岳、龙槐生、汪容、殷鹏程等。

张绍忠还是中国物理学会第一次年会（1932年）筹备委员会成员之一。他和王守竞、吴有训等是该筹备委员会的论文组工作人员。在最艰苦的抗战期间，从1942年到1945年，浙大物理系按例召开中国物理学会第10~13届年会和学术报告会，何增禄、张绍忠、胡刚复分别主持各届年会。

三、张绍忠主要论著

张绍忠. 1923. 石英之结晶构造. 科学, 8（10）：1008.
Chang Z T.（张绍忠）. 1934. The dielectric constant of liquids under high pressure. Acta Phys Sin, 1（2）：1.

主要参考文献

洪震寰. 1984. 精勤研学艺，艰苦育英才. 物理, 9：582.
嘉兴市志编纂室. 1989. 嘉兴市志资料人物.
朱福炘. 1996. 张绍忠//沈克琦. 中国科学技术专家传略：理学编：物理学卷1. 石家庄：河北教育出版社：124.

撰写者

戴念祖（1942~），中国科学院自然科学史研究所研究员，首都师范大学物理系讲座教授。曾任自然科学史研究所物理学史和化学史研究室主任。

查　谦

　　查谦（1896～1975），安徽泾县人（生于安徽当涂）。物理学家和教育家。华中工学院教授。1919年金陵大学毕业，1920年赴美国明尼苏达大学研究院深造，1923年获博士学位后回国。先后任东南大学、金陵大学、中央大学教授，中央大学教务长，武汉大学理学院院长、物理系主任，华中工学院院长等职。20年代在密立根实验室从事光电效应研究，首次采用蒸发型铂片研究光电效应中不对称现象，指出以光电效应方法测定普朗克常数的正确途径；回国后毕生从事教育事业，创建了武汉大学物理系和华中工学院。积极倡导"以实验为基础"的教学和研究方法，为中国培养了一批物理学人才。1932年创建武汉市物理学会。

一、生平概要

　　查谦，原名查贵师，字啸仙。1896年11月22日出生于安徽省当涂县小丹阳镇，1975年1月23日因病于武汉逝世，享年79岁。

　　查谦于1915年进入南京金陵大学学习，属文学院学生。1920年，查谦赴美，在明尼苏达大学（University of Minnesota）研究院学习，在密立根实验室从事光电效应研究，1923年获物理学博士学位。同年，查谦回国，经赵元任介绍，到南京国立东南大学物理系任教授。1927年查谦回南京金陵大学任教授。1929年，东南大学改名为中央大学，查谦到南京国立中央大学任教授，并曾于1932年兼任教务长，虽在任仅半年，但已显示出他勇于改革的精神。1932年，查谦来到武汉大学，翌年担任理学院院长，并着手建设武汉大学物理系。1934年～1953年查谦长期担任武汉大学物理系主任。从此他一心一意致力于科学教育事业，为培养人才不遗余力。其间1935年10月至1936年9月，曾赴美国进行访问，从事统计物理方面的研究。1952年11月，中南军政委员会决定在武汉新建三所工科学院。1953年1月，"三院联合建校规划委员会"成立，查谦任规划委员会主任委员，开始进行建校选址等工作。1953年10月，华中工学院成立，查谦任华中工学院主任委员，主持全院工作。1955年，查谦起任华中工学院院长，直至1975年。

查谦是第一、二、三届全国人民代表大会代表。

二、学 术 生 涯

查谦生长在一个书香门第和官宦之家。养父查秉钧为前清翰林，曾任道台和知县，为人清廉。辛亥革命后返乡时甚至无以为生。查谦深受家庭环境的影响，形成了正直和不愿做官的性格。

1915 年，查谦进入南京金陵大学学习。在校 3 年多，共学习文、理课程 15 门，平均成绩在 90 分以上。因查谦属文学院学生，在所学课程中以文科学时为最多，毕业后理应继续进行文科研究或步入仕途，但由于家庭的影响，他自己又认为"官做不得，学物理可不依赖政治"。故而在赴美留学时，选择了物理学作为主攻方向。

查谦在金陵大学毕业时，正值"五四"运动爆发，在革命浪潮的影响下，他在《时事新报》的副刊"学灯"上发表了两篇文章，揭露当时教会学校的黑暗。1920 年他还在李大钊任主编，张申府、王光祈等为编辑，毛泽东、邓中夏、恽代英、张闻天等为会员的著名《少年中国》杂志上，翻译发表了美国著名哲学家、新现实主义运动创始人、哈佛大学教授 R. B. Perry 的两篇代表作：《新唯实主义》和《新唯实主义的认识论》。在金陵大学毕业后查谦到南京高等师范学校任助教。

1920 年秋，查谦赴美，在明尼苏达大学研究院学习，在密立根实验室从事光电效应研究，与劳伦斯（E. O. Lawrence）同学。1923 年获物理学博士学位。

1923 年，查谦回国，经赵元任介绍，到东南大学物理系任教授。1923 年 12 月 12 日东南大学发生火灾，物理系毁之一炬，1925 年学校又闹风潮，胡刚复等许多教授离开东南大学物理系，查谦继续留在东南大学，对重建物理系作出了重要贡献。1927 年查谦回母校金陵大学任教授。1929 年，东南大学改名为中央大学，查谦到中央大学任教授，并曾于 1932 年兼任教务长，虽在任仅半年，但已显示出他勇于改革的精神。在查谦领导下成立了由 11 人组成的改革学校行政的小组，对学校应行改革之处提出具体方案，受到校长刘光华的赏识。同年，中央大学又发生风潮，当时教育界某些人企图利用查谦平息这场风潮。查谦态度鲜明，坚决不与他们同流合污，因而遭到教育界某些人的报复，迫使他离开中央大学。

1932 年，查谦应邀来到武汉大学。翌年担任理学院院长，并着手建设武汉大学物理系。该系虽创建于 1928 年，但 1930 才开始招收第一届本科生，其办系方向是查谦到校后才逐渐明确确定的。1934 年起，查谦长期担任物理系主任。其间 1935 年 10 月至 1936 年 9 月，查谦利用学术假期，赴美国进行学术研究，同时调研美国一流大学物理系的办学模式一年。1938～1946 年，武汉大学西迁乐山。查谦因不服四川水土，于 1939 年春夏之交举家迁至上海暂住。查谦在 1939～1941 年期间兼任中华教育文化基金董事会干部处执行秘书。

1946 年，武汉大学迁回武昌原址，查谦回到武汉大学物理系，继续担任物理系主任。从此他一心一意致力于科学教育事业，为培养人才不遗余力。1948 年，其次子上海交通大学电机工程系学生查其恒在暑假期间不幸在武汉东湖游泳时溺水身亡。他化悲痛为动力，更加专心致力于教育事业，并在武汉大学工学院电机系设立了"其恒奖学金"，以鼓励学生奋发上进，努力学习。1955 年，国务院任命查谦担任华中工学院院长，他为华中工学院的建设发展贡献了毕生精力。

查谦是中国教育界有较高威望的老一辈物理学家，他热爱祖国，为祖国教育事业贡献了毕生精力。查谦具有广泛而渊博的知识，他提倡文理渗透，并十分注重科技发展史研究，且有相当造诣。他曾着重探讨过有关科学技术史的两个问题：其一是 1600 年以来世界科学加速发展的原因，其二是中国近代何以对科学无重要贡献。这两个问题至今仍是科学史研究的重要内容。对于后者，查谦认为主要原因是：国人尚清淡，盲目崇古；不重实行，不易通过经历与实践，道人之所未道，发人之所未发；历代科举取士的结果，学者徒知用脑而不知用手。

查谦认为，将科学技术发展史的内容穿插于理科教学或科学知识普及的讲演中，是学校进行文理知识渗透的好形式，并在教学中贯彻执行。这不仅使他的讲课内容丰富、生动、引人入胜，而且也为文理渗透倡导了一种新的教育模式。

查谦热爱祖国，主张"科学中国化"。1937 年抗日战争爆发在日军侵略中国的过程中，查谦从没有忘记自己是中国人，并处处表现出强烈的爱国心。1935 年，他第二次去美国进行科学研究。有一天在餐厅，一位美国人误将他认作日本人，向他握手祝贺说："恭喜你们的国家又得到一片土地。"查谦非常气愤，未完成预定的研究计划就返回了祖国。1941 年底，日军占领了上海的租界。因中华教育文化基金董事会停止工作，查谦失业。曾有人劝他去日本人在上海参与督办的交通大学谋职，查谦宁愿去当家庭教师，也不去为日本人服务。在民族危难之时，他从没有忘记自己的责任。日本侵略军侵华初期，他作过"国耻与责任"的专题演说，号召全国人民团结起来，一致抵抗外国侵略者。他建议，一个大学生无论何科系，都应修一年的"中国近百年史"，使人人明了中国国耻史、人人产生发愤雪耻的志愿。

他意识到自然科学与全民族兴衰存亡至关重要的关系，提出"科学中国化"的口号。其主张是：第一，把自然科学研究和洗雪国耻结合起来。查谦认为，应把从事自然科学研究看成与到前线杀敌同等重要。研究室中的工作发达了，全国凡百事业才能发达。到了那个时候，无论帝国主义用何种方式来挑战，都能集合全民族的体力、智力，与之周旋，而后可以立于不败之地，而后可以有雪国耻之一日。第二，把科学的兴衰与国防实力联系起来。查谦确信，近代的战争已变成科学的战争，要国防的巩固，不能不注重科学。因此提出要国防的完备，不能不先求军队的科学化；要军队科学化，不能不先充实工厂，发展工业。尤需养成全国人对于科学的兴趣，培植大量的科学人才。第三，要科学中国化。查谦认为，过去数十年提倡科学的呼声虽高，而实效却未大见，盖因科学没有中国化，没有和社会发生联系。

三、主 要 成 就

1. 首次采用蒸发型铂片研究光电效应中不对称现象，指出以光电效应方法测定普朗克常数的正确途径

光电效应研究当伦琴射线和 γ 射线通过物质薄片时，会在该片的两面产生不同的电离效应，可观察到薄片两面射出的光电子的数目和速度的不对称现象。1912 年和 1913 年罗宾森（J. Robinson）对此现象进行了研究，他发现当铂片的厚度小于 10^{-7} 厘米时，由出射光所产生的电子的最大速度比入射光产生的大；当铂片较厚时，所产生的现象刚好相反。但他两次给出的出射速度和入射速度之比的最大值不同。1912 年发表的值为 1.24，1913 年发表的值变为 1.12。1914 年斯托尔曼（O. Stuhlmann）的研究得到的值则比罗宾森给出的比值小。理查孙（O. W. Richardson）和斯万（W. F. G. Swann）各自独立地从量子论进行研究，斯万还从经典电磁理论加以研究，得到的不对称性预期值的数量级远小于上述实验值，理论与实验不符。

这种"不对称效应"是否具有重要意义？由于实验结果不足以作出这种判断，必须重新进行实验。查谦认为罗宾森和斯托尔曼在实验中使用的薄片都是用阴极射线溅射方法制造的，所用光源是石英汞灯发出的未分解的紫外光，这些可能对实验结果产生了影响。为了得到更精确的数据，不但应该用未分解光、溅射型薄片，还应该用单色光、蒸发型薄片重新进行研究。

查谦的实验结果为：当用蒸发片时，不论光源是单色光或是未分解光，速度的不对称性均不存在，且与片的厚度、入射光的波长无关。当用溅射光时，不论光源是单光或是复色光，均存在速度的不对称性，且不随实验中所使用的波长改变。这种不对称性随铂片厚度变化的曲线与罗宾森和斯托尔曼给出的结果相一致。

查谦的实验结果表明，速度的不对称性只有在采用溅射片时才存在，且和光源的单色性无关。这就清楚地界定了不对称性发生的条件。

为了证实上述实验结果的正确可靠性，查谦又用蒸发片实验数据反过来计算了普朗克常数。其计算结果为：$h = 6.415 \times 10^{-27}$尔格·秒，这比1916年密立根（R. A. Millikan）用光电效应方法测定的$h = 6.547 \times 10^{-27}$尔格·秒的值仅低2%，完全在允许的实验误差范围内。

查谦的实验清楚地界定了不对称性发生的条件，消除了因不对称现象而引起的与量子论的矛盾。

2. 教书育人

查谦先后在金陵大学、东南大学（后更名为中央大学、南京大学）、武汉大学、华中工学院（现华中科技大学）担任物理学教授、系主任、理学院院长、教务长、校务委员会副主任（即副校长）、院长（即校长）多年，在教育战线上耕耘一生，是一位德高望重的教育家。他把在中国高等学校办好物理系作为终生奋斗目标，在探索中国的大学物理教学体系、管理模式以及研究模式的建立过程中作出了积极的贡献，为中国培养了大批物理学人才和不少有名望的物理学教授。

20世纪二三十年代是中国高等学校第一个蓬勃兴起的时期，新成立的高校大多处于草创阶段，从学校到院系的教学体系、管理体系均在逐渐摸索、建立、完善中。查谦是这一时期中国物理教育体系的开拓者和领导者之一。

20世纪20年代查谦在金陵大学、东南大学（中央大学）担任物理系教授期间一方面认真做好教学工作，同时积极参与物理系的各项建设，特别是担任东南大学教务长期间，组织制定的学校改革方案为当时学校的发展起到了非常积极的作用。

武汉大学物理系虽创建于1928年，但当时与中国高校物理系的普遍情况一样，一个系教师仅有一、二人，学生仅开始招收预科生，至1930年才开始招收第一届本科生。查谦1932年应王星拱校长之邀请来到武汉大学任物理系教授，1933年任理学院院长、1934年开始长期担任武汉大学物理系系教授、系主任，和理学院院长，在长达20余年的时期中他为物理系的办学方向、师资队伍、课程体系、实验设备、科学研究的建立多谋善断、群策群力、做出了不懈努力，他是领导武汉大学物理系从无到有、从小到大，并开始在国内外有一定影响的主要奠基人和开拓者。他在武汉大学的实践真正实现了他的"在中国高等学校办好物理系的奋斗目标"。

在查谦和其他教授的努力下，物理系的教学与课程体系逐渐得到增加和完善，1933年已开设出"波动力学"（Ⅰ）、（Ⅱ），"相对论"，1934年已开设出"场物理学"（Ⅰ）、（Ⅱ）、"量子力学"，1935年开设出"群论"、"物性论"等在当时较为前沿的课程，而到1936年就已经基本建立起了一个较为完善的从普通物理到理论物理，包括各类必修与选修课，与国际知名大学接轨的物理教学课程体系。同时查谦身体力行先后开设了普通物理学、热力学、统计物理、量子现象、近代物理、理论物理、物理实验等课程。在教学中，他认真备课，一丝不苟。讲稿年年重写，不断增补新的内容。他所坚持的讲课风格是："注重物理学基本原则的观念和应用，以及对实验现象的诠释。"

他大力提倡动手实验，竭力主张改变中国知识分子不愿动手的积习。他曾在全校作报告，分析"劳心者治人，劳力者治于人"这一中国传统所带来的极坏影响，并反复宣传科学实验在科学研究中的重要地位。从1932年到武汉大学物理系任教之初，他就花大力气购置实验仪器、组建实验室、撰写实验讲义、倡导不仅在物理系，而且在整个理学院数学、化学和生物等各系均开设有关物理实验课程。在他的领导下，到1934年物理系的实验仪器设备包括力、声、热、电、磁、光等已共计1000余件。到1936年物理系已经在四个年级分别设立了物理实验（Ⅰ）、（Ⅱ）、（Ⅲ），以及包括α、β、γ、χ射线、电子荷质比等内容的近代物理实验。其中二、三年级上下两学期物理实验的课时均为每周6学时，超过了现在国内各大学的学时数，可见对实验教学的重视。在实验内容的安排上，他特别强调基础实验技能的培养与训练，在武汉大学黄黄的档案纸上所看到的，当时所列实验内容，到今天都正是我们当代学生所缺乏和急需补上的。他还身体力行，多年均亲自担任实验课的主讲教师，而无线电实验室、近代物理实验室是他直接参与组建的。物理系注重实验的举措也影响了武汉大学其他系，如生物系注重聘请有动手能力的人才来武汉大学任教等。

查谦在武汉大学物理系工作期间，十分重视师资队伍的建设。如1933年他积极推荐引进具有很强实验动手能力的美国加州大学伯克利分校获博士学位的葛正权教授来系主持实验物理课程；1935年引进瑞士苏黎世大学博士严顺章教授；1936年引进美国康奈尔大学硕士、密西根大学博士马师亮教授、英国伦敦大学博士江仁寿教授；1939年引进美国普林斯顿大学博士、当时武汉华中大学物理系主任桂质廷教授以及刚从英国帝国理工学院（Imperial College London）回国的梁百先教授等。他虚怀若谷，当桂质廷到校后，他即积极推荐由桂先生出任物理系主任、理学院院长。在他的倡导下，物理系建立了助教制度，逐年选留一些优秀毕业生留校，为系里发展培养储备了一批人才。以后直到20世纪80年代上述他引进的人才，多人都曾担任过物理系、空间物理系的系主任。戴春洲是查谦在原中央大学（现南京大学）所教授的优秀学生，1934年到武汉大学物理系工作后，从助教开始，查谦对其言传身教，在教学、科研等方面的工作给予多方面帮助和支持，使其后来成为武汉大学半导体物理的学术带头人，在20世纪50~60年代曾担任过多年武汉大学物理系主任。

查谦先生为武汉大学物理系的师资和人才队伍建设所做的工作，不仅为武汉大学物理学科最初发展奠定了坚实的基础，而且为其学术方向、学术风格的形成有着重要影响。

查谦在担任武汉大学院系领导之初，就较为明确其办学方向应该是向国际一流看齐的研究型院系，在人才培养目标、措施，以及院系体制、教师的研究方向等方面都做过一些积极的探索实践。1933年在他担任理学院院长期间，就开始倡导"理学院课程应与其他国际一流大学相同。一、二年级除设置各系特有科目外，同时注重系外的相关课目，以备将来研究时可逢源互助之效；三、四年级除公认的各系必有课程外，斟酌增设理论与应用的特殊课程（或必修或选修），以备毕业后研究各种课题时，可有较为充实之工具及较为宽广之途径"。在物理系开始的相关课程包括：水力学与弹性学、航空物理、无线电及无线电实验、德文文献选读、专题实验（如地磁场的测量等）。为此他积极推动举办科学前沿专题讲座。据不完全统计，在武汉大学任教期间，除其他教授的报告外，查谦本人曾作过题为"近代科学的一个贡献"、"国防与科学"、"物质科学之今昔"、"无线电传播"等专题报告。这些报告不仅使学生拓宽了知识结构、增加了对科学的兴趣、了解了科学的价值，而且使教师们也互受启发，加强了他们更新教学内容和形式的意识。到30年代末，他开始积极推动将人才引进、实验基地建设以及研究生教育有机结合。在他和其他教授的努力下，1939年起武汉大学组建了理学院研究所，物理系则组建了无线电实验室、近代物理实验、游离层实验室等，并开始招收研究生，形成了以桂质廷、梁百先、龙咸灵等教师组成的空间物理，以江仁寿、周如松等教授组成的金属物理等有特色的研究方向。1949年以前，有多篇武汉大学署名的研究论文在 *Nature*、*Physical Review*、*Am J Phys*、*Terry Magn Atoms Electr*、*Chinese Journal of Physics* 等杂志上发表。与此同时武汉大学物理系培养出张承修、周如松、龙咸灵、林应茂、李熏等一批有作为的物理专业毕业生。在查谦、桂质廷等的领导下，到40年代末、50年代初武汉大学物理系作为研究型院系的雏形已初步显现。

中国物理学前辈吴大猷先生在回顾20世纪前50年中国物理学发展历程时曾说："我们该用怎样的标准来评判一个机构或是一个人对中国物理发展的贡献呢？主要是根据他们在若干年之内，是否有建立起传统，包括人、设备与稳定的气氛等三方面；他们在几年内又能够吸引多少学生或是激励、唤起多少学生继续做物理研究工作"（《物理》34卷，4期，236页，2005年）。用这个标准衡量，查谦先生二十年在武汉大学物理系的工作，不仅是为武大物理的发展作出了重要贡献，也是为中国物理学的发展作出了一些基础性的贡献。

3. 创办华中工学院

1952年，为适应大规模经济建设特别是工业发展对建设人才的需要，发展和改革高等教育，开始在全国范围内进行高等学校的院系调整。中南军政委员会决定在武汉新建三所工科学院——华中工学院、中南动力学院、中南水利学院。1953年1月"三院联合建校规划委员会"成立，查谦任规划委员会主任委员，开始进行建校选址等工作。查谦等人查看了武汉好几处地方，经过反复研究比较，最后选定在喻家山、关山地区建校。喻家山、关山地区依山傍水，环境幽静，符合大学校园的要求；地势开阔平坦，有利于学校的发展。虽离城区较远（离武昌市区12公里），不通水电，没有商业网点和通讯设施，开始会给建校工作和师生生活带来一些困难和不便。但查谦认为：大学校址的选择既要考虑当前的情况，更要着眼于今后的发展。早年的大学都办在城里，生活方便。但20世纪以来，由于社会经济和科学技术的发展，大学规模越来越大，城市土地越来越紧张，同时通讯手段和交通工具的进步又相对地缩短了市郊的空间距离，因此，校园郊区化已成为一种普遍的趋势。关山地区原属武昌县，现已划入武汉市辖区新界范围，不要很久就会成为武汉市建设的重点地区，很可能成为工业区、文教区，在这个地方建校对于学校的发展是非常有利的。现在看来，这一选择是高瞻远瞩的，对学校今后的发展起到了举足轻重的作用。

1953年10月15日，华中工学院正式成立，查谦主持全院工作。学院虽然顺利开学，但面临的困难很多，任务繁重。当时的主要困难有分散、教师不够、教学组织和行政组织尚不健全，难以正常开展工作和充分发挥作用。在查谦领导下，学院迅速根据实际情况制定工作方针，稳步贯彻教学改革，提出加强团结，建立正常教学秩序的指导思想。在学院上下的努力下，做到了当年筹建，当年招生，经过一年的努力即初具规模，形成了团结奋斗的局面，为以后的发展奠定了较好的基础。

1955年6月9日，国务院正式任命查谦为华中工学院院长。新成立的华中工学院在师资队伍、基础设施等办学条件上还存在许多困难。查谦积极认真地管理学校的一切事务，对干部提升、人事更动、每年的预决算、各项经费开支等工作，无一不亲自过问。在他的领导下，学院学习苏联经验，建立新的教学体系，积极开展教学改革，为提高教学质量而努力。为加强师资队伍建设，学院领导班子实行各种举措，包括发挥教研室的集体作用，大力开展教学研究工作，组织教师在教学实践中锻炼成长，并且有计划地派出一批中青年教师到清华大学等兄弟院校进修，有计划地派出教师前往苏联、东欧各民主国家进修考察。在他的领导下，学院快速跻身全国重点大学行列。

1960年，华中工学院被批准成为全国重点高等学校，进入快速发展时期。学院根据中央精神，从实际情况出发，贯彻"高教六十条"，明确办学指导思想，制订学校发展提高的综合规划，探索教学、生产、科研三结合的道路，努力提高教学质量，并狠抓师资建设。查谦说自己的工作作风是"实验室作风"（意即谨慎、踏实的作风）。他领导的校务委员会在全校师生中树立起很高的威信，并为华中工学院严谨校风的形成奠定了良好的基础。"文化大革命"后，由于历史原因，查谦深居简出，对华中工学院事务管理甚少。之后查谦夫人去世，查谦搬到武汉大学与儿子同住，直到1975年去世。

四、查谦主要论著

Cha C（查谦）. 1925. On the incident and emergent velocities of photo-electronsemitted from thin platinum films. Phil Mag, 49（1）: 267.

主要参考文献

华中理工大学校史编写组. 1993. 缩影——华中理工大学的四十年. 武汉：华中理工大学出版社.
李智，胡艳华. 2012. 华中科技大学纪事. 武汉：华中科技大学出版社.

撰写者

胡艳华（1972~），华中科技大学党委宣传部常务副部长、校史研究室主任，查谦生前所在单位校史研究人员。
石兢（1956~），武汉大学物理科学与技术学院物理学教授，曾任（2001~2010）武汉大学物理科学与技术学院院长。
李旭玫（1982~），华中科技大学党委宣传部职员。

丁佐成

丁佐成（1897～1966），浙江镇海人。中国仪器仪表业的开拓者。1918年毕业于金陵大学，1921年赴美国芝加哥大学深造，1923年获该校电器工程专业硕士学位。先留校任教，后被美国西屋电气公司聘任为工程师，从事电表设计和制造工艺。1925年回国，与颜任光合作在上海开设中华科学仪器馆；1927年，与朱旭昌合作，组建了大华科学仪器股份有限公司，成功地制造出交直流电表，开创了中国人自制物理仪器的历史。1954年，经工商改造，该公司定名为大华仪表厂，丁佐成担任经理兼任总工程师，为中国仪器仪表工业的发展作出了重要的贡献。丁佐成曾担任上海市工商业联合会执行委员，上海市物理学会理事等职务。

一、生平概要

丁佐成（又名：丁佐臣），于1897年出生在浙江省镇海县丁家山村，兄弟姊妹共7人。其父为清朝末期的秀才，在本村教私塾；其母为人制作锡箔以补贴家用。丁佐成少年时跟随父亲就读私塾，课余常常去附近山上打柴、打猎，以贴补家用。稍长就读宁波四明中学。他聪明好学、秉性诚实，得到了当地教会一位美籍教师的经济资助，这使他有机会考取了金陵大学物理系。

1918年，丁佐成于金陵大学物理系毕业后，留校任教。在教授物理学课程期间，他目睹了实验仪表都是"洋货"，一旦损坏难以修复。而当时国内没有厂商能制造这些仪表，只能以昂贵的费用购买外国的产品。丁佐成经常帮助实验室修理实验用仪器仪表，感受到了仪器的重要性，从而对仪器仪表产生了兴趣。1921年，丁佐成获得金陵大学部分奖学金及南京基督教青年会的资助，入美国芝加哥大学（University of Chicago）学习。1923年，获芝加哥大学电器工程专业硕士学位，并留校任教。一年后，他被美国西屋电气公司（Westinghouse Electric Corporation）聘用，担任工程师，从事电表设计和制造工艺。在这期间，丁佐成曾去美国威斯登电表厂参观，竟被拒绝，还遭到美国人的嘲讽："中国人想制造电表，再过30年也不成。"这令丁佐成十分气愤，同时也激发了他创建民族仪表业的志向。1925年3月，丁佐成放弃了在美国的优厚待遇，踏上归国的轮船，开始了创办工厂生产电表的历程。

1925年10月，丁佐成与颜任光合作开设了中华科学仪器馆。1927年，又与宁波巨商朱旭昌合作，以中华科学仪器馆为基础，组成了大华科学仪器股份有限公司（以下简称"大华公司"）。

1929年10月，大华公司成功地制造出了第一块国产电表——R301型直流电表，开创了中国人自制物理仪器的历史。之后，他们陆续研制成功多种型号、规格的直流电表和交流电表，专门设计了教学用的电阻箱、分流器、检流计、可变电阻器等供实验室用，实现了丁佐成用国产仪表装备各级院校实验室的愿望。1936年，大华公司又推出了比较精密的携带式电表。

大华公司在发展中克服了许多困难，面对外商的刁难，丁佐成带领技术人员攻克种种技术难关，使大华公司成为中国第一家生产仪器仪表的专门企业。

在抗日战争期间，丁佐成拒绝了日本人的"合作"要求，宁肯关掉厂房、遣散员工、藏匿设备，也不与日本人携手共事。

抗战胜利后，丁佐成积极购地建厂房，购置原材料，准备重振旧业。但由于国内战争不断，物价飞涨，他的公司仅能维持而已。

1949年，丁佐成拒绝离沪赴台，留在上海发展自己的事业。

1954年，大华公司实行工商改造、公私合营，与新华电器制造厂、太平洋电工仪器制造厂、中国磁钢厂合并，定名为大华仪表厂。丁佐成担任经理兼任总工程师，专门负责技术工作。1958年，在他的领导下，研制成功工业用自动记录仪表。之后，不断进行技术更新，他们的产品从电子管式发展为晶体管式、集成电路式仪表，广泛应用于机械、冶金、石油、化工等行业。大华仪表厂成为中国机械电子工业的骨干企业，在全国同行业中其产品的产量、品种和质量都名列前茅。

丁佐成积极投身社会主义建设，做出了贡献，也得到了社会的承认。他担任了中国人民政治协商会议第三、四届全国委员会委员。他还曾经担任上海市工商业联合会执行委员，上海市物理学会理事等职务。作为中国仪表工业的先驱者，丁佐成为中国的仪器仪表工业的发展作出了重要的贡献。遗憾的是，在"文化大革命"中，他受到了严重迫害，于1966年12月含冤去世。1979年，上海仪器仪表工业公司为丁佐成平反昭雪，并为他举行了追悼大会。

二、创办大华科学仪器公司

丁佐成从美国回到上海以后，就开始筹措资金，盘下了一家美国人在上海博物馆路 20 号（今虎丘路 131 号）办的幻灯机维修工场。他与颜任光合作，于 1925 年 10 月，丁佐成开设了中华科学仪器馆。最初连他本人在内只有 5 名员工，资金也仅有 6000 元。中华科学仪器馆的初始业务主要是修理幻灯机和实验室仪表。经过他们的艰苦努力，特别是研制成功船舶和航空用的无线电收发报装置，这为仪器馆的发展赚取了第一桶资金。此后中华仪器馆承包了当时中国航空公司两条航线上的通讯设备，所得收益为该馆进一步发展奠定了经济基础。

1927 年，中华科学仪器馆因朱旭昌的加盟而获得了一次发展机会。宁波富商朱旭昌也是镇海人，他看到丁佐成才华出众，抱负远大，从事的又是很有前途的新产业，欣然集资 6 万元与丁佐成合作。中华科学仪器馆因此更名大华科学仪器股份有限公司。朱旭昌担任董事长，丁佐成担任经理，颜任光担任工程师。1928 年，公司的业务范围也扩大了，为上海招商局等轮船公司装设无线电通讯设备，还代理美国西屋电气公司等远东经销业务。1928 年，大华公司的职工人数也增至 60 多人。

公司的迅速发展遭到了外商的嫉恨，为了保存实力，大华公司被迫以 15 万元将无线电通讯装置经营权转让给美商亚洲电气公司。在这种情况下，丁佐成用这 15 万资金购置设备和材料，转向电表研制。1929 年 10 月，大华公司成功地制造出了第一块国产电表——R301 型直流电表。从此，大华公司开创了中国人自制物理仪器的历史。

之后，大华公司不断增加电表的品种。一些外商害怕大华公司对自己商品在华的销售产生威胁，于是百般进行阻挠。当时制造仪表所必需的易损件宝石、轴尖和游丝，国内都不能生产，甚至连制造仪表所需要的磁钢、漆包线、电阻丝也都要向外商购买。美国惠斯登电气公司就不惜撕毁合同，中断对大华公司生产所需的重要原材料的供应。面对外商的威胁，丁佐成、颜任光毫不屈服，他们带领技术人员攻克种种技术难关。他们用进口钢琴的钢丝制成轴尖，用细磷钢带制成游丝，用薄铝片制成指针和表面，陆续研制成功多种型号、规格的直流电表和交流电表。他们还专门设计了教学用的电阻箱、分流器、检流计、可变电阻器等，供给各级各类院校实验室用，实现了丁佐成用国产仪表装备学校实验室的愿望。1936 年，大华公司又推出了比较精密的携带式电表。至此，大华公司成为中国第一家生产仪器仪表的专门企业。

由于产品供不应求，大华公司 1931 年在四平路购地建造分厂，扩大生产规模；在北四川路开设大华电器厂，生产直流马达。就在丁佐成的事业蓬勃发展之时，日本军国主义发动了侵华战争。在日本侵华期间，工厂产销发生困难。丁佐成一面办厂，一面经商，以商养厂，惨淡经营。日本人曾要求与他合作制造军用航空仪表，被他严词拒绝。他忍痛关掉厂房,遣散员工,藏匿设备,挫败日军的图谋,表现出坚强的民族气节。

抗战胜利后的 1946 年,丁佐成再度到美国。此行的目的有两个,一方面是收取为西屋电气公司和鲍西·万姆光学仪器公司在远东的代销佣金,另一方面是购买制造电表的原材料,准备重振旧业。然而,正当丁佐成一心一意地准备恢复生产之时,国内战争不断,物价飞涨,他的公司仅能维持而已。1948 年,国民党政府发行金圆券,并强令民众将黄金、美钞兑换给中央银行,造成通货膨胀,物价疯长。为了躲避损失,丁佐成将自己所有的 10 万美金用来购置东大名路的一块地皮和一批建筑材料,准备建造厂房,期待着又一个发展良机的到来。1949 年,丁佐成拒绝离沪赴台,留驻上海守业待新。

三、积极投身社会主义建设

1949 年,上海解放。国家局势稳定,经济建设得到发展,仪表的需求剧增。大华公司的产品旺销,丁佐成将积攒的生产赢利投入再生产,加快了新厂的建设。1951 年,东大名路的新厂竣工投产,建起了装配大楼,扩大车间厂房,使大华公司成为国内一流仪表企业,其产量、品种也居全国首位。

20 世纪 40 年代之前,中国物理学教学经历了从单纯课堂讲解,挂图教学到有仪器从事演示实验和学生动手实验的三大阶段。最后一个阶段正是由丁佐成、颜任光等一批有志仪表业的先辈努力的结果。中国科学院 1949～1950 年进行了全国科学专家调查,被推荐的物理学专家共计 121 名,其中近代物理组 43 名,应用物理组 78 名,在应用物理组的 78 人中就有丁佐成。这 78 名物理学专家绝大部分都在大学或科研机构工作,除丁燮林(丁西林)和李强在中央人民政府任职外,仅有丁佐成和龚祖同分别在大华公司和耀华玻璃厂工作。

1954 年,大华公司在上海私营仪器仪表制造业中首批实行公私合营,与新华电器制造厂、太平洋电工仪器制造厂、中国磁钢厂合并,定名为大华仪表厂,丁佐成担任经理兼任总工程师。他对公私合营持积极的态度,1955 年还在《工商界》上发表了文章《在政府安排下边并厂边公私合营的经验》。大华公司和新华电器制造厂、太平洋电工仪器制造厂都生产电表,中国磁钢厂则生产制造电表的重要原料,它们合并,可以优势互补,各自的不足得以改善。合营前大华公司厂房、资金、原料相对充裕而劳动力短缺、机器及仪器设备利用率低,常常因条件限制而只能尽量接受国家的订货任务。合营后,生产得到发展,产值成倍增加。更重要的是各方积极性大大提高，公私合营后第一年丁佐成就研制成功 11 种仪表新产品，其中有的用于支援国家重点建设项目长春第一汽车制造厂的建设，有的还在 1956 年莱比锡国际博览会上展出。1957 年 1 月 17 日的《大公报》上发表了一篇对丁佐成的专访，丁佐成以愉快的心情表达了他的幸福，这篇专访的标题用的就是他的原话"在社会主义建设中有我一份"。同时，他还提出培养技术人才问题，特别指出仪表业技术人才需要数学、物理学基础，从工人中培养有困难，希望国家能分配大学生到仪表厂由他们来培养。

公私合营后，丁佐成专门负责技术工作。1958 年，在他的业务领导下，大华仪表厂研制成功工业用自动记录仪表。之后，不断进行技术更新，该厂生产的仪表从电子管式发展为晶体管式、集成电路式，并被广泛应用于机械、冶金、石油、化工等行业。大华仪表厂成为中国机械电子工业的骨干企业，在全国同行业中其产品的产量、品种和质量都名列前茅。丁佐成在这一发展过程中起到了重要的作用。

主要参考文献

丁佐成. 1955. 在政府安排下边并厂边公私合营的经验. 工商界，(6)：1.

张玉珩. 1957-1-17. 在社会主义建设中有我一份——访大华仪表厂总经理兼总工程师丁佐成. 大公报（北京版）.

秦福祥. 1999. 丁佐成//秦福祥，等. 上海电子仪表工业志. 上海：上海社会科学院出版：495.

中国科学院. 2004. 1949-1950 年全国科学专家调查综合报告. 中国科技史料，25（3）：228.

镇海区文化办. 2008-9-27. 丁佐成：国产电表的首创者. 镇海档案信息网.

撰写者

王士平（1949~），首都师范大学物理系教授，从事科学技术史研究。

胡树铎（1980~），河西学院物理科学与电子技术系讲师，从事科学技术史研究。

吴有训[*]

吴有训（1897~1977），江西高安人。物理学家和教育家、科学研究的组织者与管理者。国际X射线气体散射领域的开拓者之一，中国现代物理学研究开拓者。中国科学院学部委员（院士）。1920年南京高等师范学校毕业，1926年获美国芝加哥大学博士学位后回国，先后任东南大学教授，清华大学理学院教授、院长，西南联合大学理学院院长，国立中央大学校长等职。1937年起，三度出任中国物理学会会长。1948年当选中央研究院院士。1949年起，先后任上海交通大学校务委员会主任，中国科学院近代物理研究所所长，中国科学院副院长。他为康普顿效应的发现和确立作出了重要贡献，他所获得的15种物质X射线散射光谱，被康普顿作为其量子散射理论的主要实验证据收入专著《X射线与电子》中。他最早在国内开展现代物理学研究，对X射线经单原子、双原子、多原子气体和晶体散射的强度，温度对散射的影响和散射吸收系数等问题进行了一系列的理论探索，并取得了重要的研究成果。他培养了一批中国现代物理学家。在长达半个世纪的科学活动中，把毕生的精力奉献给中国的科学研究、教育和组织领导工作，作出了重要贡献。

一、生平概要

吴有训，字正之，1897年4月26日出生在江西高安市。7岁入家塾，12岁始就读于一所新式私塾，1912年考入南昌江西省立第二中学，1916年考入南京高等师范学校。

1920年南京高师毕业，1921年冬考取江西省赴美国官费留学，1922年1月进入芝加哥大学（Chicago University）物理系学习，师从美国著名物理学家康普顿教授（A. H. Compton，1892~1962）做研究。1925年获得博士学位，1926年秋回国。

吴有训回国后，先应家乡人士之邀，协助筹办江西大学。1927年应聘为母校、

---

[*] 笔者写作过程中，曾与吴有训先生的次子吴惕生和三子吴再生等多次接触，得到了他们的大力帮助，戴念祖先生也为本文提出意见，在此一并致谢。

当时已改名为第四中山大学（1928年更名为国立中央大学）副教授、物理系主任。1928年应叶企孙之邀，赴清华大学物理系担任教授。1930年起代理清华大学物理系主任，1934年正式任系主任，1936年任清华大学理学院院长。

吴有训是中国物理学会的创始人之一，1937年起，曾三度出任学会会长（或常务理事长）。抗日战争期间，一直兼任着西南联大理学院院长。1940年当选为中央研究院评议员，1945年8月，抗战胜利后，被任命为国立中央大学校长，因与当局镇压学生而产生根本分歧，1947年底，借赴墨西哥出席联合国教科文组织会议之机，滞留美国访问讲学，就此辞去国立中央大学校长职务。1948年当选中央研究院院士。

1949年7月，被新中国政府任命为上海交通大学校务委员会主任。翌年，被任命为华东教育部长。1950年5月，被任命为中国科学院近代物理研究所首任所长。年底，被任命为中国科学院副院长。

中国科学院于1955年成立学部委员会，吴有训当选首批学部委员，并出任数学物理化学部主任。1956年初，担任国务院规划委员会委员，参与主持了中国科学十二年发展远景规划中基础科学研究规划草案的讨论。

在十年浩劫中，吴有训1968年与竺可桢一道给周恩来总理写信，提出保留基础科学研究的建议；1972年，积极支持周培源所提出的恢复大学理科教育和科学研究的观点。

1972年的上海中美联合公报发表后，吴有训参与了中国一系列最初对西方的科技交流活动。

1977年11月30日，吴有训在北京地安门东大街的家中谢世，终年80岁。

二、学 术 生 涯

1. 学术天分崭露头角：参与康普顿效应的发现和验证

吴有训留学美国的第二年，是他科学生涯中极为重要的一年。这一年美国年轻物理学家康普顿（A. H. Compton，1892~1962）到芝加哥大学任教，吴有训成为他的研究生，在他的指导下从事X射线散射的研究，从而有机会参与了现代物理学史上一项十分重要的发现。

之前，康普顿曾先后工作于英国剑桥大学（University of Cambridge）和美国密苏里的圣路易斯华盛顿大学（Washington University in St. Louis），并初步发现了一种后来以他的名字命名的现象：康普顿效应（Compton Effect）。他发现，当用单色X

射线作射线源，对一些较轻的元素（如碳）进行散射实验时，经元素散射后的 X 射线的波长发生了细微的变化。从经典物理学的角度看，这完全是一种异常现象。因为按照汤姆孙（J. J. Thomson, 1856~1940）所建立、经德拜（P. Debye, 1884~1966）加以扩充的电磁散射理论，如果 X 射线的确是一种电磁辐射的话，则散射线中只能与入射线的频率相同。对这个异常现象康普顿没有轻易放过，在包括普朗克（M. K. E. L. Planck, 1858~1947）和爱因斯坦（A. Einstein, 1879~1955）光量子概念在内的多种学说和理论的影响下，康普顿对这个现象进行了多方面的尝试性理论解释，最后终于选择了量子论式的解释，这就是他著名的 X 线量子散射理论。

但这个发现当时并没有立即获得物理学界的广泛承认，一方面是因为这种效应与经典理论有很大的冲突；另一方面是康普顿所获得的实验证据还不充分。为此，相当多的物理学家采取了一种感兴趣的观望态度，等待进一步的实验事实。特别是关注着康普顿本人所在的芝加哥大学赖尔森实验室（Ryerson Lab），是否有更多的、有说服力的证据。

吴有训此时恰好跟随康普顿工作。所以，是历史给予他一个施展自己才华的良机。青年吴有训的过人之处就在于，他用自己的高超实验才能和精细的理论分析，再加上锲而不舍的艰苦努力，紧紧地抓住了这个稍纵即逝的历史机遇，为现代物理学的发展作出了中国人应有的贡献。

从 1924~1926 年，吴有训就康普顿效应问题所发表的论文共有 10 篇，如果将这些文章看成一个研究系列，则其中题为"经方解石晶体反射之 X 线的吸收测量"的第一篇论文，可视为此系列的准备活动。这项工作主要是通过精确的吸收测量来确定 X 射线被晶体反射前后是否存在可觉察的波长变化，并由此来决定下一步进行散射实验的最佳配置。

吴有训最先着手于康普顿效应的普适性问题。科学界对康普顿量子散射理论的怀疑，首先在于他所依据的基本实验，只有一种实验样品，即石墨样品。虽然这个实验本身完全无懈可击，但毕竟只使用了一种材料，这是很难说明效应的普遍意义的。人们有理由认为：他提出的效应很可能仅是由于某种物质的特殊性质所造成的特例而已。吴有训把主攻方向定在证实康普顿效应的普遍适用性方面。他先使用包括石墨在内的七种材料、以后又陆续使用多达 15 种不同的样品材料进行 X 射线的散射实验，结果无一不与康普顿的理论相符合，从而形成了对此理论广泛适用性的强有力证明。由于吴有训在工作中精益求精，使这些验证工作不管是在精密度还是可靠性方面，都无可挑剔。因而使康普顿效应的普适性得到了有力的证明。这些工作当然也得到了康普顿本人的极端重视和高度评价，他把吴有训所获得的 15 种物质

X 射线散射光谱与他自己的那张石墨散射谱，一并收入了他于 1926 年写成的专著《X 射线与电子》中去，作为其量子散射理论的主要实验证据。这部著作于 1935 年再版时更名为《X 射线之理论与实验》，虽然其中的内容改写了许多，但吴有训的那张光谱图依然被采用并占据着十分重要的地位，此时吴有训已离开美国多年了。康普顿在书中这样写道：他的实验"与理论的这种吻合并非出于偶然，图 II-48（按：指吴有训的那张 15 物质 X 线散射光谱）的光谱就是证明；这是一张由吴（有训）博士所获得的根据各种元素的散射得到的、与前述（按：指他本人的那张石墨散射光谱）相类似的光谱"。后来在许多论及康普顿效应的著作中都引用了吴有训的光谱。

吴有训对康普顿效应的另一项重要证明工作，是用公认的精确无误的实验，消除了来自美国哈佛大学（Harvard University）的著名 X 射线专家杜安（W. Duane, 1872～1935）及其助手克拉克（G. L. Clark）对康普顿效应的两项质疑。

杜安的第一项质疑，是在 1923 年康普顿的量子散射理论发表后不久，杜安及其助手克拉克在一篇论文中宣布：他们的实验装置基本上与康普顿的相似，但却"未能检测到有任何波长变化超过初级线一个以上的二级辐射的存在，如最近康普顿在一个有趣的理论中所预言的那样"。杜安和克拉克在详细分析了自己的实验结果后写道："很不幸地，二级辐射中可能确有比初级射线波长增加的射线，但在我们的实验中，其数量与那些散射后波长仍严格等同于初级射线相比，是完全微不足道的。"相反，在随后进行的实验中，杜安研究小组发现了一种"新辐射"，他们将其命名为"三级辐射"（Tertiary radiation）。它的波长也比初级射线为长，但不同于康普顿效应的散射线。这是对康普顿效应正确性的一个直接挑战。由于杜安在国际物理学界的巨大影响，更使人们有理由怀疑康普顿工作的有效性。为此，康普顿本人曾专程访问了哈佛大学杜安的实验室，但他没能找出对方工作中有什么破绽，失望而归。康普顿把应战的重任交给了吴有训。吴有训可以说是临危受命，经过数月的艰苦努力，终于不负师望，干净利索地完成了第一轮实验，对所谓"三级辐射"的假设初步给出了否定的结果。然后，他再接再厉，扩大实验的范围，提高实验精度，继续就此问题进行了更深入的研究，最终完全否定了三级辐射。另外一些研究者在同时或稍后，以实验事实支持了吴有训的结论。杜安的假设在众多否定中难以成立，相反，康普顿效应则获得了有力的印证。

杜安在其"三级辐射"说被否定后，为解释其与众不同的实验结果，又提出一个新的假设，即所谓"箱子效应"（Box effect），作为对康普顿效应的另一个质疑，并具有相应的实验证据。此次质疑及其实验结果在国际科学界引起很大反响，又一次导致一些著名的物理家对康普顿效应产生怀疑。特别是 1924 年夏在加拿大的多伦多召开的英联邦科学促进会（British Association for the Advancement of Science）年会上，康普顿和杜安都出席并发生了激烈论争，不料许多科学家都更相信杜安，甚至在会议行将结束时，康普顿的好友——印度物理学家拉曼（C. V. Raman, 1888～1970；1930 年诺贝尔物理学奖获得者，以发现拉曼效应著称）这样对康普顿说：你是一位优秀的辩论家，但真理并不在你一边。

在此关头，吴有训再次展示了自己的理论分析和实验设计才能。从 1924 年年底到翌年初，经过精心准备，他巧妙地重新安排了实验装置，其关键点在于放弃了以前所沿用的镶着铅皮的木箱防护箱，而代之以完全用铅皮制成的防护箱，这样就能避免任何引发箱子效应的嫌疑。实验的结果与康普顿理论完全一致，但此次不再有任何产生箱子效应的可能了。由于他这项工作的严密、清晰和高度的可重复性，甚至康普顿本人与其他学生也进行了重复实验，吴有训还到美国一些大学进行相关演示实验，加之在他人同类实验的旁证下，使物理学界重新承认康普顿效应的正确性，而导致箱子效应假设最终遭到彻底的否定。

散射后变线与不变线能量的比率问题，是发现康普顿效应之后亟待解决的关键问题之一。吴有训在 1925 年初着手于这项工作，并在实验中发现：强度比率的确是随散射角的函数值的变化而变化，证明康普顿关于"不变线是由于散射过程中电子获得的能量不足以使它脱离原子所引起"的假设是正确的。这就从较深的层次上说明了康普顿效应的机理：变线的产生与原子结构及 X 射线的性质有密切的关系。

吴有训的这项工作当即得到了美国物理学界的关注和重视。1925 年 11 月，美国物理学会（American Physical Society）第 135 届会议就定在芝加哥大学的赖尔森实验室召开，会上宣读或交流的论文共有 60 篇，吴有训的论文排在第一位，他报告的题目是："Energy distribution between the modified and unmodified rays in the Compton Effect"（康普顿效应中的变线与不变线之间能量的分布），这项工作被列为会议的重要议题。这篇文章后来发表于美国《物理学评论》上，是该杂志 1926 年 2 月号的首篇论文。

在现代物理史上，康普顿效应被公认为是现代物理学发展史中的一个里程碑式转折点。康普顿本人于 1927 年因为这项工作而获得诺贝尔物理学奖。吴有训参与了发现和确立康普顿效应的大量实验验证和理论分析工作，曾有人考虑到他在发现这个效应的过程中所作出的巨大贡献，建议称其为"康普顿-吴有训效应"（布洛欣采夫：《量子力学教程》），但吴有训本人从不承认这个观点，他从未将自己与康普顿相提并论过，认为自己只是康普顿的学生而已。而康普顿作为现代物理学大师，则从来没有忘记吴有训在这项伟大发现中的重要贡献，在自己的多种著作和多种场合都不断地提到吴有训和他所做的工作，甚至在自己的晚年，还感慨吴有训是平生最得意的两个学生中的一个。他所得意的另一位学生阿尔瓦莱兹（L. W. Alvarez, 1911 ~），在吴有训之后10年获得博士，于1968年获得诺贝尔物理学奖。

1926年秋，吴有训婉谢了康普顿的极力挽留，踏上了归途。

2. 教书育人：清华园里名教授

吴有训回国不久，应清华学校物理系主任叶企孙之邀，来到清华物理系任教。与他同年来校的还有萨本栋教授（后出任厦门大学校长），当时的物理系加上系主任叶企孙共有三名教授，还属草创时期。吴有训从此开始了他长达17年在清华执教的生涯。在这期间，他与叶企孙和其他教授密切合作，在不长的时间内就使清华物理系人才辈出，蜚声中外。诚如陈岱孙先生所言："清华物理学系，在抗战前近10多年的时间，培养出一批优秀人才；他们对中国科学事业的发展起了很大作用。"在清华期间，吴有训无论是作为物理系的教授、系主任，还是清华理学院院长，乃至后来的西南联合大学理学院院长，从未脱离过教学第一线，并以他渊博的学识、循循善诱的方式和丰富的教学经验，哺育了中国几代物理学家，成为中国现代物理学教育史上的一代名师，并为物理学在中国这块土地上生根开花和成长壮大作出了不可磨灭的贡献。

20世纪20年代末，虽然中国的物理学工作者已先后做出了一批具有国际水平的研究工作，但的确这些都是在国外、借助外国的某些工作条件完成的。当时，真正立足于国内的研究工作，仅处于最初阶段，但应该说已经起步了。起步的重要标志之一，正是吴有训在清华大学关于X射线的气体散射问题的研究。对此，严济慈先生曾给予高度的评价，他认为吴有训的工作"实开我国物理学研究之先河"。

吴有训虽在康普顿效应的实验证明和机理探索方面已有重要建树，但回国后一开始未能充分发挥这方面的特长，原因在于受国内实验条件落后这一现状的限制。吴有训就利用清华比较丰富的文献情报资源，努力开展了理论性研究工作。

1930年10月，吴有训在英国的《自然》杂志上发表了其回国后的第一项研究成果，"X射线经单原子气体全散射的强度"，这是中国科学家立足于国内、最早在国际权威科学刊物上发表的论文之一。以此为起点，吴有训在几年当中，对X射线经单原子、双原子、多原子气体和晶体散射的强度，温度对散射的影响和散射吸收系数等问题进行了一系列的理论探索，取得了重要的研究成果。

与此同时，吴有训也不断创造条件，以开展实验研究。他在30年代初指导学生陆学善对多原子气体的 X 射线散射进行了实验研究，这项研究主要为从实验上对吴有训所提出的多原子气体散射理论加以检验，"实验结果与吴有训关于多原子气体 X 射线散射的理论进行了比较，其符合程度是令人满意的。"

吴有训的这一系列研究工作，再一次引起国际物理学界对这位年轻中国物理学家的瞩目。鉴于他的杰出贡献，德国哈莱（Halle）自然科学研究院推举他为院士，并向他颁发了荣誉证书。清华大学物理系在吴有训和其他几位教授努力下，成为当时中国物理学研究的中心之一。清华大学、北京大学和北平研究院物理学研究所三者的物理学研究成果从此汇入世界科学海洋之中。

3. 科教巨擘：从清华到西南联大

在清华执教 17 年时间里，吴有训正值年富力强、创造力极为旺盛的时期，在教学、科研、教育管理和其他科学事业活动中都达到了自己的巅峰状态。他在担任科学教育领导职务后的种种不凡业绩也引人注目。吴有训约于 1931 年起代理清华大学物理系主任，于 1934 年正式任系主任，后又任清华大学理学院院长之职，从此之后一直到 1945 年，吴有训在清华（及西南联大）与叶企孙先生及其他同事一起，推行了一整套民主办学、理论与实践并重、教学与科研并重、重基础、重质量等卓有成效的教育原则和办学方针，使清华大学物理系和理学院迅速成长为全国科学教育和学术研究的中心之一，跻身于世界名牌大学之林，其创造性的组织领导工作、教育思想和办学经验今天仍值得认真总结和研究。

在长期担任教育领导角色的过程中，吴有训逐步形成了自己一套独特的教育原则和工作方法，概括起来讲有如下几点：

第一，坚持民主办学的方针，尊重和注意发挥全体教职工的主体性。例如在清华大学物理系时，凡遇比较重大的问题，如课程设置、经费的分配等，一律由全体教授共同商议决定，从不独断专行。在任西南联大理学院院长时，由于该院是由三所学校的教职工组成，各种关系更是错综复杂，但吴有训以自己坦荡的胸怀，力排狭隘的门户之见，严于律己，宽以待人，以身作则与全体教职工同甘共苦，在战时极其艰苦的条件下，依然维持了教学与部分科学研究工作的正常进行。

第二，坚持重质不重量的原则，即在招收和选拔学生方面坚持宁缺毋滥。如清华大学物理系在叶企孙和吴有训主持下，曾立下一条重要规定：每年的新生入学都要与系主任谈一次话，吴有训借此机会往往都要提出这么一个问题：为什么要学物理学？因为他认为攻读物理学不是一件轻松的事，必须要有吃苦的思想准备。物理系所招收的学生，不但是那些有能力读的人，而且也应该是愿意读有兴趣读的人，只有这样才能选拔出真正优秀的人才。

这个原则虽然有它某种历史的局限性，但在培养科学人才方面确曾显示出其特殊的效果：在抗日战争之前的近十年时间里，从清华物理系毕业的学生总共不过50余人，但大部分人后来都成为中国物理学各领域研究中的栋梁之材，如我们今天所熟知的固体物理学家陆学善、葛庭燧，核物理学家王淦昌、钱三强，光学专家王大珩、龚祖同，力学专家林家翘、钱伟长，理论物理学家施士元、王竹溪、彭桓武，地球物理学家赵九章，海洋物理学家赫崇本等。

第三，坚持教师不脱离科学研究的原则，强调教师必须边教书边搞研究。他对清华大学校长梅贻琦的大学非大楼之谓，而大师之谓的观点深为认同，并认为教师之所以成为大师而不是教书匠，非得有较高的研究工作水平不可。他认为："大学聘请教师，不但要问所习的专门学科，且须顾及已发表的研究工作及其价值。"他还指出："大学主要工作的一种，自然是求学术的独立。所谓学术独立，简言之，可说是对于某一学科，不但能造就一般需要的专门学生，且能对该科领域之一部或数部，成就有意义的研究，结果被国际同行所公认，那么该一学科，可以称为独立。"他本人就是这方面身体力行的典范。科学研究与科学教学不相分离，也使教学本身有了更丰富、更新鲜的内容。

第四，重视科学交流。吴有训虽然倡导学术独立，但他决不自我封闭，相反，他极力促进科学的交流。但他也意识到这种交流是"必须我们自己有些人在苦干的地方，才有较多的机会聘到外国真正的学者，才能利用聘到的外国真正学者。"亦即交流必须建立在自己有科学研究实力的基础之上。正是由于吴有训等中国老一代科学家的高水平研究工作，引起国际科学界同行的注目，促成了当时许多国际大师级物理学家来华访问讲学，如1935年7月，物理学家狄拉克应邀来华做了关于正电子问题的演讲；1937年初，丹麦物理学大师玻尔（N. Bohr，1885~1962）来华，也曾应邀赴清华作了有关原子结构方面的报告。这些大师人物的演讲，使师生们增长了科学最前沿的知识，开阔了眼界。此外，吴有训亦重视国内校际及研究机构间的交流，他本人曾在北京大学、燕京大学等外校兼过课，也组织过学生到北平研究院物理研究所等研究机构进行参观学习。这些活动和措施，对清华物理系的教学和研究工作以及扩大学校的声誉均产生过很好的推动作用。

30年代，中国出现了一批专业科学研究机构和学会。吴有训也把自己很大精力投入到推动中国的物理学和整个科学事业当中去，其突出成果就是于1932年8月与其他科学前辈们共同创立了中国物理学会。中国物理学会的成立大会就在清华大学召开，首任会长是李书华。吴有训不但是学会的创始人之一，而且从1936年起，曾三度出任学会的会长（或理事长）。他积极地组织并参与了学会的各项活动，如出席学会的历届年会并多次担任会议主席、多次在年会上作学术报告，担任会刊《中国物理学报》的编委并为之撰写论文、参加物理学名词的翻译审定工作等，为中国物理学会的早期发展作出了积极的贡献。

就在吴有训科学生涯处于高潮之际，日本侵华战争中断了一代才华横溢的中国科学家的研究工作，拉大了中国与发达国家在科学技术方面的差距。

当时，吴有训毅然抛家弃舍，告别了在北平刚刚分娩不久的妻子和最大的也不满 6 岁的四个孩子，于八月间只身南下，奔赴长沙，参加清华大学、北京大学和南开大学三校联合组成的临时大学的创建工作，他是当时最早赶到长沙的教授之一。临时大学于当年的 11 月开学，清华大学有 600 余名学生到校，教职员工有近 200 名到职。第二年的二月，临时大学奉命西迁至云南的昆明，并更名为国立西南联合大学。

在八年抗战的艰苦岁月中，吴有训工作上比之他人要异常繁忙，生活上却始终与广大师生和社会民众同甘共苦。他们全家与联大的许多教授家庭一样，住在离昆明市较远乡下的茅草农舍，每天去城里上下班，往返要走几十里路，没有任何交通工具，全靠步行。

吴有训除了应付繁重的行政事务之外，还亲自讲授大学物理课，积极推动恢复研究院和留学考试，亲自参加研究院的教学指导，并主持留美入学考试，大批优秀青年学子因此而获得进一步深造的机会，其中有汪德熙、胡宁、吴仲华、黄家驷、杨振宁、洪朝生、何炳棣、李政道等后来成为著名科学家的杰出人才。

此外，他还积极地推动创办清华金属研究所，进行应用基础和工业开发方面的研究，其目的在于直接为中国的抗战和工业服务。清华金属研究所，是中国最早的此类专门研究机构，不但进行了卓有成效的战时研究工作，而且为中国金属物理学科培养了一批优秀的骨干人才，如余瑞璜、王遵明、黄培云、孙珍宝等多人。

他还于抗战期间受评议会的委托创办了中央研究院院刊《科学记录》，用外文发表国内科学研究的成果，作为战时中国自然科学对外交流的唯一高级学术出版物，一方面向国际科学界展示中国的科学进展情况；另一方面也显示了中国知识分子在战争环境下仍然坚持科学研究，不被困难所吓倒的不屈不挠的伟大爱国主义精神。该杂志自创刊后一直坚持出版到 40 年代末。

4. 迎接曙光：从中大校长到中国科学院副院长

1945 年 8 月，吴有训受聘出任国立中央大学校长之职。只身一人，从昆明到当时的陪都重庆上任。

执掌中央大学二年的期间里，吴有训深得人心。师生们普遍认为，是校长把民主作风带进了中大。中大之所以爆发了一系列声势浩大的爱国民主运动，与吴有训的民主治校政策有极大的关系。

1949 年 6 月初，上海解放后，成立了科技界的"上海科技团体联合会"，推举吴有训为主席。6 月中，上海军事管制委员会又任命他为上海交通大学校务委员会主任（相当于校长），主持交通大学的教学恢复工作。7 月，吴有训作为上海科技界的代表，赴北京出席中华全国第一次自然科学工作者代表大会筹备会。9 月，中华全国第一次自然科学工作者代表大会筹备会上海分会成立，他被推举为主任。翌年，华东军政委员会成立，吴有训又被任命为华东教育部长。之后，因新成立的中国科学院草创伊始，亟须有威望有经验的科学家担任领导工作，于是吴有训奉调赴京，并于 1950 年 12 月，被正式任命为中国科学院副院长。从此开始，直到 1977 年逝世，吴有训在中国科学院工作了 27 年，把自己的后半生全部奉献给了这项事业，为中国科学院的创立、发展和壮大，进而为以中国科学院为代表的新中国科学事业的发展和壮大，作出了不朽的贡献，创造了自己生命中的再次辉煌。

中国科学院成立于 1949 年 11 月 1 日，比共和国的生日仅小了一个月，是共和国最早设立的中央直属机构之一。1950 年 1 月吴有训就曾应邀来到北京，出席科学院研究计划局召开的近代物理座谈会，讨论并参与科学院物理科学相关机构的调整和设置问题。会议决定将原来分属中央研究院和北平研究院的四个物理类研究机构合并为两个：近代物理研究所和应用物理研究所，吴有训在当年三月被提名为近代物理研究所所长，副所长是他的学生钱三强。五月，由中央人民政府正式任命，吴有训就此正式来到中国科学院工作，开始创办近代物理研究所。到年底，他被正式任命为中国科学院副院长。

50 年代的头几年，是新中国从连年的战争创伤中恢复的时期，亦是中国科学院的草创时期，吴有训作为从旧中国过来的人，对新制度格外珍惜，他一方面积极为自己所分管的九个研究单位筹措经费、延聘人员，创造条件以恢复和开展研究工作；另一方面也参与制定并实施了中国科学院的多项重大决策，其中之一就是建立东北分院的决策。

中国科学院其下属研究单位主要分布在北京、上海和南京等地，而当时的中国重工业基地东北地区却没有任何属于科学院的研究机构，这与科学院作为全国科学最高领导和协调机构的地位不符。所以，1951 年初，吴有训率团赴东北考察，经过细致的调查，基本摸清了东北已有科学研究机构的分布、人员和现有条件及设备等实际状况。在此基础上，他提出了设立中国科学院东北分院的初步方案。后来的历史表明：中国科学院东北分院的建立，及时配合了东北及全国大规模经济建设的发展，也有力地推动了东北科学事业和整个科学院的全面发展，为科学院在各地建立分院创造了第一个成功的范例，形成科学院早期发展史上组织创新的一个高潮。按此模式，科学院后来在全国建起了10几个分院。

吴有训参与并领导实施的另一项重大决策，是科学院的基本建设。科学院虽然一开始就被确立为全国的最高学术领导机构，但因是在若干旧有的研究院所的基础上所建立，不但在京的下属各研究单位散落全城各处，并且大部分单位自身都不在一处，甚至连院本部亦无统一固定的办公场所。科学院在上海、南京等地的京外机构也存在同样的问题。作为国家的常设科学机构，其研究和办公地点如此之分散，对工作的正常开展极为不利。1951年2月，为推动此项工作，成立了科学院建筑委员会，由吴有训担任该委员会主席。在他的主持下，该委员会于1952年2月制定了暂行规程，将科学院的基建工作纳入规范化管理，并提出一系列科学院本部及各研究所的永久基地轮廓和建设设计方案的原则等。其中的一条重要原则为：科学院的理工类研究所的地址应选在靠近北京大学和清华大学的地方。为了这个目的，科学院甚至从北京市政府在西北郊已划给自己的3000亩土地中分给北京大学1000亩，是为北大今天的校址。从此时开始，中国科学院以中关村为基地，进行了大规模的建设，其中物理所主楼于1954年落成，化学所大楼于1955年落成，为中关村最后成为中国的高科技园区奠定了坚实的基础。

中国科学院于1955年成立了学部委员会，吴有训出任数学物理化学部主任。工作中，他特别关心人才的发现和培养，例如对从国外归来的林兰英、王守武、陈能宽、孙湘、黄量、王天眷等科学家，在回国之初，他不但亲自接见，向他们介绍国内的情况，而且细致地为他们做工作安排，提供必要的生活条件等。

1956年，是中国科学发展史上极为重要的一年。这一年，在国务院的直接领导下，制定了中国科学十二年发展远景规划，这个规划对中国科学的发展产生了深远的影响。实际上科学院的规划始于1955年的中期，吴有训在科学院学部成立大会上所作的报告中，已就物理学、数学和化学等学科今后的发展前景进行了一番展望；对物理学，他指出：首先应当注意到原子能和平利用的问题，由此也可推动同位素的研究以及宇宙射线等领域的研究，他还提到固体物理学的发展重点应集中在金属的力学性质、磁性材料的性能、半导体、压电晶体电介质等各种新型材料，这些领域与许多工业部门的生产有着广泛的联系，也是国际科学界的新热点；对于数学，吴有训指出了三个应该重视的领域，即微分方程、概率论和数理统计、计算数学，其中他特别强调了计算数学。现在看来，这些预见可以说是很有远见的。

吴有训作为这个规划的组织者和实施者，为规划的最后实现作了大量工作。该规划于1963年提前完成。吴有训在注重基础科学研究的同时，也重视实际应用，强调科学研究要为国民经济和国防建设服务。他倡议并参加拟定加速发展半导体、电子学、自动化和计算机等四门新技术学科的紧急措施。并为这四个研究所的建立有擘画之功。他利用一切机会发展射电天文学，为建立中国独立自主的天文授时系统尽心尽力。当激光科学露苗之时，他全力支持相关的研究。他亲自主持人工合成胰岛素的鉴定会，鼓励相关研究人员要理直气壮地向世人发布中国独立取得的成果。吴有训作为执掌数理科学的副院长，27年间为发展中国科学事业殚精竭虑。其魅力与远见卓识，亦当中华人杰。

当12年规划完成之后，吴有训又满腔热情地投入到制定新的科技十年规划中去。不幸的是，规划还未执行两年，"史无前例"的十年"文化大革命"开始了。

还要特别述及的是吴有训还是中国原子能事业的先驱。1946年他和萨本栋共同制定了有关原子能研制计划，称为"数理化中山计划"。该计划强调聚集和物理人才，建立和研究机构及其相关研究课题。在吴有训出任近代物理研究所所长之后，其首要任务就是聚集和物理人才，开展相关研究，实现他昔日未能如愿的"中山计划"之梦。

5. 最后余晖

在十年浩劫中，吴有训受到中央保护，未受到很大的冲击，但被剥夺了行使科学院副院长职务的权力。吴有训忧心忡忡。为维护科学真理，他曾不顾个人安危，对一些"左"的错误言行进行过坚决的抵制和斗争。"文化大革命"初期，当时的科学院"革委会"曾就陈伯达等人的要求，组织对爱因斯坦及其相对论的所谓唯心主义倾向的批判，并召开科学家座谈会，企图借用他们的名义来发起一个批判运动。吴有训在会上公开否定了那些批判稿，认为如果发表出去，将极大地影响中国科学界的声誉。在他和其他科学家的共同抵制下，最终使这个批判运动没能搞起来。

20世纪70年代初，中国和美国两国间关系出现了解冻迹象，科学交流活动以民间形式逐渐展开。吴有训在联络华裔科学家中起了重要作用。1971年，美籍物理学家杨振宁首次访华，就与吴有训有很大关系。当年杨振宁在西南联大读书时，曾为吴有训的学生，杨的父亲杨武之与吴有训是美国芝加哥大学留学时的同学。所以，早在50年代末60年代初，吴有训就曾通过一些渠道，向杨振宁介绍国内的情况，使他对新中国的现状有所了解，这对后来促成他回国是很有影响的。1972年的上海中美联合公报发表后,他先后还陪同国家领导人会见过杨振宁、任之恭、陈省身、林家翘、李政道、丁肇中等华裔科学家。

晚年的吴有训似乎并未感到老之已至,仍不知疲倦地工作。1973年、1976年邓小平两次复出,科学院日常事务骤然急增。吴有训批阅了大量群众来信和科学工作者的各种信函,又给许多青年科学工作者去便条,提醒他们抓何种研究方向、定何种研究课题,指导了一批年轻人,为此后迎接科学春天的到来作了大量的准备工作。1977年7月,杨振宁访华,华国锋、邓小平同志接见时,吴有训抱病参加;8月,丁肇中第三次来中国,邓小平同志接见他时,吴有训仍然参加接见;9月,陈省身归来,吴有训随邓小平同志接见了他;10月,又随邓小平同志一起接见了吴健雄、袁家骝夫妇;11月,出席邓小平同志接见王浩的活动。直到1977年11月29日,吴有训还在家里会见了老朋友、地质科学院院长黄汲清先生,两人就中国的科学研究事业的恢复和发展等话题谈了很久,最后还亲自将黄汲清先生送到大门口。这是吴有训生平最后一次会见友人。第二天,他就在北京地安门东大街的家中去世。

吴有训是中国老一代科学家中的杰出代表人物,在长达半个世纪的科学活动中,他把自己毕生的精力都奉献给中国的科学研究、教育和组织领导工作,为现代科学、特别是物理学在中国的发生、发展和壮大作出了不可磨灭的贡献。中国科学界给予很高的评价:1987年中国物理学会第四次全国代表大会时,专门召开了纪念胡刚复、饶毓泰、叶企孙和吴有训四位中国物理学元老的大会,会上决定设立分别以四人的名字命名的奖学金。1988年4月,中国人民邮政发行了一套纪念邮票,专门纪念四位著名的中国科学家,李四光、吴有训、竺可桢和华罗庚。

三、吴有训主要论著

Woo Y H(吴有训). 1924. Note on absorption measurements of the X-rays reflected from a calcite crystal. Proc Nat Acad Sci USA, 10: 145.

Compton A H, Woo Y H. 1924. The wave-length of molybdenum K_α rays when scattered by light elements. Proc Nat Acad Sci USA, 10: 271.

Woo Y H. 1925. The intensity of the scattering X-rays by recoiling electrons. Phys Rev, 25: 444.

Woo Y H. 1925. The Compton Effect. University of Chicago Dissertation.

Woo Y H. 1926. The distribution of energy between the modified and the unmodified rays in the Compton effect. Phys Rev, 27: 119.

Woo Y H. 1926. Radio of intensities of modified and the unmodified rays in the Compton effect. Phys Rev, 28: 426.

Woo Y H. 1926. The disappearance of the unmodified line in the Compton effect. Phys Rev, 28: 426.

Woo Y H. 1926. Intensity distribution in the K_α doublet of the fluorescent X-radiation. Phys Rev, 28: 427.

Woo Y H. 1928. Intensity distribution between the modified and the unmodified lines in the Compton effect. Trans. Sci Soc China, 7: 5.

Woo Y H. 1930. Intensity of total scattering of X-rays by monatomic gases. Nature, 126: 501.

Woo Y H. 1930. On the intensity of total scattering of X-rays by monatomic gases. Proc Nat Acad Sci USA, 16: 814.

Woo Y H. 1931. Scattering of X-rays by mercury vapour. Nature, 127: 556.

Woo Y H. 1931. On the intensity of total scattering of X-rays by gases, I. Proc Nat Acad Sci USA, 17: 467.

Woo Y H. 1931. On the intensity of total scattering of X-rays by gases, II. Proc Nat Acad Sci USA, 17: 470.

Woo Y H. 1931. Temperature of diffuse scattering of X-rays from crystals. Phys Rev, 30: 6.

Woo Y H. 1932. The scattering of X-rays by polyatomic gases. Phys Rev, 39: 555.

Woo Y H. 1932. The scattering of X-rays by gases and crystals. Phys Rev, 41: 21.

Woo Y H, Mandeville C E, Scherb M V, Keighton W B. 1949. The slow neutron induced activities of Germanium. Bull Am Phys Sco, 24: 13.

Woo Y H, Mandeville C E, Scherb M V, et al. 1949. Radiations from Ge^{77} and Ge^{71}. Phys Rev, 75: 1528.

主要参考文献

Compton A H, Allison S K. 1935. X-Rays in Theory and Experiment. N. Y. D. Van Norstrand Company.

StuwerR H. 1975. The Compton Effect—A Turning Point of Physics. N. Y. Science History Publications.

郭奕玲. 1993. 吴有训//戴念祖, 等. 20世纪上半叶中国物理学论文集粹. 长沙：湖南教育出版社：134.

吴有训百年诞辰纪念活动筹备委员会. 1997. 吴有训百年诞辰纪念文集. 北京：中国科学技术出版社.

魏永康. 2008. 我国核事业之先驱吴有训. 物理, 37 (10): 740.

撰写者

王大明（1958～），中国科学院大学人文学院教授，其导师范岱年是王淦昌的弟子，而王淦昌是吴有训的弟子，范岱年曾受王淦昌嘱托，为吴有训写传，最后将此任务委托王大明完成。

戴运轨

戴运轨（1897～1982），浙江奉化人。物理学家和教育家，中国台湾物理学研究和教育开拓者之一。1918年考取浙江省官费生，留学日本东京高等师范学校，1927年京都帝国大学毕业后回国。历任北平师范大学、中央大学、金陵大学、四川大学教授等。1941～1942年间，从事X射线结晶构造实验，并创建了中国早期的航空风洞，以此研究各种翼型。抗战胜利后，参加接收日本在台湾设立的台北"帝国大学"，并将它改建为"国立台湾大学"，创建该校物理系，先后任教务长、物理系主任，在该系进行了中国第一个原子核嬗变实验，创立 ^{14}C 研究室，开辟了台湾鉴定古物年代的新技术。此外，在70年代还研究过台南部分地区引力异常分布的现象。参与筹建台湾新竹"清华大学"，并创建了该校原子科学研究所，任所长。参与筹建台湾"国立中央大学"，任"国立中央大学"理学院院长；创建了该校地球物理研究所，任所长。创立台湾自然科学促进会和物理学会，任理事长数十年，创办了台湾《中国物理学刊》和《地球物理研究所通报》。对台湾物理学事业的发展作出了卓越的贡献。

一、生平概要

戴运轨，字伸甫，1897年11月27日出生于浙江省奉化市大桥镇。据说是明代方孝孺的后裔。戴运轨的祖先为了躲避永乐皇帝株族之祸，改戴姓而隐逸乡下。其祖父戴明学曾加入洪秀全太平军。太平军兵败后，被清政府杀害，时年仅28岁。其父戴大生，是大桥镇商人。

戴运轨小时候就非常聪慧，从7岁起就学于奉化龙津小学及锦溪小学，后转入文聚堂高等小学，继就读于浙江省立第四中学。因为每次考试都获得全班第一而被视为神童，为此免缴学校的一切费用。1917年考取浙江省官费生，东渡日本，负笈东京高等师范学校理化系，苦读五年，毕业考试名列前茅。1922年又考取日本京都帝国大学物理系，1927年毕业。

戴运轨毕业后旋即回国，先后任北平师范大学（北京师范大学前身）（1927～1928）、国立中央大学（1949年改名南京大学）（1928～1932）和金陵大学（1932～

1946）物理教授。1937年抗日战争爆发后，随金陵大学自南京西迁成都。期间自1940起兼任四川大学物理系教授，并在1941～1942年兼任华西坝成都空军参谋学校物理学教授。

戴运轨是中国物理学会最早的会员之一。1933年，中国物理学会有会员88人，戴运轨就名列其中。40年代戴运轨曾担任过《中国物理学报》委员。

1946年2月底，根据教育部的命令，戴运轨离开金陵大学，到台湾接收日据台北帝国大学。他首先将台北"帝国大学"改为"国立台湾大学"，出任教务长兼代理校长。同年7月，新任校长陆志鸿抵台，戴运轨得以摆脱校务。8月，成立台湾大学物理系，兼系主任，直至1962年。

1954～1956年间，戴运轨离开台湾到美国作访问研究，在明尼苏达大学（University of Minnesota）原子核子物理研究室和伯克利加利福尼亚州大学（University of California, Berkeley）辐射研究所分别任名誉研究员和客座研究员。

1956年，戴运轨由美国返回台湾。此时正值台湾"教育部长"张其昀亲自主持"国立清华大学"在台复校，戴运轨协助梅贻琦复校。当时决定先建该校原子科学研究所，戴运轨负责建所事宜，购置仪器设备，招收研究生，草拟两年内研究生的必修与选修课内容。第一年招收了20名研究生，并借用台大物理馆上课与实验；第二年搬迁到新竹。戴运轨还协助梅贻琦招聘师资，充实设备，并在校中任教达三年之久，被誉为新竹清华大学建校的重要创业者。

1958年，议决"国立中央大学"在台湾复校。1962年7月，先在苗栗县成立"国立中央大学"地球物理研究所，戴运轨出任所长。"国立中央大学"先借用台湾大学物理馆，次年迁苗栗。1967年6月，中央大学终迁中坜。1968年1月，成立"国立中央大学"理学院，任院长。

1973年，戴运轨自"国立中央大学"退休后，受聘于私立"中国文化学院"，任教授兼理学部主任、物理系名誉主任；中国文化学院改名中国文化大学后，任研究教授。

1982年4月4日在台北因急性心肌梗死逝世，享年85岁。戴运轨原配沈月英，继配田蕴兰。田蕴兰与吴健雄同学，毕业于中央大学物理系。田蕴兰与吴健雄相交很深，称吴健雄为"大妹"。戴运轨有两个儿子，五个女儿，都各有所成。为纪念戴运轨业绩，1983年6月12日，由台湾学者发起成立"戴运轨学术基金会"，开展学术演讲、奖励优秀学生等活动。田蕴兰还在东南大学设立了戴运轨奖学金奖励优秀学生。

二、学 术 生 涯

戴运轨终生从事物理学研究和大学教育,先后在多所大学物理系任教,对全国大学以及中学物理教育有深入的研究、贡献颇多。在长期的教学实践中,戴运轨积累了丰富的教学经验,在当时有一定的影响。1932年起在金陵大学执教期间,编著初、高中物理教科书,与张其昀所编初高中地理和林语堂所编开明英文读本鼎足而立,成为全国各校普遍采用的教材,对于提高中学物理学教学的质量起了很大作用。戴运轨所编著的《大学普通物理学》在全国也有一定的影响,对改变在中国大学里使用英文教科书的局面发挥了积极作用。

戴运轨在兼任四川大学教授期间,与李方训合作研究过水化离子的绝对熵问题。他们运用量子理论,找到了一种计算水化离子绝对熵的新方法。1941~1942年间,在成都华西坝空军参谋学校任教期间,戴运轨在物资奇缺的条件下,艰苦奋斗,与同事一起创建了中国早期的航空风洞,并借此来研究各种飞机的翼型。

1946年2月底,戴运轨被教育部派往台湾。起初,与戴运轨一起到台湾参与接收工作的人员还有罗宗洛、陆志鸿、陈建功、苏步青、马廷英等人。但是罗宗洛、陈建功和苏步青均因故未能赴任。同年7月,陆志鸿才抵达台湾。实际参与接收工作的只有戴运轨和马廷英二人。

当时台湾大学战后劫余,校舍破碎,图书散失,教师缺乏,百废待举而经费支绌。戴运轨到台湾以后,保护校内一切财产和教学设备,将台北"帝国大学"改名为"国立台湾大学"。改名之后,戴运轨担任台湾大学教务长兼代理校长,他与同事一起废除日本式学制,修建校舍,聘请教师,还草拟了台湾大学学则,为台湾大学走入正轨奠定了良好的基础。

1946年,戴运轨创办台湾大学物理系,并兼任系主任。物理系为抗日战争胜利之后台湾大学首创的一个系。在日本占领时期,台北帝国大学仅有一个物理学讲座、两三间办公室和实验室,经戴运轨的苦心经营,至1956年,台湾大学物理系有了一定的规模,并建成物理馆,可以开展教学和研究工作。

1946年7月,陆志鸿抵达台湾大学,出任台湾大学校长。此时,戴运轨才得以摆脱烦琐的校务,集中精力开展教学工作。在辞去教务长后,从1946~1962年,他专任物理系主任达16年之久,出其门者500余人,其中赴美国深造获博士学位者达五分之三。戴运轨为台湾培养了众多物理学人才。戴运轨认为:"科学无国界,但科学家有国界。"对即将留学深造的学生,戴运轨在送行时总要叮嘱一句:"学成后一定要回来服务啊！"对那些滞留不归的学子，他不是一味指责，而是一边鼓励青年人的积极性，一边疾呼"增加仪器、提高待遇、力求人事公平"，想方设法为海外学子回到台湾而创造良好的科学研究环境与生活条件。

除了日常校务和教学工作之外，戴运轨还参与台湾大学的物理学研究工作。1947年，他在台湾大学创建了中国第一个原子核物理研究室。在他的组织领导下，他和同事们成功地模仿1932年考克饶夫（J. D. Cockcroft）和沃尔顿（E. T. S. Walton）以人工加速粒子实现原子核嬗变的实验，在1948年5月以24万伏直流高压将锂原子核分为二个氦原子核。这项成果被誉为中国"首次原子核击破实验"，开创了中国核物理实验的先河。此后，戴运轨领导研究室同事筹划从日本、美国购买仪器，企望制造重氢、生产重水及中子源，从事人工放射性和其他核反应的实验研究。但因经费不足，人才不齐而无果。此后，戴运轨还建立了台湾大学^{14}C研究室，开创了中国古物年代测定技术方面的研究工作。

1954~1956年间，戴运轨赴美国做访问研究，在明尼苏达大学的原子核物理研究室和伯克利加利福尼亚州大学的辐射研究所先后任名誉研究员和客座研究员。在此期间，戴运轨在辐射研究所的莫耶（B. J. Moyer）教授指导之下，用32 MeV和18 MeV质子轰击厚靶的方法检测了59种元素和化合物的中子产额，发现了在原子序数$Z=20$和$Z=30$附近中子产额突然增加而Ni的产额仅为邻近元素的1/3的现象。实验结果和计算表明，当时的核反应统计理论还不能够解释他们所观察到的突跃现象。他们的实验研究，提供了中子产额的新参考点。这对于研究荷电粒子和同位素的中子发射，都有参考价值。

1956年，戴运轨返回台湾，协助梅贻琦建立台湾"清华大学"。当时决定，首先建立"清华大学"原子科学研究所，并由戴运轨负责建所之事。戴运轨拟订需要购置的仪器设备，招收研究生，以及确定研究生的必修和选修课程，并借用台湾大学物理馆上理论课和实验课。第二年该所迁往新竹。戴运轨还协助梅贻琦延揽师资，并在该校建立初期兼任教务工作，因此被誉为台湾"清华大学"的创业者之一。

1958年，在建立台湾"国立中央大学"时，校方决定先办地球物理研究所；1962年7月，"国立中央大学"地球物理所宣告成立，戴运轨被任命为所长。在8月开学时，借用台湾大学物理馆的设施上课。聘请教授、拟订课程、购置仪器，确定研究方向的工作也都是在短期内完成的。戴运轨主持"国立中央大学"地球物理所11年，先后开展地磁与地质勘探的研究，尤其在地震研究方面，他与研究人员一起对台湾东部火山区的磁场分布异常现象和台湾南部地区引力异常分布等问题的研究，均有成果。地球物理研究所培养了10届毕业生200余人。1973年，在台湾大学召开国际地震学会议中，台湾方面的学术报告几乎都来自"国立中央大学"地球物理所。由此可见，戴运轨在台湾办学育才之业绩。

考虑到台湾"国立中央大学"原校址建在苗栗二平山，地域狭小，没有发展前途，戴运轨主持将中央大学迁到中坜市。他为申请拨款，购置土地，建设校舍等事宜，费尽心机。1967～1968 年间，中央大学迁移到新址，1968 年之后，又办起中央大学理学院，由戴运轨出任院长；后来还相继建起科学馆、理工馆、图书馆，新建大厦，绿化校园，增建宿舍与运动场，还增添了空调设备。"国立中央大学"终于成为台湾省一座现代化高等学府，其所在城市也成为台湾省一处壮观的文化城。

1958 年，戴运轨在台湾创建物理学会（名为"中国物理学会"），并出任理事长，连任 17 年；1963 年，戴运轨又在台湾创办物理学报（名为《中国物理学刊》）；1965 年，又在中央大学创办《地球物理研究所通报》，为台湾的物理学事业发展作出了卓越的贡献。戴运轨因其对台湾物理学的卓越贡献和巨大影响，被尊称为"台湾物理学之父"。

1954 年，台湾成立自然科学促进会，戴运轨也是该会的发起人之一，并出任理事长；1958 年和 1977 年戴运轨积极促成成立天文学会和太阳能学会事宜，并在其中任职。

1973 年，戴运轨退休。在他的教学与研究生涯中，为发展中国的科学事业作出了巨大贡献，尽管在行政工作上耗费了他大量的时光，但仍为教学与研究之需而撰写了大约 50 篇的论文，以及 10 种著作。

戴运轨非常关心青年学生，循循善诱他们养成守时守法精神和勤奋踏实的学风。他对大学生说："教育乃百年树人之伟业，欲造就人才、奠定国基、维系民脉，实惟此是赖。而启迪民智，改变社会风尚，使顽者廉懦者立，亦非教育不为功。"作为一个大学生，"首先应当认清大学生对国家民族的责任"，其次"要立定远大的目标"，第三"要把握现在，不让时间从手上虚度"，第四"要注意研究学问的方法"，第五"要注意四育（德、智、体、群）的平衡发展"。

戴运轨与蒋介石同乡，戴运轨的开笔老师毛凤美、毛思诚也是蒋介石的塾师。戴与蒋有乡谊之情。偏安台湾之后，蒋有意请戴运轨出长中央大学，然而，戴运轨淡泊名利无意借此关系跻身政界、官宦荣耀；他安贫乐道、奉行科学救国、教书育人之信念。

晚年的他，曾感慨地回忆道："除了为台湾省光复后的台湾大学的建设，我出过一分力之外，在为中央大学建校的工作中，前后共 11 个寒暑，我们付出的有血、有泪，有欢欣、也有慰藉。只是我生性耿直、丝毫不苟，做学问之外，在行政工作方面也许不太相宜。有人说我不适合的主要原因，我想该是因为我不懂得向权势低头，也不会和小人妥协。因此更有人批评我，说我不会搞公共关系，苦死了也没有人知道。这又何妨呢?！这些批评，诚然没有错，也不过分。但令人费解的是，我始终不相信，一个脚踏实地的人，为何不该受人尊敬？我曾经不顾毁誉，是非曲直、公道自在人心，本着我的良心和孤单奋斗，兢兢业业默默地为中央大学建校而努力，且并没有白费。"戴运轨生性耿直，淡泊高风。其人其事在台湾颇具影响。台湾"中央大学"为表彰他建校和教学之功，1973年在校园之内为其塑像，以纪念之。

三、戴运轨主要论著

戴运轨. 1931. 开明物理教本. 上海：开明书店.

戴运轨. 1933. 高级中学物理学实验教程. 南京：钟山书局.

戴运轨. 1938. 高中物理. 重庆：正中书局.

戴运轨. 1941. 大学普通物理学. 成都：新华出版社.

LiF X, Tai Y K (戴运轨). 1941. The absolute values of entropies of aqueous ions. J Chem Soc, 8 (1): 60.

Li X, Tai Y K. 1941. The entropy of hydration of gaseousions. J Chem Soc, 8 (2): 185.

戴运轨. 1946. 开明物理教本. 台北：台湾开明书店.

戴运轨. 1951. 开明新理化教本. 台北：台湾开明书店.

Tai Y K, Millburn G P, Kaplan S N. 1955. Neutron yields from 32MeV protons on thick ta rgets. J Phys Rev, 100: 1793.

Smith J J (美). 1956. 原子核能及其和平用途. 戴运轨, 译. 台北：中华文化出版事业委员会.

戴运轨. 1956. 反质子的由来. Nucl Sci, 1 (3): 14.

戴运轨, 许云基. 1957. 利用电解法制造重水. 核子科学, 2 (4): 10.

Tai Y K, Millburn G P, Moyer B J, et al. 1958. Neutron yields from thick targets bombarded by 18-32 MeV protons. Phys Rev, 109: 2086.

戴运轨, 许云基. 1959. 由250KV Gockcroft-Walton加速器产生2.5MeV中子源. 核子科学, 2 (4): 3.

戴运轨, 许云基, 许东鸿. 1959. 锆氘靶的受重质子柱轰击所发射的中子总产量及其角度分布. 核子科学, 2 (4): 29.

Tai Y K, Hsu Y C. 1963. Angular distribution of protons from the d (d, p) reaction. Nucl Phys, 44: 588.

Wu S C, Tai Y K. 1968. Effect of ring current on the horizontal component of earth's magnetic field. Bull. of inst. Geophys NCU, (3): 1.

Wang J S, Tai Y K. 1969. Magnetic anomalies in the tatun volcano area, Northern Taiwan Bull of Inst. Geophys NCU, (6): 1.

Dai Y K, Tai Y K. 1970. The effects for prospecting underground surcesdue to magnetism of the earth fluid Bull of Inst. Geophys NCU, (7): 30.

主要参考文献

科学月刊科学新闻栏. 1948. 台湾大学进行原子能研究. 科学月刊（四川省科学馆出版）, (18): 26.

戴运轨. 1974. 二十七年来的回忆录. 中外杂志（台北），16.

戴念祖. 1992. 在台湾省的物理学家之一戴运轨. 物理，21（9）：556.

卫中，戴念祖. 1996. 戴运轨//沈克琦. 中国科学技术专家传略：理学编：物理学卷1. 石家庄：河北教育出版社：155.

刘广定. 2010. 中国完成的第一个核反应. 中国科技史杂志，31（2）：153.

撰写者

刘树勇（1953~），首都师范大学科学技术史教研室副教授。

王洪鹏（1982~），中国科学技术馆工程师。首都师范大学物理学史硕士研究生毕业。

叶企孙

叶企孙（1898～1977），上海人。物理学家和教育家。中国近代物理学奠基人之一。中国科学院学部委员（院士），曾任常务委员。1918年毕业于清华学堂高等科。1920年获芝加哥大学理学学士学位，1921年获哈佛大学硕士学位，1923年获哈佛大学博士学位。回国后，长期任清华大学教授、物理系主任、理学院院长、校务委员会主任委员（校长），北京大学物理学教授、金属物理及磁学教研室主任、北京大学校务委员等。他是中国物理学会的创始人之一，1932年当选为中国物理学会第一届副会长，1936年当选为会长，1946～1947年当选为常务理事长。抗战期间，曾任清华大学特种研究所委员会主任委员，中央研究院总干事。1948年当选中央研究院院士。20世纪20年代，利用"杜安-亨脱定律"测定普朗克常数，获得该实验方法中最精确的实验数据；首次以高压实验精确测定了铁磁性物质在高静压下的磁导率，开创了高压磁学研究方法。先后创办清华大学物理系，北京大学磁学专门组，培养了一批著名科学家，为中国高等教育和科学事业作出了卓越贡献。

一、生平概要

叶企孙，原名叶鸿眷，字企孙。清光绪二十四年即1898年7月16日生于上海县（今上海市）唐家弄一书香门第。幼从家塾，光绪三十三年（1907）入上海敬业高等小学堂。宣统三年（1911）考入清华帝国学堂中等科。后因辛亥革命，转入上海兵工学校学习两年。1913年夏以叶企孙为名（以字为名）再考取清华学堂，1918年毕业于该校高等科，旋即赴美国深造。1918～1920年，就读于芝加哥大学（University of Chicago）物理系，获学士学位；1920～1923年，在哈佛大学（Harvard University）三年内先后获硕士、博士学位。1923年夏末取道欧洲回国，1924年初抵上海。先后任东南大学（今南京大学前身）副教授（1924～1925），清华大学副教授（1925～1926）、教授（1926～）、物理系主任（1926～1934）、理学院院长（1929～1937）。其间，于1930年9月至1931年9月，休假而赴德国学术考察一年；1937年8月至1938年9月，又值休假，于天津养病，主持清华南迁工作并积极参与抗日救国活动。抗战期间，任西南联大物理系教授、理学院院长（1945～1946），清华大学特种研究所委员会主任委员（1938～1946），中央研究院总干事（1941年9月至1943年夏）。清华北返复校之后，任清华大学教授、理学院院长（1946～1952），校务委员会主任委员（1950年3月至1952年10月，相当于今日清华大学校长之职）。1952年全国院系调整，叶企孙任北京大学物理系教授、金属物理及磁学教研室主任（1954～1958）、磁学教研室主任（1958～1966），北京大学校务委员；中国自然科学史研究室兼任研究员（1957～1977）。1966～1976年"文化大革命"期间，受"吕正操案"、"熊大缜案"牵连先后被捕和隔离审查，身心与人格均受极大摧残。1977年1月13日，含冤卒于北京。1986年得以全面平反。

二、学 术 生 涯

1. 羸弱少年　笃志科学

叶企孙出生于家学深厚之门第。祖父叶佳镇，五品知州，一位饱学的地方名宦，卒于叶企孙出生后一年。父亲叶景澐（1856～1936，字醴文，号云水），光绪甲午年（1894）江南乡试中举，名列15，他满腹经纶，且对西洋科技多有涉猎，曾著文宣扬宋代沈括（1031～1095）所提倡"十二气历"，即类似现代的阳历；又曾赴日考察教育半年之久。光绪三十年（1905），叶景澐任上海县立敬业学校校长，1914年被聘为清华学校国学教师。叶企孙的国学、西学，从小时候起就获其父的知识养润。叶企孙有兄弟姐妹六人，在三个兄弟中他排行第三。在父母眼里，叶企孙最是聪慧。

在父亲培育下，叶企孙三岁起背诵《三字经》、《百家姓》、《千家诗》、《千字文》。他朗朗咏颂的稚童形态，惹得父辈们暗自窃喜。六岁起，他开始在父亲指导下念《论语》、《孟子》、《大学》、《中庸》四书。1907年秋，九岁的叶鸿眷入敬业高等小学堂。这是他父亲执掌的学校。在学堂里，除国文、经史之外，他对舆地、博物、算术、外语亦兴趣浓厚。咏诗填词、朗读外文游记故事、解答算题都是他的拿手好戏。他自幼性格恬静、沉毅，不尚喧哗。但在父母眼里，他过度好静、不爱运动，体质显得瘦弱。

宣统元年（1909）7月，清政府以美国退返庚款成立游美学务处；9月成立游美肄业馆。次年底，肄业馆更名"清华帝国学堂"，分设中等科和高等科，各为四年。宣统三年（1911）2月，该学堂首次招生考试，4月入学。叶鸿眷轻松地考上中等科。国文、外语、算学，他科科优秀。10月爆发辛亥革命，清华帝国学堂停课。父亲叶景澐唯恐耽误儿子学业，旋即将鸿眷转入上海兵工学校。课余之时，父亲给他讲授文史知识，教他习天算历律书籍；叔祖父也常为他讲解大自然的奥妙异趣。已是13岁的叶鸿眷独自贪婪地阅读古今中外的各种书，无论是家藏祖上珍本，还是豫园书摊的中外名作，他都想翻阅一通。凡书上的计算数据，他要自己重新验算一遍。此时养成的习惯一直保留到晚年。叶鸿眷在兵工学校念了近两年。

因辛亥革命而停课的清华帝国学堂，于1912年5月重新开学，9月更名清华学校。1913年夏，叶鸿眷以叶企孙之名再次考入清华学校，插班上中等科四科级，开始了清华求学的岁月。是年15岁。次年，其父叶景澐也上京任教于清华学校。

在清华学校除必修课之外，叶企孙自习了古今中外多种书籍。其中，除了中国经典如《诗经》、《左传》，赫胥黎的《生物学论》（即《天演论》）等外，他最感兴趣的是科学著作，如《梦溪笔谈》、《九章算术》、《夏侯阳算经》、《数书九章》、《同文算指》，乃至《几何原本》、威得氏《微积分纲要》，以及美国《中学科学和数学》杂志（School Science and Mathematics，是专为中学科学和数学教师创办的月刊）。对古算书中的一些算题，他既按古法演算，也按今法演算。

如果说，阅读古今著作是吸吮前人的智慧，那么，在阅读基础上的作文、讲演便是提升自我智慧的阶梯。在清华学校，叶企孙在作文课中写下大量文章，在《清华学报》上正式刊登的有："天学述略"，"考证商功"，"中国算学史略"，等。

1915年8月2日，尚在上海过暑假的叶企孙为开学后成立清华科学社拟订章程。提出科学社宗旨为"研究科学"，研究范围包括"算学、物理、化学、生理、生物学、地文、应用工业、科学史"八大门类。组织形式为：设理事长一人，理事二人，每星期六开会一次，会员轮流演讲。同时，制定会员必遵守之六大"训言"："1. 不谈宗教；2. 不谈政治；3. 宗旨忌远；4. 议论忌高；5. 切实求学；6. 切实做事。"科学社成立后，逐举行各种讲演会。下学期（即1916年上半年），叶企孙被推举为该会会长。

叶企孙会读书，但别以为他不问政治。即使他制定清华科学社章程之一为"不谈政治"，然一颗爱国之心在这青少年身上始终激荡着。

1915年1月14日，当他得悉留美学生中某些人随意择科而不顾国家需要与自己兴趣与否、从而贻误终身学业大事，他感慨万分地写道："留学生之费，美国退还之赔款也。既退还矣，谓之我国之财亦无不可。祖国以巨万金钱供给留学生，当如何艰难困苦，谋祖国之福，而乃敷衍从事，不亦悲乎。"

实际上，科学救国的理念早已注入他肌体的每一个生理细胞之中。祖国的盛与衰、兴与乱，牵动着叶企孙原本沉浸在科学海洋中的心。

1918 年 6 月，叶企孙完成清华学校四年高等科学业，夏日赴美深造，是年 20 岁。

2. 越洋深造　硕果累累

1918 年 10 月初，叶企孙进入美国芝加哥大学。鉴于在清华学校奠定了较深的数理基础，他在 1920 年获芝加哥大学理学士学位。旋即转入哈佛大学继续攻读物理，并于 1921 年获哈佛大学硕士学位，1923 年获哲学博士学位。

叶企孙的硕士论文题目是"用 X 射线重新测定辐射常数 h"。该文于 1921 年分别刊载于《美国国家科学院会报》、《美国光学学会学报》和《物理评论》。这不是叶企孙一稿三投，而是由于叶企孙这一研究组重新测定辐射常数或今日称为普朗克常数 h 的精确性受到物理学界普遍关注的结果。

叶企孙得到 $h=(6.556\pm0.009)\times10^{-34}$ J·s。这一数值"比瓦格纳（E. Wagner）最近从一系列精心测量中所得到的数值要大百分之一"，其精确程度也超越前人所有测量，而且在科学界至少保持了九年之久。

叶企孙的博士论文题目是"流态静压力对铁、钴和镍的磁导率的影响"。该论文于 1923 年 6 月提交，发表于 1925 年。指导叶企孙的布里奇曼（P. W. Bridgman，1882～1961）教授在该文发表时写道："本文素材基本上是由叶博士于 1923 年 6 月提交的博士论文组成的。本文稿是叶博士于 1923 年夏末离开美国之前直接交给我的，所以推迟发表是由于我与叶博士的通信联系非常困难，就本文的内容与图表做些修改的问题我要征得他的同意。而这些修改仅仅对本文的叙述方式有所影响而已。"叶企孙在哈佛大学博士论文答辩之后，即取道欧洲回国。在欧洲参观了一些著名大学及其实验室，故此行踪不定，通信困难。

在哈佛大学杰弗森实验室刚完成硕士学位论文的叶企孙，立即转向一个完全不同的学术领域而攻读博士学位。这个领域是物理学中起步不足半个世纪的铁磁学。

从 1921 年秋到 1923 年夏（6 月）两年的时间，叶企孙就完成了博士学位所必需的知识基础，实验训练；周全的实验、计算与理论总结，并以全优的成绩通过论文答辩。可以说，他系统且周到细致地实验研究了流态静压力对典型的铁磁性金属（铁、钴、镍和两种碳钢）磁性的影响，它是 20 世纪 20 年代有关物质磁性的一项开创性研究。其主要特点如下：第一，叶企孙将流态静压力从前人的 300～1000 kg/cm² 提高到 12 000 kg/cm²，不仅系统地研究了此压力下铁磁性金属的压力系数、温度系数、剩磁和磁导率，而且观测到前人所未见的复杂现象。虽然高压装置是布里奇曼在杰弗森实验室创制的，但叶企孙是首次在材料物理、尤其在铁磁性材料中大胆施用如此高压者；第二、实验方法考虑周密，实验观测细致入微。叶企孙首次明确指出，在做磁性物质的重复实验中必须注意实验样品的不均匀性和不完全退磁对实验结果产生的影响。他的样品均匀与完全退磁的实验方法使其实验令人信服并能纠正前人的错误。在叶企孙之后，"完全退磁"的概念为铁磁实验的物理学家所警觉，也写进了与磁性材料相关的大学物理教科书之中；第三，从唯象理论上推得了铁磁性物质的体积变化、磁化过程和压力系数的关系，定性地解释了铁、镍、钴的不同实验结果；第四，在当时的铁磁分子场的唯象理论和原子结构类型（注意，此时量子力学尚未诞生）的基础上对其实验结果作出诸多有益的讨论，指出原子的微观结构对铁磁性本身的可能影响。

叶企孙的这一研究，受到欧美科学界广泛关注。其实验技术、方法和结果都大大突破了前人的相关研究。布里奇曼教授在其著《高压物理学》（*The Physics of High Pressure*，1931，1942，1952 年版）中对叶企孙的研究作了全面介绍之后写道："自从叶企孙的工作之后，斯坦伯格（R. L. Steinberger）先生等用类似装置对一系列铁镍合金作了类似的测量。" 1952 年，布里奇曼的著作第三版问世，有关叶企孙工作的介绍文字依然照旧，时隔叶的实验研究正好 30 年。叶企孙以自己的行动实现了"研究工作要有 30 年不变"的自信与决心。值得指出的是，叶企孙关于原子微观结构对铁磁性影响的理论预言，迄 20 世纪 60 年代始才在铁磁性材料科学（诸如收录机、电脑、光盘等）中有了突飞猛进的发展与变化。

叶企孙回国后，开辟了中国磁学研究的领域。他引导施汝为出国研究磁学，在北京大学建立磁学教研室，培养了一大批铁磁学和磁性材料的专家。

1925 年 9 月，叶企孙任教于清华大学。到校不久，他就发现清华大学大礼堂音质极差，既有回音又有混响，混响大且时间长，完全不宜集会讲演与欣赏轻音乐之用。为纠正大礼堂之劣质音响，他开创了国内建筑声学研究之先河。他带领其时助教赵忠尧、施汝为、郑衍芬和实验员阎裕昌测量大礼堂几何图形、体积，计算其拱顶及四周吸声面积、墙体的吸声系数，调查并购买欧美各国吸声材料样品，指导赵忠尧（1926 年开题）、施汝为、陆学善（1930 年开题）分别研究中国地毯、棉被、衣服的吸声能力。经过近两年的测定与研究，于 1927 年 5 月，叶企孙才发表《清华学校大礼堂之听音困难及其改正》一文，终于从理论上解决大礼堂听音困难之症结，从实践上提出了改正大礼堂音质的好办法。

建筑声学是美国物理学家、哈佛大学教授塞宾（W. C. Sabine，1868 ~ 1919）创立的，其研究工作虽始于 1895 年，然而是以 1922 年他的《声学论文集》出版为标志。继起者有伊利诺伊大学（University of Illinois at Urbana-Champagne）物理学教授沃森（F. R. Watson）。沃森为补救该大学大礼堂听音困难从1918年始研究建筑声学，于1924年（时经6年）才解决该校大礼堂音质问题。1923年沃森出版了《建筑声学》一书。众所周知，1925年以前，大多数建筑声学研究仅靠秒表和人耳作为测量工具；电子管振荡器、扬声器、放大器是在该年之后才陆续被用于声学实验之中。声能级记录器又稍后才发明并应用。20年代初，吸声材料仅靠椅垫而已。同一种吸声材料在不同实验室测量，所测得的吸收系数往往不同。人们常将此戏称为"吸声系数之战"。美国声学学会也是在1929年才成立的。因此，声吸收测试的研究工作是20年代引人注目的课题。在相关工作的国际学术基础上，叶企孙紧随沃森之后，以两年时间提出清华大礼堂之听音困难及其解决方法，在国际建筑声学史上也可谓是站在该学科前沿上。

叶企孙、赵忠尧测定清华大礼堂、中国衣服、地毯吸音能力所用的仪器有风琴管式发音器、电子管振荡器、音叉计时器。这些都是他们自己组装、制造，又是其时最先进的测声仪器。为了防止外界声干扰，测音工作都是在后半夜至黎明间进行。他们每天都有繁忙的教学，故每周只能用星期六的一个晚上进行测试，而且刮风下雨时均不能测试。在测定清华大礼堂室内混响时间（叶的原文称"余音时间"）、吸声系数、总吸音能力之后，则可对此提出改正方法。叶企孙及其助手分析了国外四种吸声材料：甘蔗渣纤维板、纽约制吸音软毡、吸音砖和吸音灰泥。它们或价钱昂贵，或自重过大而不宜安装在礼堂拱顶上，或效果不佳。他们根据自己对本地材料的研究决定与北京仁立地毯公司合作，自制吸音地毯材料，价廉物美，效果不逊于舶来品。两年的课题研究，不仅充分表现了中国人的科研能力，也显示出他们自己动手、自强不息的精神。令人惊叹的是，此时的叶企孙及其助手们，都未曾学习或研修过建筑声学的专业。为了国家基础科学全面发展，当1936年马大猷考取清华留美公费生时，叶企孙引导他出国专修电声学。后来马大猷成为国际上建筑声学中简正波理论的奠基者之一。

回国后的叶企孙，主要精力在物理教学，科学管理和培养人才上。虽无时间与精力再做物理学实验研究，但他对于科学史的兴趣始终未减。他精通中国数学史、天文学史、物理学史，而且通晓阿拉伯天文学史和光学史。抗日战争期间，负有英中文化交流使命的李约瑟（J. Needham，1900~1995）博士逐渐走向研究中国科学史之路。这与叶企孙等中国学者在此期间与其长时间的交流与讨论不无关系。以致当李约瑟于1965年完稿并出版其大作《中国科学技术史》第4卷第1分册（物理学）时，他在扉页上写道："谨以本卷献给北京大学物理学教授、前中央研究院总干事，1942年在昆明和重庆黑暗时期最诚挚的朋友叶企孙。"除了青少年时期在清华学堂曾做科学史研究外，叶企孙在晚年写下的为数不多的科学史文章，它们是中国科学史的典范之作。1951年在中国物理学会第一届全国会员代表大会上，叶企孙作了题为"现代中国的物理学成就"的报告。这报告的内容是他自己的亲身经历，这个成就的大部分也是他自己亲手栽培的。当时的与会者为这个报告而精神振奋。然而，这个报告为时事所不容："刚诞生的新中国何如颂扬旧制度的成就"。不仅叶的报告不能发表，连同王竹溪、钱伟长为此报告而整理的上半世纪所发表的物理学论文目录也付之一炬。

60年代前期，中国科学哲学界滋生一种倾向，以唯物和唯心两极端划分历史上自然科学家，将科学发展进程归结为单纯的这两种世界观的斗争结果。叶企孙以大无畏精神，逆潮流地说出《几点意见》，严肃地指出："科学史上确是有些例子，表明一个有唯心观点或是形而上学观点的科学家也做出些重要的科学贡献。"他的"意见"震惊了当时科学和哲学两知识界，表达了一个真正知识分子不依附权威的真知灼见与勇气，亦体现了一个忠谠之士的秉性。

3. 教学重质、全盘布局

越洋深造而回国的叶企孙，长期任教职。此期间，他坚持教学重质、理论与实验并重的理念，注重培养学生解决问题和动手实验的能力，培养了几代物理学优秀人才。正如他自己在1931年所言，其教学方针是："在教课方面，本系（指清华物理系）只授学生以基本知识，使能以毕业后，或从事研究，或从事应用，或从事于中等教育，各得门径，以求上进。科目之分配，则理论与实验并重，重质而不重量。每班专修物理者，其人数务求限制之，使不超过约14人。其用意在不使青年人徒废其光阴于彼所不能者。此重质不重量的方针，数年来颇著成效。……数年来国内物理学之渐臻于隆盛，实与本系对于青年所施之教育有密切关系。"与此方针相应的是，1933年国民政府教育部召开全国天文物理数学教学讨论会，叶企孙等向教育部提呈"拟定大学物理课程最低标准草案提请公决案"。该提案指出，"我国现在大学物理功课，同仁等感觉科目过于繁多，教材有时流于空泛，拟加简单化、基本化、实在化。"并具体提出大学四年课程的最低标准。叶企孙等的提议为改变当时大学物理课程繁杂、分散，减轻学生负担、调动学习自主性起了相当作用。

教学重质是一个学校得以生存、发展的根本，有质才有量。按照叶企孙设想，在高质量的学生出产率下，每班不过14人，或者说每年有10个这样的学生，则十年就有100个优秀的、甚至可站在世界前沿的高才生。这样的大学物理系培养人才的价值是以倾国之财而无处购买的。叶企孙怀抱这种教学理念，与物理系诸教授团结同心，的确培养出一批又一批的科学家。从1929年清华大学物理系第一届毕业生算起，仅到1937年之九届毕业生就有53人，他们个个都成了后来社会中坚、国家栋梁。其中有获"两弹一星功勋奖章"的王淦昌（1929毕业）、赵九章（1933毕业）、彭桓武（1935毕业）、钱三强和王大珩（1936毕业）；有周同庆、施士元、龚祖同、傅承义、王竹溪、翁文波、张宗燧、钱伟长、何泽慧、郁钟正（后改名于光远）、葛庭燧、秦馨菱等；有美国国家科学院院士林家翘，美国工程院院士戴振铎等。还有从1933～1939年毕业于清华理科研究所的学生，如陆学善（1933）、胡乾善（1936）、谢毓章（1939）等。在西南联大或清华特种研究所期间，受教于叶企孙的有：张恩虬、胡宁、李正武、王天眷、向仁生、张守廉等；还有两弹一星功勋陈芳允、朱光亚、邓稼先、屠守锷（清华航空系1941年公费留学生）；以及诺贝尔奖获得者李政道、杨振宁。另有许多非清华大学毕业生而在出国留学、选择专业等方面受叶企孙指引、帮助的有：早年东南大学毕业生并且曾任叶企孙助教的核物理学家赵忠尧、磁学专家施汝为、光学专家郑衍芬；地球物理学家李善邦、顾功叙；破格提升的数学家华罗庚，金属物理学家钱临照、余瑞璜；声学家马大猷；"两弹一星功勋奖章"获得者钱学森；计算机专家慈云桂；无线电和雷达专家毕德显。他们中绝大部分是两院院士。培养了中国几代科学精英是叶企孙一生中最大的成就。倘若再加上1946年后叶企孙在清华、北大所培养的学生，那么，出入其门的优秀人才比迄今为止国际上任何一个"物理中心"或"学派"都要多。他们又成为20世纪下半叶中国科学发展的中坚力量。

叶企孙和梅贻琦校长曾长期主持招收留美公费生工作，而物理学公费留学生由叶企孙负责。高瞻国家整个科学的需要而不偏立于物理学之一角，更不偏好清华之一校，指引并鼓励所有报考学生选择那些空白或薄弱学科赴国外深造，是叶企孙长久谋略的宏图大计，也是他的全国全盘、长期发展的学术观念的一大体观。傅承义、顾功叙、秦馨菱选择地球物理、物理探矿，赵九章、叶笃正选择气象学，马大猷选择建筑声学，施汝为选择铁磁学，王遵明选择冶金学，毕德显、戴振铎选择无线电电子学，钱伟长选择力学，钱学森选择空气动力学；而龚祖同、方声恒（1911～1978，今台湾国民党荣誉主席连战之岳父，1935年考取清华公费留学生）、王大珩先后赴德国、美国和英国研习应用光学，此三人分赴三个国家深造是叶企孙的精心安排。他们在学成回国后各自成为其学科的拓荒者与奠基人，为中国的科学与工业现代化作出了重要贡献。这正是叶企孙在20世纪30～40年代心系国家、立足科学、全盘布局的结果。

叶企孙初至清华大学任职之时，物理系教授仅他和梅贻琦二人而已。从1928～

1937年，他先后聘请吴有训（1928）、萨本栋（1928）、周培源（1929）、赵忠尧（1927年从清华出国深造，1932年聘回清华）、任之恭（1934）、霍秉权（1935）、孟昭英（1937）等为清华物理教授。叶企孙带领一班人，很快使清华物理系成为国内第一流培养人才之重镇。延聘良师，尊重教授，毫无门户之见。他聘得吴有训，内心喜悦无以言表，订定吴有训薪金高于自己；多次将物理系系主任与理学院院长之职禅让于吴有训。为使萨本栋专心研究并矢电路及其数学问题，专心写好《普通物理学》教本等书，叶企孙自己代萨本栋登台讲课，以减轻萨的教学负担。鉴于教授间亲密合作及良好的教学与科研氛围，赵忠尧多次表示，愿终生与叶企孙同事。而叶企孙自己曾对学生们说："我教书不好，对不住你们。可是有一点对得住你们的，那就是，我请来教你们的先生个个都比我强。"君子坦荡，胸怀天地，叶企孙的人格魅力何其高雅。

今天的人们惊惑的是，叶企孙培养如此之多人才有何诀窍？据笔者接触所知，爱才，尽心，为伯乐所共有之理念外，至少有两点是常人所不及者。试举例说明之。一次招考研究生（1964年），有三人报考。一个是与他共事有年的年轻人，二是曾从事工作有年的外单位考生，三是当年大学毕业生陈美东（1942~2008）。第三者总分成绩平常，却有一道答题，连叶企孙本人都未曾想到有如此解法，且答案无误。叶企孙阅完考卷，沉思有日，以为唯此人可造就矣。叶的同事希望他录取第一人；第二人总成绩好于第三人，按理当取。叶企孙坚持只录取第三者。不出叶的所料，陈美东在工作二十年后出任所长，并在解密古代所有历法的计算方面取得了举世闻名成就。至于叶企孙爱才、惜才乃众所周知。诸如，将原本为工人的阎裕昌提升为实验员，并要求学生们尊称其为"先生"。抗战期间，举荐阎裕昌入冀中根据地制造炸药。又，他与熊庆来提携本无学历的华罗庚为清华大学数学教师。如此之类，举不胜举。

作为物理系主任，叶企孙延聘师资、执鞭讲坛，使清华物理系蒸蒸日上。作为理学院院长，除办好理学院外，还协助梅贻琦校长办起工学院。他聘请原中央大学教授顾毓琇创建电机系，随后顾毓琇任工学院院长。叶企孙邀请当时国际知名空气动力学家冯·卡门（T. von Kármán，1881~1963）来华讲学，促成了清华航空系的建立，也促使蒋介石、宋美龄夫妇对在南昌建立航空风洞的重视。在他倡议下，1929年，清华物理系成立理科研究所，开创了大学研究风气之先河；1934年又创办特种研究所；抗战时期，特种研究所发展为农业、航空、无线电、金属学、国情普查五个研究所。1938年成立清华特种研究所委员会，由叶企孙任主任委员。这些研究所不仅在当时产生了一批研究成果，且为后来锻炼造就了一批相应的科技将帅之才。

　　从 1925～1952 年间，叶企孙在清华大学、西南联合大学讲授力学、普通物理、热学、电磁学、统计力学、光学、分子运动论、大气物理、物性论、光谱及原子构造等课程。1952 年后，在北京大学物理系，除讲授光学、普通物理等基础课外，主要开设铁磁学课，建立磁学教研室，指导该科毕业生和研究生的论文，为培养中国磁学和金属物理人才作出了重要贡献。叶企孙说普通话略有口吃，但不影响他讲课的吸引力。除了对物理概念和原理讲解深入透彻之外，每一门课往往以中国传统文化知识开题，涉及实验时又常常讲清其中实验仪器、步骤、技巧，同一门课在不同学期开讲都会增加不少当年最新进展，展望未来应用，在课末总忘不了鼓励学生去开拓。叶企孙一字一句慢慢道来，往往课时不足，学生们又爱听，于是，他会邀学生在课余或假日去散步、游园或在自己家中吃茶点，趁此也将未讲完的内容或某门学科的新知识讲给学生听。时而拿出书架上各种外文杂志，指出某文某页某段文字的概念、意义或价值何在，无形中培养了学生查阅文献、辨识成果的习惯与技巧。这是叶企孙一生为师、引徒入门的最成功的途径。

　　叶企孙学识渊博，总有真知灼见授予弟子。然，他从不忘自己不断吸取新知，增长见闻，力求跟上物理学新发展。1930～1931 年他以休假之机赴欧考察，在德国哥廷根大学（Georg-August-University of Goettingen）听海特勒（W. Heitler）量子电动力学课，玻恩（M. Born）热力学课，向海特勒请教有关分子结构和范德瓦耳斯力的问题；在柏林大学（Humboldt-Universität zu Berlin, HU Berlin）听薛定谔（E. Schrödinger）讲物理课，和伦敦（F. London）讨论分子结构和交换力问题，还和柏林工业大学（Technische Universit t Berlin）的贝克尔（H. Becker）讨论与高压磁性相关的磁致伸缩问题。

　　1941 年 9 月至 1943 年夏秋，叶企孙出任其时在重庆的中央研究院的总干事，实际负责全院行政和学术研究。时任院长为朱家骅。当时中央研究院只设院长一人，无副院长。总干事之职相当今日的中国科学院常务副院长兼秘书长。这是二次大战、中国抗日战争都处于极度艰难的时期。叶企孙力主中央研究院各所应为抗战之急需服务。为研究院争取经费，维持各研究所拨款，出版刊物，开展与国防相关的研究课题，搜罗各国学术期刊，延聘研究人员等，在这特殊时期他为中央研究院以至全国的科学发展发挥了重要作用。除了以刊载研究论文为主的《中央研究院科学记录》（以西文出版，吴有训主编）刊物之外，叶企孙主编《学术汇刊》。后者是以中文出版的"综合性学术期刊。将本国学者重要工作之推进情形及所得结果择要撰述，外国学者之工作对科学进步及中国材料有宏大关系者亦撷其要领，俾读者手此一编，对于学术工作之进行得明纲要。"(《学术汇刊》1942年发刊词）由于当时经费极困难，该刊只出版了两期。

1942年，李约瑟受英国政府派遣，作为英国皇家学会（Royal Society）代表，肩负着援华使命来到中国。在重庆，李约瑟与中央研究院总干事叶企孙成为知交。后者向前者详尽介绍中国古代科学，竭诚鼓励其从事相关研究；前者应后者之请，给中国运送了大量的学术刊物，甚至当时中国急需的研究仪器与设备。待朋友，推心置腹；度艰难，沉着稳定。叶企孙运筹帷幄，对此时期中国科学的成长，其功不可灭。

1943年夏秋间，叶企孙辞却总干事之职，回昆明任西南联大教授。所以辞职有两种原因：一是国难当头，研究经费以致研究员薪金不能按时足量发放。这与叶的为人秉性极不相谐。他总是企求为属下创造一个好环境、好待遇，自己才能心安于所在职位，否则宁可自己一人去穷教书；二是在延聘人员与待遇上往往与他人想法相左。重金聘人才是他长期办学、办所之良方；宁亏自己不亏他人是他终生为人准则。

组织全国性学会，团结同人发展并提高全国物理水平，这也是叶企孙及其同事们早期的重大决策之一。

早在美国留学期间，叶企孙曾任中国科学社驻美分社执行委员会会长。除团结社友、联络感情，为国内出版的《科学》杂志定期组稿外，他每周一次、从不间断地组织社友讨论科学及如何在中国发展科学。他执著的精神，令在美学子为之感动。在他于1923年夏初离美返国之前，还制定了驻美分社章程，选举了正式理事成员，成立了正式机构，使中国科学社驻美分社基础巩固、规模略具、日见发达。回国后叶企孙一直参与中国科学社各种学术活动及其组织领导工作，清华大学分社成为中国科学社一支骨干力量。他本人也与上海总社任鸿隽社长结下了长久友谊。

1931与1932年之交，法国物理学家朗之万（P. Langevin, 1872~1946）随国联教育考察团来华。他在北平作了多次学术演讲，同时建议中国应成立物理学会，以便提高国内水平，展开国际学术交流。在一次欢迎朗之万报告的会议上，叶企孙主持会议。他在会前介绍中说："朗之万教授的报告，敢信会如磁铁般吸引我们每一位。"话音刚落，与会者随即大笑。原来在朗之万的诸多学术成就中，还有一项是对磁学的贡献。他是经典磁学理论的集大成者。在朗之万的建议下，1932年8月，中国物理学会在清华大学正式宣告成立。叶企孙为它的诞生忙了整八个月。与全国各高等院校，各研究所同行人士商讨会前准备、提议，章程制订，组织机构的设立，编辑并发行学报的可能性与方式方法，经费来源等事项。成立大会上，叶企孙作了

"中国物理学会的发起与筹备经过"的报告。他被选为中国物理学会第一届副会长，且连任三届（1932~1935）。李书华当选为会长。1946 年和 1947 年度，叶企孙又当选两届常务理事长。中国物理学会发展至今日，人们从未忘记叶企孙擘划与创建之功。

叶企孙还是中国自然科学史研究所的创建者之一。在他心中，科学史不仅应研究中国的，还要研究世界的，研究古希腊、古罗马、阿拉伯的科学史。工艺技术史当然也包括在内。他还提出，未来要将艺术史也包括在这个所内研究。作为这个研究所兼任研究员和指导老师，他培养了一批卓有成就的科学史工作者。

4. 伟哉唐士　上马击贼

叶企孙不仅是位卓越的科学家、教育家，而且具有强烈的爱国精神和正义感，是个口不言政治、内心却充满政治责任感的人。

1926 年北京发生震惊中外的"三一八"惨案。叶企孙一字一顿、低沉有力地对学生王淦昌说："你们明白自己的使命吗？……弱肉强食是亘古不变的法则。要想我们的国家不遭到外国凌辱，就只有靠科学，只有科学才能拯救我们的民族。"说罢潸然泪下。1935 年 12 月 2 日，他和梅贻琦等河北教育界名流数十人联名通电全国，揭穿日本和汉奸搞所谓"华北五省自治"以分裂中国的阴谋。1935 年"一二·九"运动时，他为南下请愿团的物理系学生钱伟长等送行，并出资相助。1936 年 2 月 29 日，军警包围清华，搜捕进步学生，葛庭燧深夜入叶企孙住宅以避凶残。1936 年傅作义百灵庙抗日大捷，物理系学生赴大青山劳军。叶企孙为此高兴不已，并表示学生为此缺欠课程他会给补上。

宋代诗人陆游在《太息——宿青山铺作》一诗中写道：

中原久丧乱，志士泪横臆；
切勿轻书生，上马能击贼。

叶企孙就是这样的一位中华志士。

1937 年日本军国主义在侵占我东北三省之后又大举向华北、华东进攻。其行径激起了中国人民极大愤慨。是年暑假起，恰值叶企孙学术休假一年并可出国访问学习之机会。但在抗日炮火声中，他毅然放弃出国，投身于抗日运动之中。

"七七"事变后，清华大学先是南迁长沙，后又迁至昆明，与北大、南开合并而成西南联合大学。全校学生南下，大量图书、仪器需装箱、托运或租车押运；南下的、遣散的或留下的师生都要一一作出安排。叶企孙放弃休假，为这次清华大转移发挥了极大作用。当年 8 月，叶到天津，因身患伤寒、继而膀胱炎，便滞留天津，并在英租界成立南迁临时办事处。由叶企孙主持工作，助教熊大缜等协助。

在天津临时办事处，熊大缜尽力协助叶企孙做好一切南迁安置、转运工作。正此时，共产党领导的以吕正操为首的冀中抗日根据地和国民党领导的以鹿钟麟为首的地方政府军都在顽强地坚守抗日战争。而吕正操部缺乏枪支弹药、通讯器材，甚至缺乏所有战争必需品。1938年春，冀中军区共产党组织派人到平津寻求科技人员、物资和技术支援。熊大缜闻悉此事，欣然答应赴冀中抗日根据地。叶企孙初不甚同意他去，原本安排他出国深造，但考虑事关抗击日寇，未加劝阻，随即又全力支持。通过北平地下党组织安排，4月熊大缜进入冀中，任印刷所所长。7月升任军区供给部长，并成立技术研究社以制造地雷、收发报机等军用器材。熊本人或派人多次出入京津、请求师长叶企孙在物资、人员和经费等方面给予帮助。不顾环境恶劣、汉奸与特务跟踪之危，叶企孙此时为冀中抗日作出了极大贡献。

除熊大缜外，叶企孙介绍一批大学毕业生和技术人员去冀中抗日根据地。其中有阎裕昌、胡达佛、张瑞清，他们分别是清华大学物理系、机械系、生物系实验员；以及清华大学师生汪德熙、李广信、祝懿德、张方、葛庭燧、何国华等。为了这些人安全，叶企孙到北平寻求美籍教授温德的帮助：在必要时护送他们出入日军哨卡并在其家避风。这批人到冀中后不久，即制成氯酸钾（含5% TNT）炸药，电引雷管和地雷，多次炸翻日军列车，受到聂荣臻司令员表扬。

在天津的叶企孙、钱伟长等人，通过与开滦矿务公司副经理王崇植（电机工程师、中国科学社社员）、与天津电报局局长王绥青联络，在天津购得制造炸药、雷管所需化学原料、铜壳、铂丝、起爆装置等各种零件，购得无线电电子管和电台装置所需各种零件。学化学专业的林风在天津租界一工厂内制成TNT黄色炸药。钱伟长出入天津大街小巷，暗中采购药品，甚至寻觅枪支子弹的设计图纸。在日寇占领区，这些物品、甚至破铜烂铁都是严禁民间收购的，他们不得不在日军与汉奸眼皮下小心谨慎且冒风险地将这些物资偷运到抗日根据地。有些时日，钱伟长闻悉解放区探求印制边区钞票的技术，以打破国民党的法币控制。为了购买那些物资，叶企孙用尽自己积蓄。他以自己名望在天津暗中募捐，最后他不得不动用清华大学备用公款万余元。他还给那些去冀中抗日根据地和在津为此工作的人员一一发放安家费、生活费。

1938年9月，叶企孙等人在天津的地下抗日活动有所暴露，林风被租界管理机构工部局拘捕，西南联大校领导又催叶企孙从速赴昆明。10月5日叶企孙离津乘船南下，途经香港转进昆明。然而，他心系冀中根据地，惦念他的高才生熊大缜及其他清华学生的安危。路过香港时，他还特地去晋见孙夫人宋庆龄女士。希望她能为

"平津理科大学生在津制造炸药、轰炸敌军"事筹措经费。是年底抵昆明后，他立即以"唐士"笔名介绍"河北省内的抗战状况"，发表于当时极有影响的《今日评论》（1939年第1期）上。

所谓"唐士"，即"中华知识分子"之意。叶企孙以一个知识分子的良知在西南发出了呐喊。他在文中着重介绍了吕正操开辟的冀中抗日根据地和八路军所组织的冀察绥边区政府，委婉地斥责河北省政府主席鹿钟麟企图推行蒋介石融共、灭共政策，严肃指出"在全国抗战时期，须得容忍不同的政治思想与组织。凡是确在作抗战工作的人，大家都应鼓励他们，支持他们。"该文在介绍了冀中解放区的军事、经济和生活情况后，叶企孙号召："冀中区至今还急需技术人才去参加工作，尤其是能做炸药的化学者，能在内地兴办小工业的化学者及工程师，兵工技师，无线电技师，各种机匠，医生，看护士，能管理银行的专家及能计划如何统制输入与输出的专家。有志参加这些工作者可无须顾虑到旅途的艰难。据作者所知，到冀中去的旅途上实在没有多大危险。"这岂止是叶企孙的号召，而是他心目中建设解放区、发展解放区，以自我智慧铸成抗敌重镇的一幅蓝图。《京津泰晤士报》（英文版）和美国《亚洲》杂志相继刊载吕正操将军的照片以及冀中平原的抗日战况，建议美国罗斯福总统应直接与共产党联系、协同作战。然而，几个月后，根据地锄奸运动的扩大化给这批热血青年造成严重伤害。

先，那个心灵手巧并被叶企孙从工人提拔为实验员的阎裕昌，在一次外出执行任务中，遇敌被杀害；熊大缜等人在一次试制炸药中意外发生了爆炸事件。1939年5月在冀中根据地开展的锄奸运动逮捕熊大缜。在拷打审问的逼供中，熊大缜被逼招供自己是"C·C特务"，交代叶企孙为其"特务头子"。7月日军扫荡根据地。在机关转移途中锄奸团押解人员擅自处死熊大缜。

熊大缜事件之后，在天津的学生们受到敌、特的严密监视。他们不得不自行解散，或出国留学［如钱伟长赴加拿大多伦多大学（University of Toronto）应用数学系深造］，或回西南联大；已被捕的林风，坐牢于北平，直到抗战胜利才被释放。熊大缜的口供静悄悄地躺在档案柜中。30年之后，在史无前例的"文化大革命"中，也是在叶企孙的晚年，终致叶企孙受到严重的心身摧残。

5. 动乱十年　受难天干

1945年8月日本投降。1946年夏，西南联大结束，清华大学返北平复课。此期间，叶企孙数次被委以清华代校长及联大常委。新中国成立前夕，多少人动员他赴台或出国，甚至一些外国学者推荐他出任联合国教科文组织之职，他一一拒绝。

1949年1月北平和平解放，军管会接管清华大学。军管会接管后，成立清华校务委员会，叶企孙被委任为该委员会主任委员（相当于校长），并受到陈毅、贺龙接见。1952年全国高校院系调整，他被调往北京大学物理系任教授。其间，于1951~1952年间思想改造运动，叶企孙做了三次思想检查。他"已在清华失去威信"，且又是"拖着尾巴过关"。因此，调往北大。

1966年，叶企孙68岁，已近古稀。此时的他，微有驼背，口吃较前更严重，头也略微偏斜，唯一不变的是他手中总抱着厚厚的书。是年初夏开始，十年的动乱与浩劫让全国上下激荡不安。十年时间，正是中国传统历法中的一个"天干"。这些年头，叶企孙所受的冲击与苦难是当时社会与政治现状的一个典型缩影。

1967年6月，叶企孙被以"反动权威"、"C·C大特务"之罪名，受学校一派红卫兵揪斗、关押、抄家、停薪、送黑帮劳改队。高音喇叭整日整夜喊叫"不投降就叫他灭亡"的口号，以致他一度神经错乱，犯有严重幻听症：他时而听到广播喊"打倒C·C大特务叶企孙"，时而又传来"周总理要叶企孙出来主持北大工作"的声音。次年4月，他被中央军委办公厅逮捕。关押、受审，受尽人格凌辱。因受"吕正操案"牵连，令其交代国民党C·C特务与熊大缜、吕正操以及天津抗日青年和其他党派人士的"勾结反共内幕"、"联络关系"等情况。一年半后，即1969年12月出狱，接受在校的"隔离审查"。此时的他，无儿无女，一无所有；头发蓬垢，布衣烂衫；腰系草绳，鞋履漏趾；双腿肿胀，裤裆湿尿；佝偻腰背，孑居于方寸斗室之中。又两年半后，即1972年5月，宣布"叶企孙的问题是敌我矛盾按人民内部矛盾处理"，才允许他与其侄子、侄女见面。是年，叶企孙74岁。

1972年周恩来总理指示：学校复课闹革命，保护高级知识分子，要给他们检查身体。正是在此指示下，叶企孙才被取消"隔离审查"。此时的叶企孙，身患严重丹毒症。在关押期间，由于小便失禁，被褥终日潮湿，衣服少有更换。为减轻痛苦，他整日整夜坐着，致使两腿肿胀，皮肤发黑变硬。自从周总理指示后，叶企孙得到安置，但病魔一直纠缠着他。双腿肿胀，步履维艰，丹毒症日愈加剧。他日夜坐在一把破旧藤椅上，以读书为乐。闻讯他出狱的师生们，如陈岱孙、吴有训、钱伟长、王竹溪、钱临照等，都偷偷地去看望他。他仍然纵论科学与科学教育，从不涉及在狱中事情及其感受。

1976年唐山大地震后，叶企孙被安置在一个既不挡风又不遮雨的地震棚里。这加速了他的病情恶化。1977年1月13日，一代伟人叶企孙与世长辞，享年79岁。

此后，叶企孙侄子叶铭汉、叶企孙高足钱伟长、王竹溪、沈克琦等不断为叶企孙冤假错案向中央及有关部门申述。1980年5月，吕正操将军冤案平反，叶企孙得到恢复部分名誉。1986 年 8 月，河北省委作出"关于熊大缜问题的平反决定"，熊大缜与叶企孙的"C·C 大特务"以及"策反八路军吕正操部队的历史问题"方得以洗雪。真相大白，苍穹落泪。叶企孙高大的爱国形象重新屹立于世人心间。1987 年 2 月 26 日，北大副校长沈克琦等撰写的"深切怀念叶企孙教授"一文最终在人民日报得以刊载。

叶企孙一生中得到许多荣誉。他是中央研究院评议员（1935~1940）和当然评议员（1940~1948），国民政府教育部学术审议委员会委员（1933~1948），1948 年当选中央研究院院士。1949 年当选新中国第一届人民政治协商会议代表。1950 年当选中华全国自然科学专门联合会（后改称中国科学技术协会）常务委员，中华全国科普协会委员。1955 年当选中国科学院数理化学部常务委员，还先后被选为中国科学院物理研究所、紫金山天文台、原子能研究所学术委员会委员，中国自然科学史研究委员会副主任委员。1954、1959 和 1964 年又分别当选第一、二、三届全国人民代表大会代表。

三、叶企孙主要论著

叶企孙. 1916. 考证商功. 清华学报，2（2）：59.

叶企孙. 1916-1917. 天学述略. 清华周刊，(84)-(103)（连载）.

叶企孙. 1917. 中国算学史略. 清华学报，1（6）：49.

Duane W, Palme H H, Yeh C S（叶企孙）. 1921. A remeasurement of the radiation constant h by means of X rays. J Opt Soc Am, 5: 376.

Duane W, Palme H H, Yeh C S. 1921. A remeasurement of the radiation constant h by means of X rays. Proc Natl Acad Sci USA, 7: 237.

Duane W, Palme H H, Yeh C S. 1921. A remeasurement of the radiation constant h by means of X rays. Phys Rev, 18: 98.

叶企孙. 1921. 用 X 射线重新测定辐射常数//戴念祖. 1993. 20 世纪上半叶中国物理学论文集粹. 长沙：湖南教育出版社：167.

叶企孙. 1925. 流态静压力对铁、钴和镍的磁导率的影响//戴念祖. 1993. 20 世纪上半叶中国物理学论文集粹. 长沙：湖南教育出版社：171.

Yeh C S. 1925. The effect of hydrostatic pressure on the magnetic permeability of iron, cobalt and nickel. Proc Am Acaol Arts Sci, 60: 503.

叶企孙. 1927. 清华学校大礼堂之听音困难及其改正. 清华学报，4（2）：1423.

叶企孙，郑衍芬. 1929. 初等物理实验. 北平：清华大学.

叶企孙. 1950. 萨本栋先生事略. 中国物理学报，7（5）：501.

叶企孙. 1959. 托里拆利的科学工作及其影响. 科学史集刊，(2)：14.

叶企孙. 1965. 几点意见. 自然辩证法研究通讯，(4)：47.

主要参考文献

沈克琦, 等. 1987-2-26. 深切怀念叶企孙教授. 人民日报. 第5版.
钱伟长. 1995. 一代师表叶企孙. 上海: 上海科学技术出版社.
刘克选, 等. 2000. 叶企孙传. 杭州: 浙江文艺出版社.
虞昊, 黄延复. 2000. 中国科技的基石——叶企孙和科学大师们. 上海: 复旦大学出版社.
邢军纪. 2008. 最后的大师——记中国当代物理科学宗师叶企孙. 十月, (5): 4.

撰写者

戴念祖(1942~), 中国科学院自然科学史研究所研究员, 首都师范大学物理系讲座教授。曾任自然科学史研究所物理学史和化学史研究室主任。1964年起随叶企孙研修物理学史。

何增禄*

何增禄（1898～1979），浙江诸暨人。物理学家和教育家，真空技术专家。1926年国立东南大学毕业，1930年赴美留学，1933年获加州理工学院硕士学位后回国，曾两度出任浙江大学物理系主任；在浙江大学创建了中国第一个光学仪器专业，并出任首届系主任。留学美国期间研究高真空技术，他以高超实验技巧成功地制成了多喷嘴型扩散泵，以"何氏喷嘴"和"何氏泵"而国际闻名，受到美国物理学界和技术界的广泛重视。同年，又进一步研究了扩散泵的设计理论问题，将泵的实际抽速与理想的最大抽速之比定义为"抽速系数"，这一概念的提出，为扩散泵的理论研究奠定了基础，成为当时美国实验物理学界杰出成就之一，从此之后，油扩散泵的设计制作不再是工艺技巧性的摸索，而是开始走上有理论指导的实际工作道路。进而，何增禄及其合作者又设计了高灵敏记录膨胀计来定量研究高真空度，他的这些成就虽是在20世纪30年代初期取得的，但至今仍被有关的高真空物理著作所引证。在光学研究方面，他在1949年提出光程改变引起光频率改变的理论，说明多普勒效应及"红移"现象是特例情况。1955年调入清华大学，为培养原子能类新专业所需高真空人才作出了积极的贡献。

一、生 平 概 要

何增禄于1898年8月13日出生于浙江省诸暨县（现诸暨市）一个农民家庭。1979年5月12日因病于北京逝世，享年81岁。

幼年先后就读于何村埠私塾和牌头镇同文小学。1914～1918年就读于诸暨县立中学。1919年考入南京高等师范学校（后改为国立东南大学）数理化部学习，与赵忠尧为同乡同校同学。入学后参加过五四运动，学习三年后因家境困难，放弃最后一年的学习，1922年起担任天津南开大学物理系助教。1926年复进国立东南大学继续学习，1927年毕业，获理学士学位。1927～1929年任清华大学助教。

---

* 特别感谢协助我进行关键性资料查询的夏学江、应纯同、田嘉禾、顾本广、郭奕玲教授，校图书馆研究馆员宋鸿国，现任北京印刷学院党委书记吴英禄，以及何增禄的研究生李一甸，何增禄的助教工程院院士安继刚等。

1930年9月留学美国。进加州理工学院（California Institute of Technology）深造，获理学硕士学位。

1933年10月回国，先任浙江大学副教授，后赴山东大学任教授。1936年4月竺可桢任浙大校长，何增禄邀山东大学年轻有为的王淦昌教授一起重返浙大任教，当年何先生升任浙大教授。1952年创建了光学仪器系。1955年应中国发展新科学技术的需要，清华大学正筹划建一些新专业，时任校长的蒋南翔通过高教部，将何增禄由浙大调入清华。1956年10月清华大学工程物理系成立，何增禄正式调入工物系。

1958年3月，被派往苏联杜布纳联合核子研究所（Объединённый Институт Ядерных Исследований，Дубна）任研究员，1959年回国，因腿疾住院有年。

"文化大革命"期间，清华大学以及工物系都属重灾区，何教授也被殃及，造反派进驻他居住的教授公寓，直到1968年7月27工宣队进校后才得以回家。后曾被安排在系资料室作资料管理的工作。

何增禄晚年身患肺癌等多种疾病，于1979年5月12日逝于北京。遗体告别仪式先曾在清华大学校医院殡仪室进行，仅工物系主任并部分教职工参与告别，后又在北京市八宝山革命公墓举行正式的追悼会，老校长蒋南翔和老友王淦昌等都亲临参加。

二、学术生涯

何增禄出生于一个贫寒的农民家庭，但他自幼奋进向上，自小学而中学，直至考入南京东南大学，始终保持优异的成绩。1930年9月自费留学美国，进入加州理工学院深造，并在该院诺曼布里奇（Norman Bridge）物理实验室研究高真空技术。1932年9月在罗彻斯特大学（University of Rochester）任助教同时研究光学。1933年3~8月又回加州理工学院完成学习，获美国的理学硕士学位。

何增禄是中国最早的国际上闻名的高真空技术专家。他在美国研究高真空技术期间，曾取得了一系列重要成就。

自从1915年德国盖德（W. Gaede）提出高真空扩散泵原理的设想，次年美国朗谬尔（I. Langmuir）制成世界上第一台水银扩散泵之后，高真空技术及其相关的实验技术，工业生产技术便迅速发展起来。但不久发现，水银蒸气的压力过高，限制了真空度的提高，因而又产生了人造有机油的玻璃扩散泵，之后水银扩散泵渐被淘汰。进而人们又做出了种种改进油扩散泵抽气速率的尝试。正值此时，1932年何增禄用其高超的实验技巧成功地制成了4喷嘴和7喷嘴扩散泵。泵体的多个喷嘴显著地增加了喷嘴缝的有效面积，扩大了箱体尺寸，并增加了狭缝上方的空间，使其阻力减至最小，从而使扩散泵的抽气速度达到恒定。当他的有关设计文章以"多喷嘴扩散泵"为题发表时，受到美国物理学界和技术界的广泛重视。

同年，何增禄又进一步研究了扩散泵的设计理论问题。他不仅分析了泵体中诸元件尺寸，距离与抽速的关系，而且将泵的实际抽速与理想的最大抽速之比定义为"抽速系数"。他在当年美国《物理》杂志上所发表的论文中首先提出"速度系数"的定义和表达式，后来被一些书籍和文献大量引用。这一概念的提出，体现了何增禄能就实验所得的结果，进行逻辑概括和推理的能力，为扩散泵的理论研究奠定了基础，对于高真空泵的设计，制造也具有重要意义，而且成为当时美国实验物理学界杰出成就之一。从此之后，油扩散泵的设计制作不再是工艺技巧性的摸索，而是开始走上有理论指导的实际工作道路。何增禄设计制造的多喷嘴扩散泵被称之为"何氏喷嘴"或"何氏泵"。后来人们以泵口直径为标准来评价泵的抽气效率，将这个系数分别定义为："何氏系数"为泵的实际抽速与泵体内径与顶嘴外径之间的环形抽气面积上按分子泻流计算的理论抽速之比；而"抽速系数"则为实际抽速与泵入口断面积上按分子泻流计算的理论抽速之比。这两个系数之间有一定换算关系。德国学者 R. Jaeckel 和 H G. Noller 分别又给何氏系数提出了新的表达式，便于计算。使何氏系数更加完善，在一些高真空泵的设计和改进上得到了广泛的应用。为了更好地定量研究高真空程度，何增禄及其合作者又设计了高灵敏记录膨胀计。这些成就虽是在 20 世纪 30 年代初期取得的，但至今仍在高真空技术及理论的发展过程中，发挥着先驱者的引领作用。

在光学方面，何增禄在 1949 年提出光程改变引起光频率改变的理论，说明多普勒效应及"红移"现象是特例情况。

1933 年 10 月回国，任浙江大学物理系副教授。但 1935 年秋，因当时的浙江大学校长独断专行，擅自将中华文化教育基金董事会拨给物理系购置仪器设备的外汇专款挪作他用，何增禄和物理系全系教师及多数学生愤然离校，到其他大学执教或转学。何出任了山东大学教授。

1936 年 4 月，竺可桢任浙大校长，何增禄重返浙大任教，正式升任教授。1940～1943 年、1947～1952 年两度出任物理系主任。虽然他不善辞令，但诚恳正直，热心助人，深得全系师生尊敬。

1952 年院系调整时浙江大学物理系被撤销，何增禄带领一批青年教师和技术员筹建了光学仪器系，并任系主任。这是中国第一个光学仪器系。为了使学生既学好理论，又能掌握实验技术，何除了关心各课程的实验环节外，还亲自拟订和准备物理光学及几何光学两门课程的实验。此外，建立了光学零件和仪器零件两个工艺实验室，不但满足了学生实验的需要，还自制仪器，充实各实验室，开出新实验，对教学和研究提供了方便。何还常常亲自参与仪器设计与加工，尤其是一些高精度的光学零件。当时所制作的精度极高的光胶合平面样品至今还保存在浙江大学光学仪器实验室。

何增禄还十分重视新建专业的科学研究。在繁忙的教学之外，他自制了一套水银扩散泵和油扩散泵高真空系统，用它来进行光学零件镀膜工艺的研究，同时研制出汞灯，钠灯，氢灯等光源和一些高真空器件。直到他北上到清华大学之前三年内，光学仪器专业已初具规模，教学井然有序。

1955年何增禄调入清华大学。最初作为国际闻名的高真空专家被暂留任在物理教研组，由校务委员会正式批准任物理实验室主任。何增禄为这一面向全校各专业的基础物理实验室制定了教学发展方向，开列出近六十个实验题目。

当年由机械系选拔为新专业需要正在物理教研组培训的年轻教师李一匋，被选派在何教授指导下学习真空技术，成为何指导的以"高真空泵设计与制造"为研究方向的研究生。结业答辩会由清华微波及真空专家孟昭英教授主持，在答辩过程中，孟的"请阐明什么是何氏系数"的提问，显示孟对何的器重和高度评价。后来李一匋在专业实验室负责建造同位素谱仪过程中，能充分发挥他从何教授那里学到的技术专长，也成为该领域的一名真空专家。

据一名曾担任过中级物理实验室主任的老师回忆，何增禄在物理教研组期间，年轻教师刘鑫森在研究和安排"克尔效应"的实验过程中，必须采用真空系统，因而得到了何增禄切实的指导，当年师从何的刘鑫森，对何教授佩服达到五体投地的程度，不仅从理论和实验技能上学习，有趣的是还从处世态度，讲话口气，行为举止上都模仿何先生。

1956年10月工程物理系成立，何增禄正式调入工物系，归入核物理专业，为指导和培养新专业不可或缺的高真空人才作贡献。先后为工物系最初由各系选调来的两届高年级优秀学生组成的物八班和物九班，开出高真空技术课，获得学生们普遍的好评。

一位当年物八班学生，如今已是中国医用加速器专家和技术领军人物的顾本广，回忆起当年何老授课的特点说："尽管何老一口南方口音，讲课却突出重点，内容精选，讲解透彻到位。我认真听讲做笔记，遗憾的是，这本笔记本已经丢失了，要不，把这本笔记本直接送去出版，会是一本很有价值的好书。我深深感到，能有这样一位对世界有贡献的老专家为我们上过课，真是自己毕生的荣幸。"

另一位原物八班学生田嘉禾，也从何教授那里获得过扎实的指导，后成为加速器专业有突出贡献的真空专家。在20世纪70年代参与全北京市医用加速器会战中，田嘉禾创造性地运用真空技术，与精加工技师结合，发明了用"真空吸盘"的方法，来实现对原质地偏柔软经受不起传统夹具夹压的无氧铜的精加工，突破了会战中的头一个大难关，首创头功。他回忆起当年何增禄的"真空技术"课程，写下了足有三页的回忆短文。文中记述：比起传统的无线电系电真空专业，就教学大纲和参考书的选用上，有很多特点和革新，很好地把握了工程物理各专业对真空技术要求的重点，真正做到了少而精地突出了相关理论和重要的技术数据，使学者在以后的工作中能够较熟练的加以应用。何增禄在讲课中也做到重点突出，深入浅出；在实验内容安排上也有独到的特点，加深了对讲授内容的感性认识，真正做到理论实际相结合。在获知要为何先生写传文后，曾师从何先生的田嘉禾，还特意从清华大学图书馆中借出了三册当年何老师曾选用的最有代表性的参考书：即①Scientific Foundations of Vacuum Technique，S. Dushman 著 1955 年版；②Vacuum Equipment and Techniques，A. Gulhrie 著，1949 年版；③真空的获得和测量 R. Jaeckel 著，1952 年版。田嘉禾从教学参考书中了解何增禄，在真空技术发展中的贡献和成果中，无论在原理上，装置设计上和设计理论上都起到了关键性的作用，这些成果在现代真空技术中仍有指导意义和使用价值。

1958 年 3 月至 1959 年 3 月，在苏联杜布纳联合核子研究所任职期间，主持了一项有关真空技术的课题（课题名称已无从考查）。

何增禄在核物理专业工作期间，十分重视对青年教师的培养。他常常身临实验室，以身作则，亲自动手，和大家一起干，何教授严谨的科学作风和重视实践的态度，教育了跟随他一起工作的年轻人。原物九班的学生安继刚后来是何教授名下的助手，从事用真空技术的手段，研究制造气体探测器的工作。他长期跟随何教授，与何老师有着深厚的感情，何老的身教言教深深地感染了他。安继刚长期从事研制的探测器，终于在 20 世纪 90 年代取得了成果，得到了王淦昌的首肯，于 1995 年获中国专利发明创造金奖，1996 年获教委科技进步一等奖。与此同时，得国际专利授权，认定为国际首创。安继刚已于 2005 年被推选为中国工程院院士。安继刚及当年核物理专业其他几位青年教师回忆，教研组的会议常选择在何教授家举行。据他们了解，何增禄和王淦昌，赵忠尧等几位老朋友都保持着良好的关系，有一次在何家开会的时候，亲见赵忠尧骑着自行车来探访何增禄。

在十年动乱的后期，何增禄被安排在工物系资料室工作，期间也体现出一位有学问老专家的执著精神。当年尚是一名工物系加速器专业青年教师的陈章武回忆，大约在 1972 年之后，他从事加速器微波电源的研究工作，曾到系资料室去借阅相关的参考书，是何老从分类书架上，找出了"磁控管发射机"那本书给他。显然，何老是相当内行和尽职的。

三、主 要 成 就

1. 首创多喷嘴扩散泵，为扩散泵的理论研究奠定了基础

1932年，何增禄首创多喷嘴扩散泵，所设计制造的多喷嘴扩散泵被人称之为"何氏喷嘴""何氏泵"。他进而研究了扩散泵的设计理论问题，不仅分析了泵体中诸元件各处尺寸，距离与抽速的关系，而且将泵的实际抽速与理想的最大抽速之比定义为"抽速系数"，首先提出"速度系数"（后人为了表彰他的贡献，将它称之为"何氏系数"）的定义和表达式。这一概念的提出，为扩散泵的理论研究奠定了基础，对于高真空泵的设计，制造也具有重要意义，而且成为当时美国实验物理学界杰出成就之一。

2. 创建中国第一个光学仪器专业

1952年，何增禄在浙江大学创建中国第一个光学仪器专业。他首先参考国外有关教学资料订出该专业的教学计划，并将它落实到教研室；同时指导青年教师，为他们创造条件准备开课。由他自己动手编写讲义，主讲物理光学课程。为扩大学生知识面，他又多次在上海聘请有关专家来校讲课或开设讲座。可以说，由于他的努力，该专业按教学计划开出了全部课程，而且达到了较高水平。

事实证明，他的努力为浙江大学光学仪器专业以后的成长与发展打下了良好基础，也对刚刚起步的中国光学工业起了促进作用。

3. 热爱祖国，献身教育，教书育人

1931年九一八事变后，各界人士愤慨至极，纷纷集会控诉日本侵华罪行。何增禄，丁绪宝，袁翰青等在美学生筹建"中国铁社"，社员们将工资的1/3至1/2捐助并鼓励学习军工的中国留学生，寄希望于他们学好本领，回祖国保家乡。

何与丁绪宝等人制定过"中国科学仪器厂计划书"，盼望能立足国内，自己制造仪器。他们在中国工程师学会美国分会和中国科学社美国分社的联合年会上宣告了这一计划，并上书国民政府教育部。遗憾的是，由于当时政府的无能，他们的计划又成未竟之业。然而，何先生坚持为国，锲而不舍，挫折反而又一次激励了何增禄，促使他更加发奋。他于1932年9月到罗彻斯特大学任助教，本意是要研究光学，学习国防技术。结果事不遂意，半年时间过去了，该大学仅让他学习磨镜和光

学玻璃加工等操作而已。此后，他又在美国物色愿来华工作的光学仪器专家，想在国内开办科学仪器厂，既有助于教学，又能应抗战之急需，仍旧得到事不如愿而作罢的结果。一颗悬念祖国安危的赤子之心何其纯真洁白。但身在异国，报国无门，最后他终于明白：回国才是他最正确的选择。

返回祖国后，何先生为中国教育事业贡献了毕生精力。何增禄非常注意培养青年教师和爱护学生。历史有力地见证到：何老当年所培育的青年师生，如今不少人都已成中国科技界或教育界的骨干，著名学者或有杰出贡献的科学家。

四、何增禄主要论著

Ho T L（何增禄）. 1931. High-vacuum pressure-control apparatus. Nat Acad Sci Proc，17：548.

Ho T L. 1932. Multiple nozzle diffusion pumps. Rev Sci Instrum，3：133.

Ho T L. 1932. Speed, Speed Factor and Power Input of Different Design of Diffusion Pumps and Remarks on Measurement of Speed. Phys，2：386.

Goetz A, Buchta J W, Ho T L. 1934. Recording dilatometer of high sensitivity. Rev Sci Instrum，5：428.

Lung W S, Ho T L. 1946. Change of frequency of a light wave by the variation of its optical path. Nature，158：63.

Lung W S, Ho T L. 1950. On the principle of the change of frequency of light. Sci Rec，3：191.

主要参考文献

解俊民，今星. 1996. 何增禄//沈克琦. 中国科学技术专家传略：理学编：物理学卷1. 石家庄：河北教育出版社：179.

杨乃恒. 2005. 何氏系数的定义，表达型式及其应用. 真空，(6)：1.

董太和. 2012. 缅怀光仪专业创建人何增禄教授//浙江大学光电信息工程学系60周年系庆.

撰写者

桂伟燮（1933~），清华大学工程物理系教授。1955年清华大学电机系毕业后留校，1956年工程物理系建立之初，与何增禄先后调入工程物理系，时正兼任系主任教学秘书，曾受委派陪同何增禄到上海交大、复旦大学、浙江大学考查访问。

杨肇燫

杨肇燫（1898～1974），物理学家、教育家、编译家。1918年考取清华学堂留美专科生，1922年获美国麻省理工学院电机系硕士学位后回国。曾任南京高等师范学校、北京大学物理系教授；曾协助丁西林创建中央研究院物理研究所，最早开展中国物理计量标准工作；曾任山东大学物理系主任兼教务长、校务委员会副主任和理学院院长，对中国的物理学教学作出了贡献。曾任中国科学院编译局编辑室主任、科学出版社副总编辑、副社长；中华全国科学技术普及协会常务委员；北京市物理学会理事长；"电工技术丛书"主编、"乙酉学社丛书"的总编辑以及《大学物理学》编委会主编等职。翻译编著过不少大学物理学教材和丛书。对中国物理学名词的统一和审订，对中国科学出版事业作出了杰出贡献。

一、生平概要

杨肇燫1898年8月20日出生于四川省潼南县，1974年4月11日在北京逝世，享年76岁。

杨肇燫的父母都有较高的文化修养，对子女管教颇严。杨肇燫自幼就读于家塾，父母的言传身教，塑造了他敦厚、耿直、自立的性格。父亲杨筱鲁（又名杨尚楷）在前清是个秀才，能诗文通史志，遂宁县庠生，以知县分发江苏试用，曾任江苏金坛县知县。随后杨肇燫随着母亲到了南京，宣统二年（1910）在南京进入锺英中学。辛亥革命后又随着父母到上海，先入的是民立中学。父母于1914年回了四川，杨肇燫1914年夏转入前交通部上海工业专门学校附属中学，毕业后升入电机科，读了三年。在南京、上海念中学期间，发奋苦读，读了不少英文名著，据他自己说，不少英文书熟读到"倒背如流"。明显的例证是在他六十多岁时曾为他小女杨先琇背诵过英国狄更斯著名小说《双城记》的第一段。可见在中学时期他便打下了熟练英文的基础。母亲陶香九通文墨拈笔咏絮，经常作诗，在她60岁（1927）时，将其诗作精选一百九十多首，编为《绣余草》诗集，由当时名流江瀚、胡适、江庸等作序，陈三立等题词，上海商务印书馆承印。

杨肇燫在父母的熏陶下，古汉语功底很深。他的岳父江庸是位法学泰斗、著名诗人，出版的诗作较多，新中国成立后出版的《江庸诗选》集其大成。他们翁婿二人甚是投缘，暇时总在一起谈诗论画。尤为珍贵的是一幅江庸特意写明送给他的对子，还有特意为他写、画的折扇（一面是江庸写的诗，一面是江庸画的竹子），都保留至今。

他严格教育子女，训练大儿子先培练书法，先培在十几岁时便能悬腕写出郑文公碑的扇面，保留至今。小儿子丹九从小在他的教育下背诵唐诗，至今仍能随口背出多首唐诗。三女儿在小学结业时，他写下了："常使胸中春意满，须知世上苦人多"的格言，教育她一生。小女先琇在西北工业大学教授英语时期，他还常写信辅导她进修英诗。

他年轻时怀抱着"科学救国"的理想，追求出国深造，等不及大学毕业，没有用家里一分钱（虽然他的祖父杨守鲁在潼南家乡设立了大学留洋助学金），于1918年考取清华学堂"庚子赔款"留美专科生，赴美国麻省理工学院（Massachusetts Institute of Technology，MIT）电机系学习。1922年获电机工程学硕士学位。

1922年回国，在南京高等师范学校（国立东南大学的前身）任工科教授，1923年在北京结婚后到北京西门子电机厂工程部任工程师，做了二年。由于他逐渐认识到物理学是理工学科的基础，毅然放弃熟悉的电机工程学与优厚的待遇，决心把自己毕生的精力奉献给物理学。1925年8月到北京大学任物理系教授，开始投入物理学的教育与科研事业。那时年轻充满理想与活力，还同时在浙江大学兼过短时期的课，在北京工业大学电机科兼任教授。

1928年受丁西林邀请，到中央研究院物理研究所任研究员兼秘书。1947年丁西林离开中央研究院到山东大学，杨肇燫也随同到山东大学任物理系主任兼教务长。新中国成立后任校务委员会副主任和理学院院长。1950年调到中国科学院编译局任编审，继而任编辑室主任，1954年后任科学出版社编审、副总编辑、副社长。曾任中华全国科学技术普及协会常务委员，中国物理学会北京分会理事长。历任"电工技术丛书"主编，"乙酉学社丛书"的总编辑以及《大学物理学》编委会主编等职。

二、贡献与成就

1. 协助丁西林创建中央研究院物理所和计量标准仪器检验室

1928年以后，杨肇燫任上海中央研究院物理研究所研究员兼秘书，与所长丁西林紧密配合，负责物理研究所日常工作及业务工作的具体组织领导。当时物理研究所研究、技术人员主要来自北京大学、东南大学、交通大学，杨肇燫为协调、团结三方面人员，起了很好的作用。他也曾担任一些外事接待工作，例如 1937 年著名物理学家玻尔（N. Bohr）来上海访问物理研究所，他曾担任玻尔作学术报告的翻译。他在物理研究所前后 20 年，为创建和管好物理研究所作出了很大贡献。

杨肇燫在丁西林的领导下，认为物理学是以实验为基础，实验离不了仪器，而当时所用的仪器几乎百分之一百是舶来品，在另一方面，实验的可靠与否要靠仪器的准确度，而当时一切标准的检验都要靠外国，这样科学如何能在中国生根！所以杨肇燫在王书庄等协助下，建立了一个计量标准仪器检验室。他们从国外购置电阻、电压、电流等一整套电学计量标准仪器，也自制一些标准基本量器，确立了涉及力学、热学、电学、光学、声学等几方面的鉴定方法，研制出长度、时间、质量等几方面的基本量器，并试图用以建立一套鉴定仪器的标准。这个检验室对社会开放，为研究所外的单位作过一些鉴定工作，如对电池的鉴定。后来由于抗日战争爆发，鉴定工作被迫停止，此工作虽然只进行两年多，但是这毕竟是中国关于鉴定科学仪器方面的开创性工作。

20 年代，中央研究院物理研究所设有仪器工场，除承担物理研究所经常所需仪器设备的加工制造外，还接受了许多所外任务，如航空测量用的实体映画器和校正仪，经纬仪和水平仪，以及地质、气象方面的仪器，小批生产了大学物理实验用的显微镜、分析天平、分光镜等，大批量生产了千分尺和游标卡尺。此外，该工场还大批生产了教学仪器。当时教育部一批订货单就有初中物理实验仪器 3000 套，高中物理实验仪器 600 套，化学示教仪器 2000 套。这些仪器都编有实验讲义，随箱发出。这些工作对中国教育事业和科学仪器事业的发展起过重要作用。这些工作是在丁西林领导下进行的，仪器工场由张季言具体负责。但是作为所长秘书的杨肇燫，承担了大量组织领导的实际工作。

在上海沦陷期间，杨肇燫虽然一家人面临着生计无着落的困难，他仍组织领导原物理研究所的在沪人员，担着风险，维持物理研究所（所址迁到上海法租界）留下的工厂，继续制造一些仪器，还为后方的一些有关单位修理仪器。1940 年后，由于日本侵略军统治加剧，工厂的"地下业务"被迫停止。仪器工场部分人员撤到桂林，部分技术人员和工人遣散留在上海，杨肇燫也留在上海。当时，物理研究所附属工厂留下了一些大型仪器，其中有些是从美国买来的，如标准频率仪，还有一些其他的标准仪器。杨肇燫与王书庄、赵元等人通过各种关系，将这些仪器分散藏在一些单位。抗战胜利后，他们将这些仪器完整无损地交还物理研究所，为保护大批仪器设备作出了贡献。

1941 年春，英国政府向中国外交部点名要求物理研究所的丁西林、杨肇燫、赵元、王书庄与英国人合作在香港办一个科学仪器厂，经政府同意，上述 4 人及有关玻璃工、金工数人即去香港筹办工厂。丁西林任董事长，杨肇燫任董事（他仍是物理研究所研究员），常驻工厂主持工作，王书庄、赵元任工程师，全部技术人员、工人均为中国人，英方负责把物理研究所一些设备从上海运到香港。可惜的是仅半年紧张繁忙的办厂筹建工作，却因太平洋战争突然爆发而被迫终止。这项工作从头到尾主要是杨肇燫联系办理的。

抗战胜利后，1945 年 8 月上旬中央研究院领导人电示杨肇燫在沪照料中央研究院的财产，他积极组织并主持了"四人照料委员会"，由杨肇燫、王书庄、朱振钧、张本茂等 4 人组成。他们认真负责地主持清点并接收了日军在齐祁路（今岳阳路）设立的"自然科学研究所"的全部财产，避免了日本侵略军撤离时国家财产遭受损失与破坏。当时委员会还邀请了研究院在沪的有关高级研究人员和著名科学家参加接收，其中有生物学家秉志、化学家曹惠群与王志稼等。杨肇燫在创建中央研究院物理研究所，抗日期间保护物理所作出了重大贡献，发挥了铺路石的作用。

2. 严谨治学，诲人不倦

杨肇燫一生中曾在几所大学任教，他治学严谨、教学认真、一丝不苟。他对学生的学业关怀备至，严格要求。1926 年夏，由于政局不稳，北京大学提前放暑假。为了使学生学到更多的知识，他不顾酷暑、牺牲自己休假的时间，主动为学生们补上电学课。讲课一月有余，每周三次，他的诲人不倦的精神感动了每一个学生。补课结束时，五位学生集资请老师与师母在北海公园吃饭，在北海公园濠濮涧桥上合影留念。

他与学生们的友谊是深厚的，在合作工作中，学生们与他配合默契，例如，1928 年后在中央研究院物理研究所从事科研工作时，他与他的学生王书庄、赵元等亲密合作，建立检验室与光学室等，在译书工作中，也几度与其学生合作。

1948 和 1949 年，杨肇燫在山东大学教了两轮二年级的电磁学课，王承瑞任助教。王承瑞回忆起这段往事，深有感触地写道："给我印象最深的是杨先生的严格要求并身体力行的作风。在我担任电磁学课助教时，每次习题作业，杨先生都要亲自过目审阅。在新中国成立前夕，学校动荡不安，学生上课缺席较多，杨先生总是一一了解，关怀备至，并坚持认真备课。他是我深为敬重的前辈师长，是中国物理学界的前驱。"

他一生为祖国培养了许多物理学以及其他学科的优秀人才，有些已是物理学科研究和教学方面的骨干，例如王普、郭贻诚、王书庄、赵元等。

3. 翻译、编辑和出版科技书刊

杨肇燫学识渊博,通晓英、德、法语,长期从事外国科学名著和外国大学数理化著名教科书的翻译工作。他所有的译作,不仅出色地达到了翻译的标准,而且具有一种独特的风格:内容新颖,适合国情,注重实用,不盲目崇拜,译风严谨。

1936 年出版了他翻译的《物质之新观念》[达尔文(C. G. Darwin)著]。在国内,该书较早地介绍了原子、电子、核、质子、光子、波、物质之绕射(即衍射)、测不准原理、不相容原理等新的概念与原理。书中印有汤姆孙(G. P. Thomson)所摄的相当精美的电子绕(衍)射的照片等 5 幅铜版图。这本书是当时较早介绍世界先进科研成果的译作。

他与裘维裕、杨孝述等人编译的全套电工技术丛书共 23 本。"编译之目的,系为训练电机工程事业各项中级工程师及高级技工之用,而大学生备作参考,以补大学教本略于实用之不足,裨益亦匪浅鲜。"他编译的《电工仪器及量度》以及他与庄标文编译的《瓦特小时计》二书即该丛书中之两本,在该书的"凡例"中写道:"本丛书一面采用国外已见成效之书籍为蓝本,一面力求适合国情,尽量加入国内已有之材料及法规,庶免隔阂之弊。""本丛书对于原书之优点,力为发挥,惟原书若有舛误或欠妥,亦不事盲从,而惟求其至是,不惮加以修正,以免遗误。"

他在译作中常指出原书不足之处,并加以修改、补充。在 1940 年翻译出版的《电学原理》[裴济(L. Page)与亚丹姆斯(N. I. Adams)著]上、下两册中,就向读者指出:"虽偶有含混之处,未能尽惬人意,如论电介质中应力之第十六段,即其一例,然小疵不掩大醇,是在用是书者之善为补充耳。"

1950~1951 年,在他翻译出版的《大学物理学》[席尔思(F. W. Sears)与齐曼思基(M. W. Zemansky)著]第一至三册中,注意补充了原著之不足:"原书对于表面张力,一字未提,未免是一缺憾,所以另从席氏所著《物理学原理》一书中摘译,作为第十三章的补遗。"

他所译的书,都充分地表现出他的精益求精、一丝不苟的作风。尤以《电学理论》一书最为突出,在该书的翻译中可见他英、法、德三国文字之功底以及严谨的译风。在该书的凡例中指出:"凡专门名词之初见者,则于所见页底注其相当之英、法、德名词,以便学者。其或为译者孤陋所未知,又或因各科文字习惯不同,本无其名者,则宁付阙如,以昭慎重,读者谅之。"

杨肇燫不仅自己翻译上述各图书,还积极促成多套科学丛书的编辑、出版,是一位出色的翻译工作组织者。1943~1944 年间,杨肇燫组织了陆学善、赵元、叶蕴理、王福山、裘维裕、周昌寿等10位专家教授翻译欧美的科学名著。那时虽然生活很艰苦，但他们仍盼望着祖国复兴，关怀着祖国科学的发展。他们商定译出乙酉学社丛书第一集，数学方面有2本：《微积分》、《微分方程原理》；物理学方面有6本：《力学》、《热学及声学》、《电学及磁学》、《光学》、《原子物理学》、《电学》，理论物理方面有2本：《力学概论》、《可变形体力学》，化学方面有2本：《化学原理》、《化学参考书》。他被推为总编辑。

1948年翻译出版的《电学理论》，由杨肇燫翻译（山东大学物理系王承瑞担任校译），是乙酉学社丛书集中物理学方面的第一本，该书原著为德国电学专家亚伯拉罕（M. Abraham）之杰作，译时主要采用德文原著，也参照英译本。在翻译该书的缘起中写道："认为国内文化界中最感贫乏者，莫过于大学所需严正科学之教本，补救之道则莫善于迻译国外名著。盖泰西名家著述既正确可靠，且由经验所积，深合讲授之用，况当前需要至亟，尤须争取时间，为求克期观成，则译述尚焉。"可见他十分注重介绍外国名著，对于大学物理教学的关切之心跃然纸上。

自从他翻译的第一本书于1936年问世以后，直至1952年中国开始实行大学教学改革，在这期间不少大学理工科采用他翻译或组织翻译的教科书作为教材或主要参考书。因此那时的理工科学生都从他翻译的这些物理教科书、参考书上熟悉了他的名字。

他担任中国科学院编译局和科学出版社领导工作以后，与杨钟健、周太玄等科学家合作，对我国科学书刊的出版事业，贡献甚多。他积极推动科学家、翻译家编写和翻译大量的自然科学书刊。除图书以外，当时科学出版社曾出版期刊近100种。他曾不辞辛劳，亲自率领编辑们赴南方几个城市作调查研究，访问当地著名科学家，并按学科邀集有关专家座谈，亲自主持会议，盛情约稿，语多亲切，深得人心。

中国科学院创办进行国际交流的《中国科学》与《科学通报》两种均有中、外文版的刊物后，在他担任该两刊的编辑室主任时。均亲自审查和校订论文，还曾以英语翻译了重要的论文。他的知识广博，措辞明确简洁，流畅隽永，凡外语论文经他精心修改之后，便可达到通畅的程度。与他共事的老编辑至今怀念他流利精通与高效率的英文文字工作。尽管工作繁忙，他仍亲自翻译毕尔斯（Y. Beears）著《误差理论简引》（1958年出版）。杨肇燫对于中国科学书刊出版事业的发展，作出了积极、重大的贡献。

4. 主持统一与译订中国的物理学名词

杨肇燫在中国物理学会成立后，先后任名词审查委员会副主任、主任，1935年还被选为评议员。他对中国物理学名词的统一与审定作出过突出的贡献。1933年国立编译馆请中国物理学会提出物理学名词译名的初稿并审核物理学名词，成立了物理学名词审查委员会，该委员会共7人，杨肇燫为主任委员，其他6人有吴有训、周昌寿、何育杰、裘维裕、王守竞、严济慈。同年8月21日至9月2日，在中央研究院物理研究所召开了第一次名词审查会议，杨肇燫对此工作甚是积极，每日必到，并深入研究。钱临照记得当时议及damping一词，有译"减幅"、"阻迟"等说，总觉未妥。翌日继续开会，杨肇燫一到会即说，昨夜忽得一"尼"字有逐步减阻之意，大家都称赞，遂定译为"阻尼"，至今仍被采用。在该会议上共审定名词5000余则，连同报告书交物理学会评议会通过，于10月间寄交编译馆，多年来中国未成系统的物理学译名事业，乃由该委员会综其大成。1934年1月31日教育部核定公布了中国物理学会编订的物理学名词。编译馆于1934年出版了《物理学名词》，杨肇燫为该书编委会主任委员。

在杨肇燫一生所译的各种书中，对每一译词总是反复推敲，以期做到严格确切，校正原文中含糊或易混淆的内容。在他翻译的几乎每本书的译者序中都必提及译文所用物理学名词或为1934年教育部所公布者，间有少数名词于行文时感其不能适用者，或有为公布名词中所无者，则用提经某丛书编辑会议通过之名词，或以私意另定之。其中尤以《电学理论》一书最为突出，在该书的"凡例"中指出："凡专门名词之初见者，则于所见页底注其相当之英、法、德名词，以便学者，其或为译者孤陋所未知，又或因各种文字习惯不同，本无其名者，则宁付阙如，以昭慎重，读者谅之"。在"译者序"中有："又或偶有因习惯之各异，一种文字中之名词，在他二种文字中无恰当同义字者（例如德文中之Aufpunkt，在英、法文中绝不见用），亦不强加蛇足，读者谅焉"。杨肇燫在翻译物理学名词方面堪称国内的楷模。

在上海沦陷时期，他还自告奋勇组织陆学善等几位学者对物理学名词进行补充工作，每1~2周讨论一次。陆学善1979年5月29日回忆道："那时我们在上海见面时不谈艰苦的生活，只谈名词翻译，有时几天讨论一个名词，非常认真，讨论定下的名词编写成书，自己出钱，装订成册"。"新中国成立后，我们把在上海沦陷期间所做的工作成果交给物理学会，郭沫若在文教委员会成立名词统一委员会，下设7人小组（王竹溪、王淦昌、万嗣樱、孙念台、陆学善、葛庭燧、杨肇燫），其中杨先生和我是代表原来在沪搞名词工作的方面，《物理学名词》1952年9月版，是根据我们在上海编订的《物理学名词增订稿》补充修订的，原列名词5314条，增删之后，总计共得审订的名词9696条，《序例》是杨先生写的，对于该版本投入最大力量的是杨先生，他不为名不为利，在这种默默无闻、极易被人们忽视的审定物理学名词的事业中,倾注了自己一生中宝贵的心血"。

新中国成立后,在杨肇燫主编之下,编订新的《英汉物理学词汇》,他驾轻就熟,工作细致,这本物理学词汇出版以后,深受物理学界和高等学校师生的欢迎。

杨肇燫为统一、翻译、审订中国的物理学名词奠定了基础,作出了不可磨灭的重大贡献,值得后人永远纪念。

5. 热心科普工作

1925 年,杨肇燫在北京大学的《现代评论》上曾发表中国第一篇说明物理共振现象的文章,题为《唐人曹绍夔所知道的"同情震动"》,是中国最早的科普作品之一,新中国成立后,他热切关注中国的科普工作,关注物理学在中学的教育与普及,积极推动发表物理学的科普文章。

他是《物理通报》第一任(1951~1957 年)主编,副主编是黄昆,汪世清、雷树人。那时他常参加中学物理教师的集会,谦虚听取意见,改进该刊的工作,还经常利用星期日与副主编、责任编辑讨论稿件之取舍与编排,有时在黄昆家,大多在杨肇燫家,大家从来不计付报酬,完全是尽义务,更没有互相之间的请客吃饭,他审改文章时常常字斟句酌,工作到深夜,他做了大量默默无闻的工作。1954 年,他曾参加茅以升率领的科普访苏代表团赴苏联访问。回来后,他在科学出版社亲自担任科普出版室主任,热情积极地推动组织各个学科的科普出版工作,在科普出版工作中也发挥了铺路石的作用。

杨肇燫工作一贯认真负责,勤恳踏实,不计个人名利,特别是在新中国成立后,他为能够有一个和平而安定的工作环境激动不已,决心为中国的科学事业奉献自己的余生,以极大的热情、高效率的工作作风投入工作。

1951 年,他加入九三学社,先后被选为该社的中央委员、中央常务委员,中国科学院九三学社的主任委员。

1957 年他不幸被错划为右派,但他始终认真工作,虽年逾花甲,坚持乘公共汽车,远赴通县中国科学院印刷厂。亲自改校《中国科学》外文版的校样,工作细致勤恳。"文化大革命"中他又遭厄运,家被抄了,他的珍贵文稿也丧失殆尽,现在只留下他的姻弟江靖珍藏的 1941 年除夕他流亡广州用章草写的一个扇面,写的是他作的一首七言律诗。他还被剥夺了一切工作的权利,带着无限的遗憾离开了他挚爱的科学世界。

杨肇燫一生为人耿直,刚正不阿。他是一位优秀的科学家、翻译家、编辑家,为祖国培养科学人才,发展科学事业,贡献毕生的精力。在伟大艰巨的科学征程上,他是一颗闪亮的铺路石。

三、杨肇燫主要论著

Darwin C G. 1936. 物质之新观念. 杨肇燫, 译. 上海: 商务印书馆.

Page L, Adama N I. 1940. 电学原理. 杨肇燫, 译. 上海: 商务印书馆.

杨肇燫. 1944. 电工仪器及量度. 上海: 电工图书出版社.

杨肇燫, 庄标文. 1944. 瓦特小时计. 上海: 电工图书出版社.

Abraham M. 1948. 电学理论. 杨肇燫, 译. 上海: 中华书局.

Sears F W, Zemans Ky M W. 1950-1951. 大学物理学. 杨肇燫, 编译. 上海: 中华书局.

Beears Y. 1958. 误差理论简引. 杨肇燫, 译. 北京: 科学出版社.

主要参考文献

国立编译馆. 1934. 物理学名词. 上海: 商务印书馆.

王书庄. 1982. 怀念丁西林老师. 物理, 11 (11): 643.

中国物理学会. 1983. 中国物理学会第二、三、四次年会报告资料. 物理, 12 (6): 376.

宗真. 1986. 为科技书刊出版贡献甚多的杨肇燫//中共中央宣传部出版局. 编辑家列传一. 北京: 中国展望出版社: 47.

钱临照. 1987-12-8. 物理学名词审定的早期工作——怀念杨肇燫、陆学善. 科技日报, 第4版.

撰写者

杨先珏（1933~），四川潼南人，副编审。曾任《高能物理与核物理》、《高能物理》编辑部负责人。1992年12月获北京科学技术期刊编辑学会《老编辑金奖》。是杨肇燫之女。

严济慈

严济慈（1901～1996），浙江东阳人。物理学家和教育家。中国现代物理学奠基人之一。中国科学院学部委员（院士）。1923 年东南大学毕业后赴法国深造，1925 年获巴黎大学硕士学位，1927 年获法国国家科学博士学位，1930 年回国。曾任北平研究院物理研究所所长兼镭学研究所所长，中国物理学会理事长等。1946 年获国民政府颁发的三等景星勋章。1948 年当选中央研究院院士。新中国成立后，曾任中国科学院应用物理研究所所长，东北分院院长；技术科学部主任；国务院科学规划委员会委员；中国科学院副院长、学部主席团执行主席；中国科学技术大学校长；《中国科学》、《科学通报》主编；中国科学技术协会副主席等。他创建并主持北平研究院物理研究所和镭学研究所，在压电晶体学、光谱学、大气物理学、压力对照相乳胶的感光效应以及光学仪器研制等方面作出了开创性的贡献。他参与创建中国科学院应用物理研究所、东北分院和中国科学技术大学，编著《普通物理学》、《电磁学》等教科书，为新中国培养了一批物理学家。他在制定与实施中国科学技术发展规划、开展新兴学科研究、组织科学技术重点攻关以及促进中外学术交流等方面作出了突出贡献。1988 年获法国荣誉军团勋章。

一、学术生涯

1. 求学、深造之路

1901 年 1 月 23 日，严济慈（曾用名严寓慈）出生在浙江省东阳县横店下湖严村一户农民家中。

父亲严道范（树培），弟兄 3 人排行老大，很早便挑起家庭重担。严济慈 7 岁时，父亲和叔叔分家另立门户，分得祖产不过两亩薄田。幸好祖上有一爿中药铺，严树培懂一点医道，农忙时下田耕耘，村里有人抓药瞧病，他又是郎中和药铺的掌柜。每到农闲，严树培还做点小本生意，维持一家人的温饱。

严济慈上有两个姐姐，下有一弟一妹。由于他是长子，7 岁时被送进严家祠堂的蒙馆，接受启蒙教育。9岁时，转入本村时化小学学习。

八九岁的时候，严济慈在父亲的指导下学会了打算盘，小小年纪的严济慈便帮助父亲清理中药铺的账目。一次，父亲买回一本《笔算数学》给了严济慈。村里没有人学过数学，也找不到老师可以请教，严济慈便一道一道题反复演算，这本数学入门书硬是被他啃了下来。此后，他对数学的兴趣越来越浓了。

1912年2月，他插班就读于东阳县城天官第广益小学，1913年12月小学毕业。喜爱他的国文老师将他的学名由寓慈改为济慈。

1914年2月，13岁的严济慈以第一名考取东阳县立中学。

旧制中学四年中，严济慈几乎年年都是第一名，尤以擅解数学难题、怪题闻名于学校。当时东阳县立中学的英文教员是翻译家傅东华，受傅东华的影响，严济慈在中学时代就打下了很好的英文基础。为鼓励严济慈，傅东华为他取字"慕光"。

1918年夏，严济慈以优异成绩中学毕业，来到省城杭州参加全国6个大区高等师范学校的联合招生考试。考虑到家庭经济困难，而高等师范不仅不要交学费，还供给食宿，严济慈欣然报考了离家最近的南京高等师范学校。随后又报考了南京河海工程学校（免交学费，但需食宿自理）。他不仅同时考上了这两所大学，而且名冠全省第一，成为东阳县立中学建校以来第一个考上高等学校的毕业生。他选择了南京高等师范学校，并在该校全国招生复试中再获第一名。

严济慈入学这年，选学商业专修科。次年他转入工业专修科，从一年级读起。到了1920年，严济慈又改学数理化学部，从二年级读起。次年成立东南大学，与南京高等师范合在一起，因此严济慈在1923年毕业时，既是毕业于南京高等师范学校数理化学部，又是毕业于东南大学物理系，获理学士学位。

在南京高等师范学校学习期间，严济慈成绩优异，深得数学家何鲁、熊庆来和物理学家胡刚复教授的赏识。

何鲁（1894～1973），四川广安人，1919年从法国里昂大学获硕士学位后回国，应聘到南京高等师范学校教数学，所用教材虽取自法国中学课本，但内容比较艰深，普遍反映听不懂，遭到学生的抵制，甚至酿起学生的罢课。但是何鲁先生并不因为学生的罢课而改变初衷，上课铃一响，他仍然挟着讲义走进教室，因为在空荡荡的教室里还有几名学生听他讲课，其中就有成绩最优秀的严济慈，只有他能够听懂何鲁先生的课。下课后，他还把严济慈叫到家里单独给他授课。

1920年夏，何鲁先生离开南京高师，先后应聘到上海中法通惠工商学校、大同大学、中国公学任教，他们师生的交谊并未中断。何鲁先生在校内有一幢住宅，每逢暑期他和夫人去北京度夏，便让严济慈到上海来住在他的寓所里用功读书。因此从 1920～1922 年的 3 年暑假，严济慈便住在何鲁先生家里，他整天关在安静的书斋里，自学法文，大量阅读何鲁先生带回的法国大学教材，为日后赴法留学打下了良好的基础。

何鲁先生还向继任者熊庆来教授郑重举荐严济慈，严很快成为熊庆来的得意门生。在几位恩师推荐下，严济慈被聘为南京高等师范学校附属中学和东南大学暑期学校的兼课数学老师。课余，他还常帮助胡刚复管理设在成贤街文德里的中国科学社图书室，并代为预审《科学》杂志的稿件。

还在高等师范念四年级时，严济慈就写出了他的处女作《初中算术》和《几何证题法》两本书。《初中算术》这本书是应商务印书馆编译所所长王云五之约编写的，并被教育部审定为教科书，一直使用到 1940 年，还被东南亚一些国家采用。原来，王云五和何鲁是师生之交，在南洋公学教过何鲁的英文。王云五在何鲁的家中见到严济慈，听何鲁介绍后，立即请严济慈编写这本《初中算术》的教科书。至于《几何证题法》一书，是严济慈在东南大学暑期学校教书时的讲稿经编纂而成书的。后来这两本书都在商务印书馆出版（前者在 1923 年初版，后者在严济慈留法归来审校后于 1928 年初版，以后皆多次再版）。中国早期的许多数学家，大都是读了严济慈这两本书而跨入数学王国之门的。

1923 年夏，严济慈在《科学》杂志上发表了 3 篇论文，中国科学社破格接收他为正式社员。

当严济慈以第一名的优异成绩大学毕业时，何鲁、熊庆来和胡刚复教授一致鼓励他到法国留学。当时到法国留学是自费的，不过由于有两本书的版税以及南京高师附属中学和东南大学暑期学校的酬金，加上何鲁、熊庆来和胡刚复三位恩师的慷慨解囊，以及未来岳丈（1923 年 8 月 8 日与未婚妻张宗英订婚）的资助，严济慈筹足了去法国的川资，1923 年 11 月到达法国。他雄心勃勃地把目标定在巴黎大学（Université de Paris）理学院。

他先在巴黎郊区梅陵（Melum）的一所中学补习了半年法语，主要是口语。1924 年 5 月来到巴黎，在巴黎大学注册后，便赶上了 7 月考试。

严济慈对法国高等学校的数学、物理这些必修课并不陌生，他早就自修过有关的教科书，在梅陵补习法文时，还特地选修了数学等专业课，以训练听力。听说马上举行夏季考试，虽然还没在巴黎大学上过一天课，严济慈仍跃跃欲试，决定试一试自己的实力。

严济慈报名参加了高等数学的考试。果然，考试很顺利，成绩是甲等，他马上取得了巴黎大学的第一张文凭。

他住在拉丁区冈姆路的一家小旅馆，这里距巴黎大学很近，走路不过 5 分钟路程。严济慈每日从旅馆，到教室，到图书馆，到实验室。他选修了 3 门主课：微积分学，理论力学，普通物理学。他以东方人的顽强毅力刻苦攻读，摈弃了一切无谓的应酬和青年人应该享受的娱乐。

仅仅过了一年，1925 年 6～7 月，严济慈就顺利通过了 3 门主课的考试。在普通物理口试时，主考老师——法国物理学家夏尔·法布里（C. Fabry，法布里-珀罗干涉仪的发明者）满意地对严济慈说："先生，你的笔试很好，是最好者之一。"严济慈，这个从来不被人们注意的衣着朴素、不苟言笑的中国留学生的名字（Ny Tsi-Zé），一夜之间传遍了整个巴黎大学。人们不仅知道他用一年时间就考取 3 门主课的文凭，获得了巴黎大学授予的理学硕士学位，而且在索尔邦校园布告栏上公布的普通物理学笔试成绩单上，严济慈在 200 多名考生中名列甲等第五。

严济慈随即写了一封信给夏尔·法布里，期望得到这位著名物理学家的进一步指导。到了预约的时间，夏尔·法布里在他的实验室会见了严济慈。当他知道严济慈来法国才一年多时间就顺利完成了大学学业，不禁十分吃惊。

"这样吧，你可以到我的实验室从事研究工作。"夏尔·法布里欣然接受了严济慈。这年秋天，严济慈开始了他的博士论文——精确测定居里压电效应"反现象"的实验研究。

早在 1880 年，法国物理学家比埃尔·居里（P. Curie）和他的哥哥雅克·居里（J. Curie）共同发现了晶体压电效应，提出了"居里对称原则"的设想。他们发现，水晶片（即石英）加压后两面即可产生正电和负电，这就是晶体压电现象。他们进一步发现，对一定面积的水晶片施加一定压力，产生的电量是一个常数，此即居里定律。他们进而推断，反之，如果在水晶片的两面加上电场，水晶也将发生缩短或拉长的反应而改变它的厚薄，这就是晶体压电效应的反现象。

比埃尔·居里的老师李普曼（G. Lippmann）认为，从理论上讲，晶体压电效应的正现象和反现象都是客观存在的，两个系数应该相等。居里通过实验测试，证明了晶体压电效应的反现象是存在的，但是如何从实验上测出它的数据，进一步验证它的存在，却一直是未能解决的难题。

精确测定 40 多年来物理学界一直没有解决的居里压电效应反现象，是夏尔·法布里给严济慈选定的研究课题。

水晶片两面通电以后，其厚薄改变微乎其微，只有亿分之一到百万分之一厘米，用普通的机械方法是不可能测得的。如何测定这微小的数量变化，必须找到一种新的、前所未有的、极其精确的"尺子"。经过几个月的摸索和实验，经历了一次又一次失败，严济慈终于找到了一把新的尺子，这就是单色光！

他创造性地采用单色光干涉法测量，精确测定晶体通电后的体积变化，发现电压不超过 3000 伏时，晶片厚度的形变符合居里定律，系数为 6.4×10^{-8}，与理论结果符合。

他的博士论文题目是《石英在电场下的形变及其光学特性变化的实验研究》，比夏尔·法布里原来给他的题目《石英在电场下的形变》又有了扩展，还发现了光双折射的新效应。

碰巧的是，夏尔·法布里这时当选为法国科学院院士。按照惯例，在法国科学院举行的例会上，新当选的院士要宣读论文。于是，在夏尔·法布里首次出席法国科学院的例会时，宣读了在他的指导下由严济慈完成的博士论文。这对严济慈来说是极大的荣誉，也是对他的研究成果高度的评价。

法国科学院第一次宣读一位中国科学家的论文，使夏尔·法布里院士的就职成为轰动巴黎的新闻。第二天，《巴黎晨报》等报纸作了报道，并刊登了严济慈和导师夏尔·法布里两人的照片。实验室的法国科学家说道："我们的老师是以指导你的工作开始他的院士生涯的。"

1927 年 6 月，严济慈顺利地通过了论文答辩，获法国国家科学博士学位。他很感谢夏尔·法布里的栽培，但已归心似箭，渴望回到离别多年的祖国。

1927 年 8 月，严济慈回到上海。同年 11 月 11 日，在上海与张宗英结为伉俪，张是东南大学第一批毕业的女大学生。

回国之后，严济慈受聘为上海、南京的 4 所大学的数学、物理学教授，这 4 所大学是大同大学、中国公学、暨南大学（上海真如）和第四中山大学（原东南大学）。每周课时多达 27 小时，加上学校在两个城市，他不得不每两周便往来于沪宁线上，连星期天也不得休息。此时，刚刚成立的中央研究院聘请他为理化实业研究所筹备委员。1928 年夏天，他出席了在苏州召开的中国科学社年会，被选为理事。

1928 年夏，刚刚回国一年的严济慈作出了一个惊人的决定：辞去待遇甚丰的职务，放弃优裕安定的生活，再赴法国深造。

在为他举行的欢送会上，好心的朋友们旁敲侧击，企图窥探其中秘密，不料严济慈微微一笑，极为诚恳地说："我是代替我的儿子去留学的！我希望能把西方的先进科学真正学到手，使科学研究在中国这块土地上生根。这样，到了我的儿子这一辈，他们就无需漂洋过海去留学了。到那时候，我们中国也会有根深叶茂的自然科学了……"

"要使科学研究在中国土地上生根！"这是严济慈毕生追求的目标。回国一年来，他时刻关注着西方近代物理学日新月异的变化。当时国内现代物理学刚刚起步，无论是学科门类、研究手段还是实验设备，都相当落后。不久前，他获得中华教育文化基金会第一届第一名甲种补助金，于是决定利用这次难得的机会，再次赴法深造，以便回国后更好地开展科学研究，发展中国科学事业。

1928年冬天，严济慈偕夫人张宗英到了法国。此后两年间，先在他的老师、巴黎大学法布里实验室（Lab. de M. Ch. Fabry）从事光谱学研究。然后又去居里实验室（Lab. de P. Curie），帮助居里夫人（Mme. M. Curie）安装调试显微光度计，并做了有关干涉现象的测量工作。再后又去法国科学院戈登大电磁铁实验室（Lab. de Grand Electro-aimant à Bellvue, France），对安利森（F. Allison）的论文《X光通过磁场在一种液体中的两效应》进行验证，严济慈研究的结果是否定了安利森的结论。

两年紧张的研究工作，严济慈共发表了7篇论文，对物理学前沿学科的进展和现状有了清晰的了解，而且对如何在中国开展物理学研究，他心中有数了。

1930年底，严济慈偕夫人张宗英从欧洲取道苏联，经西伯利亚大铁路回国。他第一次来到北平，立即爱上了这里古色古香的风貌。他对妻子说："北平挺好的，我们就在这儿住下吧……"

严济慈决心留在北平，不再南下，客观上说，是由于1929年9月国立北平研究院成立（院部设在中南海），北平研究院院长李石曾正式邀请严济慈接任领导物理研究所和筹建镭学研究所，更为重要的是，当时的北平随着政治中心的南移变得分外冷清，许多人都到南京、上海去了，这对严济慈来说恰恰是求之不得的。他需要安静，需要充裕的时间，需要像在巴黎那样把自己关进实验室里，不受任何干扰，专心致志地从事科学研究。

物理研究所设在东皇城根42号，与北平研究院化学研究所等合用一栋三层大楼，遂称理化大楼。严济慈的家住在弓弦胡同。每天，严济慈早早来到研究所，一头就扎进实验室。为了一心一意搞研究，当时北大、清华聘请他兼课，他全都拒绝了。

从1930年定居北平，一直到1938年，是严济慈一生从事科学研究的重要阶段。这个时期他在物理学的许多领域一直走在世界的前列。

严济慈的科学探索，可分为法国时期和北平时期，在此期间，他发表的论文共53篇，前11篇代表了他在法国的研究成果，后42篇则是在北平研究院物理研究所期间，由他和他指导下的青年科研人员合作完成的。53篇论文中，法文40篇、英文12篇、德文1篇，除4篇在 *Chinese Journal of Physics*［英文版《中国物理学报》］

发表外，均刊登在法、英、美、德等国的权威学术刊物上，例如：*Comptes Rendus des Séances de l'Académie des Sciences* ［《法国科学院周刊》］、*Nature* ［英国《自然》杂志］、*Physical Review* ［美国《物理评论》］等。

这是一个学术丰收的时期。严济慈领导的北平研究院物理研究所成果累累，人才辈出，誉满科坛，闻名欧美。

1935 年 1 月 18 日，严济慈与法国物理学家约里奥–居里（F. Joliot-Curie）、苏联物理学家卡皮察（P. Kapitza）同时被法国物理学会（Société Française de Physique）选为理事。

2. 抗战岁月

严济慈不仅是一位杰出的科学家，而且是一位爱国主义者。

1937 年 5 月，严济慈启程赴法国和瑞士陆续出席 5 个会议。作为中国代表，他将出席在巴黎召开的国际文化合作会议和在日内瓦召开的国际教育会议，以及巴黎世界博览会科学发明陈列馆会议；年底，他将出席法国物理学会理事会。另外，还将出席他的导师夏尔·法布里从事科学教育 50 年的庆祝会。

刚到巴黎一个星期，震惊中外的卢沟桥事变爆发了。日本侵略者正在实施吞并中国的罪恶企图，中华民族已经到了最危险的时候。

7 月中旬，严济慈出席国际文化合作会议，当会议转入讨论保护文物古迹议题时，严济慈走上讲坛，慷慨陈词："请大家注意一个现实问题，此刻，就在我们神圣的会议正在讨论保护各国文物古迹的时候，日本侵略者扬言威胁要轰炸北平。"严济慈郑重指出："北平是闻名于世的千年古都，我要请世界舆论公开谴责日本侵略者这一毁灭文化的罪恶企图……"

会议结束后，许多好心的法国科学界朋友都劝他留下，把家属接到法国来。当时他的妻子和几个孩子都在北平。

然而严济慈不这样想。当祖国处于生死存亡的时刻，作为一名科学家，他不能袖手旁观，更不能置身于抗日战争的烽火之外，虽然他不能拿起刀枪到战场上与敌人拼杀，然而他有他的岗位，他可以用自己的知识为抗战效力。

这时发生了一件重要事件：一天，李石曾找到严济慈，说有一位中共旅欧领导人从莫斯科到巴黎来，要会晤法国物理学家朗之万（P. Langevin），请严济慈帮助联系。朗之万在法国的威望很高，是一位进步的社会活动家。他是严济慈的老师，1931 年曾访问中国，在北平期间是由严济慈接待的。

这位中共旅欧领导人便是前来法国宣传中国抗战的吴玉章，他与李石曾同为 20

世纪初中国组织领导旅法勤工俭学运动的前辈。严济慈立即找到朗之万，安排他们会面。由于朗之万的大力支持，吴玉章在巴黎举行的多次公共集会上，向法国人民宣传了中国正在进行中的抗战事业，严济慈也应邀出席了这些集会。

1938年初，严济慈按原计划启程回国，他从巴黎到马赛，中途应里昂大学（Université de Lyon）天文台台长之邀，参观了该天文台。这时法国《里昂进步报》一名记者采访了严济慈。严济慈在言谈中表示，中国是绝不会灭亡的，中国人民的抗战是正义的事业，不管战争要持续多久，情况多么险恶，最后胜利必将属于中国人民。"作为我个人来说，我将和四万万同胞同赴国难。我虽是一介书生，不能到前方出力，但是我要立即回到我的祖国，和千千万万中国的读书人一起，为神圣的抗战贡献我们的绵薄之力……"

次日，《里昂进步报》发表的消息，正是严济慈对记者谈话的内容，只不过法国记者误解了严济慈的意思，在报道中声称严济慈将率领大批赴法留学生回国投入抗战云云。

消息传来，严济慈已在回国的船上。关心他命运的朋友拍来加急电报，提醒他千万不能到上海登岸，因为他的谈话必定会再次引起日本侵略者的注意，会危及他的安全。果然，日本特务机关加强了对严济慈在北平住家的监视。

严济慈原定计划是船到上海后，再去北平，现在他不得不改变初衷，到大后方去。于是船抵香港时，他悄悄上岸。在香港等候多日，与逃出北平的妻儿老小会合后，严济慈率家人辗转从香港经越南抵达云南昆明。

一到昆明，严济慈思考再三，决定将北平研究院物理研究所南迁，在昆明北郊的黑龙潭龙泉观安顿下来。

抗战期间，限于条件很难开展科学研究，严济慈决定把研究工作转向为抗战服务，凡是对抗战有帮助的，他都乐于承担。英国学者李约瑟（J. Needham）曾多次到访该所，在著述中称其"完全转向了战时工作"。当时，敌机频繁空袭大后方，防空警报器的自动控制系统遂成为亟待解决的课题。国民政府军政部兵工署及中央无线电器材厂也需要大批光学玻璃和水晶振荡器来生产后方电台和军用无线电收发报机，严济慈听说这些项目关系到我军的技术装备和千百万同胞的生命安全，立即毫不犹豫地承担下来。

在黑龙潭龙泉观的破庙和简易平房里，他带领研究所全体科技人员，招募学徒，进行培训，夜以继日地制作石英振荡片，供给中央无线电器材厂。这种石英片（即水晶）由于有固定的振动频率，可以带动所有的警报器同时鸣起防空警报；也因为有不同的稳定的振荡频率，而防止了各电台间互相干扰。他和大家一起研磨镜头、测量焦距、认真装配、严格检测，生产了 1000 多片稳定波频用的优质水晶振荡片，并为驻昆明的美军和驻印度的英国皇家空军研制了几片急需的水晶振荡片。还制作了 500 台放大 1400 倍的显微镜，200 架水平经纬仪，50 套缩微胶片放大显影器，300 多套步兵用五角测距镜和望远镜，供给前线部队、野战和后方的医院及学校等单位使用。与此同时，物理研究所还开展了云南、贵州两省物理探矿等研究工作。

1943 年 11 月，严济慈因"发明磨制晶体新法对国防科学颇有贡献"，经国防科学技术策进会推荐而受到国民政府奖励。

1946 年，由于对抗日战争的贡献，严济慈获得国民政府颁发的三等景星勋章。

在国难当头、民族危亡的艰难岁月，他以科学家的良知和对祖国的无比忠诚，为支援抗日战争作出了自己的贡献。

由于他的学术成就，1945 年 7 月，严济慈应美国国务院邀请，作为访问教授赴美讲学一年。1948 年 3 月，他当选为中央研究院首届院士；10 月，当选为中国物理学会理事长。

3. 实现"让科学研究在中国土地上生根"的夙愿

1949 年 3 月，严济慈从昆明经香港乘第一艘北上的轮船抵达天津塘沽，回到刚刚解放的北平。5 月初，他应邀在全国青年纪念五四运动三十周年大会上作"青年与科学"的长篇专题报告。5 月中旬受吴玉章同志委托，主持召开中华全国自然科学工作者代表会议筹备会，7 月任该"科代会"筹备会秘书长，并在会上当选为出席中国人民政治协商会议第一届全体会议的科技界正式代表，积极参与了建国大业。其间，严济慈领导北平研究院物理研究所为新华广播电台研制了用于国际广播的水晶振荡片，以及为解放军四野特种兵装备部研制了火炮用巴拿马瞄准镜等。

新中国成立后，严济慈被政务院任命为中国科学院办公厅主任兼应用物理研究所所长，还担任了不少社会职务，从此，他的科学生涯开始了新的一页。

1952~1954 年，他出任中国科学院第一个分院——东北分院院长，为东北地区各研究所的建立，培养人才，确立科研方向，以及日后发展新兴学科，打下了良好基础，为东北地区老工业基地的振兴提供了科学技术的支持。

1955 年中国科学院学部成立，严济慈当选为中国科学院数学物理学化学部学部委员兼技术科学部主任。1956 年初，被任命为国务院科学规划委员会委员，在周恩来总理领导下，参与制订中国十二年科技发展远景规划。同年年底，严济慈率中国科学院大型考察团前往苏联，历时 70 天，考察苏联的钛冶金、半导体、自动化、电子学、电工、机械、动力 7 个领域，对发展中国有关科技领域，推动实施十二年远景规划，落实"四大紧急措施"起到了重要作用。

1958年，严济慈参与创建中国科学技术大学，1961年任副校长，并为学生讲授普通物理与电动力学达6年之久。

1978年后，严济慈长期担任中国科学院副院长、中国科学院学部主席团执行主席，中国科技大学校长兼研究生院院长等职务。他参与了中国各个时期科学技术发展的重大决策过程，几次全国科学发展规划的制订、实施和组织领导工作，亲眼目睹了科学在中国大地上生根的历史进程和取得的光辉成就。

1980年初，严济慈加入中国共产党。1983~1993年，他出任第六、七届全国人民代表大会常务委员会副委员长。

1988年，严济慈获法国荣誉军团勋章。

1996年11月2日，严济慈病逝于北京，享年96岁。

在中国科学技术发展的史册上，严济慈付出了全部智慧和精力，留下了光辉的足迹。

二、学术成就

严济慈是中国现代物理学奠基人之一；是中国光学仪器工业奠基人之一；是中国放射科学奠基人之一。在压电晶体学、光谱学、大气物理学以及压力对照相乳胶感光性能的影响等领域都作出了富有开创性的重要贡献。

1. 精确测定居里压电效应"反现象"并发现光双折射的新效应

他是中国水晶压电效应的第一个研究者。

自从居里兄弟发现晶体压电效应以来，各国物理学家纷纷探索水晶片的这一特殊性质的实际应用价值。居里夫妇在发现镭放射性时，曾经用水晶片制成一台测量放射量的天平；物理学家朗之万，在第一次世界大战期间，利用水晶片通电后发出的超声波，作为探测水下障碍物的手段。这一发现后来在测量海底深度及军事上有着广泛的用途。如果能够精确测定晶体压电效应的反现象，则可开辟更多的应用领域。

严济慈的博士论文《石英在电场下的形变及其光学特性变化的实验研究》，创造性地用单色光干涉法精确测定了晶体压电效应的"反现象"，还总结出水晶压电效应"反现象"具有各向异性、饱和现象和瞬时性等特性，扩充、发展了压电理论。他发现，在垂直于电轴的面上施加电压，晶片形变量与它的厚度无关，而与电压强度有关。电压<3000 伏时,晶片厚度的形变符合居里定律,即形变正比于静电场的强度,系数仅为 6.4×10^{-8}。若电压增大,电场强度与形变偏离线性关系;电压达到 16×10^4 伏时,则形变趋于饱和。他还发现,在垂直于光轴的面上施加电压,晶片厚度变化极小,与绝缘体无异。水晶由于电压产生的这种形变是瞬时的,无滞后现象。他还观察到在垂直于光轴的水晶面上施加电压则产生光双折射现象,这种效应与克尔(Kerr)效应不同,是一种新的效应。

2. 发现石英扭电定律

20 世纪 30 年代,严济慈在钱临照的协助下,继续在压电晶体学领域进行探索。他深入、系统地研究在沿光轴做成的水晶实心与空心两种圆柱体上施加扭力而产生的起电现象,及其扭转压电振荡问题,发现了水晶扭电定律,这方面发表的论文多达 13 篇。他发现在空心水晶圆柱体的电振荡只需圆柱内径与外径之比近于 0.5,它的振荡频率变更随温度之变更为 $0.5\times10^{-6}/℃$,即事实上温度系数为零。还发现振荡频率只由内径与外经之和来决定,因此,可以用空心水晶圆柱体制作温度系数为零的各种振荡频率的稳频器,这种稳频器比居里切割、戴伊(Dye)切割优越得多,可作为无线电新的稳频器,也为控制、检测无线电波频率以及生产水晶振荡器提供了理论依据。巴黎广播电台(Radio-Paris)首先采用严济慈制作的石英振荡片实现了无线电广播中的稳频,随后各国相继采用。抗战期间,严济慈也是根据这一理论研究成果,研制出大量供无线电收发报机用的石英振荡片。

严济慈的这些研究成果在压电晶体学中占有一定的地位。英国坎迪(W. G. Cady)教授 1946 年在 *Piezoelectricity*(《压电学》)专著中指出:严济慈是自 1880 年居里兄弟发现晶体压电效应后,第一个精确测定压电效应"反现象"系数的科学家。他的专著中有 9 处提到严济慈的工作,其参考文献中有 14 篇是严济慈的论文。

3. 研究碱金属蒸气光谱

严济慈关于光谱学的研究是多方面的。30 年代,他在钟盛标、陈尚义、翁文波、方声恒、盛耕雨等人的协助下,共发表论文 23 篇,从研究氢、氘原子、分子连续光谱入手,进而研究三种碱金属(钠、铯、铷)的蒸气在电场下的紫外连续光谱,发现主线系有移位。再研究这三种碱金属蒸气在外加稀有气体氖、氦、氩压力下,发现其吸收系的高项谱线产生压力移位。经深入研究,从实验发现轴向对称的分子有效截面数值和费米-莱因斯伯格(Fermi-Reinsberg)方程不符。这些研究成果，对于原子物理学中的斯塔克（Stark）效应等提供了实验证明，为丰富和发展原子、分子光谱学做出了贡献。国外原子光谱学的权威著作，多年来一直大量征引严济慈在 30 年代的这些结论。1961 年英国牛津大学（University of Oxford）库恩（H. G. Kuhn）教授在 Atomic Spectroscopy（《原子光谱学》）的专著中仅用了两幅铜板印刷的光谱图，其中一幅便是严济慈 30 年代所拍摄的。

4. 研究压力对照相乳胶感光性能的影响

1932 年，严济慈的论文《压力对于照相片感光性之作用》寄往法国，发表于法国科学院周刊第 194 卷，这也是国内研究成果发表在法国科学院周刊的第一篇，并由夏尔·法布里在法国科学院宣读。法国哈瓦斯通讯社为此发表了消息。他在钱临照的协助下，研究了压力对照相乳胶感光性能的影响，发现压力能减弱照相乳胶感光性能，压力愈大，效应愈显著；光波愈短，效应愈不明显。如用 γ 射线为光源，则反之，压力愈大，效应愈不明显。这项研究是富有创造性的，对于工业生产、民生应用和科学实验都有密切关系。它引起几位外国科学家的后续工作。德国巴克斯东（H. Backstrom）就运用严济慈创造的实验仪器和方法进行研究，于 1948 年发表了《静压力对照相乳胶感光性之影响》的论文。

1933 年 9 月，李石曾院长为此出版《国学之光》的特刊，并撰文称赞其为中国"物理学之曙光"。

5. 精确测定臭氧紫外吸收系数

严济慈关于臭氧对紫外线吸收的研究，是一项出色的研究成果。特别是在实验室条件下对臭氧吸收光谱之研究以及臭氧紫外吸收系数之测定，引起了国际物理学界的高度重视。

高空大气中臭氧的多少和分布不仅对气旋与反气旋的生成有密切关系，也直接影响生物的生存和人类的健康。由于人类的排放物导致臭氧层遭到破坏，以及南极地区臭氧层空洞的出现，已成为当代人类面临的严重环境问题。20 世纪 50 年代以后，对大气中臭氧的测定研究已成为大气物理学的一个重要分支，但是它的方法却是基于 20 世纪 30 年代初严济慈的研究成果。

1929 年巴黎臭氧会议决议，要重新精确测定臭氧层紫外吸收系数。

严济慈在钟盛标的协助下，于 1932 年采用照相光度术的方法，精确测定了臭氧在全部紫外区域（即 215～345 纳米）的吸收系数，并发现了若干新光带。1933 年法国夏隆热（M. D. Chalonge）和勒费弗尔（M. L. Lefebvre）利用严济慈的研究成果，进行臭氧紫外吸收区长波端之引长研究，证实了严济慈发现的那些新光带。

1933年国际臭氧委员会将严济慈等精确测定的吸收系数定为标准值，各国气象学家每日用来测定高空臭氧层厚度变化，达30年之久，被称为"严济慈系数"。半个世纪后的1980年，当严济慈赴法国访问时，法国科学院前院长让·库伦（J. Coulomb）在热情的欢迎词中还提到："我们中的许多人，特别是我们的院士莱蒙德·拉塔尔热特（R. Latarjet）和我本人，都读过或利用过严济慈和钟盛标关于臭氧吸收的出色著作。"

1964年，美国哈佛大学（Harvard University）顾迪（R. M. Goody）在 Atmospheric Radiation（《大气辐射》）专著中指出，直到1953年这方面的工作才有新的进展。50年代以后，由于有了探空火箭和人造地球卫星进行高空直接观测，可以根据"同温层"实际上有温度梯度变化而对吸收系数予以修正，但其原理还是基于严济慈30年代初的研究成果。

6. 中国光学仪器工业奠基人之一

抗战期间，严济慈在领导北平研究院物理研究所研制出一大批精密光学仪器和石英振荡片的同时，还为中国培养出一批研制精密光学仪器的人才，训练了一批高水平的技术人员，使他们成为新中国光学仪器制造、光学科学研究的骨干力量。

7. 中国放射科学奠基人之一

由于早年在居里实验室短暂工作过，居里夫人对严济慈很器重，居里夫人的大女儿、物理学家伊莱娜·约里奥–居里（Mme I. Joliot-Curie，亦称小居里夫人或约里奥–居里夫人）和丈夫约里奥–居里与严济慈的友谊也非同一般。

1930年底居里夫人得知严济慈即将回国时，就表示愿意送给他一些放射性氯化铅等，以支持他在中国开展放射学研究工作。1931年3月31日严济慈致信居里夫人，向她请教购买标准含镭盐以及如何更好地开展放射学研究等问题。居里夫人于7月27日回信，给予了热情的指导，并对筹建中的镭学研究所致以良好的祝愿，希望他"旗开得胜，并逐步发展成为一个重要的镭学研究所。"可以说，正是严济慈的不懈努力，中国早期放射学研究，一开始就得到居里夫人的指导，打下了良好的基础。

严济慈回国后，创建了北平研究院镭学研究所并兼任所长近20年，开创了中国放射化学研究，培养了一批优秀的放射科学家。

三、培育英才

作为一位科学家和教育家，严济慈的贡献还表现在他培养了大批中国的科学精英，为科学在中国大地生根作出了特殊的贡献。

在他发表的一系列论文中，可以看到，和他并列署名的一连串姓名，当时都是他的助手。他们都是刚刚迈出大学门槛，进入北平研究院物理研究所的年轻研究人员。他们之中的陆学善、钟盛标、钱临照、翁文波、吴学蔺、方声恒、陈尚义、盛耕雨、钱三强、杨承宗……，所有这些跟随严济慈从事科学研究的年轻人，在严济慈的严格训练下迅速成长，几年后又被他陆续举荐到外国著名物理实验室去深造，在各自的专业领域作出了卓越成绩，成为中国物理学界的精英。

此外，从1932年以来，严济慈出任历届中美、中法、中英、中比庚子赔款委员会选派学生出国留学的评定人之一，物理试题也多出自严济慈之手。他先后命题录取出国深造的有钱临照、李国鼎、朱应洗、余瑞璜、彭桓武、王大珩、郭永怀、钱伟长、傅承义、龚祖同、顾功叙、吴学蔺、方声恒、王淦昌、王竹溪、张文裕、钱三强、杨承宗等，他们日后大都成为中国著名的科学家。

严济慈十分关注放射科学人才的培养。早在1927年从法国回国前，他就向居里夫人推荐正在法国留学的郑大章，使郑于1929年进入巴黎大学镭学研究所，成为居里夫人的第一个中国学生。1933年郑大章获得法国国家科学博士学位，回国后成为镭学研究所的主要科学家，开拓了中国放射化学研究工作，但不幸于抗战期间英年早逝。

1937年第三次赴法国时，严济慈把他的一名青年弟子当面推荐给约里奥-居里夫人，他就是毕业于清华大学物理系，之后在物理研究所当研究助理员的钱三强。日后，钱三强成为核物理学家，他和夫人何泽慧共同发现了"铀的三分裂和四分裂现象"。1948年钱三强回国后接任北平研究院镭学研究所所长。新中国成立后，该所发展成中国科学院原子能研究所。钱三强后来成为中国"两弹一星"的领军人物之一，荣获"两弹一星功勋奖章"。

1946年初，严济慈致信约里奥-居里夫人，大力推荐杨承宗到居里实验室工作。杨承宗早在1934年到镭学研究所从事放射化学研究，后与郑大章合作发表了重要论文。他参加中华教育文化基金会公费留法考试取得第一名，却因抗战爆发未能成行。严济慈对此难以忘怀，经多方努力，极力推荐，使杨承宗在1947年初进入居里实验室工作，担任约里奥-居里夫人的助手并指导其学生的实验。1951年秋，杨承宗获巴黎大学博士学位后回国，带回了世界和平理事会（Conseil Mondial de la Paix）主席约里奥-居里关于鼓励和支持中国研制原子弹的重要信息并转报中央最高领导人，他后来成为中国放射化学、辐射化学的领军人物之一。

严济慈一生极为重视教科书的编撰。除 20 世纪 20 年代编著了《初中算术》和《几何证题法》外，还与李晓舫合译了《理论力学纲要》，均由商务印书馆多次再版。20 世纪 40 年代后期，由于时局动荡，也没有科研经费，严济慈和许多科学家一样，无法从事研究工作。于是，他把全部精力投入物理教科书的撰写，编著了《普通物理学》、《高中物理学》、《初中物理学》和《初中理化课本》共 9 册教科书。60 年代又编著了《热力学第一和第二定律》、《电磁学》，80 年代还将《几何证题法》改以白话文出版。这些教科书的发行，惠及中国几代学子，培育了几代科技人才。

1958 年中国科技大学成立伊始，为了加快科技人才的培养，已经放下教鞭 30 年的严济慈重上讲台，兼任该校物理教授，为 8 个系 500 多学生讲授普通物理和电动力学达 6 年之久。他从物理的基本定律谈起，论述到当前物理学最新的发展趋势，言简意赅，深入浅出，深受青年学生的爱戴和欢迎。

为了加快培养我国物理学的后备人才，1979 年，严济慈与美籍华人诺贝尔奖获得者李政道合作，富有远见地组织中美联合招考留美之物理研究生项目 CUSPEA（China-United States Physics Examination and Application Program），并出任中方招考委员会主席，在国内招考与物理有关专业的大学毕业生赴美攻读博士学位，争取到美国几十所大学的全额资助，历经 9 届，共考选 915 人，为中国有计划地选派大学毕业生赴美攻读博士学位之开始，使一大批年轻有为的科技人才得以成长。

四、严济慈主要论著

Ny T Z（严济慈）. 1927. L'étude expérimentale des déformations et des changements des propriétés optiques du quartz sous l'influence du champ électrique（在电场作用下石英的形变及其光学性质变化的实验研究）. Bulletin de la Société Française de Physique, 250: 105.

Ny T Z, Chien L C. 1932. Effet photographique de la pression（压力对感光性的影响）. Comptes Rendus des Séances de l'Académie des Sciences, 194: 1644.

Ny T Z, Choong S P. 1932. L'absorption de la lumiére par l'ozone entre 3050 et 3400Å（région des bandes de Huggins）（臭氧对 3050Å 到 3400Å 范围光线的吸收）. Comptes Rendus des Séances de l'Académie des Sciences, 195: 309.

Ny T Z, Chien L C. 1933. L'influence de la pression sur la sensibilité photographique aux diverses radiations monochromatiques（压力对各种单色辐射光源作用下感光性的影响）. Comptes Rendus des Séances de l'Académie des Sciences,

196: 107.

Ny T Z, Choong S P. 1933. L'absorption de la lumiére par l'ozone entre 3050 et 2150Å（臭氧 对 2150Å 到 3050Å 范围光线的吸收）. Comptes Rendus des Séances de l'Académie des Sciences, 196: 916.

Ny T Z, Chien L C. 1934. Sur le développement d'électricité par torsion dans les cristaux de quartz（石英晶体扭转起电详述）. Comptes Rendus des Séances de l'Académie des Sciences, 198: 1395.

Ny T Z, Chien L C. 1934. Oscillations with hollow quartz cylinders cut along the optical axis（沿光轴方向切割的中空石英圆柱体的振荡）. Nature, 134: 214.

Ny T Z, Chien L C. 1934. Lois du dégagement de l'électricité par torsion dans les cristaux de quartz（由石英扭转而产生起电现象的实验规律）. Comptes Rendus des Séances de l'Académie des Sciences, 199: 1101.

Ny T Z, Choong S P. 1934. Series of caesium atoms in an electric field（电场作用下之铯原子系线谱）. Nature, 134: 1010.

Ny T Z, Luq S S, Lee L A. 1936. L'influence de la pression sur la sensibilité photographique aux rayons gamma（压力对 γ 射线光源作用下感光性的影响）. Science et Industries Photographiques, 2（7）: 33.

Ny T Z, Chen S Y. 1936. Déplacements des membres supérieurs de la série principale du rubidium par des gaz rares（外加稀有气体引起的铷的主线系高项线的位移）. Comptes Rendus des Séances de l'Académie des Sciences, 203: 242.

Ny T Z, Fang S H. 1936. Sur la vibration transversale circulaire d'un cylindre creux de quartz（中空圆柱石英横向圆形振动的研究）. Comptes Rendus des Séances de l'Académie des Sciences, 203: 461.

Ny T Z, Chen S Y. 1936. Continuous absorption band of rubidium in the presence of foreign gases（在有异类气体时铷的连续吸收带）. Nature, 138: 1055.

Ny T Z, Chen S Y. 1937. The displacement of principal series lines of rubidium by the addition of rare gases（铷的主线系谱线在稀有气体中的位移）. Phys Rev, 51（7）: 567.

Ny T Z, Shang K Y. 1937. Vibrations des lames de quartz taillées dans divers plans autour de l'axe optique du cristal（石英薄片在晶体光轴所在平面的振动）. Comptes Rendus des Séances de l'Académie des Sciences, 204: 1059.

Ny T Z, Chen S Y. 1937. Pressure effects of rare gases on the second doublet of rubidium principal series（稀有气体对铷主线系第二双线的压力效应）. Phys Rev, 52: 1158.

Ny T Z, Chen S Y. 1938. Bandes d'absorption du rubidium et du caesium en presence des gaz étrangers（在各种其他气体存在情况下铯和铷的吸收带）. Journal de Physique et le Radium, 7（9）: 169.

Ny T Z, Chen S Y. 1938. Pressure shifts of the high terms of the absorption series of Na, Rb and Cs produced by hydrogen and nitrogen（钠、铷和铯的主线系谱线在氢气和氮气中的位移）. Phys Rev, 54: 1045.

严济慈. 1947. 普通物理学. 上海：正中书局.

严济慈. 1989. 电磁学. 北京：高等教育出版社.

主要参考文献

钱临照. 1988. 读《严济慈科学论文集》. 物理通报, 12: 2.

钱临照，何仁甫. 1991. 杰出的科学家和教育家严济慈教授. 科学, 43（1）: 3.

何仁甫. 1991. 严济慈//卢嘉锡，严东生，周光召，等. 中国现代科学家传记·第二集. 北京：科学出版社：152.

金涛. 1999. 严济慈卷//林祥，等. 世纪老人的话. 沈阳：辽宁教育出版社.

何仁甫, 等. 2000. 严济慈文选. 上海: 上海教育出版社.

撰写者

金涛（1940~），高级编辑。科学普及出版社原社长兼总编辑，科普作家。

何仁甫（1938~），高级工程师。中国科学院学部联合办公室（现院士工作局）原副主任，1978~1996年任严济慈秘书。

施汝为

施汝为（1901～1983），江苏崇明人（今属上海市）。物理学家。中国现代磁学研究的开拓者和创始人之一。中国科学院学部委员（院士）。1925年毕业于中央大学（现东南大学）物理系。1930年赴美留学，1931年获伊利诺伊大学硕士学位，1934年获耶鲁大学博士学位。同年回国在中央研究院物理研究所任研究员。曾先后任中央研究院物理研究所代所长；中科院应用物理研究所磁学组组长；应用物理研究所代所长、所长；物理研究所所长、名誉所长。他曾兼任中国物理学会常务理事、副理事长兼秘书长，主持物理学会的常务工作。1934年施汝为建立了中国第一个现代磁学研究的实验室，培养了一批从事磁学和磁性材料专业的人才。他对中国科学院物理研究所的发展作出了许多重要贡献。

一、生平概要

施汝为号舜若，1901年11月19日出生于江苏省崇明县（今属上海市）。于1983年1月18日病逝，享年82岁。

施汝为1925年6月毕业于南京中央大学（现东南大学）物理系。同年到清华大学物理系任助教，在叶企孙先生的指导下开展中国最早的现代磁学研究工作。并于1931年在《国立清华大学科学报告》上发表了中国国内第一篇现代磁学研究论文——氯化铬及其六水合物顺磁磁化率的测定。1930年施汝为获得奖学补助赴美国留学。先是伊利诺伊大学（University of Illinois at Urbana-Champagne）物理系硕士研究生，以金-铁合金在室温以上的磁化为论文。1931年获硕士学位后转入耶鲁大学（Yale University）物理系做博士研究生，以铁-钴固溶体单晶在室温的磁各向异性为论文。1934年获得博士学位后回国，在中央研究院物理研究所任研究员。1948年任中央研究院物理研究所代所长。1950年中国科学院应用物理研究所成立，施汝为任第一任磁学组组长。1955年当选为中国科学院第一届学部委员（院士）。1957年任应用物理研究所所长，持续了24年。他曾先后兼任中国物理学会常务理事（1963～1982）、副理事长兼秘书长（1963～1982），主持物理学会的常务工作。1981年，时年 80 岁的施汝为任命为中国科学院物理研究所名誉所长。施汝为不仅发表了中国国内第一篇现代磁学研究论文、建立了中国第一个现代磁学研究的实验室、培养了一大批从事磁学和磁性材料专业的人才，而且在他的领导下，物理研究所（1958 年应用物理所改为物理所）也发展成为规模较大，学科齐全的研究所。

二、学 术 生 涯

施汝为出生于江苏省崇明县（今属上海市）。1920～1924 年在南京高等师范学校（中央大学前身）机械系学习，毕业时该校并入中央大学，他又转入本科物理系学习，1925 年 6 月毕业于南京中央大学物理系。同年到清华大学物理系任助教，在叶企孙的指导下工作，1924 年，叶企孙在美国从事磁学研究并获得博士学位回国后，开始鼓励并指导时年 23 岁的施汝为开展中国最早的现代磁学研究，并于 1931 年在英文版的《国立清华大学科学报告》上发表了国内第一篇现代磁学研究论文——氯化铬及其六水合物顺磁磁化率的测定。1930 年施汝为获得中华文化教育基金社的奖学补助赴美国留学。先是伊利诺伊大学物理系硕士研究生，研究金-铁合金在室温以上的磁化。1931 年获硕士学位后即转入耶鲁大学物理系做博士研究生，博士生导师 L. W. Mckeehan 教授以研究铁磁学为主。施汝为以铁-钴固溶体单晶在室温的磁各向异性为论文，1934 年获得博士学位后即回国，在上海霞飞路 899 号的中央研究院物理研究所任研究员。当时中央研究院的院长是蔡元培，物理研究所所长是丁燮林。那时理、化、工三个研究所在同一实验馆，三所公共的图书期刊、通用仪器以及若干测试和实验技术的设备规模已颇可观。但专题实验室则须待专业人员到后才能建立。故施汝为到位后的首要任务就是建设中国第一个现代磁学研究的实验室。他很善于计划和安排，先建立急需用的设备，务使各设备能随建成随使用，从而研究工作能与实验室建设交替进行。他的主要助手是刚大学毕业年仅 24 岁的助理员潘孝硕，其他助手不多，且都是刚出学校的中学生，缺乏知识和经验，特别是要动手干的工作，几乎事无巨细都需他亲自讲解和示范。他整天穿着帆布工作服从合金熔炼、单晶检验直到磁性测量忙个不停。他从不满足于一般性的研究结果，在一个课题的进行中又同时调研文献，思考下一个课题的工作，并为之着手增添设备。他是一位手脑并勤、不知疲倦的实验工作者。仅一年半左右，磁学实验室就已建得大致就绪，可以开展工作了；于是他先延续其博士论文而做镍-钴合金单晶体的磁各向异性研究，不到两年就完成。与潘孝硕合作的铁-钴、镍-钴合金和纯钴多晶体的磁性课题至 1936 年春也告一段落，这时他的助手已增至五名，又增加了磁畴观测设备，一年多就完成了相应磁畴观测工作并相继发表论文。潘孝硕 1938 年去美国，在 F. Bitter 教授指导下也攻读有关磁学的学位。施汝为则继续研究了热处理和磁场热处理对磁性的影响，效果显著。如铝镍钴系永磁合金经四次淬火，矫顽力提高四倍。这些年里他系统研究的铝镍钴系永磁合金，特别是对铁钴系和镍钴系铁磁单晶体磁性的系统研究，都被公认是国际上这方面的奠基性和开创性研究。在抗日战争前不到四年的时间中，施汝为能建立起适用的实验室并完成一些专题研究，应该说是很顺利的。这固然是由于他的勤奋好学的精神，但也由于两个有利的客观因素。其一是，丁燮林所长和同事们对他的工作给以支持和帮助。他所需的五线摆匀梯度场磁强计、高频感应炉、X 射线衍射设备、大型金相显微照相仪等都或由所内工厂自制、或向国外订购、或从旧存器材中选配成套，均得到满意的解决。另一个因素是，抗日战争前的约十年间正是中国物理学研究迅速发展的时期。北方就集中了许多当时已有声誉的导师，如饶毓泰、叶企孙、吴有训、严济慈、周培源、赵忠尧、任之恭、谢玉铭、班威廉（W. Band）、吴大猷等。这些人多数是从事实验研究的；即使从事基础的研究者在面对抗战情绪日益激昂的形势下，也希望能做一些对国防或经济建设较有现实意义的工作，所以总的发展是侧重于实验方面的。这给施汝为极大的影响。

30 年代后期，施汝为受"工业救国"思想的激发，会同几位好友一起筹办上海第一家国产铅笔厂。他在业余时间伏案设计，规划并组织从国外进口制笔机器，最后创办了"上海长城铅笔厂"，为国家的工业建设尽了一份微薄之力。

可惜这些工作因 1937 年"八一三"日军在上海发动侵略战争而中辍。在上海战事开始后，作为权宜的安全措施，理工实验馆的几个所即迁入研究院筹建时在租界住宅区暂用的房屋。研究工作就只好停顿了。从 1937 年起，中央研究院奉命西迁，物理研究所决定大部分内迁至昆明，但不久战事又西延，中央研究院决定再次迁到桂林；限于运输工具及交通的困难，内迁是分小组各自设法成行的。施汝为对家庭作了权宜的安排，并设法将来之不易的一些实验设备运到安全的地方去，有些仪器（如大电磁铁等）因来不及疏散。被迫自行炸毁了。他则带了必要的研究设备，包括沉重的小电磁铁，毅然率一组人员历尽千辛万苦，辗转数千里，绕道越南赴桂林，边撤离还边开展研究，精神感人至深。直到 1940 年施汝为才在桂林和丁燮林所长、部分助理员和工厂人员会合而安顿下来，然而所携仪器在途中有所损失。在这前后，宁、沪两地的研究所中部分迁到桂林地区的有物理、地质、心理、历史四个，俨然成一小研究中心。

初到桂林，房屋只能因陋就简；天气更是潮闷多雨，对电磁实验很不利；加上要时刻提防敌机来狂轰滥炸，以致工作和家庭生活都很困难。然而，同事们都能沉着应付，定居后竭力开展工作。所幸桂林的地方各级机构很欢迎科技人员来本地发展，乐于援助和支持。若暂时无适当工作可开展或尚有余力的同事们则可以到学校或企业去兼职，或组成小组赴各地作观测或考察。施汝为也兼任了广西大学机械系教授。到桂林后不久他第二次结了婚并于翌年得子。这期间，他发表了关于磁畴观测的论文三篇，其中第一篇的部分内容还是在上海时做的。运抵桂林的贵重设备就是用于这些工作的德国制金相显微镜和外斯型电磁铁；在抗战期间，他在极为艰难的条件下，坚持科研工作，曾在国内外发表论文数篇。这些用粉纹法研究磁性晶体的磁畴结构以及各向同性铁磁体磁性的研究，在当时国内都是开创性的工作。可惜战后在南京实验室中看不到某些设备了，因为后来从桂林的撤退中毁于战火。

在桂林期间，乘地质所、物理所、心理所西迁至桂林地区活动之便，广西政府和中央研究院合作，于1938~1944年期间创办桂林科学实验馆，李四光为馆长。其中的物理实验室为广西研制了收发报机，振子整流器，探矿仪等许多当时国内急需的设备，还包括直接为抗战服务的探音器，炮位定位器，飞机方向指示器，地雷爆炸控制器，超短波收发机，军用精密仪器等。李四光创办的桂林科学实验馆为广西现代科技史谱写了新篇章，为桂林文化城增添了一颗明珠。可惜1944年夏被日寇破坏无遗。1940年蔡元培院长去世，由朱家骅接任。当时物理所的丁燮林所长常需出差，所长职务均由施汝为代理，当时他虽很忙但仍一贯地保持着平易、谦虚的态度，从不要求对自己的工作和生活有所特殊，又能民主地处事、关心群众，故深受爱戴。在患难中，丁燮林所长和施汝为的友谊也更深厚了。

1944年冬，日军由湘长驱入桂；施汝为在湘桂线送走了物理研究所多数人员后与广西大学师生结队先去黔东南的榕江县，然后辗转赴重庆之北的中央研究院所在地北碚。当时与美军合装运输的公物，如图书仪器等共40吨，全被日军飞机炸毁，途中又遭遇洪水，私人衣物、书籍损失很大。待到达北碚时，已距抗日战争结束不远了。

1945年日本宣布投降后不久，施汝为受委派为物理研究所代表，参加接收日本政府于20年代末在上海建立的自然科学研究所。当时接收沦陷区的敌占公产是一桩全国性的大事；而国民党的接收大员中贪污、贿赂之风很甚，即使文教界的名人也在所不免，致民间啧有接收即劫收之讥。原自然研究所是一个多学科的研究所，建筑、设备和积存物资的规模颇大。在执行这项任务中，施汝为不同流合污，做到巨细归公，示人以廉洁的榜样。1946年1月1日，国民政府决定"公务员在抗战期间服务8年，考绩优异，授胜利勋章"。中央研究院被授勋章者95人，施汝为和萨本栋，丁燮林，李四光，赵九章，赵元任，吴乾章等若干人都在其列。

1946年夏，接收和复原的大忙过后，他就急于要回到研究工作上来。然而中央研究院若干个研究所还挤在原自然研究所的一座大楼里，实际上是很难恢复正常工作的；而且恶性通货膨胀使人们的日常生活越来越艰难。这时，战前物理研究所的老同事已大部星散，丁燮林等几位也转往青岛大学，留下的人员已很少了。中央研究院的新任总干事是萨本栋，他采取的措施之一是在南京九华山建立新的数理化中心，故预期物理研究所还要迁至南京。该计划实施得很迅速，不久两座小实验楼和一群小公寓楼就在九华山竣工。1948年夏施汝为已在南京九华山定居。他的实验室主要设备是一台自制的电磁铁和无定向磁强计；他准备用后者观测外应力对铁磁体磁化过程的影响。但大家都未料到解放战争的发展，国民党政权已维持不了几个月了。

1948年1月中央研究院院长朱家骅到台湾视察台湾教育，实际是为中央研究院撤离大陆去台湾做准备，10月朱家骅又一次"因公去广州"，实际是考虑中央研究院撤离安排。12月故宫博物院、中央博物院、中央图书馆、历史语言研究所的文物、图书、档案、标本分几批运至台湾。但其他研究所都未参加这几次海运。1948年11～12月，中央研究院以谈话会的形式，召集各所所长，副所长，代所长开会，安排撤离事项，萨本栋因病辞职，由钱临照代总干事，施汝为代物理所所长而列席会议。当时中央研究院决策机关的院务会议和广大工作人员中都曾有留守还是迁台湾这两种意见的剧烈交锋。作为代所长，施汝为主张留守，他就团结了多数同事，把物理研究所保留在大陆。为安全起见，在南京物理研究所的大部分人离开南京，暂迁上海，直至1949年秋后才再回到南京。钱临照和施汝为真是临危受命，收拾残局。当时最为典型的是地质研究所的李四光所长及其同事们，他们秘密拟订了反搬迁誓约，其中规定："……如有违约者，应与众共弃之，永远不许在地质界立足"。并提出公开私资，用于本所研究工作和私人救济。1949年4月23日南京解放，5月27日上海解放，搬迁台湾的部署基本未实现。

1949年10月1日新中国成立后，11月即成立了中国科学院，1950年8月15日就成立了位于北京城内东皇城根的应用物理研究所。它以新中国前的北平研究院和中央研究院的物理研究所为基础，中央研究院的物理研究所有钱临照、施汝为研究员和其他12人，北平研究院物理研究所有所长严济慈、研究员顾功叙及其他13人，另外还有从镭学研究所分出的结晶学实验室的陆学善研究员和其他9人。共分设近代和应用两个物理研究所。应用物理研究所明确地分为光谱和固体发光、磁、半导体与红外、晶体结构和特性、低温物理等五个专业组，每组研究人员不超过十名；

研究所由吴有训副院长直接领导；执行所长职务的则为陆学善副所长。施汝为是应用物理所磁学研究组第一任组长，他立即请回已在南京大学任教的潘孝硕为副组长，终于再一次开展起中国的磁学研究工作。他首先将原中央研究院的设备从南京运到北京，数量据说有一列车。木箱搬到东皇城根的物理所院内后，他和年轻人一起将木箱启封，清点物品，搬入各自的实验室内。经过一段时间的整理劳累，他的腰肌劳损复发，但他仍每天弯着腰吃力地来上班。1953年研究工作正式开始，从南京运来的瑞士电磁铁、直流发电机组、真空感应电炉、大小电阻炉、冲击检流计以及各种实验用金属和非金属材料、零配件等，做实验时都非常宝贵。那时他虽忙于大型设备的安装调试，测量仪器的成龙配套及很多准备工作，但仍然用运来的瑞士电磁铁做出了新中国第一篇永磁材料研究论文。后来该电磁铁又断断续续地使用到20世纪90年代。作为历史见证物，现存放在物理所展柜里。由于研究所里主要是年轻人，对仪器设备的安装和使用，大家都不清楚，又没有说明书，需要施汝为仔细交代，亲自动手安装。从他的言传身教中，年轻人学到许多实用知识，学到科学研究中严肃认真的工作态度，学到一丝不苟的工作作风。以后随着工作的进展，原有的仪器设备不能满足工作的需要了，他又陆续提出在磁场中添加高温电炉、低温液氮装置，便于在不同温度下进行测量。为了提高磁场强度，要制作一台比特型电磁体及校准磁场用的标准螺线管；还要建处理大块材料用的大口径磁场热处理设备；要有灵敏度高，稳定性好的磁致伸缩仪、测量比饱和磁化强度用的磁天平及与其配套用的测量磁各向异性的磁转矩仪、带温度装置的无定向磁强计等许多种仪器设备。虽然当时国外对中国封锁，国家外汇也很少，但经过努力，这些材料处理设备和测试仪器终于建成，除自动化程度很差，还不能在极低温度和极强磁场等条件下进行磁测量外，基本磁特性及其随温度的变化等已全部可以自己测量了，实验室的大致水平和国外相比已相差无几。

这期间，中国物理学会在北京召开过第一次代表大会，施汝为是代表。在图书待整、近期刊物残缺的情况下，他尽力为此次会议赶写了铁磁学晚近进展的报告；稍晚又写了介绍永磁材料的评述性文章。这时，科学院号召研究人员要为国家经济建设服务，到实际中去寻找研究课题。1952年国家执行第一个五年计划，开展大规模的经济建设，建立基础工业和提高人民生活。磁学组在施汝为领导下也制定了五年计划。为适应国家经济建设的迫切要求，根据科学研究必须理论联系实际的指导方针，1952年冬施汝为把组内人员分成两队，一队到太原钢铁厂——国家为改变电工磁钢依赖进口局面而重点建立的热轧硅钢生产基地；一队到哈尔滨附近生产铝镍钴永磁钢的阿城电表厂，深入工厂第一线寻找磁学研究课题。由此而确立了硅钢片和铝镍钴两个研究方向。其间，施汝为和潘孝硕还为组员系统讲授现代磁学课，历时两年，使这些对磁学尚欠了解的青年人对现代磁学有了较全面系统的掌握。这时，他还根据国际动态，开始为兴起的铁氧体研究工作组织调研，积极准备条件。

为了适应磁学研究的长远需要，施汝为先后将组内年轻人送去苏联学习进修，几乎是能派出的人都送出去了。他同样注意培养国内其他单位的人才，从1954年起，前后有东北人民大学（后称吉林大学）、南京大学、山东大学和武汉大学的青年教师来进修培养，学习磁学知识和参加研究工作，北京大学的青年教师也常来做实验。这些人回原单位后大都组建了磁学专门化，成为各单位磁学教学和研究的骨干，为中国大批培养磁学人才作出了重要贡献。他也重视邀请外国学者来讲学，磁学组因得他亲自联系或建议，曾请到过两位苏联的、一位东德的学者来组较长期工作。1954年，日本东京大学校长、日本磁学界的元老茅诚司也应邀来应用物理研究所访问。

1952年起，施汝为历任中国人民政治协商会议第二届全国委员会委员，第三届和第五届全国人民代表大会代表。1954年，主持应用物理研究所工作的陆学善副所长病了，而院领导严济慈只是兼职所长，于是任命施汝为兼代理所长。1955年施汝为当选为中国科学院第一届学部委员（院士）。1956年加入中国共产党。

1957年施汝为正式调任应用物理研究所（1958年更名为物理研究所）所长，持续到1981年，长达24年。他除仍关心磁学的研究外，更为物理研究所的全所研究和发展作出了许多重要的贡献。他首先将科研领域扩大，研究组也扩大成研究室。物理研究所在1959年就发展成为员工过千，规模较大，学科齐全的固体物理研究所。1960年起从物理研究所开始分出一些室、组去成立新研究所或合并至别的研究所，以利发展。先后分出的有半导体、金属学、固体发光、远红外等。另一方面，又根据需要和条件建立新的研究室，先后有固体理论、固体电子学、电介质、有机半导体、高压物理、等离子体物理等。磁学研究室也扩大为包含磁性薄膜组、矩磁铁氧体组、软磁铁氧体组、金属磁性材料组、微波铁氧体和铁磁共振组、磁学理论组等。施汝为的科研思想一直是：立足国际前沿，理论联系实际，科研要为国家经济建设和国防建设服务。坚持从实际需求提出研究课题，由基础研究入手，再发展出适合中国需要的理论和新材料。这一思想在物理所的发展进程中得到很好的继承和发扬。这可从物理所获得的许多国家级重要奖项中看出：如对猪胰岛素的晶体结构分析、直接法处理晶体结构分析中的赝对称性问题、铁磁体磁化分布连续——不连续变化的微磁学理论、液晶光学双稳态中的混沌运动、光学一般性变换理论等都是基础性很强的世界水平的研究成果；而国内最早的液氮和液氢等低温制冷技术、最早的高压技术和人工合成金刚石、最早的分子束外延技术研究、最早的托克马克环形受控热核实验系统、最早的微波吸收材料研究和多种小天线研制的理论和实验、最早的多类光学晶体生长、最早的 YAG 染料拉曼移频宽调谐激光系统、最早的液氮温区氧化物超导研究等技术性很强的研究，也都是从基础研究入手获得的；即使应用目的明确的成果，如磁膜变址存储器使我国研制的计算机运算速度提高一倍、200 兆比特磁盘片组将中国计算机外存容量扩大 20 倍、磁处理防蜡技术使石油单井热洗周期从 30 天延长到 150～500 天、高磁能积的钕铁硼磁体研制并由此组建中国最早生产钕铁硼永磁的三环公司，这些也都是在大量基础研究的前提下做出的。

1958 年，在郭沫若院长的倡议下，中国科学院创立中国科技大学，根据"全院办学，所系结合"的办校方针，施汝为兼任物理系主任。亲自到中国科学技术大学讲授磁学专业课，对培养大学教师和学生起了重要的作用。

施汝为曾先后任中国物理学会常务理事，副理事长兼秘书长，作为学会挂靠单位的负责人，主持学会的常务工作。他对物理学会事业十分关心和支持，在担任学会领导工作期间，经常与理事长周培源，副理事长钱三强、王竹溪等商议物理学会工作，为学会事业的开拓和发展殚精竭虑，辛勤耕耘，使学会在开展国内外学术交流、科学普及、刊物出版、物理教学研究，以及物理学名词审订等各项工作都取得了新的进展和成就。他经常说：要将物理学会这一群众性学术团体办成物理学工作者之家。他要求在学术活动中，认真贯彻"百花齐放，百家争鸣"的方针；在刊物编辑出版工作中要不断提高质量。原由中国科学院科学出版社承办的《物理通报》（70 年代复刊时改名《物理》）改为由中国科学院物理研究所承办时，面临着交接手续繁杂、办刊方针的确定、内容改革等许多重要任务。他非常仔细地指点《物理通报》编辑部人员如何适应新的工作，还具体帮助组织一个具有较高水平、能团结广大物理学工作者的期刊编辑委员会；组建一批审稿人队伍。每期《物理通报》发刊前，他都要严格审阅把关签字，保证了期刊的如期出版发行，受到读者的良好反映和欢迎。

1966 年，"文化大革命"政治运动席卷全国，所有学术性社团都被暂停活动，物理学会的工作亦基本上处于停滞状态。在当时极其困难的情况下，施汝为和周培源等学会领导依然经常利用晚上时间，在施汝为家里议论学会工作的开展事宜，使物理学会的工作继续坚持下去。"文化大革命"中，物理学会一些大的学术活动被迫停止，而小型学术会议却以不同形式继续进行着。1969 年，一股力量提出要搞批判相对论的活动，遭到周培源、施汝为等几位学会领导的抵制，他们坚持认为批判相对论是完全错误的。直到 1972 年，迫于学术界的要求，一些学术性刊物才得以恢复续办。施汝为立即与物理学会的几位领导商议刊物恢复出版事宜，使中国物理学会主办的《物理》（原名《物理通报》）和原《物理学报》很快复刊；学会的科普工作亦逐步开展起来，当时人民来信、来访的学术问题很多，施汝为非常重视信访工作，要求学会认真组织物理学工作者，有针对性地给予书面答复。不少信访者由于缺乏基础物理知识而冥思苦想"永动机"，他还亲自撰写了"永动机是不能搞成的"科普文章，深入浅出地告诫来信、来访者不要误入歧途。

"文化大革命"中物理研究所的科研工作秩序也被打乱，他竭尽全力保住了物理研究所图书馆的正常运作，鼓励所里的研究人员在不能做实验的情况下，多读文献资料，学习基础理论，了解物理学科的现状和发展方向。不久他自己受某老同事的谰言之累，被疑为潜伏下来的反动集团的一分子，忍受了近一年的隔离审查，饱受惊吓，长子也受迫害而非正常死亡，他心里承受着很大的压力，但他默默地承受着。空余时间他仍阅读科学文献，并为磁学研究室一些青年人员翻译了多篇重要的英文文献。

1976年底，"文化大革命"结束，科学的春天来临，施汝为心情十分愉悦，在作为物理研究所所长的繁忙工作中，他仍十分关心物理学会的工作。他很快与周培源理事长等学会领导商榷召开常务理事会，讨论今后学会工作的开展。主要讨论了召开全国性大型学术年会事宜（即：中国物理学会学术年会于1978年8月在江西庐山召开）。他亲自负责会议的筹备工作，包括年会的工作报告、会章修改、理事会补选，以及核物理、固体物理、基本粒子和统计物理四个学科学术报告内容安排等。在他的具体领导和各方面的大力支持下，年会的各项准备工作有序地进行，保证了大会的如期召开。由此，学术界的活动全面开展起来。年近八旬的施汝为在身体状况已不是很好的情况下，仍很关心学会的工作，经常参加常务理事会及一些学术活动，提出许多很好的意见。1982年12月，中国物理学会在北京召开第三届全国会员代表大会，当时他病情已十分严重，走动都有困难，他仍关心学会工作，听取工作汇报并作指示。他很想念物理学界的老朋友和广大物理工作者，在第三届全国会员代表大会召开的前一天，当时连下楼都很困难的他却坚持亲临会场，受到与会代表的热烈欢迎。他对工作的高度责任感和对物理工作者的关爱令人非常感动。

施汝为生活朴素，平易近人，待人诚恳，乐于帮助生活困难的同事，在群众中很有威信。作为物理研究所所长，从不搞特殊化，他以身作则，并严格要求自己的家属子女。他作风正派，公私分明，办事公道，不徇私情。他最恨吹牛拍马、送礼拉关系。新中国成立前夕，在南京时，一位同事为从所里的工程中谋私利，在过年前给他家里送去一个礼盒。子女们都很高兴能得到礼物，不料等客人一走，他就派老二把礼盒送回去，并十分生气，因为那位同事犯了他的大忌。另外，子女、亲戚都希望他能利用社会关系帮助找个好工作，他一律按原则办事，不去找门路拉关系，这使得求情的人当时很不理解。大女儿大学毕业可能被分配到边远地区，她请求父亲关心她的分配，但他说"依靠组织，服从分配"，结果没能得到帮助，去了云南。受他的影响，他的儿女为人处世也都是如此。1982年大女儿来京探父，假期将满可父亲病了，很虚弱。她犹豫是返回学校还是留京侍奉父亲。施汝为断然说："你还要去上课，当然应该返校！"不料就此一别竟成父女永别。他的经济情况年轻时就不宽裕，性格却很耿介，故能习于俭约、不贪图享乐。他作为人大代表、政协委员和学部委员，一直没有接受过相应的各种的津贴；他长期每月以工资之半缴纳党费，当时他一个人缴的党费竟占到全所党费的大半。他一生从不向组织提出任何生活上的要求，比如住房，每次搬家都是组织上主动安排。他仅有的嗜好是：喜欢抽烟，但不讲究；嗜饮咖啡，也不经常。他的治学是严谨而仔细的；每完毕工作，必把数据、样品等扎为一包收藏起来，即使迁徙中也带着走，尽管后来时过境迁，未必再用。对比起来，他对生活琐事虽也料理得井井有条，却不愿多费时间，怕影响正事。作为所长，他一直不要为他配备车接送，即使下雨路面积水，也脱鞋赤脚步行上班。年过八旬，身体虚弱，所里提出派车接送他上下班，他不同意，坚持步行，哪怕一点点挪步，直至生命的最后一天。不熟悉的人也许不理解他为什么这样做，但对他而言，则确实是出于自然的、真实的谦虚。

施汝为的业余生活并不丰富多彩。他能写一手优美的苏体字，却并不见他藏有什么精制的碑、帖、笔、砚之类。独自在住所，厌倦了食堂的菜肴时，他则能炖出一锅色香味俱佳的红烧肉。饭后闲谈、散步、夏夜乘凉，他也会在熟人群中发一些风趣的谈吐，活跃气氛，然而话题常离不开业务。几乎从不见他高兴地谈起电影、戏剧、音乐、诗歌、小说等，也许是他无暇旁及之故。

1981年，时年80岁的施汝为被任命为物理研究所名誉所长。于1983年1月18日病逝，享年82岁。施汝为是中国现代磁学研究的开创者，一位纯正的实验物理学家。他在物理学界服务了五十多年，在做研究、培养人才、科学事业的管理和发展等方面多所致力，其影响很大。在品德上也有不少值得学习的优点。正如钱三强在施汝为追悼会上致悼词所说："施汝为同志是我国现代磁学研究的先驱者、开拓者和创始人之一。施汝为同志又是一位真诚的爱国主义者。施汝为同志是一位在群众中享有很高威望的老科学家。"为了纪念他对中国物理学，包括磁学事业的重要贡献，物理研究所、中国物理学会和中科院数理学部于2005年联合召开了施汝为院士诞辰105周年纪念会，并出版了《施汝为院士纪念文集》。有关单位代表、专家学者、施汝为家属及亲朋好友等近百人参加了纪念会。

三、施汝为主要论著

Shih J W（施汝为）. 1931. Determination of the Paramagnetic Susceptibility of Chromic Chloride and Its Hexahydrates. Sci. Reports of National Tsing Hua Univ., AI：83.

Shih J W. 1931. Magnetic Properties of Gold-Iron Alloys. Phys Rev, 38：2051.

Shih J W. 1934. Magnetic Properties of Iron-Cobalt Single Crystals. Phys Rev, 46：139.

Shih J W. 1936. Magnetic Anisotropy of Nickel-Cobalt Single Crystals. Phys Rev, 50：376.

Shih J W, Pan S T. 1939. Magnetic Properties of Isotropic Ferromagnetics. Chinese J Phys, 3：27.

Shih J W. 1939. Powder Patterns on Permalloy Crystals. Phys Rev, 55：1625.

Shih J W, Pan S T. 1940. Magnetic Structure of Magnetite Crystals. Chinese J Phys, 4：35.

Shih J W, Pan S T. 1940. Powder Patterns of Polycrystalline Ferromagnetics. Chinese J Phys, 4：41.

施汝为, 潘孝硕. 1951. 永磁合金热处理的初步报告. 科学通报, 2（7）：750.

施汝为. 1951. 铁磁学的晚近进展. 物理通报, 1：177.

施汝为. 1951. 永磁铁材料. 物理通报, 1：219.

施汝为, 陈守太. 1957. 吕臬古 5 经热磁处理后的各向异磁性. 科学通报,（2）：47.

冯索夫斯基. 1960. 现代磁学. 潘孝硕, 施汝为, 李国栋, 等, 译. 北京：科学出版社.

主要参考文献

樊洪业. 1949. 中国科学院史事汇要. 北京：中国科学院.

潘孝硕, 吴乾章. 1983. 施汝为. 物理, 12：757.

李扬. 1998. "国立中央研究院"史. 北京：中国科学院.

赵见高. 2005. 施汝为院士纪念文集. 北京：中国科学院物理研究所.

撰写者

赵见高（1941~）中国科学院物理研究所研究员、原磁学国家重点实验室常务副主任。

赵广增

赵广增（1902~1987），河北安国人。物理学家和教育家。中国最早开展晶体激子光谱研究的学者之一。1930年北京大学物理系毕业，1936年赴美国密歇根大学留学，1939年获博士学位，1940年回国。曾任北京大学物理系代主任、物理系光学教研室主任等职。他从事气体导电、电子与原子、分子的碰撞过程和光谱学等方面的研究，所发表的一些论文受到国际科学界的重视；从事物理教育50余年，讲授过多门基础和专业课程，编写出中国最早的一本系统论述分子光谱理论和实验的教材《多原子分子光谱学》。

一、生平概要

赵广增，字虚谷，1902年4月23日生于河北省安国县。1924~1930年在北京大学理预科、物理系学习，1930年获理学学士学位。1930~1936年任北京大学物理系助教。1936~1939年赴美国密歇根大学（University of Michigan）深造，1938年获硕士学位，1939年获哲学博士学位后在该校从事高能电子散射的研究。1940年回国。先后任重庆中央大学教授（1940~1946），北京大学物理系教授（1946~1986）、物理系代主任（1950~1952）、光学教研室主任（1952~1966）；兼任中国科学院应用物理研究所研究员（1950~1960）；兼任中国科学技术大学教授（1958~1960）。1957~1958年在苏联列宁格勒技术物理研究所（Ленинградский Институт Технической Физики）和莫斯科大学（Московский Государственный Университет）光学教研室从事研究工作。

1987年2月9日在北京病逝，终年85岁。

二、学术成就

赵广增是中国最早开展激子光谱研究的学者之一，他在气体导电光谱学、原子和分子的高分辨光谱学以及晶体的激子光谱等研究方面作出了具有相当水平的工作。他所发表的一些论文曾受到国际科学界的重视，并为一些物理学家在专著中引用。

1936年他在美国密歇根大学杜芬达克（O. S. Duffendack）主持的气体导电光谱学实验室从事关于电子与原子分子的碰撞激发、原子和分子的激发和离化的研究。曾与杜芬达克合作发表了《电子碰撞激发下氮负谱带的温度参量》的论文。1939年，转到克伦（H. R. Crane）实验室，利用直线加速器研究高能电子与原子核的相互作用，发表了《快电子多重散射》、《电子在气体中的单散射》以及《碳中电子的能量损失与介子的衰变》等论文。他回国后仍继续研究电子与原子和分子的碰撞及离化问题，指导研究生或与他人合作发表了许多论文，其中有《放电中的电子温度》、《氢中慢电子的能量损失》以及《活性氮中的离化过程》等。值得指出的是，他的许多工作是在抗日战争期间和战后时期十分困难的条件下进行的。他有高超的实验技术，能吹玻璃、装置整套真空系统。常常刚讲完课，就立即进入研究室做实验。他在做助教时，就在王守竞指导下拉制成渥拉斯顿线，用以修复一台脉搏仪。抗战胜利回到北平后，他与谭承泽一起，结合实验室恢复的需要，又进行渥拉斯顿线的制备并系统地研究了它的黏弹性。中华人民共和国成立后，赵广增出于爱国热忱，考虑到国家的需要，立即招收光谱分析的研究生，研究工业生产中定性、定量的光谱分析问题。1957年赴苏联，在列宁格勒技术物理研究所和莫斯科大学从事高分辨率光谱和晶体光谱的研究工作。从苏联回国后，他主要从事氧化亚铜的吸收边、黄系激子及蓝系激子的光谱、这两个系的压力效应和空间色散等研究工作。在50年代，国际上激子光谱的研究刚刚起步，当时赵广增选定这个方向充分表现了他在学术上的高瞻远瞩。后来的实践表明，有关激子和激子光谱的研究，在凝聚态物理领域中是很重要的方向。他亲自指导年轻教师和研究生做了大量的研究工作，取得了很多成果，而在发表论文时，赵广增并不署名。他的这种高尚品德是值得崇敬的。

赵广增从事物理教学和科学研究50余年，在培养中国物理学人才以及在发展中国光学和光谱学的科学研究方面作出了积极的贡献。

三、赵广增主要论著

Chao K T（赵广增），Chow T C. 1936. Intensity variation of Hg molecular spectra and the origin of bands at 2482Å. Chin J Chem Phys，21：22.

Duffendack O S，Chao K T. 1939. Temperature parameters from negative bands of N_2 under excitation by electrons. Phys Rev，56：176.

Chao K T. 1940. Energy loss of electrons in carbon and the decay of mesotron. Phys Rev，57：664.

Chao K T. 1940. Effect of crystalline structure on the multiple scattering of electrons. Phys Rev，58：201.

Olson N L，Chao K T，Crane H R. 1941. The multiple scattering of fast electrons. Phys Rev，60：378.

Chao K T. 1942. The penetration of high energy electrons through foils. Sci Rec，1：129.

Chao K T, Tang T Y. 1945. Electron temperature in electron discharges. Phys Rev, 68: 30.

Randals R B, Chao K T, Crane H R. 1945. The single scattering of electrons in gases. Phys Rev, 68: 64.

Chao K T. 1945. A projection of Rutherford-Mott scattering formula on a plane. Sci Rec, 1: 39.

Chao K T, Tan C T. 1948. Production and visco-elastic behaviors of wollaston wires. Semicentennial Papers of Peking University, 51.

Chao K T, Wang S F, Shen K C. 1949. Energy Loss of slow electrons in hydrogen. Sci Rec, 2: 358.

Chao K T, Chang H P. 1949. The process of ionization in active nitrogen. Phys Rev, 76: 970.

赵广增, 郑志豪. 1955. 水银共振线超精细结构的强度分布. 物理学报, 11 (4): 359.

Чжао Гуан-Цзэн (赵广增). 1959. Исследование условия Возбуждения Изотопической и тонкой Структуры Резонансной Линии Лития (锂共振线同位素效应和精细结构的激发条件的研究). Вестник Московского Университета, (1): 75.

Чжао Гуан-Цзэн. 1959. Линейчатные Спектры Люминесценций и Огражения Кристаллов Йодомеркурата Меди при Низких Температурах (在低温下含汞酸碘铜晶体的线性发光谱和反射谱). Оптика и Спектроскопия, 6 (2): 181.

主要参考文献

宋增福. 1993. 赵广增//戴念祖. 20 世纪上半叶中国物理学论文集萃. 长沙: 湖南教育出版社: 260.

宋增福. 1996. 赵光增/沈克琦. 中国科学技术专家传略: 理学编: 物理学卷1. 石家庄: 河北教育出版社: 232.

撰写者

赵凯华（1930~），北京大学物理系教授。曾任北京大学物理系系主任，兼任中国物理学会副理事长、全国自然科学名词委员会委员、物理学名词审定委员会主任等职。

赵 忠 尧

赵忠尧（1902～1998），浙江诸暨人。实验物理学家。中国核物理、加速器和宇宙线研究的开拓者和奠基人之一。中国科学院学部委员（院士）。1930年获美国加州理工学院博士学位。回国后曾先后在清华大学、云南大学、西南联大和国立中央大学担任教授。1948年当选为中央研究院院士。新中国成立后，曾任中国科学院物理研究所、原子能研究所和高能物理研究所副所长，中国物理学会常务理事、中国核学会名誉理事长。1958年创办中国科学技术大学近代物理系，任首届系主任。赵忠尧1929年发现硬γ射线的反常吸收，这实际上是γ射线在物质中产生正负电子对的效应。之后，首先观察到硬γ射线在铅中引起的特殊辐射，并测得该辐射的能量恰好是电子的静止质量。这是人类第一次观测到正负电子对的湮没辐射，是正电子发现的前导，为研究反物质作出了划时代的重要贡献。1946年，参观美国的原子弹试验之后，在美国采购筹建核物理实验室所需的设备。1950年回国，领导建成了中国最早的700千电子伏和2.5兆电子伏质子静电加速器，为中国核物理实验基地的建设作出了关键性的重大贡献。他以毕生精力从事科学和教育事业，为发展中国核物理和高能物理研究事业和培养实验研究人才作出了重要贡献。1995年获何梁何利基金科学与技术进步奖。

一、生平概要

赵忠尧1902年6月27日出生于浙江省诸暨县（现诸暨市）。1998年5月28日因病于北京逝世，享年96岁。

1916～1920年就读诸暨县立中学。1920～1925年先后就读南京高等师范学校数理化部，东南大学理科化学系。1924年春担任东南大学物理系助教。1925年获东南大学理学学士学位。1925年夏应叶企孙邀请去北京清华学校（1928年更名为国立清华大学）物理系任助教，第二年起任教员，负责实验课。

1927年夏赴美国加州理工学院攻读博士学位，师从诺贝尔物理奖获得者密立根（R. A. Millikan）教授。1929年底他与英、德的两组物理学家同时独立测得当硬γ

射线通过重元素时，存在"反常吸收"。这实际上是 γ 射线在物质中产生正负电子对的效应。他的论文《硬 γ 射线的吸收系数》于 1930 年 5 月在美国的 *Nat. Acad. Sc. USA.*（《国家科学院院报》）上发表。1930 年，他首先观测到硬 γ 射线在铅中引起的一种特殊辐射，并测得该辐射的能量恰好是电子的静止质量（0.5 MeV）。这是人类历史上第一次观测到正负电子对的湮没辐射。比安德逊（C. D. Anderson）在宇宙线的云室照片中发现正电子径迹早两年。他的论文《硬 γ 射线的散射》于 1930 年 10 月发表于 *Physical Review*（《物理评论》）。这两个实验是正电子发现的先导，得到国际物理学界的高度评价。1930 年获得美国加州理工学院博士学位。1930～1931 年任德国哈勒大学（Matin-Lutin-Universitaet Halle-Wittenberg，MLU）物理研究所访问学者。

1932～1937 年任国立清华大学物理系教授，并一度接任系主任一职。他在中国首次开设核物理课程，并主持建立中国第一个核物理实验室。1937～1938 年在云南大学物理系任教授。1938～1945 年任西南联合大学物理系教授。1945 年冬，任国立中央大学物理系主任。1948 年当选为中央研究院院士。

1946 年夏中央研究院推荐赵忠尧作为科学家代表前往美国参观在太平洋比基尼群岛进行的原子弹试验。参观后，受中央研究院的委托，在美国采购筹建核物理实验室所需的实验设备和器材。在美国麻省理工学院（Massachusetts Institute of Technologe），卡内基地磁研究所，加州理工学院（California Institute of Technology）等地学习设计静电加速器，进行核物理和宇宙线方面的研究。1950 年冲破重重阻拦，毅然回国。乘轮船途经日本时，被美国当局扣留，关进日本的巢鸭监狱。由于他坚持要回祖国、中国政府积极营救和国内外广泛的舆论压力，美方不得不放行，终于在 11 月 15 日返回祖国。

1951 年参与创建中国科学院近代物理研究所。1953 年底近代物理研究所扩大为物理研究所，赵忠尧任副所长。1955 年他利用回国时带回的，当时国内尚无条件制备的静电加速器部件和实验设备，领导建成中国最早的 700 千电子伏质子静电加速器，1958 年领导建成 2.5 兆电子伏高气压型质子静电加速器，为中国核物理、加速器和真空技术、离子源技术的研究打下了基础。1958 年 7 月物理研究所改建为原子能研究所，他任副所长，主持建立了核物理实验室，具体领导和参加了核反应研究。1958 年在中国科学技术大学创办近代物理系，任第一届系主任。1972 年参与高能物理研究所的筹建，担任副所长并主管实验物理部的工作。1995 年获得"何梁何利科学与技术进步奖"。他将所得的奖金全部捐献，在几所大学设立了"赵忠尧奖学金"。

1955 年选聘为中国科学院数理化学部委员（院士）。曾任中国物理学会秘书

(1939~1943)、常务理事（1963~1982），中国核学会名誉理事长等。是第一至六届全国人民代表大会代表，第三、四、五、六届全国人民代表大会常务委员会委员。

二、学术生涯

> 我想，一个人能做出多少事情，很大程度上是时代决定的。唯一可以自慰的是，六十多年来，我一直在为祖国兢兢业业地工作，说老实话，做老实事，没有谋取私利，没有虚度光阴。
>
> 摘自赵忠尧《我的回忆》

1902年赵忠尧出生在浙江诸暨农村一个衰落的大家族中。父亲早年自学医道，行医为生。他希望子女能多读些书，将来为国为民出力。依照父亲的教导，他决心刻苦学习，打好基础，做一个有用于社会的人。赵忠尧有两个姐姐，他出生那年，母亲已经46岁了。两位老人对待身体孱弱的小儿子小心翼翼，非但幼小时不让他出外玩耍，就连进了小学，也不许他上体操课。他的功课虽然很好，可惜体操分数每次总是零分。15岁进入诸暨县立中学读书。在学校里，赵忠尧的学习兴趣颇广，文理科并重，但数理化等科目中的科学道理，更能吸引他的求知欲望。他学习成绩优良，一年以后就得到了免收学费的奖励。

四年后中学毕业，他选择报考了完全免费的南京高等师范学校。1920年秋进入数理化部就读时，南京高师正在扩建为东南大学。为了获得较多动手做科学实验的机会，加之当时化学系师资力量较强，他选择了文理科的化学系。他在学习中最突出的特点就是各门功课全面发展，虽然选择了化学系，一直对数学、物理的课程也同样重视。这为他日后担任物理助教，并进而转入物理界打下了基础。当时东南大学实行学分制，赵忠尧三年半就提前达到了高师所需的学分。当时因父亲去世，家境困难，他决定先就业，同时争取进修机会。东南大学物理系正好缺少助教，学校根据他在校的物理成绩，聘他担任了物理系的助教。他一面教书，一面参加听课、考试，并进入暑期学校学习。次年便补足高师与大学本科的学分差额，取得了东南大学毕业资格。

1924年冬天，叶企孙从国外归来，到东南大学物理系执教，讲授近代物理。赵忠尧给他当助教，协助他准备一些物理实验，两人相处得很好。叶企孙对工作勤恳踏实的赵忠尧甚为满意。1925年夏，北京清华学校筹办大学本科，请叶企孙前往任教。叶企孙便邀赵忠尧前往担任助教，第二年起任教员，负责实验课，并与其他教师一起，为大学的物理实验室制备仪器。赵忠尧在《我的回忆》中说："叶企孙为人严肃庄重，教书极为认真，对我的教学、科研都有很深的影响。"时国内大学理科的水平与西方相比尚有不少差距。他在清华任教期间，得有机会自习，补充大学物理系的必修课程，达到国外较好大学的水平。还和学生们一起读了德语，旁听了法语。赵忠尧看到国内水平与国外的差距，决定争取出国，他自筹经费于1927年去美国留学。除过去三年教书的工资结余及师友借助外，还申请到清华大学的国外生活半费补助金每月40美金。行前，与郑毓英女士成婚。婚后把妻子带到诸暨照顾老母，为他尽了孝心。赵忠尧不久就远涉重洋去深造。

1927年到美国后，赵忠尧进入加州理工学院的研究生部，师从诺贝尔物理奖获得者密立根教授，进行实验物理研究。第一年念基础课程，顺利通过了预试。由于导师密立根根据预试成绩给中华教育文化基金会的有力推荐，以后三年，他都申请到每年一千美金的科研补助金，便把原来清华大学的半费补助金转给了别的同学。

密立根起初给他一个利用光学干涉仪的论文题目。这个题目需要的仪器业已大部准备好，只需测量光学干涉仪上花纹的周期变化，两年内得出结果，就可以取得学位。但他感到自己所以远涉重洋，是想尽量多学些科学方法和技术，而这个研究题目比较简单，可能会过分顺利，恐怕不能学到很多东西。他把这个意思告诉密立根，问他能否换一个可以学到更多东西的题目。密立根尽管感到意外，但还是给他换了一个《硬γ射线通过物质时的吸收系数》的题目。

当时，人们认为γ射线通过物质时的吸收主要是由于与和物质中电子的康普顿散射引起的。用于计算吸收系数的克莱因-仁科（Klein-Nishina）公式还是刚刚问世。密立根让他通过实验测量，验证这一公式的正确性。实验所用的γ射线是ThC″放出的能量为2.65 MeV的硬γ射线。实验工作很紧张，他常常是上午上课，下午准备仪器，晚上乘夜深人静，通宵取数据。为保证半小时左右取一次数，不得不靠闹钟来提醒自己。

但是，将测量的结果与克莱因-仁科公式相比较时，发现硬γ射线只有在轻元素上的散射才符合公式的预言。而当硬γ射线通过重元素，譬如铅时，所测得的吸收系数比公式的结果大了约40%。1929年底，赵忠尧将结果整理写成论文《硬γ射线的吸收系数》。但由于实验结果与密立根的预期不相符，密立根不甚相信。文章交给他之后两三个月仍无回音。幸好替密立根代管研究生工作的鲍文（I. S. Bowen）教授十分了解该实验从仪器设计到结果分析的全过程，他向密立根保证了实验结果的可靠性，文章才得以于1930年5月在 Nat. Acad. Sc. Amer. 上发表。当赵忠尧在加州做硬γ射线吸收系数测量时，英、德两国有几位物理学家也在进行这一测量。三处同时分别发现了硬γ射线在重元素上的这种反常吸收，并都认为可能是原子核的作用所引起的。与这两组的结果相比，只有赵忠尧测得的吸收系数对介质原子序数的依赖关系是非常平滑的：在英国的塔伦特（G. T. P. Tarrant）的实验中，吸收系数对介质原子序数的依赖是不规则的；而在德国的梅特纳（L. Meitner）和赫布菲尔德（H. H. Hupfeld）的实验结果中，更存在一个"跳跃"。当时大家都不清楚，反常吸收实际上是由于部分硬 γ 射线经过重原子核附近时转化为正负电子对造成的。

吸收系数的测量结果作为学位论文已经够了。但是，赵忠尧想进一步研究硬 γ 射线与物质相互作用的机制，决定设计一个新的实验，观测重元素对硬 γ 射线的散射现象。1930 年春天他开始用高气压电离室和真空静电计进行测量。由于反常吸收只在重元素上被观测到，他决定选择铝与铅为轻、重元素的代表，比较在这两种元素上的散射强度。由于电离电流很弱，要将特殊辐射与本底分开是很困难的，测量时需要极大的耐心与细心。康普顿散射主要在朝前方向，朝后的部分不仅强度弱，并且能量也低，因而在朝后方向观测到的特殊辐射信号最清楚。这个实验一直忙到当年九月才结束，准备好久的暑期旅行因此取消。

他的这个实验结果首次发现，伴随着硬 γ 射线在重元素中的反常吸收，还存在一种特殊辐射。他不仅测得了这种特殊辐射的能量大约等于一个电子的质量（0.5 MeV），而且还测出它的角分布大致为各向同性。他实际上已经发现了正负电子对湮没，观测到了湮没产生的 γ 射线。这是人类历史上第一次观测到正反物质湮没辐射现象的实验。比安德逊在宇宙线的云室照片中发现正电子径迹早两年。赵忠尧的这一结果写成第二篇论文《硬 γ 射线的散射》，于 1930 年 10 月发表于 Physical Review。赵忠尧的博士论文评分时得了优等。后来，密立根教授在他 1946 年出版的专著《电子、质子、光子、中子、介子和宇宙线》中还多处引述了赵忠尧的论文中的结果。

由于选用了高压电离室和真空静电计进行测量，赵忠尧的测量的本底比较少，涨落也小，因而结果比较稳定和干净；但是在他的论文发表后的一两年内，其他人重复这一实验时，用盖革计数器进行测量，没有用高压电离室，本底与涨落都比较大，得到相互矛盾与不确定的结果。这些矛盾，一度引起人们认识上的混乱。加上布莱克特（P. Blackett）与奥恰里尼（G. Occhialini）在他们的论述《电子对湮没》的著名论文中引述赵忠尧的工作时，发生了不应有的错误。他们的立论焦点是湮没过程及其引发的"附加散射线"，其决定性根据则是实验证明附加散射射线的能量大约为 0.5 MeV。但是在他们文章的相关脚注中引述了三篇文章，却包含了不应有的错误。首先，赵在 Physical Review 上文章的发表年份是 1930 年，领先于其他两篇文章一或两年，却被他们错引为 1931 年。更重要的是，布莱克特和奥恰里尼的论据其实是基于赵一个人的文章。在这三篇文章里，只有赵的文章给出了正确的决定性的数值 0.5 MeV。梅特纳和赫布菲尔德 1931 年的文章比赵晚了一年，而且根本没有找到附加散射射线。格雷（L. H. Gray）和塔伦特 1932 年的文章比赵晚了二年，在大约 0.47 MeV 处找到了附加散射射线，可又同时找到一个大约 0.92 MeV 的分量，这是十分令人混淆的。由于这种种历史的原因，赵忠尧的工作一直没有得到应有的重视。

1983 年，杨振宁教授收集整理资料，写成文章发表，帮助澄清了这段历史。他指出："综观电子对产生和电子对湮没的发现历史，我们深深地被赵的实验所感触，这些实验探索到了重要的问题，赵的竞争者们在反常吸收和附加散射射线这两个实验中都曾陷入失误。这一事实又证实了这些实验是很难做的，赵的这些实验具有简捷的经典色彩，具有经得住时间考验的可靠性。不幸的是由于布莱克特和奥恰里尼在文章中疏忽的引证，以及由于其他实验造成的混淆和争议，赵的文章没有获得其本应充分获得的评价。"瑞典皇家学会物理委员会前主席爱克斯彭（G. Ekspong）教授，李政道教授，丁肇中教授也在不同场合指出，赵忠尧是正负电子对产生和湮没的发现者，充分肯定他的成就。

1931 年，赵忠尧回国到清华大学任物理系教授，跟他的老师和同事们叶企孙、萨本栋、周培源等一起积极工作。当时中国的核物理研究是一片空白。他在中国首次开设核物理课程，并主持建立中国第一个核物理实验室，培养了很多优秀的科研人才。"两弹一星功勋奖章"获得者中，就有八位曾经是他的学生，他们是：王淦昌、赵九章、彭桓武、钱三强、王大珩、陈芳允、朱光亚和邓稼先。在极为简陋的条件下，他和同事们一起，进行了一系列 γ 射线与核的相互作用和中子物理等前沿的、开创性的核物理实验研究工作。

1933 年他和龚祖同用 ThC″ 作硬 γ 射线源，用铝窗和铅窗盖革计数管分别计数。测量硬 γ 射线与铝和铅的相互作用，论文在 Nature（《自然》）上发表。卢瑟福在这篇论文后加了按语，说这一实验结果提供了正负电子对产生的又一重要的证据。

1936 年他和傅承义用 Ra-Be 中子源，用不同厚度的石蜡来减速以取得不同能量的中子，测量银和碘对中子的吸收与中子能量的关系，并进而研究银对 Ra-Be 中子源的连续谱的中子的共振吸收；和王大珩一起研究银、铷和溴的中子共振能级的间距。研究结果均发表在国内杂志和 Nature 上。这两项工作是中国学者在国内最早做出的中子物理实验研究。

赵忠尧经常苦思焦虑，想找出一条除科研教学外，立即可以生效的救国道路。他联合友人叶企孙，施汝为，张大煜等，以大家的工资积余，自力更生创办了长城铅笔厂。赵忠尧凡事都尽力亲为，常与技工们一起进行削木头，制铅芯等一些必需的工艺实验，在工艺技术、经营管理等方面克服了许多困难，终于生产出著名的

"长城牌"铅笔。新中国成立后,这个厂发展成"中国铅笔厂","长城牌"铅笔也更名为"中华牌"。

1937年七·七事变后,赵忠尧带领全家南下至昆明。1937~1938年在云南大学物理系任教授。1938年在西南联大任教直至1945年。当时生活条件十分艰苦,赵忠尧为维持生计,自制肥皂贴补家用。可是,生活条件纵然艰苦,他除了正常的教学工作外,还坚持研究。他与张文裕教授一起用盖革计数器做了一些宇宙线方面的工作。在昆明时,他对1937年做的中子共振能级的间距实验,作了更细致的理论分析,论文发表在1941年《中国物理学报》上。1945年冬,接受吴有训邀请,任中央大学物理系主任。

1946年春,美国在太平洋比基尼群岛进行原子弹试验,中央研究院推荐赵忠尧作为科学家代表前往参观,中央研究院交给赵忠尧一笔很有限的经费,委托他在美国采购一批必要的核物理研究器材。要开展核物理研究,至少需要一台加速器。在当时订购一台完整的2兆电子伏的静电加速器要40万美元以上,而赵忠尧手头的全部经费总共不过12万美元。他自己省吃俭用,每年仅开支两千美元,这与当时公派出国人员每年一万美元的生活水平相比有天壤之别。即便如此,购买任何完整的设备都是不可能的。于是他决定自行设计一台加速器,购买国内难于买到的部件和其他少量的核物理器材。当然,这是一条极为费力费时的道路。当时有些人笑他是"傻瓜",放着出国后搞研究的大好机会不用,却把时间用在不出成果的事上。好心的人也劝他:"加速器不是你的本行,干什么白白地耗费自己的时间精力呢?"但赵忠尧认为,一个人在国外做出成绩,只能给自己带来荣誉,对于提高中华民族的科学文化水平,对于国家的富强,作用并不大。他希望在国内建立起核科学的实验基地,能在国内开展研究工作,培养人才,个人为此做出牺牲是值得的,便义不容辞地接受了这一任务。

1946年6月底,赵忠尧在美国比基尼岛参观完了原子弹试验后,便辗转通过关系去麻省理工学院电机系静电加速器实验室学习静电加速器发电部分和加速管的制造。半年以后,为了进一步学习离子源的技术,他转去华盛顿卡内基地磁研究所访问半年。那里有两台质子静电加速器和一台回旋加速器在工作,学习的环境也很好。他还挽留正准备回国的毕德显先生多待半年,一起继续静电加速器的设计,并采购电子学及其他零星器材。毕德显先生为人极为忠厚,工作踏实,又有电子技术方面的实践经验,对加速器的设计工作起了很大作用。这样,赵忠尧在美国设计了一台2.5兆电子伏的高气压型静电加速器。接着,他就着手采购有关器材,加工有些当时国内还不能加工的部件。为了寻觅厂家定制加速器部件,他又重返麻省理工学院的宇宙线研究室。

加速器上的机械设备，都是特殊加工，加工精度要求又高，好的工厂很忙，不愿接受这种吃力不讨好的小交易。赵忠尧为此奔走多日，有时一天要跑十几处地方，最后联系到一个开价较为合理的制造飞机零件的加工厂。这样，加速器运转部分，绝缘柱及电极的制造总算有了着落。与此同时。他还替中央大学定制了一台多板云室，并且购买了与此配套的照相设备。

这段期间，为了换取学习与咨询的方便，赵忠尧曾在几个加速器、宇宙线实验室义务工作。他的义务劳动也换得了一批代制的电子学仪器和其他零星器材，节约了购置设备的开支。为了联系定制器材，赵忠尧先后访问了几个科学实验室，在那里短期做静电加速器实验，学习必要的实验技术，与同事一起完成了几项具有核反应前沿研究水平的工作。他在美国组装了定制的云室，还利用它做了宇宙线实验。这台云室后来在20世纪50年代初安装在云南高山宇宙线站上。

1948年冬，结束了制造和购买器材的工作，前后花了整整两年的时间。1949年，赵忠尧开始做回国的准备工作。最重要的自然是那批花了几年心血定制的加速器部件与核物理实验器材。他把各种器材设备一一打包装箱，分批向国内托运。没想到，联邦调查局盯上了这批仪器设备。他们派人私自到运输公司开箱检查，还到加州理工学院去调查，并且扣去了部分器材。经过许多周折，在美国定制的这批器材装了大小三十多箱，总算装船起运了。

在这段准备回国期间，为了积累在加速器上的实验经验，多学些必要的实验技术，赵忠尧又转回加州理工学院的凯洛格辐射实验室（Kellogg Radiation Lab.）工作。那时，加州理工学院有两台中等大小的静电加速器，具备研究核反应所需要的重粒子谱仪和β谱仪，正适合初学的借鉴。他在那里参加在静电加速器上进行的核反应实验，完成了三篇论文，都发表在 *Physical Review* 上。所研究的问题都是当时核反应研究的前沿。

1950年春，赵忠尧终于得到了香港的过境签证，于8月底在洛杉矶登上了开往中国的"威尔逊总统号"海轮。可一上船，联邦调查局的人就把他的行李翻了一遍，还扣留了一批公开出版的物理书籍和期刊。船到日本横滨，赵忠尧和另外两位从加州理工学院回来的中国学者又被美军便衣人员叫去检查随身行李，硬说可能带有秘密资料，把他的工作笔记本都抄走了。大件行李压在货舱里拿不出来，还要等空船从香港返回时再查。他们三人就这样被关进了日本的巢鸭监狱，并且逼迫他们换上印有"P"字样的囚服。同时，台湾当局派代表威胁劝诱，说只要愿意回美国或去台湾，一切都好商量。赵忠尧对此一律坚决回答，决不去台湾，更不会去美国，坚决要回到中国大陆。在这样的情况下，赵忠尧还不忘学习，向一位同牢房懂日文的中国难友学起了日文。由于赵忠尧等始终坚强不屈的态度，美国当局迫于中国的强烈抗议，国际舆论的关注和同情，最终不得不将他们释放。1950年10月28日，赵忠尧等终于在被监禁、扣押47天后获得释放，辗转回到祖国大陆。

1951年初，赵忠尧开始到中国科学院近代物理所工作。由于感到自己更愿意也更适合做具体的工作，他决定留在实验室，着手核物理实验方面的建设。当时国内科研器材奇缺，他历经艰辛采购回来的加速器部件、电子学等各种器材，为全所研究工作的启动起了重要作用。他领导成立了静电加速器组，开始加速器的研制。当时国内对加速器的有关技术没有经验，为了掌握技术、取得经验、培养干部，决定利用他从美国带回的部件和器材，先建造一台在大气中工作的700千电子伏质子静电加速器。

赵忠尧十分关心青年人的成长。工作中他把握方向，放手让年轻人干，注意发挥他们的积极性、主动性，培养他们的独立工作能力。组内每周六召开例行组会。在组会上，年轻人每人报告一周来的工作进展和遇到的困难；还要讲下一周的工作计划。大家提问题和建议，讨论经常十分热烈。赵忠尧总是仔细听大家的汇报，提问题，最后才提出解决问题的建议，让大家再讨论。通过这样的组会，每个成员明确了自己的工作该怎样进行，也了解了别人在做什么，学到了别人的经验和他们的心得体会。虽然每个人各管加速器的一方面，可是都能了解整体工作的进展和其中的问题。因而每个人都进步很快，不断成长。通过这种组会，也加强了全组青年人的团结和互相帮助。

在他的领导下，大家共同努力，克服器材奇缺，经验不足的困难，一一解决研制过程中的关键技术问题。700千电子伏质子静电加速器于1955年建成。在此加速器上用所内自制的核乳胶进行了$Li^7(p,\alpha)$反应α粒子角分布测量。

1953年底，近代物理研究所扩大为物理研究所，全所搬迁到中关村。赵忠尧任副所长。他继续领导静电加速器组着手研制他在美国设计的2.5兆电子伏的高气压型质子静电加速器。

加速管的封接是建造加速器的关键步骤之一。赵忠尧在美国期间，曾在麻省理工学院学习了这种技术。回国后，与大家一起边干边摸索经验；从磨玻璃环开始，到涂胶、加热封接，每一步都精益求精。这台2.5兆电子伏高气压型的质子静电加速器终于在1957年建成。在这台加速器上进行了$^{23}Na(p,\alpha)^{24}Mg$反应实验，研究^{24}Mg的能级特性。测量了30～200千电子伏质子轰击Li的反应截面，为核武器设计提供数据。由于加速管和真空部件做得好，加速管性能很好，使用多年一直不出问题。这在当时国内一穷二白的条件下，的确不是一件轻而易举的事。在建立实验室和研制加速器的过程中，为中国核物理实验方法、加速器和真空技术、高电压技术、离子源技术的研究打下了基础。

赵忠尧对青年人要求十分严格。他以身作则，一丝不苟的作风使大家在不知不觉中被潜移默化。就这样在具体工作中，与杨澄中，梅镇岳，李正武等专家密切合作，金建中、叶铭汉、叶龙飞、孙良方、徐建铭等一批中青年科技骨干迅速成长，培养了一大批具有严谨踏实科研态度的科研人才。很多人成为原子能研究所，兰州近代物理研究所和高能物理研究所的科研骨干。

无论在政治上、工作上、生活上，赵忠尧都坚持真诚、实在的原则。凡是他认为有利于国家、人民的观点，都敢于坚持到底。他认为错误的东西，都明确地表示反对。1956 年中国加入设立于苏联杜布纳（Dubna）的联合核子研究所（Объединённый Институт Ядерных Исследований, Дубна），中国每年出 20% 的运行费，当时约合一千万美元。赵忠尧坚定认为，参加是很好的，但是核物理要在国内生根，还必须在国内要有基地。所以，当他作为中方代表之一参加联合核子研究所的所长联合会议，在讨论该所的下一步发展时，他提出应在苏联以外的会员国设立分所，最好设立在中国。他的提议没有被通过，但却引起了风波。二机部的领导说他的提议是错误的，说他违反中苏友好、社会主义大家庭的原则，给他扣上了反苏的大帽子。他不服，坚持自己的意见。1957 年底，二机部为此在原子能研究所中关村分部特别开了一次对他的"错误"思想批判会。

1958 年中国向苏联订购的回旋加速器在原子能研究所建成。在他指导并直接参加下，在回旋加速器上开展了质子弹性散射、氚核削裂反应等方面的研究工作。

1958 年赵忠尧在中国科学技术大学创办近代物理系，担任系主任。在制定教学大纲、师资队伍、实验室建设、教学质量等方面都下了很大工夫。在他的主持下，建立起一个专业实验室，开设了 β 谱仪、气泡室、γ 共振散射、穆斯堡尔效应、核反应等较先进的实验。他很注意科学方法的培养，使学生在理论和实验两方面都得到发展。他亲自登门聘请严济慈、张文裕、关肇直、朱洪元、彭恒武等许多知名专家任教，或开设专题讲座。他自己亲自为学生讲授原子核反应。这批学生中，郑志鹏、李金、朱永生、韩荣典、许咨宗等一大部分后来成为中国核物理和高能物理研究以及教育事业的骨干。

赵忠尧一直热情关心中国科学、教育事业，他先后曾就建造串列静电加速器、中能加速器、建立中心实验室、缩短学制、成立研究生部等许多问题向各级领导提出建议。1958 年后，他致力于核物理实验基地的提高，提出要建造串列静电加速器。当时国外这类加速器也刚刚建成，它的规模适中，在经济上、技术上都是中国办得到的。但是三年困难时期一切基建停止，他的建议没能实现。1962年中苏关系破裂，1965年中国撤出联合核子研究所，决定把每年预定投入联合核子研究所的钱在国内建造实验基地。赵忠尧上书聂荣臻，提出在发展高能物理的同时，应同时发展核物理，建造一台串列静电加速器。聂荣臻很赞同，从上述经费内划出1000万人民币作为在中关村研制一台串列静电加速器的经费。很不巧，1964年底正在开始土建设计和加速器的设计时，中央提出了三线建设的方针，北京停止一切基建。不久，"文化大革命"开始，这一计划刚开始就夭折了。"文化大革命"开始后，他还天真地写大字报对科研发展方向提出详细建议。不久，他就被定为反动学术权威。后来，更以"特嫌"罪名被隔离审查。在隔离期间，他写了数万言"检查交代"材料，言辞平和真切，不卑不亢，如实陈述自己的历史，不说假话，不连累他人。1972年他再次动议引进串列静电加速器来推动中国核物理研究工作，尽快弥补"文化大革命"给科学研究带来的损失。很遗憾，由于"文化大革命"的持续，这件事又被推迟了十几年。直到1986年，中国原子能科学研究院终于成功引进了一台串列静电加速器，距离赵忠尧1958年的首次倡议，整整过去了28年。此时，国外这类加速器已工作多年，中国失去了赶上人家的机会。1973年高能物理研究所成立，赵忠尧担任副所长，主管实验物理部的工作。尽管他年事已高，但仍积极参加有关高能实验基地建设以及学术会议的讨论。

赵忠尧学问精深，德高望重，平易近人，他一生为人正直、忠于科学、潜心研究，朴素无华，深受同事和学生们的爱戴，在研究所内，上上下下都称呼他为赵老师。他以毕生精力从事科学和教育事业，为发展中国核物理和高能物理研究事业、为培养中国原子能事业、核物理和高能物理的实验研究人才作出了重大贡献。赵忠尧在他写的《我的回忆》一文中表达了他执著而纯真的追求和殷切的期望：

回想自己的一生，经历过许多坎坷，唯一希望的就是祖国繁荣昌盛，科学发达。我们已经尽了自己的力量，但国家尚未摆脱贫穷和落后，尚需当今与后世无私的有为青年再接再厉，继续努力。

三、主 要 成 就

1. 发现硬γ射线的反常吸收，首次观测到正负电子对的湮没辐射

1929年在美国读博士学位期间，观测到当硬γ射线通过重元素时，存在"反常吸收"。这实际上这是γ射线在物质中产生正负电子对的效应。1930年，在进一步

的实验中,他首先观察到硬 γ 射线在铅中引起的特殊辐射,并测得该辐射为各向同性分布,其能量恰好是电子的静止质量 (0.5 MeV)。这是人类历史上第一次观测到正负电子对的湮没辐射。这些发现是正电子发现的前导,为反物质研究的发展做出了划时代的重要贡献,得到国际物理学界的高度评价。

2. 筹建核物理实验室,设计静电加速器,采购、加工实验设备和器材

1946 年受中央研究院的委托,在美国采购筹建核物理实验室所需的设备和器材。他在美国设计了静电加速器,采购了静电加速器部件和核物理研究用的实验设备和器材。他历经艰辛采购回来的各种器材,为新中国成立初期中国加速器和核物理的研究工作的启动起了重要作用。

3. 领导建成 700 千电子伏和 2.5 兆电子伏静电加速器

他领导建成中国最早的 700 千电子伏和 2.5 兆电子伏质子静电加速器,为中国核物理、加速器和真空技术、离子源技术的研究打下了基础。

4. 开创中国核物理和宇宙线研究,建立核物理实验室

赵忠尧是中国核物理,中子物理和宇宙线研究的开拓者和奠基人之一。20 世纪 30 年代,他在中国首次开设核物理课程,并主持建立中国第一个核物理实验室,进行了一系列 γ 射线与核的相互作用和中子物理等实验研究工作,有多篇论文发表在 *Nature* 上。40 年代在美国进行核物理实验研究;并定制了一台云室,带回国内。50 年代初这台云室安装在云南高山宇宙线站上使用。50~60 年代,在静电加速器和回旋加速器上,指导和亲自参加开展了一系列原子核反应的研究工作。

5. 教育育人

赵忠尧一生关注教育事业。20 世纪 30~40 年代先后在清华大学、云南大学、西南联大和中央大学担任教授,培养了很多杰出的科研人才。在领导建造加速器的过程中,十分关心青年人的成长,培养了一大批严谨踏实的优秀科研人才。50 年代在中国科学技术大学创办近代物理系,任系主任。培养了中国几代核物理、粒子物理学者。

四、赵忠尧主要论著

Chao C Y. 1930. The absorption coefficient of hard γ-rays. PhD thesis, California Institute of Technology. Nat Acad Sc

USA, 15: 558.

Chao C Y. 1930. The absorption coefficient of hard γ-rays. Proc Nat Acad Sc USA, 16: 431.

Chao C Y. 1930. Scattering of hard γ-rays. Phys Rev, 36: 1519.

Chao C Y. 1932. The absorption and scattering of hard γ-rays. Sc Report Tsing-Hua Univ, 1: 159.

Chao C Y. 1932. The abnormal absorption of heavy elements for hard γ-rays. Proc Roy Soc A, 135: 206.

Chao C Y, Kung T T. 1933. Interaction of hard γ-rays with atomic nuclei. Nature, 132: 709.

Chao C Y, Fu C Y. 1936. The resonance absorption of neutrons. Sc Report Tsing-Hua Univ, 3: 451-455.

Chao C. Y., Fu. C. Y. 1937. Resonance levels of neutrons in silver nuclei. Nature, 139: 325.

Chao C Y, Wang T H. 1937. Spacing of the resonance leutron nevels of silver, rhodium and bromine nuclei. Nature, 140: 768.

Chao C Y. 1941. Nuclear level spacing deduced from the resonance absorption of neutrons. Sc Report Tsing-Hua Univ, 4: 257.

Chao C Y. 1949. Mixed cosmic-ray showers at sea level. Phys Rev, 75: 581.

Chao C Y, Lauritsen T, Rasmussen V K. 1949. High energy gamma radiation from Be^9+D^2. Phys Rev, 76: 582.

Chao C Y, Tollestrup A V, Fowler W A, et al. 1950. Low energy Alpha-particles from fluorine bombarded by protons. Phys Rev, 79: 108.

Chao C Y. 1950. The angular distributions of the Alpha-particles and of the Gamma-rays from the disintegration of fluorine by protons. Phys Rev, 80: 1035.

赵忠尧, 何泽慧, 杨承宗. 1956. 原子能的原理和应用. 北京: 科学出版社.

周德邻, 毛振麟, 袁容芳, 等. 1960. 6.8 MeV 质子对 Cr, Co, Ni, Cu, Zn 的弹性散射. 物理学报, 16: 413.

叶铭汉, 孙良方, 徐建铭, 等. 1963. 质子静电加速器. 物理学报, 19: 60.

叶铭汉, 夏广昌, 钟溟, 等. 1964. Na^{23} (p, α) 反应的两个很靠近的共振能级. 物理学报, 20: 728.

赵忠尧, 郑林生, 张宗烨. 1965. 低能原子核物理学的发展. 科学通报.

姜承烈, 余泮水, 谢滋, 等. 1966. C^{12} (d, p) C^{13} 和 Ca^{40} (d, p) Ca^{41} 基态反应质子极化的研究. 物理学报, 22: 554.

主要参考文献

Li B A, Yang C N, Chao C Y. 1989. Pair Creation and Pair Annihilation. J Mod Phys A, 4: 4325.

赵忠尧. 1992. 我的回忆//赵忠尧论文选集编辑委员会. 赵忠尧论文选集. 北京: 科学出版社: 198.

郑文莉, 毛振麟. 1996. 赵忠尧//沈克琦. 中国科学技术专家传略: 理学篇: 物理学卷1. 石家庄: 河北教育出版社: 237.

李炳安, 杨振宁. 1998. 赵忠尧电子对产生和湮灭. 继尧, 译. 现代物理知识, 10 (6): 29.

高能物理研究所. 2002. 我国核物理研究的开拓者——赵忠尧. 中国科学院院刊, (4): 292.

撰写者

叶铭汉（1925~），中国科学院高能物理研究所研究员，中国工程院院士，赵忠尧的学生和长期合作者。

萨本栋

萨本栋（1902～1949），福建闽侯人。物理学家和教育家、电机工程学专家。中央研究院院士。1927年获美国麻省伍斯特工学院理学博士学位。1928年回国后先后任清华大学物理系教授、国立厦门大学第一任校长、中央研究院总干事。他是中国物理学会的创建者之一。他编订的《物理学名词汇》为此后物理学名词的统一译名提供了便利。1933年出版的《普通物理学》是中国第一部用汉语正式出版的大学物理教材。1935年，他创造性地提出运用双矢量方法解决三相电路问题，开拓了电机工程研究的新领域。他首先提出用标幺值系统来分析交流电机问题，其专著《交流电机基础》（Fundamentals of Alternating Current Machines）被誉为物理学、电机学巨著，开创了中国科学家编写的自然科学教科书被外国普遍采用的先例。他被美国电气工程师学会接受为外籍会员。他与叶企孙等人共同建设和发展了清华大学物理系，抗战期间为建设厦门大学作出了重要贡献，抗战胜利后为恢复和重建中央研究院作出了极大努力。1939年获中国电机工程师学会荣誉奖章。1943年被选为中国电机工程师学会董事。1944年获国家三等景星勋章。

一、生平概要

萨本栋，字亚栋，号仁杰，蒙古族，1902年7月24日出生于福建闽侯县，1949年1月31日病逝于美国旧金山，享年47岁。

萨氏先祖为色目人。元代诗人萨都拉，官至南台侍御史，泰定帝也孙铁木尔赐其姓萨。萨都拉之孙萨仲礼为元顺帝至顺元年（1333）进士，官至福建行中书省检校，举家由雁门迁福州。此后，子孙繁衍，逐成望族。萨本栋是萨仲礼第十七代孙。萨本栋祖父辈经营盐业，稍有积蓄，家庭殷实。父亲福绥（又名君陆）曾留学日本高等师范，参加过辛亥革命，并历任福建华侨学校校长、福建实业司秘书科长、教育司视学、南洋各岛特派视学专员、中央观象台技士、北京侨务局参事等职。

萨本栋出生在福建闽侯县朱紫坊萨家祖居，从小受到良好的教育。6岁入明伦小学，之后在榕城三牧坊学堂（现福州一中）读书。1913年，萨本栋考入北京清华学校（清华大学前身），1921年以优异成绩毕业，并于1922年7月被选派赴美留学。1922~1924年，萨本栋在美国斯坦福大学（Stanford University）学习机械工程，获工学学士学位；1924~1925年，在美国麻省伍斯特工学院（Worcester Polytechnic Institute）学习电机工程；1925~1927年，在美国麻省伍斯特工学院攻读物理，于1927年获理学博士学位，是20世纪20年代中国留美学生中的佼佼者。1927~1928年，萨本栋被聘为美国麻省伍斯特工学院研究助理和威斯汀豪斯电机制造公司（Westinghouse Electric Corporation）工程师。

1928年，萨本栋回国，应清华大学物理系主任叶企孙聘请，担任物理学教授，期间曾于1930年任北京大学"文化基金研究教授"。萨本栋在清华任职9年，讲授普通物理学、电磁学、无线电物理等课程，并从事电路和无线电方面的科研工作。萨本栋同叶企孙等人一道，对清华大学物理系的建立与完善作出了卓越的贡献。他是清华大学12位教授评议委员会中最年轻的委员。1935年9月至1937年3月，他被美国俄亥俄州立大学（Ohio State University at Columbus）电机工程系聘为客座教授。

1937年，爱国华侨领袖陈嘉庚将其创办的厦门大学捐给国家。1937年7月1日厦门大学由私立改为国立。1937年7月6日，萨本栋被教育部任命为国立厦门大学第一任校长，7月26日正式上任。时值七七事变，8月24日，旅厦日侨开始撤退。萨本栋审时度势，于9月4日开始将学校暂迁至当时的公共租界鼓浪屿，坚持上课。10月，萨本栋经与相关方面研究后决定，将厦门大学内迁至闽粤赣交界的山城长汀。萨本栋统筹安排，在近一个月的时间内便将全校师生员工安全送达长汀城，为厦门大学的发展保存了实力。

萨本栋正直廉洁，治校效仿清华大学，使厦门大学成为东南高校中实力最强、校风最正的高等学府。当时师资奇缺，萨本栋本人承担多于一般教授的课程；鉴于国内缺乏土木建筑、机械、电机、航空等方面的人才，他披荆斩棘、艰苦创业，四面奔波、各方筹措，于1937年创办了土木工程系。1940年，萨本栋又增办了机电工程系，且把理学院扩充成理工学院。1944年，他又筹备航空工程系，为厦门大学于1948年创设工学院立下了汗马功劳。

1944年6月至1945年5月，萨本栋应美国国务院邀请赴美讲学。1945年5至8月，应邀由美国转道至英国讲学。此期间仍担任厦门大学校长一职。

1945年夏，国外归来的萨本栋被推荐为中央研究院（重庆）总干事，开始了他第三个时期的工作，一直到1948年12月。这期间他像在厦门大学一样励精图治，呕心沥血，在战争纷乱的年代，筹集款项，在南京为数学研究所和物理研究所各造了一所独立的小楼；还具体主持了1948年的院士选举工作。

萨本栋热心于中国的物理学事业，并担任多种职务。1932～1947年担任中国物理学会会计兼秘书长。1940～1948年任中央研究院当然评议员、评议会人事管理委员会主任委员（评议会为当时全国最高学术评议机关）、设计考核委员会主任委员。1943年被选为中国电机工程师学会董事。1945～1947年任中国物理学会副理事长。1945～1948年任物理研究所所长。

1944年，萨本栋因办学有功荣获国家三等景星勋章。1948年当选为中央研究院院士。

二、学 术 生 涯

萨本栋从小就受到了良好的家庭教育，他天资聪慧，好学上进。完成清华学校学业，并在美国留学多年获博士学位后又在麻省伍斯特工学院任研究助理和威斯汀豪斯电机制造公司工程师，做了一年的研究工作。此期间，萨本栋在 Trans. AIEE（《美国电气工程师学会学报》）上发表了"Studies on sparking in air"（《关于空气中的火花的研究》）及"A note on the unbalancing factor of three phase systems"（《三相系统的非平衡因素》）两篇论文，这不仅为他自己奠定了今后的研究方向，也使他成为学界知名青年学者。

萨本栋在数学方面也有其独特的视角，他在美国攻读博士期间，曾把美国人安顿利（G. C. Anthony）和亚斯利（G. F. Ashley）著述的《画法几何学》翻译成了中文，1926年经商务印书馆出版后，被选为高级中学普通科用书。

1. 清华大学物理系教授（1928～1937）

1928年，萨本栋回国，任清华大学物理系教授，开始了他在国内的教学研究生涯。

（1）编订《物理学名词汇》。随着西学在中国传播，萨本栋曾于1908、1920、1931年三次先后汇编出版《物理学语汇》或《物理学名词汇》。然而，物理学日新月异，统一译定西方物理学名词难度颇大。1924年，中华教育文化基金董事会在北京成立。1927年，该会设立科学教育顾问委员会，决定尽快编订科学词汇，以备教学和编辑教科书参考。1930年该委员会改组为编译委员会。委员会为翻译物理学书籍征求在北平的物理学家的意见，并将统一整理、校订物理学名词的工作托付萨本栋。萨本栋于1932年完成《（英汉）物理学名词汇》，并于当年由中华教育文化基金董事会编译委员会出版发行。

《物理学名词汇》去掉"第一次审查本"与"教育部增订本"中的德法日三种文字，仅依英文字母次序排列，便于检索。该书共收录词条4166条。萨本栋在编译过程中，力求使译名尽可能准确表达物理意义，为中国物理学会成立后的名词审查委员会的相关工作提供了便利。

（2）编写第一本汉语大学物理教材。在清华大学的9年中，他主要讲授过的课程有"大学普通物理学"、"电磁学"和"无线电原理"等。他讲课时，准备充分，声音洪亮，给学生充分的提问和讨论机会，考试次数多而且非常严格。据钱三强回忆，"他（萨本栋）讲电磁学那一章，基本概念也是讲的十分清楚。他有时一上课先用十分钟要学生先做一道小考题，看看上一堂讲的那些概念学生们懂了没有。这种办法对促进学习，加强理解确实有作用的。"

萨本栋在物理教学中很重视实验，他主张教学中应尽可能使学生看到物理现象。根据自己的教学经验，萨本栋编写了教材《普通物理学》（上、下册），于1933年3月由上海商务印书馆出版。这是中国第一部正式出版的汉语大学物理教材。

萨本栋的《普通物理学》全书共71章。上册为引言、力学（共20章）、声学（共4章）、热学（共10章）；下册为电磁学（共24章）、光学（共13章），涵盖了普通物理学的全部内容。

该书每章都以"总说"的形式叙述本章知识内容的发展历程，使学生对其来龙去脉有所了解，从而激发学生的求知欲，以便于更为深入的理解科学内容。书中所列问题都经过精心选配，难易结合。该书编写的最大特点是："全书结构遂以叙述问题之起因及现象性质之大概为发端，论列物理的律例及其相互之关系为躯干，而以各事象之应用为枝叶，及解释此等现象之学说为归宿。""其目的在使初入大学之理工科学生，对于物理学中各观念之意义，各重要现象之情形，与其相互作用之关系及应用，获得确切之智识。"

为了与《普通物理学》相配套，萨本栋又编写了《普通物理学实验》（1936年11月由上海商务印书馆出版，长沙商务印书馆1939年再版）。该书共有学生实验36个（力学11，热学6，声学2，电磁学11，光学6），每个实验又分几个小实验，从原理、步骤、结论等几个方面提出要求。每个实验后还有小问题供学生思考，以加深印象、拓展思维。

《普通物理学》科学性、系统性强，1940年被教育部正式颁定为"大学丛书"之一。它与《普通物理实验》一起可谓20世纪30~50年代初的大学物理之范本。此套教材一问世便被各大学物理系普遍采用，获得中国高等教育界的普遍赞赏。原国务院总理朱镕基在清华读书期间（1947～1951），只有这套《普通物理学》是用汉语编写的。该书在国内流行长达20年之久，中国当代科学技术专家中不少人在年轻时都学习过此套教科书，至今谈起来犹感受益匪浅，如钱三强谈及学习此教材，印象颇深。可见萨本栋为中国高等物理学教育作出的贡献。

（3）学术研究。清华大学的学术环境非常好，萨本栋在这里发表了他的大部分学术论文，共有17篇，其中10篇发表在清华大学《理科报告》（Science Reports）上，5篇发表在 Trans. AIEE.（《美国电气工程师学会学报》）上。萨本栋该时期主要关注两方面的问题，第一类是用双矢量（dyadic）方法解决电路问题，第二类是关于各种真空管的性质和效能的研究。他创造性地将并矢方法应用于解决三相电路，撰写的论文深得物理学前辈推崇，并由此被清华大学教授会推选为评议员，参与学术问题和重大校务的决策。

1935年9月，萨本栋应邀任美国俄亥俄州立大学的客座教授，在该校电机工程学系讲学，主要讲授"双矢量方法解决电路问题"。当时的美国理工学界自视甚高，东方人被美国聘为客座教授者，少之又少。而此时的中国，科技教育落后、备受西方歧视，萨本栋之事，实属难得。1936年8月，他在 Trans. AIEE.（《美国电气工程师学会学报》）上发表了"Dyadic Algebra Applied to 3-phase Circuits"（《应用于三相电路的并矢代数》）一文，引起电机工程界的强烈反响，世人称之为"亚栋定律"（泛指萨本栋把数学中的复矢量和并矢方法应用于解决三相电路的规律），被认为是开拓了电机工程的一个新的研究领域。美国电气工程师学会随即将它列为当年冬季会议（1937.1.25～27）的谈论课题。经会后评选，该文获得美国"1937年度理论和研究最佳文章荣誉奖"。在此基础上，萨本栋又汇集了同类问题的其他一些相关成果，并加以系统整理，用英文写成一本著作 Dyadic Circuit Analysis（《并矢电路分析》或译作《电路分析中的并矢运算》），1939年在美国出版。这是一本集"数学、物理、电机三角地带"的全新著作，在电机工程研究中开拓了全新领域。该书奠定了萨本栋的学术地位。该书一出版即被选入"国际电工丛书"，并获得中国电机工程师学会第一次荣誉奖章。由于萨本栋在电机工程学上的突出成就，他被美国电气工程师学会接纳为外籍会员。

（4）北京大学兼职教授。1930年，萨本栋兼任北京大学教授。他讲课认真、口齿清楚，不照本宣科，有时上课只带一两张活页纸。他还勤于实验，每次讲课，都事先预备好做演示的仪器，边讲边演示，使初学者有感性认识。对于基本概念，他不止一次地重复讲解，使初学者逐渐加深理解；他还经常在第二节课开始时，重点重复前一节课讲过的概念。

同萨本栋一起到北京大学兼职的物理教授还有吴有训。由于二人讲课效果非常好，当年原本在北京大学理预科做学生的钱三强，刚开始想学电机工程，听了二人的课，决定改学物理，并放弃了北京大学，转入清华大学物理系。

萨本栋在清华大学的师生中留下了很好的印象，这个时期的工作也树立了他的学术地位。叶企孙曾说："他在清华物理学系创造了值得纪念的功绩。"

2. 国立厦门大学校长（1937～1945）

1937年3月，萨本栋美国讲学载誉归来，继续担任清华大学教授。

1937年7月1日，由爱国华侨陈嘉庚创办的厦门大学正式改为国立。由于萨本栋对教学和研究的热忱与成就，国民政府教育部于7月6日任命他为第一任国立厦门大学校长。至此，萨本栋开始了他人生的第二个阶段。

（1）两次搬迁，为学校发展保存实力。萨本栋在七七事变发生后的第五天离开他热爱的清华大学，踏上了去往厦门的旅途。萨本栋担任国立厦门大学校长八年（1937～1945），实际在校七年，恰逢国难当头、学校生存发展最为艰难的时期，他通过不懈的努力，使厦门大学在非常时期，有了重要的改进，树立了良好的学风，成为当时南方第一流的大学。

萨本栋刚到厦门大学，日本军舰便开始轰炸厦门，他将学校暂时迁往当时的公共租界鼓浪屿，借用英华中学及闽南职业学校的部分校舍坚持上课，重要的图书、仪器、标本等也尽量先移到鼓浪屿。10月间，厦门无法停留，萨本栋审时度势，决定将学校迁至闽粤赣交界的山城长汀。12月初开始搬迁。当时福建交通极为不便，从厦门到长汀又有关山阻隔。萨本栋周密筹划，妥善安排，抓紧时机，指挥若定，在不到一个月的时间内便将师生员工全部安全送达，于1938年1月17日在长汀复课。所有图书、仪器设备也赶在1938年厦门沦陷之前移出。其中大部分运达长汀，少部分暂存在鼓浪屿、漳州、龙岩等处。这次大搬迁充分显示了他的组织领导才能，也为厦门大学的发展保存了实力。到长汀后，他事无巨细，在师资、经费等诸多方面奔波，除日常校务外，他还担任教学任务，有时每周上课的时数竟超过一个专职教授的课时数。他在国立厦门大学曾指导"普通物理学"的教学工作，登坛讲授"微积分"、"交流电路"、"电工原理"等课程，其中"微积分"是基础课，之后他编写了教材《实用微积分》。这本《实用微积分》经编译馆审定后，成了大学教本。

经过萨本栋及全校师生的共同努力，厦门大学不仅在规模上有了较大的发展，在质量上也有了显著提高，成为当时"国内最完备的大学之一"。抗战期间，英国使者李约瑟（J. Needham）曾旅行到长汀，参观厦门大学，并了解抗战时期中国的大学教育。在他看来，此时的厦门大学是当时"加尔各答以东最完善的大学"。

萨本栋在厦门大学倾注了他全部的精力。萨本栋就任校长时，年仅35岁，正值年富力强、精力充沛之时，而且他还是网球健将，身体非常强壮。但到1944年他42岁时，已经腰弯背驼，显得异常衰老了。繁重的校务使他心力交瘁，积劳成疾。他用他的健康和生命换取了厦门大学的发展。

（2）兴办工学，为祖国建设培养人才。萨本栋在厦门大学的另一大举措就是培养土木建筑、机械、电机、航空等方面的人才，他认为国家在这些方面非常落后，急需要这类人才。他千方百计地解决开设工科系所需的师资和设备，在他的努力下，厦门大学开办了"土木"、"机电"和"航空"三个系，其中航空系的一个教学设备还是用一台报废的飞机发动机改造而成的。但是，这些系都非常出色。他于1937年创办"土木工程系"，附属于理学院。1938年，该系有45名学生，是理学院中学生人数最多的一个系。1940年，他又增设了"机电工程系"，并将理学院扩充为理工学院。1944年，他又筹备"航空工程系"，为1948年创设工学院奠定了基础。1941～1949年，厦门大学工科毕业生达452人，分布在全国各地，为祖国建设作出了重要的贡献。

在学术方面，萨本栋在此期间共发表了5篇学术论文（另有一篇汉文"七股算仪图说"由国立厦门大学机电系印发）。其中1940年发表了"Matrices and Dyadic"（《矩阵与张量》）、"Two-phase Co-ordinates of a Three-phase Circuit"（《三相电路中两相合纵法》），1941年发表了"A Matrix Theorem"（《矩阵原理》），1945年发表"'Diamond Seven' Chart for Electrical Computation"（《七股算仪图说》）、"A Uniform Method of Solving Cubics and Quartics"（《三次和四次方程的均同解法》），其中3篇仍属于之前他关于电路方面的工作。他设计的"七股算仪"，大大简化了繁难的数学运算。

1944年6月，萨本栋接受美国国务院邀请到美国讲学，受聘为麻省理工大学和斯坦福大学访问教授，讲授交流电机学。一年间，他先后在麻省理工大学（Massachusetts Institute of Technology）、密歇根州大学（Michigan State University）、哈佛大学（Harvard University）、伊利诺伊大学（University of Illinois at Urbana-Champagne）做了多场报告。期间他主要讲述交流电机的相关问题，首先提出了"用标幺值系统来分析交流电机"，引起了工程学界的强烈反响。之后他将这些资料整理成 Fundamentals of Alternating Current Machines（《交流电机基础》）一书，1946年在美国出版。该书被誉为物理学、电机学的巨著。出版后立即被加利福尼亚大学、卡内基理工学院（Carnegie Institute of Technology）等几十所院校定为教材，开创了中国科学家编著的自然科学专著被外国人采用为教材的先例。之后萨本栋将其译成中文《交流电机》,于 1949 年由商务印书馆出版。该书与 1948 年正中书局出版的《交流电路》可看作关于"交流电"的上下册,成为当时交流电机和电路的基础性学术专著。

1945 年,国民政府为纪念萨本栋担任校长 8 年来的巨大功绩,授予他三等景星勋章;厦门大学也于他刚调离后的 1946 年就设立了"本栋奖学金",以志敬意。

3. 中央研究院总干事(1945~1948)

1945 年夏,萨本栋从美国乘飞机回国,飞机降至重庆。恰逢中央研究院(当时在重庆)选聘总干事,研究院的科学家们都认为他是最佳人选,他应允聘请,开始了他人生的第三个阶段。

(1) 第一届院士选举。民国时期的中央研究院就是当时中国最高的学术研究机构,但设立之初,科学人才比较匮乏,选举院士的诸多条件尚不成熟,所以仅暂设评议会作为全国最高学术评议机构。1944 年 3 月 6 日,在评议会第二届第二次年会召开之前,中央研究院院长、评议会议长朱家骅和评议会秘书翁文灏提出本次会议任务之一是要组织院士候选人委员会。3 月 8 日,评议会第二届第二次年会推定翁文灏等六人为院士候选人推举委员会。中国首次院士评选活动正式拉开帷幕。

1945 年夏,萨本栋被推选为中央研究院总干事。上任后第一件事就是组织中央研究院由重庆回迁南京。1946 年 7 月 1 日,中央研究院行政中枢总办事处迁至南京,萨本栋作为总干事开始张罗选举院士一事。

1946 年 10 月 20~24 日,评议会第二届第三次年会召开。23 日,萨本栋和吴有训、翁文灏、傅斯年、李书华、胡适、周鲠年、秉志、陈垣共九人组成了院士选举第一次议案审查委员会,并向会议提出"请规定 Member of Academia Sinica 的名称设置、选举及有关事项案;请设置中央研究院院侣及修正评议会组织与任务案"。会议决定将两案合并审查,规定了院士选举的资格、名额、提名、职权和学科分组,并规定由评议会制定"院士选举规程"及"院士会议规程"。为了加快推进选举,会议授权中央研究院总干事萨本栋、评议会秘书翁文灏和在京沪评议员负责草拟上述两种规程,以通信方法征求各评议员同意后先行施行。

1947 年 1 月 27 日,中央研究院将组织法及评议会条例修正草案上呈国民政府,交立法院审议,经立法院第四届第三百一十六次会议修正通过,萨本栋和傅斯年列席了此次会议。3 月 13 日,国民政府公布修正后的中央研究院组织法及评议会条例,从而为院士选举的筹备提供了法律依据。

3月15日，京沪评议员举行谈话会，就起草院士选举规程及院士会议规程的问题进行商讨。萨本栋草拟了院士选举规程草案和院士会议规程草案，傅斯年参照萨本栋拟就的草案，根据自己的设想也拟就了一份草案。萨、傅两人提出的草案供评议员比对参考，作为起草的依据，并商定了要点。会议推举胡适、翁文灏、萨本栋、傅斯年、茅以升、吴有训、李济七位评议员组成院士选举规程草案起草小组，由萨本栋为召集人，负责起草。3月17日，七位评议员举行小组会，由胡适、萨本栋先后主持，傅斯年提出草案，逐章逐条讨论修正通过，并达成共识。

5月9日，第一次院士选举全体筹备委员第一次会议召开，会议决定：根据院士选举规程规定，评议员五人联署提名院士候选人，推举评议员草拟各科目院士候选人名单，以推测各科目符合院士资格人员的大致情况，以便据此决定各科目院士分配名额。萨本栋和茅以升等人位列工程院士候选人名单。

根据院士选举规程第八条的规定："凡提名院士候选人时，须依本规程所附'院士候选人提名表'之格式填写，连同有关之著作及其他文件，挂号寄送本院院士选举筹备委员会"。然而，抗战期间各大学和研究机构一再搬迁，许多被提名人的著作散佚，收集非常困难，眼看候选人提名截止日期临近，北京大学、清华大学、武汉大学、中央大学等校的提名表仍没有寄到，担任总干事的萨本栋一面分函催办，一面致函评议会秘书翁文灏，提出将截止日期延长到8月20日。

1947年10月15日，第二届评议会第四次年会召开，经评议会郑重审查，一致通过150人为第一次院士候选人，萨本栋为数理组院士之一。11月15日，中央研究院在政府公报及京沪各大报上公告"院士候选人名单"，公示时间为四个月。公告期满后，中央研究院于1948年3月25～28日，举行第一届评议会第五次年会，主要任务是进行院士选举。会议追认通过中央研究院院士选举规程，通过中央研究院院士会议规程。会议采用评议员分组无记名投票的方法，本着宁缺毋滥的原则，拟从150人的候选人中，选出80～100人。第一轮普选选出的67人，选票均在20票上，萨本栋位列其中。经过五次选举，到27日，共选出院士81名。1948年9月23日，中央研究院举行第一届院士会议，到会院士51人，蒋介石到会讲话。

1948年的院士选举，标志着中央研究院国家学院体制的最终完成，开创了中国科学体制实行院士制度的先河，对海峡两岸科学体制延续、建立院士制度产生了深远的影响，在中国科学史和学术史上具有重要意义。此次院士选举所坚持的以学术造诣为选举标准和学术独立的原则，树立了学术公正的典范。

在这次选举的筹备过程中，总干事萨本栋和评议会秘书翁文灏担负起实际领导职责，具体工作由萨本栋主持。他们密切配合，认真听取各方意见，以其卓有成效的工作，比较顺利地完成了选举的筹备任务。萨本栋作为中央研究院的总干事，运用他缜密的思维和充沛的精力，为这件科技界大事作出了极大的贡献，得到了完满的成功，受到了大家的赞赏。同时他在学术上的成就也被同行们一致认可，成为中国第一届院士。

（2）建设和布局中央研究院。中央研究院的总干事在传统上要负责统筹全院的计划。萨本栋担任总干事之初，中央研究院还在重庆，所以他的第一件事就是安排研究院由重庆迁返南京。1946年秋天，中央研究院搬回南京。当时中央研究院在南京有"史语"、"地质"、"社会"、"气象"四个研究所，在上海有"数学"、"物理"、"化学"、"动物"、"植物"、"工学"、"医学"、"心理学"八个研究所。萨本栋考虑将上海各所全部迁移到当时政治中心南京，以便统一计划和管理。第一步先将上海的"数学"、"物理"、"化学"三个研究所搬至南京，为此，他选定在南京九华山为这三个研究所建造房屋。在他的努力下，1948年春，一幢三层的物理大楼巍然屹立在九华山下。

大楼建好后，萨本栋首先想充实研究原子核物理的设备。为此他四处筹备外汇，委派赵忠尧赴美国参观在太平洋比基尼群岛进行的原子弹试验之后，采购筹建核物理实验室所需的实验设备和器材。萨本栋还自兼物理研究所所长。他常对人说："我是学工程出身，不懂得物理研究，我现在做的是为大家扫地的工作，把房屋打扫干净，恭候国内外我国的物理学大家来这里做工作。"可见萨本栋虚怀若谷甘为人梯的精神。

1948年春，在物理大楼建成之后，萨本栋又开始筹建数学大楼。同年夏天，两层的数学大楼也竣工了。数学研究所拥有独立的大楼一事在当时的东亚实为罕见。

1948年秋，萨本栋又筹划建设规模比物理大楼还要大的科学大楼，并于10月开工，但因内战而停工。

萨本栋为建设中央研究院鞠躬尽瘁，他逝世后的1949年2月27日，在上海岳阳路320号为他开追悼会上，物理所送挽联一副，概括了萨本栋先生的一生：

看江山一片，狼烟到处，荆棘满地，学术研究何从说，愿英灵飞度重洋，归来呵护九华麓；

长物所两载，心血呕尽，劳怨担遍，数理中心未竟功，知先生抱疴异城，临终饮恨旧金山。

值得一提的是，萨本栋毕生贡献于中国物理学的发展事业，他还是中国物理学会的创始人之一，还先后担任第一届物理学会会计和秘书（1932～1937）、学会副理事长（1945～1947）、物理学名词审查委员会委员兼干事（1946～），主持召开中国物理学会第十四次年会（1947年10月在上海）等。

萨本栋作为一位著名的物理学家、卓越的电机工程专家和优秀的教育家，不仅以非凡的学识才智为世人称道，还以优秀的品质、高尚的情操和甘为孺子牛的精神为世人所敬仰。对工作的极端负责和对国家科学事业发展的殷切期望使得他呕心沥血，严重地影响了他的身心健康，并延误了治疗胃癌的时机，致使病情于1948年底突然恶化，不得不赴美国治疗。1949年1月31日逝世于旧金山加州大学医院。临终前，他还不断述说对祖国科学发展的设想，并留下遗嘱，死后将尸体检验，为研究胃癌、关节炎等病症捐赠器官。萨本栋的骨灰安葬在厦门大学校园内。

三、主 要 成 就

1. 编写教材，福泽后学

萨本栋共编写教材7部，其中中文版5部。他编写的《普通物理学》（上、下两册）和《普通物理学实验》是中国最早正式出版的汉语大学物理教材，在中国物理教育史上具有划时代意义。这套教科书获得中国高等教育界的普遍赞赏。1940年被国民政府教育部正式颁定为大学教材，在国内流行20多年。

1932年萨本栋汇编的《物理学名词汇》为此后制定中国物理学名词工作提供了便利。

这些著作都是在清华大学完成的。萨本栋为清华大学物理系和学科建设作出了积极贡献。

2. 呕心沥血，建设厦门大学

萨本栋担任国立厦门大学校长正值抗日战争的艰难时期，他主持该校两次搬迁，保存了学校发展的实力，又筚路蓝缕开设新系科，创立工学院，将厦门大学打造成为中国南方第一流大学，创造了一个奇迹。

3. 开拓电机工程研究的新领域

1935年，萨本栋在美国发表的《应用于三相电路的并矢代数》一文，被世人称之为"亚栋定律"，被美国电气工程师学会评为1937年度"理论和研究最佳文章荣誉奖"。在此基础上，他用英文写成了专著《并矢电路分析》于1939年在美国出版。该书是属于"数学、物理、电机三角地带"的新专著和新理论。该书出版后不久，便被选入《国际电工丛书》，并获中国电机工程师学会第一次荣誉奖章。

20世纪40年代，萨本栋从事交流电机的研究工作，首先提出以标幺值系统来分析交流电机问题。他根据在厦门大学和美国讲课的素材编著的《交流电机基础》于1946年在美国出版。该书受到英、美各国科学界的极高评价，开创了中国科学家编写的自然科学教科书被外国普遍采用的先例。

此外，萨本栋对电子真空管的性质和效能做了多方面的研究。

4. 鞠躬尽瘁，完善中央研究院建制

萨本栋担任中央研究院总干事期间，首先是将中央研究院由重庆回迁至南京；之后为物理所和数学所建造了两栋大楼，努力于布局和完善中央研究院的建制，制定学术研究方向。他具体主持中国第一届院士的选举工作，为这件科技界大事作出了极大的贡献。

四、萨本栋主要论著

Sah P T（萨本栋）. 1927. Studies on sparking in air. Trans AIEE, 46: 604.

Sah P T. 1927. A note on the unbalancing factor of three-phase systems. J AIEE, 46: 1357.

Sah P T. 1929. Representation of polyphase systems by multidimensional vectors. Proc World Engineering Congress. Tokyo, 22: 111.

Sah P T. 1933. The performance characteristics of linear triode amplifiers Ⅰ. Sci Rep (Tsing Hua Univ), A2: 49.

萨本栋. 1933. 普通物理学（上、下册）. 上海：商务印书馆. （1936，第6版）

Sah P T. 1936. Dyadic algebra applied to 3-phase circuits. Trans AIEE, 55: 876.

Sah P T. 1936. Analysis of unsymmetrical machines. Trans AIEE, 55: 1247.

Sah P T. 1936. Quasi transients in class B audio-frequency push-pull amplifiers. Proc IRE, 24: 1522.

Sah P T. 1937. Discussion on Kron's Paper. Trans AIEE, 56: 619.

Sah P T. 1939. Dyadic circuit analysis. Scranton. Pennsylvania: International Textbook Company.

Sah P T. 1940. Matrices and dyadics. Elect Eng, 59: 329.

Sah P T. 1940. Two-phase co-ordinates of a three-phase Circuit. Elect Eng, 59: 478.

Sah P T. 1941. A matrix theorem. Elect Eng, 60: 615.

萨本栋，郑曾同，杨龙生. 1944. 实用微积分. 上海：青年图书出版社.

Sah P T. 1945. "Diamond Seven" chart for electrical computation. Elect World, 124: 100.

Sah P T. 1945. A uniform method of solving cubics and quartics. Am Math Monthly, 52: 202.

Sah P T. 1946. Fundamentals of Alternating Current Machines. New York, London: McGraw-Hill Book Company, INC.

主要参考文献

叶企孙. 1950. 萨本栋先生事略. 中国物理学报，(5): 301.

许乔蓁,林鸿禧.1995.萨本栋文集.厦门:厦门大学出版社.

许乔蓁.1996.萨本栋//沈克琦.中国科学技术专家传略:理学编:物理学卷1.石家庄:河北教育出版社:249.

撰写者

段海龙(1975~),内蒙古师范大学科学技术史博士。

周培源

周培源（1902～1993），江苏宜兴人。理论物理学家、流体力学家和教育家，社会活动家。湍流模式理论奠基人，中国近代物理学和近代力学奠基人之一。中国科学院学部委员（院士）。1924年毕业于北平清华学校。1926年获美国芝加哥大学硕士学位。1928年获美国加州理工学院博士学位后，先后在德国莱比锡大学、瑞士苏黎世高等工业学校做博士后。1929年回国，先后任西南联合大学、国立清华大学教授。1943年再度出国，1947年回国后，先后任清华大学教务长、校务委员会副主任；北京大学教务长、副校长、校长；中国科学院副院长；曾任中国物理学会理事长；中国力学学会副理事长、名誉理事长；中国科学技术协会书记处书记、主席等职。周培源毕生致力于广义相对论和湍流理论两个完全不同的高度非线性的研究领域。他建立起一套在广义相对论框架中借助牛顿势确定任意轴对称物体外静态引力场的方案；提出以谐和条件作为物理条件来确定爱因斯坦引力方程的解及其物理意义，并以实验加以验证。他提出逐级近似和逐级迭代两种方法解决湍流方程的不封闭问题，形成自己独立的湍流模式理论，受到国际重视，并获1982年国家自然科学奖二等奖。周培源长期执教，为中国培养了几代力学和理论物理学知名学者。他积极推动中国基础理论教学与研究的发展。为中国实现现代化强国的理想，无私奉献了毕生。

一、生 平 概 要

周培源1902年8月28日出生在江苏省宜兴市芳桥乡后村，1993年11月24日在北京逝世，终年91岁。

1919～1924年就读于北平清华学校。1924年秋至1926年冬求学于美国芝加哥大学（University of Chicago），相继获得学士、硕士学位。1927年春转入美国加州理工学院（California Institute of Technology），师从贝尔（E. T. Bell）教授，从事相对论研究，1928年春获得博士学位。1928年秋至1929年初在德国莱比锡大学（Universität Leipzig）做博士后研究，与海森堡（W. K. Heisenberg）教授一起研究量子力学，1929年上半年至1929年秋应瑞士苏黎世高等工业学校（Eidgenössische

Technische Hochschule Zürich）泡利（S. Pauli）教授之约从事量子力学研究，继续做博士后。1929 年 9 月回国，任国立清华大学教授。1936～1937 年再赴美国普林斯顿高等学术研究院（Institute for Advanced Study）参加由爱因斯坦主持的相对论讨论班。1937 年担任西南联合大学教授，期间转而研究流体力学。1943 年 9 月又赴美国加州理工学院做流体力学研究。1945 年 1 月参加美国战时科学研究与发展局工作，后到美国海军部海军军工试验站从事鱼雷空投入水的研究。1946 年当选首届国际理论和应用力学联合会理事。1947 年 6 月回到清华园。1949 年 5 月出任清华大学教务长，后任校务委员会副主任委员。1952 年院系调整后，先后任北京大学教务长、副校长、校长。1981 年辞去北京大学校长职务后，仍在北京大学执教，直至生命的最后时刻。

二、学 术 生 涯

1. 家世

周培源的故乡——后村，位于宜兴北部，濒临太湖西岸。周培源的曾祖父是位族长，但家境贫寒，除了做长工以外，还常到后村南边的南山为人采石。周培源的祖父周欲田当家以后家境渐渐好起来。欲田公有三个女儿，一个儿子，儿子周文伯就是周培源的父亲。文伯公家境宽余，自幼读书，中了秀才，曾两次赴南京参加乡试，但没有中举，后因欲田公辞世，不得已转而继承祖业治家，致力于办实业。在他积极倡导和出资支持下，村里成立了后村小学，延续至今已有 80 余年历史，培养了一代又一代人才，正是这样的氛围，造就了周培源。周培源生前曾多次回乡看望乡亲及后村小学师生，亲自为后村小学题写校名，并将自己积蓄一万元建立基金，奖励业绩优秀的老师和学生。

文伯公办事公正、刚直不阿、乐于助人，在当地被誉为"大先生"，后成为当地族长。文伯公的品格，影响了周培源一生。

2. 求学

辛亥革命期间，文伯公搬家到上海，周培源就读于万竹乙种商业学校（现上海实验小学），学校的师资质量、教学水平都很好，在上海负有盛名。学校有位英文教师，叫朱连三，非常赏识周培源。在万竹小学，周培源受到全面而良好的教育，学习成绩进步很快。为此他对母校有深厚的感情，1990 年捐了一万元，以资助母校发展。1991 年 10 月，他亲赴上海参加母校建校 80 周年，那时已是近九旬的高龄老人，深情地称母校是他的启蒙老师，令他终生难忘。

周培源自万竹小学毕业后，自然不愿从商，文伯公便把他送往在上海四川北路的一所基督教青年会办的中学，学校只是一栋房子，连操场都没有，课间只能在房顶上散散步，就像关在笼子里。爱动的周培源，自然又是受不了这种约束，再加上学校教授的中文周培源也十分不满意，只读了一年便退学了。以后的一年多，他又进了两所学校：南洋商业学校和杭州甲种桑蚕学校，但仍不中意。一晃两年过去了，仍然没有选好去向。后来经族叔周伯英指点，考取了上海圣约翰大学附属中学。这是一所美国人办的教会学校，学校的培养目标是买办，学费很高。学生来源大多是买办、军阀等富家子弟或是外国人的子弟。周培源未征求父亲意见自作主张上了这所学校，尽管父亲很不高兴，但因无奈儿子的犟脾气，也就认可了。

在圣约翰大学附中读书不到一年半，适值1919年春爆发了五四运动。运动初在北京，后波及全国。在上海，不仅大学生，中学生也动起来。校园里许多人贴出大字报，尤以唐朝诗人杜牧《泊秦淮》中的名句"商女不知亡国恨，隔江犹唱后庭花"最为醒目，很能激发广大青年学生的爱国热情。愤怒的学生走出校园，高喊："打倒日本帝国主义！"、"还我山东，还我青岛！"、"反对21条，反对卖国求荣！"向帝国主义示威游行。周培源也是满腔热情，积极参加到这一反帝爱国运动当中。学生们的爱国热情激怒了校方，有几十个带头的学生被开除，周培源便是其中之一。

周培源又一次离开学校，回到故乡。父亲对周培源惹是生非大怒，以后也常常责备他。他不愿整天听父亲的责骂，便躲到芳桥附近的潮音寺念书。每天除了帮和尚们干点活，就是读书。在潮音寺，一天周培源偶然从报纸上发现一条消息，内容是北平清华学校在江苏省招收五名插班生，便毅然赴南京报名参加考试。文伯公原本希望周培源学成回乡继承家业，发展实业，但不听话的周培源，主意已定。1919年暑期过后，周培源北上进了清华的大门，做了清华学校（清华大学的前身）的插班生，迈出了他人生道路上有决定性的重要一步。从此，周培源开始了他科学家的生涯。

清华学校的前身是游美学务处，成立与1909年。1911年更名为清华学堂，1912年改称清华学校，是通过美国退还的部分"庚子赔款"办起来的。这批出生在19世纪末和20世纪初的热血青年，学贯中西，日后成为了新中国初创时期的栋梁之才，他们是中国历史上极有代表性的一代精英，开创了中国现代教育和现代科学事业，周培源是他们当中的杰出代表。

清华学校分中等、高等两科，每科四年。高等科毕业生经过筛选确定为"品学兼优"者可直接派往美国留学，插入大学二、三年级，在美国完成高等教育后回国。学校实行淘汰制，每年暑假都向社会公开招收部分插班生以作补充。周培源也就是这一偶然的机遇，迈进清华的大门。周培源初进清华，插班进入中等科三年级。来到清华，周培源心中豁然开朗，优越的学习环境，一流的师资，令周培源如饥似渴，在知识的海洋中遨游。他各科成绩优异，一个月后就升入四年级。中等科毕业时，他的学习成绩在班级中为第二名，顺利升入高等科。凭他坚实的基础和刻苦的学习，他开始涉足科学研究领域，逐渐显露他的才华。

周培源读高等科三年级时，三等分角还是古希腊以来平面几何中存在一个悬而未决的问题。周培源在学习了解析几何以后，把解析几何引入三等分角的研究，提出了两种解法。他当时的数学老师郑之蕃认为是创新之举，并建议他将《三等分角法二则》拿去发表。一年后（即1924年），在确认前人无此论点后，周培源一生中首篇学术论文刊登在《清华学报》第一卷第二期上。

1924年秋，周培源以优秀的成绩从清华学校毕业，并考取留美学生资格，随后即踏上赴异国求学的征程，一去就是5年。当时清华学校并无固定的选派计划，专业和学校都凭学生自己的兴趣选择。当时的学生受科学救国思想的影响，立志学工程、学科学以便来日回国可直接为发展祖国工业、增强国防力量而服务。周培源原意也是立志学工，但因爱因斯坦（A. Einstein）的"相对论"理论由1919年的日食观测而得以证实，引起整个世界轰动，所以他便对物理学产生了浓厚的兴趣。另因芝加哥大学以物理学前辈执教而蜚声，特别是有著名光学家迈克尔孙（A. A. Miclelson）教授、1923年诺贝尔物理奖获得者密立根（R. A. Millikan）教授等一大批著名教授在此任教。密立根编写的中学物理课本在当时国内中学普遍采用，周培源在中学时就读过他写的教材，对他仰慕已久，为此他决定到芝加哥大学学习。

3. 留学深造

芝加哥大学当时采用的是学季制，将一年分成四个学季，每个学季为三个月，学生修满学校规定的科目和课程，便可获得相应的学位。周培源来到芝加哥大学，进了数理系二年级。第一学季，他选修了理论物理、数学和外语三门课，平均成绩达到了B。根据学校规定，达到B以上者，下一个学季可选修四门课。在芝加哥大学学习期间，周培源利用了一切时间学习。就这样，在1926年秋季，加上他原来在清华所修的16门课，已累积通过47门课的考试。因此，分别在1926年春秋两季，学校授予他学士、硕士学位。1927年春，周培源决定赴美国西海岸洛杉矶附近的帕萨迪那市（Pasadena），进入加州理工学院，攻读博士学位。此时，密立根早已从芝加哥大学到该校，出任校基金委员会主席，主持校务。密立根为提高学校声誉和教学质量，从欧洲和美国国内邀请一些名教授到学校来授课，如数学方面的贝尔教授。

周培源曾经听过贝尔的"相对论"课，很感兴趣。最初，周培源随贝德曼（H. Bateman）教授做一题目，后觉得它数学性太强，而自己对物理，尤其是爱因斯坦的相对论，有极大兴趣，所以改投贝尔门下。贝德曼十分尊重周培源的个人意愿，一点也不计较。贝尔在世界上很有名气，对周培源十分器重，周培源尚未毕业，他就推荐周培源于1928年3月10日在美国数学会南加州地区（贝尔当时任主席）的学术会议上做题为"洛伦兹变换的一个新推演"的学术报告，周培源是与会者中唯一的在校学生。同年，很快完成题为《在爱因斯坦引力论中具有旋转对称性物体的引力场》的论文。在论文中，周培源建立起一套在广义相对论框架中借助牛顿势确定任意轴对称物体外静态引力场的方案，并给出了爱因斯坦场方程的满足牛顿近似的扁椭球、长椭球、有限圆盘、有限长杆外的解。这些解可作为用广义相对论更精确地解释天文观测的理论基础，这些解也改变了虽然在广义相对论中所有静态轴对称解是已知的、而对它们的物理对应（除个别具有更高对称性的解外）却完全是无知的尴尬局面。

贝德曼非但没有计较周培源投拜他人为师，反而高度赞扬周培源的论文，率先提出应授予周培源以最佳论文（Summa Cum Laude）的荣誉。这是博士学位的最高荣誉，1928年春，周培源经过五个学季，读完博士研究生两年的课程之后，取得博士学位。成为当年全美数学和物理领域毕业的49名博士之一。

周培源在美国仅用了3年半左右的时间，就先后取得了学士、硕士、博士三个学位，完成了一般人6年至8年才能完成的学习任务。在当时，实属罕见。我们只能用"勤奋"两个字来评价他这一段历史。"勤奋"也是他一生的座右铭。当然大师们的教诲亦至关重要。耳濡目染，使他终生受益匪浅。1928年春季，周培源在取得博士学位后继续滞留了半年左右，先后在美国东部哈佛大学（Harvard University）、普林斯顿大学（Princeton University）和康奈尔大学（Cornell University）等几所著名学府做短暂的访问学习，更加开阔了眼界。1928年10月，周培源来到德国莱比锡大学，随海森堡研究量子力学。海森堡是量子力学的创始人之一，1932年获诺贝尔物理奖。海森堡年长周培源一岁，两人感情笃深。1929年上半年，海森堡应邀赴美国讲学，周培源转至苏黎世高等工业学校，师从泡利，继续从事量子力学研究。

1929年秋，周培源应清华大学校长罗家伦的邀请，从欧洲回国任教，结束了他在海外5年的留学生活。

4. 毕生致力于物理学教学、广义相对论中引力研究和流体力学中湍流理论研究

1929年9月，刚刚过完27岁生日的周培源，受聘回到母校，成为国立清华大

学物理系最年轻的教授。自此，周培源开始了直到生命最后一息的教育家的生涯。

在清华大学工作的20多年里，周培源为祖国培养了大批优秀人才，其中许多人都已成为国际知名科学家。王竹溪、钱三强、彭桓武、钱伟长、林家翘、段学复、于光远、胡宁、郭永怀、杨振宁、张守廉等都曾听过他的课。

在清华最初的10余年，周培源一直从事相对论的研究，并且主讲理论力学、相对论、电动力学、统计力学等理论物理的课程。他的许多老学生还能清晰地记得当年他授课的情景，比如周培源向学生讲授"滑轮"时，曾展开了猴子爬滑轮问题的辩论，一连两堂课都是展开辩论。用这样一个简单而又有趣的问题，使每一个学生都能深入理解动力学与静力学的本质差别。周培源反对"满堂灌"，启发学生主动思考的能力。学生们也很喜爱听他讲课，学生们在听课过程中就能体会到周培源的民主精神，增加学生学习的自信心。学生在学习的过程中常因不同意见与他争论，面红耳赤相持不下的情景也是经常的，但从未因此而损害到师生的情谊。他这种平等对待学生无论何时何地都是一样，即使到晚年，他有一位博士研究生原来与他在学术上观点不一致，甚至截然相反，但他仍然耐心说服他，以事实和实验结果证明自己理论的正确性，从不以势压人。周培源常对学生讲述他"学生应当超过老师"的理论，他常用牛顿的一句名言："如果我比别人看得远些，那是因为我站在巨人们的肩上。"经常对学生说："我所以要求你们必须超过老师，是因为学生在前一辈人的基础上往前走，应当超过他们的老师，这样人类才会进步。否则，如果学生不及老师，那就一代不如一代，最后人类就会退步到成为穴居野人了。"他以高度的热忱和责任感教育学生，视学生如亲子，把发展科学和社会进步的希望寄托在学生身上，把自己全部的知识无保留地、无私地传授给学生，他以真诚的情感，高尚的品格影响着他的学生。

1936年，周培源在清华任教的第七个年头，根据清华大学章程中专职教授连续工作满5年可休假一年的规定，周培源将妻子和两个年幼的女儿送回宜兴老家，只身一人到美国。周培源利用这一年，到美国普林斯顿高等学术研究院工作，与爱因斯坦共事，并参加了爱因斯坦亲自主持的相对论研讨班。参加这个研讨班的，多数是年轻的物理学家，周培源是其中之一。这一年，爱因斯坦与他两名助手［英斐尔德（L. Infeld）和霍夫曼（B. Hoffmann）］根据引力方程与谐和条件，用逐级逼近法建立了多体运动的理论。这是在爱因斯坦提出广义相对论以后，对相对论发展的重要贡献。周培源不仅有机会亲耳聆听爱因斯坦的教诲，并且常常与其进行学术讨论，受益匪浅。这对周培源终生从事相对论研究有着重要的影响。

1916年，爱因斯坦的广义相对论发表，这是人类对自然界认识过程的一次飞跃，但是物理学界对这一理论的某些方面存在不同的认识，周培源为此而奋斗了近一生。其症结在于仅用爱因斯坦引力方程，而不引入其他条件，就得不出该方程中10个引力函数的确定解。另一方面，在引入一些条件后，即便10引力势都已确定，人们也不清楚这些解所描写的物理环境是什么。周培源在美国读书时就注意到这个问题。在他的博士论文中，建立起一种方案，利用牛顿引力势来确定给定静态轴对称物体的引力场。1937年他又给出一套在（坐标）光速各向同性的条件下求解静态引力场的方法，并求得半无限大物质平面外的引力场。

1937年七七事变的前夜，周培源结束了为期一年的工作，回到清华园。抗日战争爆发，平津陷落，国民政府教育部决定清华大学、北京大学和南开大学南迁，先是在湖南长沙成立长沙临时大学，后又向西南迁至云南的昆明，成立西南联合大学。

周培源自1938年春到了昆明至1943年9月赴美，度过了5年多光景，这是他一生当中最艰苦的日子。开始周培源全家住在昆明市内，后来日本人经常来轰炸，不得已搬到乡下位于滇池西岸的山邑村，这里离学校有19公里的路程，每天骑马上课，物质匮乏，生活困难。尽管如此，周培源仍思考着如何利用科学技术为抗战服务，实现科学救国的理想。于是他自学了弹道学、空气动力学等。在西南联大当时所处的恶劣情况下，周培源开始从事他的第二个专业，应用价值较大的流体力学。

湍流理论是经典物理学中的一个难题，直到今天全世界仍有不少的科学家为揭开其中的奥秘在作不懈的努力。湍流运动是一种复杂的流体运动。19世纪中叶，法国的一位工程师在修建巴黎的水利工程时发现了湍流运动形式。后来法国人纳维（C. L. Navier）和英国人斯托克斯（G. G. Stokes）提出了流体运动的基本方程，被命名为纳维-斯托克斯（N-V）方程。1895年，英国力学家雷诺（O. Roynolds）发现充分发展了的湍流可分为平均运动和脉动两部分，并从N-V方程推导出流体的平均运动方程。此后，国际上的流体力学专家都把湍流研究的目光集中在湍流的平均运动及其方程上。从1938～1940年的两年间，周培源对湍流理论深入研究，撰写了《计算表观应力的雷诺法的推广和湍流的性质》一文，1940年发表在中国物理学报第4卷第1期上。这篇文章在国际上首次提出需要研究湍流的脉动方程，并用求剪应力和三元速度关联函数满足动力学方程的方法建立起普通湍流理论。用这一理论对一些流动问题做了具体计算，结果与实验相符。这一研究结果，为以后的湍流研究开辟了崭新的方向。在这一时期，周培源仍继续对广义相对论进行研究，1939年他在《中国物理学报》第3卷同时发表了《论弗里德曼（A. Friedmann）宇宙的理论基础》和《论宇宙空间的球对称性和弗里德曼宇宙的理论基础的解释》两篇文章，从物理的角度而不是纯几何的角度研究了论弗里德曼宇宙的理论基础，提出满足 5 条基本假设可以给出弗里德曼宇宙度规。40 年后，周培源恢复了一度中断的对广义相对论的研究，并提出谐和条件是物理条件的观点，建议采用谐和条件来确定解的物理意义。

1943 年，根据学校规定周培源可以享受第二次休假。周培源决定利用这次机会参加美国组织的战时科学研究。根据国民政府规定，教授出国休假可持政府官员护照，享受官员待遇，条件优厚。但是，在领取护照前，必须先去重庆接受国民政府组织的政治训练，显然这也是国民党拉拢教授的一种手段。周培源断然拒绝，他坚定地说："我是百姓，出国做学问，无须持官员护照，也不去接受训练。"后来，周培源只领取普通护照。9 月，全家启程赴美国。

到达美国之后，周培源回到母校加州理工学院做访问教授，没几天，美国移民局就通知他可以加入美国籍。当时美国政府在全世界搜罗科学家、学者为战时美国建设服务，所以特别希望有才华的学者长期留在美国，周培源也是其中之一。周培源得知这一情况后，并未理睬。

在加州理工学院，周培源的研究成果有了更大的突破。1945 年周培源在美国《应用数学》季刊上发表了《关于速度关联和湍流脉动方程的解》一文，提出了湍流运动的两种解，这是他 1940 年所提出的思想的进一步完善和发展，在国际上产生了重大的影响。几年后，他提出的湍流解在国际上发展为湍流的模式理论。他的成就得到了著名空气动力学家冯·卡门（T. von Kármán）教授的充分肯定，并给予极高评价。这一篇文章被国际科学界视为经典，至今仍为人们所引用，国际公认周培源是湍流模式理论的奠基人。

1945 年，周培源受邀参加美国战时科学研究与发展局的工作，周培源承担了鱼雷空投入水的研究，并用于战争。美国在第二次世界大战期间才开始这项工作，周培源在当时已是国际知名学者，所以被美方邀请。周培源因同盟国也是抗日的，就毅然决定加入这一行列。鱼雷空投入水在理论上的一个关键问题，是如何计算空投鱼雷入水时产生的冲击力，它决定着空投鱼雷的设计。周培源经过一段时间的研究，提出了空投鱼雷入水时产生的冲击力的方程，经实验证实完全正确。当他的研究取得成功时，二战已经结束，他的研究成果未能用到反法西斯战争中。后来美国人将他的理论用于水上飞机的设计，计算飞机降落到水面上所受到的冲击力。周培源将这一工作的总结报告一份交给美方，美国海军部视为机密文件，1985 年周培源回母校访问，才从老朋友威·兰德（W. Land）教授那里得知，这份报告到 1957 年才解密。而周培源自己留的那份，解放后就交给了中国人民海军的有关部门。美国战时科学研究与发展局在战后解散，美国海军部成立了海军军工试验站，邀请周培源参加工作。海军部是美国的政府部门，所属单位任职者均享受美国政府公务员待遇，待遇甚优。别说是外国人，就是美国公民入选的可能性也是很小的，周培源当时是佼佼者。依照规定，但凡美国政府公务员必须具备美国籍。周培源对参加海军军工试验站工作提出三个条件：第一，不加入美国籍；第二，只承担临时性的工作；第三，有权随时离开。美方破例答应了他的条件，为此周培源又一次拒绝加入美国籍。在海军军工试验站工作了半年多，至1946年6月，周培源代表中央研究院只身赴欧洲出席英国皇家学会（Royal Society）举办的纪念牛顿300周年诞辰大会（牛顿300周年诞辰应在1942年，由于战争纪念活动只好延至1946年）和国际科学联合会理事会。9月又去法国参加国际应用力学大会，同期成立国际理论和应用力学联合会，当选为两个大会的理事，大约至1946年年底返回美国。世界大战已经结束，周培源认为自己反法西斯的义务已尽，应该返国。1947年周培源偕妻子及三个女儿回到了日夜思念的祖国，回到了清华园，继续从事物理教学与流体力学研究。

新中国诞生后，清华大学领导班子进行改组。周培源一改清高、只教书不做官的思想，在承担繁重的教学任务的同时，担任起教务长的行政职务。由叶企孙、冯友兰、陈岱孙及周培源等9人组成校务委员会常委会。叶企孙被推做主席。费孝通、钱伟长任副教务长。以后，又将校务委员会主席易名为主任，增设周培源和吴晗为副主任。叶先生虽是主任，但很少管事。吴晗已是北京市副市长，除出席学校一些必要的会议，平时都是在市政府。所以，实质性工作都落在周培源肩上。

1952年暑假以后，随着高等教育的院系大规模调整，周培源由清华调至北大，先后担任过教务长、副校长、校长。在他的带领下，北京大学创办了中国第一个力学专业。1981年后，尽管已不担任北京大学的行政职务，但他始终没有放弃过培养学生和做科学研究，直至逝世。

5. 社会活动家

周培源是位科学家、教育家，也是社会活动家。他长期担任中国物理学会理事长（1951~1982）、名誉理事长（1982~1987），一直努力团结物理界同仁，致力于推进物理学科的发展和建设。在周培源的直接推动下，于1978年成立了中国物理学会引力与相对论天体物理分会。1957年他参与创建了中国力学学会，并先后任中国力学学会副理事长（1957~1982）、名誉理事长（1982~1993）。

1955年当选为中国科学院学部委员（院士），任数理化学部常务委员。1978年出任中国科学院副院长（1978~1981）。

1952年任全国科联组织部长，1958年任中国科学技术协会书记处书记，1963~

1993 年相继任中国科协副主席，代主席、主席、名誉主席。1953 年参加世界科学工作者协会（世界科协）第三届代表大会，之后，任世界科协第四至八届代表大会中国代表团首席代表或代表团团长，世界科协第五、六届代表大会名誉秘书，世界科协第七届副主席。1988 年担任中国国际科技促进会会长。

1952 年，周培源加入九三学社并当选为九三学社第二届中央委员，1956~1993 年期间，历任九三学社第四届中央委员会常委兼中央科学文化教育工作委员会副主任；第五届中央委员会副主席兼中央组织部部长；第六届中央委员会副主席；第七届副主席、主席；第八届主席；名誉主席。

1959 年加入中国共产党。1961 年当选为中国共产党北京大学委员会委员，1979 年出任北京大学党委副书记。

自 1954 年起，周培源当选为第一至第四届全国人民代表大会代表、第五届全国人大常委会委员。1959 年开始，担任第三、四届全国政协常务委员，第五、六、七、八届全国政协副主席。

1950~1965 年周培源作为中国人民的和平使者参加世界和平大会、世界和平理事会。1957~1960 年作为中国代表出席反对核武器的国际科学会议——第一至六届帕格沃什会议，并于 1985 年作为帕格沃什运动的先驱者率中国代表团出席第三十五届年会，恢复了中国科学家同该组织中断了 25 年的联系。1985 年被推举为首届中国人民争取和平与裁军协会会长。1973 年根据周恩来总理的建议，出任中国人民外交学会副会长。

周培源做事看问题都十分认真，自己认为对的事就坚持，从不会逢迎，也不会人云亦云，当然也以一贯的作风对待"文化大革命"。70 年代初，周培源得知陈伯达欲组织人对相对论展开批判。由于人所共知周培源与爱因斯坦的关系，并从事相对论的研究。当时由科学院负责组织有关人员开座谈会，要撰写批判文章。周培源在座谈会上得知，批判相对论的文章打算登在《红旗》杂志，《红旗》杂志是共产党的党刊，在上面刊登批判相对论的文章岂不是要滑天下之大稽。周培源非常坚决地对当时科学院负责人刘西尧说："批判相对论的文章不宜刊登在《红旗》上，否则将来我们会很被动，相对论可以讨论，但不能打倒。"陈伯达为此专程到北大，召集周培源等开会，陈伯达说："过去科学是从西向东，从欧美到中国，将来中国要领导科学，从此要彻底批倒相对论。"说完他要在场的人发言，周培源接着说："爱因斯坦狭义相对论已被事实证明，批不倒。广义相对论在学术上有争议，可以讨论。"短短几句话，义正词严，立场鲜明而又有分量。以后，相对论批判的风潮也就不了了之。1971 年 4 月，国务院科教组（"文革"中教育部被撤销）在北京召开全国教育工作会议，会议通过了《全国教育工作会议纪要》，提出了两个估计：即解放后17年"毛主席的无产阶级教育路线（其实很多人根本说不清什么叫无产阶级教育路线）基本没有得到贯彻执行，""大多数教师的世界观基本上是资产阶级的。"这"两个估计"给广大知识分子又是当头一棒，更觉压抑。年底科教组又在京召开全国高教工作会议，起初迟群不让周培源参加，与会者一致要求周培源到会讲话，迟群一伙迫于压力，在会议临结束时才允许周培源出席。周培源慷慨陈词直抒己见，首先批判陈伯达，大声疾呼要重视基础理论研究和理科教育。周培源坚持自己所认识的真理，说出广大知识分子想说而不敢说的话，反响非常大。周培源是搞基础理论研究的，他清楚基础理论在很大程度上决定着一个国家的科学发展水平，没有或削弱基础理论研究，必将严重阻碍科学和社会的发展。在会上有位《人民日报》的记者，约周培源写一篇关于理科教育的文章，决定发表在《社会主义大学应该如何办》的讨论专栏内。周培源写出了《对综合性大学理科教育革命的一些看法》一文（以下简称《看法》）。在这篇文章中，周培源对理工科的关系、理论联系实际等问题进行了分析，提出：既要批判理论脱离实际的倾向，又要批判理论无用的错误思想。一个自然科学理论有没有应用，或有没有科学意义，只有通过长期的实践才能加以判断。对一些基本问题如天体演化、基本粒子、原子核结构、生命起源、分子生物学等，都可以开展科学研究工作。综合大学理科要抓好基础课的教学，加强基础理论的研究；工与理、应用与理论在任何时候都必须受到重视，两者不可偏废。这些观点在动乱时代，给人指出了希望，不同凡响。1972年，中美关系解冻。7月14日任之恭、林家翘等27位美籍华裔科学家回国访问，受到周恩来总理的接见，周培源陪同。会见中，他们提出，中国对基础理论研究不够重视，基础理论研究水平十分落后。总理对周培源说："你回去要把北大的理科办好，把基础理论水平提高，这是我交给你的任务。有什么障碍要清除，有什么钉子要拔掉。"回来之后，周培源经过认真的思考，于7月20日上书总理，分析并指出了中国基础理论研究落后的原因：一是缺乏具体领导。订了计划，列了重点却未能真正落实；二是科研单位（主要是科学院）大都把力量投在生产试验性工作，而不能集中精力进行基础理论研究；三是对基础理论的重要性缺乏统一的、持久的认识，政治运动一来，基础理论研究首先受到冲击。周培源还向总理提出两点意见：让科学院统一领导全国基础科学研究工作；统一对基础理论重要性的认识。总理对周培源的意见极为重视，仅隔三天，就做了重要批示："把周培源同志的来信和我的批件及你们（指科教组和科学院负责人）批注的意见都退给你们好做根据，在国务院科教组和科学院好好议一下，并要认真实施，不要向浮云一样，过去了就忘了。"总理对周培源意见的支持，引起了"四人帮"一伙惶恐不安，周培源所撰《看法》原定在《人民日报》发表，姚文元等认为是周总理指示周培源写的，便横加阻拦。《人民日报》的同志将该文转至《光明日报》。《光明日报》的编辑不知详情，将《看法》一文刊出在10月6日头版。该文的发表，在教育界引起很大反响，对于抵制教育界的极"左"思潮起了重要作用。《看法》一经发表，张春桥、姚文元大为不满，要抓出周培源的"后台"。在北京，支持周培源文章观点的人很多，只有少数人跟着喊了几句没有搞起来。在上海"四人帮"活动基地，批判活动搞得很凶。他们诬蔑《看法》是刮"理论风"是"复辟回潮，右倾翻案的信号"。但周培源并未被这些压倒，始终不畏"四人帮"的强暴。

1978年10月，党中央召开了十一届三中全会，会议彻底否定了"文革"以来的极"左"倾向，中国进入了以经济建设为中心、坚持四项基本原则、坚持改革开放的新时期。北京大学在"文革"当中是重灾区，"文革"结束后，问题成堆，亟待解决。时任北京大学校长的周培源同其他领导一起，对学校的教学机制、学科设置、教学质量和科学研究等诸多方面进行全面的整顿和改革，使学校各方面的工作迅速恢复正常。但"四人帮"的极"左"思潮毕竟有相当的势力，并不是一朝一夕就能彻底消灭的。周培源以那种急切的心情，夜以继日的拼命工作，也未收到预想的效果，阻力相当大。1980年4月周培源率中国科学院代表团赴美国访问，参加美国科学院年会。5月又率北京大学代表团访问哈佛大学。6月到麻省理工学院做访问教授，做了两个月的科学研究工作。8月，又去加拿大参加国际理论和应用力学大会。回国途中，应希腊政府的邀请，去雅典做短暂的访问。这次出国前后5个月，除了一些事务性活动以外，按周培源的说法："……是怀着对中国教育问题的思考在国外考察了5个月。"他先后参观访问了21所高等院校，走访了数十名校长、教授，从中索取一些有益的东西，为改革我国的高等教育事业，摸索一条中国自己的发展道路。回国后，周培源将考察所得，对照被"四人帮"践踏得不成样子的中国教育事业现状，满怀激情写成《访美有感——关于高等教育改革》一文，1981年4月2日发表在《人民日报》上，从师资水平、人才培养、学术现代化、思想教育和高等学校的领导五个方面，就如何提高高等学校的教学水平提出了自己的看法。这篇文章反映了广大知识分子热烈拥护党的改革开放政策，强烈要求改变中国高等教育事业现状的热切心情，同时迫切要求肯定知识分子在教育事业中的重要地位，也反映出周培源那颗"永远不能离开忠诚于党的教育事业"的赤诚之心。文章高举十一届三中全会反对极"左"路线的大旗，借鉴国内外办学的历史经验和历史教训，用摆事实讲道理的方法讲明了若干改革方案。文章犹如一股清新剂，为中国大学教育改革开拓了新思路，注入了新动力，指明了新方向，赢得了科技教育界广大知识分子的广泛注意和支持。文章发表后，反响强烈。

1989年以后，中国对外学术交流再次跌入低谷。1992年，适逢周培源90寿辰，海内外他的学生、友人发起在北京召开"国际流体力学和理论物理科学讨论会暨祝贺周培源教授90寿辰纪念会"，来自12个国家和地区的中外学者300余人出席了本次会议。这次盛会就周培源毕生从事的湍流和理论物理这两个领域中的前沿问题展开学术讨论，这不仅是向他在这两个领域中所做出的创造性贡献表示祝贺，也是对他90寿辰的最佳献礼。来自大洋彼岸和海峡两岸的知名学者吴大猷、顾毓琇、任之恭、陈省身、林家翘、杨振宁、李政道、吴健雄、袁家骝、张守廉、朱家鲲、朱经武等等均出席这次会议，成为20世纪第一次中华科学巨星大聚会。这次会议打开了中国对外及海峡两岸科技交流的新局面，它生动地体现出周培源的魅力以及他在科学界的崇高威望。

周培源作为中国20世纪杰出的科学家、教育家和社会活动家，被人们誉为"一代宗师，科学巨匠"。周培源以自己勤奋、真诚、求实的态度和追求真理，孜孜不倦，无私奉献，谦逊质朴，平易近人，严于律己，宽以待人，廉洁自律，生活俭朴，两袖清风，刚直不阿，光明磊落的作风，取得了科学教育事业上的卓越成就，赢得了海内外广大科技教育工作者普遍尊敬和爱戴。周培源在40年代的学生，曾任美国纽约州立大学石溪分校教授张守廉，代表周培源的九代学生向周培源祝贺90寿辰时风趣地说："孔夫子有弟子三千，周先生则有弟子三万；孔夫子弟子遍布华夏，周先生弟子则遍布五湖四海。"周培源30年代的学生、美国科学院院士、麻省理工学院教授林家翘则深情地称周培源为："锲而不舍，金石为开。桃李满天下的一代宗师。"北京大学全体师生员工用"献身科学、教育英才；功在国家，造福将来；寿齐高岱，德被春芥；祝嘏欢呼，漪欤盛哉"的贺词赞扬他们的老校长。九三学社用"道德文章，科学之光；春风化雨，桃李芬芳"的祝词歌颂他们的老主席。这一切生动地描绘了周培源燃烧自己、照亮别人的光彩人生以及"春蚕到死丝方尽"的崇高敬业精神。

为表彰周培源在科学和国际交流间取得的巨大成功，1980年美国普林斯顿大学授予他名誉法学博士学位；1980年和1985年两次荣获母校——美国加州理工学院授予的"具有卓越贡献的校友奖"，成为首位两次获此荣誉的人。

1991年，耄耋之年的周培源在全国湍流学术年会上，在做完学术报告后，他将自己奋斗的历史概括为："独立思考、实事求是、锲而不舍、以勤补拙"16个字。这16个字不仅是对他一生奋斗历程的高度概括，而且是对科技教育界后辈的珍重赠言。

三、科　学　成　就

广义相对论和湍流理论是两个互不相关而又十分困难的领域，周培源在这两个领域取得了丰硕的成果。

周培源认为一个新理论，要能够说明旧理论已能够说明的物理现象；同时还要说明旧理论不能说明的物理现象；更要能预见新的尚未被观测到的物理现象，并为新的实验所证实，三者不可偏废。一个好的工作，首先要物理上站得住脚，又有严谨的数学证明。光是数学漂亮，但没有物理支持，因而不能解决实际问题的工作，不能称之为好的工作。这不仅是周培源70年的经验之谈，也是周培源在寻求科学真理中力行的准则。

（一）广义相对论

在广义相对论研究方面，周培源对时空几何及爱因斯坦场方程的解进行了多方面深刻的研究。

1. 静态轴对称解

周培源在其博士论文中建立起一套在广义相对论框架中借助牛顿势确定任意轴对称物体外静态引力场的方案，并给出了满足牛顿近似的扁椭球、长椭球、有限圆盘、有限长杆外的时空度规。它可作为用广义相对论更精确地解释天文观测的理论基础，同时改变了虽然已知广义相对论中所有静态轴对称解、但并不清楚它们的物理对应（除个别具有更高对称性的解外）的尴尬局面。

2. 各向同性坐标下爱因斯坦方程静态解

周培源建立了在各向同性坐标下求爱因斯坦方程静态外解和内解的方法，给出了一个新解——半无限大物质平面外的解。

3. 弗里德曼宇宙

周培源从物理的角度而不是纯几何的角度研究了弗里德曼宇宙的理论基础，提出满足5条基本假设可以给出弗里德曼宇宙度规。

4. 谐和条件是物理条件

1979年以后，周培源开始继续从事已中断了40年的相对论研究，提出了著名的"谐和条件是物理条件"的观点,并将这一观点用于轴对称时空、引力波、宇宙学等。为了证明"谐和条件是物理条件"的观点,周培源还设计了引力场光速各向同性检验实验。周培源从该实验方案设计、经费筹措等各方面费尽心血。最终由他的学生完成了这个实验,在世界上首次获得了地球表面水平方向和竖直方向光的传播速度相对误差值在 10^{-12} 量级上的相同结果。

(二)湍流理论

1. 湍流脉动方程组及其解

湍流运动是一种复杂的流体运动。周培源首先认识到,由湍流的平均运动方程和对 Reynolds 应力的简单假设不可能解决具有 Reynolds 应力的普通湍流运动问题。他率先给出了湍流的脉动部分满足的方程,进而得到二元、三元速度关联及速度与压强关联所满足的方程,建立起普通湍流理论,明确指出严格处理湍流问题的方案应是同时求解平均运动方程和脉动方程。鉴于该湍流的方程组的前有限个方程并不封闭,他提出了用逐级近似法求解湍流方程。用这一理论对一些流体问题的计算结果与实验相符。该工作奠定了后来发展起来的湍流模式理论的基础,为以后的湍流研究开辟了崭新的方向。特别是,20 世纪 80 年代以来,由于高速电子计算机的出现,周培源提出的具有剪应力的普通湍流理论受到了国际上极大的重视和很高的评价,被誉为现代湍流数值计算的奠基性的工作。

2. 涡量方程和涡旋解

周培源采用涡旋做湍流元的物理图像来说明均匀各向同性湍流运动,并认为它的湍流元是从 Navier-Stokes 方程得来的比较简单的涡旋——轴对称涡旋。他从湍流的后期运动出发来求解 Navier-Stokes 方程,引进解方程的相似条件并选择涡旋的角动量守恒的条件。在后期运动时,湍流 Reynolds 数比较小,Navier-Stokes 方程可以线性化。从这个解求得的在衰变后期的二元速度关联、湍流衰变规律和 Taylor 湍流微尺度扩展规律都与实验结果符合。根据周培源的理论,1963 年黄永念在北京大学的毕业论文中,用湍谱分析的方法求出均匀各向同性湍流运动在衰变后期运动中的三元速度关联,在 10 多年后为实验所证实。

关于在高的 Reynolds 数下的(即衰变初期的)均匀各向同性湍流运动,周培源提出略去在 Navier-Stokes 方程中的黏性项与对时间的偏微商项,引用相似性条件与涡旋角动量守恒条件,求出涡旋的运动解。这个解实际上是理想不可压缩流体的 Euler 方程与时间无关的解。它给出的二元与三元速度关联与实验定性符合。

在衰变后期（即湍流 Reynolds 数小）与衰变初期（即湍流 Reynolds 数高）的两种不同流动情况下，解有两种不同的相似性条件。为了统一这两种不同的相似性条件，1975 年周培源提出"准相似性"的概念及与它相适应的条件。在这个条件下在高湍流 Reynolds 数流动时，准相似性条件简化成衰变初期运动的相似性条件；在小湍流 Reynolds 的流动情况下，它则成为衰变后期的相似性条件。再引进涡旋角动量守恒条件与能量条件，在国际上第一次求得与实验符合的从衰变初期一直到后期湍流衰变规律与 Taylor 湍流微尺度扩散规律的理论结果。

在上述准相似性及其他条件下从 Navier-Stokes 方程推导出的涡量方程与连续方程可以用涡旋 Reynolds 数的幂级数展开解。在周培源工作的基础上，更高一级近似解已求得并与实验有较好的符合。

3. 逐级迭代法

为联立求解平均运动方程和脉动方程，周培源自 1987 年又发展了逐级迭代解法，即略去三元速度关联，求解平均运动方程和二元速度关联方程，给出作为零级的平均运动速度和 Reynolds 应力，进而求出脉动速度，重新算出 Reynolds 应力和平均运动速度，并把它们作为一级近似。重复这个步骤就能得到高阶近似的平均速度和 Reynolds 应力。

1982 年周培源因湍流理论研究中的杰出贡献而获国家自然科学奖二等奖。

四、周培源主要论著

周培源. 1924. 三等分解法二则. 清华学报（The Tsing Hua Journal），1（2）：279.

Chou P Y（周培源）. 1931. The gravitational field of a body with rotational symmetry in Einstein's theory of gravitation. Amer J Math, 53（2）：289.

Chou P Y. 1937. Isotropic static solutions of the field equations in Einstein's theory of gravitation, Amer J Math. 59：754.

Chou P Y. 1939. On the foundations of Friedmann universe. Chinese J Phys, 3（2）：76.

Chou P Y. 1939. Note on spherical symmetry of space and the foundations of Friedmann universe. Chinese J Phys, 3（2）：85.

Chou P Y. 1940. On the method of finding isotropic static solutions of Einstein's field equations of gravitation. Amer J Math, 62（1）：43.

Chou P Y. 1940. On an extension of Reynolds' method of finding apparent stress and the nature of turbulence. Chinese J Phys, 4：1.

Chou P Y. 1945. On velocity correlations and the solutions of the equations of turbulent fluctuation. Q Appl Math, 3：38.

Chou P Y. 1945. Pressure flow of a turbulent fluid between two infinite parallel planes. Q Appl Math, 3：198.

Chou P Y, et al. 1946. Water entry and underwater ballistics of projectiles. OSRD Report, No: 2551.

Chou P Y. 1947. The turbulent flow along a semi-infinite plate. Q Appl Math, 5 (3): 346.

周培源. 1951. 理论力学. 北京：人民教育出版社.

周培源, 蔡树棠. 1957. 均匀各向同性湍流在后期衰变时的涡性结构. 力学学报, 1: 3.

周培源, 是勋刚, 李松年. 1965. 高雷诺数下的均匀各向同性湍流运动. 北京大学学报, 11 (1): 39.

周培源, 黄永念. 1975. 均匀各向同性湍流的涡旋结构的统计理论. 中国科学, 18 (2): 180.

黄永念, 周培源. 1981. 关于 Navier-Stokes 方程的解和均匀各项同性湍流理论. 中国科学 A, 24 (7): 826.

周培源. 1982. 论爱因斯坦引力理论中座标的物理意义和场方程的解. 中国科学 A, 25 (4): 334.

Zhou P Y. 1983. On coordinates and coordinate transformation in Einstein's theory of gravitation. In: Hu N ed. Proceedings of the third Marcel Grossmann Meeting on General Relativity, Shanghai, Beijing: Science Press and North-Holland Pub Com: 1.

Zhou P Y. 1984. On the physical significance of coordinates and the harmonic condition in Einstein's theory of gravitation. In: Arima A ed. Proceedings of the 1st Asia Pacific Physics Conference, Singapore, Singapore: World Scientific: 6.

Li Y G, Zhao Z Q, Zhou P Y. 1993. New experimental result to test the isotropy of the velocity of light in the Earth's gravitational field. In: Lin C C, Hu N eds. Some New Trends on Fluid Mechanics and Theoretical Physics-Proceedings of International Conference on Fluid Mechanics and Theoretical Physics in Honor of Professor Pei-yuan Chou's 90th Anniversary, Beijing: Peking University Press: 658.

主要参考文献

国际流体力学和理论物理科学讨论会组织委员会. 1992. 科学巨匠 师表流芳. 北京：中国科学技术出版社.

黄永念, 石光漪, 黄超光. 1992. 周培源科学论文集. 北京：中国科学技术出版社.

撰写者

周如苹（1948 ~），周培源基金会副理事长兼秘书长，高级工程师。

黄超光（1958 ~），中国科学院高能物理研究所研究员，周培源的研究生，从事广义相对论研究。

王 普*

王普（1902~1969），山东沂水人。核物理学家和物理学教育家。核裂变缓发中子的发现者，核物理学研究的先驱之一。1928年北京大学毕业，1935年赴德国柏林大学留学，随K. Philipp在威廉皇家科学院达莱姆化学研究所研究核物理学，1938年获博士学位。1939年回国，曾任北平临时大学北大分校物理系主任，山东大学物理系主任、代教务长等职。他早期研究人工放射性，1939年发现了核裂变的缓发中子，为反应堆的建造以及原子能的和平利用铺平了道路。在高能物理实验室中应用核乳胶、低能X射线谱分析以及宇宙线中不稳定粒子的研究方面也取得一定的成果。他为山东大学的创建和恢复作出了贡献，在山东大学物理系建立了原子物理教研组和核乳胶实验室，为该系后来的发展打下了基础。

一、生平概要

王普，字贯三。1902年9月9日生于山东省沂水县南乡（今沂南县依汶镇），1969年1月15日逝世于济南，享年67岁。

王普出生在一个知识分子家庭，父亲王西琪系清末廪生，曾是山东省立第三师范学监，有一子二女，王普是家中长子。1910年王普8岁起在聊城县上小学，1922年在聊城山东省立第二中学高中毕业。同年，考入北京大学预科，1924年升入本科物理系，1928年毕业，获学士学位。

1928年秋，王普的老师丁西林介绍他去上海中央研究院工作。他同时在物理所和地质所做助理研究员。由于不适应上海既热又潮湿的气候，一年后他辞职回到山东济南担任山东省教育厅任督学。1930年，受聘为国立青岛大学（1932年改名山东大学）物理系讲师（1930~1935）。

1935年秋王普考取山东省公费生，赴德国柏林大学〔即柏林弗里特里希-威廉大学（Friedrich-Wilhelm-Universität zu Berlin），德国分为东、西德后，1949年改名

---

* 本文写作得到国家自然科学基金项目（11205106）资助。

为柏林洪堡大学（Humboldt-Universität zu Berlin, HU Berlin）] 留学，其博士生导师是菲利浦（K. Philipp, 1862～1947）教授。他随导师在威廉皇家科学院（Die Kaiser-Wilhelm-Gesellschaft zur Förderung der Wissenschaften）所属的达莱姆化学研究所（Die Kaiser-Wilhelm-Insititut für Chemie. Berlin-Dalem）研究核物理学，该研究所的所长是著名放射化学家和物理学家哈恩（O. Hahn, 1879～1968）。研究所物理部是核物理学和化学的国际研究中心之一，王普是继王淦昌之后来这里学习的第二位中国人。1938年王普获得科学博士学位，时年36岁。同年得到中华教育文化基金会的资助，转赴美国华盛顿卡内基学院（Carnegie Institution of Washington）地磁系担任客籍研究员一年，仍从事核物理学的研究。

1939年秋回到北平，在燕京大学和辅仁大学当教授（1939～1946），其间曾兼任北平临时大学北大分校物理系主任（1945～1946）。抗日战争胜利后，山东大学于1946年在青岛复校。他于1946年重返山东大学，任物理系主任、代教务长。

当时在青岛从事教育和科学研究都有相当困难：学物理学生极少，实验研究几无可能。1947年秋，王普应聘美国国家标准局（National Bureau of Standards）担任辐射物理学研究员（1947～1950），研究X射线物理学和核物理学。抗美援朝战争爆发后，美国处于反动的麦卡锡主义统治时期，许多留美的中国人受到了迫害，王普也不得不离开那个研究所而去其他大学教书。他先后在杜克大学（Duke University）任访问教授（1950～1951），在凡德比尔特大学（Vanderbilt University）任副教授（1951～1956），并于1956年上半年兼任通用汽车学院（General Motors Institute）教授。他除了教书以外，还利用核乳胶方法进行了高能粒子、特别是宇宙线中不稳定粒子的探索和研究。

1956年8月王普借赴欧洲参加学术会议的名义，在中国驻荷兰使馆的协助下绕道苏联回到祖国。到北京后，他立即受到高等教育部部长李云杨、山东大学晁哲甫校长和中国科学院物理研究所钱三强所长等的接待和欢迎。根据他本人的意愿，随即到山东大学物理系任教，同时兼任中国科学院物理研究所（1958年改名为原子能研究所）的研究员。他在山东大学物理系开设了近代物理课程，并着手建立了核乳胶实验室。1957年以后，他患高血压和心脏病，长期在青岛等地住院疗养。"文化大革命"期间，他于1968年秋冬之际，在身患严重高血压和心脏病的情况下受到隔离审查，于1969年1月15日被迫害致死，享年67岁。

1928年他与林舒志结婚，林舒志是福建莆田人，于1990年5月病故。他有四女一子，分别在北京、济南工作。

王普曾任中国人民政治协商会议山东省委员会常务委员。

二、学术生涯

1. 科学研究成就

王普的学术研究工作主要有两个方面：①中子物理学与核裂变物理学；②X 射线谱的测定。其中第一方面的成果有相当重要的学术价值，第二方面的工作也提出了一些创见。

（1）中子物理学与核裂变物理学。王普的中子研究工作始于德国柏林大学和威廉皇家科学院化学研究所做博士学位论文期间。当时，该研究所的所长是哈恩，副所长兼物理部主任是奥地利女物理学家和放射化学家迈特纳（L. Meitner，1878～1968）。王普的导师菲利普是柏林大学教授兼该院研究员。1934 年，约里奥-居里（F. Joliot-Curie）夫妇用 α 粒子轰击原子核发现了人工放射性，而费米（E. Fermi，1901～1954）等人用中子轰击一系列元素得到了多种人工 β 放射性元素。在这些重大成就的带动下，王普进行了热中子同铝 Al 核之间的作用的研究，并在 1938 年夏发表了研究结果：证实了热中子可导致生成半衰期为 2.3 分的 ^{28}Al 的 β 发射体，测定了热中子在 Al 中的吸收系数和相应的截面；还证实了 Al 在热中子能区中不存在共振能级。

王普的核裂变研究是在卡内基学院与合作者共同完成的。1939 年 1 月，由卡内基学院和华盛顿大学（University of Washington）在华盛顿联合主办了第五届国际理论物理学讨论会，主题是低温的获得和低温下物质性质。在这次会上，刚刚到达美国的玻尔（N. Bohr，1885～1962）公布了关于发现铀核裂变的消息，引起了与会者极大的兴趣，讨论低温的会议一下子变成了核裂变讨论会。费米立即提出了验证方法。卡内基学院作为"近水楼台"，立即于 1 月 28 日会议闭幕的当晚，由卡内基学院的罗伯茨（R. B. Roberts）对铀核裂变做出实验证实。由此，核裂变研究成为 1939 年整个物理学界最热门的课题。

当时王普在卡内基学院作客座研究员，也是中国参加这次历史性盛会的唯一学者。他和罗伯茨等人合作，3 个月内在《物理评论》上发表了 4 篇快讯。其中关于铀、钍在裂变中发射缓发中子的发现十分重要，在时间上比哈班（H. Halban，1908～1964）发现迅发中子的报道还早。王普他们认为，铀、钍等重核内所含中子和质子的比值较高，若铀经中子轰击而裂变为钡和氪，则约有 18 个中子会被放出，为了区分入射的中子和裂变中放出的中子，可以在轰击停止以后，观察是否有缓发中子产生。王普等人发现，在中子对铀、钍的轰击停止以后的一段时间内，继续有中子放出，其强度按指数规律衰减，半衰期为 12.5±3 秒，并伴有半衰期相同的 γ 射线。他们还进行了几项实验，进一步排除了铀以外的其他中子来源，也排除了铀本身的光致蜕变产生中子的可能性，证明缓发中子是伴随铀、钍裂变产生的。实验还发现，热中子和快中子都产生缓发中子，但由碳得到的中能中子却不能产生缓发中子。他们研究了缓发中子在云室中击出的粒子，发现其能量均为 0.5MeV。他们还发现了其他几种半衰期较长的 γ 射线。缓发中子的发现形成了中子放射学（Neutron Radioactivity）的开端，也是和平利用核能的关键。从此，王普及其合作者打开了核能应用之门。

王普的研究工作很快得到中国学者的关注，也给予了高度评价。1939 年，中国科学社主办的《科学》杂志在介绍王普的工作时说："王普博士除参加此次核子分崩表演成绩优异外，近复发现迟发中子及原子能之实际利用理论，已由卡内基学院向美国特许局注册，蜚声国际，为国增荣，难能可贵。"

（2）X 射线谱的测定。王普还研究了电子感应加速器和铍窗 X 射线管的韧致辐射能谱，探测工具为核乳胶或闪烁摄谱仪，用拉普拉斯变换进行了分析，共发表了 9 篇文章。1956 年 8 月间回国后，他到山东大学物理系任教时，仍在教学之余积极组织和指导科学研究工作，他提出了两项课题：一是利用闪烁摄谱仪研究 X 射线谱和各种材料对它的吸收；二是利用核乳胶研究宇宙射线中的不稳定粒子。这些选题，在当时中国高等学校中对于训练学生独立研究是必要且切实可行的。他在山东大学物理系购置了设备，组织了人员，建立了核乳胶实验室，打算继续做这方面的研究。后因历次政治运动的影响以及他本人患高血压和心脏病，致使他壮志未酬。今天，这个实验室已成为国内重要的核乳胶实验室之一。

2. 教学与组织管理的业绩

王普十分重视基础物理教学，教学认真，重视课堂实验演示，强调物理学要和生产实际相联系。在教学中，重视介绍国外研究动态。30 年代他撰写了大量科普文章。

王普在讲授"近代物理"时，不为教本的体系和内容所限，而是博采众长，融会贯通。以近代物理的发展为线索，既讲实验上的发现，也讲概念上的发展和理论上的探索。对近代物理学的重大突破的背景，发展中的矛盾，问题的关键和转折，以及最后的解决，都阐述的原原本本，头头是道。有时，他还穿插一些名人轶事，更使讲课生色不少。这样的讲授，给予学生的是活的知识而不是死的教条，使近代物理学中那些因和经典物理学冲突而显得难懂的新概念变得十分自然，容易为人们理解和接受了。这样，学生不仅获得了新的知识，还懂得获取并应用这些知识的途径，为学生走出校门而积累了知识。

王普在教学上还有一个突出的特点，那就是强调物理学要和生产实际相联系。他提醒人们："学过应用电学者，不知'电表'之构造；名无线电家教出的学生，不认识真空管，这是极普遍的事实。"他认为这是"极不合理而必须改正的事实"。他强调"各科目之与应用有关者，对于应用部分，须认真教授"。他多次提到德国柏林大学物理系门前放着一辆旧汽车，学生们可以随时观察、拆装和操作。物理学虽然是一门基础科学，但放一辆汽车在那里，就是让学生不要忘记它在生产实际中的应用。正是本着这种精神，他在讲授原子核物理时，总是指出它的应用之可能和前景，这就是后来所说的原子能。在第一颗原子弹爆炸前，国内能够有这样的见解并做出这样预言的人，还是不多见的。

王普还对学生进行课外指导，每次出国，总要了解当时当地的物理学发展情况，经常向国内同行介绍国外的研究动态，在相当程度上启迪了国内物理学界，是当时中国国外科学信息及知识的传播者。他以特有的流畅文笔，翻译了《原子物理学入门》、《核子物理学入门》和《近代物理学入门》三种大学教学的补充读物。他不但开出物理系的多门基础课和专业课，还开设科学德文课，为此选编了《德文读本注解》。他还翻译了《老朱梦游物理世界》，以满足当时知识青年的渴求。他还撰写了一些科普文章，向人民大众传播了物理知识。抗日战争胜利后，当时人们迫切想知道原子弹的威力为什么会那么大，于是他就在北京《正报》的"自然科学"专栏上，连续发表了介绍原子能知识的文章。

王普对于教学与研究的关系问题也有其独特的见解。他认为教授应该以"教授"为本，不应轻视教学而专事"研究"，至少"教学与研究需相辅进行，未可偏废"，在"妊育时期，宜侧重教学"。他建议当时国内四五十岁的物理学家应一面为"后起开创研究环境，更需一面努力教学"。

王普先生热爱祖国、热爱科学、热爱山东、热爱山大。他怀抱"科学救国"的理想，冲破层层阻力，终遂回国报效之愿。在山东大学刚在青岛成立不久后，王普受聘到山大物理系任讲师。那时山东大学刚在初创时期，物理系全系只有王普一位教师和一位实验室技师，就担负起了本系和外系的全部物理课和物理实验课。他垦荒撒种，培育桃李，不仅对山东大学物理系的创建有劈山之功，而且对山东大学物理学科的创建与发展作出了突出贡献。

王普先生的科学精神、学术成就、创新能力，丰富了山大"学统"的内涵和品格。现任山东大学校长徐显明这样说道："教授就是大学，有什么样的教授就有什么样的大学。王普先生这样的教授，在什么时候都是学校的杰出代表。"

三、性格和人品

王普为人正直坦诚，平易近人，与人为善，他从不趋炎附势，从不损人利己，有强烈的正义感和爱国心。他在辅仁大学任教期间，北平正处于日本帝国主义的铁蹄之下，他在教学中常常发表爱国言论，时常对法西斯势力进行讽刺或抨击。讲得激动起来，他也会正面地揭露希特勒等人的罪行和丑态，借以打击日本帝国主义者。抗日战争胜利后，盟国方面决定拆毁日本的回旋加速器，以防止军国主义在日本复活。当时，王普曾经大声疾呼，要求把日本所有的三部回旋加速器交给中国，作为战争损失的赔偿。他在报上发表文章说，核物理装置在重要性上绝不次于重工业机器和纺纱设备。他的主张彰显了中国知识分子的爱国情操。

四、王普主要论著

Wang P（王普）. 1938. Die wirkung thermischer neutronen auf Al. Zeitschrift für Physik, 110: 502.

Roberts R B, Meyer R C, Wang P. 1939. Further observation on the splitting of U and Th. Phys Rev, 55: 510.

Roberts R B, Wang P. 1939. Thetransmission of medium fast neutrons. Phys Rev, 55: 596.

Roberts R B, Hafstad L R, Meyer R C, Wang P. 1939. Thedelayed neutron emission which accompanies fission of U and Th. Phys Rev, 55: 664.

Salant E O, Roberts R B, Wang P. 1939. Interaction of fast neutrons with proyons. Phys Rev, 55: 984.

Gamov G. 1942. 老朱梦游物理世界. 王普, 译. 上海: 中国科学社.

Wulf P. 1945. 原子物理学入门. 王普, 译. 北京: 辅仁大学出版社.

Riezler W. 1946. 核子物理学入门. 王普, 译. 北京: 辅仁大学出版社.

Wang P K S（王普）, Wiener M. 1949. Spectral analysis of 10 MeV betatron radiation by nuclear emulsion. Phys Rev, 76: 1724.

Wang P K S. 1950. Note on the reduction of background of fog in nuclear emulsion plates. Rev Sci Instrum, 21: 816.

Gursky J C, Wang P K S. 1953. Determination of an X-ray spectrum from absorption measurements by Laplace transformation. Phys Rev, 91: 239.

Raridon R, Wang P K S. 1955. Tungsten L-X-rays from a Be-window tube. Phys Rev, 99: 1629.

Tidwell M, Haynes S K, Wang P K S. 1955. The energy spectrum of a low-voltage X-ray tube. Phys Rev, 99: 1629.

Tidwell M, Raridon R, Wang P K S. 1955. Scintillation spectrometry of X-rays from a Be-window tube. Phys Rev, 99: 1639.

Wang P K S. 1955. Bremsstrahlung spectrum from a 100 kV X-ray unit. Bull. Am Phys Soc, 30: 13.

Wang P K S. 1957. X-ray spectrum from a Be-window tube I. scintillation spectrometry. Brit J Radiol, 30: 70.

Wang P K S. 1957. X ray spectrum from a Be-window tube II. Laplace transformation. Brit J Radiol, 30: 153.

《王普先生纪念集》编委会. 2011. 王普先生纪念集. 济南：山东科学技术出版社.

主要参考文献

陈国柱. 1991. 中国现代早期物理学家王普. 中国科技史杂志, 17 (2): 56.

王承瑞. 1993. 王普//戴念祖. 20世纪上半叶中国物理学论文集萃. 长沙：湖南教育出版社：320.

王承瑞, 陈国柱. 2000. 王普//沈克琦, 戴念祖. 中国科学技术专家传略：理学编：物理学卷2. 北京：中国科学技术出版社：1.

刘树勇, 李艳平, 王士平, 申先甲. 2006. 中国物理学史·近现代卷. 南宁：广西教育出版社.

张礼. 2010. 中国核物理学先驱之一——王普教授. 人物春秋, (5): 13.

撰写者

尹晓冬（1974~），科学技术史博士，首都师范大学物理系副教授，从事中国科学技术史研究。

李庆贤

李庆贤（1902～1987），浙江吴兴人。物理学家和物理教育家。1925年东吴大学毕业，1928年赴美留学，1931年获美国伊利诺伊大学物理研究院博士学位后旋即回国。先后任苏州东吴大学教授、物理系主任；江苏师范学院物理系教授、专修科主任；南京师范学院教授、物理系主任；并兼任江苏省物理学会副理事长等职。留学期间从事低温下磁铁矿晶体的磁性研究。他发现了顺磁致冷效应，是中国现代磁学研究的先行者。回国后从事教育工作62年，为创建东吴大学物理系和重建南京师范学院物理系，作出了重要贡献。培养了一批基础物理教育年轻教师，为中国的基础物理建设及发展作出了重要贡献。

一、生 平 概 要

李庆贤于1902年9月11日出生于浙江省吴兴县南浔镇。1987年12月4日在南京市因病逝世，享年86岁。

1916～1921年就读苏州东吴附属中学。1921～1925年就读苏州东吴大学。1925年获东吴大学理学学士学位后留校任物理系助教。1928年的夏天，李庆贤获得了美国洛克菲勒基金会（Rockefeller Foundation）的奖学金赴美留学，进伊利诺伊大学（University of Illinois at Urbana-Champagne）物理研究院攻读博士学位。师从昆兹（J. Kunz）教授，1929～1931年，从事低温下磁铁矿晶体的磁性研究。1931年获物理学哲学博士学位，旋即回国。历任苏州东吴大学教授、物理系主任（1931～1952），江苏师范学院教授、专修科主任（1952～1958），南京师范学院教授（1958～1987）、物理系主任（1958～1968）。

十年动乱期间，李庆贤曾因莫须有的罪名被诬陷，受到冲击，身心遭受严重摧残，拨乱反正以后，继续承担南京师范学院物理系教学工作。

李庆贤曾任江苏省物理学会副理事长（1962～1978），晚年，虽年过八旬，还将自己每年讲课笔记整理成"大学物理自学丛书"《力学》。

二、学术生涯

1. 求学

李庆贤出生在一个知书达理的家庭里,父亲是前清秀才,家里开过私塾。李庆贤就曾在自家开的私塾读书。李庆贤幼年聪明好学,在家乡南浔小学读书时,成绩就非常好。14岁那年,以优异的成绩考取东吴大学附属中学预备班。1916～1925年,这9年的时间李庆贤徜徉在知识的海洋里,勤勉好学,用功读书,学业成绩名列前茅,老师们都非常喜欢这个勤奋好学的学生。尤其是许安之先生,对李庆贤的影响特别大。李庆贤能够得心应手地使用英语,就得益于许安之先生的耳口课。

李庆贤对数学和理化等自然科学方面特别感兴趣,进了大学以后就选择了物理学为主科。毕业后因薛少春教授赏识而留校任助教,并于同年被接纳为斐陶斐励学会(The Phi Tau Phi Scholastic Honor Society)会员。1928年夏赴美国伊利诺伊大学物理研究院留学。

2. 留学伊利诺伊大学物理研究院

李庆贤物理学基础理论知识扎实,刚到伊利诺伊大学不久,就受到了昆兹和威廉姆斯(E. H. Williams)教授的重视。当时,人们对磁现象,特别是对不同温度下磁性物质结构的认识还处于初始阶段。因此,磁学基础理论的研究显得特别重要。在李庆贤之前,1929年外斯(D. Weiss)观测到四氧化三铁(Fe_3O_4)在-155℃时饱和磁化强度突然降低,他将此现象解释为大的磁晶各向异性引起的结果。同年,米勒(R. W. Miller)又观察到四氧化三铁的比热在-155℃以下发生急剧增大的现象。为了探讨这些现象的原因,李庆贤利用学校先进的实验条件,做了大量的精细实验。他先用很短的时间熟悉了研究所的实验设备,并在昆兹教授的指导下,进行了大量基础性的实验观测,从数以万计的实验中,分析整理出了100多项磁学实验结果。1931年初,李庆贤在昆兹和威廉姆斯鼓励和建议下,对低温下磁铁矿晶体的磁性进行了重点的研究。当时,为了得到极薄的磁铁矿晶体样片,李庆贤就在研磨机上一块一块地研磨天然四氧化三铁单晶体。这是一件非常细致、对精密度要求十分高的手工活儿。李庆贤常常通宵达旦地工作,日复一日,终于制备了平行于100、110和111晶面(晶体内部结构的三种不同排列方式)切割的磁铁矿晶体的薄圆片。他将研磨成100、110和111三种取向的圆片样品置于180～800高斯的外磁场中,在-150℃到-170℃间利用悬丝扭转测定法,测量了这些样品在垂直于和平行于外磁场的分量情况下,磁化强度随晶体偏转角的变化。他还测量了样品在室温和液氮温度下的 X 射线衍射谱。经过夜以继日的艰苦观测，李庆贤终于在实验中发现，四氧化三铁晶体在磁场中经过低温相变点（-160℃）附近时，会引起感生磁的各向异性突变。他的论文"Magnetic properties of magnetite crystals at low temperature"（"低温下磁铁矿晶体的磁性"）在美国 Phys. Rev.（《物理评论》）上发表后，很快引起了物理学界磁学研究者的重视和广泛研究。前苏联磁学专家冯索夫斯基（C. B. Вонсовский）在他所著的《现代磁学》中，多次引述了李庆贤的研究发现。日本物理学家、磁学专家近角聪信教授所著的《磁性物理》中也引用了李庆贤的论文，认定了李庆贤发现与磁铁矿（Fe_3O_4）低温相变联系的感生各向异性。

3. 教学

三年的留学生活很快就结束了，1931 年夏李庆贤谢绝了孔兹教授的聘请，在博士论文答辩后不久，带着一批物理学研究资料，带着以一己之力报效祖国的热望，带着科技振兴中华的梦想，踏上了祖国大地。

美丽的梦想终抵不过现实的残酷。李庆贤从事的是物质磁性结构的基础性研究，没有实验寸步难行，但在当时，连普通的 X 射线仪也买不到，更不用说买结构复杂、造价昂贵的低温制冷装置。李庆贤找不到一个可供他继续从事磁学研究的实验室，不能继续全力以赴地研究磁学成了李庆贤毕生的遗憾。

学成归来，母校——东吴大学，不仅为他举行了隆重的欢迎仪式，聘请他为该校教授，而且还请他创办物理系。仪式当天，许多李庆贤曾经教过的学生也纷纷赶来看望他。母校的热诚相邀和学生的真诚爱戴，让李庆贤意识到，自己不是无路可走，还可以继续从事教育。李庆贤深知在当时的中国，人们对物理学最起码的知识都了解得很少，在这样的状况下，中国的物理研究也就无从说起。经过一段时间的反复思考，李庆贤觉得要建立起中国自己强大而完整的物理学教育体系，就要改变国人对物理基础知识知之甚少的局面，培养好从事基础物理教育的物理教师。李庆贤像从事实验研究一样，执著地将全身心投入了物理教育的新天地，把他对无法继续从事磁学研究的遗憾和对物理学无比的热诚都投入到了他 60 余年的从教生涯中。从此，他生命中的另一扇门打开了。

李庆贤任东吴大学物理系主任，创办物理系伊始，全力以赴地筹划课程，添置仪器设备，聘请教师，设计实验方案，并亲自带年轻老师和学生做实验。

经过李庆贤和系教师多年的努力，东吴大学物理系达到了一定规模，办学条件越来越好，教学水平在华东地区教会学校中也名列前茅。然而，1937 年，上海"八·一三"事件爆发后，苏州成为抗战前沿，李庆贤担负起迁校复课工作，大学部迁往湖州东吴三中（即东吴大学湖州附中）上课，东吴大学苏州附中迁南浔镇邱家祠堂上课，他兼顾两地校务，并兼附中物理课教学。11月初，日军在金山卫登陆，迅速占领嘉兴，学校不得已解散，李庆贤等率部分师生撤退到安徽黟县办学，次年辗转迁回上海继续上课，与其他几所教会大学联合办学于上海租界内。此时，不仅教学条件十分困难，学生人数骤然下降，连出入租界也不安全。就在这样的情况下，李庆贤也没有放弃他的教学工作，依然在努力地坚持着为学生上课，依然坚守着他的教学阵地。1946年，抗战胜利后，东吴大学在苏州复校，然而，因沦陷期间校舍被日军占用，遭到严重破坏，元气大伤，仪器设备荡然无存。复校后，李庆贤继续任东吴大学系主任。尽管所有的一切几乎都是从零开始，工作量非常大，但是他没有就此灰心放弃，又带领着大家投入到了重建物理系的工作中。在此期间，他创办了一间仪器修配工场，修旧利废，创制教具，基本上满足了本校基础物理教学的需要。

1952年，全国高等院校调整，东吴大学与其他高等院校合并成立江苏师范学院，李庆贤任该院物理系专修科主任。这时期，他的思想发生了深刻的变化。他认为，作为一名教育工作者，应当引导和启发学生，实行新的爱国主义的教育，全心全意为人民服务，为建设新中国而努力。他在《苏南暑期教育研究会教师登记表》中写道："在这阶段中，我们教育工作者应负起新的任务，我们的旧教育制度和教学内容，已经暴露了它的弱点，必须加以改造。我们的新任务就是培养为新民主主义工作的人才。在思想上，我们必须坚定为人民服务的立场，除去个人主义以及为学术而学术的错误思想。今后的教育应注意到理论与实际结合的教育。"思想指导行动，在江苏师范学院物理系任系主任期间，他不仅关注学生的基础物理知识与实践的结合，而且也注重对学生思想的教育。他说："我作为一个物理教师，我的责任不仅限于物理知识的传授，并且还须使学生奠定辩证唯物主义世界观的基础，要培养他们的爱国主义和国际主义的思想，要培养他们能有科学的态度，所以我觉得我的任务是艰巨的。"

1958年9月，李庆贤接受江苏省人民政府任命，调入南京师范学院，承担重建物理系的工作，担任该系教授和系主任。南京师范学院物理系重建之初，几乎一无所有。因在50年代初，高校院系调整时，该系教师队伍以及教学仪器设备，都被合并到了江苏师范学院。当时，教师队伍只有李庆贤是教授，其余9人都是年轻教师，除1人是讲师外，其余都是刚刚毕业的助教。实验室设备也简陋不堪，几乎没有像样的实验器材。对物理教育工作已有20多年的实际工作经验的李庆贤没有被现实吓倒，李庆贤带领大家，艰苦创业，克服了许多困难。李庆贤经常在办公室工作到深夜才回家，他的办公桌上堆着一叠又一叠的各种建设方案。在白天上完课，处理完各种纷繁复杂的事务之后，在静静的夜里，一些实验原理、设计方案和实验步骤从无到有，渐渐成型。不久之后，李庆贤亲手制定出了物理学系建系后的第一份完整的系务工作计划，其中包括教材建设、基础理论教育、师德教育、实验室建设等一系列细则。当时李庆贤的身体状况很差，常常感到耳鸣头晕。他不顾身体衰弱，全力以赴地投入对新系科的组建中。

在实际工作中，李庆贤惯有的务实态度和严谨的思维方式培养出了一批批年轻的优秀物理教师。为了提高本系每一位毕业生的从教水平，年近六旬的李庆贤顾不上身体的衰弱，亲自给本系学生教授《普通物理》的一系列课程。甚至为了衔接基础物理学力热电光源知识和掌握学生基础物理知识的实际水平，他教遍了所有的基础物理课程。在授课过程中，李庆贤不断改变授课方法，力争将深奥的物理知识讲解得妙趣横生。他把国外的教学方法自然地融入到教学中，有时上课以轻松愉快的交谈进行，有时自制教学模型，在课堂上反复演示给学生看。至今，当年听李庆贤授课的学生，对他那不断创新的启发式教育依然留有深刻的印象。他们在李庆贤授课方法的基础上，开创了颇具特色的趣味物理教学、综合实验教学、计算机辅助教学、大学生实践创新教学等一系列生动活泼的授课方法。

李庆贤特别重视实验室的建设工作，他深知物理学是一门实践性很强的自然科学，建设好实验室对物理学科学生的培养有着至关重要的作用。建物理实验室离不开大量的器材，但是50年代末60年代初的中国正面临空前的困难时期。如何让学生亲手做实验，让学生在动手的过程中验证物理学基本原理，一直是李庆贤在建系初始就全力以赴解决的首要难题。为了解决实验器材严重欠缺的问题，李庆贤带领系里的年轻教师们一起讨论解决方案，制作成了一些"土"实验器材，如在他的引导下，用废旧电线绕在圆柱形的木棍上，制成了一个简易的电阻器。有了这个简易的电阻器，经过李庆贤与其他教师的努力，物理系还办起了一所电机小工厂，一方面为物理系实验室制作急需的仪器设备，另一方面还能生产少量的各种类型电机，供应当时市场之需。在动手制作简单实验器材的同时，李庆贤还千方百计采购一些急需的仪器装置。在李庆贤的努力下，物理系的实验室设备不断得到充实和更新。

李庆贤深知，师范物理教育事业要薪火相传，就要培养好年轻教师。他任系主任期间，对年轻教师的教学、学习和生活等方面都给予了自己力所能及的关心。在年轻教师的眼中，李庆贤是一位德高望重的前辈，也是一位和善的长者，青年教师们都愿意和他谈心，向他请教。他经常听年轻教师讲课，课后总把听课过程中出现的问题与年轻教师讨论，在谈笑间提高年轻教师的教学水平。学习上，他经常提醒年轻教师多看国外的文献原著，以及时掌握物理学发展的前沿信息。为了提高物理系年轻教师的英语水平，李庆贤当起了他们的英语教师。在耄耋之年李庆贤还亲自编写了《物理专业基础英语课本》，并组织部分年轻教师集体学习英语，每周两课时，这为物理系后来选拔优秀人才出国深造打下了一定的基础。生活上，李庆贤对年轻人的培养特别重视"做人"的教育。对此，他的身教更胜于言教。常常责己严，责人宽，处处以身作则。每天早上，李庆贤总是第一个来到办公室，打扫卫生，检查演示实验教具……他提倡年轻人生活要朴素，自己更是以身作则。他享受教授的工资待遇，月收入是一般教师的几倍，子女也都已经成家立业，没有任何负担。但是，他生活从不讲究吃穿，舍不得为自己添一件新衣服，一直穿一身洗旧的蓝布衣服。然而当他得知系里一名年轻教师父母去世的消息后，立即就送去了80元钱（在当时相当于一名讲师的月工资）。李庆贤还经常登门看望一位常年体弱多病的教师，甚至在他卧病在床期间，仍然叮嘱儿子定期去看望他。李庆贤说："只有为教师们解决了后顾之忧，他们才能安心于师范教育事业，才能为物理学的传播洒下优良的种子。"

曾经在国外磁学领域做出重大成就的李庆贤，回国后却默默无闻地献身于高等物理教育事业。晚年，当有人向他问及此事时，他对中国旧有的科研环境及历史变迁深有感慨。一方面他非常关注中国现代的物理学、特别是磁学领域的成就，另一方面他亦醉心于自己毕生的教书育人事业，他为自己培养了一代又一代物理科学教育人才颇感欣慰。"我是千千万万教师中最普通的一个"，当他这样向人们述说自己时，人们无不向他报以尊敬之情。他把毕生的精力都献给了科学和中国的教育事业，为世界磁学研究和中国基础物理教育事业的发展作出了重大贡献。1982年12月，中国物理学会成立五十周年纪念会上，对从事物理工作五十年以上的科学家颁发奖章和荣誉证书，李庆贤是全国六十五位获奖者之一。同年江苏省物理学会向他颁发了荣誉证书，表彰他从事物理工作五十七年的辛勤劳动和贡献。

三、主要成就

1. 发现低温下磁铁矿晶体磁性发生变化，观测到磁冷却效应

1929~1931年，他通过独特的实验设计和精密观测，发现了磁铁矿石在低温条件下磁性的突变现象，较早提出了磁对称性改变的新见解，从实验上观测到感生磁各向异性在相变点的磁场冷却效应，引起了国际磁学界的特别重视和广泛研究。

2. 创建东吴大学物理系，创建南京师范学院物理系，教书育人

李庆贤回国后毕生献身于物理学教育事业，创建东吴大学、南京师范学院物理系，培养了一大批严谨踏实的基础物理教育年轻教师，为中国的基础物理建设及发展作出了不可估量的贡献。

四、李庆贤主要论著

Li C H（李庆贤）. 1932. Magnetic properties of magnetite crystals atlow temperature. Phys Rev, 40: 1002.

李庆贤, 柳涛. 1983. 力学（上、下册）（大学物理自学丛书）. 上海: 上海科技出版社.

主要参考文献

C·B·冯索夫斯基. 1960. 现代磁学. 潘孝硕, 等, 译. 北京: 科学出版社.

何汝鑫. 1993. 李庆贤//戴念祖. 20世纪上半叶中国物理学论文集粹. 长沙: 湖南教育出版社: 251.

撰写者

李玉霞（1976~），南京师范大学物理科学与技术学院副研究员。

周延怀（1954~），南京师范大学物理科学与技术学院教授，李庆贤的学生及同事。

霍秉权

霍秉权（1903～1988），湖北黄冈县人。物理学家和教育家。中国宇宙线研究的奠基人和开拓者之一。1929年南京中央大学物理系毕业。1930年赴英国剑桥大学进修，1934年回国后到清华大学物理系任教，1936年起任教授，后任西南联合大学教授。1943年赴美国华盛顿卡内基研究所进行加速器合作研究，1944年回国。1946曾代理西南联合大学物理系主任。后历任清华大学物理系教授、系主任，兼清华大学教务长；东北工学院物理系教授兼系主任；东北人民大学物理系教授。1956年筹建郑州大学，历任物理系教授、系主任、校长助理、副校长。此外他还曾任河南省科学院副院长、河南省物理学会理事长等职。他研制成功中国第一台"双云室"宇宙线探测器；对威尔孙云室的改进工作，为20世纪高能物理研究，尤其是对宇宙线的研究作出了基础性的贡献。

一、生平概要

霍秉权，男，1903年2月27日出生于湖北省黄冈县，1988年9月27日病逝于南京，享年86岁。

霍秉权1929年南京中央大学物理系毕业。1930年公费留学英国，在剑桥大学（University of Cambridge）著名的Cavendish实验室学习进修，师从1927年诺贝尔物理奖获得者威耳孙教授（C. T. R. Wilson）。1934年初夏回国后接到清华大学物理系教授赵忠尧邀请，到清华大学物理系任教，1935年经严济慈介绍参加中国物理学会，任常务理事兼会计。1936年8月起任清华大学教授，后任西南联合大学教授。1943年赴美国华盛顿卡内基（Carnegie）研究所进行加速器合作研究，1944年回国，1946年1月至1946年7月代理西南联合大学物理系主任。后历任清华大学物理系系主任（1946～1949）兼清华大学教务长（1948年8月至1949年3月）；东北工学院物理系教授兼系主任（1951～1952）；东北人民大学（后改名为吉林大学）物理系教授（1952～1955）。1956年到河南省筹建郑州大学，历任物理系教授、系主任、校长助理、副校长。从事教育工作50余年，培养了大批立志物理专业人才，并为创办和发展郑州大学作出了突出贡献。

在 1958~1986 年间当选为第二、三、五届全国人民代表大会代表兼河南省人民代表大会代表及河南省第五届人大常委会副主任；民盟中央委员，民盟河南省第四、五届副主任；政协河南省第四届委员会副主席；河南省科学院副院长，中国物理学会高能物理分会理事，中国物理学会河南省物理学会理事长，中国核学会河南省核学会名誉理事长等职。

二、科 学 成 就

1. 改进威耳孙云室，提高云室功能

1930 年，霍秉权在南京中央大学任助教，身处半封建半殖民地的中国，他看到西方工业革命之成就，决心走科学救国之路，学习外国的先进科学。他立志研究原子物理。经考试取得了湖北省留英官费，这在当时实属不易，因为物理类仅一个名额，而且他没有任何"权势的背景"。1931 年初春，霍秉权进入英国伦敦大学（University College London）物理系深造。当时他注意到剑桥大学物理系威尔孙在"云室"上开展的物理研究工作很有意义，经过反复考虑，决心节衣缩食，转入剑桥大学学习（因剑桥费用较高），并立志研究原子物理。

1931 年仲春，英国剑桥大学物理系的威尔孙收到了霍秉权要求到剑桥做研究生的申请书，很快复信表示愿意接受他，霍秉权进入剑桥大学研究院后，被导师发明的威尔孙云室所吸引。一向难以捉摸的基本粒子的径迹居然可以通过"云室"被拍摄下来。霍秉权一次又一次地来到"云室"旁边，从这里不断获得关于微观世界的新知识。同时也注意到原有的"膨胀式云室"主要是依靠快速移动活塞以形成过饱和蒸气来显示带电粒子径迹，它并不完善，有一系列问题需改进，主要有：①它是通过活塞快速地向下移动来增大云室的体积，使云室内的气体达到过饱和状态，云室的有限容积由于活塞的移动而发生改变，这就很难保证在膨胀时不搅动气体，气体受到的搅动越大，粒子径迹的失真就越严重；②云室使用时，要保证除待观测的粒子外，其内部不能有"尘埃"颗粒，为了防止不洁净气体的侵入，要求云室有很好的密封性，为此采用了橡胶环加油或其他液体的密封方式，由此增大了云室制作以及实际操作的难度；③由于采用液体来增加密封性能，致使原有的云室只能水平放置，由于用于宇宙线研究的云室必须垂直放置，因此采用液体密封的云室不适用于宇宙线的观测研究。

经过多次反复的探索和尝试，霍秉权终于找到了解决活塞式云室缺陷问题的方

法：他将云室分为两层，中间由金属网分开，上层是云室的灵敏区，它的体积不改变，下层的玻璃圆筒在金属隔网下边装有一块橡皮膜，当此膜膨胀时，则下部压力降低，因而灵敏区的压力也随之下降，与下部压力达到平衡，使云室内气体达到过饱和状态。霍秉权的这一改进，使得云室产生过饱和气体的方式从原来的活塞膨胀式变成了改变压力式，以橡胶膜的膨胀代替了活塞的移动，因为没有活塞的突然移动，云室的灵敏区空间始终保持不变，气体不被搅动，两层中间的金属隔网足以阻止流动气体中的湍流脱离静止云雾粒子的相对位置，使气体流动产生的影响可以忽略不计，作为拍摄粒子径迹的背景又是固定的，所以，粒子的径迹反映得更为真实。而且云室工作时，云室内气体与外界完全隔绝，云室的密封问题得到圆满的解决。由于没有活塞的间歇性的突然移动，整个装置的工作十分稳定，为拍摄高质量的照片提供了一个可靠的保证。此外，在云室上沿巧妙地设计了一个黄铜环，使得改进后的云室能够适应室内气体压强在较大范围内的变化，应用范围更加广泛。

经过霍秉权改进后的云室比威尔孙发明的活塞式云室具有更多的优点，突出表现在以下两个方面：①在云室中产生过饱和气体的过饱和度的调节范围更大了，有利于各种粒子在云室中成为凝结核；②改进后的云室可以水平或竖直放置，适用于包括宇宙射线在内的各种射线径迹的观测。

威尔孙认为霍秉权的这一成就非常突出，亲自著文在英国皇家学会（Royal Society）介绍。

威尔孙云室经过霍秉权改进以后，得到广泛的使用，而活塞式云室几乎不再被用于科学研究，一般只作为介绍云室工作原理的教具。利用这一改进的威尔孙云室，许多物理学家做出了非常有意义的研究成果。例如英国物理学家布莱克特（P. M. S. Blacktt）将霍秉权改造后的云室垂直放置在强磁场中，与他研制的自动拍摄系统配合，组成了有效用于宇宙线观测和研究的实验装置。他称霍秉权改进后的新型云室是配合其电子管自动控制系统的最佳选择。布莱克特正是由于在改进云室自动拍摄系统和宇宙线研究方面的贡献而获得了1948年度诺贝尔物理学奖。20世纪中期，中国物理学家张文裕等在美国进行宇宙线的研究，使用的也是霍秉权改进后的橡胶膜膨胀式云室，他们对云室作了进一步的改进和完善，使云室的自动化程度更高，适应多种条件下的观测，拍摄的照片质量更高。

上述表明，威耳逊发明云室为20世纪的粒子物理研究提供了一种重要的仪器，而中国物理学家霍秉权对威尔孙云室的改进和发展作出了重要的贡献，从而促进了粒子物理学研究的快速发展。

1934年霍秉权首次在英国剑桥大学科学杂志上发表《水银在各种温度下蒸气凝

结的现象》，1943 年又发表《简便云室之原理及制造》，1935 年发表《用云室研究 Thc 的 β 射线之能量分配》等论文。

2. 研制中国第一台"双云室"宇宙线探测器

1934 年初夏，霍秉权接到清华大学物理系赵忠尧来信，邀请他到清华大学任教。同时，由于当时湖北省经费拮据，停发湖北省在英留学人员的经费。于是，他于 1934 年 8 月启程回国，在途中抓紧机会前往英、法等国实验室访问。霍秉权从 1935 年 2 月起在清华大学任教。

霍秉权在清华大学物理系讲授普通物理学，近代物理学和电磁学，同时致力于科学研究。他自制成小"云室"、并于 1936 年在《中国物理学报》上发表了《放射性元素 Ra-Eβ-射线的能量分布》的科学论文。当时中国贫穷落后，放射性元素极端缺乏，他不得不放弃对放射性元素的研究，把研究的重点放在宇宙射线上。

宇宙射线是存在于宇宙空间的高能粒子流，它包含着丰富的基本粒子和原子核成分，人们可以利用这种天然的高能粒子流发现新的基本粒子和进行基本粒子物理的研究。宇宙线本身也是宇宙空间天体演化过程的产物，它的产生又为人们提供了天体演化过程的宝贵信息，因此可以用来进行天体物理研究。霍秉权为了研究宇宙射线，1936 年在"云室"的基础上做成了"双云室"，用以观察宇宙射线，并准备结合计数管作为宇宙射线探测器。"双云室"将原来云室的玻璃圆筒改为黄铜圆筒（简称主圆筒），下部的稍大的玻璃圆筒改为两个黄铜圆筒，在后者之间插入橡胶膜。因为主圆筒的恰当直径，以及因为橡胶膜在膨胀前高于其水平位置，而在膨胀后又低于其水平位置，所以主圆筒内的空气的湍动效应大大减小，以至于可以不用金属网隔板就可以提高产生过饱和气体的速度。在原来放置金属隔板的位置只需要使用一片黑色棉织丝网作为拍摄照片的背景。主圆筒内气体的膨胀是通过一个孔的开闭而实现的，孔的开闭采用布莱克特设计的自动开闭控制装置。由于放射性元素十分缺乏，改进云室并用于宇宙线的观测成了霍秉权的研究重点，他在清华大学的科学馆制作了用于观测宇宙线的"双云室"，利用这个装置来观察宇宙射线，其径迹清晰，性能良好，他的这一创造得到国际著名物理学家 N. 玻尔和威尔孙的充分肯定，他的研究成果于 1937 年写成题为《双云室研究宇宙射线》的论文，但因抗战未能送出。

当时，国家内忧外患，科研工作遇到极大困难。日本侵略军的魔爪伸进中国华北，北平即将失陷。1937 年 8 月清华大学迁往长沙，与北京大学、南开大学合并组成长沙临时大学（后迁至昆明更名西南联合大学）。霍秉权在离开清华园科学馆之前，眼看着自己呕心沥血刚刚制成的"双云室"，由于体积大附件多而无法运走，十分痛心，又别无他法，只好忍痛离去。他随身带着装有 50 mg 放射性元素的铅罐，乘火车先到长沙，于 1938 年 2 月再到昆明。在西南联合大学，环境极端险恶，他仍然顽强地工作，继续制作"大云室"，研究宇宙射线。

1943 年 9 月，霍秉权得到休假一年的机会，去美国华盛顿卡内基研究所做加速器研究工作一年。于次年 8 月回国，继续在西南联合大学任教。

1945 年 8 月日本投降，北京大学、清华大学、南开大学决定分别迁回北平、天津。10 月霍秉权任西南联合大学联合迁移委员会委员。1946 年 1 月又任物理系代理系主任，圆满地完成了系务工作。

1946 年秋，清华大学迁回北平，霍秉权任物理系主任，主持重建恢复教学实验室等艰巨的工作，使教学很快步入正常轨道，并大力恢复科研实验室。至于霍秉权本人的研究工作，他抱着一线希望来到科学馆，而"双云室"已不复存在，就连附件也被日本侵略军抢走。当时通货膨胀，物资奇缺，在既无钱又无人的情况，要重建"双云室"实难如愿。

3. 尽心尽力参加创办郑州大学

1955 年党中央决定在河南省郑州创办河南省第一所教育部直属综合性大学，四年制，面向全国招生。调吉林大学物理系霍秉权参加筹建工作。1956 年霍教授全家迁往郑州。

新建大学关键是教师。霍秉权紧紧依靠党组织，首先从组建教师队伍做起，当即从吉林大学选调一批有教学经验的青年教师和应届毕业的品学兼优的硕士研究生和本科生（如吴又林、张立仕、冯雅如、袁国才、潘贤家等），后又到武汉大学、南京大学、南开大学等名校物色具有一定教学科研水平的中年骨干教师（如赵祖森、曹尔芹、刘建恒、刘云山、唐绍贤、甘师盘、戴培英、饶冠树等）。在查阅世界各国理工大学发展报告及新中国现状动态资料基础上确定专业设置规模，报请教育部批示，继而组建"原子核物理"、"金属物理"、"理论物理"、"无线电物理"、"半导体物理" 5 个专门化教研室以及力学、热学、光学、电学、原子物理学等普通物理实验室和真空系统、X 光机、微波系统、核物理等中级物理实验室也相继建立。霍秉权既亲自为一年级大学生开设普通物理课，又为核物理专门化开设专业课。考入物理系的高中毕业生有相当一部分是看到霍秉权站在讲台上讲授普通物理课的照片而奔向郑州大学来的，在 1960 年霍秉权讲授中子物理学课程时，同学们很感兴趣，非常希望中国早日造出原子弹。班上有三位来自河北农村的同学立即商议决定改变名字为：郭氘（郭士伦），郭氢（郭风云），王氚（王希兰）以示立志核物理专业！

霍秉权对青年教师的教学、生活十分关心。当时这些年轻教师每月工资仅53.5元，还要养家，十分拮据，遇到父母有病老家来信要钱，困难就更大一些，经常有人到霍秉权家去借钱，霍秉权均给予帮助，从不拒绝，也从未向他人提及。

60年代初物理系毕业的56级、57级学生有的在做毕业论文时就深入调研国内外激光器的发展现状，在1962年被邀在北京中关村"四不要"礼堂做调研报告，真是"初生牛犊不怕虎"。毕业分配到中科院物理所的一名同学参加"人工合成胰岛素"小组的X射线分析实验研究，另一名同学1963年即被派往英国进修提高，还有一名分配在电子所的同学获取硕士学位后，进入刚成立的上海光机所国家重点课题。新中国成立后建立的第一所综合大学物理系第一、二届毕业生质量经过社会实践检验完全合格。

4."物理专业"接受社会考试

帝国主义封锁中国，海外科技人才很难回国，即使回国几位科学家也都留在北京、上海等大城市，而国内名牌大学毕业生也不愿意来到地处中原的河南省工作，物理系要发展，要在中原黄土地上扎根，发芽成长，人才从哪里来？霍秉权在系党总支密切配合下，在各个教学环节中注意发现人才，选拔人才，特别对那些不讲空话、刻苦钻研功课、学业优等的学生给予重点帮助，并组织高年级学生成立业余科研课小组如：荧光粉烧制小组，超声波技术应用小组，半导体二极管制备小组，暑假秦岭山区寻找放射性元素矿石小组，γ谱仪（高压电源、前置放大器、线性放大器、单道分析器、定标器）组、焊接调试小组等。同学们查资料，做实验吸吮到营养，学习功课劲头更大了。寒假到了，家乡在外省，家境贫寒的几位同学无钱买车票回家就留在学校过年，霍秉权听教学秘书汇报后就特别嘱咐让食堂一定在春节晚上包饺子吃。

霍秉权深知办大学的关键是造就高水平的师资队伍，在校党委的支持下，向全国知名大学派出一批青年教师进修，所求助的单位和专家先后有中国科学院原子能研究所赵忠尧教授、北京大学技术物理系胡济民教授、兰州大学物理系徐躬耦教授、中国科学技术大学近代物理系梅镇岳教授、南京大学物理系施士元教授、武汉大学物理系王治梁教授等，此举对物理系的发展起了很好的作用。

同时霍秉权自己招收研究生，进行专门指导。

1966年"文化大革命"风刮到郑州，"打倒反动学术权威霍秉权"高音喇叭声不断，抄家风盛行，霍秉权的一套旧呢子中山装也被作为"封资修"抄走，几个"造反派"组织轮番对霍秉权戴高帽进行批斗，然而散场后，霍秉权不回家却走进南物理楼三楼系资料室查阅国内外宇宙线相关资料，既可以丢掉挨批斗的刺激场面又可以坐到椅子上休息休息，何乐而不为呢！中年教师看不惯这种批斗行为，在任何会议上"一言不发""封口"，把看法想法咽到肚子里去！开批斗会人人都得参加，有的青年教师坐阶梯教室的后边，用手握着纸条在那里背英语单词，为自己翻译的单行本做储备。

70年代前后物理系接到省国防工办下达任务："研制彩色激光大屏幕电视"。当时的现状是：日本正在研制，上海、南京各有一个会战研究小组，还无产品上市。经过几次会议研究确定一个初步方案：首先从研制"氩离子激光管"开始。这是"物理专业"的人都感兴趣的课题，霍秉权听到该方案后心情开朗了，他说：我相信大家可以搞出来！根据每人特长进行了分工。以真空实验室为基地，把新烧制的石英玻璃管激光器腔体进行抽真空，日夜进行，要求达到 1×10^{-5} mmHg 并能长时间保持真空度。仪器室完成了购置激光器的全部部件（如钡钨阴极、布儒斯特窗窗口用镀膜玻璃片、高纯度氩气、氦气、大尺寸石英玻璃管、金属螺纹管，KDP调制晶体等），初始阶段不出激光束，通过分析试验中的现象及调研资料和参照核物理放射性元素经典探测器G-M计数管坪特性曲线，进一步提高实验精度（如对毛细管放电区域的真空度控制及充氩气的比例及加电压的控制等）。经过反复实验蓝、绿色激光束打出来了！经测量光束强度不够，如何提高强度成为一个难题，经过查找资料认为采用氧化铍陶瓷毛细管可提高强度，于是派教师去洛阳耐火材料研究所联系，帮助加工烧制氧化铍玻璃管，鉴于烧制铍管毒性较大，研究所专门在山区建实验室烧制，成品送来后，经过抽真空实验，进行真空金属堵漏，用真空堵漏的氧化铍陶瓷管制成的氩离子激光器发出了蓝绿（波长514.5nm绿光，488.0nm蓝光）激光束，功率上去了，满足了激光电视的初步需求，在此阶段"激光大屏幕彩色电视显示系统"的研制亦告完成，而进一步研制的氦离子激光器也出红光了，但光强度上不去，郑州大学上不去，南京、上海也未上去，就暂告一段落，只做到"蓝、绿激光大屏幕电视显示系统"。《氩离子激光器》1978年获全国科学大会奖。

"物理专业"同时期还建成了一个"晶体管厂"生产出了合格的3DK7开关晶体管及MOS集成电路块。在物理系大楼内"新生"了12个车间：制板、光刻、蒸发、扩硼、扩磷、烧结、中测、压焊、封帽、外延、切片、总测。从下乡知青中招来的青年人干劲冲天，成了物理系的生力军。这两个项目的胜利完成体现了霍秉权主持建立的物理专业5个专门化设置的合理性及教师队伍的基本素质。

5. 两个愿望的初步实现

"文化大革命"结束后，迎来了科学的春天，霍秉权体验到物理系这一批教师不但能开出相应专业课程还能积极完成几个研制项目。因而把向国家申请科研项目作为重中之重，不辞辛苦，抓紧各种时机终于为郑州大学争取到宇宙线、宇宙线物理理论、高能粒子探测器——火花室和氖管描迹室的研制等项科研任务。由于具有研制氩离子激光管的实践经验，故氖管描迹室的研制进展就很顺利，较早投入宇宙线的实际测量试验，而火花室在1980年投入使用。随即发表"火花室在低于大气压下的工作特性"论文（见《高能物理与核物理》第5卷第5期1981年9月）（获河南省科技优秀论文二等奖）。论文"郑州EAS观测阵列的设计和初期运行"（见《高能物理与核物理》第17卷第17期1993年7月），标志宇宙线的探测已步入正轨。

1979年在霍秉权的积极奔走下核能谱学实验室建立起来，一方面从国内外期刊上调研课题，另一方面走向社会与省环保局、省职业病防治所及相关厂矿进行调研。在1966年底就与省市防疫站联合进行中国原子弹核爆空中降落物能谱测量，并进一步深入到生产实践下去寻找课题，取得了很好的成果。例如当时遇到一个急需解决的课题即化学系研制的合成氨球形催化剂（国家科技发明三等奖）在某一个化肥厂失效的问题，厂方向化工部反映质量不过关，但研究人员坚信质量没问题！常规理化检验解决不了。相关人员提供了一批失效样品，在霍秉权的指导下进行了穆斯堡尔谱分析，确认合成氨球形催化剂整炉失效是由于中毒造成，与质量无关。又如针对历史系考古专业提出的一些课题，在霍秉权支持下物理系与他们开展了协作研究。经过几年的工作获得了国家基金委的支持，得到国家自然科学基金资助（是郑州大学的第一个基金资助项目），相应发表多篇论文和编写一本《物理考古学》（上海科学出版社，1989.9）（此书1990年获河南省教委科技专著一等奖）。有部分教师在基础理论方面做了一些出色的工作。还有几位教师在"核技术对中国仿古名瓷着色机理研究"中，深入研究取得有特色的成果，并获得国家基金委资助。这些工作都得到霍秉权的关心和支持。

霍秉权在晚年离开郑州去合肥、南京休养，期间物理系经常有教师去家中探访慰问及汇报工作进展，均得到霍秉权热情接待。大家盼望霍秉权早日恢复健康回到物理系继续主持教学和科研工作。

霍秉权的工作得到了党和政府的首肯，早在1954年就应邀列席了第一届全国人民代表大会，受到了毛泽东主席的接见，并曾到周恩来总理家作客。曾以特邀代表的身份，与长子霍裕平同时参加了全国科学大会，在与会同行中传为美谈。

1979年12月霍秉权实现了自己的夙愿，加入了中国共产党。同年在重建高能研究室继续开展研究工作的基础上，他又招收两名研究生进行培养，同时积极支持建立穆斯堡尔谱学实验室，为教学和科研开创新的局面。

霍秉权在改革开放的政策鼓舞下为实现自己终生为之奋斗的目标——建立一个小型的高能宇宙线物理实验室和一个教学、科研、应用相结合的核能谱学实验室、为使物理系的科研工作更上一层楼，他辛勤地工作，付出了一生的心血。

霍秉权为人正派，他没有那种"文人相轻"的陋习，和他相近的人都说从来没有听到他议论别人的短处，谈到同事和学生，他总是讲起别人的优点或别人曾对自己做过的好事，因此深受同事和学生们的尊敬。他对待工作非常认真、负责、仔细，具备一名优秀实验物理学家特有的素质。霍秉权的另一优点是待人平和，即令是在领导岗位上，也从不"张扬"，从不"伸手要这要那"，不愿麻烦人。

三、霍秉权主要论著

Ho P C（霍秉权）. 1934. Condensation phenomena in mercury vapour. Cambridge Phil Soc Proc, 30: 216.

Ho P C, Halliday E C. 1934. Simple type of wilson cloud chamber. Cambridge Phil Soc Proc, 30: 201.

Ho P C. 1935. Upper limit of thorium C+C" beta-ray spectrum. Cambridge Phil Soc Proc, 31: 119.

Ho P C, Wang M H. 1936. Beta-ray spectrum of radium-E. Chinese J Phys, 2: 1.

Yu S H, Ho P C. 1942. A new method of analysis of X-ray data for the determination of crystal structure and its application to iron isotopes. Sci Rec Acad Sinica, 1: 1.

主要参考文献

孙仲田. 1996. 霍秉权//沈克琦. 中国科学技术专家传略：理学编：物理学卷1. 石家庄：河北教育出版社：281.

牙述刚，胡化凯. 2004. 威耳孙云室的发明和霍秉权的改进. 物理，33（6）：452.

朱邦芬. 2006. 清华物理八十年. 北京：清华大学出版社.

撰写者

孙仲田（1940~），郑州大学物理系教授，霍秉权的学生，1961年后与霍秉权同在郑州大学物理系工作。

郑 建 宣

郑建宣（1903~1987），壮族，广西宁明县人。金属物理学家和教育家，中国相图和相结构的开创人之一。1928年毕业于武昌大学，1936年获英国曼彻斯特大学硕士学位后回国。历任广西大学教授、物理系主任、理工学院院长；大连工学院物理系主任；东北人民大学物理系教授；广西大学副校长等。郑建宣在英国曼彻斯特大学布拉格和布莱德雷实验室学习期间，用X射线粉末衍射法首次测定了Co_2Al_5的晶体结构，该结构作为一种金属间化合物的结构类型被列入国际无机化合物晶体结构数据库和皮尔荪手册中，为以后发现的与其结构基本相同的合金相的研究奠定了基础。1954年郑建宣在国内首次开设"X射线金属学"课程，首次开展了二元系和三元系合金相图的研究工作。1981年任中国物理学会相图专业委员会主任和X射线衍射专业委员会顾问，组织并推动了中国相图的研究工作，为材料的制备、开发和应用提供了重要的基础依据。培养了一批材料物理学家，为中国的相图和相结构的研究和教育事业的发展作出了重要的贡献。在任广西大学副校长近30年的时间里，为广西大学的重建和发展作出了巨大的贡献。在长达半个多世纪的教学生涯中，为中国的教育、科研战线培养了一批人才。

一、生 平 概 要

郑建宣于1903年6月28日生于广西宁明县。1987年6月25日因病于广西南宁市逝世，享年84岁。

1919~1923年在广西省立第三师范学校学习，1923~1928年求学于武昌大学，1928~1931年先后在广西省立第二师范学校和广西省立第四高中任教，1931~1933年在广西大学任教，1933~1936年被广西大学选送到英国曼彻斯特大学（University of Manchester）物理系深造，在1915年诺贝尔奖获得者布拉格（W. L. Bragg）教授的实验室学习合金相图和相结构分析。1936年获得硕士学位，同年回国到广西大学任教授，后任物理系主任、理工学院院长等职。1951~1952任大连工学院物理系主任。1952~1958年任东北人民大学（现吉林大学）物理系教授，金属物理教研室主任。郑建宣是中国民主促进会（简称：民进）广西区委会副主任委员，民进中央委员，广西壮族自治区第四届政协副主席，第二届全国政协委员，第三、第四、第五届全国人民代表大会代表。1982 年加入中国共产党。1963～1982 年任中国物理学会理事。1981～1984 任中国物理学会相图专业委员会主任委员。1982～1987 任中国物理学会 X 射线衍射专业委员会顾问。1978 年获广西科学大会奖，1987 年获国家自然科学四等奖。

二、主要研究领域和学术成就

郑建宣出生在广西壮族自治区宁明县城南华街一个普通的壮族家庭。他的父亲是位乡村教师，希望子承父志，努力读书为科学救国献身。郑建宣从小在父亲的严格要求下刻苦学习，对数学尤感兴趣，11 岁时，解出了老师争论的一道数学题，受到了称赞。16 岁那年，郑建宣走出了边远山区，考入广西省立第三师范学校。他十分勤奋好学，节假日也不外出游玩。1923 年，国立武昌大学来南宁招生，郑建宣成为两名被录取者之一。1928 年，郑建宣武昌大学毕业，回到广西省立第二师范学校任教。1931 年广西大学马君武校长聘请他到广西大学任助教。一天深夜，当他正在阅览室埋头备课的时候，被巡夜的马校长碰见，马校长对这个勤奋工作的年轻助教留下了深刻的印象，通过深入地了解、考察，马校长认定郑建宣是一个可造就的人才，于是在 1933 年派他赴英留学。

1912 年德国马克思·冯·劳厄（M. V. Laue，1879～1960）发现了 X 射线在晶体中的衍射现象之后，1913 年英国布拉格父子（W. H. Bragg，1862～1942；W. L. Bragg，1890～1971）推导出了 X 射线衍射的最基本公式，极大地推动了晶体结构的分析工作。晶体结构和相关系的研究成了 20 世纪二三十年代材料学科最活跃的研究前沿。获得出国留学机会的郑建宣看准了方向，选择英国曼彻斯特大学，师从诺贝尔奖获得者 W. L. Bragg，成为中国学者师从世界级大师布拉格的三个幸运者之一。在 20 世纪 30 年代，既没有现在的先进 X 射线衍射设备，也没有现代的计算机，更没有多少现成的结构数据作参考，仅凭一张记录在 X 光胶片上的粉末衍射谱线，推测出某晶体所属的晶系、点阵常数、空间群、晶胞中各组成原子的等效点位置等，难度可想而知。1908 年 A. G. C. Gwyer 在研究钴铝二元合金系时发现一个新的金属间化合物 Co_2Al_5，但没能给出该化合物的晶体结构。经导师同意，郑建宣选择"Co_2Al_5 的晶体结构"作为他的研究课题。要完成该课题，首先就要制备出该化合物配比的合金试样，并经过长时间的高温均匀化退火处理以获得结晶良好的单相粉末物质。然后用 X 光机在 X 光胶片上拍摄该物质的 X 射线粉末衍射图谱。接着标定产生所有衍射线的晶面指数，计算出该化合物所属的晶系和晶胞参数，再根据衍射线指数的消光规律，推断出该晶体结构所属的空间群，由比较所有衍射强度的观察值和计算值相符合的程度来确定晶胞中各原子所处的准确位置。这其中，不但需要掌握金属学、晶体学、X 射线学、衍射物理和群论等基础理论，还特别需要有娴熟的实验技术以及分析问题和解决问题的能力。郑建宣在导师的指导下一丝不苟、一步一个脚印地首次用 X 射线粉末衍射法测出了金属间化合物 Co_2Al_5 的晶体结构，并发现该晶体结构属于一种新的结构类型，这一创新性成果为后来发现的与其同构的合金如 Mg_5Pd_2、Al_5FeNi、Mg_5Rh_2、Al_5Rh_2 等的结构研究奠定了基础。该研究成果于 1938 年发表在德国结晶学杂志。之后，一直被国际晶体学界所公认和采用，其结果的正确性亦为 J. B. Newkirk 等人于 1961 年用单晶法得到的结果所证实。它先后被收集在无机物晶体结构数据库（Inorganic Crystal Structure Database），皮尔森手册（Pearson's Handbook, Crystallographic Data for Intermetallic Phase），二元合金相图（Constitution of Binary Alloys）和美国国家标准局（National Bureau of Standards）编的结构数据（Crystal Data）以及国际衍射数据中心出版的粉末衍射数据库（Powder Diffraction Files）中。导师布拉格对他三年来的研究工作非常满意，授予他学士、硕士学位并许诺他再读一年完成另外一篇论文后就可以授予博士学位。但因与广西大学签约时间已到，加上家庭生活困难，他只好怀着遗憾的心情踏上回国之路。他牢记当时广西大学校长马君武的话"你是广西大学派出去的，回国后应为广西大学服务"，放弃了当时留英同学介绍他到香港大学、新加坡大学工作的机会回到了广西大学任教。郑建宣 1936 年回国，先后担任广西大学物理系教授、系主任和理工学院院长等职务。由于缺乏必要的仪器设备和经费，没能继续从事他熟悉的相图和相结构的研究工作，只好全身心地投入教学和培养学生之中。当时正值抗日战争时期，桂林成为抗战的大后方，大批不愿当亡国奴的专家学者不得已向西南地区转移，郑建宣以广西大学理工学院院长的身份，聘请来自华北、华东、东北等沦陷区的许多物理学家为教授，并安排好他们的生活和工作，既为保护中国科学人才作了贡献，又大大提高了广西大学的教学质量和知名度。他们之中有施汝为、卢鹤绂、丁绪宝、吴敬寰、雷翰、顾静徽等教授。1993 年，卢鹤绂院士回忆起在广西大学任教的那段日子，说郑先生为人忠厚，热情，心胸开朗，把我们外来的教授团结在一起，虽然那时生活清苦，处在战乱时期，但大家共事愉快，心情舒畅，给人留下了永久的回忆。

在抗战期间，郑建宣积极组织、参与中国物理学会举办的各种活动。1943 年，他出席中国物理学会第十一届年会，任桂林地区分会主席，成功举办了许多学术交流活动。

1951年郑建宣被调至大连工学院任物理系教授、系主任。1952年郑建宣应留英同学余瑞璜系主任的邀请到东北人民大学（现吉林大学）新建的物理系任教授，他和余瑞璜共同主持了中国第一个金属物理专门化的筹备工作，并任金属物理教研室主任。他亲自制订教学计划和教学大纲，并组织教师开课试讲，他本人则在国内首次开讲了"X射线金属学"课程，还主持X射线、金相、力学实验室的筹建工作。1955年，金属物理专业正式设立，研究方向之一就是中国尚未涉及而又非常重要的"合金相图"。从此，中国的相图研究工作开始启动，绝大多数金属材料都是由两种或两种以上的元素所组成。因此，了解各组成元素之间在不同条件下的相关系，则是十分重要的。因为金属材料的性能是随成分和结构而异的。相图就是研究处于平衡或准平衡状态下，物质的组分、物相和外界条件之间的关系。合金相图的测定主要是通过实验来完成，X射线和金相实验室的建立为合金相图的研究提供了必要的条件。郑建宣带领课题组成员克服种种困难完成了中国第一篇相图学术论文"Ag-Sn-Al三元富银合金固相平衡图"并于1958年在《物理学报》上发表。

郑建宣创建的X射线金相实验室与中科院金属研究所的葛庭燧、李薰、师昌绪、郭可信等专家有良好的合作关系。

1958年，广西壮族自治区成立，在周恩来总理的关怀和过问下，广西大学获得批准重建。自治区特请郑建宣重返家乡筹备广西大学的重建工作并担任广西大学副校长之职，主持学校的教学科研工作。在东北的短短几年中，他已亲手建成了设备良好的实验室，合金相图的研究也已经起步，并招收了研究生。要他放弃良好的科研条件和教学环境，回到贫穷落后的广西来重建一所一无所有的大学，对于他来说，没有很大的决心是办不到的。可是郑建宣想到自己是壮族人民的儿子，为家乡效力义不容辞。于是他怀着依依不舍的心情，离开了他工作五年的东北人民大学和同事，又回到了广西大学。学校重建，千头万绪，困难不少，有丰富教育管理经验的他提出，办好一所大学，关键在于人才。教学质量的高低，首先要看教师水平的高低。为了调入教授、名师，他风尘仆仆，奔走于高教部和全国各地，物色和商调老师。在他的感召下，一批老广西大学的教授回来了，加上教育部选派的一批教授以及从苏联留学回来的研究生和重点大学的应届毕业生，使师资队伍初具规模。学校当年就招收了800多名学生。郑建宣以他丰富的教学管理经验和一丝不苟、严格踏实的作风，依靠大家，很快使教学秩序走上正轨。虽然行政事务工作繁忙，他仍然抽出时间听课，指导青年教师，还组织"金属物理"读书班，为后来成立的金属物理研究室作人才准备。1961年，中国科学院广西分院物理研究所成立，聘请郑建宣为顾问，指导金属物理研究室的建设工作。从 X 光机的安装、调试和高频感应电炉的改造、合金试样的熔制和 X 射线衍射谱线的分析都留下了他辛勤工作的足迹。1962 年年底，广西分院物理研究室因故撤销，改名为广西科委中心实验室物理研究组，迁入广西大学，由郑建宣亲任组长。1964 年，物理研究组正式编入广西大学物理系，更名为金属物理研究室，有研究人员 6 人。在郑建宣多年的精心指导下，年轻的研究人员克服了一个又一个的困难，完成了"Ag-Sn-Al 三元系合金相图"、"Al-Cd-Cu 三元系富铜合金相图"和"Cu-Ge-Sn 三元系合金相图"等 3 篇学术论文，分别发表在 1965、1966 年的《物理学报》上。正当研究工作走向正轨之际，"文化大革命"开始，作为学术权威，郑建宣也受到了冲击。1978 年，打倒"四人帮"之后，迎来了科学的春天，国家恢复重视结合国家资源的基础研究工作。国家科委制定的国家科学规划 108 项重大项目的第 91 项"材料学科规划"中列入了相图研究课题，建议广西大学承担"稀土相图的研究"，并负责规划协调中国相图研究工作，由郑建宣任协调组组长、中科院物理所陆学善为顾问。党和政府发展科学的决心使郑建宣受到了极大的鼓舞，尽管当时已 75 岁高龄，仍怀着一颗爱国赤诚之心，积极投身到科研和研究生培养的繁重工作中去。他一方面重新组织队伍，恢复实验室，把实验研究工作启动起来并开始招收凝聚态物理的硕士研究生；另一方面积极联系当时国内为数不多的相图研究单位如中科院物理研究所、中科院金属研究所、北京科技大学、北京有色研究总院、东北大学和中南大学等，于 1979 年在南宁举办规划协调会，到会学者交流了各单位开展相图研究的情况，讨论了国家科委制定的材料学科规划，通过了"成立中国物理学会相图专业委员会"的建议。1981 年，经物理学会批准，相图专业委员会在广西南宁正式成立，挂靠在广西大学，郑建宣被推选为第一届相图专业委员会主任。同年 12 月，在广西南宁召开了第一届全国相图学术会议，共交流了 40 篇学术论文，除金属合金相图外，还包括了无机非金属体系相图。从相图专业委员会成立以来至今，已举办过十五届全国学术交流会议，学术队伍从开始之初的几十人发展到现在的 200 多人，研究范围也从原来的合金、无机非金属扩展到熔盐、熔渣和岩石等，研究方法也从实验测定发展到建立在相平衡和热力学基础之上的理论计算，并在指导材料工业化过程中发挥了重要作用。1994 年，中国相图专业委员会成为国际合金相图委员会的正式成员，参与国际相图活动。1998 年，作为大会主席，中国相图专业委员会在北京成功地举办了 CALPHAD 第二届国际学术会议，受到国际相图同行的好评。中国相图学科的发展和进步与郑建宣、陆学善等老一辈的科学家的远见卓识和积极推动是分不开的。

中国稀土元素储量居世界首位，稀土合金有许多特殊的性能，为了充分合理地利用中国稀土资源，1978年，国家科委建议广西大学承担"稀土合金相图"的研究。由于稀土元素性能非常活泼，只有在实验上解决了合金试样熔制、高温衍射技术、复杂的X射线衍射图谱的解析、单相物质的鉴定、高质量的金相试样制备、分析以及热分析技术等一系列的难题，才能准确地把一个二元或三元系的相图测定出来。不但难度大，工作量也很大。在没有高温衍射装置的条件下，郑建宣提出了将粉末试样封入抽成真空的玻璃管或石英管内，在所要研究的温度保温足够长时间后快速淬入液氮或冰水混合物中的方法，使试样中的原子来不及扩散而保留高温时的相关系，从而能在室温的条件下研究高温的相关系。结果表明这一方法对大多数合金都是成功的。该方法操作简便、实用，至今都还在使用。鉴于各种物相对X射线的灵敏度不同，为了保证测量结果的准确性，郑建宣强调除了用X射线衍射实验方法外，还要结合金相分析方法，电子显微分析方法和热分析方法来进行验证。他对科研一丝不苟，对实验技术精益求精，对实验结果的有效数字位数都力求准确。他常说"做学问要严谨，要实事求是，绝不能有半点虚假，对发现的新相，一定要反复验证"。他常常要求学生不放过实验过程的每个环节和观察到的现象，要做到用一般的仪器设备作出高水平的工作。在他的指导和严格要求下，从1978年国家科委建议广西大学承担"稀土合金相图"的研究到1987年，广西大学金属物理研究室在郑建宣的带领下完成了20多篇稀土合金相图的论文，被收编入苏联出版的《金属系相图汇编》和美国出版的《二元合金相图》及《三元合金相图》论文集中。科研成果"稀土合金相图与相关系的研究"获1987年国家自然科学四等奖。

作为一名教师，在60年的教学生涯中，他讲授过光学、力学、热力学、电磁学、X射线金属学等课程。他备课认真，讲课深入浅出，简明扼要，物理概念清晰，深受同学欢迎。他对待学生循循善诱，关怀爱护，诲人不倦，深受同学爱戴。数十年来，为祖国的科研、教育战线培养了许多优秀人才。他们之中有广西大学毕业的陈太一（中国工程院院士），东北人大毕业的陈佳洱、宋家树、王世绩（皆为中科院院士）。他培养的研究生已成为国家金属物理、相图研究和其他领域的骨干力量。

郑建宣在众多青年教师和研究生的眼里既以身作则、为人师表，又是一位宽厚慈祥的长者。他对他们的生活、学习关怀备至，对他们的工作则严格要求，言传身教，他爱惜人才，关爱有加。现任美国马里兰大学（University of Maryland）教授的徐家鸾曾是广西大学1946届物理系毕业生，就读期间，在身无分文连饭都吃不上的情况下，不但得到过郑建宣的救助，还在徐家鸾因参加大学生民主运动而被校方即将开除的关键时刻，时任理工学院院长的郑建宣亲自找到当时的校长，说这个学生学习成绩优秀，是准备毕业后留校当助教的，绝对不能开除。在他的极力争取和担保下，这个学生得以保留学籍并顺利毕业。在新中国成立前的老广西大学，受到郑建宣关怀、照顾、保护和言传身教的学生还有很多。原广西大学校长、原广西壮族自治区政协副主席候德彭是北京大学毕业的高才生，因1957年反右运动的冤假错案，被误戴"内控"帽子，由北京中央机关下放到广西大学，当时只有二十多岁的他，受到很大打击。时任副校长的郑建宣单独找他谈话，鼓励他放下包袱，勇敢地走向讲台。郑建宣还亲自向他口授教学方法，组织教师听他试讲，并于课后指出他讲课的优点和不足之处，在郑建宣的关心和鼓励下，他进步很快，从讲授普通物理到量子力学，都受到学生的欢迎和好评。在那个"一切以阶级斗争为纲"的年代，郑建宣这样做是冒很大风险的。郑建宣对他指导的研究生来说，既是严师又是慈父，在思想、学业上严格要求，在生活上无微不至的关怀照顾。从做人之道到培养方案的制订，从论文选题、实验方案到课外体育锻炼，他都一一过问，他要求他们在紧张学习之余每天要保证一小时的体育锻炼时间。1978年恢复研究生招生后，有一个研究生身体欠佳，经常失眠。郑建宣知道后，把他实验室中的办公室腾出来，让那位研究生从学生宿舍搬出来住，郑建宣还吩咐夫人给那位学生煲汤送药，使得那位学生很快恢复了健康，并顺利完成了学业。

郑建宣晚年共培养了五届9名研究生，他们毕业后都成了中国教育、科研战线上的骨干。

郑建宣严格要求他的六个子女。孩子们在父亲的言传身教中努力学习和工作。他（她）们以父亲为榜样，在大学毕业后在各自岗位上兢兢业业地工作。两个儿子在父亲影响下都从事物理研究工作，并且在事业上有所成就。其长子郑志鹏（曾任中国科学院高能物理所所长；中国物理学会副理事长，2005年获何梁何利基金科学技术进步奖。）曾任广西大学校长，与全校师生共同努力，使广西大学顺利通过"211"工程预审，为"211"工程建设打下了良好的基础，了却了父亲生前期待广西大学成为全国重点大学的心愿。

三、郑建宣主要论著

Bradley A J, Cheng C S（郑建宣）. 1938. The crystal structure of Co_2Al_5. Z kristallogr, 99：480.

郑建宣. 1958. Ag-Sb-Sn 三元系合金相图. 物理学报, 14（5）：393.

郑建宣, 黄畅之, 陈寿山, 等. 1958. Ag-Sn-Al 三元系富银合金固相平衡图. 物理学报, 14（4）：346.

郑建宣, 甘幼坪, 李德萱. 1965. Al-Cd-Cu 三元系富铜合金相图. 物理学报, 21（8）：1487.

郑建宣, 张文英, 刘起宏, 刘敬旗. 1966. Cu-Ge-Sn 三元系合金相图. 物理学报, 22（4）：423.

郑建宣, 陈荣贞, 李德萱. 1975. Al-Cu-Cd 三元系合金相图. 物理学报, 24（3）：174.

郑建宣，王淳正. 1982. Dy-Ni 二元系合金相图. 物理学报, 31 (5): 668.
郑建宣，徐国雄. 1982. Dy-Cu 二元系合金相图. 物理学报, 31 (6): 307.
庄应烘，袁世田，郑建宣. 1982. Gd-In 二元系合金相图. 物理学报, 31 (1): 121.
郑建宣，李国运. 1982. La-Co-Ni 三元系合金相图. 物理学报, 31 (5): 674.
陈荣贞，郑建宣. 1983. Dy-Sn 二元系合金相图. 物理学报, 32 (7): 933.
李国运，郑建宣. 1983. Er-Ge 二元系合金相图. 物理学报, 19 (4): B157.
郑建宣，徐国雄. 1983. Gd-Co-Ni 三元系合金相图. 金属学报, 19 (1): A9.
郑建宣，曾令民. 1983. Gd-Cu 二元系合金相图. 物理学报, 32 (11): 1443.
郑建宣，农亮勤. 1983. Nd-Cu 二元系合金相图. 物理学报, 32 (11): 1449.
潘毓英，郑建宣. 1983. Sm-Ni 二元系合金相图. 物理学报, 32 (1): 92.
刘敬旗，郑建宣. 1984. Gd-Sn 二元系合金相图. 物理学报, 33 (8): 1155.
潘毓英，郑建宣. 1985. Nd-Ni 二元系合金相图. 物理学报, 34 (3): 384.
潘毓英，郑建宣，李明，杨华. 1986. Gd-Ni 二元系合金相图. 物理学报, 35 (5): 677.
郑建宣，周怀营. 1987. Cu-Fe-Sn 三元系合金相图. 金属学报, 23 (1): B39.

主要参考文献

刘长汉. 1988. 广西大学校史. 南宁：广西大学学报.
曾令民. 1993. 郑建宣//戴念祖. 20 世纪上半叶中国物理学论文集粹. 长沙：湖南教育出版社：335.
郑志鹏. 2006. 永远的怀念. 南宁：广西科学技术出版社.

撰写者

曾令民（1944~），广西大学物理学院教授，郑建宣的学生。

郑华炽

郑华炽（1903~1990）广东中山人。光谱学家、物理学教育家。中国光谱学研究的先驱者之一。1934年获奥地利格拉兹工科大学博士学位。回国后曾先后在中央大学、北京大学、西南联合大学、北京师范大学任教授。曾任西南联合大学物理系主任、代理教务长；北京大学教务长；北京师范大学副教务长、研究部副主任，后来又任校学术委员会常务委员、理科学术委员会副主任。1934年，通过实验得出氯衍生物（分子）的振动频率和卤巳烷（分子）的振动形式。这是中国应用红外吸收光谱对物质结构进行研究的首例。在1936~1938年，应用拉曼光谱对苯的研究，通过实验和理论估算验证了同位素效应产生的原因，得到国际同行的认可。1954年，在北京师范大学创办研究生班，自任班主任，并亲自授课，1964年又招收光谱学研究生。执教50余年，为中国培养科技人才作出重要贡献。

一、生平概要

郑华炽于1903年8月18日出生在广东省中山县。1990年2月7日因病于北京逝世，享年87岁。

郑华炽，1919~1924年在天津南开中学学习，1924~1928年在南开大学物理系学习，1928年获理学学士学位。同年，前往德国柏林工科大学（Technische Universität Berlin）深造。1932年，郑华炽前往奥地利，进入格拉兹工科大学（Technische Universität Graz），继续攻读博士学位，师从奥地利物理学家科尔劳施（K. W. F. Kohlrausch），选择拉曼光谱作为研究课题。1934年完成博士论文，同年，获得工学博士学位。随即赴法国蒙彼利埃大学（Universite de Montpellier）与卡班（J. Cabannes）教授合作，共同研究与拉曼光谱相关的问题。

1935年秋他回到了祖国。先在国立中央大学任教（1935~1936）；1936年又到北京大学任教（1936~1937）。

1937年，日本军国主义发动了对华侵略战争。北京大学、清华大学、南开大学被迫辗转迁至昆明，于1938年组成西南联合大学。郑华炽在物理系主任饶毓泰的领导和支持下，坚持对学生的培养，同时在极困难的条件下，还坚持科学研究，另外，还帮助饶毓泰主任处理日常系务工作。

1940 年，郑华炽和美术家邓以蛰教授之女邓仲先结婚，从此郑华炽多了一位工作上的帮手。两人相濡以沫，白头到老。

1941 年，西南联合大学四川叙永分校成立，郑华炽任教务主任（1944～1946）。勤奋组织教学并亲自授课，保证了教学工作的顺利进行。

1945 年，日本投降，北京大学迁回北平，郑华炽继续在北京大学任教并兼任教务长（1946～1949）。

1952 年，全国高校进行院系调整，郑华炽被调到北京师范大学物理系任教授，并兼任副教务长（1960～1965），校研究部副主任，后来又任校学术委员会常务委员，理科学术委员会副主任。

郑华炽除本职工作外，还热心于社会工作。曾担任中国物理学会北京分会常务理事；中国光学学会理事（第一届）；《物理通报》常务编辑（第一、二、三届）；中国物理学会论文编目委员会委员；《光谱学与光谱分析》编委会顾问；《中国大百科全书》物理卷编辑委员会委员及该书原子物理学部分的副主编等职。

郑华炽于 1956 年加入九三学社。曾任中国人民政治协商会议第五、第六届北京市委员会委员。

二、学 术 生 涯

郑华炽，出生在广东中山县一个商人家庭。祖父在香港经商，父亲意欲转求功名，但未能如愿。郑华炽自幼丧父，靠伯父母抚养成人。表兄在船行工作，郑华炽得到表兄的帮助，搭船从广东只身赴天津求学。1919 年，进入仰慕已久、全国闻名的南开中学，在校住宿。中学期间，努力学习，成绩优秀，关心国家大事，喜欢运动，是校足球队队员。1924 年，以全优的成绩考入南开大学学习。当时学校聘请了一批刚从国外归来的学者到校任教，饶毓泰就是其中之一。在老师的精心培育和严格要求下，学校学习气氛良好，学生们除了掌握课本内容和规定的知识外，还要求参阅大量的课外读物，撰写学习体会，学校选择优秀文章，刊登在南开大学的理科学报上。这些活动激发了学生的学习积极性，培养了学生的独立学习能力，还使他们了解了最新的科技动态。从而使郑华炽在大学里受到了良好的教育，掌握了坚实的基础理论知识，培养了创造性能力。

1928 年，郑华炽在南开大学获得理学学士之后，怀着科学救国的信念，自费前往德国柏林工科大学学习。为了学习更多、更新的知识，他经常到另一所有名的学校——柏林大学（Humboldt-Universität zu Berlin）听课。该校聚集了一批著名的科学家，如爱因斯坦（A. Einstein）、薛定谔（E. Schrödinger）、劳厄（M. von Laue）、能斯特（W. F. H. Nernst）等诺贝尔奖获得者。因此，该校师资力量雄厚，学术水平很高。当时，国际上量子力学理论刚刚提出，哥廷根大学（Georg-August-Universität Göttingen）和慕尼黑大学（Ludwig Maximilian Müenchen Unitversitäet）是德国研究量子力学的两所主要学校，郑华炽为了掌握新兴的理论知识，于1930年到哥廷根大学进修量子力学理论，1931年又到慕尼黑大学听索末菲（A. Sommerfeld）的课。由于诸多著名物理学家的言传身教，郑华炽得益匪浅，不仅扩大了知识面，为以后的科学研究奠定了坚实而雄厚的理论基础，更学习了科学家们的治学态度和治学方法。

1932年，政坛突变，希特勒上台，加紧对进步知识分子的迫害，郑华炽被迫离开德国，前往奥地利，进入格拉兹工科大学，继续攻读博士学位。他的导师是奥地利物理学家科尔劳施（K. W. F. Kohlrousch），在导师的指导下，仍然继续对物质结构的研究。光谱学是研究物质结构的有效途径，也是当时物理学研究的前沿学科，因此，郑华炽选择光谱学作为博士研究生的课题。当时，国际上已有一些科学家对光谱学进行研究，如苏联、法国、德国、印度等国的科学家。苏联科学家利用晶体作为散射物，散射太强，没有得到显著的结果。法国科学家用气体作为散射物，散射太弱，同样没有成功。而印度科学家拉曼（C. V. Raman）用液体作为散射物，选择可见光作光源，发现散射光光谱比较入射光光谱有规律的明显变化，由此，于1928年发现了拉曼效应。这一发现使光谱学作为研究物质结构的重要性有了进一步的发展，拉曼本人也因此而获得1930年的诺贝尔物理学奖。另外，紫外吸收光谱和红外吸收光谱在当时也是新兴的、比较复杂的问题，而它在研究物质结构问题中起到了与拉曼光谱互相补充的作用。郑华炽认为量子力学理论不仅可以解决氢原子的光谱问题，而通过对拉曼效应的研究，更可以把量子力学引入到分析物质分子结构的问题上来。因此红外吸收光谱、紫外吸收光谱、拉曼光谱是他研究物质结构的途径或手段，而量子力学是他研究物质结构的理论基础。他受益于拉曼效应的研究方法并独创性地研究了一系列物质的拉曼光谱。在导师的指导下，终于在1933年完成了题为《二萘嵌苯及衍生物的紫外吸收光谱》的论文，1934年又以《乙酰及乙晴的混合物的拉曼光谱》和《卤醋酸脂的拉曼光谱》为题，作为博士论文发表，以上三篇文章均发表在德国《物理化学》杂志上。由于郑华炽完成课题的成绩显著，在短短的两年内，于1934年就获得奥地利格拉兹工科大学的工学博士学位。当时，法国蒙彼利埃大学的卡班（J. Cabannes）教授对拉曼效应也颇有研究，并在国际上有一定的威望和影响，郑华炽在获得博士学位后，于 1934 年春，即去法国蒙彼利埃大学与卡班教授合作，共同研究拉曼光谱等有关问题。同时，他也不放弃对红外吸收光谱深入学习的机会，又到巴黎大学（Université de Paris）进修红外吸收光谱学。经过不懈的努力，于 1935 年，郑华炽在法国科学院院报上先后发表了题为《氯衍生物的振动频率》和《1，2-卤已烷的振动形式》两篇论文。以上这些研究成果，属当时科学研究的前沿，并具有国际水平，更证明了紫外吸收光谱、红外吸收光谱、拉曼光谱对研究物质分子结构的重要作用。而郑华炽本人也由此成为中国研究光谱学的先驱者之一。

由于郑华炽在国外发表了多篇论文，对光谱学研究做出显著成绩，国内一些大学纷纷聘请他回国任教。而学成回国报效祖国是他一贯的愿望，于是在 1935 年秋，回到了久别的祖国。先在南京国立中央大学任教，后于 1936 年应北京大学物理系主任饶毓泰教授之聘，到北京大学任教。饶毓泰主任欣赏德国对教育的重视，尤其欣赏德国注重教育对经济和科技发展的作用。他试图在北京大学的教育中采用德国的教育方式，这个想法与郑华炽不谋而合。在饶毓泰的倡导和支持下，郑华炽首先在教学中加以贯彻。他在教学中非常注重理论联系实际，加强演示实验，常利用自制的电学和光学仪器以及自制的幻灯片配合课堂讲授，加强了课堂教学的直观性，使学生很容易接受。当时他所讲的光学、热力学和普通物理学，教学效果很好。

在北京大学，郑华炽除了完成教学工作之外，还坚持进行科学研究。在 1936～1938 年，他和吴大猷、薛琴访合作，克服了经费不足、仪器设备简陋的困难，开展了对拉曼光谱的研究。他们实验的主要仪器是一台装有三棱镜的 Steinheil 摄谱仪，用它观测苯、氯化苯、溴化苯、甲苯、环已烷的拉曼光谱。由于实验条件的限制，光谱的强度太弱，无法测定谱线的强度，只好用延长曝光时间的办法，日以继夜地连续数百小时的拍摄，终于观察到在苯的强谱线 990 cm^{-1} 附近存在一条弱伴线 984 cm^{-1}。测量了苯的弱谱线和强谱线的强度比为 6∶100，连同近似的理论估算表明，这条弱伴线是由苯环中一个碳原子被一个原子量为 13 的同位素所代替而产生的。环已烷中这条弱谱线的强度很低，是表明一种非平面的结构。1937 年，丹麦物理学家玻尔（N. Bohr）到美国和日本讲学，中国十余所大学和科研机构联合向他发出邀请，请他顺便来中国讲学和游览，得到玻尔的同意，于 5 月中旬玻尔到上海、杭州、南京和北京四所城市访问。当玻尔到北大，听说郑华炽和吴大猷的工作后，感到非常惊讶，认为在当时这么简陋的条件下，居然能完成如此艰难、复杂的工作，是相当了不起的。为了证实实验结果的正确性，郑华炽等人多次实验、反复验证，甚至在昆明西南联大极困难的条件下，也没有放弃实验的机会。他们请学校租用了几间土墙、土地的平房作为实验室，从北大运来摄谱仪的元件，如三棱镜、狭缝、透镜等，安放在砖墩和木架子上，组成一台简易的摄谱仪，多次进行实验。终于，在1938年1月份，把这一研究成果以题为《苯的拉曼光谱和同位素效应》的论文，发表在《美国化学物理杂志》上。1938年底，印度科学家也发表了一篇类似的文章，其中记录的实验结果和郑华炽等人在早些时候发表的文章基本相同，这证明了郑华炽等人的研究工作的正确性，它属于国际领先地位，并得到国际科学界的公认。

1937年，当日本军国主义的铁蹄踏入平津时，北京大学、清华大学、南开大学被迫辗转迁到昆明，组成西南联合大学。搬迁过程中，郑华炽独立在香港接待从内地迁往昆明的学生和教员。他日以继夜、废寝忘食的工作，受到众人的钦佩，他的大公无私的精神受到颂扬。在西南联大，郑华炽除行政工作外，他还在物理系饶毓泰、吴有训、叶企孙等教授的领导下，克服仪器设备不足、图书资料不全的困难，坚持对学生的培养，和全校师生团结一致，勤奋教学。当时饶毓泰健康欠佳，郑华炽还帮助饶毓泰主任处理日常的系务工作。

西南联合大学四川叙永分校成立以后，郑华炽任教务主任，并亲自授课，行政和教学工作兼顾，保证了教学工作的顺利进行，使一个初建的学校一切工作能正常开展。在饶毓泰休假出国期间，郑华炽任西南联合大学物理系主任，担负起更大的责任。抗战八年，西南联合大学在昆明坚持八年，1945年日本投降，郑华炽随北京大学迁回北平。

全国高校进行院系调整时，郑华炽被调到北京师范大学物理系任教授，并兼任副教务长。又要抓行政又要抓教学，他的工作很忙。当时郑华炽担任原子物理和普通物理学课程的讲授，在讲课中他注重实践，指导助教用威尔逊云雾室观察粒子的径迹，向学生演示，使原来枯燥、难懂的原子物理课变得直观、易懂，受到学生的好评。还结合课程内容引证大量物理学史资料，使学生了解物理学的发展脉络，物理学家的研究方法，从而启发学生的学习积极性。还及时介绍物理学的前沿学科和发展动态，扩大学生的知识面，给人以启示，有利于学生对科研方向的选择。后来北师大物理系对低温物理、超导电性和固体物理的研究及专业的建立，和他当时授课时介绍超导性和超流性是密切相关的。

郑华炽在北师大物理系的支持下，于1954年创办了普通物理研究班，为了改善办学条件和提高教学质量，他自任班主任，并亲自授课，为此付出了许多精力。1956年又招收了第二届研究生班，1965年，郑华炽开始招收光谱学研究生，他不仅指导学生学习，还将有发展潜力的研究生向科学院著名物理学家推荐，使他们有进一步深造的机会。有的研究生还被推荐出国深造。他的学生后来大多成为专家、教授、博士生导师、大学校长等，这和郑华炽在教育战线上的辛勤耕耘是分不开的。

郑华炽非常注意中青年教师的业务成长和水平提高。他自己精通德、法、英等国语言，经常阅读外文杂志，也要求青年教师尤其是他的助教学好外语，熟练地阅读外文资料。他常指定一些外文资料作为青年教师的必读书刊，并亲自和他们进行讨论。他还多次为物理系师生举办讲座，亲自介绍科技动态、著名物理学家的研究方法以及科学家成才的道路，对青年教师帮助很大。郑华炽退休以后，还常有青年教师去他家探望和求教，他总是热心接待，指导查阅外文资料，提出确定科研方向的意见和建议。在寻找外文资料方面，大家赞美他是青年教师的"活字典"。

郑华炽还热心于科学普及工作。为振兴中国科学，期望有更多的人懂得科学、学习和热爱科学，因此常利用业余时间撰写和发表科学普及的文章。早在留学回国之后，他就在天津《大公报》上发表题为《原子光谱》和《分子光谱》的文章，向广大读者介绍先进的科学前沿知识。在 50 年代，曾发表《纪念普朗克教授》和《约瑟夫·约翰·汤姆孙》等文章，向青年读者介绍国外著名物理学家的治学思想和治学方法，以及他们成才的道路。此外，他对中学物理教育事业也非常关心，对新中国成立初期，中国中学物理教学大纲的制定，做了大量指导性工作。他兼职很多，但工作踏实，认真负责，为了做好各项工作，经常工作到深夜。

郑华炽是一位优秀的爱国知识分子，早在 1946 年曾和北京大学的 47 位教授联名向美国大使馆提交抗议信，强烈谴责美军士兵对中国女学生的野蛮暴行。1948 年，他又和北平各院校的 100 多位教授联名发表宣言，针对当时美、蒋飞机狂轰滥炸开封一事，呼吁停止破坏文化机关和城市。新中国成立以后，他积极参加各项政治运动。在"文化大革命"中，郑华炽受到不公正的待遇，他能以国家和民族的大局为重，爱国之心从不动摇。

1983 年，郑华炽 80 岁寿诞，北京师范大学为表彰他对中国科学和教育事业作出的贡献，召开了"庆祝郑华炽教授执教 50 周年大会"，当时的人大常委会副委员长许德珩参加了庆祝会。郑华炽的新、老学生都来祝贺，济济一堂。他的一生辛勤，换来了桃李满天下。

郑华炽为中国的光谱学和物理教育贡献了一生，但他总是默默奉献，不向社会索取。他生前留下遗嘱：死后殡葬从简，不开追悼会，不举行遗体告别仪式。1990 年 2 月 7 日，郑华炽在北京病逝，学校尊重他的意愿，按照他的遗嘱办理丧事。出版了一本《深切悼念郑华炽教授》为题的纪念册，以致永远的悼念。

三、主 要 成 就

1. 对物质分子振动频率和振动形式的研究

郑华炽早在德国留学期间，就应用红外吸收光谱研究物质的结构，对氯衍生物和卤已烷进行观测，得出了氯衍生物的分子振动频率和卤已烷的振动形式。这是开创了中国利用红外吸收光谱研究物质分子结构的先河。

2. 应用拉曼光谱研究同位素效应

1936~1938 年，和吴大猷、薛琴訪合作，利用拉曼光谱对苯进行观测，从实验和理论上验证了同位素效应产生的原因。此项工作属世界领先地位，达到国际水平，为国际科学界所公认。

3. 教书育人，桃李满天下

1954 年，在北京师范大学物理系，创办研究生班，并招收首批光谱学研究生，为中国培养了一批科技人才。经常为师生举办讲座，为提高他们的专业水平和业务素质贡献力量。执教 50 余年，辛勤工作，硕果累累。

4. 热心科普工作

郑华炽回国后，为了使广大读者了解科学，学习科学和热爱科学，曾撰写《原子光谱》和《分子光谱》等文章，向广大读者介绍先进的科学知识。还撰文介绍国际著名科学家的治学思想和方法，为科学普及竭尽全力。他还非常关心中学的物理教育，对新中国成立初期中国中学物理教学大纲提出了指导性的意见。

四、郑华炽主要论著

Cheng H C（郑华炽），Conrad- Billroth H. 1933. Optische untersuchungen des perylens und seiner derivate VI das ultraviolette absorptionsspektrun von 1. 12-derivaten und isomeren. Z Phys Chem B, 20: 333.

Cheng H C. 1934. Studien zum Raman- effekt. mitteilung XXIX. die Raman- spektren der halogenessig säureester. Z Phys Chem B, 24: 293.

Cheng H C. 1934. Studien zum Raman- effekt. mitteilung XXXV. die Raman- spektren einiger acetyl und acetonitrilverbiudungen. Z Phys Chem B, 26: 288.

Cheng H C, Lecomte J. 1935. Quelques remarques sur les frèquences des vibration de dèrivès chlorès. Compt Rend,

201: 199.

Cheng H C, Lecomte J. 1935. Sur les modes de vibration de dèrivèsdihalogènès 1-2 de l'èthane. Compt Rend, 201: 50.

Cheng H C, Hsueh C F, Wu T Y. 1938. Raman spectra of benzene and isotope effect. J Chem Phys, 6: 8.

主要参考文献

谢景山. 1988. 记光谱学专家郑华炽教授. 中国科技史料, 9 (4): 60.

陈毓芳. 1996. 郑华炽//沈克琦. 中国科学技术专家传略: 理学编: 物理学卷1. 石家庄: 河北教育出版社: 310.

陈毓芳. 1997. 郑华炽//卢嘉锡. 中国现代科学家传记·第六集. 北京: 科学出版社: 153.

撰写者

陈毓芳（1932~），北京师范大学物理系副教授，郑华炽的学生。

王守竞*

王守竞（1904～1984），江苏苏州人。物理学家、教育家和企业家。中国近代物理学先驱者，中国现代机械工业开拓者之一，中国物理学会创始人之一。1924年赴美留学，1928年获哥伦比亚大学博士学位。在美期间，王守竞先后发表了《两个氢原子的相互作用》、《新量子力学中的正常氢分子问题》和《论量子力学中的非对称陀螺》等开创性论文，成为在量子力学发展初期即将其应用于原子、分子系统并得出重要结果的唯一中国理论物理学家。1929年回国后任浙江大学物理系教授、系主任。1931年任北京大学物理系教授、研究教授、讲座教授和系主任、物理研究所所长。1931年当选为中国物理学会临时执行委员会委员。1933年任物理学会副会长和《物理学报》编委、译名委员会委员。抗战前夕，为了国家的需要王守竞从科教界转入了工业界，走上了"工业救国"之路。1933年任军政部兵工署技术司光学组主任，1935年任资源委员会专员，1936年任机器制造厂筹委会主任，1939年任中央机器厂总经理。他在组建中国第一个光学工厂和机械工厂，支援抗日战争方面作出了突出的贡献。1943年奉派赴美，先后担任资委会驻美办事处主任、中国驻美大使馆科技参赞、美国租借法案中方负责人、国民政府驻美物资供应委员会主任、中国石油有限公司董事等职务。1951年定居美国。

一、赴美留学　头角峥嵘

王守竞，字井然，江苏苏州人，生于1904年1月15日。其父王季同清末赴英，于牛津大学研习物理，为民国初期科学界先驱。祖母王谢长达于清光绪年间创办振华女校于苏州，为国内妇女教育之前辈。姑母王季茝（芝加哥大学化学博士）于民国前去美，入麻省威斯莱（Wesley College）女校，后在美工作50年，为美国公共卫生权威。

---

* 十分感谢中国科学院理论物理研究所原副所长刘寄星先生仔细认真地审读了全文，并对第二部分做了重要的修改和补充。

王守竞出生于此笃实好学之世家，且天赋优异，聪颖过人。幼年受启蒙教育于苏州私立彭氏小学。1921年毕业于苏州工业专科学校，同年考入北京清华学校（留美预备学校、清华大学前身）。他一入学，即以才艺出众、头角峥嵘著称。被甲子级（1924年毕业班级）同学及师长一致公认为全校最优秀的学生。1924年秋，他毕业后即与同学周培源等赴美留学。到美后，他选择的是东部著名大学康奈尔大学（Cornell University）。

通过入学考试，王守竞因成绩出众，被特许直升康奈尔大学研究院物理研究所攻读硕士。这在康奈尔大学历史上是少有的。在清华学校历史上更是绝无仅有的。因为按照惯例，清华学校高等科毕业的学生，到美后可插入美国大学二、三年级学习，大学毕业后得了学士学位，再读两年研究生，可得硕士学位。而像王守竞这样未重入大学部，直升研究院者，是清华学校自1909年开始到1929年结束20年间保送赴美的留学生中唯一的一个。可见其才华之卓异。

高才学子，身处名校，第二年夏天，不到一年的时间，王守竞就得到了（物理学）硕士学位，更令全校师生对这位中国学生刮目相看，钦佩不已。

王守竞是一个文理兼优，全面发展的学生。由于他刚好诞生在一个新旧交替的时代，所受的教育也刚好赶上一个中西交融的开始，他不但接受了传统的中国文化的教育，也接受了一些西方文化的熏陶，再加上他天生聪颖又勤奋好学，所以他不但中国文化的基础深厚，西方文化也有相当功底。在康奈尔大学获得物理学硕士学位后，他并不急于进而攻读博士学位，而是于1925年的秋天，转入哈佛大学（Harvard University）研习欧洲文学。之所以弃理从文，一则是兴趣所在，二则是有他的远见——为今后专攻和深攻物理做好语文表达方面的充分准备。他之所以选择哈佛大学，自然是考虑到了哈佛大学在美国的崇高地位和优越的学习条件。

就这样，仅一年时间，他又拿到了哈佛大学欧洲文学的硕士学位。文学修养大为提高，外语水平也大大提高了一步，无论是英文、德文、法文，均达到了写说俱佳、运用自如的程度，不仅在留学生中出类拔萃，就是与说这些语言的本国人士相比，也毫不逊色。

20世纪20年代，世界科学中心仍在欧洲，而美国东部诸州得风气之先，吸引外来名教授较多。正是考虑到将来与这些欧洲名教授的交流，王守竞才专门去研习了一年欧洲文学，打下了扎实的基础。而他的主攻方向自然是物理学。故在哈佛大学得了文学硕士学位后，1926年夏，他即转入外来名教授较多的哥伦比亚大学（Columbia University）物理研究所，师从名师，与当代俊彦切磋，潜心钻研物理学。

在哥伦比亚大学期间，得名师的指导，学友的互助，年轻的王守竞锐意进取，时发创新的妙想。他进一步坚定了探索和理解自然奥秘的抱负,并逐步形成了那不失赤子之心的天真和热爱自然而又好学深思、追求真理的纯真性格。

由于他无论是文学修养还是外语水平都很高,并具备了丰富的物理和化学知识,掌握了熟练的数学技巧,因此,他很快就成为同学中的佼佼者。

攻读博士期间,王守竞于1927年在短期来访的著名荷兰物理学家、诺贝尔奖获得者德拜(P. Debye)建议下,采用了一个简单的平面模型,计算了两个氢原子的诱导偶极相互作用,首先得出两原子以距离负6次方势相互吸引的结果,并定出此一作用能量的表达式为:$243/28 e^2 a_0^5/R_0^6$。其中 e 为电子电荷,a_0 为玻尔半径,R_0 为两原子核距离。这项工作总结发表在当年的德国《物理学杂志》[*Phys. Z.*, 28 (1927), 663]。他的这个结果,直到1930年才被艾森席兹(R. Eisenschitz)和伦敦(F. London)改进,并被命名为色散力或伦敦力。之后,他独立于海特勒(W. Heitler)和伦敦用变分法计算了氢分子的基态波函数和能级,由于采用了不同的试探波函数并引进新的变分参量,使能量计算值和实验值间的差异从1.58电子伏降到0.96电子伏。这篇工作总结发表在次年的《物理评论》上[*Phys. Rev.*, 31 (1928), 579],该工作是用量子力学解释化学中的共价键、开创量子化学的首批先驱性论文之一。在从事理论工作的同时,王守竞还跟随该系韦伯(H. W. Webb)教授从事了"钠蒸气和汞原子碰撞中的激发态"的实验研究,研究结果发表在1929年的《物理评论》[*Phys. Rev.*, 33 (1929), 329]。

1928年夏,入哥伦比亚大学仅两年,王守竞即被授予博士学位。获得博士学位后,他得到美国国家研究委员会(National Research Council, USA)的资助,在威斯康星大学(University of Wisconsin)从事博士后研究一年。这一年他集中精力,解决了量子力学中的非对称陀螺问题,给出了非对称陀螺的能级公式和能级跃迁规则的严格结果。这项工作前期结果的摘要曾递交1928年11月30日~12月1日召开的美国物理学会153次例会,最后结果正式发表在《物理评论》34卷[*Phys. Rev.*, 34 (1929), 243]。他的这项工作为非对称多原子分子转动光谱研究打下了理论基础,他所求出的能级公式被称为"王守竞方程",至今仍被应用。

二、勇闯前沿　成果卓著

王守竞赴美留学,以不到三年的时光发表了三篇开创性的量子力学论文,成为参与量子力学初期发展并获得重要结果的唯一中国物理学家。吴大猷先生在《对中国早期物理学发展的回忆》中曾高度评价王守竞的这三篇论文,他说:"量子论在中国的发展，初期有一位王守竞先生（1904～1984），是一位很难得的聪明的年轻人，1924 年从清华旧制的留美预备班的那种情形下到美国去的。在 1927、1928 这两年 [量子力学 1926 年刚刚开始]，王守竞就在这两年之内做了三篇可以说是很好很好的文章。"[根据王第三篇量子力学论文收稿日期为 1929 年 5 月 1 日看，吴先生此处时间计算似不够准确，王完成这三篇文章实际用了近两年半时间。]

王守竞这三篇论文好在何处？必须从它们在量子力学的发展中的作用和地位说起。

王守竞的第一篇论文《两个氢原子的相互作用力》解决了困惑了物理学界相当长时间的非极性原子或分子间相互吸引的问题。早在 1873 年范德瓦尔斯导出有名的气体方程时，人们就一直在思考气体分子间吸引力的微观起源。1912 年葛生（W. H. Keesom）提出分子间吸引力的偶极-偶极作用模型，算出分子间作用势与分子间距离 R 成 R^{-6} 的结果，称为葛生力。但这个结果只适用于具有固有偶极矩的极性分子。1920 年德拜提出一个分子的固有偶极矩可以诱导另一个分子偶极矩的模型，也得出分子间距离负 6 次方吸引势的结果，称为德拜诱导力。这个结果对没有固有偶极矩的分子同样不适用。对于没有固有偶极矩的分子，德拜曾提出诱导偶极-诱导偶极相互作用模型，但经典静电学计算的结果为零。1926 年薛定谔建立波动力学不久，德拜在 1927 年访问哥伦比亚大学时遇到王守竞并建议他研究这一问题，王经过不长时间的计算最后解决了这个问题。尽管这个力在后来的文献中被称为伦敦色散力，但近年来两位著名物理学史专家布拉希（S. G. Brush）和劳林森（J. S. Rowlinson）先后以确凿的史实证明，是王守竞首先算出这个力，并公正地提出应当将所谓伦敦色散力改称为王守竞力。

王守竞的第二篇论文《量子力学中的正常氢分子》独立于略早于它的海特勒和伦敦的文章，以精确的数学方法计算了氢分子的基态能级，给出了比海特勒和伦敦的文章更接近实验值的基态能量。尤其值得指出的是，王守竞在计算中首次引进了有效电荷 Z 作为变分参量，为以后研究和改进氢分子结构计算的研究者们所一致采用，而且王的结果满足量子位力定理，而海特勒-伦敦的结果却不满足。美国著名理论物理学家坎布尔（E. C. Kemble）、斯莱特（J. C. Slater）以及著名化学家、两次诺贝尔奖获得者鲍林（L. Pauling）等人的专著中都对这项工作作了介绍，尤其是斯莱特用大篇幅叙述了王守竞对海特勒-伦敦工作的改进。氢分子结构的量子力学计算在量子力学的应用中是具有里程碑意义的工作，正是从这项工作开始，量子化学得以创立。王守竞的这篇工作总结作为创立量子化学先驱性论文之一，已永久记载在科学史上。

王守竞的第三篇论文《论量子力学中的非对称陀螺》是一项难度极高的理论工作，同时也是一项为非对称分子转动光谱研究奠定基础的工作。量子力学一创立，人们相继解出了解释双原子分子转动光谱的转子解以及解释对称多原子分子转动光谱的对称陀螺解，然而对于与非对称多原子分子转动光谱对应的非对称陀螺，由于其三个转动惯量各异，在求解薛定谔方程上遇到了极大困难。王守竞在他做博士后期间，以惊人的毅力和纯熟的数学技巧严格地求出了非对称陀螺的能级公式：$F(J)=1/2(B+C)J(J+1)+[A-1/2(B+C)W_j]$，其中 J 为角量子数，A，B，C 分别为与三个转动惯量有关的常数，W_j 则为 $2J+1$ 阶矩阵的根。同时他还给出了非对称陀螺能级间跃迁的完整跃迁规则。诺贝尔奖获得者赫兹堡（G. Herzberg）在他著名的 5 卷巨著《分子光谱和分子结构》第二卷中，将王守竞的以上能级公式称为"王守竞方程"，作为讨论多原子分子转动光谱的基本公式，并特别指明"王守竞方程"是诸多非对称陀螺能级公式中可进行数值计算的两个公式之一。王守竞的这个能级公式至今一直在多原子分子光谱的教科书和专著中使用。

一位年方 24 岁的青年，竟然在量子力学初创时期作出如此重要的三项可以在物理学历史上存留下来的工作，实可谓成绩卓著。

王守竞之所以能够取得如此杰出的成就，一方面固然是他的天赋优异、聪颖过人、才华横溢，另一方面与他"天时、地利、人和"三大条件具备也大有关系。天时者，即量子力学创立之初，他能够抓住机遇，勇闯前沿；地利者，即美国大学中开放的观念和雄厚的物质条件；人和者，即他能够选择和结交到优秀的老师和同学。

王守竞 1926 年夏天一来到哥伦比亚大学马上就结交了几位志同道合的朋友，他们中有刚刚结束在欧洲的博士后之旅，回到哥伦比亚大学物理系任讲师的克勒尼希（Ralph Kronig），还有同在哥伦比亚大学物理系做博士论文的拉比（I. I. Rabi）等人。拉比因发明核磁共振法，获得 1944 年诺贝尔物理学奖，克勒尼希则成为在固体理论和 X 射线吸收谱研究中作出重要贡献的著名的理论物理学家。

1926 年前后，量子力学刚刚创立，当时物理学研究的中心在欧洲，美国的大学尚无人讲授量子力学。然而这几位年轻人敏锐地感觉到量子力学的创立对传统物理学的革命性冲击，渴望掌握量子力学的最新进展，于是便自发地成立了一个理论物理的自学小组。成员有克勒尼希、拉比、王守竞、比特尔和蔡曼斯基 5 人，除他们之外，纽约大学的一些教授也常来参加讨论。小组成员的聚会大约每周一次，一般安排在星期六或星期天，每次由一人报告近期读到的重要理论物理文献，大家就此展开讨论。这一时期《德国物理杂志》上的新东西层出不穷，他们也就没完没了地进行着讨论。聚会从上午开始进行到下午，讨论结束后，大家通常去中国餐馆用餐，这时王守竞就成了唯一的行家，他会让大家品尝到正宗的中国菜肴。

薛定谔的波动力学发表后，克勒尼希、拉比和王守竞花费了相当多的时间来研究它，在欧洲访问期间已经和海森伯、克拉默斯共同发表过论文的克勒尼希建议，为了更好地理解和掌握波动力学，大家应该尝试用它来处理一些实际问题。于是，他们对近期出版的书刊进行了检索，以寻找合适的研究题目。薛定谔已经处理了单原子系统的能谱，他们便尝试把薛定谔的理论推广到分子体系。他们很快建立起对称陀螺的薛定谔方程，1926年底，距离薛定谔理论发表仅几个月的时间，克勒尼希和拉比就用它解出了对称陀螺能谱，在1927年2月的美国《物理评论》发表。而王守竞则在不久之后，接受德拜的建议，完成了他那篇有名的《两个氢原子的相互作用》，在1927年的德国的《物理学杂志》发表。这表明哥伦比亚大学理论物理自学小组是紧跟量子力学发展的潮流。而王守竞与这样的精英在一起比翼齐飞，自是受益良多、进步神速。

王守竞后期的秘书钱维翔先生曾撰文提到一件轶事。1927年冬季的一天，世界物理学权威、1922年诺贝尔奖得主、与爱因斯坦齐名的丹麦学者尼尔斯·玻尔（N. H. D. Bohr）在纽约作公开演讲。演讲中一时兴起，提问听众一题。由于其题太难，一时全场哑然。据《纽约时报》次日报导，略云：一中国青年，貌似犹太裔者，毅然起立并举正确答案，令提问者颇感意外而引起听众轰动，如雷的掌声和欢呼声骤然响起，演讲者和听众都为这位中国青年叫好。而这位中国青年就是王守竞！

王守竞的第二篇量子力学论文在正式发表之前，曾在1927年11月25日~26日于芝加哥大学（Chicago University）举行的美国物理学会147次年会上，被选为大会仅有的7篇口头报告之一全文宣读。这篇论文也成了王守竞的博士论文。1928年前美国大学里还没有人完成过以量子力学为研究的课题的博士论文。至1928年始有王守竞等7人以量子力学的研究而被授予博士学位，因此王守竞成为美国大学最早的一批因研究量子力学而被授予博士学位的学者。他的论文也是哥伦比亚大学物理系的第一篇纯理论的博士论文。他在进行这项工作时，完全没有得到博士生导师方面的指导，而是得益于与自学小组成员的讨论和自己的认真钻研。

王守竞不仅善于自学钻研，而且也善于向人学习，他在博士后期间转到威斯康星大学师从美国著名理论物理学家范弗莱克（J. H. van Vleck）进行研究，充分说明了这一点。

范弗莱克1922年获哈佛大学物理学博士学位，他与同为哈佛出身的坎布尔、斯莱特等人一起为量子力学在美国的建立和发展作出了非常重要的贡献，他后来因磁学方面的理论研究成果获1977年诺贝尔物理学奖。他在当时是美国本土上最好的理论物理学家之一。正是在范弗莱克的指导下，王守竞完成了极为困难的非对称陀螺的能谱的计算。考虑到此前他曾与克勒尼希和拉比研究过对称陀螺，他做出这一选择可以认为是很自然的事。开始时他曾尝试按克拉默斯（H. A. Kramers）的建议，求解非对称陀螺的薛定谔方程。他证明，在空间量子数为零时，经过合理选择椭圆坐标系，该薛定谔方程可以完全分离成两个类似的常微分方程，每个方程只含有一个椭圆坐标。但是，由于考虑边界条件的一点疏忽，求解过程没有进行下去。后来，他改用范弗莱克擅长的矩阵力学的方法，在较短期间内取得成功，为此他特别在论文的最后一节，诚挚地感谢了范弗莱克的鼓励、建议和帮助。王守竞这篇工作总结发表先于同时开始研究同一问题的荷兰学者克拉默斯和伊特曼（G. P. Itmann），后者就此问题发表的三篇文章中都引用了王的工作，美国学者曾以此作为美国本土物理研究已引起欧洲关注的范例加以宣扬。

三、应用研究　工业救国

王守竞学业期满，获得博士学位并取得杰出成就以后，抱定"学成归国，报效祖国"的信念和"宁怀故国土，不恋他乡金"的情操，毅然回国。

1929年夏天，王守竞携爱侣费令宜女士回到了国内。

原来，在哈佛大学时王守竞与同在该校攻读欧洲文学硕士的苏州同乡、同为出身名门的大家闺秀费令宜（民主人士，浙江大学教务长费巩之妹）已彼此相爱，异邦结情缘。至双双归国时，一位物理博士和一位文学硕士，已是浓情滚滚，"在天愿作比翼鸟，在地愿为连理枝"了！看来，费小姐对王守竞的成功也是功不可没。因为真正的爱情也是学业和事业成功的一个巨大推动力！

而且，此番回国，功成名就，又喜得佳偶，人生得意，莫过于此。25岁的王博士，怎不踌躇满志，豪情满怀，恨不得把平生所学都施展出来，为国家民族干一番轰轰烈烈的事业！

回国后，王守竞先任浙江大学物理系主任，1931年被北京大学聘为物理系主任。王守竞任北京大学物理系主任期间，曾为北京大学物理系的实验室建设作了重要贡献，建立了真空系统、阴极溅射，磨制精密光学元件等设备，为物理系奠定了科研基础。从此，北大有了王守竞、吴有训、周培源、周同庆等七八位名师来校授课。由于学生兴趣高和知识界评论极佳，北大物理系学术地位得以复列前茅，与清华物理系并驾齐驱。1932年春，北大设立"研究教授"，首批15人，王守竞是其中之一。1933年春季，王守竞辞去系主任职务，创立北京大学物理研究所并任所长，与饶毓泰、萨本栋等专任研究教授。系主任一职由萨本栋接任。其后又有朱物华、张宗蠡到物理系任教授，北大物理系教师阵容盛极一时。1933 年~1934 年间，北大文学院开"科学概论"课，其中物理学方法论部分由萨本栋、王守竞担任讲座教授。1933 年起，清华大学开始公开招考公费留美生，王守竞聘为招生考试委员会委员，他与叶企孙、吴有训、严济慈、丁西林等委员一起，主要担负物理学方面的选拔工作。委员们在通盘考虑中国科学事业的发展规划并兼顾国家当前急需的情况下，设置了一些应用物理招考学科，选拔了各科人才，这批学生学成回国后，大都成为学科创始人和学术带头人。

王守竞是中国现代物理学的先驱者之一，他积极参加了中国物理学会的筹建。

1931 年 12 月，王守竞经通信选举当选为中国物理学会临时执行委员会委员。除王守竞外，其他 6 名委员是：夏元瑮、胡刚复、叶企孙、文元模、严济慈、吴有训。临时执行委员会于 1932 年 3 月 29 日和 7 月 9 日开会两次，决定当年 8 月 22 日召开中国物理学会成立大会。在成立大会上，王守竞当选为评议员。评议员共 9 名，其中会长李书华、副会长叶企孙、秘书吴有训、会计萨本栋，以及王守竞、严济慈、胡刚复、张贻惠、丁西林。1933 年，《物理学报》创刊，他是编委之一。中国物理学会成立后即设立译名委员会，他是委员之一。第二次会上他继续当选为评议员和名词委员会委员。1933 年 8 月 21 日至 9 月 2 日期间，名词委员会开会 9 天，审定物理学名词 5000 余则。在 1934 年召开的中国物理学会第 3 次年会上，王守竞被选派出席当年 10 月在英国伦敦召开的国际纯粹与应用物理学联合会会议。此后，在他投身工业、主持中央机器厂期间和奉派赴美以后，仍继续当选为中国物理学会理事，说明他在中国物理学界的地位和影响并不因他离开物理学界而削弱。同时他也仍然关心、支持和参加物理学界的活动。因为他毕竟是一位物理学家，物理学始终是他的专业和特长。

1931 年九一八事变后，日本侵略中国的野心暴露无遗，有识之士，深感国难当头，不容等闲视之。许多科学家们都纷纷改变了自己的研究方向，以图救国。不少物理学教授开展了应用研究，如吴有训在金属学方面、周培源在流体力学方面开展工作。王守竞不再从事量子力学研究，他指导助教赵元磨制光学平面玻璃，以后赵元和赵掌握的技术在中央研究院发挥了作用。当时北京大学一位生理学教授请王修理进口仪器，王守竞检查后发现其中的铂丝断了，他指导赵广增将较粗铂丝用熔化的银铸进铜套管的中心，为了避免气泡，在铜套管上打了许多细孔，随后送到北京前门拉丝作坊拉丝，最后制成了直径仅几微米的铂丝，修好了仪器。以后赵广增和谭承泽利用不同直径的铂丝测定了它的滞弹性行为，发表了论文。1932 年，王守竞在中国物理学会成立大会上，宣读了"试验玻璃平面之绝对方法"论文。1933年，在第二次中国物理学会年会上，他和张仲桂宣读了"测定短小物体杨氏弹性系数的方法"论文，他和赵广增宣读了"晶体切面上形状分布之或然率"论文。

同时，王守竞对国防建设、资源开发等救国方略提出了许多独到的见解，受到了政府当局的重视。特别是他在应用研究中一开始就选择了光学玻璃的磨制这一课题，并且富有成果，与当时国家的急需不谋而合，亦表现出了他的过人之处。1933年秋，军政部兵工署署长俞大维识其异才，亲自登门，请其屈就兵工署技术司光学组主任，主持筹划建立中国的光学工业。想到之所以研究光学玻璃，正是为了要建立中国自己的光学工业，王守竞自然一口答允。

从此，王守竞也就从科教界转入了工业界，走上了工业救国之路。在王守竞主持下，在一年多的时间里，进行了大量的前期准备工作，为后来正式建厂奠定了基础。其后王守竞虽然不再主持其事，但这段时间的工作后人是不会忘记的。

1935年4月，在资源委员会兼委员长的蒋介石和秘书长翁文灏的指令下，王守竞被从兵工署调往资委会，任少将级专门委员，参与国家重工业厂矿建设。

1936年9月，国民政府军事委员会训令成立机器制造厂筹备委员会，并指定王守竞为主任委员。从此王守竞肩负重任，走上了一条开创中国机械工业的光荣而又艰难的道路。建设机器制造厂是国家重工业3年计划中的10大工程之一，该厂又是资委会与同属军事委员会（委员长蒋介石）的航空委员会（秘书长宋美龄）的合作项目，以制造航空发动机为首要目标，兼及其他。如此重任交给王守竞来承担，可见其人才难得，不同凡响。

机器厂初设湖南湘潭，后抗战军兴，迁往云南，重建于昆明北郊茨坝。在众所尊敬的王博士（时人都如此称呼他）的正确领导和精神感召下，全体建厂人员上下一心，共同努力，拓荒创业，披荆斩棘，1939年9月9日，工厂终于宣告正式建成，命名为中央机器厂（即今昆明机床厂之前身），王守竞任总经理。"中央机器厂为国营机器工业中最早之工厂，其规模设备，在全国首屈一指"（时任资委会主任、副主任的翁文灏、钱昌照语）。

在抗战期间，中机厂以其雄厚的设备和技术实力，生产了大量的军民用机械产品，为抗战胜利贡献甚巨。同时，所生产的产品中，很多都属"中国第一"，在中国机械工业发展史上也具有极其重要的地位。而且王守竞以学者办厂，使厂如学校，既出产品又出人才，意义十分重大，至今为人赞誉。

原中机厂工程师、后为北京机床研究所总工程师的张克昌先生曾经精辟地概括和总结道："中央机器厂建立于中华民族危难之秋，在十分艰苦的条件下，培育了中国现代机械工业启蒙的人才，抗战初期在大后方的春城建立了中央机器厂与西南联合大学不能不说是对我民族复兴的伟大功绩。中央机器厂与西南联大二者相辅相成，形成了不仅是象征意义的而且是实实在在的复兴工业与文化的摇篮。西南联大工学院机械系，新建立的航空系，乃至机电系的高班学生都以中央机器厂为实习基地。新中国成立后新建起来的机器厂几乎都有原中央机器厂出来的员工，而且都是创业的骨干力量。高等院校和工业部门的研究院所的创业者则多有来自西南联大和中央机器厂的人员。昆明机床厂在解放初期能定点制造铣床、镗床，自然与原有的基础有关，以后不断发展壮大，至今成为国家精密机床的主要基地。"

原中机厂工程师、后为国家第一机械工业部二局（机床和工具局）总工程师的韩云岑先生曾经说过："当时中机厂一是提倡读书，二是提倡钻研技术，三是提倡'什么都能做'。人和物的条件具备，所以做了不少事，也培养了不少人，后来在技术界起了很大的作用。"

原中机厂工程师、后为国家机械工业部机械研究院总工程师、中国科学院学部委员（院士）的雷天觉先生曾经说过："当时那个厂还起了一个很大的作用，就是培养人才，这个作用恐怕比造机器的作用还要大。"

1989年11月20日，江泽民总书记在视察了昆明机床厂后，曾发表观感说：看了昆明机床厂大吃一惊。时代在发展，工业有了很大的飞跃，鸟枪换了炮，全是现代化的手段，检测水平是以微米计的。云南机电是有优势的，坐标镗床只有昆明机床厂能做嘛！这个基础不是一天就能起来的。三四十年代开创的中央机器厂，还有一个中央电工厂，听说还有一个光学仪器厂，都是奠定了基础的。江总书记对昆明机床厂的现状给予高度赞扬的同时，对昆机的前身——中央机器厂也给予了历史的肯定，充分体现了我们党历史唯物主义的观点。

王守竞作为创始人和负责人，自是功不可没，其功甚伟。昆明机床股份有限公司在建厂70周年之际，为工厂奠基人王守竞敬塑了一尊半身铜像，安放于厂区花园中，以供人们永远怀念和瞻仰，可见他在公司员工心目中的地位尊崇。

1943年6月，王守竞奉派赴美，任资委会驻美办事处主任、中国驻美大使馆科技参赞。1944年应马歇尔将军之请，出任租借法案中方实际主持人（名义主持人宋子文）。1945年国民政府成立驻美物资供应委员会，出任主任委员。1946年任翁文灏为董事长的中国石油有限公司7名董事之一。在此期间王曾代表中国政府在华盛顿就日本战败赔偿问题与美国代表举行会谈，与企图扶植日本军国主义的美国政府进行了抗争，争得拆卸部分日本工厂机械设备运回国内。

1951年，王守竞脱离国民党政权，移居麻省波士顿近郊水城（Water Town）。

后任职美国国防部与麻省理工学院合作的林肯实验室（Lincoln Laboratory，MIT），从事太空和军事系统之研究。重新从事他所热爱和擅长的物理和机械专业。

1969年，王守竞从林肯实验室退休。退休后他以摹苏体书法自娱，并由美国及台湾图书馆收集资料，编注姑苏故老及王氏祖先遗墨文集。

由于王守竞早年及后来所享有的极高声誉，特别是他在美国高科技领域工作多年所取得的成就和经验，国内有关方面曾数次通过多种渠道邀请他回国访问。例如，周培源先生就曾多次以老同学和北京大学校长、全国政协副主席名义致函邀请，切盼回国相聚。并曾说过：如果王守竞先生回来，中国物理学界要召开一个盛大的欢迎会。据说中央有关部门已做好接待准备，如果王守竞回来，将按接待海外华人科学家的最高规格接待。王守竞本人也极想在有生之年重返故土一行，只是因病情日剧，终未能如愿成行。

1984年6月19日，王守竞以脑疾辞世，享年八十有一。

王守竞去世后，昔日同学、同事及美国朝野各界友好人士无不悼念，竞相前往参加葬礼。盛赞其人一生与世无争，待人公平正直，诚乃良师益友。并公认其为现代科学工作者而具中国读书人传统风范之典范。

综观王守竞先生的前半生，他不仅具有与他同时代的老一辈知识分子所共有的始终以忧国忧民为己任、一切以国家民族为重的爱国情怀和传统美德，而且由于历史机遇和本人的才干素养等条件，使他的经历较很多同代人更为丰富多彩。他先后走过了"科学救国"、"教育救国"、"工业救国"等几条道路，并在所从事的每个领域都取得了卓越的成绩。

更值得一提的是王守竞7兄妹（王淑贞、王守竞、王明贞、王守璟、王守融、王守武、王守觉）全都是专家、教授，可谓满门学者，群星璀璨，这样的家庭在中国不多见。王守竞次子王义翘，是台湾"中央研究院"院士，生物化学家，也是美国工程院院士，真是薪火相传，青出于蓝而胜于蓝了！

犹如一颗流星，王守竞离我们远去了，消逝于茫茫宇宙和历史的长河中。但是，他曾经放射过的光辉，他曾经为国家民族所作出过的贡献，他曾经为现代物理学发展所作的贡献，值得我们永远铭记。

四、王守竞主要论著

Wang S C（王守竞）. 1927. Die gegenseitige einwirkung zweier wasserstoffatome, Phys Zeit, 28: 663.

Wang S C. 1928. The problem of the normal hydrogen molecule in the new quantum mechanics. Phys Rev, 31: 579.

Webb H W, Wang S C. 1929. The excitatian of sodium by Ionized mercury vapor. Phys Rev, 33: 329.

Wang S C. 1929. On the separability fo Schröedinger`s equation for the asymmetrical top. Phys Rev, 33: 123.

Wang S C. 1929. On the asymmetrical top in quantum mechanics. Phys Rev, 34: 243.

王守竞. 1932. 试验玻璃平面之方法//梅贻琦, 等. 中国物理学会第一次年会论文集. 北平: 清华大学.

王守竞, 张仲桂. 1933. 测量短小物体杨氏弹性系数的方法//李书华, 叶企孙, 等. 中国物理学会第二次年会论文集. 上海: 交通大学.

王守竞. 1934. 在氢分子结构计算中引入屏蔽效应//李书华, 叶企孙, 等. 中国物理学会第三次年会论文集. 南京: 中央大学.

主要参考文献

赵广增, 王守武, 王明贞. 1985. 纪念王守竞先生. 物理, 14 (6): 382.

钱维翔. 1987. 王守竞//刘绍唐. 民国人物小传. 台北: 传记文学出版社.

王守武. 1992. 王守竞//《科学家传记大辞典》编辑组. 中国现代科学家传记·第三集. 北京: 科学出版社: 89.

余少川. 1999. 中国机械工业的拓荒者——王守竞. 昆明: 云南大学出版社.

胡升华. 2000. 王守竞的量子力学研究成果及其学术背景. 中国科技史料, 21 (3): 235.

撰写者

余少川（1947~ ）昆明机床股份有限公司工程师, 曾任《精密机床》期刊副主编、《昆明机床厂志》副主编, 王守竞研究者, 云南省作家协会会员。

龚祖同

龚祖同（1904~1986），上海人。光学家。中国现代应用光学与光学工程的开拓者和奠基人之一，中国光学玻璃、纤维光学与高速摄影的创始人。中国科学院学部委员（院士）。1930年毕业于清华大学，1936年获德国柏林技术大学优秀毕业生荣誉和特准工程师称号后回国。历任中国科学院光学精密机械研究所副所长、长春光学精密机械学院副院长、西安光学精密机械研究所所长、西安分院副院长等职。兼任中国光学学会副理事长、陕西省物理学会理事长、陕西省光学学会理事长、陕西省科学技术协会副主席；国家科学技术委员会应用光学与红外技术组副组长、光学及应用光学组副组长等职。抗日战争期间研制出中国第一批军用望远镜。1952年，成功试制出中国第一埚光学玻璃。此后，领导并参与研制出中国第一台高速摄影机、第一台红外夜视仪、第一台电子显微镜、第一台天文光学望远镜、第一根光纤等。在光学仪器、高速摄影、纤维光学、变折射率光学、红外夜视光学、光电子学等方面的研究中作出了突出贡献。1981年获国际高速摄影会议设立的"Photo-Sonics Medal"高速摄影成就金质奖章，1985年获国家科学技术进步奖特等奖。为发展中国国防光学事业，培养应用光学、光学材料和光电子学专业研究人才作出了重要贡献。

一、生平概要

龚祖同1904年11月10日出生于上海市川沙县一个小学教师家庭。1986年6月24日病逝西安，享年82岁。

1920~1926年在江苏省立第一师范学校（苏州中学）学习，期间因病休学一年。1926年考入清华大学物理系。1930年毕业留校任助教。1932年进入清华大学研究生院学习，导师为赵忠尧。1934年考取"庚子赔款"留美公费生，随后接受赵忠尧的建议改去德国柏林技术大学（Technische Hochshule zu Berlin）研读应用光学，

---

* 本文是在龚祖同回忆录、龚先生个人档案以及王大珩、侯洵、刘颂豪、潘君骅等院士所写纪念龚老文章的基础上编辑、整理而成的。

两年后毕业获"优秀毕业生"（Auszeichnung）荣誉称号和特准工程师职称，此后继续在该校师从 F. Weidert 攻读博士学位。1938 年因抗日战争需要提前回国，参加了中国第一个光学工厂——兵工署第二十二厂（昆明光学仪器厂）的筹建工作并担任该厂设计专员，负责设计制造军用望远镜。1942 年到贵阳创建兵工署第五十三分厂，任厂主任，从事军用光学仪器维修及光学玻璃试制工作。1945～1948 年任秦皇岛耀华玻璃厂总工程师。1948～1950 年任上海耀华玻璃厂总工程师。1951 年参加中国科学院仪器馆的筹备工作，并在其后任该馆光学玻璃研究室主任，主要负责研制光学玻璃。1957 年任中国科学院光学精密机械研究所（现长春光机所）副所长，期间开展了红外夜视技术和光电子学以及 2.16 米天文望远镜等方面的研制工作，1958 年兼任长春光学精密机械学院（现长春理工大学）副院长。1962 年奉命到西安组建中国科学院光学精密机械研究所西安分所并担任所长，致力于研究高速摄影技术和纤维光学及变折射率光学。1962 年起兼任国家科学技术委员会仪器仪表组成员、应用光学与红外技术组副组长。1964 年当选第三届全国人民代表大会代表。1977 年 12 月当选为中国人民政治协商会议第四届陕西省委员会副主席。1978 年起兼任国家科学技术委员会光学及应用光学组副组长、无机非金属材料组成员、硅酸盐工程组成员、仪器仪表组成员。龚祖同一生追求进步，积极向党靠拢，1979 年经陕西省委组织部批准，加入了中国共产党。1980 年当选中国科学院学部委员（院士）。1978～1981 年任陕西省物理学会理事长。1980～1986 年任陕西省光学学会理事长。1978～1984 年任国际高速摄影与光子学会议中国国家代表。1979～1984 年任中国光学学会副理事长。1981～1986 年任陕西省科学技术协会副主席。1980～1986 年任中国科学院西安分院副院长。1984～1986 年任中国科学院西安光机所名誉所长。1985 年荣获国家科学技术进步特等奖。

二、学 术 生 涯

龚祖同出身于书香门第，祖父为清朝举人，父亲龚建纲为清末秀才，民国初年在上海任小学教师，毕生从事教育工作。龚祖同受父亲的熏陶，从小就热爱祖国，热爱科学技术，立志科学救国。1920 年他父亲去世，这使得原本就不富裕的家庭更是雪上加霜。为了给家里节省费用，他上了免交学费的江苏省立第一师范学校。贫困的现实激励他更加努力学习，中学期间各科成绩年年名列前茅。1926 年，他以优异成绩考入清华大学物理系。他说服母亲把家里仅有的一点土地作为抵押，向亲戚借钱凑学费上了大学。在大学期间，他如饥似渴地汲取现代科学技术的营养。加倍的努力和百折不挠的精神，使他各门功课成绩都始终名列前茅。1930 年，他因成绩优异毕业后即留校担任助教。1932 年他进入清华大学研究生院，在赵忠尧的指导下研究原子核物理。赵忠尧 1930 年在美留学期间研究了硬 γ 射线的反常吸收，发现与之相伴的一种特殊辐射，并精确地测出了其能量（0.5MeV）。对这一研究成果，国际核物理学界在理论上做出了不同的推测和解释，孰是孰非尚需进一步在实验上给出证明。1932～1934 年，龚祖同作为赵忠尧的研究生，对二次 γ 辐射做了深入研究，先后在 Nature 等学术刊物上发表了"硬 γ 射线与原子核的相互作用"和"伴随硬 γ 射线反常吸收的二次 γ 辐射的波长"等两篇论文，论文从实验上澄清了关于二次 γ 辐射的不同推测和解释，并第一次指出在 120° 散射角观察，Thc″γ 射线的 Rayleigh 散射并不存在；由奇元素 Al、Sb 和偶元素 Zn、Pb 所产生的二次 γ 辐射的硬度差别探测不出来；所观察到的软成分波长 25.4x. u. 可用正负电子对的湮没解释，Pb、Sb 后向所观察到的波长 13.8x. u. 的硬 γ 辐射为散射的正负电子对产生的连续 γ 射线的最大值。该实验结果一经发表立即引起了国际同行的广泛关注，卢瑟福（E. Rutherford）在对该论文所写的按语中认为该实验是 γ 射线在强核场中产生正负电子对 e^+e^- 的又一重要证据。

正当龚祖同在实验核物理的前沿取得初步成绩并充满信心准备继续攀登时，国家的需要改变了他的学术方向和命运。1931 年九一八事变后，日寇侵占了中国东北大片国土。作为一个中国人，他痛心之至，想尽一份力量去抵抗日寇侵略，保卫祖国大好河山。当时他认为核物理和军事的关系比较远，所以就渐渐将自己的研究方向调整为和军事更为密切的光学。1933 年，叶企孙主持清华留美学生派遣工作，他认为光学在不久的将来必将大放异彩，而中国在这方面还是空白，应该有中国人从事应用光学的研究。因此，在清华留美公费生的名额里就定了一个名额去学习应用光学。叶企孙对龚祖同在校表现出的突出才华印象深刻，就动员他参加公派留学考试，去国外学习应用光学。为了祖国的需要，又经叶企孙的说服，龚祖同报考了"庚子赔款"留美公费生并被录取为美国罗彻斯特大学（University of Rochester）应用光学专业直读博士生。后来，导师赵忠尧指出德国光学在世界上领先，要学习先进的光学技术没有必要去美国。龚祖同接受了这个建议，改到德国柏林技术大学学习。1934 年夏，他经西伯利亚过莫斯科到达柏林，在柏林技术大学开始了他研究应用光学的生涯。两年后，龚祖同以论文"军用双目望远镜的光学设计"获"优秀毕业生"的荣誉称号和特准工程师职称。随即在应用光学专家 F. Weidert 教授的指导下攻读博士学位，主要从事光学系统高级球差的研究。之所以选择这一题目，是因为他意识到光学设计已不满足于三级像差理论，要进行精密光学仪器设计就必须利用高级像差理论的研究成果。在攻读博士学位期间，为了学到更多的光学仪器生产知识，龚祖同在兵工署周自新的帮助下获得了到德国亨索尔茨（Hensoidt）厂实习6个月的机会，进入该厂学习透镜和棱镜的加工技术，同时考察光学加工及光学玻璃生产情况。期间，他还在 F. Weidert 教授的指导下，设计了 6×30（即放大倍率6倍，物镜直径30mm）双筒军用望远镜。这些经历都为他日后设计光学仪器奠定了坚实的基础，积累了丰富的实践经验。1937 年，抗日战争急需军用光学仪器，龚祖同决定放弃毕业答辩及唾手可得的博士学位，立即回国研制光学仪器，以实际行动抗日。他与 F. Weidert 教授相约等战争结束后即回德国参加博士论文答辩。

1938 年初，他回到灾难深重的祖国立即投入到兵工署第二十二厂（昆明光学仪器厂）的筹建工作，并在随后任该厂设计专员，为抗日将士研制双目军用望远镜。当时制造双目望远镜必须要过光学设计和加工、装调两道关。他采用德国先进的设计技术，用仅能找到的一台电动计算机，采用进口光学玻璃设计了一架军用双目望远镜；制造望远镜的第二关是加工和装调，当时国内加工技术只有磨眼镜片的水平，缺乏精密光学加工工人。为尽快制造出望远镜支持抗日，他立即着手建立光学加工车间，招收学徒工，并亲自对他们进行培训，传授德国的光学精密加工技术。在民族抗日精神的鼓舞下，不久他们就成功地在中国第一次用现代化的方法批量生产出了6倍双目望远镜，解决了军队的燃眉之急。经过战火的洗礼，中国第一批光学设计人才和精密光学技术工人成长起来了，直到其后很多年，中国的光学设计和加工人才很多都直接或间接出自第二十二厂。不仅如此，为了使德国先进的光学设计理论能在中国推广，他又把光学设计的系统知识传授给西南联大的三个学生，以使他们能独立工作。与此同时，迁到昆明的北平研究院物理研究所的严济慈、钱临照等在昆明试制显微镜，也在开展光学设计的工作。区别在于，他们偏重于显微镜系统，而昆明光学厂则侧重于望远镜系统，前者为生物医学服务，后者为国防军事服务。二者相辅相成，共同开启了中国现代光学设计和光学仪器制造的新时代。

虽然望远镜研制成功了，但所用的主要原材料——光学玻璃都需要从国外进口。龚祖同深知光学玻璃在军事上的重要性，如果不能独立生产光学玻璃，依靠从国外进口光学玻璃，中国的光学工业就不可能真正独立。从此，自行生产光学玻璃就成了龚祖同魂牵梦绕的目标，并为此历经坎坷，先后经受了三次失败的打击。

1939 年冬，龚祖同母亲去世，他绕道香港回到上海处理母亲后事。考虑到上海工业基础远较昆明发达，处理完后事他即用自己公费留学节省下来的 200 英镑及亲戚朋友的资助，与留德同学一起于 1940 年初开始在上海小规模试制光学玻璃。期间，因帮助第二十二厂接收一批从德国购买的光学玻璃，而被日伪军以"跟内地勾结，购买军火"的罪名逮捕。后经多方设法营救，龚祖同才得以逃离上海返回昆明。第一次试制光学玻璃就此夭折。

回到第二十二厂后，龚祖同仍想继续试制光学玻璃，但此时该厂已陷入困境，无力为其提供资助。1942年，日寇入侵云南西部，第二十二厂光学玻璃来源彻底被切断。该厂为试制光学玻璃及躲避战乱，决定在贵阳建立分厂，任命龚祖同为分厂主任。为实现光学玻璃自给，龚祖同放弃了到美国考察学习的机会，全身心投入到光学玻璃的试制工作中。1945年，他终于在贵阳熔炼出第一埚基本合格的光学玻璃，但国民党当局非但没有批准进一步的试制计划，还要将分厂迁往昆明。试制人员对此非常不满，纷纷辞职离去，遂使已取得突破性进展的光学玻璃熔炼工作就此中断。第二次试制光学玻璃再次失败。

抗战胜利后，龚祖同为了试制光学玻璃，从兵工署转入资源委员会，参与接收秦皇岛耀华玻璃厂并在之后担任该厂总工程师，负责恢复生产。他从观察入手，详细研究大炉的结构，测量大炉各部分温度，查阅大量平板玻璃工艺的书籍并向工人了解生产过程，不久就恢复了该厂的平板玻璃生产。正当龚祖同踌躇满志准备开始光学玻璃研制之时，秦皇岛面临解放，时局混乱，他迫不得已转道天津赴上海耀华公司。生产光学玻璃的梦想再次成为泡影。

新中国成立后，中国科学院仪器馆筹备处副主任王大珩知道龚祖同除了具有应用光学专长以外，还有搞光学玻璃的夙愿，就力邀龚祖同一起参与筹建仪器馆，试制光学玻璃。考虑到光学玻璃在新中国国防工业建设中的迫切需要，东北人民政府专门拨款40万元支持他们试制光学玻璃。光学玻璃是光学工业的基础，质量要求很高，它不仅要求原料有高的纯度，还要有优质的坩埚、设计合理的熔炉和一整套先进的工艺技术，可以说是"玻璃之王"。龚祖同从不同渠道收集技术数据，亲自设计玻璃熔炉和坩埚焙烧炉，建立化学分析室和光学玻璃配方计算与玻璃熔炼组，切实掌握玻璃的化学成分与光学常数的关系，为成功熔炼光学玻璃打下了坚实的基础。试制期间虽然经历了几次坩埚破裂而造成的失败，但他知难而进，在炉旁反复观察，发现坩埚破裂都发生在温度最高点，这是由于坩埚材料含碱量少，不易烧结而造成的。原因找到后，他立即改制了坩埚，终于解决了坩埚破裂的问题。1952年除夕，龚祖同终于熔炼出了一埚300升K8光学玻璃，他多年的夙愿终于得偿，中国的光学工业也从此真正独立，走上了自我发展之路。龚祖同在其晚年所写的回忆录中谈及当年成功时刻的喜悦时写到："一生的愿望从此初步获得实现，这是我一生最幸福的日子，此生此世永志不忘"。此后，他们为适应光学仪器发展的需要，不断扩大光学玻璃品种，从研制硼冕与火石玻璃，发展到研制钡冕与重火石玻璃，并进一步发展到研制高折射率与低色散的稀土玻璃。在成型工艺上当传统的渐冷成型法取得成功后，他又大胆采取革新的浇注法，不仅提高了成品率，还为制造天文望远镜做好了技术储备。1955年他主动引进苏联的新技术，利用捣固成型法制造坩埚，减少了坩埚的破损率，提高了坩埚的品质；采用炉前光学常数校正法，提高了玻璃光学常数的达标率；采用螺旋搅拌器代替传统的棒式搅拌器，改进了玻璃的均匀性。在光学玻璃研究试制取得成功之后，他迅速将科研成果推广到生产中去，派出科技骨干帮助昆明光学仪器厂建立光学玻璃生产车间，无偿为北京、南京、上海、长春等地工厂提供设备图纸、玻璃配方、工艺规程，并为他们培训技术骨干和生产工人。1952年和1957年他分别发表了题为"光学玻璃制造的发展"和"光学玻璃熔制的发展及其有关原理"两篇论文，详细介绍了光学玻璃的制造技术及原理。1964年，在他支持和指导下，由干福熹主编的《光学玻璃》专著面世，该书全面总结了光学玻璃的研究成果和实践经验，对研究、试制和生产光学玻璃起了重要的指导作用。

从1957年起，龚祖同以其对国家需要和科学技术发展前景的敏锐洞察力，就将主要精力从熔炼光学玻璃转到光电子技术方面。1958年他指导研究生试制成功中国第一只银氧铯变像管并用来构成了中国第一架红外夜视仪，这不仅开创了中国夜视技术的先河而且与他随后指导试制成功的中国第一台透射式电子显微镜一起，开启了中国真空电子束仪器研制的历程。1960年又试制成功使用多碱阴极的可见光静电聚焦三级串联像增强器，用于被动式微光夜视，由此开创了中国微光夜视技术研究应用的先河。

望远镜是天文学最重要、最基本的观测仪器。1958年，中国科学家提出建造一架能进行多种天文学研究的普适性望远镜的设想，经过论证国家立项研制2.16米天文望远镜（216任务），由长春光学精密机械研究所牵头，南京紫金山天文台、南京工学院等许多单位协作，龚祖同担任项目总负责人。项目研制过程中国家遭遇了经济困难，216任务被迫暂停。但为了积累研制较大镜面尺寸天文望远镜的经验和培养专业人才，按1:3.6缩小为中间试验的60厘米望远镜仍旧进行着，还是由龚祖同负责。1968年，他领导研制成功了一个主镜口径600毫米，焦距2292毫米，视场为1度的60厘米天文望远镜。这架中间试验望远镜在70年代初运到北京天文台，安装在兴隆山上。几十年来，天文工作者在这架仪器上进行了大量密近双星光电观测，成功发现并观测了天王星的光环。1963年初，随着中国原子弹试验日期的临近，西安光机所承担的半周等待型高速摄影机和克尔盒高速摄影机的研制任务也进入了冲刺阶段。在北京和平宾馆会议上，核试验领导小组要求西安光机所"立军令状"，集中兵力保质保量按期完成任务。为了不分散他的精力，院领导决定由他总负责的216任务移交南京天文仪器厂。龚祖同把自己负责研制了数年且已初出成果的科研项目送出去，内心是十分难舍的。但为了顾全大局，他坚决服从了国家的需要，服从科学院的安排。1974年216任务主体工程重新上马，中国科学院重新确定了设计任务书并任命龚祖同等为项目技术顾问。在项目顾问组指导下，各联合作业单位密切配合，工程进展迅速，在南京天文仪器厂完成厂内组装、联调、验收后顺利运至兴隆站安装。1989年10月，高35米、外径22.4米的"216望远镜"观测室建成，中国天文学研究由此上了一个新台阶。自1989年投入使用以来，中国天文学界通过该望远镜观测获得了大量重要的天文成果，也使中国天文观测研究走出了银河系，并由亮度测量进入到了光谱观测。2.16米望远镜也成为中国天文学和天体物理学研究的最主要的观测设备，是中国天文学发展史上重要的里程碑，该项目1998年荣获国家科技进步一等奖。通过2.16米望远镜的研制培养和造就了包括潘君骅、苏定强等院士在内的一大批天文仪器专家和天体物理学家。龚祖同为中国天文望远镜的研制和人才培养殚精竭虑，作出了重要贡献。

50年代中期，根据当时的国际形势，党中央、毛主席决定，为了防御，中国也要搞原子弹。原国务委员时任中国科学院党组副书记、副院长的张劲夫在《请历史记住他们——关于中国科学院与"两弹一星"的回忆》一文中写道："三强后来又找我说，科研任务还需要很多仪器，特别是光学仪器，例如高速摄影，还要调科学院的一些人去。……后来决定让副所长龚祖同带一批科技人员到西安建立西安光机分所，主要为二机部的工作服务。……要什么仪器，提出来让西安光机所研究，而且要他们制造出来。"1962年3月，为中国原子能事业服务的专业光学精密机械研究机构——中国科学院光学精密机械研究所西安分所正式成立，龚先生担任首任所长。在中国科学院所发关于成立该研究所的文件中规定了研究所的主要研究方向为研究试制有关原子工业及原子能研究工作中的光机电三结合的尖端仪器设备，并规定了在若干年内重点进行原子能反应堆用的光学设备、放射化学工厂的观测窗、观测装备及机械传动机构、核爆炸实验观测仪器、核燃料及同位素光谱分析仪器、热核物理有关光学问题、高能粒子探测及计数仪器等研究试制工作。

龚祖同研究生期间从事核物理研究，又是光学专家，服务核试验正是他最感兴趣的用武之地。年近耳顺的他以国家需要为己任，满怀激情地到寒风凛冽的大西北走马上任，开始了为中国高速摄影建功立业的征程。研究所于1962年5月4日接受了二机部五局委托的研制核反应堆热室潜望镜的任务。在龚祖同所长指导下，科技人员贯彻任务带学科，边建边干、边干边学的建所方针，在单身宿舍和尚未竣工的研究楼房间内开展紧张的方案论证与技术设计。为保证研制任务的顺利完成，他周末从不休息，就是元旦、春节也要去办公室、实验室。他们在一穷二白的基础上奋战一年，为核反应堆研制成功堆顶潜望镜和热室潜望镜。1964年3月交付中科院原子能研究所二部使用。同年四月，二机部五局验收鉴定，认为："该仪器结构轻巧，操作方便，是我国自行研制成功的第一台热室潜望镜。"1965年又为二机部研制成功65型堆顶潜望镜和65型热室潜望镜。

1963年5月，研究所开始承担为中国首次核试验研制高速摄影机的任务。这项任务由两套装备组成。每套包括一台每秒20万次半周等待型高速摄影机、四台单片克尔盒高速摄影机和一台光电采样头。这些都是西方国家和苏联禁止出售给中国的。在研制克尔盒相机过程中，他不仅参与方案设计，而且经常到实验室询问进度，指导研制。在研制半周等待型高速摄影机的过程中，从方案论证、方案设计和审定、技术设计、试制加工、装校和联调试验，他都全程参与、认真把关。一年后，终于研制成功了三台每秒拍摄20万幅的转镜高速摄影机和三台曝光时间纳秒级的克尔盒高速摄影机，这些仪器成功抓拍到了1964年10月16日那历史一爆的瞬间，为新中国核试验获取了珍贵的核爆照片，成功取得了核爆早期火球半径随时间变化规律等重要数据。为配合中国第一颗氢弹试验，他又领导科研人员承担了250万次全周等待型高速摄影机的研制。任务研制周期短、技术难度大，又缺少大口径厚光学玻璃。为了使任务如期完成，龚祖同亲自审查图纸，到库房查看玻璃，根据库房现存玻璃数据与光学镜头直径和曲率半径的要求，经过详细计算，提出采用槽沉办法，扩大玻璃直径，增大玻璃曲率，满足光学镜头对玻璃半径和厚度的要求，从而保证了任务如期完成，成功参加了氢弹试验，取得了宝贵的资料。在其后的岁月里，他带领全所科技人员百尺竿头、更进一步。

从1964年春起，龚祖同组织力量开展变像管高速摄影技术的基础性研究，包括光电阴极研制、宽束电子光学研究、变像管设计和制造以及快速控制电路的研究，先后研制成功短磁聚焦高速摄影变像管、长磁聚焦电偏转扫描管、磁聚焦多级串联像增强器、静电聚焦级联像增强器、静电聚焦电偏转扫描分幅两用管和皮秒时间分辨率扫描管等以及由它们构成的高速摄影机与其他仪器。西安光机所在他的领导与具体指导下，先后研制成功了等待型转镜超高速摄影机、克尔盒高速摄影机、可控转镜超高速摄影机、间歇式高速摄影机、棱镜补偿式高速摄影机、同步型高速摄影机、狭缝式高速摄影机、扫描超高速摄影机、变像管超高速摄影机和小型电影经纬仪等，这些仪器为中国核试验和火箭发射、卫星发射及回收等国防尖端武器试验与动态测量作出了重大贡献。王大珩先生曾评价说："龚先生学识渊博，工作严肃认真。西安光机所在他带领下，及时地为历次核试验和新型武器试验提供了各种高速摄影设备，获得了有价值的图像和数据。"龚祖同也因此荣获 1985 年度国家科学技术进步奖特等奖。他领导取得的这些成就填补了国内空白，打破了西方对中国的封锁，满足了国防科研与科技现代化的需要，使中国成为国际上高速摄影大国。1979 年美国高速摄影专家到西安光机所参观，认为这个所是世界上少有的技术完整、成效卓著的高速摄影研究机构，因而极力推荐龚祖同参评国际高速摄影会议设立的"Photo-Sonics Medal"奖，这是一枚奖励在高速摄影领域作出杰出贡献的科学家的金质奖章。1981 年龚老喜获这一殊荣，成为该奖自 1960 年设立以来亚洲首位获奖者。

龚祖同是一位杰出的光学玻璃专家。建所之初，他即领导西安光机所的青年科技人员成功研制出了中国第一块耐辐照光学玻璃，用于原子能事业，随后不断努力使品种系列化并转让至有关工厂。他不仅是中国光学材料事业的开创者，而且是中国纤维光学事业的开拓者和奠基人。光学纤维今天已经广泛应用于光通信、光纤传感、传像、激光器等领域，但在 60 年代初，国内还很少有人知道什么是光学纤维和纤维光学。60 年代初国际上提出光纤组件可应用于实际成像系统的补偿。龚祖同敏锐捕捉到了科技前沿的火花，他认为光纤技术将会在医疗器械、通信技术、光电子器件和军事上有广泛的应用前景。因此，在西安光机所组建之初，龚祖同就主动向科学院建议，将纤维光学及其应用作为研究所的发展方向之一。经科学院同意后，龚祖同几乎与世界同步在国内率先提出和开展了纤维光学与梯度折射率光学的研究。1962 年 12 月 13 日，西安光机所在中国首先研制出导光玻璃纤维。1963 年 3 月，国家科委、中国科学院给西安光机所下达 1963～1972 十年科学技术发展规划研究任务通知书，落实了高速摄影仪器研制规划，防辐照、抗辐照光学仪器装备研制规划和光学纤维器件及其应用研究规划等三部分。1963 年 5 月 7 日，中国科学院党组以（63）科发秦字 62 号文通知，除进一步明确西安光机所的原定研究发展方向外，增加了纤维光学器件及其应用研究作为本所的近期主要任务。相关研究室组建后，从实验装置的建立，光纤材料的熔炼、预制棒抛光到拉丝、排列、胶合，以及性能检测，都是他和年轻的科技人员白手起家做起来的。1963 年 12 月，西安光机所研制出中国首批光纤传光束，开创了中国研制光纤器件的历史。1964 年 12 月，西安光机所研制成 40mm×30mm 光学纤维面板，这种成像耦合器件在军事光学仪器，特别是夜视器件及其他方面有重要用途。为推动纤维光学事业在中国的发展，他于 1964～1966 年将拉制光学纤维的技术推广到北京、南京等地的科研机构和工厂，推动了中国的光学纤维工业快速起步和发展。80 年代初，西安光机所决定将研制通信光纤改为研制光纤传感器。在龚老的组织与指导下，西安光机所先后在国内率先研制成功多种光纤传感器。

龚祖同始终对科学技术方面的新事物十分敏感,他紧跟国外的发展,倡导开展梯度折射率材料与自聚焦透镜研究。在他的直接指导下,西安光机所开展了从玻璃配方、熔炼技术、离子交换技术、测试技术到自聚焦透镜成像理论、像差理论的系统研究,开发了不少实用元器件。直到20世纪80年代,西安光机所是国内唯一生产供应自聚焦透镜的单位。除此以外,他还亲自从事自聚焦光学纤维及其在高速摄影中的应用方面的研究,创造性地提出用自聚焦纤维面板代替常用的微透镜板当作网格组件实现网格高速摄影。1978年,在东京举行的第十三届国际高速摄影与光子学会议上,龚祖同发表了"锥形自聚焦光纤在高速网格摄影中的应用"一文,受到与会同行的高度重视,被认为是提高网格相机信息量的新途径。

龚祖同是中国光学的先驱和创业者之一。他和王大珩、钱临照等1979年发起成立了中国光学学会,并担任该会第一届理事会副理事长。1981年发起成立中国光学学会高速摄影与光子学专业委员会并任第一届专业委员会主任。1983年他又发起成立了中国光学学会纤维光学与集成光学专业委员会,并被推举为第一届专业委员会主任。同时他还曾兼任国家科学技术委员会应用光学与红外技术组副组长、光学及应用光学组副组长、仪器仪表组成员、无机非金属材料组成员、硅酸盐工程组成员以及陕西省物理学会理事长和陕西省光学学会理事长。

三、教 书 育 人

龚祖同热心教育事业和培养青年科技人员,积极扶持年轻一代成长。新中国成立前,他就在耀华公司设立"龚祖同奖金"。五六十年代,他还在长春光机所领导光学工程的建设和发展时,就与吉林大学携手创办光学专业,并亲自到吉林大学讲授光学仪器理论课,将他多年对光学的理论、技术与工程的心得传授给学生和青年人;1955年中国科学院招生委员会批准仪器馆首次招收应用光学研究生,龚祖同成为首批仅有的两个导师之一。1958年他还与王大珩先生一道组建了专门培养光学人才的高等院校——长春光学精密机械学院,并兼任该院副院长。在西安光机所期间,他对青年科技人员更是严格要求,交给他们明确的科研任务,指导阅读外文文献,及时检查和讨论工作中出现的问题,安排他们进修深造,对能力突出者大胆放手使用,从而使青年科技人员迅速成长。1983年,龚祖同以79岁高龄,不辞长途跋涉,不畏酷暑,到中国科学技术大学精密机械与精密仪器系,为研究生讲授"高速摄影概论"达半年之久。1985年底,当他僵卧病榻,靠鼻饲维系生命的时候,仍然关心着博士生的招收情况。几十年来他为中国应用光学事业培养了一批又一批人才,他们中包括在新中国成长起来的两院院士干福熹、母国光、侯洵、牛憨笨、刘颂豪和姜中宏等。为缅怀龚老,继承他培养人才的遗愿,西安光机所特意从2003年和2004年起分别在中国科学技术大学和西安光机所设立"祖同奖",以奖励和资助优秀的本科生和研究生。

四、科 学 成 就

1. 创造性地熔制出中国第一埚光学玻璃,进而参与组建了中国光学玻璃工业

龚祖同于1952年底在中国科学院仪器馆成功熔炼出K8光学玻璃,在此基础上建立了中国第一个光学玻璃试制生产基地。其后他发表的《光学玻璃熔制的发展及其有关原理》论文,对其多年来熔制光学玻璃的经验进行了科学的总结,特别是打破国际玻璃界常规,大胆采用中国已有的La_2O_3材料及提出相应的熔炼法,在国际光学玻璃界产生了积极的影响。

2. 主持研制2.16米大型天文望远镜并成功研制出中间试验件

龚祖同作为项目前期负责人,主持了2.16米天文望远镜的前期研制工作,并成功研制出了60厘米中间件天文望远镜,为2.16米望远镜的最终建成积累了丰富的经验,培养了一批天文仪器设计、制造人才。

3. 发展中国夜视技术和高速摄影技术

龚祖同先后领导研制成功中国第一台红外夜视仪及多类型高速摄影机。在网格摄影技术方面,提出用自聚焦纤维板代替微透镜板当作网格组件,引起了国内外高速摄影专家的广泛重视,被认为是提高网格相机信息量的新途径。从红外夜视技术到高速摄影技术,龚祖同发展了中国的光电子技术,成为中国该技术的先驱之一。

4. 中国纤维光学与变折射率光学的倡导者和奠基人

龚祖同与世界同步在国内率先提出和开展了纤维光学和梯度折射率光学的研究,建立了中国的纤维光学学科。系统开展了从玻璃配方、熔炼技术、离子交换技术、测试技术到自聚焦透镜成像理论、像差理论的研究,开发了多种实用元器件,为中国纤维光学与变折射率光学的建立和发展作出了开创性、奠基性的贡献。

五、龚祖同主要论著

Chao C Y, Kung T T（龚祖同）. 1933. Interaction of hard γ-rays with atomic nuclei. Nature, 4: 709.

Kung T T. 1931-1932. A modified form of discharge tube and lichtenberg figures. Science Reports of National Tsing Hua University, Series A, 1: 103.

Kung T T. 1935. Wave-length of secondary γ-radiation accompanying anomalous absorption of hard γ-Rays. Science Reports of National Tsing Hua University, Series A, 3: 85.

龚祖同. 1952. 光学玻璃制造的发展. 物理通报, 1 (4/5/6): 196.

龚祖同. 1957. 光学玻璃熔制的发展及其有关原理. 科学通报, 23: 705.

龚祖同. 1959. 扩大人们视界光学仪器要用上新技术. 科学通报, 7: 213.

龚祖同. 1961. "216" 中间试验望远镜综合性阶段报告. 中国科学院 216 资料汇编.

龚祖同. 1962. 2.16 米天文望远镜总体考虑及装校. 中国科学院 216 资料汇编.

龚祖同. 1964. 高速照相及纤维光学. 物理通报, 2: 49.

龚祖同. 1965. 光学玻璃连续熔炼的试验//中国科学院. 光学材料论文集. 北京: 国防工业出版社.

龚祖同. 1975. 自聚焦（变折射率）纤维在高速网格摄影中的应用//中国科学院西安光机所. 全国高速摄影会议论文集. 北京: 科学出版社.

Kung T T. 1977. Special Issue-50 Years "optisches Institut". 光子学报, 6: 613.

Kung T T. 1978. Application of grin fiber (selfoc fiber) to high-speedrester photography. Proc. of SPIE, 198: 812.

龚祖同. 1980. 光子结构论. 高速摄影与光子学, 1: 1.

龚祖同. 1980. 60 厘米试验天文望远镜专集. 北京: 科学出版社.

龚祖同. 1982. 2000 年的高速摄影//中国科学院. 第二届全国高速摄影与光子学会议论文选集. 北京: 科学出版社.

龚祖同. 1983. 变折射率光学. 应用激光, 1: 1.

龚祖同, 等. 1983. 高速摄影概论. 合肥: 中国科学技术大学出版社.

龚祖同, 等. 1983. 高速摄影总论与间歇式高速摄影. 北京: 科学出版社.

主要参考文献

龚祖同. 1982. 龚祖同同志回忆录. 硅酸盐通报, 2: 60.

王大珩. 2004. 中国光学事业的先驱者和创业者——纪念龚祖同院士诞辰一百周年. 光子学报, 33: 9.

侯洵. 2004. 高山仰止 景行行之——纪念龚祖同院士百年诞辰. 光子学报, 33: 12.

潘君骅. 2004. 龚祖同先生与 2.16 米大型望远镜. 光子学报, 33: 16.

刘颂豪. 2004. 光辉的一生——纪念龚祖同先生诞辰一百周年. 光子学报, 33: 19.

撰写者

时汇涛（1981 ~），中国科学院西安光学精密机械研究所人力资源管理处职员。

张岗峰（1964 ~），中国科学院西安光学精密机械研究所综合处处长。

陆学善

陆学善（1905～1981），浙江吴兴人。晶体物理学家。中国X射线晶体学研究的主要创始人之一。中国科学院学部委员（院士）。1928年中央大学物理系毕业，1933年清华大学研究院研究生毕业。1936年获英国曼彻斯特大学物理学博士学位。1937～1949年任北平研究院镭学研究所研究员、结晶学研究室主任。1950年之后任中国科学院应用物理研究所研究员、副所长、代所长，物理研究所研究员、顾问等职。20世纪30年代研究铬铝二元合金系时，首创利用晶体点阵常数测定相图中固溶度线的方法，后来被广泛采用。50年代在铝铜镍三元合金系晶体结构随组分变迁方面发现了τ相等重要的新现象，获国内外同行的高度评价。60年代在铜金二元合金系超结构的研究中，对于有序化过程和相变性质的解释，获得了重要的成果。从事X射线晶体学研究近半个世纪，为在中国建立和发展晶体学作出了重大贡献，在应用X射线多晶衍射法测定点阵常数和研究晶体结构以及合金相图方面的成就尤为卓著。在数十年的科研工作中，为国家培养了一批晶体学专家。在学术著述、名词审订、科学史研究等方面也做了许多工作。

一、简　　历

陆学善，字禹言。1905年9月21日出生于浙江省吴兴县（今湖州市），1981年5月20日在北京逝世，享年76岁。

1912～1919年先后在吴兴县立第三初等小学和县立高等小学读书。1919～1923年在湖州浙江省立第三中学读书。1923年进入杭州之江大学理科学习。1924～1928年在南京国立东南大学（1928年改名为中央大学）物理系学习，是该校首届毕业生，获学士学位。1928～1930年在北平国立清华大学物理系任吴有训教授的助教。1930年成为吴有训的研究生，是清华研究院物理研究所的第一名、也是该所到抗战前唯一毕业的一名研究生。1933年以优异成绩研究生毕业，由清华大学研究院选派公费出国留学深造。1934年任国立北平研究院物理研究所助理员。同年秋赴英国曼彻斯特大学（University of Manchester）物理学系，在布拉格（W. L. Bragg, 1890～

1971，1915 年诺贝尔物理奖获得者）教授主持的晶体学研究室从事金属 X 射线晶体学研究，1936 年获物理学博士学位。同年年底返回祖国。1937~1949 年，历任北平研究院镭学研究所（上海）研究员、兼镭学研究所负责人、结晶学研究室主任；兼上海暨南大学教授、物理系主任（1947~1948 年）；中国物理学会上海分会理事长（1945~1949 年）等职。1950~1981 年，历任中国科学院应用物理研究所（1958 年改名为物理研究所）研究员及副所长、代所长、顾问；中国物理学会常务理事兼秘书长（1951~1955 年）等职；兼任《物理通报》、《物理学报》、《科学通报》和《中国科学》等刊物的编委。1955 年被选聘为中国科学院数理化学部委员（院士）。1959 年当选为第三届全国政协委员；1964 年当选为第三届全国人大代表。

二、学 术 生 涯

陆学善出生和成长在一个极为贫寒的家庭。父亲陆树滋是一位乡村中医，但在他刚满周岁时，父亲患病去世。母亲凌松芝在蚕丝作坊做工，以微薄的收入勉强维持母子二人的生活。因为家境困苦，读小学和中学时，学校都免除了他应缴的学费和书费，中学甚至还破例免费提供一顿午餐。但是得到这种"优待"并不容易，校方要求必须品学兼优，而且必须所有考试都是第一名。这使得陆学善自幼就懂得衣食来之不易，深知求学机会之难得。他中学毕业，得到校长潘廉深和其他老师的亲切鼓励和慨然资助，考入杭州之江大学理科。这是一所美国基督教会办的学校，重视英语教学，教材多采用美国原版甚至很新近的课本。因此，他的英文水平显著提高，为日后的学习和研究打下了牢固基础。然而，当时的形势是军阀割据，混战不止，江浙战火风云日紧，战争一触即发。陆学善对国家的战乱深感痛心，同时也不满意学校以学生获得基督精神的熏陶为其教育目的。一年后，他放弃了继续在之江大学的学习。

1924 年，陆学善满怀救国理想重新投考，进入南京国立东南大学（1928 年改名为中央大学）物理系。该校是当时中国南方最高学府，培养目标明确，强调教师教书育人的责任，要求学生应在道德、学术、才识三个方面长进。学校师资力量雄厚，教学水平很高。物理系开设了经典物理学和近代物理学的全部课程，理论教学和实验教学并重。任教的胡刚复、严济慈、叶企孙、吴有训等人，都有在国内外著名学府学习的经历，留学欧美期间都曾受到名师的直接指导、参与物理学前沿课题的研究并取得了出色的成果。陆学善勤奋聪敏，成绩优异，进校后不久，就获得了学校为奖励品学兼优的学生而设立的奖学金，直至毕业。在当时国民革命风起云涌的年代，他也积极参加进步活动，编写、油印和散发进步刊物，并和一些志同道合的同学组织了一个名为"悟吾社"的团体，意思是唤起民众觉悟，首先必须从吾辈自己觉悟做起。更重要的是，由于老师们的出色教学和严格要求，也由于他自己的刻苦努力，他奠定了坚实的学业基础，获得了系统的科学训练。他对老师们始终尊敬有加，毕生执弟子礼。1928年秋陆学善从中央大学毕业，是该校首届毕业生，获学士学位。

1928年夏吴有训应聘任北平国立清华大学物理系教授。陆学善因深得吴有训的赏识，毕业后随即赴北平任其助教。陆学善在任助教期间，在吴有训的指导下，探讨当时发现不久的电子衍射现象的理论基础和实验方法，并在物理系的讨论会上作报告；在叶企孙和萨本栋的指导下，实验测定木棉被垫的吸声系数及其与声波频率的关系，研究建筑声学中交混回响时间过长的现象和改良的措施，以期改进清华大礼堂的音响效果；又在叶企孙的建议和指导下，进行物质与射线相互作用方面的实验研究，他以醛类物质为介质，研究当时发现不久的拉曼效应，得到与外国学者的研究相符的结果。1930年秋，陆学善成为吴有训的研究生。他是清华研究院物理研究所招收的第一名、也是这年招收的唯一一名研究生，而且是该所到抗战前毕业的唯一一名研究生。在研究生期间，他完成了对多种多原子气体的X射线散射强度的实验研究，得到了理论计算与实验结果颇为吻合的结果。特别是注意到在某些大角度散射情况下引入非相干项的重要性，验证了吴有训关于气体散射的一般理论的正确，从而进一步验证了康普顿-吴有训效应的正确性。1933年夏，陆学善向清华大学理科研究院提交了题为"多原子气体所散射X线之强度"的研究生毕业论文，此文在《中国物理学报》第1卷第1期上发表。这年年底，他以优异成绩从研究院毕业，并被选派公费出国留学深造。

陆学善在1930~1932年，获中华教育文化基金董事会资助，任乙种研究员，导师为吴有训。他对于拉曼效应中强度关系的系统研究和多原子气体的X射线散射强度的研究，连续获得1930年度和1931年度中华教育文化基金董事会乙种科学研究补助金。

在出国之前，即1933年冬至1934年夏，陆学善应国立北平研究院物理研究所所长严济慈之邀，在该所任助理员。在此期间，他在严济慈指导下进行了两项工作：一是关于乙酰丙酮的磁致旋光色散的实验研究；另一是以γ射线为光源，研究压力对于照相底片感光性能的影响。研究获得了满意的结果，并在国内外学术刊物上发表了论文。

1934年秋，陆学善偕夫人王守璨赴英国。陆学善在曼彻斯特大学物理学系，在诺贝尔物理奖获得者布拉格教授主持的晶体学研究室从事 X 射线晶体学研究。他之所以选择 X 射线应用方面的研究作为自己的研究方向，是希望通过学习外国先进的科学知识和实验技术，将来能对祖国的科学、工业和国防事业有所贡献。虽则在出国之前，他并没有专门进行过晶体学方面的学习和研究。他于是成为布拉格的第一个中国学生，同时也是北平研究院物理研究所与镭学研究所的驻欧美通讯员。陆学善在曼彻斯特大学晶体学研究室，开始了他后来毕生从事的事业。在布拉德利（A. J. Bradley）的指导下，经过两年多的勤奋工作，出色完成了对 Cr-Al 二元系合金的全面深入的研究。通过确定各相的相界位置和转变温度，首次测定了完整的 Cr-Al 系相图，并且成功地解出了 Cr-Al 系的两个相，即 β 相（Cr_2Al）和 γ_2 相（Cr_5Al_8）的结构。这些研究成果，反映在布拉德利和陆学善联名发表的两篇论文中。Cr-Al 系相图的测定，是应用 X 射线粉末衍射研究合金结构的一个重要成果。陆学善依据晶体点阵常数在单相区内随成分连续变化以及在二相区内保持不变的原理，在研究中创立了利用点阵常数测定相图中固溶度线的方法。这一方法是测定相图固溶度的重要进展，至今仍为国内外相图工作者广泛沿用，并为金属物理和 X 射线晶体学方面的教学参考书作为一种经典方法加以引用。他于 1936 年以优异的成绩获得曼彻斯特大学物理学博士学位，成为中国最早从事 X 射线晶体学研究的物理学家之一。

陆学善满腔热忱地怀抱在中国建立和发展晶体学学科的决心，于 1936 年底和夫人返回祖国，抵达上海。而在此前，因日寇加紧策划侵占华北，北方形势严峻，北平研究院镭学研究所已经南迁至上海。陆学善任镭学研究所专任研究员，主持物质结构的 X 射线研究。次年春，又兼任镭学研究所负责人。不久，"七七"卢沟桥事变、北平沦陷，抗日战争全面爆发。由于运输困难，镭学研究所未及西迁，奉命仍留沪暂行工作，但接着又"八一三"事变，上海失陷。在战时困难环境之中，研究工作只能尽量利用固有设备进行。陆学善、张鸿吉和吕大元系统研究了压力对于 X 射线照相的影响。陆学善提出照相潜像的形变假说，应用当时尚不为人们认识的晶体在形变过程中产生位错的概念，比较圆满地解释了各种实验现象。陆学善和章元龙用 X 射线粉末照相研究熔凝石英的结构，并对实验中的一些差异作了解释。他们还详细研究使用背射照相机测定点阵间隔时所有可能的系统误差及其校正方法。通过对多种金属的实验测量表明，校正后点阵间隔的精确度可达五万分之一。这一精确度在当时国内外已达到相当高的水平。

在实验研究不能正常进行的情况下，陆学善在审订物理学名词和普及科学知识方面做了许多工作。他和杨肇燫、周昌寿、裘维裕等一些困居在上海的物理学家，时常聚在一起认真讨论名词的译法，逐字推敲，再三斟酌，务求妥当。抗战后期，在沪的一些科学家在忧愤的同时，满怀爱国激情，翻译著名科学教材，为日后国家的教育复兴和科学进步做准备。他们得到实业家章荣初先生经济上的慨然资助，完成数理化教材共十二种的翻译，取名"乙酉学社丛书"。陆学善翻译的两册是普朗克（M. Planck）原著《理论物理学导论》的卷一《力学概论》和卷二《柔体力学》。

陆学善回国后不久，就向英国订购了一台制备合金必不可少的高频感应电炉。1939年到货时，正是抗战艰苦之时。为了避免日寇清查没收，他与在上海的法租界当局及英国某公司反复交涉，几经周折，最终冒着日军的刺刀，从杨树浦码头提出电炉，历尽艰险运回研究所。陆学善为妥善保存镭学研究所的贵重科研物资——57毫克镭，想方设法以个人名义租借了上海商业储蓄银行的一个保险箱，存放储镭白金管，以防止落入敌伪手中。他和夫人时常前去察看是否安全稳妥。太平洋战争爆发后，上海租界被日军占领，镭学研究所受到监视。日本宪兵司令部曾两次传讯镭学所负责人，陆学善不畏强暴，毅然前往与之周旋。抗战后期，敌伪政权接管了包括镭学所在内的北平研究院在沪各研究所，以高官厚禄利诱要挟，陆学善和杨承宗等坚决拒绝为日伪工作。由于在沪处境日益艰难，陆学善只得携全家避居苏州。

抗日战争胜利之后，作为镭学研究所负责人的陆学善，又向英国定制了一套适用于晶体结构研究的可拆卸式X射线设备。因为该所在战时虽然散失的仪器和图书不多，但由于弃置日久而损坏者则不在少数，而且原有的设备和资料，此时显然已经落后。另一方面，第二次世界大战的结束，也使得人们看到了原子能的巨大威力。中国政府和中国物理学家因此关注原子物理和核物理研究的开展。1945年10月，国民政府公布北平研究院组织条例，将镭学研究所改为原子学研究所，设在北平。但是由于经费、设备和人员等均非一时所能解决，这一改组直到1948年才开始实施。在上海的原镭学研究所于这年10月改为结晶学研究室，属物理研究所，仍由陆学善主其事。这一时期，镭学研究所的工作注重与国家重工业发展和国防建设关系密切的研究，特别是对于金属和合金的结构与性质的研究。陆学善的研究包括了两个方面的工作。一是用X射线粉末法实验测定了UO_2，U_3O_8，UO_3三种氧化铀的晶体结构，研究了它们的差异。这实际上是中国核材料研究的前期基础性工作。另一是发展了粉末衍射图谱的指标化方法。他提出了一种新图解法，可应用于立方、四方和六角晶系，该方法所用的实验数据，仅须选取小掠射角的三条反射线以及该晶体的密度。陆学善和佘守宪合作，又将新图解法推广应用于正交和单斜晶系。他们还分析了粉末法测定晶体点阵常数时，在小掠射角情况下由于几何和物理两方面的原因而产生的系统误差。陆学善在研究UO_2结构时，还提出从衍射数据本身求得

（偏心、吸收和涨缩）流移常数的图解测定法，可补充布拉德利的图解法的不足，提高测定点阵间隔的精确度。

陆学善自1947年起，兼任上海暨南大学教授、物理系主任。1948年秋，北平研究院数次命令各研究所将物资装箱启运台湾。陆学善不顾个人安危，对命令根本不予理睬。他还和侯德榜、吴觉农等人自动组织起来，商议如何抵制和挫败反动派抢运物资的阴谋，尽心竭力地完好地保存了科研工作所必需的仪器设备。他因参与发起成立进步组织"世界科协中国分会"，而被国民党特务列入黑名单，险遭迫害。在严峻形势下，上海科技界进步人士成立了中国科学工作者协会上海分会，积极活动、扩大影响。张孟闻、吴觉农、陆学善等人做了很多秘密工作，有效地争取和团结了在沪的科技界人士。这一时期，陆学善任中国物理学会上海分会理事长、《科学》特约编辑和编委、中国科学社上海分社社务委员，积极参加中国物理学会上海分会、中国科学社的许多活动，多次参加和主持中国科学社和中国科学工作者协会上海分会举办的座谈会。他抨击时政、企盼民主，时刻不忘科学家的社会责任，热切盼望在中国有一个科学研究中心，探讨真理，为全民谋福利。新中国成立前夕，在科研、生活和处境都十分困难的情况下，英国朋友建议并主动为陆学善联系好到英国去工作。但是他毅然谢绝了友人的盛情邀请，坚决留在国内，迎接全国解放和科学事业的新发展。

新中国成立后，1949年11月中国科学院成立。次年初，陆学善应邀到北京参加了中国科学院关于各研究所的调整、发展方向和新研究所的建立等问题的讨论。他还被聘任为中国科学院学术顾问性质的专门委员，参与商讨各研究所的研究计划及执行情况、促进与国内外研究机构的合作等工作。根据国家的需要，各研究机构进行了调整和改组。原中央研究院物理研究所、北平研究院物理研究所和结晶学研究室，改组为中国科学院应用物理研究所（现物理研究所的前身），于1950年8月在北京成立。严济慈任所长，陆学善任副所长。一年后，严济慈辞去所长职务，陆学善被任命为代理所长，并兼任中国物理学会常务理事兼秘书长，此外还兼任了许多其他学术职务。在百废待兴、一切初创之际，陆学善的工作十分繁重。他曾参与中国科学院新院址中关村一带的踏勘和协商、应用物理研究所大楼建设规划的确定等项工作。在应用物理研究所内设立了光谱学、磁学、晶体学和电学四个研究组（室），明确以发展固体物理研究为主要方向，并开始进行半导体物理和低温物理方面的研究。在研究工作开展的同时，还注意科研队伍的人才培养等问题。该研究所的晶体学研究室，发展成为中国晶体学研究的重要中心之一。

由于操劳过度，1954年10月，陆学善突患急性心肌梗死症，病情十分严重。

他于次年辞去物理所的领导职务。此后，便全身心地投入到科学研究和培养人才方面，进行和指导了大量研究工作。

20 世纪 50~60 年代，陆学善进行了关于缺陷点阵合金相的结构变迁和超结构相的理论和实验研究。在合金相中发现了一类由 CsCl 型结构为基本结构单位、空缺有序分布所形成的超结构相，并指出这类超结构相是由基本结构单位内的平均价电子数所决定。关于这方面，最突出的成果是陆学善和章综对 Al-Cu-Ni 三元合金系中 τ 相晶体结构变迁的系统研究。他们发现，在成分范围宽广的 τ 相区内，存在着结构关系密切、空缺有序分布、沿 Z 轴形成 10~17 层共 8 种不同结构类型的超结构相。在一个单相区内，晶体单胞随成分不同而经历 8 种不同的变态，而且变化时原子排列都服从一定的规律，这种现象不论在二元或三元金属间化合物中以前都未被发现过。这是经深入细致研究后得出的高精度、高水平的研究成果。这一研究结果，使人们对于合金系单相区内结构变迁的现象有了新的认识，在国内外获得很高的评价。它被金属合金的晶体化学与物理方面的有关专著所收录，作为典型实例而加以引用。陆学善应苏联科学院主席团秘书长的邀请，参加了 1957 年 3 月在莫斯科举行的苏联第二届晶体化学会议，并在大会上宣读了论文"铝、铜、镍三元合金系中 τ 相的晶体结构"，受到与会学者的热烈赞扬。后来，陆学善和同事们又进行关于 Al-Ni 二元系中 δ 相（Al_3Ni_2）相区内的结构变化的研究，以及关于 Al-Ni-Co 三元系中 $(Ni,Co)_3Al_4$ 合金相的晶体结构的研究。在 Al-Ni 二元系中，理想成分为 Al_3Ni_2 的 δ 相是合金相缺陷点阵的一种新类型。它是由 3 个 CsCl 型赝立方体单胞所组成，其中 1 个立方体的中心有规则地空缺着。该相区存在两种固溶体类型，在理想成分富 Al 一端为替代式固溶体，而富 Ni 一端则为填隙式固溶体。在 Al-Ni-Co 三元系中，$(Ni,Co)_3Al_4$ 是由空位控制的合金相缺陷点阵的一种新类型。这些研究，都进一步证实了陆学善所提出的在合金相中存在着一类超结构相，它们基本结构单位内的平均价电子数是控制其结构以及变化的主要因素。

在金属合金体系有序化的研究工作中，陆学善和梁敬魁用 X 射线衍射方法深入细致和系统地研究了 Cu-Au 二元系的超结构问题。从实验上证实了 $CuAu_3$ 超结构相的存在，证明了有序两相共存区是由同一种化学成分的两种不同堆垛形式所组成的亚稳相。发现经过长时间热处理的合金，其中的 CuAu-I 四方超结构相，除在等原子 CuAu 成分附近存在着外，在两侧的富 Cu 和富 Au 区域里也存在着，即在室温 CuAu-I 四方超结构相重复出现三次。此外还发现，CuAu-II 正交超结构相，不但在 400℃ 上下存在，而且在室温下其他两个成分范围也存在。同时，在 CuAu-II 相区内，堆垛周期除了通常所认为的 10 层外，还存在更高堆垛周期的其他超结构。他们详尽讨论了 CuAu-II 超结构相衍射线的面指数出现规律和它与 CuAu-I 超结构相的对应关系，提出了由 CuAu-I 转变为 CuAu-II 的劈裂双线的线间距来测定 CuAu-II 的堆垛周期的方法，并发现了超结构相有序度随成分变化等一系列从未发现过的现象，从实验上和理论上丰富了有序化超结构相形成和点阵间隔变迁的知识。

陆学善指导进行了关于 Ga 二元合金相图和晶体结构的一系列研究。从 20 世纪 60 年代初开始，在国际上对 Ga 的合金体系研究尚不多的情况下，陆学善和梁敬魁等人即已应用 X 射线衍射和差热分析方法，测定了 Ga 与多种过渡族金属体系的相图，并对其中的一些新相进行了结构测定工作。70 年代末，又指导研究生开展 La-Ga 二元系相图的研究。这些研究，对于探索新材料、开发 Ga 与过渡族元素和稀土元素合金的应用，以及发展合金理论，都具有重要意义。

然而，在 20 世纪 50～60 年代，科研工作时常受到政治形势和政治运动的干扰。陆学善的工作也曾受到影响而被迫停顿。这种状况在"文化大革命"期间，更是发展到登峰造极的程度。他被指责为"资产阶级反动学术权威"受到批判，住进"牛棚"。家被抄过多次。全家住在一间仅 14 平方米的朝北小屋内，书籍等损失不可数计。研究工作几乎无法进行。在如此困难情况下，陆学善出于发展祖国科学事业和培养青年科学工作者的赤诚之心，不顾体弱多病，凭借顽强意志，查阅了国内外公开发表的数百篇论文资料，编写成《激光基质钇铝石榴石的发展》一书。他还为从事晶体生长工作的同志举办"相图及其应用"讲座，提高他们的业务水平。在"四人帮"横行的日子里，陆学善以热爱和献身科学的精神，在拥挤不堪的斗室中，习惯地以床代椅，查阅和摘录了大量的文献资料，并且整理和总结自己数十年的实践经验，为编撰估计有百万字、极富参考价值的晶体学专著做准备。

"文化大革命"结束之后，各项工作逐步重新走上正轨。1978 年陆学善被任命为中国科学院物理研究所顾问。他满腔热情地积极投身于科研工作，在发展 X 射线多晶衍射的技术和方法方面作出了重要贡献。

陆学善早年曾研究改进 X 射线粉末照相中流移常数的测定方法，也曾系统研究精密型德拜-谢乐照相机的设计、定标、使用和误差等项问题。这时，他在以前研究的基础上，从 X 射线衍射的基本原理出发，仔细分析粉末照相法产生误差的原因，提出了从衍射数据本身用图解法修正偏心流移常数和吸收流移常数的方法，使粉末照相法测定点阵常数的精确度对于立方晶系可达五十万分之一。这一精确度属当前用粉末法测定点阵常数的世界先进水平。

同时，陆学善又提出了 X 射线粉末衍射图谱指标化的一种新图解法。该方法直接应用粉末照相衍射线的实验数据，适用于四方、六角、正交和单斜晶系。这一新图解法的贡献在于运用了等原子曲线概念，因此限制了指标化的多解，使指标化结果快速可靠。

根据上述新图解法的原理，陆学善和罗绥珉合作，使用FORTRAN语言，设计了标定六角、四方、正交和单斜晶系粉末照相衍射线指数的解析计算方法，编制了计算程序。这是国内首次使用电子计算机程序对未知结构的粉末衍射图谱进行指标化的工作。

陆学善还和梁敬魁合作，提出了从X射线衍射强度的准确测量，测定晶体的德拜特征温度以及测定德拜特征温度的各向异性与非均匀性的新方法。该方法在原子参数已知的情况下，只需收集一个温度的衍射强度，即可求得特征温度。这种方法尤其适用于所有原子都占据特殊无参数位置的晶体结构。

在短短的几年间，陆学善进行和指导了许多研究工作，并且总结过去数十年的实践经验，发表了十几篇学术论文。他一直工作到生命的最后一息。

陆学善是中国X射线晶体学研究的主要创始人之一。他在这一研究领域耕耘了将近半个世纪。在应用X射线多晶粉末法研究晶体结构和合金相图方面尤其贡献卓著。他对待工作，一丝不苟，精益求精。时常强调在科研工作中要有"三严"（大体上指的是严肃认真的工作态度、严格规范的科学方法、严密细致的思维判断）精神，并且身体力行、言传身教。在科学院物理所，他严谨异常的治学久已闻名。有关他在工作中对助手和学生的种种严格要求，也早已成为研究室里的经典故事，几十年来一代又一代地流传着。他始终要求自己和同事们做到，"从这个实验室里所发表出去的结果是可靠的，是经得起考验的"。事实上，物理所在应用多晶粉末法测定一系列金属间化合物晶体结构和合金相图方面，精确度达到了世界上公认的高水平。陆学善研究成果的精确性和可靠性得到国际上的公认，并在晶体学著作中被引用。

作为一位实验物理学家，陆学善毕生倡导实验科学，主张理论研究与实验研究并重。他非常重视理论知识和实验技术的提高、重视科技人才的培养。他时常关心国际上晶体学研究的进展，同时主张研究工作首先应服从国家的需要，并立足于国内现有的仪器设备等各种条件，奋发图强，坚持不懈，努力做出第一流的科研成果。他经常要求自己以及助手和学生，在普通的仪器设备上做出与国外科学家在先进的仪器设备上同样出色的工作。他一贯认为，实验设备本身就是实验物理学工作者研究工作的一部分。他始终强调通过学习外国的实验技术来创造我们自己的技术，一贯提倡自己动手改进和制作仪器，以节省科研经费和提高实验技能。他在数十年间指导过许多年轻同志、进行了大量的研究，晚年亲自指导研究生，对他们严格要求、精心培养，审阅论文时连每一字母、每一标点符号都不轻易放过。他在科研工作中为国家培养了一批晶体学专家，其中有多名成为中国科学院院士。

在半个多世纪的学术生涯中，陆学善曾多次大声疾呼，要在发展理论物理学的同时发展实验物理学和应用物理学。他一贯遵循科研为国民经济服务的方针，积极从事对铝和镓以及中国储量丰富的稀土元素的合金相图和晶体结构的研究，努力发展祖国丰产元素的应用，使晶体学更好地为经济建设服务。到了晚年，陆学善对于在中国发展晶体学研究更是抱有殷切的期望。他不顾年事已高、体弱多病，多次参加在各地举行的学术会议并作报告。在这些会议上，他多次谈到，能源和材料两大问题对于国家的工业发展至关重要，而材料科学的核心是晶体学问题，或者说，晶体学是材料科学的基础。他再三强调晶体学在材料科学的研究和探索方面、在早日实现"四个现代化"的社会主义建设进程中的重要作用，论述晶体学中的理论和实验之间的辩证关系，并多次呼吁给予晶体学研究以应有的重视和支持。

陆学善是中国物理学会初期的会员之一。自学会成立之初，就抱着要使物理学在中国"发扬光大，媲美他邦"的目标，尽心竭力地为国家为社会作贡献。他一直积极参加学会的活动，关心学会的发展，实践学会的宗旨——"谋物理学之进步及其普及"。在提高物理学水平和普及物理学知识方面，做了大量的工作。特别是在物理学名词的审订等方面，很有贡献。无论在风雨如晦的抗战年代，或者在新中国成立后繁重的工作之余，甚至在灾难深重的"文化大革命"岁月，以及体弱多病的古稀之年，翻译物理学的著名教材和书籍，翻译和编撰晶体学的著作。并曾兼任《物理通报》、《物理学报》、《科学通报》和《中国科学》等刊物的编委。

陆学善对科学史亦很感兴趣，颇有研究。曾经撰写过世界著名物理学家的数篇传记。在他的学术论文以及一些文章和讲话中，往往包含了很好的科学史内容。陆学善也十分关心中国科学史研究。在"文化大革命"期间，他根据古代文献的记载，并予以现代科学的阐释，撰写了长篇专论"中国晶体学史料掇拾"；并花费许多时间和精力，仔细校审英国著名科学史家李约瑟（J. Needham, 1900~1995）著《中国科学技术史》物理学部分的中文译稿。

陆学善头脑清晰，思维敏捷，兴趣广泛，博闻强记。不仅在晶体物理学方面有博大精深的学问，而且在其他方面也有渊博的学识、博古而通今。他的英文造诣相当高，法文和德文也有坚实基础。他自幼酷爱中国古典文学，特别是诗词。案头床侧常置数卷以为遣兴，晚年还能背诵许多优秀作品。夫人亦善辞章，两人有时以赋诗作词为娱乐。他从年轻时代就爱好中国古代的文物、金石、典籍等，有相当的研究和很高的鉴赏能力。陆学善在身患严重心脏病后，接受医生的建议，在工作之余种植花草，作为锻炼身体的一种方法。而他对待种花的认真态度，则无异于对待科学工作。他日常生活规律而简单，在生活上从无特殊要求，从不追求奢侈享受，始终克勤克俭。他经常教育儿女及孙辈，做人要光明磊落，做事要有始有终，工作和生活要吃苦耐劳。

陆学善不苟言笑、谨言慎行，严肃认真的神情常给晚辈和学生以敬畏之感。实际上，在他的有些威严的目光中充满着对年青一代的热切期望，希望他们迎头赶上，事业后继有人。在实验研究中，读取数据、记录核对，事必躬亲。撰写和修改论文时，斟字酌句、仔细推敲，直至抄写誊清，都亲力亲为。他为人谦逊谨慎，待人诚恳平等，主张"应该向一切可请教的人去请教"。对一起工作的同事、下属、工人和勤杂人员，都平等相待、客气而有礼貌。陆学善不慕荣利，为人正直，清正廉洁，爱憎分明。他对名誉、地位、金钱、权力等，都超然物外，淡然处之。对"文化大革命"期间的种种倒行逆施深恶痛绝。他认为，"文化大革命"十年，科技事业"受到令人痛惜的破坏"，"至少丢失了一代人的时间"，"与国际学术水平的差距拉大了"，并且明确指出，"十年浩劫，对科学界来说，最重大的损失还是在学风方面"。"文化大革命"结束，他"唯一的愿望就是多做些工作"。他身为科学院学部委员、一级研究员，但从不自满自足，总是勤奋好学、珍惜时间和学习机会。"文化大革命"结束之后，他以七十多岁的高龄，仍然时常跟随电视教学，孜孜不倦地学习计算机算法语言。与此同时，自己还进修法语和日语。研究生到他家里汇报学习和工作情况时，总是见到导师手不释卷，或在读书、或在伏案工作。一生实践了他所说的："对于我们科学工作者来说，工作就是生活，生活也就是工作，我们要生活在工作之中。"

三、科 学 成 就

1. 应用 X 射线粉末衍射研究合金相图和晶体结构

20 世纪 30 年代，陆学善在英国攻读博士学位时，在测定 Cr-Al 二元系相图的工作中，创立了利用晶体点阵常数测定相图中固溶度线的方法。这在晶体学中是一个重要进展，该方法至今仍为国内外相图工作者广泛沿用。

50～60 年代，进行的关于缺陷点阵合金相的结构变迁和超结构相的研究，在国内外获得高度评价。发现了一类由 CsCl 型结构为基本结构单位、空缺有序分布所形成的超结构相，并指出它们基本结构单位内的平均价电子数是控制其结构以及变化的主要因素。

60 年代，在关于 Cu–Au 二元系的超结构问题的研究中，发现了一系列从未发现过的现象，对于有序化过程和相变性质的解释，获得了前人所未有的成果，从而丰富了有序化超结构相形成的实验和理论。

从 60 年代开始，对元素 Ga 以及中国丰产的稀土元素的合金体系进行研究。测定了一系列 Ga 与过渡族金属体系的相图，并对其中的一些新相进行了晶体结构分析工作。这对于探索新材料、开发 Ga 与过渡族元素和稀土元素合金的应用，以及对合金理论，都具有重要意义。

2. 发展 X 射线粉末衍射的技术和方法

陆学善在长期的实验研究中，仔细分析粉末照相法产生误差的原因，提出修正偏心与吸收流移常数的方法，使粉末照相法点阵常数测量的精确度对于立方晶系可达五十万分之一。这一精确度属当前用粉末法测定点阵常数的世界先进水平。

提出了 X 射线粉末衍射指标化的一种新图解法，它适用于四方、六角、正交和单斜晶系。该方法的贡献在于运用了等原子曲线概念，限制了指标化的多解，使指标化结果快速可靠。

他用新图解法的思想编制了计算机程序。这是国内首次使用电子计算机程序对未知结构的粉末衍射图谱进行指标化的工作。

提出用 X 射线衍射强度的准确测量来测定晶体的德拜特征温度以及测定其各向异性与非均匀性的新方法。

3. 献身科学与培养人才

陆学善为在中国建立和发展晶体学研究作出了重大贡献。他是中国晶体物理学研究的主要创始人之一。不间断地从事 X 射线晶体学的研究近半个世纪，进行和指导了大量研究项目，取得多项创造性成果。他把毕生精力献给了祖国的科学事业。

他也是中国 X 射线晶体学研究队伍的主要创建人之一。在应用 X 射线多晶粉末法研究晶体结构和合金相图方面尤为卓著。在工作中十分重视对人才的培养，对助手和学生严格要求，精心培养，认真负责，具体指导。在数十年的科研工作中为国家培养了一批晶体学专家。

四、陆学善主要论著

Lu S S（陆学善）. 1933. The scattering of X-rays by polyatomic gases. Chinese J Phys, 1（1）: 51.

Bradley A J, Lu S S. 1937. An X-ray study of the Chromium-Aluminium equilibrium diagram. J Inst Met, 60: 319.

Bradley A J, Lu S S. 1937. The crystal structures of Cr_2Al and Cr_5Al_8. Z Kristallogr, 96: 20.

陆学善. 1941. 汤姆生传略. 科学, 25 (5/6): 301.

Lu S S, Chang Y L. 1941. The accurate evaluation of lattic spacings from back-reflection powder photographs. Proc Phys Soc London, 53: 517.

陆学善. 1948. 中国物理学会. 科学大众, 4 (6): 262.

Strong J. 1954. 物理实验室应用技术. 陆学善, 王守璨, 译. 上海: 商务印书馆.

Lu S S, Chang T. 1957. Crystal structure changes in the τ-phase of Aluminium-Copper-Nickel alloys. Sci Sin, (6): 431.

陆学善, 黄世明, 傅正民. 1966. Al-Ni 二元系中的一种新型缺陷点阵. 物理学报, 22 (6): 659.

陆学善, 梁敬魁. 1966. 铜金二元系中超结构的形成与点阵间隔的变迁. 物理学报, 22 (6): 669.

陆学善. 1972. 激光基质钇铝石榴石的发展. 北京: 科学出版社.

陆学善, 李方华. 1980. Al-Ni-Co 三元系中 $(Ni, Co)_3Al_4$ 的晶体结构——一种由空位控制的新合金相. 物理学报, 29 (2): 182.

陆学善. 1980. 德拜-谢乐照相中测定流移常数的图解法与点阵间隔的准确测定. 物理学报, 29 (3): 273.

陆学善. 1980. 标定粉末照相指数的一个新图解法. 物理学报, 29 (12): 1551.

陆学善, 罗绶珉. 1981. 标定正交晶系粉末照相指数的计算方法及计算程序. 物理学报, 30 (11): 1488.

陆学善, 梁敬魁. 1981. 德拜特征温度的各向异性与非均匀性. 物理学报, 30 (11): 1498.

陆学善, 解思深, 梁敬魁. 1982. La-Ga 二元系相图. 物理学报, 31 (12): 1635.

陆学善. 1984. 中国晶体学史料掇拾. 科技史文集, 12: 1.

陆学善著. 1990. 相图与相变. 合肥: 中国科学技术大学出版社.

Needham J. 2003. 中国科学技术史·物理学. 陆学善, 吴天, 王冰, 译. 北京: 科学出版社.

主要参考文献

国立北平研究院总办事处. (无年月). 国立北平研究院抗战及复员期间工作概况 (民国二十六年至三十六年).

Ewald P P. 1962. Fifty years of X-ray diffraction. Utrecht, Netherlands.

清华大学校史研究室. 1991. 清华大学史料选编·第二卷 (1928-1937). 北京: 清华大学出版社.

《中国物理学会六十年》编写组. 1992. 中国物理学会六十年. 长沙: 湖南教育出版社.

解思深, 王刚. 2005. 陆学善院士纪念文集. 北京: 中国科学院物理研究所, 中国物理学会, 中国科学院数理学部.

撰写者

王冰 (1945~), 中国科学院自然科学史研究所研究员, 陆学善的研究生。

褚圣麟

褚圣麟（1905～2002），浙江杭州人。物理学家和教育家。1927年杭州之江大学毕业。1931年获燕京大学物理系硕士学位。1933年赴美国芝加哥大学深造，1935年获博士学位后回国。曾任燕京大学物理系主任、理工学院院长、副教务长；北京大学物理系主任、系学术委员会主任等职。他从事高等院校物理学教育事业50余年，对中国物理学人才的培养、物理科学知识的普及和发展，对北京大学物理系的建设和发展都作出了重要贡献。长期坚持科学研究，其研究领域涉及离子分析、宇宙线和粒子物理、X射线晶体结构、大气电现象以及磁学等多个方面。是中国最早立足国内开展宇宙线实验研究的先驱者之一。著有《原子物理学》等。

一、生平概要

褚圣麟，1905年11月29日出身于浙江省杭州市，2002年逝世，享年97岁。

褚圣麟1923～1927年在杭州之江大学物理系学习，获理学学士学位；1928～1929年任苏州萃英中学教员；1929～1931年北平燕京大学物理系研究生，获理学硕士学位；1931～1933年任广州岭南大学物理系讲师；1933～1935年美国芝加哥大学（University of Chicago）物理系研究生，获哲学博士学位；1935～1938年任岭南大学物理系副教授，1937年代理系主任；1939年2～7月任昆明同济大学理学院兼职教授；1940～1941年任北平燕京大学物理系副教授；1942～1945年任北平辅仁大学数理系副教授、中国大学兼职教授；1945～1952年任燕京大学物理系教授、兼物理系主任、理工学院院长，1951年5月起任副教务长；1952年任北京大学物理系教授、兼物理系主任（1952～1982）、系学术委员会主任（1982～1987）。

二、学术成就

褚圣麟在岭南大学与赵邦俊一起从事大气电学研究，写成《中国广州地面以上电势梯度和大气电流密度的测量》一文，发表在1938年中央研究院气象研究所在昆明出版的集刊第 12 卷上。在沦陷区的北平辅仁大学，他又指导研究生，并亲自动手安装设备研究宇宙线，他和 F. Oster、吕烈扬合作写的论文《在地磁纬度 28°31′处宇宙线的东西不对称性和极区及赤道区吸收定律指数差的估算》发表在 1946 年美国《物理评论》第 69 卷上。50 年代院系调整前后，他继续指导研究生从事离子质谱计和宇宙线中高能粒子的研究。中国建立博士研究生制度后，他是北京大学物理系第一批被批准的几位博士生导师之一。他从事 X 射线晶体结构分析研究有很长的历史，他与自己指导的研究生孙德充合作进行胁变岩盐晶体的 X 射线衍射图的研究，所写论文发表于 1948 年第一期《结晶学报》（Acta Cryst.）上。1985 年他和吴自勤以及他们指导的研究生张仁济进行 Ge-Au 双层膜与 Ge-Au 合金膜中非晶态 Ge 的结晶问题研究，研究成果发表在《中国物理快报》上。此外，他在 1975 年第三届全国磁学会议上作《稀土元素在磁学领域中的应用》的综述报告。1985 年，已届 80 高龄的褚圣麟还应邀赴美参加第 19 届国际宇宙线讨论会。

他在多年教学经验的基础上，于 1964 年和 1965 年连续完成了《原子核物理学导论》和《原子物理学》两本书的书稿，前者于 1965 年 7 月出版。不久，学校即被迫停课，他的书基本上积压在书店的仓库里。直到 1979 年，该书稿才得以重新整理出版，整整耽误了 14 年。《原子物理学》一书，由于它的科学性和系统性以及非常适合教学而被国家教委指定为高等学校教学推荐用书，现已多次重印出版。该书于 1988 年第一届全国高校优秀教材评选中获国家教委一等奖。《原子物理学导论》一书经修改后于 1987 年出版了第二版，该书的新版本内容更新，重点突出，注意实验和理论的结合，全书内容的系统安排也较适合教学需要，1992 年第二届全国高校优秀教材评选中获二等奖。另外，他曾与戴道生、陈银桥、史凤起等合作编写专业教材《铁磁学》一书，1976 年由科学出版社出版。该书由褚圣麟统稿，由于当时历史条件，以"北京大学物理系磁学教研室《铁磁学》编写组"名义出版。

三、褚圣麟主要论著

Chu S L（褚圣麟）. 1936. Positive ray analysis of ions from a high frequency spark. Phys Rev, 56: 212.

Chao P T, Chu S L. 1938. Measurements at Canton, China of potential gradient above the ground, and of atmospheric current densities. 中央研究院气象研究所集刊, 12 (3).

Oster F, Chu S L, Lü L Y. 1946. The east-west asymmetry of cosmic radiation at a geomagnetic latitude of 28°31′ and a estimation of the difference of the exponents of the absorption law for the polar and the equatorial regions. Phys Rev, 69: 531.

Sun T Y, Chu S L. 1948. X-ray diffraction pattern of a strained rock-salt crystal. Acta Crystal（创刊号）, 1: 135.

褚圣麟. 1965. 原子核物理学导论. 北京：高等教育出版社.

北京大学物理系磁学教研室《铁磁学》编写组（褚圣麟、戴道生、陈银桥、史风岐合著，由褚圣麟统稿）. 1976. 铁磁学. 北京：科学出版社.

褚圣麟. 1979. 原子物理学. 北京：高等教育出版社.

Zhang R J, Chu S L, Wu Z Q. 1985. Crystallization of amorphous Ge in Ge/Au bilayer films and Ge-Au alloy films. Chin Phys Lett, 2 (5)：221.

参考文献

许祖华. 1993. 褚圣麟//戴念祖. 20世纪上半叶中国物理学论文集萃. 长沙：湖南教育出版社：413.

许祖华. 1996. 褚圣麟//沈克琦. 中国科学技术专家传略：理学编：物理学卷1. 石家庄：河北教育出版社：343.

撰写者

赵凯华（1930~），北京大学物理系教授。曾任北京大学物理系主任，兼任中国物理学会副理事长、全国自然科学名词委员会委员、物理学名词审定委员会主任等职。

汪德昭

汪德昭（1905~1998），江苏灌云人。水声学家、大气电学家。中国国防水声事业奠基人。中国科学院学部委员（院士）。1929年北京师范大学毕业，1934年赴法国攻读研究生，1940年获法国巴黎大学博士学位。1956年回国后，先后任中国科学院原子能研究所九室室主任，电子学研究所副所长，声学研究所所长（1964~1966，1979~1984）、名誉所长；中国声学学会、中国仪器仪表学会理事长，中国科协常委。20世纪40年代提出了大小离子平衡态新理论，被誉为"朗之万-汪德昭-布里加"理论，因此，获得法国科学院"虞格"奖。50年代后，致力于中国国防水声学的研究；开创了中国水声学和国防水声学研究事业，为中国海军声呐的现代化、为创建和发展中国第一支水声科技队伍倾注了毕生的精力；为中国物理学研究、国防科技和科教事业的发展作出了突出贡献。1983年获巴黎市政府荣誉奖章；1991年获法国总统颁发的法国荣誉军团勋章；1997年获何梁何利基金科学技术进步奖。著中国第一部《水声学》。

一、学术生涯与科学成就

1. 追求科学救国之路

汪德昭1905年12月20日出生于江苏省灌云县板浦镇，1998年在北京逝世，享年93岁。

1919年五四运动爆发，刚刚进入北京师范大学附属中学学习的汪德昭，耳闻目睹中国的积弱和贫困、广大学生和群众的爱国热情，也深受中国无产阶级革命的先行者——时任师大附中学生会主席的赵世炎和副主席汪德耀的影响，萌生了献身科学事业，使国家富强起来的强烈愿望。

1923年，汪德昭考入北京师范大学预科，后进入北京师范大学物理系学习。由于他天资聪颖，学习勤奋，很快成为学校的高材生。毕业前一年（1928年），被校长张贻惠破格聘为物理系助教。随后，汪德昭一直在学校从事教学工作，还兼任几所私立大学的物理学讲师。他治学严谨，讲课生动，又擅长动手做实验，深受学生的爱戴。

1931年10月初，法国著名物理学家朗之万（P. Langevin）访问中国，先后在北平（即北京），上海等地的多所大学讲学，发表热情洋溢的演讲。一天，汪德昭在中法大学聆听了朗之万教授的演讲。朗之万教授的一句话"科学家不能把自己关在象牙塔中……他们负有社会的责任，要对人类和社会的进步尽自己的义务……中国是人类未来的希望"，深深地打动了年轻的汪德昭，使一直怀着科学救国理想的他下定决心赴法国留学，投师朗之万。

1933年10月，汪德昭抛下挚爱的父母家人和结婚不到半年的娇妻李惠年，告别生活了20多年，当时正笼罩在日寇侵略阴影之下的古城北平，登上开往欧洲的外国客轮，开始了他人生旅程中的一个新阶段。

2. 蜚声法国科技界

汪德昭先到比利时，几经周折后，于1934年10月进入法国巴黎大学（Université de Paris）朗之万的实验室，按照朗之万的安排，从事有关大气中离子的研究。这是朗之万一直关注研究的问题。从此，汪德昭就成了朗之万的研究生。

经过几个月的思考和研究，以及对各种数据的分析对比，汪德昭决定在实验室里用人工方法创造一个可以控制的环境，从实验和理论两个方面系统地研究大、小离子的平衡态。他从一盘燃烧的蚊香中得到灵感，自己动手制造实验设备，经过多次试验，实验终获成功。

实验的成功，给了汪德昭极大的鼓舞。从此，他一发不可收，在1935～1939年间，围绕大、小离子平衡态的问题，做了大量实验，并根据实验结果，很快写出了第一篇论文，朗之万把汪德昭的论文带到院士会上宣读，受到了法国科学界的注意和欢迎，很快在法国科学院院报上刊登。

大、小离子平衡态的研究是在"空气中带电粒子的研究"刚刚起步不久的情况下进行的，在这项研究中汪德昭发挥聪明才智，创造性地把几种方法应用于大、小离子的测量中，获得了满意的结果：他与导师朗之万推导出大离子的合成系数的理论，并且应用到低空大气层中，解决了多年的争论。1940年，汪德昭以这项工作获得法国国家博士学位。

1945年，汪德昭这项研究成果荣获法国科学院的"虞格"奖金（Prix Hughes）。1955年4月，在爱尔兰的首府都柏林召开的"国际凝聚核学术讨论会"上，平衡态的理论被认为是目前普遍接受的"朗之万-汪德昭-布里加"理论。现在这项理论已成为大气电学的经典理论。

1938~1956年,他在法国国家科学研究中心(Centre National de la Recherche Scientifique,简称:CNRS)供职,历任副研究员、专任研究员、研究指导主任,并曾兼任法国石英公司顾问、法国原子能委员会(Commissariat àl'Energie Atomique,简称:CEA)技术指导、英国同位素发展公司顾问。第二次世界大战初期,兼任法国国防第四研究组组员。

3. 站在与纳粹德国斗争的前线

正当汪德昭科研工作进展顺利的时候,国际局势风云突变,1939年希特勒突然进攻波兰,二次世界大战爆发,法国很快被拖入战争的漩涡。当时纳粹德国的潜艇横行,由于朗之万是探测潜艇声呐的发明人,朗之万实验室受命成为法国 CNRS 国防第四研究组。按照惯例,战时一切外国人都必须离开国防研究机构。但是,朗之万倍加信赖汪德昭的才能和品行,破例把他留下,使他成了战时法国国防科研机构中唯一的外国人。

朗之万把海军部下达给他的课题——"尽快解决主动声呐加大功率的问题",交给了汪德昭,这使汪德昭有幸接触到了水声科学技术的研究领域。由此,汪德昭与水声研究结下了不解之缘,为日后开创中国的水声事业,培养和造就中国的水声科学研究队伍打下了基础。

声呐是英语缩拼字"Sonar"的音译,原意是"声音导航和测距",俗称水下雷达。它是利用水下声波来探测水中目标、状态的仪器或设备。声呐是朗之万在第一次世界大战时发明的。但是,"朗之万式"的圆盘状声呐换能器,探测潜艇虽然很灵敏,因为设计的缘故,功率不能太大,否则会直接影响声呐设备的性能和寿命。朗之万让汪德昭想办法加大它的功率。汪德昭经过一段时间的研究和试验,最后巧妙地采用了一种工艺,使单位面积的功率大大增加,显著地提高了声呐的性能和可靠性。后来汪德昭还受命研究了另一个国防项目——飞机场声波驱雾技术。由于法、英两国很快战败,汪德昭这些研究成果,没有来得及付诸实践。法国沦陷后,汪德昭一直留在法国,依旧在朗之万实验室做研究工作。更确切地说,他们是以一种特殊的方式,同仇敌忾,在敌占区与纳粹德国开展新的战斗。

1940年10月,汪德昭的恩师、担任国际反法西斯同盟主席的朗之万被纳粹德国逮捕入狱,法国傀儡政府也宣布撤销朗之万所有行政和学术职务,包括"院士"在内。为了抗议法西斯,汪德昭仍然把要发表的文章寄给朗之万,请他继续推荐发表。朗之万入狱后,汪德昭时时刻刻惦记着自己的恩师。逢年过节,他总不忘给朗之万写信，并想办法带去小礼物。

4. 为中国的解放事业作出特殊贡献

汪德昭夫人李惠年的七姨父是国民党的高级将领卫立煌。卫立煌行伍出身，骁勇善战，曾追随蒋介石多年，是其手下的得力干将。抗日战争中，卫立煌因作战有功，很受美国人的青睐，从而遭到蒋介石的嫉恨，于1947年以派遣"出洋考察"为名被削除兵权。

汪德昭在法国以复杂的心情接待了这位不速之客。通过几次深入交谈，卫立煌流露了追求进步、迷途知返的意向，并且希望汪德昭把他的想法转告中国共产党，并取得联系。于是，汪德昭通过与苏联驻法大使馆的多次接触，取得信任后，把卫立煌亲笔写的电文，译成外文，转递到苏联驻法大使馆，苏联使馆又设法将电文转给了当时在延安的中共中央。中共中央很快回电，对卫立煌的决定表示欢迎，示意卫立煌如果是真心实意的话，应当自己选择并且利用当时的情况，做有利于革命的事情。

1948年初，卫立煌出任东北"剿总"司令长官。立即用密码致电巴黎，邀请汪德昭急速回国，到沈阳来帮助他工作。接到卫立煌的电报后，汪德昭毅然决定回国协助卫立煌。1948年4月，汪德昭以"回国为老母祝贺80岁大寿"为名，抱着"壮士一去不复返"的决心，辞去了法国国家科学院研究中心和原子能委员会的各种职务，变卖了所有值钱的家什物件，离开巴黎回到中国。然后，只身一人到沈阳担任了东北"剿总"司令部的少将副秘书长兼办公厅主任。在东北"剿总"司令部，汪德昭利用自己的特殊身份，协助卫立煌做了大量的协调工作。由于了解到握有东北国民党军最精锐兵力的廖耀湘对蒋介石非常忠心，再加上当时解放军在东北战场已呈势如破竹之势，客观上使卫立煌缺乏在东北战场公开起义的条件。卫立煌在同汪德昭多次密商之后，顶着蒋介石的命令，在锦州战役最激烈的时刻，迟迟不肯驰援锦州，造成了国民党的战败；卫立煌还采取措施阻挠实施破坏沈阳的计划，保护了沈阳的许多重要工业设施和文物建筑，以此来实践自己电文中的诺言。到1948年10月，国民党在东北战场的败局已定。1949年4月汪德昭辗转香港，于1950年重返法国巴黎，仍旧在法国国家科学中心供职。

汪德昭的这样一段经历，在当时鲜为人知。就连严济慈、钱三强等这样一些极熟悉他的老朋友当时都不理解他为什么要去东北。对此，汪德昭平静地说："我那时虽然还没有共产党人那么高的觉悟，但也懂得应当以国家、人民的利益为重。我想任何一个有良知的、正直的科学家，一个热爱祖国的人，处在我那样的地位，都会这么做,不去考虑个人安危的!"

5. 受命开创中国水声事业

在1956年初的全国知识分子问题会议上,周恩来总理发出号召,欢迎留学外国的科技工作者回来参加建设。早就想亲自投身祖国建设行列的汪德昭,再也按捺不住他那颗科学强国之心,欣然命笔疾书,请命回国。不久,他收到回信,中央同意他回国。周恩来总理还转告他:"凡是对人民作出贡献的人,人民永远不会忘记。"

1956年12月中旬,汪德昭一家三口人抛弃了在法国优厚的生活待遇,取道瑞士、奥地利、德国、波兰、苏联等国,回到北京,并很快受到了周恩来总理的接见。正在广招海外学子的中国科学院任命他为中国科学院原子能研究所的一级研究员、第九研究室主任,兼任中国科学院器材局局长。在1957年5月中国科学院第二次学部大会上,汪德昭同吴文俊、张文裕、张宗燧、钱学森、郭永怀等几位科学家一起,被增聘为中国科学院学部委员(院士)。

1956年,中央制定"12年科学技术发展远景规划"。当时负责科学技术的聂荣臻元帅亲自点将,授命汪德昭组建中国的水声研究队伍,发展中国水声事业。

水声科研是一个国家重要的尖端技术。前苏联把它看得与原子弹的"真空阀门"一样,视为最尖端、最重要的保密工作。汪德昭回国后,虽说有服从祖国需要,去从事任何工作的心理准备,但要他从自己熟悉的大气电学、原子能应用领域跳出来,以年过半百之躯,去专搞水声研究,组织和开创一个新的研究方向,还是没有充分的思想准备。当时,中国水声研究,既无成果,更无人才,一切都从零开始。在巨大的挑战面前,汪德昭愉快地接受了这个任务。

6. 拔"青苗"培养水声科研队伍

水声学是近代新兴的综合性尖端科学,是当代诸强争夺占地球70%的海洋和保卫海防的重要手段。临危受命的汪德昭,认识到水声研究的当务之急是建立一支水声学研究队伍。于是马上撰写报告,向中央建议立即从全国几所重点大学物理系高年级遴选品学兼优的学生提前毕业参加水声研究。周恩来总理同意抽调100名差半年至一年就要毕业的大学生,提前分配到中科院电子所参加水声研究。人们把这一措施形象地称为"拔青苗"。

这100名"青苗"开始参加研究工作的时候,多数人并不知道水声是什么?在连教科书也没有的情况下,汪德昭组织人员翻译俄文、英文资料、编写启蒙教材;重译柏格曼(P. G. Bergman)的《水声学物理基础》和秋林(B. H. Qiulin)的《声波在海水中传播的基本现象》等两本教科书,使一大批水声工作者掌握了基础理论。在培训班上,汪德昭讲了第一课。讲水声、水声物理、水声技术,深入浅出,非常清楚、非常形象、非常生动。同时,汪德昭甘当"工作母机",毫无保留地把自己从事科研的经验传授给大家,并归纳为"标新立异,一丝不苟、奋力拼搏,自己动手"十六个字。汪德昭还经常以"老鹰捕兔"的故事,引导学生在选题上动脑筋,下工夫。汪德昭说:"老鹰在觅食的时候,总是先飞得高高的,在高空盘旋,用它那敏锐的目光搜寻猎物,等到发现了目标,就会如闪电般地猛扑下去,紧紧抓住不放。一个好的科学工作者就应当像老鹰捕兔那样,在开始工作之前,先要进行多方面的调查研究,寻找并思考自己工作的"切入点"。等到酝酿成熟,就要下大力气,紧紧围绕课题锲而不舍地做下去,这样就有可能做出好成绩。"由他培养和带领的中国声学科技人才达到了近千名。

实践证明,这是一项非常英明的决策。时间隔得越久,越能显示出它的巨大作用。当年的100名"青苗",如今大部分已成为枝繁叶茂的大树。

7. 建立水声研究机构,明确发展战略

从1958年开始搞水声研究以来,经过几年的筹备、充实、提高,一个综合性的声学研究机构已经建立起来,除了水声部分,还包括空气声和超声等领域的研究,仍以水声为重点。汪德昭运筹帷幄,先后在南海、东海和北海各建立了一个水声科学研究站。水声学的基础设施和技术装备,如中国第一个大型水池,声学专用实验室,均已经完备,新生的科研力量已经形成队伍,成果和论文不断出现。1964年7月1日,正式成立了中国科学院声学研究所。59岁的汪德昭被任命为声学所第一任所长。

汪德昭经过深思熟虑,提出了中国水声发展战略并获得批准。即:"由近及远"、"由浅入深","由高到低","有合有分"。"由近及远"、"由浅入深",即先研究近海、浅海,后研究远海、深海。"由高到低"是指在声频率方面,先搞高频,再搞低频;"有合有分"则是指在进行海上考察或试验各种装备时,可以和中国各水声单位联合攻关,也可以独自进行。几十年来的实践证明,汪德昭提出的这一战略思想是非常正确的。

汪德昭为中国科学院声学研究所定的目标是,创建一个能在世界声学研究领域处于领先地位的中国声学研究单位。用他自己的说法,是要在国际声学研究这个大合唱中,中国至少要在几个方面处于"领唱"、"指挥"的地位。他坚持这个信念,颇有不达目的不罢休的气势。以致他的几位学生都说:"汪先生的事业心强,在科

学院的研究所所长当中是少见的。"

在汪德昭的带领下，中国科学院声学研究所走过了40余年的风风雨雨，经过广大声学工作者的奋力拼搏，声学所已经发展成为国内唯一、世界少有的国家级声学综合研究机构，形成了环境声学与噪声控制技术、超声学与声学微系统技术、水声物理与水声探测技术、语言声学与语音信号处理技术、声学制导与数字系统集成技术、数字音视频与宽带网络技术等六大优势学科，其研究水平和实力在国内声学界中处于领先的地位，在国际上也享有较高的知名度，为国民经济建设，国防安全和社会进步作出了重大贡献。

8. 惯看春花秋月，笑对人生坎坷

1966年，在"文化大革命"冲击下，汪德昭的所长职务被撤了。声学所也被解体，一部分人留在科学院，水声部分调到国家海洋局的第五研究所。

眼看着自己亲手开创的水声事业面临毁灭性打击，汪德昭忧心如焚。有人劝汪德昭退休，遭到断然拒绝："周总理交给我的任务，我还没有完成，怎么能退休！水声科研是我的岗位，我要一辈子死心塌地干下去！"

正是在这种信念的支撑下，汪德昭默默忍受了常人难以想象的痛苦，仍然一心惦记着科研工作。一次，设在某地的水下新技术装置发生了故障。这个装置是汪德昭和他的学生们的劳动成果，但此时，已经靠边站的汪德昭不可能到现场去了。于是，他私下找到科技处的彭汉民同志，递给他一元钱，告诉他，一旦有结果，赶快给他发个私人电报，通个消息。这就是汪德昭，一位潜心科研的老科学家身处逆境的高尚情怀！

一段时间，汪德昭在群众监督下，整天做打扫厕所的工作，成了"厕所所长"。对此，汪德昭没有丝毫怨言，默默地认真地完成这份新的工作，每天把厕所打扫得干干净净。针对一些年轻人"不拘小节"的习惯，他在小便池旁贴上纸条，上书"请垂直入射"五个字。汪德昭把科学术语用在这种地方，使人看了忍俊不禁，从心底里赞赏他的幽默，更敬佩他乐观旷达、笑对人生的积极态度。

9. 上书邓小平，重建声学所

十年动乱，给中国科学院声学研究所带来了三次体制上的变化：先是1967年划归国防科委领导；继而是1969年归属海军七院；最后是1970年，声学所被拆散——水声部分划归国家海洋局，空气声学和超声学部分并入中国科学院物理所。

"文化大革命"结束，1977年邓小平恢复工作，这年的8月10日，汪德昭夜不

能寐，彻夜疾书，给时任中共中央副主席的邓小平写了一封长信，请求邓小平帮助恢复中国科学院声学研究所。

汪德昭在信中，阐述了水声学这门学科的性质、任务、作用，中国水声的发展历史，"文化大革命"中，声学所遭解体、声学研究日益削弱、发展速度减缓、水声学的发展遭受挫折的现状，以及国际上的声学研究突飞猛进的情况，最后"以一个党内科技工作者"的身份，郑重提出建议："立即恢复中国科学院声学研究所……把分散的力量再集合起来，形成拳头，这样，就可以形成一个有一定设备、相当基础，九百多人的声学研究队伍（包括北海、东海、南海三个水声工作站）为研究声学基础理论起骨干作用，并为国民经济现代化服务。"在信中，汪德昭还婉言辞谢了当时有关部门准备让他当国家海洋局副局长的任命，表达了一个科学家"不愿当大官，只想搞研究"的人生观和价值观。

邓小平同志收到信后，当即审阅，挥笔批示："我看颇有道理，请方毅同志研究处理。"按照小平的批示，中国科学院和国家海洋局等都做了许多工作，重新将声学所分散的力量集中起来，完成了移交手续。1979 年 1 月，中国科学院声学研究所召开复所大会，汪德昭仍被任命为所长。

10. 浮舟沧海天为伍，大海扬波作和声

声学所重回中国科学院，再度出任所长的汪德昭立即投入科研第一线，他把目光直指海南岛南端的深海，准备进行中国有史以来的第一次深海水声实验。

当时，汪德昭已经 73 岁高龄，但是出于对水声研究的热爱和实验的重要性，汪德昭不顾家人的劝阻，执意要亲自披挂上阵，远航出征。1978 年 11 月 6 日下午 3 点钟，汪德昭踏上了出海的实验船，朝着预定的海域——西沙群岛东北海域驶去。

11 月的南海，浪高风大，汪德昭等科研人员乘坐的实验船又比较小，海风把实验船刮得像摇篮一样，船体摇摆达 30 多度，许多人都晕船、呕吐。汪德昭历来以不晕船在同事中享有盛名；有些人甚至认为他有在海上做实验的天生素质。其实哪里有这么回事！在许多时候，只是意志力的作用，使他坚持挺住而已。可是这一次却与以往不同了。或许是毕竟年逾古稀，岁月不饶人了；或许是因为风浪太大，加之又有好多年没有出海的关系……总之，这一次汪德昭也呕吐了，而且吐得很厉害。然而他还是坚持着，不肯躺下休息。当大家发现他开始吐黄水时，为了他的健康和安全，同志们不得不连劝带强迫性地把他扶进了船长室休息。刚刚躺下，船身剧烈抖动起来，竟把体重近百公斤的汪德昭从床上摔下来，向桌子上冲去。幸亏随行的陈秘书反应机敏，纵身一跃，挡在了他和桌子之间，双手抱住了他的身躯，才避免

了一场可能发生的不堪设想的严重后果。

就这样,在接下来的四天三夜,汪德昭带领参加试验的科研人员,克服了风大浪高带来的种种困难,终于胜利地按预定计划完成了任务。可是,正当他们准备返航之际,又出现了更意想不到的事故——一直欢叫的舰船发动机突然停止了喧闹,原来是船舵失灵,无法转向了,舰船在海上随风漂流起来,而且从方位上看,正在不偏不倚地向着与回程相反的西沙群岛漂去。……一束紧急呼救的无线电波射向天空,得到消息的南海舰队司令部紧急派出救生舰艇,经过十几小时的搜寻,终于使实验舰船有惊无险安全返回港口。

汪德昭曾讲过:"现在,中国水声科学在某些方面登上了国际舞台,有些已经走到了国际前沿。但是,为了祖国的荣誉,我们不能处于在国际水声学大合唱队伍中当一名队员,我们要有雄心壮志,争取有一天当上国际大合唱中的领唱者,不,是指挥者。"

声学所在汪德昭的领导下,各个学科重新进入了原有的发展轨道。全所人员意气风发,忘我拼搏,硕果累累。1979年一年内,就完成了近50项科研课题,其中重大的成果有14项。1979年12月,声学研究所受到了国务院的通令嘉奖。

30多年来,汪德昭指导他的学生们在水声物理的基础研究和应用基础研究方面,完成了许多高水平工作。在简正波研究方面,声学所发表了"浅海简正波的群速度与衰减系数"的普遍公式,被认为是在国际上第一次在简正波群速与衰减公式中考虑了波束位移与时延。声学所在美国《声学学报》上发表的有关浅海声场的"简正波过滤"的论文被美国的博士班选为教材;美国的浅海声场专家克莱为此曾向其上级打报告要经费,表示也要开展这方面的工作。他在报告中谈到"目前世界上搞这个问题的有两个中心,一个在法国马赛,一个在中国北京",足见他对中国科学院声学研究所的评价之高。此外,在声场时空相干特性,浅海声场研究,深海声场研究等方面的研究都取得了突出成绩。

特别是,浅海声场研究,经过多年的积累,已在国际上处于领先水平。不少著名的国际水声学家曾经表示,中国的水声研究可能仅次于美国。而美国 Gould 公司国防电子部的总裁则公开表示:在浅海声场方面,最有发言权的是中国。1986年著名信号处理专家美国普林斯顿大学(Princeton University)刘必治在访问声学所后,向汪德昭说,我看是国外到你们这里进修才行。1982年,联合国海洋委员会在法国召开专家咨询会议。到会15个国家22名代表,汪德昭是唯一的中国代表。议题是"到2000年海洋发展的目标"。会上,一位美国的海洋学家提出有一个海洋技术问题很重要,但是还没有得到解决。汪德昭听了,微笑一下,礼貌地站起来,说:

"我完全同意这位美国报告人的发言。但是，我可以告诉各位，他所提到的这个问题已经解决了！地点，就在中国科学院声学研究所。"声学所的研究成果和汪德昭的豪情与自信震惊四座。1992年第十四届国际声学大会、1997年首次国际浅海声学会议在北京召开，汪德昭代表主办国致辞。

11. 学界宗师，水声泰斗

汪德昭是深受尊敬的一位在国际上享有盛名的科学家。人们尊敬汪德昭的人品和他一生在多个学科领域所作出的重大贡献，尊敬他热爱祖国，为发展中国声学事业坚持不懈的奋斗精神，更尊敬他爱护后生，满腔热情培养年青一代科学家的高贵品德。

他认为，搞科研工作的人在战略上要勇于标新立异，在战术上要一丝不苟，在思想上要奋力拼搏，在行动上要亲自动手。

1982年中国科学院在召开第一次研究生工作会议时，特别邀请汪德昭在大会上介绍了培养优秀研究生的经验。汪德昭对在新的历史阶段怎样培养研究生，发表了自己的六点宝贵意见：

第一点，必须重视实验技术。实验技术的培训不能忽视，特别是数理学科方面。这样讲不是忽视理论，没有基础理论就谈不上研究。但更重要的是实验技术。

第二点，实验要自己动手。实在不能亲自动手的大的东西，或重复性太多意义不太大的工作可交别人干。

第三点，培养"拼搏"精神。培养研究生具有"拼搏"精神，不是一句空话，而是一件很具体的事情，应该从各个渠道，各种可能性上重视这一点。

第四点，研究生选题应该跟具体情况结合。以国家需要为导向。在研究生一入学的时候，就应该灌输这种思想，要尽可能地把研究课题与国民经济发展的需要挂上钩。

第五点，加强思想政治工作。培养研究生好比养花，要因人施教。主张导师必须严，对研究生以表扬为主，要身教言教。汪德昭指出，做研究生的思想政治工作时，要经常结合实际和他们交谈，首先要培养他们的爱国主义思想。

第六点，培养民族自尊心。我们决不可轻视自己，妄自菲薄；也不能夜郎自大。

汪德昭讲的这六点，正是他一生潜心培养年轻科技人才的经验之谈。也正是他多年苦心孤诣、殚精竭虑地关心年轻人的成长，才培养造就了一批中国水声研究的优秀人才，包括张仁和、侯朝焕、李启虎三位中国科学院院士，几十名研究员，室主任，以及更多的高级工程师。他们在水声物理、水声技术和水声工程等几个方面取得了丰硕成果,成为在国际水声科学界颇负盛名的科学家。

汪德昭曾任中国科学院近代物理研究所室主任,电子学研究所副所长兼室主任,声学研究所所长、名誉所长;中国电子学会会士,中国仪器仪表学会、中国声学学会理事长,中国海洋学会、中国海洋湖沼学会副理事长;中国医学影像技术研究会名誉会长;留法同学会理事长;中国科学院归国华侨联合会名誉主席;中国科学技术协会名誉委员;国防科工委水声学领导小组组长、顾问;国家科委海洋专业组学科组成员等职。还是法国物理学会和声学学会会员。

他曾任"理论物理丛书"副主编;《中国大百科全书·物理学》振动、波、声学分部主编;《中国科技史料》主编;《科技导报》顾问编委。还是英国《低频振动与噪声学报》编委。

汪德昭在50多年的科学生涯中,发表了约50篇学术论文,其中相当一部分是用法文、英文发表的。汪德昭总结了20多年来中国水声学的研究成果,与学生尚尔昌合作,撰写了中国第一部《水声学》专著,受到国内外同行的瞩目。

12. 淡泊名利学界楷模

20世纪50年代,汪德昭是与钱学森、郭永怀、钱三强、赵九章、李四光、严济慈齐名的科学家。但由于后来从事研究工作的特殊性,汪德昭逐渐退居幕后,不为世人所知,甘当开创中国水声事业的无名英雄。对汪德昭来说,个人的名利事小,国家的利益事大,这种信念,虽经"文化大革命"冲击,九死而犹未悔。

汪德昭经常告诫科研人员:我们攀登科学高峰,不可能由一代人完成,要无数代人的前赴后继,希望青年人踏在老一辈的肩上去攀登世界科学技术的最高峰。他不仅这么说,而且也是这么做的,他甘当人梯,造就出一批各个领域的学术带头人,用自己的思想和行为把全所的人凝聚到同一个目标的周围,使声学所人才辈出,成果累累。

1984年,79岁的汪德昭从声学研究所所长的职位上退了下来,担任了名誉所长。虽然人已经不在岗位上了,他并没有给自己"放假"或"退休";仍心系水声,和从前一样,继续关心着声学所的发展。用曹操在《步出夏门行》中所说的"老骥伏枥,志在千里;烈士暮年,壮心不已"来形容汪德昭,是太恰当不过了。

由于汪德昭很高的学术造诣和杰出的科研成就,荣誉也不请自来。1978年,汪德昭成为联合国教科文组织(United Nations Educational, Scientific and Cultural Organization)总干事阿马杜·马赫塔尔·姆博的"知名科学家小组"的成员之一。1980年,汪德昭获前法语区声学家协会(GALF)颁发的最高级勋章。1982年接受中国物理学会"从事物理工作五十年"荣誉证书及奖章。1983年荣获巴黎市政府荣誉奖章。1985年接受中国科学院"从事科学工作五十年"荣誉奖状。1988年接受国防科工委"献身国防科技事业"荣誉证章。1989年被国务院侨务办公室及中华全国侨联评为"全国优秀归侨、侨眷知识分子"。1991年秋，法国总统弗雷德里克·密特朗（F. Mitterand）派遣科研和航天部部长居里安教授来北京，授予汪德昭"法国荣誉军团勋章"。此外，汪德昭还三次收到了瑞典皇家科学院（瑞典语：Kungliga Vetenskapsakademien）诺贝尔物理学委员会的来函，请他帮助推荐诺贝尔物理学奖的候选人。1997年获得何梁何利基金科学技术进步奖。

13. 愿为人民鼓与呼

汪德昭是一位热心社会工作的科学家。在1950年重回巴黎之后，汪德昭当选巴黎学生会会长，为巴黎的留学生和华工做了大量的工作。他冒着生命危险，带领广大留法学生和华侨，与在法国的国民党特务和右翼分子开展坚决的斗争，积极宣传新中国，缝制了巴黎的第一面五星红旗，开展为抗美援朝募捐的活动。

1956年回国以后，汪德昭先后当选第一、二、三、四届全国人民代表大会的代表；第五、六届全国政协的常委和第七届全国政协委员。1961年9月加入中国共产党。作为人民代表，就要代表人民，为人民办实事，汪德昭是这样想，也是这样做的。

人们不会忘记中关村中学，是汪德昭院士为解决广大科研人员子女上学问题倡议创建的。当时，中关村地区由于科学事业的发展，科研人员大量增加，科研人员子女上中学的问题越来越突出。这时，许多人想起了时任北京市海淀区人大代表的汪德昭，纷纷单独或联名给他写信，请求他设法帮助，以解决后顾之忧。其中，有一封竟是由57位中年科技人员联名写的。

收到这些信，汪德昭非常着急，深知解决好孩子的上学问题是一件大事。在他多方呼吁、亲自筹集经费……中关村中学终于成立了。在建校初期还多次亲临学校向全体师生做报告。中关村中学蒸蒸日上，现在已成为北京市高中示范学校。汪德昭作为中关村中学的名誉校长，深受全校师生和学生家长的爱戴。

14. 鞠躬尽瘁，死而后已

1992年底，汪德昭在北京医院体检时，诊断患结肠癌。当工作人员把这个不幸的消息告诉汪老时，他很镇定，并果断地选择了保守治疗方案，继续坚持科研工作。1998年，因大腿骨折住进北京医院，未及骨伤痊愈出院，突然高烧不退。在病危弥留之际，对柳天明说："老柳啊，拿工作服来，我要做实验。"柳问："在哪呢？"他指窗户说："就在那里。"12月28日，汪德昭就这样，做着"实验"离开了人世！

二、汪德昭主要论著

Ouang T T（汪德昭）. 1936. Sur la num ration des particules en suspension dans lair. C R de l'Acadmie des Sciences, 203：855.

Ouang T T. 1937. Sur la grosseur des particules de fum e mises en suspension dans lair. C R de l'Acadmie des Sciences, 204：852.

Ouang T T. 1938. Sur le spectre de mobilits des gros ions. C R de l'Acadmie des Sciences, 206：239.

Ouang T T. 1939. Sur la formation des gros ions dans les gaz en functionde la grosseur des particules en suspension. C R de l'Acadmie des Sciences, 208：271.

Ouang T T. 1946. Sur la dispersion des ultrasons dans le sulfure de carbone. C R de l'Acadmie des Sciences, 222：1165.

Ouang T T. 1946. Sur l bsorption des ondes ultrasonores par le sulfure de carbone. C R de l'Acadmie des Sciences, 222：1215.

Ouang T T. 1952. Expriences et remarques sur la photophor es. C R de l'Acadmie des Sciences, 234：1542.

Ouang T T. 1954. Sur la mesure de la vitesse des ultrasons dans les liquidspar des indicateurs radioactifs. Le Journal de Physique et le Radium, 15：697.

Bergman P G. 1958. 水声学物理基础（上、下）：汪德昭，等，译. 北京：科学出版社

汪德昭. 1960. 我国水声装备最佳频率. 南海水声考察，6：23.

汪德昭，尚尔昌. 1981. 水声学. 北京：科学出版社.

主要参考文献

赵荣声. 1985. 回忆卫立煌先生. 北京：文史资料出版社.

石萧岩. 1989. 汪德昭//石萧岩. 新中国科技精英谱. 南京：江苏人民出版社：152.

柳天明. 1993. 汪德昭//卢嘉锡，等. 中国现代科学家传记·第四集. 北京：科学出版社：94.

陈恂情. 1995. 汪德昭院士传略. 北京：海洋出版社.

刘振坤，柳天明. 2008. 汪德昭. 北京：金城出版社.

撰写者

柳天明（1942~），高级工程师。毕业于哈尔滨军事工程学院三系，1967年分配到中国科学院声学研究所工作。先后任声学所办公室主任、所长助理等职。90年代担任汪德昭秘书等工作。

余 瑞 璜

余瑞璜（1906~1997），江西宜黄人。物理学家、晶体学家。X射线晶体结构分析强度统计学的奠基人之一。中国科学院学部委员（院士）。1929年东南大学毕业。1935年赴英国留学，1937年获曼彻斯特大学博士学位。1939年回国，曾任西南联合大学金属研究所代理所长；清华大学物理系教授；东北人民大学物理系主任、校学术委员会副主任等职。他主要从事X射线晶体学、金属物理、固体理论等方面的研究。30年代研制出中国第一台盖革计数器；1942年创立X射线晶体结构分析新综合法；1950年为救治抗美援朝战场上志愿军伤员，研制出中国第一只封闭医用X射线管。70年代在固体与分子电子理论研究方面取得了重要的研究成果。他创建东北人民大学物理系，为中国培养了一批物理学家和杰出人才；为中国X射线晶体学、金属物理研究事业的发展作出了重要贡献。1992年被国家人事部批准为有突出贡献的专家。

一、生 平 概 要

余瑞璜1906年3月10日生于江西省宜黄县，1997年5月19日因病于吉林省长春市逝世。享年91岁。

早年在江西省立第三师范求学，1925~1928年就读于国立东南大学（后国立中央大学）物理系，1929~1934年任清华大学物理系助教，在吴有训教授指导下研制出中国第一台盖革计数器，并用它指导学生进行近代物理实验。1935年考取庚子赔款公费生，赴英国留学，在英国曼彻斯特大学（University of Manchester）物理系攻读博士学位，师从诺贝尔奖获得者布拉格（W. L. Bragg）教授进行X射线晶体结构分析研究。1937年获英国曼彻斯特大学理学博士学位。1938年在北安普顿大学（University of Northampton）E. A. Owen教授处研习X射线金相学。1939年1月，携家眷历经艰辛返回祖国。1939年1月至1946年7月，余瑞璜在昆明西南联合大学金属研究所任职，1939年8月晋升为研究教授，曾任研究所代理所长。1946年8月至1952年8月，任清华大学物理系教授，期间于1948年秋至1949年6月赴美讲学、做研究。在获知人民解放军已过长江、新中国即将诞生后，他毅然放弃去麻省理工学院讲学、做研究的机会，几经周折，返回北京。1952年9月来长春东北人民大学（原吉林大学前身）创建物理系，任系主任，1955年当选为中国科学院首批学部委员（院士）。1956年参与制定了中国科学技术发展12年远景规划。1979年任原吉林大学物理系第一系主任。1980年4月至1992年12月，任吉林省第五届、第六届、第七届人民代表大会常委会副主任。1987~1992年先后任中国民主同盟中央参议会委员、常委。1992年10月被国家人事部批准为有突出贡献的专家。

二、学 术 生 涯

余瑞璜1906年3月10日出生于江西省宜黄县崇二都村。6~9岁读私塾，10岁去离家30里外的崇文书院读高小。12岁考取了江西临川省立第三师范学校。在这里他读了当时东南大学王季良教授撰写的《科学名人传》，牛顿、法拉第、居里夫人等大科学家的成就和感人事例深深地感染了他，使他对物理学产生了热爱和向往之情。1925年考入南京东南大学（曾先后改名为中央大学、南京大学，现名东南大学）物理系。1929年以优异成绩毕业，获得学士学位。在大学期间，作为胡刚复、叶企孙、吴有训、王进、张子高、熊庆来、何鲁、秉志等先生的弟子，受到先师们的影响，立志一生献身于科学和科学教育事业，致力于科学救国。大学毕业后，他得到刚为康普顿效应作出重大贡献的吴有训的赏识，受聘于清华大学物理系任助教，在吴先生指导下从事教学、科研工作。在清华大学时期，余瑞璜在吴有训指导下，先是试制了一台康普顿二像静电仪，其灵敏度可测出三个电子。1929年盖革计数器制作方法在国外报道后，1930年余瑞璜就制出了中国第一台盖革计数器（当时在国外也只有德国刚刚制成）。1932年，他发表了第一篇学术论文"关于氩的X射线的吸收和散射简报"，论文不久就被康普顿效应的发现者康普顿（A. H. Compton）教授在他的著作《X射线的理论与实验》（X-Rays in Theory and Experiment，1935）中引用，以说明X射线的散射系数不同于经典散射系数。

1935年，他考取留英公费生。当时，日本帝国主义占领了东三省，侵略者的铁蹄正践踏在祖国的大地上。清华大学全校师生员工聚集在大礼堂里，失声痛哭，为国耻而激愤，大家深深感觉到应该把科学研究放在生产建设上，以使国家富强。余瑞璜怀着满腔报国热忱，决定改变自己的研究方向。原来他一直从事的近代物理实验是以核物理为主要内容的，但在当时原子能尚未被利用的情况下，核物理还是一种基础研究，对国家生产没有直接用处，于是他毅然改变了科研方向。到英国曼彻斯特大学物理系学习，在诺贝尔奖获得者、X射线晶体结构分析创始人、布拉格定律发现者 W. L. 布拉格教授指导下进行 X 射线晶体结构分析研究。1935~1937 年，余瑞璜在布拉格教授指导下进行了复杂晶体结构的分析研究。他用摆动晶体 X 射线谱仪分析了溴酸锌和硝酸镍铵的晶体结构。为使单晶体在摆动时受到均匀照射，他改进了谱仪的摆动。这项改进对需要均匀摆动的装置有普遍意义，曾被国外学者采用。他用傅里叶综合法分析了溴酸锌的晶体结构。在用傅里叶综合法定出溴原子坐标后，又实际观察到原子的第一衍射环。他创造性地用晶体的傅氏综合图减去溴的这一衍射环，消除了"鬼影"，接着又对溴锌原子进行类似处理。用这个方法他首次解决了结构分析中的"鬼影"问题。布拉格教授对他这一贡献给予了很高评价。在对硝酸溴氨分析时他发现了室温下 NO_3^- 基团的反常热振荡，在博士论文答辩时也受到了布拉格教授的赞赏。

1937 年获博士学位后，他的导师建议他去 W. H. 布拉格（W. L. Bragg 之父）领导的英国皇家研究所做实验工作。但当时中国正处于抗日战争时期，吴有训建议他学习国家急需的金属学后尽快回国，然后回到西南联大建立清华金属研究所。余瑞璜不得不做出新的抉择：到皇家研究所工作，当然对他的前途十分有利，当时他的妻子女儿均在身边，无任何后顾之忧；反之，带领全家回国，日本帝国主义在南京大屠杀，并正进攻武汉，不仅前途茫茫，而且全家人均有生命危险。经过再三考虑之后，他深深感到作为中华民族的儿女，理应奔赴国难，不能再踌躇。因此断然放弃了去皇家研究所的机会，而到北威尔士大学（University of Wales, Bangor）罗伯特·欧文（R. Owen）教授的实验室进行 X 射线金相学的研究，为回国工作做准备。于是他先后在北安普顿大学进行 X 射线金相学研究，在伯明翰大学（University of Birmingham）学习金属学与热处理。1938 年 9 月携眷返回祖国。回国后在西南联合大学清华金属研究所进行研究工作的同时还为矿物系学生讲授晶体结构。

1939 年，在西南联合大学清华金属研究所，余瑞璜全身心地投入了艰苦筹建清华金属研究所 X 射线方面的实验和理论研究工作。由于战乱，购买的仪器在运输途中全部损失，一切都得白手起家。在城内天天遭轰炸的情况下，他们在昆明郊区大普吉屯的小平房里，克服了重重困难，建起了 X 射线实验室。他借用昆明中央机器厂的高压变压器，用自制的水晶管和真空抽气机做成了中国第一个连续抽空 X 射线管，并用它重复了印度拉曼（C. V. Raman）刚发现的氯化钠弥散衍射实验，分析了云南、贵州两省的硬铝石铝矿。

1938~1949 年期间，余瑞璜除在其他杂志上发表的文章外，在英国《自然》杂志上发表了 6 篇文章，其中一篇是在 1938 年发表在英国，一篇是 1949 年在美国时发表，其他 4 篇研究工作均是在昆明做的。他主要是发展了新综合法，从 X 射线衍射的相对强度数据确定了绝对强度，1942年发表于英国《自然》杂志上，当时此稿的审稿人是威尔孙（A. J. C. Wilson，国际结晶学杂志的总编辑，皇家学会会员）。余瑞璜文章中异于常人的思想是认为Patterson原点峰中会有重要的强度的信息，他应用自己发展的新综合法来提高分辨率，这就是"从X射线衍射相对强度确定绝对强度"的著名文章。当时威尔孙不理解，怀疑它的正确性，就与亨利·李普森（H. Lipson，皇家学会会员，是与余瑞璜同时从师Bragg的同学）讨论。李普森建议"新综合法不好理解，何不用一般的傅里叶分析方法找个例子试试"，威尔孙用明矾和硫酸铜做了试验，又做了技术上的改进，把结果发表于余瑞璜文章之后未另写标题。这是历史上从未有过的现象，这就是后来人人引用的威尔孙方法，其基本思想方法来自余瑞璜。

威尔孙在1978年6月5日给余瑞璜的信中说："1942年在《自然》杂志上发表的我们的文章，被引用的次数是我其他文章被引用的总合。"因为1949年后余瑞璜与国际科学界完全失去联系，李普森也在1978年6月27日给余瑞璜的信中说："你是否知道战争时期你在《自然》杂志上发表的快报开辟了X射线强度统计整个科学领域。"余瑞璜这一思想后被麻省理工学院（Massachusetts Institute of Technology）马丁·朱利安（M. J. Buerger）教授在其经典著作中称为"余的天才的思想"，他所发表的数十篇文章在国际结晶学界产生强烈反应，被公认为世界X射线射线晶体结构分析强度统计的主要奠基人之一。

余瑞璜在X射线晶体学方面的贡献得到了国际晶体学界的承认。在1962年国际晶体学会出版的《X射线衍射50年》这一总结晶体科学发展史册中，就有三处提到了余瑞璜的名字。书总编辑埃瓦尔德（P. P. Ewald）指出："我对中华人民共和国知之甚少，但知道在那里有着第一流的晶体学家，比如余瑞璜（S. H. Yu）"。

抗战胜利后，1946年余瑞璜随校北返，在清华大学物理系任教授，兼任北京大学地质系和北京师范大学教授。除了继续进行新综合法的研究工作外，他还担任了物理系一至四年级的各种课程的教学工作。

1948年8月，他接受美国国务院法尔布瑞特美中交换教授讲座的邀请，去波士顿麻省理工学院地质系进行讲学和研究。在途经加州理工学院（California Institute of Technology）时，受该院教授、化学家、诺贝尔奖获得者鲍林（L. Pauling）之邀，在该院作短期讲学和研究。当他将要离开加州时，得悉解放军过了长江，祖国即将解放，他立即放弃去麻省理工学院讲学的机会，毅然坐飞机到香港，接出家眷，乘英国太古轮船公司第一艘开往解放区的轮船回到祖国，在北京参加了中华人民共和国开国大典。当听到毛主席宣布"中国人民从此站起来了"的声音时，他回想起过去半生所见到的国家忧患，禁不住热泪盈眶，欣喜若狂。此后，余瑞璜先生在清华大学任教。

1950年，为救护朝鲜战场上的志愿军伤员，他制作了中国第一个永久性医用真空X射线管。毛主席曾派有关领导专程到清华大学向他表示慰问。

在清华大学任教期间，余教授与当时的钢铁局局长陆达一起建立了中国金属学会，并建议在全国各大工厂建立X射线方法的化学分析及显微金相实验室。随着钢铁工业的发展，余瑞璜教授越来越关注青年科技人才的培养问题。鞍钢恢复生产以后，他亲自介绍自己的优秀学生陈篪、胡玉和、姚卫薰等到那里工作，他们成为建设鞍钢的骨干力量。1952年，当他得知国家要在东北工业基地建立一所综合性大学的消息时，他说服妻子，离开他居住多年的心爱的清华园，到长春筹建东北人民大学物理系，为东北钢铁基地培养人才。在筹建物理系的过程中，为全面建立各个专业，余教授搜集了自1930年起的物理学方面的英、美、法国的旧杂志；在教育部的支持下，他亲自出去购买了大量建设实验室的基本仪器和精密仪器。他还亲自抓教学，听教师试讲，有步骤有计划地送青年教师出去进修。在余瑞璜以及他的同事们霍秉权、郑建宣、朱光亚、吴式枢、芶清泉、黄振邦、解俊民等教授和全系师生员工的努力下，到1957年吉林大学物理系就为国家培养了一批人才，成为在国内享有一定声望的物理系了。

1955年余瑞璜被选聘为中国科学院学部委员。

1956年，在周总理所领导的全国第一届科学规划会议上，余瑞璜提出了发展半导体、电子学及钛与其他轻金属的合金三个科学项目的建议，受到了国家的重视。

1957年余瑞璜在政治上遭受了挫折，被错划为"右派"。

1960年余瑞璜着手进行"固体与分子经验电子理论"研究。10年动乱中，他在东北农村的土炕上，用一台手摇计算机，建立了"固体与分子经验电子理论"。没有稿纸，他就到供销社去买小学生用的大字本，两年的时间，写出了几十本科学研究资料。在任何条件下，余瑞璜都在孜孜不倦地求索。"固体与分子的经验电子理论"是他近二十年来一直从事研究和建立的理论。远在1936年，他就曾听到过关于金属电子理论的报告，印象极深。1948年鲍林（W. Pauling）的金属理论发表后，他全面地学习了这一理论，并把它和休姆-罗瑟里（Hume-Rothery）的理论做了比较，觉得他们一个从物理的观点，一个从化学的观点看问题，彼此矛盾很大。多年来他经常思索这个问题，根据自己多年科学研究的经验，他理解到，一般化学书上的化学价是从液体或气体的化学反应中得到的，他认为研究固体中原子的价电子结构应该根据固体中原子结合的具体实验所得到的数据中去进行分析处理。为了这个理论，他从 1962～1978 年间对门捷列夫元素周期表中的 78 个元素，1000 多个化合物晶体的结构进行分析，以现代许多实验成果，特别是 X 射线衍射、中子衍射、电子衍射、磁学实验等大量数据为基础，吸取前人的精华，创立了统一的、互不矛盾的、一级近似的经验规律，在 1978 年首次发表了一个经验电子理论——固体与分子经验电子理论。他提出四个基本假设：

(1) 在固体与分子中，每个原子一般由两种原子状态杂化而成。这两种状态叫做 h 态和 t 态，每种元素至少在一种杂化态中有一个态在基态或靠近基态的激发态。两个态都有自己的共价电子数 n_0。在金属元素中，至少有一个态含"晶格电子"（n_1）。在共价和含部分离子性的共价结构中的组成原子总有相应的单键半径 R（1）。

(2) 在一般情况下，状态杂化是不连续的。若 C_t 表示 t 态在杂化状态中的成分，则在多数结构中，C_t 将由下式给出：$C_t = 1/(1+K_2)$，其中 K 是 h 和 t 态中 s，p，d 的共价与晶格电子数函数。

(3) 除完全离子性晶体（如氯化钠）外，结构中两个相近原子 u 和 v 之间总有共价电子对存在，电子对的对数可用 n_α 表示，两个原子间距离即共价键距表示为 $D_{uv}(n_\alpha)$。按鲍林的理论为 $D_{uv}(n_\alpha) = R_u(1) + R_v(1) - \beta \lg n_\alpha$。

(4) 对 B 族元素和过渡金属以及 Ga，In，Ti，在固体中，它们的原子有一部分外层 d 电子在空间扩展，以致它对共价键距的影响等效于最外层的 s 或 p 电子的作用；对于 Cu，Ag 和 Au，p 价电子取向在不同单胞中混乱分布，以致其平均效果与 s 电子等效。但所有等效电子在对结合能的贡献上总保持原有特性。同时，他还给出了一个用经验电子理论计算价电子结构的方法，即键距差（BLD）方法。国内已有数十名中高级科学工作者在进行经验电子理论方面的研究。最重要的进展是余瑞璜对电子化合物中过渡元素化合价的研究。他通过对化合物中过渡元素原子中的 s，p，d 价电子，等效于 s，p 的 d 电子等的巧妙分析，把鲍林和休姆-罗瑟里对这些过渡元素化合价的互相矛盾的理论统一起来了，同时揭示了休姆-罗瑟里电子浓度规则中过渡元素为零价的物理实质。由余瑞璜给出的这个微观精细价电子结构图像计算方法，被应用于计算晶体结合能、熔点、高压相变的转变压强、合金相图等，都与实验结果吻合得很好。

1982 年以来，他继续任吉林大学物理系教授，并兼任暨南大学、沈阳工业大学、吉林工业大学、大连工学院等校教授，吉林大学物理系名誉主任、校学术委员会副主任，吉林省人民代表大会常务委员会副主任和民盟中央参议委员会常务委员等职。

三、主 要 成 就

1. 制作了中国第一个计数器

1930 年余瑞璜在吴有训指导下，制作了中国第一个计数器，并用这个仪器给学生进行了许多近代物理实验。1932 年，他发表了第一篇学术论文"关于氩的 X 射线的吸收和散射简报"，论文不久就被康普顿效应的发现者 A. H. Compton 在他的著作《X 射线的理论与实验》中引用。

2. 研制出了中国第一台连续抽空 X 射线管

1939 年，在西南联合大学清华金属研究所，余瑞璜研制出了中国第一台连续抽空 X 射线管，并用它重复了印度拉曼刚发现的氯化钠弥散衍射实验，分析了云南、贵州两省的硬铝石铝矿。

3. 建立 X 射线晶体结构分析强度统计学

余瑞璜提出了晶体分析 X 射线数据的新综合法，又相继提出了一种由相对 X 射线强度资料确定绝对强度的方法。先后发表在英国的《自然》杂志上的六篇文章，对 X 射线晶体结构分析产生了重大的影响，成为 X 射线晶体结构分析强度统计学的基础。1960 年被麻省理工学院马丁·朱利安所写《晶体结构分析》的经典著作一书中全面引用。在世界结晶学界纪念劳埃实验五十周年的学术会议上，总结 X 射线结构分析发展史的报告中，提到的唯一的一个中国人就是余瑞璜，在世界科学史上为祖国赢得了荣誉。

4. 制作了中国第一个永久性医用真空 X 射线管

1950 年，为救护朝鲜战场上的志愿军伤员，他制作了中国第一个永久性医用真空 X 射线管。

5. 固体与分子经验电子理论

余瑞璜创立了固体与分子经验电子理论，其中最重要的进展是余瑞璜对电子化合物中过渡元素化合价的研究。他通过对化合物中过渡元素原子中的 s，p，d 价电子，等效于 s，p 的 d 电子等的巧妙分析，把鲍林和休姆-罗瑟里对这些过渡元素化合价的互相矛盾的理论统一起来了,同时揭示了休姆-罗瑟里电子浓度规则中过渡元素为零价的物理实质。由余瑞璜给出的这个微观精细价电子结构图像计算方法,被应用于计算晶体结合能、熔点、高压相变的转变压强、合金相图等,都与实验结果吻合得很好。

四、余瑞璜主要论著

Yu S H(余瑞璜). 1932. Note on absorption and scattering of X-rays by Argon. Sci Rep Tsing-hua Univ, 1: 155.

Yu S H, Beevers C A, Bromate-Hexahydrat Z. 1936. $Zn(BrO_3)_2$, $6H_2O$. Z Kristallogr, 96 (A): 194.

Yu S H. 1938. Evidence of Abnormal Behaviore of NO_3 in Cubic Crystal, $Ni(NO_3)_2 6NH_3$. Nature, 141: 158.

Yu S H. 1942. A new synthesis of X-ray data for crystal analysis. Nature, 149: 638.

Yu S H, Ho C P. 1942. A new X-ray synthesis. Nature, 149: 729.

Yu S H. 1942. Determination of absolute from relative X-ray intensity data. Nature, 150: 151.

Yu S H. 1942. Formation of a double crystal aggregate and the structure of the intermediate temperature modification of $Ni(NO_3)_2 6NH_3$. Nature, 150: 347.

Yu S H, Ho C P. 1943. A new method of analysis of X-ray data for the determination of crystal structure-Its application to iron pyrites. Sci Rec Aca Sin, 1: 111.

Yu S H. 1943. The space group of $NiCl_2$, $6NH_3$, $NiBr_2 6NH_3$ and $NiI_2 \cdot 6NH_3$. Sci Rec Aca Sin, 1: 151.

Yu S H. 1943. An improved algebraic method for the determination of crystal structure from X-ray data. Sci Rec Aca Sin, 1: 109.

Yu S H. 1944. X-ray analysis of the structure of KH_2PO_4 by the improved algebraic method for crystal analysis by X-rays. Sci Rec Aca Sin, 1: 361.

Yu S H. 1944. New development on the correlation matrix for crystal analysis by X-rays. Sci Rec Aca Sin, 1: 356.

Yu S H. 1949. Determination of absolute intensities of X-ray reflexions form relative intensity data. Nature, 163: 375.

余瑞璜. 1978. 固体与分子经验电子理论. 科学通报, 23: 217.

余瑞璜. 1979. 铝-镁二元金相 α、δ 相以及 γ-$Al_{12}Mg_{19}$ 相的价电子结构分析. 吉林大学自然科学学报, (4): 54.

余瑞璜. 1981. 固体与分子经验电子理论——等效价电子假定. 科学通报, 26: 206.

余瑞璜. 1982. A-Fe, γ-Fe 和 Fe_4N 的价电子结构和磁矩结构分析. 金属学报, 18: 337.

余瑞璜, 张瑞林. 1982. 奥氏体低温分解形式下贝氏体中的 ε-Fe_3C 相的价电子结构分析. 金属学报, 18: 444.

余瑞璜, 刘兆芸. 1985. 稀土镁球墨铸铁的共格球化. 金属学报, 21: A64.

主要参考文献

张瑞林, 陈岗. 1996. 智慧的长者——余瑞璜. 物理, 25 (11): 698.

周航. 1982. 五十年沧桑话今昔. 物理实验, 2 (4): 146.

胡南琦. 1998. 我国著名物理学家余瑞璜先生光辉的一生. 物理通报, (11): 35.

撰写者

张瑞林（1934~），吉林大学材料科学与工程学院教授。余瑞璜的学生和助手。

陈岗（1958~），吉林大学教授、副校长。余瑞璜的学生。

王春忠（1965~），吉林大学物理学院教授。

郭贻诚

郭贻诚（1906～1994），河北武清人（生于北京）。物理学家和教育家。中国磁学和磁性材料教学和研究的奠基人之一。1928年北京大学毕业。1936年公费赴美深造，1939年获加州理工学院博士学位，同年9月回国。曾任山东大学物理系主任、理学院院长、副教务长，兰州大学磁学教研室主任，山东大学物理系磁学教研室主任；兼任中国物理学会山东省物理学会理事长等职。1981年被国务院学位委员会批准为首批博士生导师。1990年首批享受政府特殊津贴。郭贻诚在中国最早开展磁性薄膜的研究。先后领导了铁氧体磁性材料、磁膜存储器、微波铁氧体材料和器件、非晶态磁性等课题的研究，并在微磁化理论、磁性薄膜和非晶态磁性的研究工作中取得了重要成果。1956年创办了山东大学磁学专业并建立了磁学实验室。编著出版的《铁磁学》是中国第一部铁磁学专著。他与王震西主编出版的《非晶态物理学》是中国第一部系统论述非晶态物理的专著。从事物理学教学和科研50余年，为中国培养了一批科技人才。

一、生平概要

郭贻诚生于1906年10月6日，河北省武清县人（现属天津市）。字式榖，曾用名伯遗。1994年11月28日因病在济南逝世，享年88岁。

1922年考入北京大学预科，1925年预科毕业，入本科物理系。1928年7月毕业于北京大学物理系，获理学学士学位。1929年任北京中法大学居里学院助教，1931年任国立山东大学物理系讲师。1936年8月获公费资助，赴美国加州理工学院（California Institute of Technology）攻读博士学位，师从诺贝尔物理学奖获得者安德孙（C. D. Anderson）教授，从事宇宙射线粒子研究。1939年以优异的成绩获得哲学博士学位。

1939年9月底从美国回到上海，先后任浙江大学龙泉分校物理系副教授、教授（1939～1941），燕京大学数学系讲师（1941～1942），北京师范大学物理系教授（1942～1945），北京临时大学第七分校物理系教授兼系主任（1945～1946）。1946

年之后回到青岛山东大学任物理系教授，先后被任命为物理系主任（1947～1958），理学院院长（1950～1952），山东大学副教务长（1952～1966），1959 年以后任物理系磁学教研室主任及高校科学研究委员会副主任委员，1979 起任山东大学学术委员会副主任。

1956 年创办了山东大学磁学专业并建立了磁学实验室。1957 年，兰州大学和山东大学合办了一个"兰州大学磁学教师进修班"，郭贻诚被借聘任兰州大学物理系磁学教研室主任。1959 年回到山东大学，任物理系磁学教研室主任，正式开始磁学和磁性材料教学和研究工作。先后领导了铁氧体磁性材料、微磁化理论、铁磁薄膜、磁膜存储器、微波铁氧体材料和器件、非晶态磁性薄带和薄膜等课题的研究。1964 年，山东大学磁学实验室被批准为教育部所属重点实验室。1981 年郭贻诚被国务院学位委员会批准为首批博士生导师。1990 年首批享受政府特殊津贴。

郭贻诚不仅是一名有造诣的学者，同时也是一位知名的社会活动家。1951 年他参加了中国民主同盟（简称：民盟），曾任民盟青岛市委常委、民盟山东省委员会副主任委员、二、三届主任委员、名誉主任委员、民盟中央参议委员会委员（1992）；曾当选青岛市第三、四届人大代表和政治协商委员会委员（1950～1951）；山东省第五届人大代表（1977）；第二（1959）、三（1964）、五（1978）、六（1983）届全国人大代表；曾兼任济南市副市长（1966 年）；山东省第二、三届中国人民政治协商会议常委，第四、五届政协副主席。曾任中国物理学会理事（1950～），山东省物理学会理事长（1960～1985），1985 年以后被推选为山东省物理学会名誉理事长等职。1992 年加入中国共产党。

二、学 术 生 涯

1906 年郭贻诚出身于北京一个教师家庭，其父通过科举做过清朝的一个小京官，民国时期，做中学和大学教员三十年。郭贻诚自幼受到良好的家庭教育，在北京公立第三中学上学时就学业出众。他喜欢文学，爱好京剧，但最喜欢的还是数理课程。

1936 年，郭贻诚在美国加州理工学院攻读博士学位期间，在安德孙教授的指导下先后拍摄、观测、分析了 2000 多张宇宙线照片，从中找出了 μ 介子（当时叫重电子）的轨迹，为安德孙发现 μ 介子提供了新的证据。他是最早进行这项研究的中国人。安德孙教授因此项发现获得了诺贝尔奖。在这项研究工作中，1939 年郭贻诚完成了他的博士论文"宇宙射线粒子经过轻元素的吸收"，以优异的成绩获得了博士学位。

正当郭贻诚在科学研究上可以施展才华的时候，日本帝国主义的铁蹄践踏了大半个中国，郭贻诚为中国人民奋起抗日精神所激励，毅然放弃了在美国的研究工作和优越的生活条件，于1939年9月回国。

回国后他先后在几所大学中执教，主讲过普通物理、物理实验、光学、电磁学、理论力学、量子力学、热力学和铁磁学等课程，并亲自辅导普通物理实验和参加实验室建设。他除了在讲课中编写了大量讲义外，还和杨肇燫等人合译并出版了《大学物理》一书。

磁学是一门古老的学科，它展现出丰富的物理现象和效应，是凝聚态物理的重要组成部分，并在电子工业和国民经济的发展中起着巨大的作用。在经济和科技高度发达的今天，从电力工业、电子学领域、计算机、原子能、航天技术到人们的日常生活，无不渗透着磁学的最新成就。但在旧中国，磁学却是一个空白专业。新中国成立后，郭贻诚很快转到磁学研究。1956年他在山东大学创办了磁学专业，当时称为磁学专门化。这是国内高等院校中最早成立的五个磁学专业之一［另外四个分别是北京大学、兰州大学、南京大学和东北人民大学（1958年更名为吉林大学）］。1957年9月，兰州大学和山东大学合办了一个"兰州大学磁学教师进修班"，郭贻诚借聘去任兰州大学磁学教研室主任，另外还有四位教师一同前往参加进修班，上述四所大学也派人前往进修。在那里他们与苏联专家巴尔费诺夫合作，一起从事磁学研究工作。在与苏联专家合作研究期间，郭贻诚没有盲目崇拜国外学术权威，学术上遇到不同见解时，他大胆发表自己的意见，重大问题从不让步，结果触动了苏联专家的高傲和自尊。这在当时的大气候环境下是决不允许的，这被看做是影响了中苏友好关系，郭贻诚为此被撤销了磁学教研室主任的职务，并责令他作出深刻检查。1959年7月，他由兰州大学回到山东大学。时隔不久，组织上对他进行了正式甄别，否定了他的错误。这一事件显示出他在学术上坚持正确观点，不畏权威的优秀品质。

从山东大学磁学专业一成立就开始招收磁学专业的学生，第一届学生是在兰州大学上的磁学专业课。1959年郭贻诚回到山东大学以后便正式开始了山东大学磁学专业的建设和培养学生的工作。他每年招收磁学专业学生，学生最多的时候，每届达四十余人。到"文化大革命"前，他一直坚持在"铁磁学"的教学第一线，自己编写讲义。他授课一贯认真负责，重视学生基础知识的提高。他对基本概念讲解清楚，由浅入深，把枯燥无味的基本理论讲解得形象生动，使学生容易消化吸收。他既授课又辅导，引导学生熟悉做题方法，通过习题更加牢固掌握基本理论。他治学严谨，待人宽厚，深受广大师生喜爱。经过多年的教学和科研实践，1965年高等教育出版社出版了郭贻诚的专著《铁磁学》，并于1982年由人民教育出版社再版。这是中国第一部磁学专著，它系统总结了磁学方面的各种基本理论，涉及面广泛，从物质的磁性起源，铁磁性的基础理论，到物质的特殊磁性质。这本书长期以来成为中国大学磁学专业的主要教材和参考书。在国内外都有较大影响。美国磁学专家司徒勋（R. F. Soohoo）于1980年来中国访问时，称赞这是一本好的教科书。日本磁学专家近角聪信（Sōshin Chikazumi）看到此书后，立即写信给郭贻诚表示赞赏。1982年10月他到山东大学访问时说："这本书在日本大学很受欢迎，是日本磁学专业学生的参考书之一。"

"文化大革命"中学校招收工农兵学员，郭贻诚也招收了磁学专业的学生，成为学校第一批给工农兵学员上课的教师之一。他亲自讲授磁学专业课，针对当时学生基础差，学时短的情况，他采用合理的教学方法，编写了《磁性材料物理》讲义，这样可以略去正常教学中繁杂的数学推导，把深奥的理论用简洁而通俗的语言，清晰地讲解出来，使学生尽可能地学到一些有用的磁学基础知识。"文化大革命"后，当时听课的年青教师走上讲台，在讲授同样内容的课时惊奇地发现，当时郭贻诚一堂课所讲授的内容，他们需要好几堂课才能表述清楚，因此，对郭贻诚的教学艺术深为敬佩。"文化大革命"后期，学校搞开门办学。1975年暑假，年近70岁的郭贻诚响应号召，和青年教师及学生一起来到青岛磁钢厂，和工人"同吃同住同劳动"。当时正值酷夏，五个人一个房间，睡硬板床，生活条件很差，但他从无抱怨情绪，每天精神饱满，在车间里指导青年教师和工人搞技术革新。他平易近人，没有架子，所以，后来当工人得知他是从美国归来的知名教授时，无不深受感动，他因此也深受大家的尊敬和爱戴。三个月后，在离厂前的一次联欢会上，在工人的盛情邀请下，他登台唱了一段革命样板戏，他高水平的演艺，在会场引起了经久不息的掌声，在观众的一再要求下，他多次登台谢场。参加过这次联欢会的人每当回忆起当时的情景，总是感慨万分。1977年高校恢复高考，山东大学磁学专业又重新开始正常招生，郭贻诚又以饱满的情绪，迎接新形势下的教学任务。

自20世纪60年代初郭贻诚即开始招收磁学专业的研究生，那时没有现成的教学模式，所有课程都由他确定和安排，磁学方面的专业课由他亲自讲解和辅导，并定期检查研究生的学习情况，安排参考书和参考文献。1979年，他招收了磁学专业的第一批硕士研究生。国家恢复学位制度以后，1980年山东大学磁学专业被首批批准为博士点单位，郭贻诚成为国家教委所属磁学专业首批博士生导师，从此他在磁学专业既招收硕士生也招收博士生。1984年，他已年近80岁，一次就招收了10名硕士生，虽然这些学生有其他教师帮助辅导，帮他带毕业论文，但他对每个学生仍十分关怀，经常找他们了解学习情况，确定研究课题，帮助解决学习和研究工作中的困难，所以他对每位研究生的情况十分了解。郭贻诚治学严谨，桃李满天下。多年来，他培养的几代磁学专业的学生有几百人，他们遍布全国各地的工厂、研究所和大学中，成为中国磁学事业发展的生力军和骨干力量。

郭贻诚不但是一位物理学教育家，也是中国知名的从事磁学研究的专家。他从创建山东大学磁学专业开始就一直把磁学研究放在重要位置，时刻关注国际上磁学研究的最新动向，开展有特色的研究课题。同时，他也注意把科研与教学结合起来，用科研带动教学，把研究成果反映到教学中，逐渐提高教学水平。在山东大学磁学专业成立初期，他就带领课题组的成员开展了永磁铁氧体的研制工作，这在当时属国内开展此项研究最早的单位之一，制成的磁体性能优良，并能小批量生产，受到国内同行的赞赏。不久，他又领导开展了镁锰矩磁铁氧体材料和镍锌高频铁氧体材料的研制工作，为中国铁氧体磁性材料工业的发展作出了贡献。在这段时间内他还做过铁微粉的研究工作。

为了满足国家对于计算机快速磁膜存储器的需求，1963年，他领导开展了磁性薄膜的研究工作。他领导的课题组承担了教育部下达的重点科研项目"铁磁薄膜研究"。在当时困难的条件下，郭贻诚带领研究室的全体成员，在山东大学磁学研究室很快建立了镀膜设备，自行制造了克尔磁光效应磁畴观察仪、磁转矩仪、铁磁共振仪以及测量铁磁薄膜静态和动态磁特性的各种设备，为深入开展磁性薄膜研究打下了良好的实验基础。1964年，山东大学磁学实验室被批准为教育部所属重点实验室，在新的有利条件下，郭贻诚领导研究室人员围绕用于计算机的磁膜存储器开展了磁性薄膜的应用研究。经过课题组的共同努力，在70年代初，研制成功了一台216×50字位的磁膜存储器样品，并送国防科工委进行读写测试。与此同时，他也领导课题组成员对铁磁薄膜开展了广泛的基础理论研究，围绕Ni-Fe薄膜开展了单轴磁各向异性及其角分散、磁畴结构、畴壁位移、静态及动态磁特性等的研究工作。他还开展了微磁化理论研究，对布朗（W. F. Brown）理论及结果作了精辟的阐述。在自旋波理论方面，他进行了深入的研究并在改进计算过程方面提出了新的方法。他还开展了表面磁性研究。1962年4月8日在江苏无锡召开的"第一届全国磁学和磁性材料会议"上，他发表了《Ni-Fe薄膜的磁各向异性》的论文；1964年他在全国磁学讨论会上发表了《微磁理论》；1978年在庐山召开的中国物理学会学术讨论会上发表了《表面磁性》的论文；1979年在济南由他主持召开的第二次全国磁学讨论会上，他发表了《自旋波动》的论文。这些论文都受到了同行专家的好评，对中国磁学研究起了推动作用。

1976年以后，郭贻诚领导的课题组在国内最早开展了非晶态磁性的基础研究工作，后来转为非晶态磁性薄膜的研究。在他的努力争取下，这一研究课题被列入了国家科委"六五"重大研究课题中，并得到了中国科学院自然科学基金和教育部博士点基金的资助。其有关研究一直进行了十多年，成为国内有特色的研究课题。其相关成果在国内外学术刊物上发表了多篇有影响的论文。"文化大革命"结束以后，他多次以高校代表团团长身份带队参加国际学术会议，把非晶态磁性的研究成果带到国际会议上发表。1978年11月他率领中国磁学代表团，到美国Cleveland市参加第24届磁学和磁性材料会议（3M会议），会上他发表了《Fe-Co非晶薄带的低场磁性》论文，在这篇论文中，他发现了非晶合金薄带中存在不可逆的磁导率类减落特性。该文刊登在美国应用物理杂志［*J. Appl. Phys.*，50（1979）1656］上。1980年11月在美国达拉斯（Dallas）市召开的第26届磁学与磁性材料国际会议上，他报告并发表了《Co-Fe非晶薄带的磁化与温度的关系》［*J. Appl. Phys.*，52（1981）1856］和《Fe-Co非晶薄带的晶化动力学》［*J. Appl. Phys.*，52（1981）1889］两篇论文。在前一篇论文中，他提出了在非晶合金中可能存在铁磁性和亚铁磁性两相并存的复合结构。在后一篇论文中，他证明了非晶合金在晶化过程中分成了明显的两个步骤，表明由非晶态析出了两种晶相。以上结果受到与会者的重视，许多学者来信索取论文复印件。1982年9月他又去日本东京参加磁学国际会议（ICM-82），会上他报告了《磁场热处理对于非晶薄带$Fe_{78}Si_{10}B_{12}$的磁特性和损耗的影响》，此文刊登在欧洲磁学与磁性材料杂志［*J. Magn. Magn. Mat.*，31～34（1983）1563］上。在这次会议上，他还全面地介绍了中国磁学研究的进展，引起与会学者的强烈反应。会后，76岁高龄的他又应邀去日本东京大学物理所、麻岛大学、东北大学和名古屋大学讲学。1984年第四届国际铁氧体会议（ICF-4）在美国洛杉矶召开，他被该会聘为顾问委员会委员。1985年9月又被国际磁性薄膜会议（ICMFS）指定为特定代表。1983年他在多年从事非晶态磁性研究的基础上，与王震西一起任主编，联合有关单位的专家编写了46万字的《非晶态物理学》，1984年12月由科学出版社出版。这是中国第一部系统论述非晶态物理的专著。1985年此书获山东省高校科技成果二等奖。

郭贻诚一直关心中国的磁学事业发展，与国内外的磁学工作者长期保持着密切联系，在长期的学术交流和交往中，他和中国磁学界的施汝为、潘孝硕、褚圣麟、戴礼智结为挚友。他们亲密无间的合作精神，为中国磁学界树立了良好的榜样。每届磁学专业的学生他都安排三个月左右的时间到重点磁性材料生产工厂和研究单位进行毕业实习，因此，山东大学磁学专业和国内同行长期保持着密切的联系，他渊博的知识和平易近人的品质受到同行的尊敬。直到 1981 年，他是中国历届全国磁学及磁性材料会议的主要组织者之一，对中国磁学事业的发展作出了重要贡献。1964年，他在济南组织并主持了第一届全国磁学讨论会。同年，他又在青岛组织并主持了第二届全国磁学及磁性材料会议。1979 年，他在济南组织并主持了第二届全国磁学讨论会。1980 年他组织了以司徒勋为主讲人的铁磁共振讨论班。1981 年他又组织了以鲁鲍斯基（F. E. Luborsky）为主讲人的非晶态磁性讨论班。

郭贻诚待人宽厚，和蔼可亲，关心和爱护年轻人业务水平的进步和提高。从 1978 年开始，当邓小平的改革开放政策在中国实行的时候，科学的春天来到了中国大地，也进入了大学校园。国家决定有计划分期分批向国外选派出国进修人员和留学生。1979 年山东大学第一批被选中的出国进修人员开始向国外联系工作学习单位。那时中国刚离开封闭状态，各大学与国外没有任何联系，大家只好求助于学校的老教授帮忙，其中郭贻诚是大家求教的重要对象。每当有人找到他时，他总是细心地向每一位求助者介绍国外情况，为他们向外写推荐信，帮助每个人修改发往国外的英文信件。由于以前大学里都把俄语作为第一外语，英语水平差是普遍现象，英文信件中各种错误和语病是很普遍的，当找到郭贻诚时他总是不厌其烦地反复认真修改每个人的信函。那一段时间求助于他的人络绎不绝，对每个来访者他都热诚接待，有求必应，从不流露出任何厌烦情绪。当时他已是 70 余岁高龄，身体健康，精力充沛，对国家的开放政策欢欣鼓舞，他以实际行动对出国求学人员给予了热情支持和帮助。同时，也对他们寄予了深切的厚望。从 1978 年后他多次参加国际学术会议，会上他不断结交国际上的知名学者，同时也把这些结交的各国朋友介绍给准备出国进修学习的人员，为他们在国外的工作和学习打下了有利的基础。在对外交往中他也把中国的发展和成就介绍给外国朋友。他邀请各国著名磁学专家学者来华讲学，把先进的科学知识带到中国来，并和我们建立起友谊与业务联系，这对外国了解刚刚开放了的中国起了积极的作用。1980 年 5 月，郭贻诚邀请他的老朋友，美国加利福尼亚理工学院的美籍华人、磁学专家司徒勋教授来校访问，并请司徒勋教授在学校举办了一个"铁磁共振讨论班"，做了一个月的学术讲座，国内许多单位的同行有 30 余人参加了这个讨论班。1981 年 9 月他又邀请了美国通用电气公司（Genaral Electric Company）的磁学专家鲁鲍斯基来山东大学访问，他亲自为客人的报告做翻译。以后他又邀请了许多国际上著名的磁学专家来华讲学，包括美国耶鲁大学（Yale University）的 R. C. Barker，科罗拉多州立大学的 C. E. Patton，纽约州立大学（State University of New York，SUNY）的林多樑，得克萨斯大学（Texas A & M

International University）的 J. L. Fly，莱斯大学（Rice University）的 C. Rau 等，日本东京大学的近角聪信、名古屋大学的内山晋、志水正男等，英国帝国理工学院（Imperial College，London）的 E. P. Wohlfarth。郭贻诚生前与 IBM 公司的 O. Hendly（后转入麻省理工学院工作）长期保持着交往与联系。中国对外开放了，学校也对外开放了。改革开放政策让中国走向世界，也让世界了解中国。在对外的学术交往中，郭贻诚发挥了重要的作用。

改革开放以后学校里的另一个重要变化是开始到国际学术刊物发表文章。由于受极左思想的束缚，发表论文一向被认为是资产阶级的名利思想，更谈不上到国外发表论文。改革开放后，国家把发展科技和教育放在了重要位置，鼓励科技工作者的科学研究、学术创新和各种学术活动，包括发表论文。在这种新形势下，许多教师开始尝试在国际权威性刊物上发表自己的研究成果，以使国际同行了解我们的工作，承认我们的工作成绩，并与国际同行进行学术交流。郭贻诚积极鼓励年青教师到国际权威性刊物上发表论文。但在一开始所遇到的困难可想而知，英语不通，投师无门，求教于郭贻诚是必然的事情。不管任何时候，70 余岁高龄的他总是有求必应，向每个需要帮助的人讲解投稿技巧，一遍又一遍地细心修改他们的手稿，从来没有流露出丝毫的不耐烦，反映出一个长辈对年轻人的关心和爱护。在他的指导与帮助下，年轻教师的研究成果不断打入国际舞台，这也为年轻人以后科研的发展打下了基础。自从国家设立科学基金以来，郭贻诚多次写申请材料，争取国家科研项目，并指导年轻人从各方面扩大科研项目的申请，获得科研资助，使山东大学磁学专业始终保持着旺盛的生命力。郭贻诚的学识渊博，这与他懂多国语言有关。他精通英语、德语、法语。冯怀涵在翻译德文著作《铁氧体磁芯》一书时曾请他校对，他用深厚的德文功底，对该书认真负责地进行了逐字校对。20 世纪 50 年代，为了向苏联学习，国内的高校都把俄语作为主要外语工具。他从 1952 年就开始学习俄语，经过努力，很快就能够比较流利地阅读俄语图书资料。

郭贻诚对中国共产党有着深厚的感情。从新中国诞生以后，他就积极靠拢党组织。早在 1951 年 4 月，在"三反"、"五反"期间，他向党组织递交了一份长达七页纸的思想汇报。在这次思想汇报中，他向党组织提出了入党申请。在以后的漫长岁月中他加入共产党的愿望始终未变。"文化大革命"开始以后不久，郭贻诚就被作为"反动学术权威"受到了批斗。由于他是国民党时期旧山东大学中有影响的教授，应该是旧山东大学的核心人物，就被怀疑可能参加过山东大学中的反动组织，甚至还可能是潜伏下来的特务。1968 年他作为学校的重点审查对象错误地被长期隔离审查。在这期间，他的任务就是反复写"交代材料"，接受批判。当时他的儿子在南京某空军部队工作，也受到牵连，被调离了原工作岗位，受到审查。经过 7 个月的隔离审查，由于实在找不到什么真凭实据能证明他有什么问题，专案组只好解散，使他重获自由。1979 年 5 月 6 日组织上对"文化大革命"时期对他的隔离和批斗予以平反，对"文化大革命"中的一切不实之词予以否定。"文化大革命"结束后，他兴奋不已，虽然"文化大革命"中他蒙冤被批斗，受审查，但他对祖国、对人民、对党依然一往情深。"文化大革命"的悲惨经历没有动摇他对党的信任，他又重新提出了入党申请。党组织考虑到他是山东省民盟主任委员和在社会上的影响，宜暂时留在党外。他一方面接受了党组织的决定，另一方面仍然积极靠拢党组织，把加入党组织变成他终生奋斗的目标，始终不渝。1983 年 3 月 5 日在他第四次的入党申请中写道："十年'文化大革命'动乱，我虽然受到一些冲击，但我对党的信念并不动摇……只有加入中国共产党，才是我的最后归宿。"1992 年党组织决定接纳郭贻诚为中国共产党党员，这时 86 岁高龄的郭贻诚已经重病缠身，双目失明，在一个临时布置的会议室中，他坐在轮椅上，参加了为他举行的入党支部会。经过讨论，支部全体党员对郭贻诚给予了很高的评价，一致同意他加入中国共产党。当听到这一表决结果后，他激动得热泪盈眶，深情地说："加入中国共产党是我的终生追求，现在终于如愿以偿了。"他表示感谢党对他的信任，他将永远忠于党组织，忠于党的事业，为共产主义事业奋斗终生。郭贻诚不愧为知识分子的先进典型和楷模。

郭贻诚是中国知名的物理学家，中国现代磁学研究的先驱之一。他为磁学事业的发展勤奋工作了一生。为了表彰郭贻诚在教学和科研方面取得的成绩，1982 年中国物理学会向他颁发了从事物理学教学和科研工作 50 周年的荣誉证书和奖章。1984 年，山东省教育厅授予他忠于社会主义教育事业、从事教学工作 30 余年的荣誉证书。郭贻诚一生追求光明，追求进步，他把一生献给了祖国的教育和科技事业。党和人民给了他崇高的荣誉，但他始终谦虚谨慎，勤奋耕耘，生活俭朴，从无奢求。郭贻诚教授堪称一代师表，我们永远铭记他的功绩。

三、主 要 成 就

1. 创办山东大学磁学专业，创建磁学教研室和研究室，教书育人

郭贻诚在山东大学建立了完整的磁学教学体系，这既包括课堂的理论教学、实验教学，也包括建立了列为教育部所属重点实验室的磁学研究室。1965 年，编著出版了《铁磁学》一书。这是中国第一部铁磁学专著，成为中国大学磁学专业的主要教材和参考书。他培养的几代磁学专业的学生有几百人，以及 20 多名研究生、博士

生,他们遍布全国各地的工厂、研究所和大学中,成为中国磁学事业发展的生力军和骨干力量。

2. 中国磁学和磁性材料研究的奠基人之一

郭贻诚是中国现代磁学研究的先驱之一。早期他把研究课题定在磁学的基础理论领域,开展了微磁化理论和表面磁性研究,对中国磁性理论的发展作出了贡献;在中国最早开展了磁性薄膜的研究;先后领导了铁磁薄膜、铁氧体磁性材料、磁膜存储器、微波铁氧体材料和器件、非晶态磁性等课题的研究,在这些领域中取得了有特色的研究成果。1984年他与王震西一起任主编,出版了《非晶态物理学》一书。这是中国第一部系统论述非晶态物理的专著。此书获1985年山东省高校科技成果二等奖。

3. 为中国磁学事业的发展作出了重要贡献

郭贻诚与国内外的磁学工作者长期保持着密切联系,他渊博的知识和平易近人的品质受到同行的尊敬。他是中国早期历届全国磁学及磁性材料会议的主要组织者之一,为中国磁学事业的发展作出了重要贡献。

四、郭贻诚主要论著

Kuo Y C(郭贻诚).1940. Cloud chamber study of cosmic-ray particles. California Institute of Technology.

郭贻诚,王政之.1961. 简单铁磁子理论的应用. 山东大学学报(自然科学版),25.

郭贻诚.1964. 微观磁化理论. 山东大学学报,55.

郭贻诚.1965. 铁磁学. 北京:高等教育出版社.(1982再版)

郭贻诚.1979. 非晶态软磁性材料. 磁性材料及器件,1:1.

Kuo Y C, Li C F, Mei L M, et al. 1979. The magnetic properties of Fe-Co amorphous ribbons in low fields. J Appl Phys, 50:1656.

Kuo Y C, Zhang L S, Zhang W K. 1981. The crystallization kinetics of amorphous $Co_{78-x}Fe_xSi_8B_{14}$ ribbons. J Appl Phys, 52:1889.

Mei L M, Zhang W X, Kuo Y C. 1981. The temperature dependence of magnetization of amorphous $Fe_5Co_{70}Si_{15}B_{10}$ ribbons. J Appl Phys, 52:1856.

郭贻诚,张连生,张维诚.1981. $Co_{78-x}Fe_xSi_8B_{14}$系非晶薄带的晶化动力学. 山东大学学报(自然科学版),32.

郭贻诚,张连生,张维诚.1981. 非晶薄带的磁性和晶化动力学研究. 贵金属,2:76.

Kuo Y C, Zhang L S, Gao R W. 1983. Effects of field annealing on the magnetic characteristics and magnetic losses of amorphous ribbons $Fe_{78}Si_{10}B_{12}$. J Magn Magn Mat, (31/34):1563.

郭贻诚,王震西.1984. 非晶态物理学. 北京:科学出版社.

Liu Y H, Luan K Z, Guo Y C. 1985. R. F. sputtering of amorphoussoft magnetic films. Kexue Tongbao, 30: 889.

郭贻诚, 姜寿亭. 1986. 关于（3d）~n 离子<r~2>、<r~4>的 Slater 函数计算值. 山东大学学报（自然科学版）, 21: 104.

姜寿亭, 郭贻诚. 1986. 金属铁磁性理论及其某些进展. 物理, 15 (8): 34.

张岳鲁, 梅良模, 郭贻诚, 等. 1986. 硼离子注入多晶铁薄膜产生非晶态合金层的过程的研究. 物理学报, 35: 850.

Liu Y H, Mei L M, Guo Y C. 1987. Soft magnetic CoFeNiNbSiB amorphous film. IEEE Trans Mag, 23: 3812.

姜寿亭, 李华, 郭贻诚, 等. 1987. α-Fe_2O_3单离子磁晶各向异性的计算. 科学通报, 32: 1534.

关鹏, 刘宜华, 郭贻诚. 1989. Co-Zr 非晶薄膜的磁感生各向异性. 物理学报, 38: 2029.

郭贻诚, 姜寿亭, 高振声. 1991. 我国磁学研究进展. 物理学进展, 11: 77.

主要参考文献

迟范民. 1987. 郭贻诚//《山东高级科技人员名录》编委会. 山东高级科技人员名录. 济南: 山东科学技术出版社: 505.

王清杨. 1989. 郭贻诚//《齐鲁科技精英》编委会. 齐鲁科技精英·第一册. 济南: 山东科学技术出版社: 255.

姜寿亭. 1996. 郭贻诚//沈克琪. 中国科学技术专家传略: 理学编: 物理学卷1. 石家庄: 河北教育出版社: 401.

张庆美. 2011. 磁学先驱郭贻诚//刘培平. 山大第一. 济南: 山东大学出版社: 97.

闫秉科, 宫立昌. 1996. 郭贻诚//山东大学. 山东大学英才录. 济南: 山东大学出版社: 146.

撰写者

刘宜华（1939~），山东大学教授，博士生导师，郭贻诚的研究生和合作者。

钱临照

钱临照（1906～1999），江苏无锡人。物理学家和教育家。中国电子显微学开拓者之一；中国科技史研究的先驱者之一。中国科学院学部委员（院士）。1929 年毕业于大同大学物理系，1934 年赴英国伦敦大学深造，1937 年回国任北平研究院研究员，1948 年 12 月任中央研究院代理总干事。新中国成立后，钱临照任中国科学院物理研究所研究员、金属物理研究室主任。1960 年任中国科技大学教授，1979 年起任副校长。曾任中国电子显微镜学会理事长、中国自然科学技术史学会理事长、《物理学报》主编等职。留学期间发现了体心立方晶体滑移面间距随着晶体形变温度与晶体熔点温度之比的增加而加大的规律。他在中国开创了电子显微学在固体物理研究中的应用。在中国科技史研究中，首次对《墨经》光学成果作出了系统发掘和整理。他在应用光学研究方面也作出了多项贡献，首创 Green-Twyman 干涉仪研究光谱线精细结构的方法。他为在中国开展位错研究、推动固体物理的研究和教学作出了重要的贡献。

一、成 长 足 迹

1906 年 8 月 28 日，钱临照出生在无锡市鸿声里镇（后改名鸿声镇）。

钱临照的父亲名秉瓒，号伯圭，生于 1883 年，青少年时期曾入南洋公学肄业。辛亥革命前，钱伯圭即举家剪辫子，开风气之先。1908 年左右钱伯圭受聘来到与鸿声镇接壤的荡口镇果育小学任体操教员，国学大师钱穆时在果育就读，他晚年曾著述盛赞"伯圭师"的民主进步思想和对东西文化的独到见解，并将自己毕生从事学问归之于他的启迪。钱临照也从父亲身上继承了民主思想和凡事独立思考，不随波逐流的个性。钱临照的母亲是荡口镇秀才华晓兰之女，名华开森。

钱临照自 6 岁始，在父亲办的鸿声小学就读。1915 年入荡口镇鸿模高等小学，越三年毕业。在鸿模高小时，钱临照已显露出坚实的国文基础，为文见解独到，深得教师赏识。他认为自己一生中曾受到过三位老师的重大影响，这三位老师中，除

---

* 感谢中国科技大学侯建国教授给予本文作者的帮助以及与作者的广泛讨论。

了严济慈之外，另两位都是他在鸿模高小就读时的老师，他们是钱穆和刘天华。一位国学大师，一位音乐大师。钱临照高小毕业后曾延学一年，师从钱穆读曾国藩家书、家训，王阳明理学和唐宋文章。他与钱穆分住一所房子的里外屋，耳濡目染钱穆的治学和为人，心中景仰。钱穆的影响在钱临照今后的治学态度和做人准则上有明显的体现，比如治史重考据的态度，宽厚待人乃至交绝不出恶声的胸襟等。钱临照在鸿模高小还曾随刘天华学五线谱和小号演奏，虽然后来在音乐方面没有成绩，但却从刘天华身上学到了刻苦勤奋，不畏艰难的意志。

1921年钱临照考入大同书院。大同书院1922年改名为大同大学，分设大学科、专修科和普通科，普通科相当于4年制初中加2年高中。钱临照在普通科修习4年后进入大同大学物理系，成为胡刚复的学生。胡刚复1909年留美，1918年以X射线的实验研究获哈佛大学（Harvard University）哲学博士。他是将物理实验引入中国讲坛的第一人。钱临照踏入物理学殿堂甫始，便被胡刚复耳提面命注重物理实验，遂成信念，不仅一辈子身体力行，在理论上也多有阐发。

大同大学的物理教学有两个特色，其一即为注重实验，其二为注重基础。钱临照扎实的基本功得益于这种教育方针。1929年钱临照从大同大学物理系毕业。

二、物理学研究初试

1930年，钱临照任东北大学物理系助教，但不久就发生了九一八事变，他不得已到了北平借宿严济慈家。严济慈1927年曾应恩师胡刚复之约，在大同大学短期兼课，与钱临照有师生之谊。此时严济慈已是二度赴法归来，刚刚创建国立北平研究院物理研究所并任所长。由于严济慈手下已有4个研究助理，钱临照难以启齿求助，为生计所迫，打算南下就任上海英工部局一家电话局技工职位，月薪颇高，有160大洋，足保衣食无忧。上火车前他打电话向严济慈辞行，得知严济慈可以为他谋得半薪助理的位子，月薪40元，钱临照痛快地回绝了英租界的差事，高兴地当了一个半薪助理，这一选择成为钱临照人生道路上的一个转折点，由此开始，他走上了职业物理学家的道路，成为中国的第一批物理学研究工作者中的一员。严济慈因此也被钱临照认为是对自己一生有重要影响的第三位老师。在国难当头，人人自危的时候，他把钱临照推上了一条充满希望的道路。

抗战前七八年中国物理学研究处于初级阶段，这一时期研究者完全根据自己的兴趣、身边的条件和已有的经验开展工作，谈不上研究的系统性和规划性。中央研究院物理所和北平研究院物理所并无明确的任务和一定的方向，研究的目的只是要使中国有"研究",在中国可以进行"研究"。1931~1934年,钱临照在严济慈的指导下,开展两个方向上的工作,其一为压力对照相乳胶感光性能影响的研究。他与严济慈合作于1932年在《法国科学院周刊》(Comptes Rendus)发表了第一篇论文,这不仅是中国国内研究成果发表在《法国科学院周刊》上的第一篇,也是国内研究成果发表在国外有影响的学术刊物上较早的一篇。此后又陆续在此方面发表论文3篇。其二为水晶压电和扭电现象及其在无线电上的应用。他与严济慈一起系统地研究了实心和空心圆柱长短、半径大小与由扭力所产生的电量之间的关系,还研究了水晶扭电的反现象。有7篇论文分别发表在英国的《自然》(Nature)杂志、《法国科学院周刊》和《中国物理学报》上。1931~1934年4年间,中国学者平均每年发表物理学论文44篇,所以钱临照与严济慈在此期间发表的论文,占据了当时中国物理学研究成果的相当份额,他们在中国物理学研究从"无"到"有"的转变中起了非常重要的作用。

严济慈和钱临照在实验中还发现,将水晶圆柱放在无线电振荡器中,能产生共振,与压电水晶片无异,可用作温度系数为零的无线电稳频器,这项工作对于控制、检测无线电波频率,以及后来在抗战期间实际生产水晶振荡器提供了理论基础。

三、留学期间的研究工作

1934年钱临照考取第二届中英庚款留学生。此届物理学科共取3名,其他二人为朱应铣、李国鼎。中英庚款留学在为中国造就基础学科学术人才方面收到了突出的效果。以物理学为例,由此途径留学而成为优秀物理学家的除钱临照外,还有余瑞璜、张文裕、周长宁、翁文波、马仕俊、王大珩、彭桓武、郭永怀、钱伟长、傅承义、黄昆等。

1934年秋,钱临照拿着严济慈的介绍信进入英国伦敦大学学院(University College London)的福斯特(G. C. Foster)物理实验室,师从葡萄牙裔英国物理学家E. N. da C. Andrade (1887~1971)进行实验物理研究。Andrade是英国皇家学会的会员,是一个兴趣非常广泛的人,他的物理学研究主要集中在两个方面,一是金属的范性,二是流体的黏滞性,他在这两方面都曾发现过定理。此外,他对版本收藏和科学史研究也有浓厚的兴趣,是牛顿研究的行家,在诗歌方面也很有造诣,出版过诗集。他的志趣爱好与钱临照颇为相似。

初次与Andrade交谈,钱临照即申述愿多接触各种工作,以增进多种知识,钱临照想得很远:回国做科研的条件很差,只能有什么条件就做什么工作,不能按照设计好的专题去做，多尝试一些领域，就多一条研究道路。他在英国所完成的第一项工作是水晶圆柱体扭电现象的进一步深入研究，这是他在北平研究院物理所工作的继续。他从 W. Voigt 的压电普遍理论出发，推导出中空圆柱体在扭力作用下，内外表面产生的电荷的计算公式，纠正了前人公式的错误，按照他的推导，内外表面的电量并不等值，而是分别正比于内径平方和外径平方，并由此得到一个重要结果：中空水晶圆柱体在扭力作用下会产生体电荷。

此后，他又很快完成了 Andrade 指定的研究水注层流横截面上各点流速分布的工作。Andrade 原拟让他继续做一些流体力学研究，但钱临照的兴趣不在于此，他被金属强度问题所吸引，有志沿此方向进行一些探索。

金属的最基本的物理性质是其力学强度。20 世纪初，物理学家从理论上推算出金属的断裂强度约为 $1000 kg/mm^2$，比实际强度要大几百倍，其原因何在？1934 年发生的两件事，把钱临照导入了这一研究领域。该年秋他甫抵伦敦，巧遇国际理论物理与应用物理年会在伦敦与剑桥两地召开，固体强度问题是大会中心议题之一，该领域的很多重要人物提交了论文或参加了讨论，此情此景对初入世界学术庭院的钱临照不啻为一剂强烈的兴奋剂。另一件重要的事情是，G. I. Taylor, E. Orowan 和 M. Polanyi 三人在这同一年里分别在英国皇家学会会刊和德国物理月报上发表论文，不约而同地提出晶体缺陷的位错模型。他们的文章当时在固体物理学界并没有引起多大反应，但钱临照却对这一理论深信不疑，他那敏锐的物理直觉帮助他做出了正确的判断，他也由此走上了固体微缺陷研究的道路。不幸的是，Andrade 对位错理论并不欣赏，Andrade 与 Taylor 私交虽然很好，但他们的学术观点却差异很大，这对钱临照的研究显然带来一定的障碍，可以说他在从事晶体缺陷研究的道路一开始就不平坦。

钱临照试图从范性形变入手，进而研究固体的力学强度。首先他注意到这样一个问题：人们对面心立方单晶体的滑移已经有相当的了解，知道其滑移方向一般是原子最密集方向，滑移面也是原子最密集的（110）面。但当时已发表的有关体心立方晶体滑移的研究结果却非常稀少，更让人不安的是，这些结果反映出尽管体心立方晶体的滑移方向一般还是原子最密集的［111］方向，但其滑移面并不固定，存在着（110）、（112）、（123）几种可能，似乎没有规律可循。这种状况吸引着钱临照去进行新的探索。他首先选用低熔点的钠、钾材料进行实验，他注意到在室温下（20℃，离钠、钾的熔点很近）钠、钾的滑移面为（123）。在进行这一实验时，他已经意识到温度可能是影响滑移面选取的重要因素，但当时由于实验条件的限制，他无法把工作温度拓展到远离钠、钾熔点的低温区域，因此他改用高熔点的钨单晶继续实验（当时在该实验室中学习的另一位中国学生周如松也参加了这一工作），实验的温度区间为 20~1000℃，结果发现在 20℃ 和 300℃ 时，滑移面为 (112)，在 1000℃ 时为 (110)，第一次令人信服地证实了体心立方晶体滑移面选取的温度效应，文章发表在英国皇家学会会刊上。后来周如松又完成了钠单晶在 -82℃ 和 -185℃ 的滑移研究，得出钠单晶在这两个温度下滑移面分别为 (110) 和 (112)，这样体心立方晶体滑移面随温度变化的实验规律已经凸现出来。不久，Andrade 根据钱临照和周如松的实验结果总结出体心立方晶体滑移面选取的实验规律：令 $\theta = T/T_m$，其中，T 为工作温度，T_m 为金属试样的熔点，则 $\theta < 0.24$ 时，滑移面为 [112]；θ 为 0.26~0.5 时，滑移面为 (110)；$\theta > 0.8$ 时，滑移面为 (123)。亦即，滑移面间距随着晶体形变温度与晶体熔点温度之比的增加而加大。这是当时对体心立方晶体滑移面规律的最完整的总结。

钱临照认为关于体心立方晶体的滑移研究，是自己一生中最重要的科研工作。

1937 年春，Andrade 明示钱临照，可将水晶扭电、流体力学和立方晶体的范性形变三项工作总结起来，作为博士论文，申请答辩，但钱临照婉拒了他的安排，其中缘由钱临照在自传手稿中有这样的陈述："和我同在这一实验室的有位印度学生，他比我早来，工作很好，三年期满，他自动提出申请答辩，不知何故被教授拒绝了。印度同学受此打击，以至伏在实验桌上哭泣。我认为这是欺侮殖民地人（那时英国人对殖民地人在有意无意中有此意识），那时我即意识到中国也处于半殖民地地位。此事触动了我的自尊心，我暗下决心，不拿殖民者的学位。"

1937 年 4 月，钱临照离开伦敦，赴欧洲大陆，拟在柏林师从 E. Schmid 继续进行晶体范性形变的研究工作。不久，七七事变发生，钱临照接到严济慈从法国打给他的电话，毅然中断研究计划，立即起身回国，投身抗日战争，与祖国人民共存亡。

四、为抗日战争服务

抗战时期，北平研究院物理所搬迁到了昆明，工作重心也发生了很大的转变，完全转向了战时工作。全所人员为报效祖国的赤诚之心所驱使，自觉地以己之长为国家效劳，为抗战出力。具体地说，北平研究院物理所在昆明结合战时需要，主要开展了水晶振荡片的制造、应用光学和应用地球物理三项工作，钱临照是前两项工作的领导者和业务骨干。

抗战前，钱临照在北平研究院物理所工作时，经常需要自己磨玻璃装配光学仪器，初步掌握了磨制光学仪器的技术。在英国留学期间，"想到国难临头，一个物理学工作者应在应用技术方面也能学习一些东西"，他选择了应用光学，从磨玻璃，设计镜头入手。1935 年和 1936 的暑假，他都是在著名的伦敦 Adam Hilger 光学工厂的磨玻璃机床边度过的，在这里学会了用 Green-Twyman 干涉仪修补光学部件中缺陷的重要技术，这项技术在抗战中发挥了重要作用。

抗战中，钱临照主持北平研究院物理所的战时应用光学工作。接受教育部、军政部、资源委员会、中央水利实验处及滇缅公路工程局等机关委托，自行设计、制造了单目式和双目式显微镜、无线电稳频器、缩微胶片放大器、经纬仪、水准仪、望远镜透镜、读数放大镜、水平气泡等仪器和光学部件，为抗战作出了重要贡献。北平研究院物理所还举办了"光学仪器制造科短期职业训练班"，学员为中学毕业生，他们中一些人建国后成为几个大光学仪器厂的技术骨干。钱临照在为抗战服务的同时，也为新中国培养了一批光学仪器专家。

在上述战时工作之余，钱临照还在艰难困苦中进行了一些学术研究工作。他利用 Green-Twyman 干涉仪做了光谱精细结构的研究。Green-Twyman 干涉仪是 Adam Hilger 公司发明的，在光学部件的生产中用于光学系统的检测。Green-Twyman 干涉仪有多种用途，但用于光谱精细结构的研究则是钱临照的独创。这项工作很能够反映他的科研特色：以开阔的思路和巧妙的构思，最大限度地发挥现有仪器设备的功用，做有创意的工作。

在这期间的另一项重要工作是关于《墨经》的研究。钱临照用现代自然科学的观点对《墨经》的光学和力学成就进行了系统的发掘整理，校释了《墨经》光学 8 条、力学 5 条，使中华远古文明曾经发出的一片灿烂光辉得以再现，并引起了全世界同行的关注。这项研究开现代墨学研究之先河，被公认为中国科学史研究的经典之作。

抗战八年，钱临照以自己的胆识、聪明才智和广博的学识，特别是能站在高点环顾全局而发表有见地的见解的独特才能在中国物理学界赢得了良好的声誉，得到了吴有训、叶企孙、严济慈等中国物理学界一些领导人的赏识，并逐步迈进了中国物理学事业的领导层。1943 年他被选为中国物理学会常务理事兼秘书（1943～1945）、《中国物理学报》主编，他与王竹溪一起努力克服困难，使因战争而中断的《中国物理学报》艰难复刊。

五、为新中国的科学事业铺路

1949 年 11 月中国科学院成立，以中央研究院物理所和北平研究院物理所为基础在北京分设近代物理所和应用物理所，原机构设置撤销，钱临照成为应用物理所（1958年改名为物理所）的研究员。

钱临照留学回国后还长期进行着科研工作，这在他那一代物理学家中是很不寻常的，做到这一点非常不容易，需要有三个条件：(1) 要有严济慈所一贯倡导的"一心一意作研究"的精神；(2) 要有宽广的学术视野，从而能够洞察以现有简陋条件达到有意义的研究成果的途径；(3) 要有自己动手创造实验设备条件做研究的才能。这三点是钱临照无论在战乱中还是在政治混乱中都能进行研究工作的保证。中国物理学界能做到这三点的学者是非常少的。

新中国成立后，钱临照因为上述所谓历史问题，而受到一定程度的冷遇，他没有被推上行政领导岗位，这可能有点埋没他的学术领导才能，但对围绕在他身边的年轻科研工作者来说，却是件好事，他平易近人的本性对年轻人有巨大的感召力，而他卓越的学术见解和开阔的研究视野以及饱满的工作热情，又让身边的年轻人受益良多。以他为中心，形成了新中国科研事业的一支先锋队，这支先锋队为新中国的一些科研领域做了重要的铺路工作。

1. 让位错理论在中国扎根

前面提到，钱临照在英国留学期间，对新兴的位错理论进行了跟踪研究，他几乎阅读了这方面的所有重要文献，对其发展脉络有透彻的了解，在大多数学者对位错理论持否定或怀疑态度时，他已经是一个位错理论的坚定信仰者。他自觉肩负起把位错理论引入中国的使命。抗战后许多学术机关迁到昆明，中国物理学会定期在昆明举行学术讨论会，在1939年的一次会议上，钱临照介绍了 G. I. Taylor 的位错理论，引起了广泛的兴趣。这是位错理论在中国的首次介绍。新中国成立后，中国采取一边倒的政策，受苏联学术观点的影响，位错理论被高校和研究所拒之门外。虽然1956年 J. W. Menter 利用电子显微镜实际观测到了晶体中的位错结构，发现它与 Taylor 的模型完全一致，位错理论的反对声逐渐减弱，但在中国工作的苏联专家依然没有接受它。直至1959年，钱临照才冲破阻力，率先在中国科学院物理所内讲授和讨论这个理论，并联络冯端等人发起两次全国性的晶体缺陷和金属强度讨论会，他与合作者写了十万言的"晶体中的位错理论基础"，为位错理论在中国的建立和传播作出了最重要的贡献。

2. 开拓中国电子显微学事业

中国的电子显微学研究工作起步较晚，新中国成立不久，钱临照曾在国民党一个广播台的仓库里发现一台未开箱的英国 Metropolitan Veckers 公司造 EM2/1M 型电子显微镜（以下简称为电镜），这台电镜是如何进口的迄今还是一个谜。钱临照在一无安装资料，二无工作经验的情况下，硬是让电镜运转起来，又一次展露了他与仪器打交道的高超技巧。钱临照与合作者利用这台电镜进行了铝单晶滑移带精细结构的观察，文章在1956年第一届泛太平洋地区电子显微学会议上报告后引起很大反响，各国代表对刚刚诞生的人民共和国能拿出如此高水平的电子显微学工作感到非常惊奇，这是新中国第一篇向西方国家报告的学术论文。钱临照对铝单晶的滑移开展的系列研究，是中国国内学者首次将电镜技术用于研究固体物理和科学方面的问题，但在对这些工作进行理论解释时，他还不得不回避位错理论，依然采用苏联学者的滑移胚芽的观点，这足以充分说明他当时的尴尬处境和无奈心态。

钱临照曾受中国科学院的委托出国采购了一批科学仪器，包括为上海冶金研究所购置的透射电镜。他认为中国这样一个大国，只靠进口仪器是无法满足要求的，需要自力更生。1956年在制订我国12年科学技术远景规划时，他与王大珩、龚祖同等组成了仪器规划小组，制订了研制电镜的规划。他几次主持国家级和科学院级的电子显微镜研制成果鉴定会，积极组织国产电镜应用成果交流。1979年他联络柯俊、郭可信发起成立中国电子显微镜学会，在1980年该学会的成立大会上，他被推选为第一任理事长，1982年《电子显微学报》创刊，他任主编，为推动中国电子显微学事业的发展，提高中国电子显微学的水平，以及建立学术交流国际平台，发挥了重要作用。

1955年钱临照选聘为第一批中国科学院学部委员（院士）。

六、建设中国科学技术大学

1960年，钱临照所在的中国科学院物理研究所金属物理实验室被并入沈阳金属所，钱临照则奉命调入中国科学技术大学（简称：科大）任教。

1969年底为了贯彻中央有关"高校战备疏散"的指导方针，科大师生开始撤离北京，奔赴安徽，几经周折，最后在合肥扎根。钱临照心系科大，毅然把户口也迁到了合肥，成了科大的一面大旗。他在为科大谋求各方支持，组织骨干教师队伍，规划学科发展诸方面发挥了他人难以替代的作用。1978年后，钱临照"带领师生在短期内创建了固体微结构研究室、电镜实验室和高压实验室等。他还全力支持筹建中国科学技术大学天体物理中心，力主创建结构成分分析中心实验室"，这些实验室已发展成为在中国有相当影响的研究机构。钱临照对于课堂教学非常重视，他特别推崇严济慈"谈谈读书、教学和做科学研究"一文，文章提到"讲课是一种科学演说，教书是一门表演艺术"，这对教师有很高的要求，"必须自己知道的、理解的东西比你要讲的广得多、深得多"。为了提高科大的教学水平，他在注重提高科大自身教师素质的同时，还十分留意发掘全国各地的人才，不失时机地动员他们来科大工作。

科大出国人员比例一直很高，对于师生们出国深造，他是积极鼓励的。对于人才外流现象，他非常焦心，但他不愿意责怪那些滞留在国外的学者，而是强调我们自己要反省知识分子政策。他指出：对于那些没有回来的人，我们不能简单地说他们就不爱国，"同时我们也不能简单地说这些人就是为了物质享受"，"对于绝大多数中国知识分子来说，首要的是工作条件和环境，其次才是生活条件"。"中国的知识分子，一向以质朴、廉洁、勤奋、爱国而著称。只要解决了他们的后顾之忧，为他们提供了施展才华的气氛和条件，他们所释放出的活力将是无穷的"。钱临照去世后，科大不少中青年骨干教师不约而同地撰文，讲述了他们在国外时，钱临照每每去信，介绍国内、校内情况，关怀他们在国外的工作和生活，给予他们殷切期待，从而坚定了他们学成归来，报效祖国的信念。钱临照是以自己一颗赤诚的心在与人才外流的顽疾进行着艰苦的较量。

党的十一届三中全会以后，中国加快经济建设的步伐，科学技术被提到了第一生产力的高度，受到了全社会的普遍关注。在国际国内政治环境、经济次序和科技形态都处在重大变革的时期，政府决策部门面临着诸如如何进行中国的科技发展布局、如何利用有限的资源条件求得最大的科技发展效益等很多难题。一批著名科学家在强烈的责任心驱使下，自觉为国分忧，贡献了许多良策，最著名的是1986年3月王淦昌、王大珩、杨嘉墀和陈芳允4位院士一起向中央提出跟踪世界战略性高科技发展的建言，由此促成了具有深远历史意义的"863"计划的制订。钱临照也积极参与了这种特定历史时期政府与著名科学家的独特的交流。1990年3月17日，他与王大珩、师昌绪等7人联名提交了《关于发展我国计量测试科研与生产的建议书》，1994年他联合王淦昌等34位院士向国家有关部门提出"关于集中精力全面建设、充分利用合肥国家同步辐射光源的建议"等等，为国家决策部门提供了重要参考意见。

钱临照晚年为自然科学史学科的发展投入了很大精力，他的贡献有如下几个重要方面。

1. 为学科基础建设做了重要工作

他积极参加中国科学技术史学会的筹建，1980年学会宣告成立，他当选为首任理事长，同年，中国科技大学自然科学史研究室在他的大力支持下宣告成立，近30年来，该研究室已培养科学史博士、硕士200名，成为科学史研究和教学的重镇，1999年，该研究室与科技考古实验室组成了科技史与科技考古系。1981～1985年，他和王竹溪同任国务院学位委员会第一届学科评议组物理组组长，争取到在一级学科"物理学"下设立物理学史博士点。在他和另外两位院士认真推荐下，一位职业科学史家当选为中国科学院院士。可以说他为中国科学史学科的发展做了大量的基础工作，他在为科学史学科发展拓宽道路方面发挥的作用是几乎无人可以替代的。

2. 提出了一些重要研究方向和研究课题

钱临照给予英国人李约瑟（J. T. M. Needham）的中国科技史研究以高度评价，但并不认为它已经十分完美，他非常希望中国人自己也来对中国科技文明史做系统认真的研究。钱临照认为"科学史不只记载一些科学历史发展过程，而是要考察它的错综复杂关系"。他在"20世纪中国科技史学术讨论会"（北京，1987年9月15～19日）上提出了一个发人深省的问题："我们国家在半导体、激光和超导的研究都几乎与西方同时起步，现在，前两个方面我们落后了，第三个方面也有落后的趋势，为什么？""20世纪是物理的世纪，我们到底做了些什么？""科学史的任务不仅是要研究成功的方面，还要研究失败的方面"。钱临照的报告使与会代表受到强烈震撼，也推动了科学社会学和科技政策等相关方面的研究。

3. 为中国近现代物理学史的研究做了重要的铺垫

20世纪80年代以后钱临照写下了大量回忆文章，如："中国物理学会50年"、"中国物理学会60年"，以及对胡刚复、叶企孙、吴有训、严济慈、谢玉铭、任之恭、陆学善、施汝为和张文裕等物理学家的纪念文字。钱临照不为应景之作，作为一个史学素养很高的中国现代物理学事业的见证人，他自觉地承担起历史赋予他的职责，为后人的研究提供可靠线索。更重要的是，他没有停留在史实上，而是通过史实讲述了中国知识分子的道德标准，弘扬了史家的正义。1982年他在"纪念物理学界的老前辈叶企孙先生"一文中，淋漓尽致地宣泄了这种正义，促进了叶企孙冤案的彻底平反。

钱临照是一个豁达、幽默、乐观的人，他走到哪里就把笑声带到哪里。他也很含蓄，非常注意把握分寸，很少当面与人争执，很少疾言厉色，让人难堪。然而他骨子里是非常固执的，拿定了主意，便不会轻易改变。他一生经历了很多风波，总不改学者本色。他曾手书清朝爱国将领林则徐的一幅对子挂在书房里："苟利国家生死以，岂因祸福避趋之。"他认为科学家要注重人品，"不能做墙头草，不能见风使舵"。

1999 年 7 月 26 日钱临照在科大校医院病逝，享年 93 岁。最后的日子，他坚持在科大校园度过。

七、钱临照主要论著

Ny T Z, Tsien L C（钱临照）. 1932. Effect phtographique de la pression. Compt Rendus, 194：1844.

Ny T Z, Tsien L C. 1933. L'Influence de la pression sur la sensibilite phtographique aux diverses radiations monochromatiques. Compt Rendus, 196：107.

Ny T Z, Tsien L C. 1934. Oscillations with hollow quartz cylinders cut along the optical axis. Nature, 134：214.

Ny T Z, Tsien L C. 1934. Pressure effect on photographic sensitivity. Chinese J Phys, 1（2）：66.

Gibbs R E, Tsien L C. 1936. The production of piezoelectricity by torsion. Phil Mag, 7（21）：311.

Andrade E N da C, Tsien L C. 1937. The glide of single crystals of sodium and potassium. Proc Roy Soc London, A 912（163）：1.

Tsien L C, Chou Y S. 1937. The glide of single crystals of Molybdenum. Proc Roy Soc London, A 912（163）：19.

钱临照. 1943. 释墨经中之光学、力学诸条. 李石曾先生纪念论文集编辑委员会. 李石曾先生六十岁纪念论文集. 北平：北平研究院：135.

Tsien L C, Chu H C. 1945. Harmonics in the forced vibration of piezoelectric quartz. Nature, 156：424.

Tsien L C. 1948. The interference pattern of two neighbouring radiations in a Hilger prism interferometer. Proc Phys Soc, 61：504.

钱临照，何寿安. 1955. 铝单晶滑移的电子显微镜观察（一）. 物理学报, 11（3）：287.

钱临照，何寿安. 1955. 铝单晶滑移的电子显微镜观察（二）. 物理学报, 11（3）：290.

钱临照，何寿安. 1956. 铝单晶滑移的电子显微镜观察（三）. 物理学报, 12（6）：643.

钱临照，杨顺华. 1962. 晶体中位错理论的基础//固体物理理论学习报告会. 晶体缺陷和金属强度（上）. 北京：科学出版社：1.

钱临照. 1978. 西方历史上的宇宙理论评述//中国科学技术大学天体物理组. 西方宇宙理论评述. 北京：科学出版社：4.

钱临照. 1982. 中国物理学会五十年. 物理, 11（8）：449.

钱临照. 1982. 纪念物理学界的老前辈叶企孙先生. 物理, 11（8）：466.

钱临照. 1984. 大学物理实验杂谈. 物理实验, 4（4）：147.

钱临照. 2001. 钱临照文集. 合肥：安徽教育出版社.

主要参考文献

鲁大龙. 1999. 钱临照与中国科技史//王渝生，赵慧芝，等. 第七届国际中国科学史会议文集. 郑州：郑州大学出版社：133.

席泽宗. 2000. 钱临照先生对中国科学史事业的贡献. 中国科技史料, 21（2）：102.

胡升华. 2000. 钱临照的生平及其学术贡献. 自然辩证法通讯, 22（6）: 90.
冯端. 2003. 追念钱临照先生——《钱临照文集》读后感. 物理, 32（2）: 71.
张志辉, 孙洪庆. 丁兆君. 2007. 钱临照先生年谱. 中国科技史杂志, 28（1）: 60.

撰写者

胡升华（1961~），科学出版社编审，在钱临照指导下获物理学史博士学位。

王 明 贞

王明贞（1906～2010），江苏苏州人。物理学家和教育家。1932年燕京大学硕士毕业。1938年留学美国密歇根大学，1942年获博士学位后任美国麻省理工学院雷达研究室理论组主任。她在布朗运动理论方面作出了杰出的贡献，是噪声理论研究的开创者之一。与导师G. E. Uhlenbeck合作发表在1945年《现代物理评论》的一篇综述论文——"布朗运动的理论 II"，六十多年来一直作为该领域的权威性文献被人引用；与G. E. Uhlenbeck合作研究噪声理论，其成果发表在《雷达系统工程》的丛书中，书名《阈信号》，该丛书被从事微波电子学的物理学家及工程人员奉为经典，物理学家Rabi称之为"继旧约圣经之后最伟大的工程"。1946年回国，任云南大学数理系教授。1949～1952年在美国诺特丹姆大学与E. Guth教授合作研究带电粒子的多重散射理论和非高斯型高分子软链网络的统计理论，写成的两篇论文在半个世纪后仍被引用。1955年回国，成为清华大学第一位女教授。在清华大学开出了"热力学与统计物理"和"非均匀气体的数学理论"等课程。

一、简 历

王明贞1906年11月18日出生在江苏苏州，2010年8月28日在北京谢世，享年104岁。1923年前，从小学到初二在苏州祖母（谢长达）创办的振华女中学习。1923年全家迁至上海，1923～1926年在上海晏摩氏女中学习。1926年就读于南京金陵女子大学，1928～1932年在燕京大学物理系学习，取得学士和硕士学位。1932～1938年在金陵女子大学任教。1938年由金陵女子大学吴贻芳校长推荐到美国密歇根大学（University of Michigan）攻读博士学位，导师是乌伦贝克（G. E. Uhlenbeck，他和S. A. Goudsmit一起发现电子自旋）。1942年取得博士学位后，1943～1945年麻省理工学院雷达研究室聘为副研究员，任该实验室理论组主任，在Uhlenbeck指导下，从事噪声理论方面研究工作。1946年底回国，1947年任云南大学数理系教授。1949～1952年在美国诺特丹姆大学（University of Notre Dame）任副研究员，从事带电粒子的多重散射理论和非高斯型软链网络统计理论的研究。1953年为报效祖国，向移民局申请回国未准，毅然辞去在美国的工作，迁移到西海岸等候，过着清苦的生活，终于在1955年6月经过千辛万苦回到祖国。同年9月受聘于清华大学，成为清华大学第一位女教授。可惜的是，当时学苏联，基础课脱离了科研，她就中断了对布朗运动和噪声理论的研究，这对国家和她个人都是不可挽回的损失。1955~1966年在清华大学讲授理论物理课程。1968年3月14日到1973年11月9日受江青陷害关进监狱达五年八个月之久。1979年中央组织部为黄敬（原名俞启威，曾任第一机械部部长，是王明贞丈夫俞启忠的哥哥。）平反时，宣布俞家的冤案是江青陷害的。王明贞出狱后，参加了英汉科技词典编写工作。1976年12月退休。

二、学术生涯

王明贞出生在一个既是历史悠久的书香门第，又是当时国内罕见的先驱科技世家。远祖王鏊（1450~1524）是明代户部尚书，入主内阁，位居宰相。王明贞就出生在王鏊所建的老宅内。祖父早年去世，祖母谢长达是历史上一代巾帼英豪，中国妇女解放运动的先驱者。1901年王谢长达在苏州成立放足会，自任总理，还创办了振华女中，亲任校长，致力于教育救国。王明贞的父亲王季同（1875~1948）是中国清末民初的数学家和机电专家。他于1890~1895年在京师同文馆学习数学，是中国第一个在国际数学刊物上发表论文的学者。1927年他随蔡元培筹备中央研究院，担任中央研究院研究员，是中国电信界鼻祖。王明贞的伯父王季烈，是清末民初物理教育家，翻译出版了中国第一本以物理学命名并具有大学水平的教科书，还编著了中国第一本中学物理课本，主持编印了《物理学语汇》，为近代物理在中国的传播作出重要贡献。王明贞的叔伯辈中还有王季点、王季绪、王季玉、王季茝、王季常，他们或为科技专家，或为教育家。王明贞兄弟姐妹7人都与清华大学有很深的渊源。她的哥哥王守竞在20年代末用变分法把新诞生的量子力学成功地应用于原子分子，取得有重要国际影响的成果，是中国第一位研究量子力学并卓有成效的学者，曾任浙江大学、北京大学物理系主任，后又开创中国机械工业。王明贞的姐姐王淑贞是杰出的妇科专家，有"北林（林巧稚）南王（王淑贞）"之称，曾任上海第一医学院院长。弟弟王守武院士和王守觉院士是中国半导体集成电路、微电子和光电子技术领域的先驱者，另一位弟弟王守融是著名的精密机械仪器专家。妹妹王守璨毕业于清华大学，丈夫陆学善院士是晶体物理学家。

长辈的榜样和同辈的帮助激励，使王明贞发奋努力、自强不息，在学业上取得了优异成绩。她在苏州振华女中念完初二，随家迁至上海，就读于晏摩氏女中，中学期间每门功课均为"A"，是班上的第一名，毕业时，获得把名字刻到学校银杯上的荣誉。在重男轻女的年代，家长并不同意王明贞上大学，经过姐姐的说服工作，家长才同意，她报考了金陵女子大学。在金陵女大读了两年转学到燕京大学物理系，一边念书，一边教预科班的数学，挣得生活费。四年级由美国留学回来的哥哥负担她的费用。

王明贞向往到国外深造，但出国留学的道路几经坎坷。毕业后她立即申请到美国密歇根大学，虽然很快得到该校的全额奖学金，包括四年的学费和生活费，但由于没有路费只好作罢。此后就在燕京大学一面做助教一面念研究生，两年后得到燕大的硕士学位。接着应金陵女大校长吴贻芳的聘请去教数学和物理，一教就是六年。在这六年中，王明贞没有放弃出国留学的念头。在工作两年后，再次申请去密歇根大学，被拒。于是转考"英庚款"和"美庚款"留学生。留学考试由庚款委员会举办，报考人中各科分数最高者就被录取出国。王明贞考了一次英庚款和一次美庚款，均因分数不够未被录取。第三次考英庚款得了第一名，可因为是女的又学物理而被取消资格。1938年，金陵女大校长吴贻芳主动问王明贞是否想留学，回答是肯定的，于是向密歇根大学写了一封强有力的推荐信，回信很快来了，再次给王明贞四年全额奖学金。经过八年周折，王明贞终于踏上了留学之路。

在密歇根大学头两年主要学习理论物理课程，两门高等数学和一门光谱分析实验课。有两件事引人注目，深受物理系研究院师生的赞扬。第一学期电动力学小考后两周，老师来到班上怒气冲冲地说："你们真是一群笨蛋，上次测验最高分数只有36分"。王明贞听了觉得有点莫名其妙，认为自己的答卷没有错，于是下课后问老师她得了多少分？老师回答说"得了100分"，当时在场的同学都大吃一惊，这件事立即在系里传开了。很显然，老师把这个班上唯一的女生和唯一的外国留学生视作例外。还有一件事发生在第二学期理论力学课上。Goudsmit教授讲到一位科学家的论文时提到关于钟表的油丝问题无法得到一个解，于是宣布学生中谁能解这个问题，要给予奖励。王明贞课后经过几天思考和推算，终于找到了解，并将结果告诉了老师。Goudsmit非常高兴，在系里讨论会上讲了这件事。后来，Goudsmit和她合作写了一篇文章，刊登在1940年8月的《应用物理》杂志上。在密歇根大学期间，王明贞成绩优异，获得三个金钥匙荣誉奖，其中一个叫"φβκ"（Phi Beta Kappa）是当时全美学生的最高荣誉奖。

进入第三学年，王明贞开始做博士论文，她的导师是Goudsmit的好朋友Uhlenbeck教授。他们两人在20年代合作期间提出电子自旋的假设，成功地解释了塞曼效应和原子光谱的精细结构，是量子力学发展史上一个里程碑。起初 Goudsmit 打算做王明贞的博士论文导师，后因接受了美国麻省理工学院雷达实验室理论部领导的邀请，Goudsmit 就把王明贞介绍给 Uhlenbeck。在 Uhlenbeck 教授指导下，1942 年王明贞写出了博士论文 "Boltzmann 方程不同解法的研究"（Study of different solutions of Boltzmann equation, Dissertation (Michigan) Ann Arbor, 1942）。1945 年王明贞与 Uhlenbeck 合作撰写文章 "布朗运动的理论 II"（On the Theory of the Brownian Motion II）（以下简称 "王-乌文"）发表在《现代物理评论》（*Review of Modern Physics*）杂志上。之所以用 "布朗运动的理论 II" 是因为在 1930 年由 G. E. Uhlenbeck 和 L. S. Ornstein 在 *Physical Review* 上发表了一篇题为 "布朗运动的理论"（On the Theory of the Brownian Motion）的文章，称为 "布朗运动的理论 I"。这两篇文章都是综述性的文章。1930 年的文章是对当时已发表的有关布朗运动理论文章的总结和评述，并有创新。而 1945 年的文章是对 1930 年后十五年间发表的 30 余篇文章的总结和评述再加上自己的创新。对 "王-乌" 的评价可以从纽约市立大学（The City University of New York，CUNY）的 L. Cohen 教授于 2005 年写的一篇纪念 "噪声" 诞生一百年的文章（The history of Noise- on the 100th anniversary of its birth）中读到。他在文章中有这样一段话："Ornstein-Wang-Uhlenbeck-Chandrasekhar 在 Einstein（爱因斯坦）、Smoluchowski（斯莫鲁霍夫斯基）和 Langevin（朗之万）就噪声问题进行了最初的研究之后约五十年间写下了关于这一问题的基础性的数学论文。这些论文堪称经典，十分精彩，思路清晰，直接明了。阅读这些论文比阅读过去五十年来出版的无数随机微分方程方面的著作要好几个数量级。论文的作者们关心的不是高深莫测的问题，而是致力于探讨重要的数学概念和方法。" 从上述评价就可以理解为何 "王-乌" 自发表至今据 SCI 记录已被引用 1500 次以上，即使在六十多年后的 2009 年还被引用 19 次。

为了解王明贞的 "王-乌" 要从布朗运动说起。布朗运动以苏格兰植物学家 R. Brown 命名。但是按照 Brown 自己在 1828 年和 1829 年的说法，他并不是最早观察到布朗运动的人，在他之前有十几个人。Brown 在 1927 年利用显微镜非常仔细地观察了花粉粒子在水中的运动，他看到了小颗粒在快速的摆动（rapid oscillatory motion）。他对所观察到的现象进行了详细的纪录并加以解释。此后将近八十年时间里虽然有人试图用数学方法对布朗运动进行描述，但没有成功。1905 年爱因斯坦发表了五篇论文。这五篇论文写得都比较简短，目的明确、风格独特，其中有一篇论文讨论布朗运动。爱因斯坦推导了描述布朗运动的扩散方程，得到了一维运动的解。爱因斯坦的结果在以后的三年未被实验证实，有的实验结果为爱因斯坦的预期值的

4~6倍，有的是三倍。直到1909年J. B. Perrin（佩兰）进行的一系列实验最终证实了爱因斯坦的预期值。1905年被称为布朗运动和"噪声"理论的诞生年。

王明贞的博士论文首次从Fokker-Planck方程和Kramers方程推导出自由粒子和简谐振子布朗运动的概率分布函数。这些内容反映在"王-乌"的第九和第十章中。"王-乌"的第十一章讨论了耦合谐振子的情况，用了电学语言，即考虑n个节点的任意线性网络。

由于黏弹性液体中的记忆效应，布朗粒子在这样的液体中的随机运动是非Markov过程。"王-乌"作者首次分析了简谐振子在黏性液体中布朗运动的非Markov性质。（见 V. S. Volkov, Rotational Brownian motion of axisymmetric particles in a Maxwell fluid, Physical Review E, 2001）。

"王-乌"在Cohen的文章中还被称为是学习"噪声"学科的经典之作，也是最好的学习Langevin方程的地方。"王-乌"之所以重要并且至今仍被频频引用的原因可以从引用"王-乌"的文献中找到答案。在这些文献中提到"Wang-Uhlenbeck theorem"，"Wang-Uhlenbeck formalism"，"Wang-Uhlenbeck method"，"Wang-Uhlenbeck entropy"，"Wang-Uhlenbeck matrix"还有"Wang-Uhlenbeck problem"等。举几个例子：

（1）1996年W. Burchard发表于*Macromoleculs*杂志上的一篇有关DNA结构的文章中将"王-乌"研究多变量高斯分布的方法称为Wang-Uhlenbeck体系（Wang-Uhlenbeck formalism），作者还用此体系得到了相关的结果。

（2）在Wiki百科全书编写的词条"循环熵"（loop entropy）中，用"Wang-Uhlenbeck entropy"作为标题专门介绍了在聚合物中一个单循环损失的熵，认为可以由Wang-Uhlenbeck矩阵（Wang-Uhlenbeck matrix）求出。

（3）2004年Jim C. Chen等发表于*Advances in Colloid and Interface Science*的一篇综述性文章中将"王-乌"放在第一篇，并认为是了解布朗动力学的极好资源，还称"王-乌"系统地叙述了布朗运动的统计特性。

（4）在文章中称利用Wang-Uhlenbeck方法的就更多了。如A. Isar 1994年的一篇文章中称他利用Wang-Uhlenbeck方法求解了初始条件为高斯型和delta函数型的Wigner分布函数的Fokker-Planck方程的解。又如1966年H. Risken等人发表在*Zeitschrift for Physik*中的一篇有关激光噪声文章中称他们用了Wang-Uhlenbeck方法求解分布函数的Fokker-Planck方程。

（5）"王-乌"共有12章，在第12章中提出了五个有指导性的尚未解决的问题，其中有气压分布问题、第一阶段时间问题、再现时间问题等。以后的不少文章中提到这些问题时称为Wang-Uhlenbeck问题（Wang-Uhlenbeck problem）。

在"王-乌"发表六十年后仍然有文章讨论再现时间（Reccurence Time）问题，2005 年 A. Singer 等人在 Physical Review Letters 发表的 "Asymptotic Solution of the Wang-Uhlenbeck Recurrence Time Problem" 一文中称由 Wang 和 Uhlenbeck 提出的寻找再现问题的联合概率分布函数得到了渐近解。

1946 年底王明贞回国，在云南大学数理系任教授期间认识了热衷于教育事业的俞启忠先生，1948 年夏结成伴侣。俞启忠想出国看看，学习教育，于是 1949 年夫妇俩去了美国。王明贞在诺特丹姆大学做研究工作，主要与 E. Guth 教授合作研究带电粒子的多重散射理论和非高斯型软链网络的统计理论，并发表了相关的两篇论文。这两篇论文在半个世纪以后还被其他科学家引用。该校受美国海军实验室资助，朝鲜战争爆发后，王明贞不愿与美国军方有任何关系，就主动辞职不干了。1953 年开始，她为回到祖国做了不懈的努力。当时她只有半年的生活费，哪知归期何其遥远！美方敌意和遏制的态度使他们夫妇俩的回国计划竟然搁浅达两年多之久，只得靠学教育的丈夫在一家旅馆做管理员以维持生计。清苦的两年里，王明贞的家成了有志归国旅美学者的联络站和聚居地。经过千辛万苦，据理力争于 1955 年夏，她同七十多位莘莘学子终于回到了祖国的怀抱。

王明贞在归国留学生的志愿表上写上了"服从分配"几个大字，同年九月她被分配到清华大学理论物理组任教。当她得知与其同船回国且也到清华大学理论物理组工作的徐樟本是三级教授，而她是二级教授时，认为这样会影响不好，就要求学校把她也定三级，否则就到别处工作，学校就给她降了一级。这样的事在今天看来是不可思议，而对于王明贞来说，她一生都淡泊名利。在清华大学她讲授"热力学和统计物理"、"非均匀气体的数学理论"等理论物理课程。在教学中，她准确地引入每个概念，严谨地推导所有的公式。王明贞严肃认真的教学态度和严谨的科学作风，深受广大学生的崇敬。她鼓励学生多提问题并以平等的态度与学生一起探讨，这种平易近人和诲人不倦的作风，得到了学生的爱戴。她不遗余力地培养年轻教师，为他们开出高级统计力学等课程，北京大学等校教师也曾来旁听。张钟华院士（清华大学 1963 届）说："王教授深入浅出的讲授把我们引入了一个令人神往的量子世界。在后来我从事的建立量子计量基准的工作中，王教授传授的知识就如一把金钥匙，使我对于一些物理前沿成就能较好地领悟。"

1955 年王明贞回国后，由于学苏联，基础课教学与科研分离，加上各种政治运动的冲击，从此告别了她熟悉而卓有成就的统计力学研究领域。在"文化大革命"中，她又遭受无妄之灾，受江青陷害，坐了近六年的牢。在监狱里，她读了两遍《资本论》，没有笔，没有纸，竟把书中为证明理论的每一道公式在脑子里推演一遍。何等的毅力！何等的智力！一位爱国、有杰出成就的女物理学家再也没能为物理学作出重要贡献，这不仅是王明贞个人的悲剧，也反映了国家和民族的悲剧。

在为她九秩华诞庆祝会上，当她吹灭生日蜡烛时，王明贞许了一个心愿：在她有生之年，台湾能回来！这平和的语气里蕴藏着何等的冲击力！它震撼着每个人的神经，洋溢出一个老教授、老科学家对祖国坚定和无条件的赤诚与热爱！

三、科 学 成 就

1. 布朗运动理论研究的贡献

王–乌伦贝克于1945年发表的文章是对当时已发表文献的综述，有综合、有评论、又有自己的创新工作，对未解决的问题也作了介绍。该文对布朗运动的研究有重要作用。在以后的60余年据SCI收录被引用1500次以上，这些文献除了研究布朗运动、噪声还涉及有关DNA等研究领域甚至还有股票市场研究。

2. 王–乌伦贝克体系

从Fokker-Planck方程和Kramers方程推导出自由粒子和简谐振子布朗运动的概率分布函数并求解的方法和结果被称为王–乌伦贝克法则、王–乌伦贝克体系、王–乌伦贝克方法等。

3. 王–乌伦贝克提出的问题

1945年在文章中提出了五个有指导性的尚未解决的问题，其中有气压分布问题、第一阶段时间问题、再现时间问题等。以后的不少文章中提到这些问题时称为王–乌伦贝克问题（Wang-Uhlenbeck problem）。

四、王明贞主要论著

Goudsmit S, Wang M C（王明贞）. 1940. Introduction to the problem of the isochronous hairspring. J Appl Phys, 11: 806.

Wang M C, Uhlenbeck G E. 1942. A note on a problem of the Rayleigh [the approach to equilibrium distribution of a particle moving in a dilute one-dimensional gas. Phys Rev, 61: 106.

Wang M C. 1942. Proof of the Maxwell-Boltzmann distribution law, Phys Rev, 61: 543.

Wang M C, Uhlenbeck G E. 1945. On the theory of the Brownian Motion II. Rev Mod Phys, 17: 323.

Wang M C, Uhlenbeck G E. 1950. Threshold modulations for amplitude-modulated and frequency-modulated continuouswave systems // Lawson J L, Uhlenbeck G E. Threshold Signals [Radiation Laboratory Series (MIT) vol. 24]. New York: McGrew-Hill: 367.

Wang M C, Guth E. 1951. Statistical theory of larger deformations of rubberlike materials. Phys Rev, 81: 302.

Wang M C, Guth E. 1951. On the theory of multiple scattering, particularly of charged particles. Phys Rev, 84: 1092.

Wang M C, Guth E. 1952. Statistical theory of networks of non-Gaussian flexible chains. J Chem Phys, 20: 1144.

Wang M C, Guth E. 1954. General theory of multiple scattering, especially of charged particle. Nat Bur Standard (US) Circ, 527: 39.

Wang M C, Uhlenbeck G E. 1954. On the theory of the Brownian motion II // Wax N. Selectected Papers on Noise and Stochastic Process. New York: Dover: 113.

主要参考文献

应纯同. 1993. 王明贞 // 戴念祖. 20 世纪上半叶中国物理学论文集粹. 长沙: 湖南教育出版社: 491.

应纯同, 卓韵裳. 2001. 王明贞 // 沈克琦, 戴念祖. 中国科学技术专家传略: 理学编: 物理学卷 2. 北京: 中国科学技术出版社: 12.

余少川. 2003. 中国机械工业的拓荒者王守竞. 第 2 版. 昆明: 云南大学出版社.

王明贞. 2005. 转瞬九十载 // 清华大学物理系. 王明贞先生百岁寿辰文集. 北京: 清华大学: 88.

清华大学物理系. 2005. 王明贞先生百岁寿辰文集. 北京: 清华大学.

撰写者

应纯同（1936~），清华大学工程物理系教授，王明贞的学生。

卓韵裳（1936~），清华大学工程物理系教授，王明贞的学生。

王淦昌

王淦昌（1907~1998），江苏常熟人。核物理学家和教育学家。中国核科学的奠基人和开拓者之一；"两弹一星功勋奖章"获得者之一。中国科学院学部委员（院士）。1929年毕业于清华大学物理系，1930年赴德国柏林大学深造，1933年获博士学位，1934年回国。王淦昌是中国实验原子核物理、宇宙线及基本粒子物理研究的主要奠基人和开拓者之一；1941年，他独具卓见地提出了验证中微子存在的实验方案并为实验所证实；1959年，首次在世界上发现反西格马负超子；1964年，他和苏联巴索夫院士同时独立地提出了激光核聚变的设想，是世界激光惯性约束聚变研究的创始人之一；他是中国高功率脉冲技术及电子束强流加速器的开拓者和奠基人；他领导和参与了中国原子弹、氢弹原理突破及核武器研制的试验研究，是中国核武器研制的主要奠基人之一；他积极推动中国的核电建设，为中国核电事业迈出艰难的第一步起了重要作用。1986年3月，他与王大珩、杨嘉墀、陈芳允一起向中央领导提出制定中国高技术发展"863计划"的建议，为中国高技术发展作出了贡献。1982年获二项国家自然科学奖一等奖，1985年获国家科学技术进步奖特等奖，1994年获首届何梁何利基金科学成就奖等。

一、生平概要

王淦昌1907年5月28日生于江苏省常熟县支塘镇，1998年12月10日于北京逝世，享年91岁。

王淦昌的父亲王以仁行医为业，是当地很有名望的中医。1915年王淦昌八岁时进入江苏省太仓县沙溪镇小学学习。1918年五四爱国运动的影响波及沙溪，往日平静的小镇也开始沸腾起来了。王淦昌在老师们的带领下举着小旗上街游行，高喊反对卖国贼、抵制日货的口号，从此在他幼小的心灵深处，就种下了热爱祖国的幼苗。小学毕业后在上海浦东中学就学。1925年王淦昌考入清华大学，在叶企孙和吴有训指引和培养下踏上了物理学研究的征途。1929年6月，王淦昌从清华大学物理系毕业后留校任助教，在吴有训的指导下研究清华园周围氡气的强度及每天的变化，以及气象因素对大气放射性的影响。1930年王淦昌到德国柏林大学［即柏林弗里特里希-威廉大学（Friedrich-Wilhelm-Universität zu Berlin），东、西德分裂后，1949年改名为柏林洪堡大学（Humboldt-Universität zu Berlin，HU Berlin）］做研究生，师从迈特内（L. Meitner），在威廉皇家科学院（Die Kaiser–Wilhelm–Gesellschaft zur Forderung der Wissenschaften）所属的达莱姆化学研究所（Die Kaiser–Wilhelm–Insititut für Chemie. Berlin–Dalem）放射物理研究室研究β衰变能谱。

1930年玻特（W. Bothe）和他的学生贝克（H. Becker）用放射性钋所放出的α粒子轰击铍核，发现了很强的贯穿辐射，他们把这种辐射解释为高能的γ射线。王淦昌对此表示怀疑，曾两次向导师迈特内建议用云雾室做探测器，重复玻特的实验，以弄清这种贯穿辐射的质量和能量，由于迈特内没有采纳而痛失了发现中子的机遇。1933年12月王淦昌于柏林大学获博士学位，博士论文是《关于ThB+C+C′的β谱》，著名物理学家冯·劳厄（V. Laue）主持了他的论文答辩。

1934年4月王淦昌回国，应聘到山东大学，浙江大学物理系任教授，1943年任浙江大学物理系主任。

1942年王淦昌在美国《物理评论》上发表了《探测中微子的建议》论文，为从实验上证明中微子存在的方案指明了方向。1947年他再次在美国《物理评论》发表了《建议测量中微子的几种方法》，为最终获得单能的反冲核测量指出了实现的途径。

1947年9月经浙江大学选派，王淦昌赴美国加州大学伯克利分校（University of California, Berkeley）物理系作访问学者，他与琼斯（S. B. Jones）合作，开展介子衰变研究。1950年4月王淦昌调北京任中国科学院近代物理研究所研究员参加建所工作，分工负责宇宙线物理部分的工作。1951年任近代物理研究所副所长，主持所的日常领导工作，并主持制定了近代物理研究所第一个五年计划，分工负责宇宙线物理部分的工作，在云南落雪山建立了海拔3185米的高山宇宙线实验室。

1955年王淦昌被选聘为中国科学院数理化学部委员，参加了中国《科学技术十二年发展远景规划》制订工作，主持起草原子能科学部分的初稿。

1956年9月王淦昌任苏联杜布纳联合核子研究所（Обьединённый Институт Ядерных Исследований, Дубна）（以下简称：苏联联合所）高级研究员，1959年被选为该所副所长。在王淦昌的领导下研制了24升丙烷气泡室，开始了6.8GeV/C的π⁻介子束与核相互作用的实验研究。在四万张底片中发现了第一个反西格马超子的事例，把人类对微观物质世界的认识向前推进了一大步。

1961年4月党和国家要求他参加核武器研制工作，担任二机部核武器研究院副院长并到青海高原从事"两弹"攻关任务。王淦昌接受了党和国家的重托，决定以身许国，从此王淦昌隐姓埋名工作了17年（1985年"氢弹的突破及武器化"获国家科学技术进步奖特等奖，王淦昌是获奖人之一）。1999年他荣获党中央和中央军委颁发的"两弹一星功勋奖章"。

1964年12月王淦昌提出激光惯性约束聚变的科学设想。在王淦昌的建议下，在中国开始了激光惯性约束聚变工作。

1978年夏天，王淦昌调任二机部副部长兼原子能所所长，为原子能研究所的发展作出重大的贡献，并在原子能所开始了惯性约束聚变的研究，建立了惯性约束聚变研究室。

王淦昌调任第二机械工业部副部长后，更加关心和努力促进中国核电的发展，努力促进核能事业的国际交流和合作。1978年10月2日王淦昌和第二机械工业部的四位专家联名上书邓小平副主席，提出发展中国核电的建议，对中国核电发展起了推动作用。1986年他两次到秦山核电站现场检查工作，一再强调要确保质量与安全。

1986年他和王大珩、杨嘉墀和陈芳允三位院士一起向党中央提出了"以力所能及的资金和人力跟踪新技术发展的进展"的建议，在邓小平同志批示和积极支持下，国务院制定了国家高技术"863"计划，为中国高技术发展开拓了新的局面。

王淦昌曾任第三、四、五、六届全国人大常务委员会委员，中国科协第二届全国委员会副主席、荣誉委员，中国核学会理事长、名誉理事长，核工业部副部长等职务。

二、主要研究领域和成就

1. 探测中微子的建议

中微子是一种具有奇特性质的粒子，查德威克（J. Chadwick）在1914年就发现α射线和γ射线的能谱是分立的，而β射线的能谱却是连续的，由于原子核是处于分立的量子状态，又考虑到原子核放射β粒子的时候，电子的能量比预计的小的问题，泡利（W. Pauli）在1930年提出了中微子存在的假说，他认为在β衰变过程中，放射出电子的同时还放出中微子，这就解释了β谱的连续性问题和能量守恒的问题。1931年6月又预言β射线连续谱应该有明确清晰的上限。1932年1月王淦昌用G-M计数器精确测定了RaE的β谱上限，有力地支持了泡利的假说。1933年费米（E. Fermi）以中微子假说为基础建立了β衰变理论，算出了β衰变的连续谱，并与测量的 RaE 的 β 能谱相符合，他用光子类比中子和中微子，仿照狄拉克（P. A. M. Dirac）处理电磁场的量子电动力学的方法，来解决 β 能谱的形式，β 衰变的平均寿命以及其他一些特征，提出了自然界在引力和电磁力以外，存在第三种力——弱相互作用力。费米认为中微子质量是零或者比电子质量小很多，费米的理论说明了在 β 衰变中能量仍然是守恒的，费米很看重自己 β 衰变理论的重要意义。认为这是他在理论方面最重要的工作。王淦昌认为泡利的假说、费米的理论虽然都非常出色，但还必须从实验方面去证实中微子的存在，由于中微子不带电、穿透力很强，探测的难度很大，许多实验物理学家做了很多的努力，但一直没有找到中微子存在的实验证据。1939 年克兰（H. R. Crsnd）和哈尔帕思（J. Halpern）利用核反冲效应，测量了 ^{38}Cl（放射性氯）放射出来的 β 射线和反冲原子核的动能和能量，来证明中微子的存在。即 $^{38}Cl \rightarrow {^{38}Ar^-} + e^+ + \gamma$ 他们观察了正电子在磁场中的偏转和原子核在云雾中的射程，得出结论：如果这个反应只有原子核和正电子，而没有中微子，那么动量就不守恒，这个实验虽然支持了中微子存在的观点，但并不能作为中微子存在的确凿的证明，特别是反冲原子核 ^{38}Ar 的能量很小，电离效应不显著，再加上末态是三体，不是最好的探测中微子的方法。

1941 年王淦昌投稿美国《物理评论》，并在 1942 年初发表，论文题目为 "A Suggestion on the detection of the neutrino", *Phys. Rev.* 61.97（1942）。王淦昌在文章中指出四个重要观点：①不能用中微子的电离效应来探测它的存在，测量放射性元素的反冲能量和动量是能够获得中微子存在的证据的唯一希望。②当一个 β$^+$ 类的放射元素，不是放射一个正电子，而是俘获一个 K 层电子时，反应后的元素的反冲能量和动量仅仅依赖于所放射出的中微子。③只要测量到反应后元素的反冲能量和动量，就很容易定出发射出来的中微子的质量和能量。④这种反冲的能量对于所有的原子都是等值的，因为他们并不放射连续的 β 射线，这种反冲后来称为单能反冲。

在普通的 β 衰变中末态有三体如 $A \rightarrow B^- + e^+ + \nu$ 但 K 电子俘获中 $A^+ + e^- \rightarrow B + \nu$，末态只有二体，测量了 β 的能量就可以得到中微子的知识，王淦昌建议用 ^7Be 的 K 电子俘获过程去探测中微子的存在。王淦昌指出测量到单能的 ^7Li 反冲是极为重要的。因为只有单能的反冲核才能严格地证明泡利的假说和费米的理论。王淦昌还根据他看到的 1938 年一些文献上的实验数据做了估算，指出假定中微子质量为零时，Li 反冲能量为 77eV（对其中的一种反应）。

王淦昌论文发表刚几个月，美国物理学家阿伦（J. S. Allen）就按照王淦昌的建议做了 ^7Be 的 K 电子俘获实验，测量了 ^7Li 的反冲能量，并计算出 ^7Li 的反冲能量为

58eV，阿伦实验由于所用 ^{7}Be 样品较厚，再加上观测设备的孔径效应未能观察到单能反冲，实验结果与理论预测有一定出入，但这一实验结果还是引起了国际物理学界的注意，被认为是 1942 年世界物理学的重要成就之一。1943 年后，王淦昌不满足于阿伦的实验结果，于 1947 年在美国《物理学评论》上发表《建议探测中微子的几种方法》，提出用 β 射线能量较大的 ^{12}Be 或以气体状态存在的 ^{16}N 的反冲来探测，或利用 ^{24}Na 先发出 β 射线 10^{-7} 秒后再发 γ 射线，在这段时间里用云室或定向符合计数器测定反冲核与 β 射线是否在同一条直线上以确定中微子的存在。

第二次世界大战后，实验条件比战时好多了，阿伦和另外几个物理学家陆续用 ^{107}Cd、^{7}Be 和 ^{37}Ar 作 K 俘获实验，终于获得了单能的反冲核。1952 年戴维斯（R. Davis）还测得 ^{7}Li 的反冲能量为 55.9±1.0eV 与阿伦根据王淦昌建议计算出来的预言值 58ev 很符合，从而不仅为中微子的存在，也为弱相互作用中能量和动量守恒提供了确切的实验证据。在 1956 年利用核反应堆产生的强反中微子束直接探测到自由反中微子以前，这是关于中微子存在的最有力的证据。

王淦昌因验证中微子所做的历史性贡献，1947 年获范旭东奖金。

2. 反西格马负超子（$\widetilde{\Sigma}^{-}$）的发现

50 年代第一代高能加速器陆续建成，并开始了基本粒子各种性质和寻找新的基本粒子的研究。美国 6.3GeV 质子同步稳相加速器建成，后于 1955 年发现了反质子，随后通过反质子与核的电荷交换，发现了反中子，6.3GeV 质子同步稳相加速器对基本粒子研究作出了重要贡献。

1956 年秋苏联联合所建成了一台质子同步稳相加速器，能量为 10GeV（10 亿电子伏），是当时世界上能量最高的加速器。然而如何利用这台加速器在能量上的优势尽快地做出一些有意义的成果来是摆在联合所面前的一项艰巨的任务，因为建立在日内瓦的欧洲原子核研究中心（European Organization for Nuclear Research，简称：CERN）正在加紧建设一台能量更高的 30GeV 质子同步稳相加速器，并将于 1959 年建成。王淦昌结合苏联联合所加速器的特点提出了两个基本研究方向：

（1）寻找新奇粒子——包括各种超子反粒子的发现。

（2）系统地研究高能核作用下各种基本粒子（π，Λ°，K°）产生的规律。

即开展新粒子的研究，奇异粒子产生特性研究和 π 介子研究。在正电子，反质子和反中子发现后，摆在基本粒子实验工作者面前的一个挑战性课题是发现超子族粒子和反粒子。王淦昌领导着全组工作人员于 1958 年春研制成功了 24 升丙烷气泡室。王淦昌选用 π^{-} 介子作"炮弹"，从寻找反超子角度看，采用 π^{-} 介子引起核反应，有它不利的一面，即本底大，但有其重要意义的一面，即在原始反应系统中没有反重子，如果发现反超子，那么这个反粒子就是"真正"被产生出来的，并且为研究其他新奇粒子及其基本粒子的产生提供了更广泛的机会。通过 π^- 和气泡室中的氢和碳相互作用，并拍摄下其相互作用的过程，到 1960 年春共得到了近 11 万张照片，包括几十万个 π^- 介子核反应事例。根据各种超子的特性，王淦昌提出了在扫描径迹时选择可能的反超子事例的"标准"，他画出了反西格马负超子（$\widetilde{\Sigma}^-$）存在的可能的图像，要求大家都要把画像记住，在扫描时要特别注意与画像吻合的事例。扫描气泡室的立体照片是一项很辛苦和枯燥的工作，一张一张地看，终于在 4 万多张照片中发现了一个反超子的事例，这一重大发现于 1960 年 3 月正式发表在国内《物理学报》和苏联《实验和理论物理杂志》，我国《人民日报》和苏联的《真理报》也做了报道，这一重大的发现进一步丰富了人们对粒子—反粒子对称性的认识，也是苏联 10GeV 质子同步稳相加速器上最重要的科研成果，正是因为有这一重大成果，使联合所的 10GeV 加速器成为有创造性贡献的设备。1982 年王淦昌和丁大钊、王祝翔因"反西格马负超子的发现"工作获得国家自然科学奖一等奖。

1972 年，杨振宁访华时曾对周恩来总理说，苏联联合所这台加速器上所做的唯一值得称道的工作就是王淦昌先生及其研究组对反西格马负超子的发现，当然这是指最重大的发现而言。

在发现反西格马负超子的同时，还发现了几个高能 π^- 介子产生质子和低能反质子在气泡室内湮没的图像。这是第一次发现的反质子从"产生"到死亡的完整记录，此外还发现了几个反兰姆达超子事例。

实际上，王淦昌小组取得的研究成果是多方面的，寻找新粒子的工作，除了发现 $\widetilde{\Sigma}^-$ 外，还发现了动量为 6.8 ± 0.6 GeV/C 的 π^- 介子和质子相互作用产生的 $\Lambda^°$（$\Sigma^°$）及 $K^°$ 粒子和用动量为 7 GeV/C 和 8 GeV/C 的 π^- 介子产生的 Ξ^- 超子，共得到了 14 个 Ξ^- 超子的事例，测定了这些负超子的衰变能、寿命和产生截面。

3. 中国"两弹一星功勋奖章"获得者，核武器研制的奠基人之一

他参与了中国原子弹、氢弹原理突破及核武器研制的试验研究和组织领导，是中国核武器研制的主要奠基人之一，他在爆轰试验、固体炸药工艺研究和新型炸药研制，以及射线测试和脉冲中子测试方面，指导解决了一系列关键技术问题。他曾担任冷实验委员会主任委员，在科研生产第一线带领科研人员和工人上千次地反复实验，终于掌握了炸药工艺、实验部件及爆轰过程等规律，1961~1978 年从北京附近的长城脚下，到海拔 3000 多米的青海高原和人烟稀少的新疆大戈壁深处，他的足

迹走遍了实验场的各个角落。他亲自参加与组织指挥了前三次地下核试验，为迅速掌握地下核试验测试和工程技术作出了卓越的贡献（1982 年，由于爆轰试验工作获国家自然科学奖一等奖）他不顾当时已年过六十，和年轻人一样加班加点，哪里有困难、有风险，他就在哪里出现。在核武器实验的近区测试中，从制定物理方案到近区现场试验的每个技术细节都凝聚着他的心血和汗水，都渗透着他那一丝不苟、严肃认真的科学精神和作风。

王淦昌不愧是中国核武器实验物理研究的奠基人和开拓者，他指导和带领科技人员研制脉冲 X 光机、强流脉冲电子束加速器，发展高功率脉冲技术，开展闪光 X 光照相研究，为开展实验室爆轰物理及武器的改进奠定了坚实的技术基础。

4. 中国激光核聚变与高功率脉冲技术的奠基人和开拓者

1964 年 12 月，王淦昌提出用高功率激光束打靶实现惯性约束聚变的科学设想，对激光驱动热核反应作了基本分析和定量估算。他的这一建议和诺贝尔奖获得者苏联学者巴索夫（N. G. Basov）的设想很类似，他们两人几乎同时独立地提出这一建议。现在激光核聚变的原始思想就是从这里开始的。在王淦昌的建议下，在中国开始了激光惯性约束聚变的研究工作，而当时英、法、德、日等国都还没有开始这方面的工作。1965 年冬在他的推动下，中国第一次激光聚变座谈会在北京友谊宾馆召开，用几十路激光束沿 4π 立体角均匀照射靶丸的概念，在那次座谈会上就提出了，建造大型激光系统的设想也就随之而产生，并从此开始了中国激光聚变的创业时期。王淦昌和王大珩一起花费巨大的精力指导 10^{12} 瓦大型激光装置的建造及在该装置上开展物理实验的工作。从王淦昌提出激光惯性约束聚变建议以来，几十年的时间中他一直坚持参加并大力推进激光惯性约束聚变研究，是为了实现核聚变能的和平利用，以解决全人类的长期能源需求。1987 年 5 月 28 日，在学术界联合举办的祝贺王淦昌教授的八十寿辰的学术报告会上，他做了氟化氪激光聚变的报告，十分关心聚变能源的问题。在 1992 年 5 月 31 日的中国当代物理学家联谊会上，李政道问王淦昌："你所从事的众多项科研工作中，你认为哪项是你最为满意的？"王淦昌的回答是："我自己对我在 1964 年提出的激光引发氘核出中子的想法比较满意，因为这在当时是一个全新的概念，而且这种想法，后来成为惯性约束聚变的重要科研题目，一旦实现，这将使人类彻底解决能源问题。"

王淦昌在 60 年代中期就敏锐地注视到国际刚刚开始发展的建立在高功率脉冲技术基础上的强流电子脉冲加速器在科学研究上的重要意义和巨大潜力，他高瞻远瞩地提出这种技术将提供一种极高强度的电子束源、γ 源、X 射线源、离子束源和中子源，为了推动这一学科在我国的发展。他带领二机部九院十所的同志们研制好两台 1MV 的强流电子脉冲加速器，深入地了解了这种加速器的工作原理、加工工艺、调试技术，并在此基础上组织和领导了大型的 6 兆电子伏电子强流加速器的建成，它是亚洲最大的装置，并使中国的闪光 X 光技术达到世界先进水平。

1978 年夏天，王淦昌调任二机部副部长兼原子能所所长，从此在原子能所开始了惯性约束聚变的研究，从强流相对论电子束加速器的物理设计、工程设计、工厂加工、安装调试直到出束，做实验的每一个过程，他都和大家一起讨论，直接指导工作方案的制订。1982 年底，加速器成功地完成了总调，并引出束流，达到了设计指标，加速器的建造质量和指标以及运行的可靠性受到了国际同行的高度赞扬。随后他又立即带领和指导大家开展强流相对论电子束与物质相互作用的物理机制研究，用 X 射线、离子能谱、等离子体光谱、激光阴影照相和冲击波在靶中平均速度等物理测量，否定了国际上有关强流电子束在靶上由于双流不稳定性而造成的能量反常吸收的论点，在国际上产生重要的影响。

1984 年根据国际上惯性约束聚变发展的趋势，他指出必须从电子束惯性约束聚变转向氟化氪准分子激光聚变。在王淦昌的指导下，迅速地开展了电子束泵浦氟化氪准分子激光的研究。1992 年输出激光能量已超过 100 焦耳，1997 年达 400 焦耳，达到了国际上中等规模装置的水平，在能量效率、双向电子束泵浦技术和工作的稳定性方面在国际上处于先进水平。随后又建成了 6 束，22 毫微秒，120 焦耳的氟化氪激光角多路系统，开展了短波长氟化氪激光和物质相互作用的研究。

5. 核能开发和利用

王淦昌特别关心和努力促进中国核电的发展。1979 年 3 月，他率领我国第一个核能考察代表团访问美国、加拿大，跑遍了两国的东西海岸各研究机构和开发公司，同许多同行的学者和工程师建立了联系。1979 年国庆三十周年前夕，他在《自然》杂志上发表了题为《勇攀原子能科学技术的新高峰》的文章，指出："从长远看，核能必然成为能源的主要来源……我们一定要把核电站建设起来，让原子能造福于人民。"1980 年王淦昌向中央书记处和国务院领导同志讲授有关核能知识，为了讲好课，他做了充分的准备，收集大量资料，反复地修改讲稿，仔细地审查每一个幻灯片并进行认真的预演。这充分体现了他对国家核电事业的负责精神和严谨的科学作风。在讲授《核能——当代重要能源之一》中，他论述了核电站的安全性和经济性，提出发展核能是解决我国能源分布不均匀的最好途径，以及开发利用核能的五点建议。他提出了"以自力更生为主，争取外援为辅"及早积极地加强科学研究和工程研究，并积极引进、吸收、消化外国先进技术，加速我国核电建设。1980 年 11 月王淦昌再次率领核学会代表团访美，在关于世界核能问题的国际会议上作了题为《中国核能发展的前景》的报告，受到国际上的重视。1982 年他又在《欧洲核能》杂志上发表文章，论述中国核能发展的前景。1983 年在论证我国核电发展方针的会议上，他以《在发展我国核电事业中正确处理引进和坚持自力更生原则的问题》为题目，指出："我们不能用钱从国外买来一个现代化。……我们头脑必须清醒，设备进口也好，技术引进也好，合作生产也好，这些统统是手段，而目的则是为了增强自力更生的能力，促进民族经济的发展。"1983 年 11 月以王淦昌为首的 17 位专家向国务院提出《全国上下通力合作，加快原型核电站的建设》的报告，促进了秦山核电站建设。他非常重视秦山核电站的建设。1984 年 6 月，他去核电站检查工作时说："秦山核电站是我国第一座主要靠自己的力量建造的。必须虚心学习，大力协同，确保质量，力争速度，为我国的核电事业创出一条道路。"1986 年 7 月，他已 79 岁高龄，仍到秦山核电站施工现场检查工作，并在留言簿上写下："必须保证质量，必须保证安全。"

王淦昌不仅学术成就卓著，而且科学道德、为人品格高尚，是我们学习的好榜样。

强烈的爱国主义思想驱使着他几十年如一日，一辈子兢兢业业地把自己的一生奉献给祖国的科学与教育事业，直到生命的最后一刻。他是一位爱国主义者，青年学生时期他就积极参加反帝爱国运动。为了支援抗日，他捐献了家中蓄积的全部白银和首饰。抗日战争期间，在浙江大学流亡搬迁途中，他讲授军用物理，研究炸药的引爆，以自己的知识来为民族解放战争服务。1952 年，在抗美援朝保家卫国期间，他奔赴朝鲜战场工作了近 4 个月。1961 年他从苏联联合所回国时，正遇上经济困难时期，他将自己在苏联期间积累的卢布全部捐献给了国家。他获得过一些奖励，都慷慨地捐献给了学校、中国物理学会设立奖学金和中国物理学会王淦昌奖金。60 年代以后他以身许国，为祖国的核武器研制隐姓埋名奋力拼搏了十七年，为使我国在较短的时间内进入世界核大国的行列、增强祖国的国防实力、提高我国的国际威望作出了重大贡献。王淦昌是一个科学家，他的大部分时间都是投入到科研活动中，就是由于强烈的爱国感使他在政治上找到了正确的方向。他爱憎分明，爱祖国所爱，恨祖国所恨，与祖国同命运共呼吸地度过了自己的一生。"文化大革命"十年浩劫，使我国的科学教育事业和核工业建设遭受极大的破坏，王淦昌痛恨林彪和"四人帮"的倒行逆施，决不向他们低头，表现出了一身傲骨，正气凌然，当生产建设遇到困难，周恩来总理一号召他就挺身而出，担任核试验总结办公室主任，克服重重困难完成好上级交给的任务。

王淦昌热爱科学,执著地追求科学真理,科学研究是他生活的爱好和追求,他始终没有脱离科学研究第一线,80多岁高龄还坚持阅读科技文献,指导科研工作。他虽然学术造诣很高,但一直勤学好问,只要自己不懂就向年轻人请教,向人学习,在60多年的科研生涯中他以对新鲜事物的高度敏感性和勇于创新的精神密切注视着世界科学发展的新动向,不断开拓,不断创新,不断地从一个高峰攀登到另一个高峰。他从不自满,总是把自己取得的成绩看得很淡薄,所注意和关心的是进一步去做更大的贡献,取得更大的成绩。王淦昌学术思想很活跃,对科学问题具有深刻的洞察力和正确的预见性,但他从不自以为是,总是能认真谦虚地听取他人的意见,向他人学习。

王淦昌对科学研究是非常务实求真,对待同志也是非常热情坦诚,他对同辈真诚团结,对晚辈诲人不倦,他胸怀豁达,从不争功诿过,严于律己,宽以待人,从不摆架子,总是平易近人,平等待人,为人谦逊,和同行合作共事总是和睦友好,年轻人既尊敬他,又喜欢和他在一起并感到和蔼可亲。

王淦昌热情关怀年轻人的培养和成长,扶持后辈不遗余力,不管是在浙江大学任教期间,还是在科研工作中,他都非常重视教育和着力培养年轻人,言传身教,造就了大批人才。在教学和科研工作中他是学生和助手们的严师,对大家的要求很严,一丝不苟,他们的一点进步和成绩王淦昌都会由衷地感到高兴,在日常生活中他给予大家的则是父兄般的关爱,他的学生、助手病了,他都要亲自去探望,焦急地奔走寻医。他一贯助人为乐,在人们的心中是一位和善慈爱的长者。

王淦昌是一位把自己的智慧和精力全部奉献给了中国人民的科学家,他以杰出的科学成就和高尚的为人品德赢得了我国科学界的爱戴和尊敬,他在人们的心中树立起了一个人民科学家的崇高形象,是我国核科学的一代宗师。正如国务委员张劲夫在庆贺他八十寿辰所写的那样,王淦昌是"无私奉献,以身许国,核弹先驱,后人楷模"。

三、王淦昌主要论著

Wang K G(王淦昌). 1931-1932. On Atmospheric Radio-activity and Peiping Weather. Science Reports of National Tsing Hua University, Series A, 1: 119.

Wang K G. 1932. Über die obere Grenze des kontinuierlichen β- Strahlspektrums von RaE. Zeits für Physik, 74: 744.

Wang K G. 1934. Über die β- Spektren von ThB+C+C′. Zeits für Physik, 87: 633.

Wang K G. 1942. A suggestion on the detection of the neutrino. Phys Rev, 61: 97.

Wang K C. 1945. A suggestion on a new experiment method for cosmic-ray particles. Sci Rec, 1: 387.

Wang K C, Chiang T L. 1945. On some chemical effects of γ-rays. Sci Rec, 1: 389.

Wang K G. 1947. Proposed methods of detecting the neutrino. Phys Rev, 71: 645.

Wang K G, Jones S B. 1948. On the disintegration of mesotrons. Phys Rev, 74: 1547.

王淦昌, 肖健, 郑仁圻, 吕敏. 1955. 一个中性重介子的衰变. 物理学报, 11 (6): 493.

Ваи Гаи-чаиидр (王淦昌). 1959. Пропоновая пузырьковая камера обьемом 24 литра. ПТЭ, 1: 41.

王淦昌, 王祝翔, 维克斯勒, 等. 1960. 8.3 GeV/c 的负 π 介子所产生的 Σ^- 超子. 物理学报, 16 (7): 365.

王淦昌, 王祝翔, 维辽索夫, 等. 1961. 用动量为70亿电子伏/c和8/c的 π^- 介子产生 Σ^- 超子. 物理学报, 17 (5).

王淦昌, 连培生, 康力新, 李鹰翔. 1980. 核能——当代重要能源之一. 从能源科学技术看能源危机的出路. 红旗, 21: 42.

Wang N Y, Naigong Z, Wang G C, et al. 1983. An 80-GW relativistic electron beam accelerator. In: Briggs R J, Toepfer A J ed. Proceeding of the fifth International Conference on High-power Particle Beams, USA. Livermore: Lawrence Livemore National Laboratory: 60.

王淦昌. 1984. 惯性约束核聚变研究的进展. 核科学与工程, 4 (4): 289.

王淦昌, 诸旭辉, 王乃彦, 等. 1985. 6焦耳KrF激光的产生. 核科学与工程, 5 (1): 1.

王淦昌, 诸旭辉, 王乃彦, 等. 1986. 12.5焦耳电子束泵浦KrF激光器. 应用激光, 6 (2): 49.

Wang G C, Zhu X H, Wang N Y, et al. 1986. Studies of KrF Laser Pumped by an Intense Relativistic Electron Beam. In: Yamanaka C ed. Proceeding of sixth International Conference on High Power Beam, Kobe, Japan. Osaka: Institute of Laser Engineering, Osaka University: 652.

Wang N Y, et al. 1986. Pulsed Power Technique Research at IAE in Beijing. In: Niu K ed. Proceeding of Topical Meeting on Particle Beam Fusion and its Related Problem, Japan. Nagoya: Institute of Plasma Physics, Nogoya University: 253.

主要参考文献

李瑞芝, 等. 1996. 核物理学家王淦昌. 北京: 原子能出版社.

邓锡铭. 1987. 激光惯性约束聚变研究的倡导者, 我们的好导师——王淦昌//胡济民, 许良英, 汪蓉, 范岱年. 王淦昌和他的科学贡献. 北京: 科学出版社: 61.

王淦昌. 1987. 王淦昌论文选集. 北京: 科学出版社.

王淦昌. 1997. 无尽的追向. 长沙: 湖南少年儿童出版社.

核工业神剑文学艺术学会. 1989. 核科学家的足迹. 北京: 原子能出版社.

撰写者

王乃彦（1935~），研究员，中科院院士。曾任中国原子能科学研究院科技委员会副主任，副院长，核工业总公司科学技术委员会副主任，国家自然科学基金委员会副主任，太平洋地区核理事会理事长，现任中国核工业研究生部主任，中国原子能科学研究院副院长，中国核学会理事长，长期从事实验核物理和惯性约束核聚变的研究工作。

吴大猷

吴大猷（1907～2000），广州人。物理学家和教育家。中央研究院院士，加拿大皇家学会会士。1929年南开大学理学士，1933～1934年先后获美国密歇根大学硕士和博士学位。1934～1946年，先后任北京大学物理系和西南联合大学教授。1946年被委派出国考察原子科学，先后任密歇根大学客座教授，哥伦比亚大学研究教授，加拿大国家研究院理论物理组主任，美国布鲁克林理工学院研究教授，布法罗纽约州立大学教授暨物理系主任。1978年在美国退休，其后定居台北，历任"中央研究院"物理研究所所长，"中央研究院"院长（1983～1994）等职。曾预言超铀元素的存在；提出具有两个不对称的最小位势的量子力学问题，通过理论计算发现了不同平常的一种原子光谱的多重激发态，被称为"吴态"；其著作有《多原子分子的振动光谱及其结构》；《散射的量子理论》；《气体和等离子体的运动方程》等，还编著研究生用教材《理论物理学》7册。在国内外培养了一批知名物理学家。在执掌加拿大国家研究院理论物理组、美国布法罗纽约州立大学物理系、台北"中研院"及其下属物理所期间，为台湾人才培养和科学发展作出重大贡献。曾获嘉新文化基金会特别贡献奖（1968）、菲律宾麦格塞塞奖（1984）、香港霍英东终身成就奖（1998）等诸多奖项。

一、生平概要

吴大猷，广东省高要县人。1907年9月29日生于广州，2000年3月4日，病逝于台北，享年93岁。

吴大猷祖父吴桂丹，1889年进士，曾官翰林编修。父亲吴国基，1901年举人。母亲关嘉娥，名门闺秀。吴大猷4岁失怙，由母亲和伯父抚育长大。1920年夏入广东番禺县立小学。1921年夏，随伯父北上天津，入南开中学。1925年夏，越级考入南开大学矿科，1926年转入理科物理系，1929年获南开大学理学学士学位。当年秋，系主任饶毓泰教授赴德国莱比锡大学（Universität Leipzig）研究。在饶毓泰举荐下，吴大猷刚大学毕业就任教于南开大学物理系，讲授近代物理和力学。1931

年，由饶毓泰和叶企孙推荐，吴大猷获中华文化教育基金会资助，赴美国密歇根大学（University of Michigan）深造。1932 和 1933 年，吴大猷先后随从兰德尔（H. M. Randall）教授和古施密特（S. A. Goudsmit）教授而获密歇根大学硕士和博士学位。在原子和分子物理学方面打下了坚实基础，在密歇根大学研究一年后，于 1934 年回国，从而结束他的求学阶段。

吴大猷夫人阮冠世（1908~1980），浙江余姚县望族。他们相识于南开大学，于 1936 年 9 月成秦晋之好。冠世体弱多病，未有生育，然鹣鲽情深。后领养一子、一女。冠世于 1980 年 12 月卒于美国加州。

1934~1946 年，吴大猷任北京大学物理系教授，他和系主任饶毓泰、同系教授周同庆、郑华炽、朱物华等人共同努力，将北大物理系在三年内办成为北大历史上空前辉煌的时期。抗战爆发后，北京大学南迁，与清华大学、南开大学同在昆明组成西南联合大学。吴大猷在极为艰苦困难的条件下，扎实教学，孜孜研究，八年间发表论文 17 篇、一本英文学术专著《多原子分子的振动光谱及其结构》。该著作在 1939 年获中央研究院丁文江奖，1943 年获教育部科学研究著作奖。1948 年，吴大猷当选为中央研究院院士。

1946 年夏，奉国民政府派遣，吴大猷带领两位学生、即朱光亚和李政道，出国考察原子科学。他先在其母校密歇根大学任客座教授（1946~1947），后任哥伦比亚大学（Columbia University）研究教授（1947~1949）。继而，受聘于加拿大国家研究院（National Research Council），任该院理论物理组主任（1949~1963）长达 14 年之久，并于 1957 年当选加拿大皇家学会会士（Fellow）。其间，曾赴美国普林斯顿高等研究院（Institute for Advanced Study）任研究员（1958~1960）、瑞士洛桑大学（Université de Lausanne）任访问教授（1960~1961）。1963 年，又从加拿大迁往美国，先后任布鲁克林理工学院（Brooklyn Polytechnic Institute）研究教授（1963~1965），布法罗（Buffalo）纽约州立大学（New York University）教授（1965~1978）暨该校物理系主任（1966~1969）。1978 年退休。1991 年，吴大猷和美国前总统老布什夫妇等 5 人同获密歇根大学荣誉科学博士学位。

1956 年，吴大猷受中央研究院院长胡适之邀，首次回台北，从此开始了他后半生与台湾的不解之缘。在北美退休后，他几乎每年有 4~6 个月在台湾讲学、工作或参加会议。在他的建议下，1958 年台湾当局成立了"长期发展科学委员会"（简称"长科会"），从此开始了台湾官方重视科学研究的先河。1962 年，他协助恢复"中央研究院"物理研究所，并任该所所长 14 年之久（1962~1976）。1967 年，他出任台湾"科学发展指导委员会"和"国家科学委员会"两个委员会的主任委员，1979

年，又被委任为"科学教育指导委员会"的主任委员。1983 年，出任"中央研究院"院长（1983~1994）。1994 年，吴大猷在台湾退休。退休后，他仍执教鞭于讲坛，直到他生命最后一息。吴大猷是世界上仅见的一位登坛讲学近 70 年的物理大师。

吴大猷曾获得嘉新文化基金会特别贡献奖（1968）、菲律宾麦格塞塞奖（Ramon Magsaysay Award），（1984）、香港霍英东终身成就奖（1998）等诸多奖项，被国内外许多大学授予荣誉科学博士学位。

二、学 术 生 涯

1. 科学研究成就

吴大猷的研究涉及广泛的新领域，它们包括了原子物理、分子物理、核物理、等离子体物理、散射的量子理论、统计物理、天文与大气物理。

（1）关于原子物理的研究。在这些广泛领域的研究中，尤其为人所重的是吴大猷于 1933 年发表的《最重元素低能态》一文。该文通过对铀原子和铀离子低能态（5f 电子能态）的计算，他预言了超铀元素的存在，指出了其中的 14 种新元素，它们类似于周期表中的稀土族。从 1940 年起，吴大猷的预言陆续被实验发现，其中的钚（Plutonium）正是二战中美国制造原子弹的最重要、最关键的材料。美国核化学家西博格（G. T. Seaborg）也由于发现了 9 个超铀元素而获 1951 年诺贝尔化学奖。吴大猷的研究走在常规的物理事件产生之前太久，因而被人们忘却了。同是这一年，他发表了第二篇文章，题为《重原子 f 态的两个最低点的特征值问题及其量子亏损》。该文开创性地提出了具有两个不对称的最小位势的量子力学问题。吴大猷巧妙地借用 WKB（Wentzel-Kramers-Brillouin）方法，解出了这个问题的波动方程的本征值，并将结果用于计算某些原子的能态和诠释量子亏损。前一篇论文结果或预言正是用此方法得到的。

上述两篇论文是吴大猷在密歇根大学深造期间的收获，也是他的博士论文的主要内容。在密歇根大学吴大猷随系主任、红外光谱学家兰德尔（H. M. Randall）教授。起初在兰德尔实验室，吴大猷还改进了兰德尔制造的兼用棱柱及光栅的红外光谱仪。由直线形狭缝射入的红外光，经溴化钾棱柱后形成了呈半月形的弯曲的影像。这就降低了分光仪的鉴别率。吴大猷对此做出改进。他设计了一套弯形狭缝，因之产生的影像便是直的了，其鉴别率也相应提高。鉴于棱晶体的折射率为波长函数，故此狭缝的弯度亦需随波长而变。为此，吴大猷做了多套不同角度的狭缝。吴大猷当时尚未申请专利，他的改进方法不久被红外仪生产厂家所采用。

（2）分子光谱和拉曼光谱研究。任教于北京大学之初，吴大猷和物理系主任饶毓泰以及周同庆等教授开展了原子、分子光谱和拉曼光谱的研究工作。其实验研究的仪器，如罗兰（Rowland）光栅、施泰海尔（Steinheil）光谱仪，石英水银灯、氦辐射灯等均从国外买得。在1934~1937年的三年间，吴大猷发表了15篇论文。抗战伊始，北大南迁，这些贵重仪器均未运出，仅有一个三棱镜随身携带至西南联大。后由美国回国的马大猷博士带来一只低压汞弧灯。仅依此简陋仪器拼凑成一个最原始的分光仪，在茅草土屋中做起了拉曼效应的研究。西南联大时期的物理实验是20世纪世界任何一个物理实验室都难以想象的艰难条件。加之日军轰炸、物价飞涨，如此困境的八年中，吴大猷研究了7个专题、发表了17篇论文，撰写了一部流芳后世的物理学专著。

在20世纪30~40年代，吴大猷研究了原子多重激发态，在国际上较早地计算了氦原子双激发能态，计算慢电子与原子碰撞的散射载面，提出原子碰撞的理论模型和散射计算方法，研究了氯化乙烯的同分异构体的红外光谱及分子对称问题，讨论了由分子或电子激发的分子振动、分子振动与转动的相互作用、分子简正振动等问题。鉴于在原子和分子物理学上多年的研究，吴大猷在极端困难的西南联大期间，于1939年编著《多原子分子的振动光谱及其结构》一书。它是物理学相关领域一部总结性学术专著，也是40~50年代该物理领域的唯一完整的专著。吴大猷的初衷是为庆祝北京大学成立40周年而作，却在1939年、1945年两次在美国翻印出版，由Prentice-Hall书局列入"物理学丛书"之中。1945年版还增加了长篇补充附录。吴大猷的这本专著，将物理学家康登（E. V. Condon）教授的一篇繁长的论文综合成一句话，指出康登的理论是拉曼（Raman）效应理论的一个极限情形。对于收入该书的许多其他论文，吴大猷也一一审读，或作修正，或作补充，甚而重做计算改正其数值等。康登等一些知名物理学家读此书后，大加赞赏。正如吴大猷自己晚年所言，他在国际物理学界"因此变得相当知名"。

（3）原子光谱学研究。在原子光谱学方面，1940年和1944年，吴大猷先后发表了《论原子光谱的伴线和闭壳层的电子激发》、《轻原子的2电子和3电子位形（Configurations）的反常态变化能》二文，对原子光谱的多重激发态作出了一项特别重要的工作。所谓多重激发态，通常是指被激发至第一电离电位以上的各种位形，或者通过辐射衰变到第一电离电位以下且一般地为选择定则所不允许的各种位形。吴大猷通过理论计算后发现，后者还包括不能通过辐射衰变到第一电离电位以下的位形，但它们是多重态，且可以衰变到它们中的最低态。20多年之后，即1967年，费尔曼（P. Feldman）和诺威克（R. Novick）以实验证实这种激发态的存在。1978年瓦辛（V. P. Varshin）将这种激发态称为"吴态"，并将它用于类星体的等离子体激光星模型中。

（4）散射理论研究。在有关散射理论的研究方面，吴大猷1934年关于"双重受激氦的能态"的理论计算，给出了双重受激氦能级的近似结果，被高耳登（D. E. Golden）列入电子-原子散射共振研究的早期贡献之一。1947年吴大猷的《由电子激发的分子振动》一文，是继30年代哈里斯（W. Harries）、莱曼（H. Ramien）、梅西（H. S. W. Massey）和莫特（N. F. Mott）等相关研究之后又一重要研究。吴大猷在该文中由理论计算而获得了电子碰撞激发的分子振动截面的正确的数量级。他还研究过电子和氢原子碰撞这种简单的三体问题以及核子同核子碰撞的散射问题。正是基于这些早期的研究，吴大猷和日本物理学家大村充合作，共同撰写《散射的量子理论》一书，于1962年出版。1968年，该书被译成俄文，在苏联出版。

（5）概率和时间的箭向问题。在吴大猷的诸多研究中，他自己感到"最满意的工作"是关于概率（probability）和时间的箭向问题，也即时间能否倒流的问题。他将跃迁概率与不可逆过程相关联，于1961年在瑞士洛桑大学和里维尔（D. Rivier）合作，发表了《论不可逆过程和时间箭向》一文。该文导出时间反转不变的运动方程和熵不减少定律，还可以将它推广为不可逆过程的量子理论。对于这一"推广"，吴大猷撰写了"关于中性气体和电离气体的不可逆过程理论的笔记"一文。

这些物理学见解在1966年出版的《气体和等离子体的运动方程》一书中又作了介绍。该书集结了吴大猷关于核物理，等离子体物理以及统计力学的多年研究成果和心得。

吴大猷是一位从事物理学研究和教学的多产科学家，他一生发表了130余篇科学论文；15种科学、科学史和科学哲学专著；7本《吴大猷文选》。在15种专著中，除了7册《理论物理学》之外，还有：《狭义及广义相对论引论》，该书于1980年在台北中华书局发行了第9版；《现代物理学基础的物理的和哲学的本质》（1974年英文版），对量子力学的哲学问题，对玻尔和爱因斯坦的争论提出了自己独到的见解；1991年，他和黄伟彦合作出版了《相对论量子力学和量子场论》（英文版）。直到他生命的最后二三年，虽其身体有恙，但仍在努力完成一本有关中国现代物理学史的著作。这本题为《早期中国物理发展之回忆》已分别在台北和上海出版。吴大猷毕生追求学问，从未悬车挂笔，其精神令人敬仰。

2. 教学与组织管理的业绩

吴大猷在北京大学、西南联合大学任教 12 年之久。即使在抗战岁月，他亦以坚毅心态专心研究，乐趣教学，从而获得了其时教学与研究在中国罕见的成就。在讲坛上，他主讲古典力学、量子力学、理论物理等课程，先后培养了如马仕俊、郭永怀、马大猷、虞福春、杨振宁、黄授书、张守廉、李荫远、朱光亚、黄昆、李政道等一批国际知名物理学家。吴大猷将这批学生比喻为"从不易得的群英会"。甚至在时隔 50 年之后，还兴奋地说："对着这样一群学生讲古典物理学中最完美的一部，是最愉快的一大事也。"

在吴大猷的这一群学生中，李政道、杨振宁获得 1957 年诺贝尔物理学奖。当他们得知获奖信息时，他们二人同时向老师报告喜讯。杨振宁的科学研究始于在西南联大时吴大猷指导的一个课题，即以群论讨论多原子分子的振动。李政道更受益于吴大猷的知遇之恩。1945 年春，李政道以一个广西宜山浙江大学一年级学生投奔吴大猷，吴大猷未经校方允许，留他旁听。不久，吴大猷发现李政道是一个思维敏捷、求知欲极强的学生。是年秋，当吴大猷受命出国筹划国防科研任务时，他毫不犹豫地选中这位大学二年级学生随行，从而使李政道立即进入美国芝加哥大学（University of Chicago）攻读博士学位。随同吴大猷此次出国的还有朱光亚。20 年后，朱光亚获中国"两弹一星功勋奖章"。

在美国等各地高校教学中，吴大猷也曾培养出一批批优秀人才，如曾任美国前总统约翰逊（L. B. Johnson, 1908～1973，于 1963～1969 年任美国第 36 届总统）的科学顾问霍宁（D. F. Horning, 1920～）博士等。至于读过吴大猷著作而受教益者，更是不可胜数。

在执掌加拿大国家研究院理论物理组期间，吴大猷提倡自由研究，营造了一种亲密、和谐的气氛，为世界各地科学家到此做研究创造了条件。来自英国、比利时、意大利、日本、印度、瑞士、美国、中国（马仕俊、胡宁二人）和加拿大的物理学家在此切磋问题，讨论热烈，密切友好，成绩斐然。因此，理论物理组名声远播，甚至物理大师狄拉克（P. A. M. Dirac, 1902～1984）亦在此工作了数月时间。吴大猷在纽约州立大学物理系三年之后，一个原本平凡的物理系却在美国大专院校排名中列为第二等。可见，吴大猷在教学、科研和行政管理上的卓越才华。

从 1956 年起，吴大猷常到台北讲学、与会或工作。从北美退休后，1979 年起他就定居台北了。他在台湾推动科技进步、推行全面教育改革、培养并延揽岛内外各方人才，为台湾科技发展和经济起飞奠定人才与知识基础。在他的建议下，台湾当局于1958年成立"长科会",拟定了长期性学术发展政策和相关计划。在他出任"中研院"物理所所长和"中研院"院长期间,在台湾大学和新竹清华大学连续八年举办暑期科学讨论会,邀请国际上知名科学家到台北开办讲座,对台湾科学发展提出咨询意见。此举对台湾科学教育和研究生培养产生了极好的影响。据统计,台湾在1956年有数理博士学位者仅二三人而已,而1984年即上升至2000余人,这一发展与吴大猷在台湾执掌科学教育事业不无关系。

在吴大猷于1967年出任台湾两个"委员会主任"期间,制定了台湾"科学发展十二年计划",从而架构了台湾整体科学发展的模式并为其后20年的发展奠定了基础。1969年,他推动台湾在船舶和电子科技等方面的研究。10年后,台湾以电子产品挤入世界市场,这不能不归功于吴大猷当年首创之功。在他出任"科学教育指导委员会"主任之后,他大规模进行教改工作,除了改编中、小学各年级各科教材外,教师进修、媒体设计、实验制作、教法改进、全民科教活动、运程教育、学生生理与心理等一系列问题,都在吴大猷规划之内。他的教改举措,为提升台湾教育水准产生了极其深远的影响。

1977～1980年,吴大猷编著的《理论物理》七册在台北先后出版。这是一套供研究生使用的教科书。该书只有苏联物理学家朗道(L. D. Landau, 1908～1968)和他的学生里弗希茨(E. M. Lifschitz)共用编写的《理论物理教程》可与之媲美,而毕一人之功完成此业者,唯吴大猷一人而已。

在吴大猷出任"中研院"院长期间,他改进研究环境、提升院内学术气氛,推动了三期"中研院"五年计划(1983～1987,1987～1991,1991～1995),建立了资讯科学、统计学、地球科学、生物医学、分子生物学五个研究所及计算中心,成立了原子和分子科学、天文和天文物理等四个筹备处。尤其是,1990年以立法形式通过了"中研院"组织法,废除了从1927年以来的"总干事"一职,代之以"副院长"衔,修改了评议会、院士会、研究所的组织章程等,使"中研院"面貌焕然一新。在吴大猷感召下,从岛内出去的许多科学家先后返台服务,从而奠定了台湾科学发展的规模。

吴大猷对于台湾教育发展、科学研究的组织管理的贡献远不止以上所述。他在自己工作之余,不时在报刊上撰文,对社会现象、当局政策、文化与人事等发表评论,针砭时政,心直口快,深受民众欢迎。他生前曾多次指出,"至于台独,更是使我忧虑";他倡导"应当好好编写一本《中国近代史》","闹独立,是一件极可悲的事。欲使我中华民族不支离破裂,基本的是要人民由认识而认同我们中华民族文化的整体。"

三、吴大猷主要论著

Wu T Y（吴大猷）, Goudsmit S. 1933. Low states of the heaviest elements. Phys Rev, 43: 496.

Wu T Y. 1933. Characteristic values of the two minima problem and quantum defects of f states of heavy atoms. Phys Rev, 46: 239.

Wu T Y. 1934. Energy states of doubly excited helium. Phys Rev, 46: 239.

Wu T Y, 1939. Vibrafional Spectra and Structure of Polyatomic Molecules. National Univ. Peking. （1939. Printed by the China Science Corporation, Shanghai; 1939. Prentice-Hall; 1945. Edwards Bros）.

Wu T Y. 1940. On the satellite lines in atomic spectra and the excitation of electron from closed shells. Phys Rev, 58: 1114.

Wu T Y, Shen S T. 1940. Variational energies of anomalous states of 2-and 3-electron configurations of the light atoms. Chinese J Phys, 5: 150.

Wu T Y. 1947. Excitation of molecular vibration by electrons. Phys Res, 71: 111.

Wu T Y, Rivier D. 1961. On the time arrow and the theory of inreversible processes, Helv Phys Acta, 34: 661.

Wu T Y, 1962. Quantum Theory of Scattering. Perntice-Hall. （Wu T Y, Ohmura T. 1968. Russian translation, Nauke）

Wu T Y, 1966. Kinetic Equations of Gases and Plasmas. Addison-Wesley Pub Co.

Wu D Y（吴大猷）. 1974. Physical and Philosophical Nature of the Foundation of Modern Physics. Taibei: Lien-King Pub Co.

吴大猷. 1977-1980. 理论物理（1-7册）. 台北: 联经出版公司.

吴大猷. 1980. 狭义及广义相对论引论. 第9版. 台北: 中华书局.

吴大猷. 1984. 回忆. 北京: 中国友谊出版公司.

中央研究院（台北）物理研究所. 1986. 吴大猷先生科学论文集.

中央研究院（台北）. 1986-1989. 吴大猷文选（1-7册）. 台北: 远流出版公司.

Wu D Y. 1986. Quamtum Mechanics. Singapore: World Sci. Publ. Co.

Wu T Y, 黄伟彦. 1991. Relativistic Quantum Mechanics and Quantum Fields. World Sci Pub Co.

Wu T Y. 1961. Note on the theory of ineversible Processe in neutral and ionized gases. Helv Phys Acta, 34: 834.

吴大猷（口述; 黄伟彦, 叶铭汉, 戴念祖整理; 柳怀祖编）. 2006. 早期中国物理发展之回忆. 上海: 上海科学技术出版社.（2011. 台北: 台北联经出版公司）

主要参考文献

丘宏义. 2001. 中国物理学之父吴大猷. 台北: 智库股份有限公司.

赖树明. 1999. 真言——吴大猷传. 台北: 木棉出版社.

王子敬, 等. 2001. 典范永存——吴大猷先生纪念文集. 台北: 远流出版公司.

田土生. 1993. 吴大猷//戴念祖. 20世纪上半叶中国物理学论文集粹. 长沙: 湖南教育出版社: 544.

撰写者

戴念祖（1942~），中国科学院自然科学史研究所研究员，首都师范大学物理系讲座教授。曾任自然科学史研究所物理学史和化学史研究室主任。

束星北

束星北（1907～1983），江苏扬州人。物理学家和教育家。1924年考入杭州之江大学。1926年赴美留学，1927～1928年在德国柏林大学威廉皇家科学院物理研究所任研究助理，1930年在英国爱丁堡大学获硕士学位，1931年在美国麻省理工学院获理学硕士学位。1931年回国。曾任山东省物理学会名誉理事长，中国海洋学会副理事长，名誉理事长。是中国早期从事相对论理论研究的先行者，研究涉及相对论、量子力学、电动力学、统计力学等多个领域。特别在相对论和统一场论研究方面，进行过有益的尝试。在寻求从数学严格推导狄拉克方程的探索研究中，做出过有意义的工作。专著《狭义相对论》富有特色。在大气动力学研究方面，他最早发现中国降水来自印度洋，修正了基培尔对中国大气物理的观点，提出一套适合中国季节环境的高空引导层理论。海洋动力学研究方面，在中国近海开展了海洋内波研究，主持完成中国海洋内波最早的研究论文。参与中国第一台雷达的研制工作。为中国第一枚洲际导弹数据舱回收计算出最佳时限。长期从事教学工作，以独特的教育理念和科学的教学方法，培养出一批高水平的科技人才。

一、生平概要

1. 求学——国家兴亡，匹夫有责

束星北，1907年10月1日生于江苏省江都县（现为扬州市邗江区），卒于1983年10月30日，享年76岁。

束家为当地望族，祖父束增煦，企业家，南通张謇企业的高级管理人员。父亲束曰璐，江南陆师学堂优等毕业生，清末任参领，辛亥革命后引退，民国时任全国水利局主事，后为南通实业集团台柱。祖、父辈崇尚科学民主，树一代新家风。受优良的传统文化教育和现代的科学民主思想熏陶，生死不渝的爱国情操和坚持真理的理性胆识，在束星北身上得到完美的结合，爱国、求是、奉献，成为他一生的追求和践诺。

1926 年，19 岁的束星北告别父母，漂洋过海，去寻求科学强国之路。束星北先在美国堪萨斯州拜克大学物理系学习，后到旧金山伯克利加州大学（University of California at Berkeley）念书。他谢绝亲友资助，决心勤工俭学。在铁路上出过苦力，在码头上扛过大包，虽艰辛异常，但无怨无悔。使他最不能容忍的是外国人对华人的鄙视。国不强而国人受辱的巨痛，激起他发愤求强的心志，"我一定要让我的国家强大起来"。1926 年，19 岁的中国留学生束星北，发表了他的第一篇学术论文《行星轨道和运行速度新定律》。

束星北从中学开始就崇拜爱因斯坦（A. Einstein，1879～1956），1927 年，他决心到德国去找爱因斯坦。经日本、朝鲜、莫斯科、华沙等地，辗转来到德国，在爱因斯坦所在的柏林大学（Humboldt-Universität zu Berlin，Hu Berlin）威廉皇家科学院（Die Kaiser-Wilhelm-Gesellschaft zur Forderung der Wissenschaften）物理研究所任研究助理。束星北较早跨进相对论这一科学前沿阵地，爱因斯坦关于"因果律不能颠倒，时间不能倒回去，将来不能影响到现在"的教诲，对以后束星北学术思想的发展影响极大。

1928 年 10 月，束星北到英国爱丁堡大学（University of Edinburgh）攻读硕士研究生，师从惠特克（E. T. Whittaker）和达尔文（C. G. Darwin），二人均为世界一流的理论物理学家。1930 年 1 月束星北以《论数学和物理的基础》论文获硕士学位。在此期间，正是狄拉克（P. A. M. Dirac）把相对论与量子力学结合起来，提出了电子的相对论性运动方程，即著名的狄拉克方程，从而奠定了相对论性量子力学基础。束星北导师达尔文首先对狄拉克方程求得严格解。他从导师那里掌握了对狄拉克方程严格解的全部推导过程。

1930 年 2 月，束星北到狄拉克所在的剑桥大学（University of Cambridge）学习，师从著名天文学家和理论物理学家爱丁顿（A. S. Eddington），这是一位与爱因斯坦比肩的科学大师。他是英国最早研究和积极宣传爱因斯坦相对论的科学家之一，并于 1919 年首次从日蚀观测证实了爱因斯坦预言的光线在引力场中的偏折。对狄拉克方程研究也颇有建树，束星北曾与导师有过合作研究。

为进一步深造，束星北于 1930 年 8 月，再次返美，在麻省理工学院（Massachusetts Institute of Technology，MIT）数学系任研究生兼研究助教，师从著名数学家斯特罗伊克（D. J. Struik），其所写的《数学简史》一书，曾被翻译成 18 种文字出版，誉享全球。1931 年 5 月，束星北完成硕士论文《超复数系统及其在几何学中的应用的初步研究》，再获理学硕士学位。

2. 授业——润花著果，催笋成竹

束星北获硕士学位后，于 1931 年 9 月遵母命归国完婚。适逢九一八事件爆发，他激于义愤，决心留在国内，投笔从戎。先受聘于南京中央军官学校，任物理教官，志在富国强兵，培养军事人才。而当局消极抗日，令他大失所望，曾当面质问蒋介石，不久愤然辞职。

1932 年到浙江大学任教，直到 1952 年，全国院系调整，离开浙江大学。其间因故曾在上海暨南大学、上海交通大学任教一年。漫长的 20 年，三尺讲台，成为他传道、授业、解惑、传播科学火种、培养科技人才的人生舞台。

一米八三的高大身材，洪亮的声音，豪爽的个性，为人正派的作风，以及敏捷的思维和过人的才华，很快赢得全校师生的敬重。他的学生"两弹一星"功勋科学家程开甲说："那个时代像束星北这样集才华、天赋、激情于一身的教育家、科学家，在中国科学界是罕见的。他的物理学修养和对其内涵理解的深度，国内也是少见的。"束星北凭着严谨和执著，借助教学中积累的经验，逐渐形成了独具特色的教育理念和一套科学而行之有效的教学方法。他主张力避庞杂，务求精深，启发引导，穷根究底。具体方法是：其一，讲透要点，触类旁通。授书不在多，贵在精熟。他从不全盘授予，而是抓住要点，讲深讲透。对基本物理概念和基本原理，通过现象分析，实例论证，透彻讲解，使学生能融会贯通地理解整个物理框架，进而举一反三，一通百通。其二，启发引导，深入浅出。他上课不照本宣科，连讲义也不带，而是用司空见惯的自然现象，或唾手可得的实例，一层层深入揭示，剖析其中奥妙，最后点破抽象理论。他随意拨动一下桌子上的天平，让学生思考天平为什么会摆动。寻求答案本身，就是学习的过程，他进而强调，学物理就是要把遇到的现象能分析解释。所以，凡领受过他的理论启蒙，都会经历到理解了一个基本原理的真谛时那种茅塞顿开、豁然大悟的乐趣，欣赏到理论思维的威力和与自然界奇妙统一的奥秘。其三，提倡勤思，反对硬记。束星北非常重视培养学生独立思考的能力，讲授知识的同时教会学习方法。他要求学生对学过的知识一定要消化，不去死记硬背。他常说："应该吸收那些对的成分，摈弃那些错的东西，剩下的应该老老实实说不懂。""不懂就要学，就要问，学问本身就是学中问，问中学，不学不会，不问不知。"他非常反对盲目引述文献和专家权威的话，认为如果不变成自己的东西，说得再好也没用。他出的试题，相当部分要求灵活运用老师讲授的内容，靠死记硬背休想答出来。为培养学生独立思考的能力，他与王淦昌专门为高年级学生开设了物理讨论课程。还让他们作文献调查报告，促其独立思考，掌握真才实学。其四，因材施教，不拘一格。善于发现人才，育人成才是教师的神圣职责。成人之长，扶其所好，是高超的育人艺术。束星北慧眼识才，且善于因材施教。身为物理系教授，他发现化工系一年级学生李政道对物理课很感兴趣，不但常来听他的课，还好提出一些很有深度的问题，还要打破砂锅问到底。觉得此生有过人的天赋和优异的潜质。遂决定展其所长，精心培养。束星北把李政道转到物理系，面对面点拨引导。后又搭梯架桥，为李政道深造择师。促其一步步登上物理科学的高峰，摘得诺贝尔物理奖。1972 年李政道给束星北的信中说："对先生当年在永兴、湄潭时的教导，历历在目。而我物理的基础，都是在浙大一年所建。以后的成就，归源都是受先生之益。""他还说："我最早接受的启蒙光源就是来自束星北老师。""束老师帮助我建立了我对整体物理的认识、了解和自信，使我一生受益。"

重理论，也重实践，培养学生实验动手能力和解决实际问题的才干，是束星北教学的又一特点。他身教于前，率先垂范，做过无线电、金属、气象、海洋物理等方面的应用和实验研究。讲课时注重理论联系实际，而且重视实验教学。物理实验中，放开手，让学生在学中干，干中学。实验物理学家、用实验论证 β 衰变中的弱相互作用宇称不守恒的吴健雄，在浙大曾得到过束星北的教学理念熏陶，束还专为她辅导过量子力学。

对于束星北的教学，他的挚友、浙江大学同事王淦昌曾作过中肯的评价："他的授课，非常吸引人，在当时物理系里，是最受学生欢迎的教师。""星北的教学经验很丰富，我对他的教授方法，非常佩服。他既不用课文，也不写讲义，常常结合生活中所遇到的事物深入浅出地讲解所学的新概念、原理等，讲得非常透彻，学生们都很爱听他讲的课，这一点是我无论如何也学不来的。"

他的学生在国内各条战线上，作出了重要贡献。其中有获得"两弹一星功勋奖章"、核武器研究开创者之一的程开甲；有从事核试验中实时物理诊断测量工作、在发展核试验物理测量技术中作出了重要贡献的吕敏；有负责筹建和领导中国第一个培养核科技人才的教学基地——北京大学物理研究室（后更名为技术物理系）的胡济民等。

抗战开始后，束星北一边坚持教学，一边积极开展国防技术研究。从实战需要出发，研制过炸药，在杭州、西湖分别作过无线电遥控飞机和无线电遥控轮船试验。设计出低压收发报机线路及小型特工发报机，用于对敌情情报的探测。1944 年，他被国民政府借调到重庆军令部技术室任技术顾问期间，不仅讲授雷达原理，为还击日机轰炸，还指导研制成功中国第一架雷达试验装置，探测地面距离为 10 千米的目标获得成功。

3. 苦斗——位卑未敢忘忧国

新中国成立前夕，准备去台湾的亲友三番五次劝其同往，他断然拒绝："人各有志，新中国也需要物理学家。"他留在浙大，迎来解放。

走过炮火硝烟的年轻共和国，要建设，要发展，这一切都离不开科学和教育。束星北庆幸自己适逢科学兴国、大展宏图的好时机，多年的强国梦就要成为现实，他欣喜异常，摩拳擦掌，报效国家，更待何时！

1952年全国院系调整，他来到山东大学任教。他以科学家的卓识和教育家的远见，认为发展教育必先提高教师业务水平，并以此为己任，主动到普通物理教研室，对青年教师辅导帮助，从而物理系教学质量明显提高，他功不可没。

当时，正值中国第一个五年计划即将实施。国民经济的发展，自然离不开农业。他想，我们是农业大国，历来靠天吃饭，怎么谈得上国家强大和百姓富裕。旱灾水灾难以预料，气象预报工作跟不上，短期预报不行，长期预报更谈不上。他下定决心："和农业相关的气象科学研究一定要加快步伐，看看我在这方面能为国家和老百姓做点什么。"于是他放下相对论，改攻气象学。

虽跨了学科，到一个新的研究领域，但凭着他的勤奋执著，以及深厚扎实的数理功底，很快就得心应手，游刃有余。他与王彬华等研究人员一起，不仅在气象理论研究中有众多建树，而且实际预报工作也硕果累累，在不到两年的时间里，竟有十多篇真知灼见的论文问世。难怪王彬华说："前人普通的材料，经他总结和点化后，立刻就不同凡响了，真正具有点石成金的神奇之功。"

气象研究成就受到气象学家竺可桢的高度赞扬。随之，直属中国科学院的气象研究室在山东大学组建。此前只有北京大学和南京大学有此建制。气象研究队伍迅速壮大，由几个人发展到二十多人。

不久，政治风云突变。1955年肃反运动中，他受到冲击。虽不久平反，1957年再次陷入泥潭。在中共山东省委宣传工作会议上的发言《用生命维护宪法的尊严》震惊四座。这篇发言，反映了智者的理性思考和勇者坚持真理的胆识，放射着真理的光辉。不想却换来"历史反革命分子"和"极右分子"两顶帽子。没有了授课权利，失去了科研资格，他焦虑万分，多次给中共青岛市委和山大党委写信："对我个人来讲，薪水照拿，我深信'反革命分子'的帽子迟早总要去掉的，我并不着急，不过因此而耽误了科学研究的进行，实在是一个不易补偿的损失。"

1958~1960年，束星北到青岛月子口水库被强制劳动。身处逆境，他不消沉，不懈怠，在一份份思想汇报中，总是夹带着请缨的意愿："我最近对发电机的构造想出一种新的土方法，可以制成一种价廉物美的发电机，有助于农村电气化的尽早实现。""希望能分派我到电机机械厂当短期徒工，以备在机械电机技术革新中作出贡献，用自己的长处为社会主义建设服务。"

1960 年，束星北被调到青岛医学院，继续管制劳动，于是开始了长达十多年的卫生清扫工作。虽高压在顶，胸中却依旧涌动着报国的热情。他总是千方百计绕开干扰，想方设法贡献自己的所专所能。当他看到一台进口精密仪器坏了，无人能修，决定动手修理。好心人劝他别自找麻烦，弄不好会罪加一等。他却说："看到国家贵重仪器损坏，而袖手旁观，是我良心所不允。"破损闲置多年的仪器，在他手中起死回生。以后，他又为本院以及地方和部队医院先后修好光电比色计、示波仪、同位素扫描机、X 光机、心电图仪、麻醉仪、胃镜、三型超声波、脑电机等大批医用仪器，甚至为部队修好长期损坏、无人能修的雷达，不仅解决了工作急需，还为国家节省了大量资金。他还应医疗和教学需要，研制成功多人听诊器和电子兴奋仪。并对中国第一部国产脑电图机提出改进建议。

他针对高等院校教学现状，计划写理论物理和电工两部丛书，并已列好详细提纲，均因特殊的处境和身份未能成行。在劳动之余，批斗间隙，他完成了 40 万字的学术专著《狭义相对论》。1973 年，在参考资料缺少、试验手段滞后的困境中，硬是绞尽脑汁，反复计算，为中国科学院东北石油化工研究所，完成冲击功对金属胶粘剂的破坏因素的研究。

在那段漫长而特殊的岁月里，他时刻念念不忘的是原子情结。

1939 年铀裂变被发现后，束星北和王淦昌时刻关注国际进展情况，1941 年，他和王淦昌带领学生程开甲等开始进行击破原子核研究。1945 年美国向日本投下原子弹，王淦昌和束星北分别在贵州湄潭和重庆作了原子弹的科普报告。建国初期，为研制原子弹，中国曾请来苏联专家，60 年代初，苏联专家撤走。没有了外援，中国要造出原子弹，美国预言要 10 年，苏联预言要 20 年。这对将科学强国视为己任的物理学家束星北，无疑是巨大的刺痛，中国要有自己制造的原子弹，成为他心头解不开的情结。他曾多次向有关部门自荐。直到 1964 年 8 月，不明就里的他虽身处逆境，但还在请缨："防止核战争是革命事业的首要任务之一，而中国能迅速获得拥有足够的核武器，则又是防止核战争的重要任务之一。我相信，在中国如果能动员一切适当的力量，这个目的完全可以达到。这个力量的一部分是中国目前仍在国外的留学生。他们绝大多数是爱国的。我曾两次向统战宣传部王部长提出我熟识、而且过去有过很好感情的三个人，其中一个是做核物理实验研究的，另两个是做核物理理论研究的，我想我可以协助党动员他们回国。"

两个月后，中国第一颗原子弹爆炸成功，他百感交集。先是举杯痛饮，中国人自己制造出原子弹，强国梦随着升腾的蘑菇云业已成真。他继而抚杯痛哭，呼喊着挚友王淦昌和学生程开甲的名字，痛感没能与他们并肩战斗，永远失去了在原子弹事业中为国效力的机会。

一个把国家不是挂在口头，而是放在心里的人，不管命运如何，都是英雄。

4. 重生

> 半生流浪半生沉，
> 老态龙钟始遇春。
> 愿得中华民族振，
> 敢辞羸弱卧黄昏。
>
> 1981.10.1

诗言志，这是束星北七十四岁生日时对自己一生的总结。也是他老骥伏枥，志在千里的抒怀。

1978年，全国科技大会在北京召开。历经严寒，科学的春风徐徐吹来。尊重知识，尊重人才渐成风气。时任国家海洋局第一海洋研究所所长曾荣，为振兴海洋所，为发展海洋事业，三顾寒舍，力请束星北出山。求贤若渴的诚意，奉献余生的迫切，二者一拍即合。71岁的束星北来研究所报到。

面对大海，束星北想了很多："国家昌盛离不开科学，中国的海洋亟须开发研究。然而我的时间不多了，我要在有生之年，把自己的知识留给后人。自己当梯子，带出一批新人，为发展海洋科学尽力。"当人梯，是他给自己的定位。

面对年轻的研究所，底子薄，科研骨干缺乏，经过筛选，组成了28人的海洋动力学培训班。查资料，写教案、授课、答疑、批作业，全由他一人承担，白天十多个小时超负荷运转，晚上还要加班加点。他不仅年老体衰，还患严重的肺气肿，呼吸堵塞，气憋难忍，要随身带着氧气袋和肾上腺气雾剂，要不断地吸氧、喷药，才能坚持工作。他谢绝一切不必要的应酬，无暇顾及自己冤案的平反，忙着修改专著《狭义相对论》，以便早日付梓。别人为他长期蒙冤叫屈，他却不以为然："率领千军万马的将军尚不能幸免，我只不过是个教书匠。再说个人的一点委屈，比起国家受的损失，简直是微不足道。现在人有尊严，手有活干，我已经很满足了。"他硬是靠拼搏精神，在近两年时间里，完成上千个验证公式，记下20多本近30万字的物理海洋研究笔记，写出10多万字的教案，讲完《张量分析》、《数理方程》、《理论力学》《流体力学》等十多门课程。经培训，20多名学员迅速成为科研骨干，充实到研究所各个学科，与此同时，研究所理论联系实际、严谨务实、勤奋专一的一代新风逐渐形成。

在此期间，他还组织开展了以实测为基础的海洋内波研究，并取得可喜成果。1979年，他为中国第一枚洲际导弹数据舱回收计算出最佳时限，为国家节省试验经费上百万元。

1983年10月30日，束星北病逝。他的遗嘱是：解剖遗体，供研究特殊病理，穿起骨骼，供教学使用，"让我永远站在讲台上，天天看着我的学生。"其实早在70年代，由于传统观念的束缚，很少有人奉献遗体供医学院解剖用。束星北得知有的毕业生在医学院四年，竟然没有动手做过解剖。"不解剖死人，将来怎么能给活人开刀！"他与沈福彭教授看在眼里，急在心上，二人约定，死后奉献遗体。两位老人先后实践了当年的承诺。2009年清明节，青岛红十字会在福宁园奉献林，竖起一组群雕——束星北与沈福彭二人握手铜像，铜像题为《奉献的约定》。

76岁的人生，他在坎坷的路上，留下一串闪光的脚印。傲骨一身，求是精神。一个正直、勇敢、热爱祖国的科学家，他无愧于心，无愧于人民，无愧于国家。这是人们对他最中肯的评价。

爱国之情，报国之心，强国之志，铸就他百折不屈的铮铮傲骨，永不言败的顽强精神，万劫不叹的人格韧性，犹如一棵困而不死、死而不倒、倒而不朽的胡杨。

二、学 术 成 就

束星北一生的学术研究涉猎多个学科，他作为中国从事量子力学和相对论研究的先行者，成就卓著。同时在气象科学、航天航空科学，以及物理海洋研究，都作出了重要贡献。撰写并发表专著论文上百万字。

1. 理论物理研究

束星北在物理方面的研究工作，涉及相对论、量子力学、电动力学、统计力学等多个领域，其主要工作在广义相对论和量子力学方面。

20世纪初，由爱因斯坦等在总结实验事实的基础上建立和发展起来的相对论，是关于物质运动与时间空间关系的理论，由狭义相对论和广义相对论组成。它大大推进了科学进程，成为现代物理学的理论基础之一。

束星北是中国早期从事相对论研究的理论物理学家之一。爱因斯坦广义相对论的引力定律，开始时只得到球对称静力场的近似解，随后史瓦西（K. Schwarzschild）得到球对称静力场的精确解。20世纪30年代初，束星北曾试图推广到球对称的动力场，得到有质量辐射的近似解。这一成果，距广义相对论的建立只有十多年。

把广义相对论推广到动态引力场是20世纪30年代相对论研究的重要课题之一，1951年，瓦伊迪亚（P. C. Vaidya）在非真空情况下，得到了辐射的球对称引力场的非静态解，即著名的Vaidya解。束星北在推导时，曾引用了真空条件，对质量辐射的动态解，做了有价值的研究探讨。

统一场论是爱因斯坦终身追求的广义相对论的基本问题。他引力场几何化的成功，立即导致用类似的纯几何概念来描述电磁场的愿望。韦尔（H. Weyl）、爱丁顿和爱因斯坦本人都曾想通过黎曼（G. F. B. Riemann）几何的修正，把用于引力场的广义相对论推广于电磁场，但都没有成功。1930年前后，束星北也试图探索引力场与电磁场的统一理论，考虑了引力场与电磁场的根本异同，他提出用质量密度 ρ 和虚数电荷密度 $i\sigma$ 之和 $\rho+i\sigma$ 代替广义相对论中的能量-动量-张量中的质量密度 ρ，从而导出一级近似的复数黎曼线元，实数部分正好代表引力场，虚数部分正好代表电磁场，并由此进一步推导出麦克斯韦方程组和洛伦兹作用力定律。这样得到的理论特别简单，而且使电荷、电流密度和电磁势之间的关系立即变得清楚明了。并从所得到的黎曼线元推导出宇宙学方面一些结果。这些成果，尽管不可能解决爱因斯坦一生未能解决的，即使到今天仍未能解决的统一场论这个广义相对论的难题，但他巧妙地把引力场与电磁场结合起来，得出一些很有意思的结果。在当时，不能不算是富有创造性的尝试。

20世纪40年代初，他又开始探索任意参考系之间的相对性问题，试图放弃爱因斯坦的统一场论，由等效原理中的时空变化率，进入广义相对论。只承认洛伦兹变换，将普遍时空变成相对于运动质点的时空，而不是一个唯一的统一的时空。他用瞬时微分洛伦兹变换方法，得到任意相对运动参考系之间的变换系数，其结果是：电磁场张量在具有相对加速运动的两参考系之间具有相对性。即无论是电荷加速运动，观察者静止，还是电荷静止，观察者加速运动，所观察到的电磁场完全一样。

束星北所研究的，都是相对论的基本问题。特别是引力场和电磁场的统一理论，是理论物理的头号问题。年轻的束星北敢于研究探索，并将探索达到一定深度，取得有价值的成果，实属难得。这些成果论文，曾先后发表在国际权威杂志《自然》等学术刊物上。

束星北对狭义相对论研究，也成果显著。他的40万字的学术专著《狭义相对论》，是他研究成果的总结。如王淦昌所说："《狭义相对论》是他几十年教授这门课程的结晶。书中有些内容属于他自己的独创，是一般同名教科书见不到的。"

束星北对狄拉克方程的研究和推导，成果令人瞩目。1928 年，英国科学家狄拉克把相对论和量子力学结合起来，提出了电子的相对论运动方程，即电子在速度接近于光速时所遵从的基本运动方程，人称狄拉克方程。被物理学家称为用最简练的文字概括出一幅最美丽的世界图画。

狄拉克方程，奠定了相对论性的量子力学基础，这一伟大理论，立即引起了很大轰动。许多学者争相对该方程的数学基础和表示方式的进一步完善进行研究。束星北当时正在英国爱丁堡大学读书，他的导师达尔文曾对狄拉克方程求得严格解，并将束星北也带进这一研究领域。1930 年，束星北进英国剑桥大学攻读研究生学业，参与了导师爱丁顿对狄拉克方程全过程的推导，从而掌握了对该方程严格解的全部推导过程。不久束星北到美国麻省理工学院任研究助教，继续对狄拉克方程进行深入研究。他发展了爱丁顿的方法，利用广义超复数系，通过对黎曼空间度规的线性变换，推导得到一些与黎曼几何类似的结果，并在四维的情况下得出了狄拉克方程，从而使狄拉克相对论电子方程具有更合理的数学基础和更完备的表现形式。束星北在该工作快结束时，看到福克（V. A. Fock）和 D. 伊凡宁柯（D. Iwanenko）做了类似的工作，他们的基本思想相同，但处理方法各异。束星北所研究与应用的广义超复数系，其性质与克里福特群类似。20 世纪 80 年代，克里福特群被引入量子场论的研究，受到广泛重视。

束星北对完善狄拉克方程做了有意义的工作，功不可没。

量子力学和核物理也是 20 世纪 30 年代引人注目的前沿领域，束星北不仅关注其发展动向，而且投身其中，研究涉猎。1937 年，丹麦物理学家、诺贝尔奖获得者玻尔（N. H. D. Bohr）来中国讲学，这位在量子论和量子力学的建立起了重要的作用，在原子核反应理论和在解释重核裂变等方面也有重要贡献的科学家，因与爱因斯坦在量子力学原理上有尖锐的分歧，年轻的束星北就此多次向他请教，二人还进行了十分热烈的讨论，束星北的才华和见解，给玻尔留下了深刻的印象。

2. 大气动力学研究

束星北凭借深厚的数学功底，从物理学角度对大气动力学进行了深入的理论探讨，并将理论应用于实践中，解决了气象预报中的诸多实际问题。

在气象研究中，对于干空气绝热运动一般视作等熵变化。从等熵运动中，束星北得出决定温度直减率变化的因素有：空气压力变化、水平辐合和冷暖平流切变等三种。理论上比彼得逊（S. Petterssen）和赫尔维茨（B. Haurwitz）等所得结果更完善。在大气骚动和空气运动学方面，束星北得到的波速方程比罗思必（C. G. Rossby）的结果在形式上更为广泛，理论上较为完整。他还从大气骚动导出温压结构的槽脊方位和倾度关系，提出倾度与强度相互消长变化等结论，有助于对西风波的认识。在"高空变压计算法的建议"中，他导出的高空变压公式，与罗思必的公式大致相同，而理论上更严格，也更完整。

尽管时间只有一年多，很多研究还未来得及展开，但就已取得的成就而言，十分令人瞩目。其一，最早发现了中国降水的来源。50年代中国还没卫星，因而降水来源一直搞不清，气象界的说法多属于猜测，有说来自太平洋，有说来自大西洋。由于西藏高原的阻挡，没人想到恰恰来自印度洋。束星北在研究分析大量资料后，一口咬定中国降水来自印度洋。这一观点，在有了卫星之后得到证实。其二，经研究发现一个地方有一个高压，另一地方必有一个低压。他研究气象的着眼点，首先是整个地球的大气层，把大气层作为一个整体来观察分析，然后再由整体拓展到局部。这种由宏观到微观，再由微观到宏观的观点或方法，在20世纪50年代，无疑是超前的。他进而论证了高压和低压的关系，并提出了相互影响的变化机理。其三，修正了苏联科学院院士基培尔对中国大气理论的观点。为基培尔的假设提供了理论依据，并从基本假设出发，导出预报方程。虽然基培尔出色的动力论被视为金科玉律，但他的高空引导层理论层高为两千米左右，适合苏联大气环境而不适应中国。在中国，不但南北东西季节温差不同，即使一个地区的局部环境也千差万别。经过资料分析和环境调查研究，束星北对基培尔高空引导层理论作了修正和归整，避免了基培尔学说中不合理的设想和简化，导出预报方程，提出一套适合中国季节环境的高空引导层理论。此理论在中国气象界沿用多年，有些地区至今还在用。

3. 海洋动力学研究

1980年初，束星北与中国科学院声学研究所汪德昭所长，共同倡导在中国近海开展海洋内波的观察研究，并在国家海洋局第一海洋研究所组建了由束星北领导的海洋内波研究组。

内波是发生在密度不同的介质内部的波动，其波动幅度可数倍于表面波。在发生内波的分界面上下两侧，水流具有相反的方向。往往会对拖网渔业造成事故，使航行船舶减速或停滞不前，使水下通讯中断，特别对潜艇潜航的安全，威胁极大，故人将有内波的海区称为"死水"。内波因隐蔽不易观测，是海洋科研中的一块硬骨头。

年逾古稀的束星北抱病投入这项研究，他指导仪器研制，制订调查方案，有时还随科研人员出海。先后完成由 12 个铂电阻探头构成以单板机控制、取样、记录的测温链和 16 个热敏电阻探头构成的微机控制、取样、记录的测温链，并在黄海进行了内波测量试验。公开发表了中国海洋界有关内波的最早的研究论文。不仅填补了中国此项研究的空白，而且争得了国际上海洋内波研究的发言权。

4. 航天研究

20 世纪 70 年代末，中国首枚洲际导弹正在研制中。洲际导弹是原子弹的运载工具，有了原子弹而没有洲际导弹，等于有弹无枪。洲际导弹数据仓的最佳回收时间，是一道难关。由谁来攻克这道难关，海军将这一任务交给国家海洋局，海洋局将其落实到第一海洋研究所，重担最后落到束星北肩上。国家打算以几十万到上百万的科研经费给予支持。1979 年的一天，正在办培训班的束星北听了时任国家海洋局科技司司长陈炳鑫的相关情况介绍。

当导弹弹头在预定海域溅落时，将会激起 100~200 米高的水柱，数据资料舱在溅落的同时被弹出，随着时间的推移资料舱会离开溅落点向外漂移。我诸多打捞船将在警戒圈边缘等待。必须在警戒圈内打捞，时间超过四小时，资料舱将会自爆。因为是在公海发射，在此时限内如果越出警戒圈，就可能落入别国之手。既要保证打捞安全，又要顺利打捞到数据舱，这就要准确地计算出最佳打捞时限。

束星北听完介绍，当时正患感冒，又患肺气肿，强咳、气喘、连续吸氧、喷止喘药数次之后，沉思十多分钟，接着拿起小计算器计算。大约 5 分钟后，就说算出来了：数据舱溅落半小时打捞就没什么危险了，一小时后，肯定安全。因为这时冲击水波的能量向四周基本就扩散完了，没有必要再花冤枉钱做什么模拟试验了。仅不足半小时，凭借一小计算器，解决了大问题。计算结果得到了钱学森的肯定。节省了上百万元模拟试验费，而且以后导弹发射前，也不再花钱做模拟试验。

这件事，曾认为是奇迹而轰动了航天界。

其中之谜底是，束星北把 100~200 米高的冲击水柱的消衰当作柱面波扩散传播对待，安全时限的估计用的是其中远场的渐近关系，借助 Bessel 方程和 Bessel 函数的渐近式计算出来。其科学嗅觉之敏锐和解决疑难问题能力之高超，源于他深厚扎实的数理功底。

5. 天体力学研究

1926 年大学三年级的束星北发表了一篇《行星轨道和运行速度新定律》的论文，是年只有 19 岁。

自哥白尼"天体运动论"问世以来，已过去五百余年，但人类对太阳系的认识仍有不少问题。早在 80 多年前束星北写的这篇论文，是对提丢斯-彼得（Titius-Bode，1766 年）定则的进一步发挥。提丢斯-彼得定则简称彼得定则。它表示各颗行星和太阳的平均距离之间的一种关系。许多小行星就是根据这个定则去寻找而被发现的。束星北用统计法得出这一经验公式，计算出行星运行距离与实际观测值相差无几。比提丢斯-彼得定则的计算结果要好得多，直至今天，天文学界对上述经验公式都还没有从理论上找到依据。

当时 19 岁的束星北并未受到天文学系统性教育，能总结出这个经验公式，只能从天赋和知识渊博去解释，可见其才华已崭露头角。

三、束星北主要论著

Su X B（束星北）. 1927. A new law of planetary distances and orbital velocities. Popul Aston, 18: 327.

Su X B. 1930. The non-statical solution of Einstein's law of gravitation in a spatially symmetrical field. Phys Rev, 1515.

Su X B. 1933. A theory of gravitation and electromagnetism. J Math Phys, X11: 298.

Su X B. 1933. Theory of gravitation and electromagnetism. Chinese J Phys, 1: 74.

Su X B. 1934. Non-statical solution of einstein's law of gravitation. Science Report (Chekiang University), 1: 125.

Su X B. 1934. Theory of gravitation and electromagnetism. Science Report (Chekiang University), 1: 135.

Su X B. 1945. Lorentz transformation of the field strength of an accelerating charge. Science Report (Chekiang University), 4: 431.

Su X B. 1946. Relative nature of electromagnetic radiation. Nature, 157: 809.

Su X B. 1946. Relativity transformations connecting two systems in arbitrary acceleration. Nature, 4003: 99.

Su X B. 1947. Force as a fictitious idea. Philos Mag, 38: 606.

Su X B. 1950. On the advanced solution of the wave equation. Chinese J Phys, 6: 491.

Su X B. 1951. Note on velocity transformation in special relativity. Chinese J Phys, 3: 236.

Su X B. 1952. Examples on the calculation of energy states by the uncertainty relations. Philos Mag, 851.

束星北, 陈成琳. 1953. 能量均配定律和大型布朗运动的力学过程. 山东大学学报, 11: 43.

束星北. 1953. 大气骚动的研究（一）. 山东大学学报, 2: 53.

束星北, 蔡建华. 1954. 评辐射由于吸收体的理论. 物理学报, 1: 35.

束星北. 1955. 流体力学的一个定律在气象学上的应用. 物理学报, 1: 1.

束星北, 耿世江. 1985. 利用海流观测资料检验近海内波. 海洋学报, 5: 533.

束星北, 赵俊生. 1985. 用单站测量确定近海内潮波的方向和速度. 海洋学报, 6: 665.

束星北. 1995. 狭义相对论. 青岛：青岛出版社.

主要参考文献

王淦昌. 2007.《狭义相对论》序言//孙志辉, 等. 胡杨之魂·束星北先生百年诞辰纪念文集. 北京：海洋出版社：17.

王淦昌. 2007. 深切怀念好友束星北先生//孙志辉, 等. 胡杨之魂·束星北先生百年诞辰纪念文集. 北京：海洋出版社：19.

程开甲. 2007. 束星北先生的学术思想//孙志辉, 等. 胡杨之魂·束星北先生百年诞辰纪念文集. 北京：海洋出版社：25.

李政道. 2007. 《束星北档案》的序言//孙志辉, 等. 胡杨之魂·束星北先生百年诞辰纪念文集. 北京：海洋出版社：22.

李寿枬. 2008-03-12 如何评价束星北在物理等方面的工作. 中华读书报.

撰写者

杨树珍（1939~），国家海洋局第一海洋研究所高级工程师。

王福山

王福山（1907～1993），上海人。物理学家和教育家。复旦大学物理系主要创始人之一。1940年获德国莱比锡大学博士学位。同年回国，在多所大学任教。1946年被前国民政府教育部评定为教授。历任同济大学、复旦大学物理系系主任；又曾兼任同济大学物理系名誉系主任和玻尔研究室主任。《辞海》物理分科主编，《中国大百科全书·物理学卷》编委。1980年开始科学史、物理学史方面的研究。王福山长期从事物理学的教学和研究工作。一贯主张加强大学基础知识教育、培养学生自学能力、因材施教、重视实验教学的教育思想和方法。为科学界培育了一批杰出的科技人才。

一、简　　历

王福山生于1907年11月11日，上海市人。1993年12月10日因病于上海逝世，享年86岁。

1920～1926年上海南洋中学学习。毕业后，先在上海圣约翰大学学习了一个学期，而后在光华大学学习了四个学期。1929年春天去德国，在哥廷根大学（Georg-August-Universität Göttingen）学习理论物理，期间因病休学两年。1933年离开哥廷根去莱比锡，在莱比锡大学（Universität Leipzig）继续大学本科学业，攻读博士。师从量子力学创始人海森伯（W. Heisenberg，1932年诺贝尔物理奖获得者）等著名科学家，1940年春获得博士学位。同年夏季回国，秋季任教于母校光华大学。1942年光华大学停办后至1945年抗战胜利，在家从事翻译工作。1946年任同济大学专职教授，被前国民政府教育部评定为教授，1948年担任同济大学物理系主任。1945年底至1950年中，曾在上海临时大学，以及交通、圣约翰和光华等大学兼任教授。1952年全国高校院系调整，由同济大学调到复旦大学，任教授兼新成立的物理系主任，1955年兼任普通物理教研室主任。1959年担任《辞海》物理分科主编。"文化大革命"期间，初期受冲击。1969年在校的"理科资料组"做资料和翻译经典著作等工作。1979年回物理系复任系主任，同时兼任同济大学物理系名誉主任和波耳研究室主任。1986年退休。1980年从系的领导工作岗位上退下后，主要的学术活动转向了科学史的研究。1986 年担任《中国大百科全书·物理学卷》编委，参与物理学史分卷的编审。

1956 年加入九三学社。曾任中国物理学会理事，上海市物理学会理事、1961~1985 年任副理事长兼教育委员会主任；中国科技史学会名誉理事。上海市第三届至第八届人民代表大会代表。1990 年获国家教育委员会荣誉证书。

二、学术生涯

王福山出生在一个富有的耕读之家。从幼年时代起就养成了知书达理、勤俭诚朴、吃苦耐劳的性格。他有一个姐姐、两个弟弟，相处和睦。1914 年他七岁时进启新小学读书，因学校停办，1917 年考入敬业学堂直至 1919 年毕业。随后进南洋中学就读，是南洋中学第 22 届理科毕业生。王福山不仅勤奋好学、成绩优异，而且他那多才多艺的天赋之资到了中学就一天天显现出来。体格健壮、爱好体育运动，特别是足球；能写一手好字；能吹箫吹笙；自幼就喜欢动手搞实验，譬如自己布置暗室冲印照片，直至照片质量与照相馆的相仿才罢手。王福山除潜心学业外，还订阅书报，关心时事，高中快毕业时，对事物的认识、分析和理解逐渐成熟。他非常钦佩学界先驱蔡元培先生，怀抱着学好科学来报效祖国的理想，1926 年进入圣约翰大学。因为感到学校教会气息比较浓，民族自尊心受到压抑，所以只读了一个学期就转学到了有爱国思想的光华大学。光华大学于 1927 年秋开学时学校聘请到刚从德国回来的数学博士朱公谨先生。那个时期正是近代物理学在经典物理学基础上兴起并发展的黄金时代，德国是当时处在世界物理和数学发展的中心，许多物理和数学泰斗云集德国。朱先生非常赏识王福山的天才和勤奋精神，便竭力推荐他到德国哥廷根大学去学习理论物理，这样他就在 1929 年的春天去德国留学了。

在哥廷根大学学习理论物理期间，他听了波耳（R. W. Pohl）、柯朗（R. Courant）等教授的课，并且选修了弗兰克（J. Franck，分享 1925 年诺贝尔物理奖）的初级实验课。不幸，他得了肺病，不得不住院治疗，先后两次肺部手术并休学疗养两年。在疗养院里，他主动要和学法律的德国学生同住一个房间，因为法律用词严慎，和他们生活在一起可以提高语言水平。他的德语相当好，能够为在德国谋生的中国人代写诉讼状。他的德语发音标准，以至只听到他的讲话声音而不见其人的德国人，还以为他是德国本土的人。1932 年春再回到学校，师从物理大师玻恩（M. Born，1954 年诺贝尔物理奖获得者），听了玻恩的原子物理课和电学课。玻恩不仅上大课，还亲自给学生上习题课。王福山对玻恩的习题课印象很深。课上，玻恩提出一个题目，学生们讨论，提出方法。学生讲得对的，玻恩就肯定下来，并写到黑板上，一堂课做不完，下次再继续，直到解出为止；有的课是先布置习题，学生做好后交给助教批改，玻恩再抽查。课堂上由做得好的学生在黑板上示范演算，其他学生讨论补充，可以提出不同的演算方法。王福山非常欣赏这样的教学方法，觉得收获很大，做习题就好像做小型的研究课题。

1933年初当纳粹夺取政权后，消灭犹太教师的浪潮波及了哥廷根，玻恩被解了职并被迫离开德国，王福山不得不放弃跟随玻恩研究理论物理的打算。玻恩建议他去海森伯所在的莱比锡大学，于是4月底他带着玻恩的推荐信去了莱比锡。在莱比锡大学的一段时间里，听了由海森伯和洪德（F. Hund）讲授的四门经典物理课程，还有原子物理和量子力学等专题的课程，又选修了德拜（P. Debye，1936年诺贝尔化学奖获得者）的高级实验课。1933年11月初，学期开始不久，传来了海森伯将被授予1932年诺贝尔奖的消息。这学期王福山第一次被允许参加关于物质结构的讨论班。讨论班由海森伯和洪德共同主持，每个星期二下午三点到五点举行，每个学期讨论一个专题，例如核物理或者宇宙射线，或者金属物理。题目由海森伯在学期的第一次讨论班会议上宣布，然后把整个讨论班必须做的论文写在黑板上，参加者可以自己报名选择做哪些论题的文章。讨论会上，必须做的论文先由相关的成员宣读后进行讨论，教授们发言最多是不言而喻的，其间海森伯特别踊跃，他的科学思维十分广阔。有几次海森伯在悉心倾听报告结束之后说，人们也可以这样或那样以另一种方式更快地得出结果，于是他在黑板上开始计算起来，果真没有几步就得到同样的结果。对比之下，他人几乎用了二节讨论会的时间，大家都感到他真是很了不起。讨论会结束后的活动是煮茶、闲谈，海森伯请客吃点心。闲谈的题目并不限于物理学。晚饭后大家又聚在一起打乒乓球，有时海森伯也来参加，乒乓之后还要去喝啤酒，师生同乐，亲密无间。王福山很喜欢这种活跃的学术氛围，回国后经常与人谈起这些事情。王福山还讲过一个故事，大约1935年的七八月间，他与七八个同学和海森堡一起去毗邻捷克的厄尔士山旅游。海森伯开着自己的汽车，一位同学驾驶另一辆，到达目的地已是傍晚。晚饭后，大家在月光下打排球，架起篝火讲故事。海森伯要学生各人谈谈自己为什么学物理学，王福山说，在大学里看到中国在物理学方面还很落后，想将来能为国家培养一些物理学家，改变中国科学落后的面貌。王福山在德国生活了11年，在西方文化熏陶下，喜爱上了古典音乐，周末经常与同学们三五成群相约去听交响音乐和看歌剧，高兴时还会闭上眼睛，嘴里哼着喜爱的音乐曲子，随着乐曲的节奏微微晃着脑袋，手轻轻的打着拍子，犹如到了一个极妙的梦幻般的世界。

在海森伯的指导下，王福山完成了《关于能量很高的质子和中子的韧致辐射》的学位论文。发表在当时德国《物理杂志》*Zeitschrift für Physik* 上，后被收录在《20 世纪上半叶中国物理学论文集粹》一书中。他的论文是以汤川场标量理论计算质子或中子在与原子核碰撞中发射介子的作用面积，据此提出大气中的介子是由宇宙射线中高能质子和中子与原子核碰撞后的韧致作用而产生的。在当时有一定的超前性，对推动粒子物理学理论发展具有一定的意义。

1940 年王福山获得博士学位后回国，原来计划在上海处理完家务后再到大后方去，但因种种原因而滞留在上海。从当时的环境条件和社会机遇，他认识到自己不可能直接从事物理前沿的科学研究，就实事求是地把全部身心投向培养物理人才。他常以德国近代物理学家索末菲（A. Sommerfeld）作为自己的榜样来表示自己的愿望。五十多年前，他在同济大学任教时，曾经对学生说过这样一段话："为什么 20 世纪初期德国能够成为世界物理学以及其他科学发展的中心，关键是有像索末菲那样的物理学家和教育家，他培养教育了一大批诺贝尔奖的获得者，尽管他本人并没有获得诺贝尔奖，但德国的科学都由于他的辛勤工作而起飞了，我的最大愿望是像索末菲那样培养一大批科学的人才。"

回国后，他回到母校光华大学任教。1941 年 12 月日寇发动太平洋战争，占领了上海租界，光华大学的师生不愿意和日伪合作，次年 2 月光华大学停办。当时王福山出于爱国之心，宁可失业也不愿意为日伪做事，又为避免引起麻烦，就挂名在私人单位，实际上在家里"闭门读书"，从事翻译工作，直至抗日战争胜利。1945 年 12 月至 1950 年 7 月，最初在上海临时大学，而后在交通、圣约翰和光华等大学任兼任教授，讲授理论物理、量子力学等课程。1946 年被国民政府教育部评为教授，同年 8 月起受聘任同济大学专职教授，1948 年 8 月任同济大学物理系主任。当时同济大学物理系，刚从内地搬回上海，教师缺乏，特别在搬迁途中轮船触礁，全部图书、仪器沉没于长江，加上经费奇缺，物价飞涨，社会动乱，他在这样极端困难的条件下重建了同济大学物理系。

王福山借鉴德国大学的模式，对国内沿用的美国教学模式不合适的地方进行教学改革。同时根据物理系各课程的要求，到处招贤纳士，聘请教授，开设各级课程。他组织师生因陋就简地建立实验室，利用各种废旧设备，联系生活实际，进行实验演示。他在物理系大力提倡与组织生动活泼的学术讨论，启迪学术思想。他经常说德国的物理教育就是利用最简陋的基本实验设备，加上名师讲授指导，严格实验操作，活跃学术讨论等等方式来培养高级物理学人才的。他说"德国的好仪器是出口创汇的，而自己培养人才的仪器设备往往是一般的，这对培养学生掌握知识与练习技能更为有益。"为建立实验室，王福山还亲自采购实验仪器。他发现有一家仪器厂的产品质量较好，价格也公道，尤其是这家厂的老板沈元桢对仪器制造有兴趣，是一个肯钻研的人。王福山就帮助他改进物理仪器，送给他物理讲义，提高他的知识水平。因为王福山亲自采购仪器，"三反五反"运动时，理所当然地成为"老虎"，受到审查。但是，了解王福山的教师们都敢担保，王福山绝对不会贪污。果然，经过反复审查，王福山的账目一清二楚，丝毫不差。从这也可以看出王福山的为人，公私分明，认真严格。

当时物理系的老师一般都认为教专业课水平高，不愿上外系的物理课。王福山提出，每位教授都必须担任本系的一门课程，同时也要担任外系一个班的物理课。而且对外系的普通物理教学的要求与物理系的一样。他身体力行，每周都要到工学院去上课，而且工学院的学生要到理学院来做实验。在他亲自带动下，大家也就欣然接受，认真执行了。新中国成立后的教学改革是先从课程改革开始的，基础物理首当其冲。为了进行试点，在王福山组织推动下，同济大学物理系最先成立了普通物理教改组，凡担任普通物理教学的教师每周都要开会研究，讨论课程内容和教学方法。大家分工合作，编写教材，这在当时可谓创举。1952年全国高校院系调整前，同济大学物理系在他的领导下，已经发展到有十多位教授，可以开出各种物理课程和一定数量的专门实验，向全校开出近二十个普通物理实验，学术气氛非常活跃。

1952年院系调整，复旦大学原有的数理系一分为二，分别成立数学系和物理系。王福山从同济大学调到复旦大学，任物理系主任。建系之初，来自八九个学校的教员一共只有十八位（包括教授、讲师、助教），相互之间并不十分了解，又是在1952年思想改造之后聚集在一起，教师中存在着思想改造后产生的沮丧情绪。王福山肩负起组建一个新的物理系的重任，他虚怀若谷，善于倾听各方意见建议；他平易近人，能充分考虑同仁的意愿和前途；他在处理事务中处处以事业为重，事事从大局着眼，不计较个人名利得失，表现了很好的风度和美德，团结了全系教师。通过共同努力，建系工作进展顺利。在建系后的短短几年中，开出了教学计划要求的全部课程和实验，师资队伍不断壮大，每个年级的学生扩大到了一百多人。在这基础上，物理系筹建专门化，并在理论物理、半导体物理、光学、原子核物理、无线电物理、电子物理等领域开展科研工作。至"文化大革命"前夕，物理系已建成教学水平较高，在国内有影响的普通物理实验室、中级物理实验室、物理演示实验室；以及物理、无线电电子学、电子物理等专业。并在理论物理、半导体物理、光学与激光、电解质物理、无线电电子学、真空物理与技术、新型气体放电光源、计算机等领域取得了一系列研究成果。到 1960 年时，物理系的建设已经有了很大的发展，先后从物理系派生出原子能科学系和无线电电子学系，并筹建了 101 研究所（现在的上海技术物理研究所）。"文化大革命"期间，复旦物理系惨遭破坏，主要实验室几乎被全部拆毁，教学科研骨干流失。"文化大革命"后，王福山又重新出任物理系主任。虽然他担任系主任的时间不长，但这也是关键的年代，在他的带领下拨乱反正，领导全系师生共同努力重建实验室，依靠原有形成的教师队伍的优势，物理系的重建工作进展迅速，在恢复的过程中还有新的发展，成立了现代物理研究所。若干年后，在谈到物理系走过的道路时，一位已离休多年的复旦老领导还动情地说，王福山教授对物理系是有功的。

1959 年，上海遵照毛泽东主席的指示开始修订《辞海》工作。王福山担任《辞海》编辑委员会委员，物理分科的主编。从那时候起，他经常去浦江饭店甚至留宿在那里，负责《辞海》条目的编审和定稿。《辞海》是集中了上海市的学术力量而贡献于新中国的精品，而王福山在物理学条目方面作出了显著的贡献。

"文化大革命"后，同济大学在李国豪校长领导下，实现由土建单科大学向理工结合的多科性大学转变，恢复吸收德国先进科学技术和文化传统，重建物理系，并接受德国大众汽车厂基金会的资助，建立波耳固体物理研究室。王福山除在复旦大学担任教学和系主任外，又应聘兼任同济大学物理系的名誉系主任和波耳研究室的主任，具体参加重建同济物理系和新建波耳研究室的规划和决策；依靠国外关系，具体组织领导对外联系等等。当时复旦物理系也面临恢复和整顿的问题，他协调同济和复旦两校物理系的基础实验室的人力物力，共同准备近代物理实验，确定同济物理系和波耳研究室的方向特色与高级设备时，与复旦形成整体分工互补关系，凡有外国专家访问也尽量使两校都能受益等，推动了复旦与同济物理系互相帮助和合作。

王福山在五十多年的执教生涯中，一贯主张在大学教育中要重视打好基础，要由好的教师、教授来上基础课。他认为物理学作为自然科学的一门基础学科，学生在大学时期最重要的是学好物理学基础知识，掌握基本实验技能，培养自学能力和科研能力，再加上学习外语。学生毕业走上工作岗位后，必然还要一个再学习的过程。有了一定的基础，经过短期的磨合、熟悉，不管做什么工作，专业有什么变动，就都能应付自如，有较强的适应性。他十分形象把这个思想概括为，物理系要培养造就的是"高质量的原材料"、是"未开过口的斧头"，刀背要很厚，刀口可以到用人单位去开。他在多个场合，指出学好基础知识，培养基本操作能力的重要，特别指出眼高手低，好高骛远的危害。他的思想非常符合教育的客观规律，与今天普遍提倡的"通才教育"理念十分一致。王福山在担任物理系主任后把主要精力放在基础课建设上，他不仅长期坚持亲自讲授普通物理，还上一个小班的习题课，又兼任普通物理教研组主任，领导建立了一支阵容强大的基础物理教学队伍。复旦大学物理系培养的学生毕业后，不管是在物理学领域里工作，或者转向一些新兴的学科领域，甚至转行搞管理工作或者搞其他技术工作，大多能胜任自如，在各个不同岗位上为国家建设做出了自己的贡献。复旦大学物理系在改革开放后的年代里取得飞快的发展，顺利地派生出很多新专业、新系科、新的科研所，这与学生在入学后受到良好的基础教育是分不开的，这也正是王福山所期望看到的。

王福山出任复旦大学物理系主任是在新中国成立初期，那时，是"一边倒"，全面"学习苏联"。在那种环境下，他始终坚持"按照客观规律，实事求是"的办学思想。主张批判英美教育制度时，不是否定一切；学习苏联时，不宜一切照搬。强调"不是照抄人家，而是要在长期的科学实践中形成自己独特的一个学风。在德国，也各有各的不同风格，慕尼黑有慕尼黑的，哥廷根有哥廷根的，莱比锡有莱比锡的，在其他国家也有它们各个大学自己不同的优良学风。"对教育改革中学习苏联模式所造成的学生负担过重和填鸭式的教学等，他持批评态度。不过，在当时的形势下，尤其在1957年以后，即使作为一位系主任，他的思想多数也难以付诸实践。但是，由于他的言传身教，由于他在教师中的威望，在物理系实际教学工作中，对避免或减少某些做法的消极作用方面，还是有一定的影响。

王福山在教学中十分重视对学生能力的培养，他主张在课堂教授中，内容要少而精，只需给学生必要的基础，比较深入的问题应当启发和引导学生根据自己的能力进行思考和钻研；他主张学时要少一点，课外自学的时间应适当多一点，让学生能根据自己的情况学得主动一点。他一直想努力把在德国和在海森伯那里做学生时所感受到的活跃的学术氛围带到学校里来。他认为"他们之所以在科学上会得到如此大的成就，完全与他们治学之道一方面既严谨，另一方面又是多么轻松愉快，与他们在谈笑风生中做学问，与他们同心协力为打开自然界奥秘而努力的精神分不开的。"他主张要创造一个良好的自由讨论的科研和学习气氛。他认为科学的发展、高质量人才的培养只能在良好的学风中实现。他强调学术上不能过分强调保密，否则只会束缚自己。直到他退休后，还在《我在德国（1929~1940）的点滴回忆》中尖锐地指出，"我们是不是总想保密，不希望人家一同来携手前进呢？我总觉得，我们国内还普遍缺少这种活跃的学风，我们要在科学上赶上人家，我认为也要注意培养一种好的学风。……来促使我们能在世界上与人家并驾齐驱。"他非常重视因材施教，认为对学生要求不要统得太死，不能一刀切，既不要拔苗助长，又不能抑制生长。有一位学生学习物理并不顺利，在当时转系非常困难的情况下，他花了很大的力气帮助这学生转到了别的系，转系后这学生学得非常好。他一贯主张中学生毕业后不一定个个都要进入大学学习，可以像德国一样，根据学生的情况，有的上大学，有的进高等职业学校。在高职校可以培养高级技术工人，这样无论对国家建设或对个人前途都有好处。

王福山是学理论物理的，但却极其重视实验教学。他在建设物理教学实验室上花了很多精力。他在同济大学任系主任时就非常重视实验课程和实验室建设。院系调整到复旦任系主任，一如既往，仍非常关心实验室的建设。作为系主任，在购置仪器设备的经费方面总是大力支持，对于在实验室工作的青年教师给以极大的关心，鼓励他们，尊重他们的工作。在当时教师人数少，学生大量增加的情况下，王福山提拔一些刚毕业不久的青年教师负责实验室工作。当时毕业才两年的女教师王槲德被任命负责二年级教学实验。人们常有一个偏见，以为女性不善于做实验。王福山没有性别歧视的偏见，在他的鼓励下，王槲德出色地完成了任务，后来她成为物理学教授，在科学研究和教学方面都做出了优异的成绩。

物理系教学计划中普通物理实验单独设课，有自己独立的教学要求，严格实验的考核，就是在他大力倡导和指导下列入计划并得以实现。为了使物理系的实验教学更上一层楼，他还身体力行亲自翻译了德国卫斯特发尔（W. H. Westephal）的《物理实验》一书，并组织实验老师学习，吸取其中的有益经验，充实了物理内容。1985年为《大学物理实验》一书作序，他指出始终把侧重点放在对学生的基本训练方面，例如，要求学生做到实验思路清晰，正确使用仪器，数据记录、作图和运算要正确和合乎规格，实验报告条理性强等等。强调在实验教学中，重要的是教师对学生的亲身指点、引导和严格要求，使学生尽快掌握实验的基本要求，诱发对实验的兴趣。复旦大学的物理实验教学逐渐形成了自己的特色，在国内高校中处在领先的位置。复旦物理系毕业生以基础扎实，长于实验得到好评。学生走上工作岗位以后，都感到正是在学生时所受到的那一种严格的实验训练而终身受益匪浅。

王福山对学生关心备至，循循诱导。他经常教导他们要打好物理基础，活跃学术思想，掌握实验技能，强调精读经典著作的意义。他经常给学生介绍评说有关经典著作，讲述在德国时与物理大师们相处的教学活动、学术讨论与生活见闻，启发他们研究思考、勤奋向上的乐趣。新中国成立初期，解放军为了新建各种技术兵种而迫切需要物理人才，领导决定动员物理系学生参军，他尽管切盼他的学生个个能培养成物理精英，但他知道新技术的掌握和开拓非物理人才莫属，于是恳切地鼓励学生，放开眼界，把个人发展与国家需要结合起来，使物理学在国家各项事业的现代化中显示身手。他对学生的困难看在眼里，记在心头，经常以各种方式慷慨地帮助生活困难的学生。在众多受到他关怀帮助过人中有同济大学的教授赵明洲。他一谈起王福山先生的教导、帮助，内心非常激动，就如回忆自己父亲的养育之恩一样。他在同济大学物理系学习时，买不起一套四大本的理论物理参考书，王先生得知他的困难，就买了一套送给他。新中国成立前他已是共产党员，在学生中搞地下工作，因革命工作需要经常出没于许多公开场合，王先生非常关心他的安全，有一天，王先生冒着危险特地从家里跑到他的住处，悄悄塞给他一个纸条，让他在危急的时候，按纸条上的路线到自己家里隐蔽起来。赵明洲想起自己被错划"右派"后，王先生还常常把他叫到家里去嘘寒问暖，总要找个借口接济一点钱给他。尤其使赵明洲夫妇终生难忘的是，1963年他俩在患难中结婚，穷得家徒四壁，又是王先生挺身而出，组织了一批老同志给他送来了床、被子、沙发、窗帘等各种用品，还以长辈的身份给他们主持了一个热热闹闹的婚礼。婚后，再请赵明洲为他校对稿子，以稿酬的名义给他们一百元钱。

王福山非常重视师资队伍的建设。他主张高等学校的教师必须既搞教学，又搞科研。1956年，普通物理教研组增加了许多青年教师，他意识到如此多的青年教师安置在普物组不接触研究工作可能产生的后果，虽然当时物理系的科研工作尚处在起步阶段，但他亲自利用晚上为他们作核物理方面的讲座，帮助他们进入前沿领域。物理系初创时期，教师少、学生多，为解决开设本系和外系所有课程的困难，除聘请外校的教师外，还不失时机引进了谢希德、华中一等十来位教师，大大壮大了物理系的教师队伍。谢希德到校后，仅被聘为讲师，王福山认为，她是美国麻省理工学院的博士，仅聘为讲师，待遇偏低，就多次向人事部门反映，希望学校重新考虑。然而他对自己的职称定级却十分谦让，1954年，遵照高教部的安排要对教师进行职称职级评定。当时物理系要在五位五十岁左右的教授中，确定一、二级遇到了困难。在这关键时刻，他主动提出自己定为三级。而后学校定了他二级，直到退休。由于他带了头，最终物理系的这项工作没有遇到太大的麻烦。

王福山在德国学习期间，深受西方文明新时代的科学精神的熏陶，养成了对待教学科研一丝不苟精益求精的作风。他常对大家说，"要认真，这认真一开始看起来好像浪费时间，但形成了习惯后，对以后科研、对教学都是终身受益。"物理系章志鸣教授亲身经历过一件事，他回忆说，1983年他应王福山之约，写了一篇关于近代物理光学发展史的文章。完稿后给王福山过目。不料，他不但用铅笔在稿上密密麻麻提了许多意见，而且不顾自己已是七十多岁高龄，冒着酷暑亲自把稿子送到家里，根据他的意见作了修改，他看了后又提了很多意见，反复修改了四次，方才定稿，这是相当严格的。然而，他对己对人近乎苛刻的工作质量要求，丝毫不影响他在人们心目中可亲可敬的长辈学者形象。系主任担负着全系科教业务的管理工作，头绪多、负担重，但他从未动过怒，在任何情况下总是和颜悦色，与周围同事和学生平等相处。他的日常生活非常俭朴，长年布衣黑靴，即便接待外宾，也是蓝卡其中山装一件。他家在上海的西区，为方便工作，他经常住在学校的宿舍里。这样，他就数十年如一日地与年轻教师接触，和大家一起在食堂同桌就餐，饭前餐后促膝闲谈，也因此，他被物理系师生誉为"平民系主任"。在他的长期垂范下，物理系始终存在一种遇事相互谦让，彼此好说好商量的气氛。一位后继的系主任说，在物理系如果伸手要权，开口要利，那是很不光彩的，这是老一辈带出的风气。从王福山的身上可以看到，中国老一辈知识分子是怎样把世界先进的科学精神与中国传统的人格美德十分和谐地结合在一起的。

在"文化大革命"期间，初期受到冲击。1969 年九十月间，他被调到校里的一个"理科资料组"工作，一直到 1979 年底该组解散，才回到物理系复任系主任。在资料组，他和理科其他知名老教授第一件工作是编写有代表性的科学家和科学名著简介资料。资料写完后，他主要进行译书、译文章、校阅译稿等工作。因为他对中、外文本来就有很深的修养，译文的质量自然很高。当时翻译的内容，以与科学史和与哲学思想有关的著作为主。后来出版了《自然辩证法》和《摘译》两个刊物，又以"上海外国自然科学哲学翻译组"的名义出了些书。他翻译、和其他人合译和修订统稿的译作《宇宙发展史概论》、《牛顿自然哲学著作选》、《严密自然科学基础近年来的变化》等也陆续出版了。

1980 年王福山从系主任岗位上退下后，他主要学术活动转向了科学史的研究，在古稀之年以极大的热情投入了这一工作。他打算撰写一些他在德国求学时的回忆文章以及二次世界大战期间德国在原子能和高能物理方面的研究情况。当时，在科学史研究所工作的许良英是复旦物理系教师金尚年的老同事，他通过金尚年建议复旦开展物理学史的研究和联合招收研究生。他的建议和王福山的想法正相符合，就这样，以他为主的物理学史科学研究组成立了。1980 年复旦大学开设物理学史硕士学位，新中国成立以来还是第一次。首次招收了两位研究生，其中一位由王福山任导师。为了开设科学史物理学史专业课，次年研究组组织了一次以近代物理学史为主题的科学史讲座，聘请校内外许多知名专家来讲课，王福山是其中的一个。听讲座的人很多，反应很好。事后有两家出版社来联系要将讲稿整理出版。最后他决定选择一部分讲稿，又新组织了几篇文章，以《近代物理学史研究》为书名，交由复旦大学出版社出版。通过讲座和《近代物理学史研究》的出版，复旦大学物理学史研究在国内有了一定影响，王福山在科学史界也由此赢得了知名度。在许良英来复旦参加科学史的讲课时，他和王福山第一次见面，当时他邀请王福山担任他正在筹划由上海人民出版社出版的一套物理学思想史丛书的主编，同时还邀请王福山参加《中国大百科全书·物理卷》物理学史部分的编审工作。王福山愉快地接受了邀请，并先后两次去北京参加编审稿件。王福山是《中国大百科全书·物理学卷》编辑委员会委员。1983 年在中国科技史学会第三次代表大会暨学术讨论会上当选为中国科技史学会名誉理事。

由于《近代物理学史研究》出版成功，复旦大学出版社在再版时拟把它作为一套由王福山任主编的不定期丛书出版下去。1986 年《近代物理学史研究（二）》出版了，在这一辑中，他撰写了一篇极有价值的科学史论文，题目是《第二次世界大战期间德国的原子能工作》。任何人读过后都不能不为他文中提供如此翔实丰富的第一手史料和严密的分析所折服。杨振宁赞赏这篇论文，认为这是一项非常有价值的物理学史研究，他在香港作讲演时曾向听众专门介绍过这篇论文。这篇论文提出了与国内外流行观点有原则区别的看法，核心问题是"海森伯是否要为希特勒制造原子弹？"在物理学史界一直有争议。他写这篇文章的动机要追溯到在北京参加《中国大百科全书·物理学卷》审稿会上发生的一场争论。作为海森伯的学生，对海森伯的人品有直接感受，于是下决心要收集第一手资料来为自己的观点佐证，为自己的老师洗刷不应受到的不实指责。经过两年的努力，他完成了两项工作，其一就是写了上述的这篇文章；其二翻译出版了海森伯夫人伊丽莎白（Elizabeth Heisenberg）为回答国际学术界中的某些人对海森伯进行政治诽谤而撰写的回忆录《一个非政治家的政治生活》。他把自己的译书寄给了曾和他发生激烈争论过的朋友们，他们中的绝大部分都回信对他的这项工作表示感谢，不同程度赞同了他的观点。杨振宁对他的这项工作也极为重视，多次给他写信，将收集到的资料寄给他，其中最后一篇很有价值的有关原子弹的史料是 1993 年底寄出，当邮件送达到上海时，他恰巧刚去世。

1986 年的十月，复旦大学、同济大学、上海市物理学会和九三学社上海市委在复旦校园联合举行了隆重的王福山先生执教五十周年庆祝会，按照中国习俗，也是他的八十华诞庆祝会。复旦大学还借此机会举行了科学史学术讨论会。到会的有来自全国各地物理学界和科学史界好友、历届毕业生三百多人，会期两天，收到学术论文三十余篇。与会同行一致认为以这种方式来庆祝德高望重的学术界前辈的华诞是一种极好的方式。

三、成就和影响

王福山取得的主要成就，不仅因为他是一位有名望的物理学家，更重要的他还是一位杰出的教育家。有丰富的教育思想，这是高等学校的系主任不同于科学院的研究所长的一个重要方面。他的教育思想，非常值得学习和研究。在当时，由于各种原因，他在教学方面的许多见解，并不是在所有情况下都被大家所认识和接受。在改革开放以后，中国进入了一个新的历史时期，这个新时期，正是他的教育思想被进一步认识并付诸实施的时期。他在教学方面的见解在物理系，在复旦别的系以及其他学校的教学改革、教学质量的提高，优秀学生培养等方面，发挥越来越显著的作用。他在教育战线上辛勤耕耘五十载，用自己的心血为科学界培育了一批杰出的科技人才，物理学界有不少名人学者皆出自他的门下。

四、王福山主要论著

Wang F S（王福山）. 1936. Uber die erweiterte Thomas-Fermi-Methode bei Atomkernen. Zeitschrift fur Physik, 100: 734.

Wang F S. 1940. Uber die Bremsung sehr energiereicher und neutronen durch Ausstrahlung von Mesotronen. Zeitschrit fur Physik, 115: 431.

王福山. 1940. 关于能量很高的质子和中子的韧致辐射//戴念祖. 1993. 20世纪上半叶中国物理学论文集粹. 573.

Hund F. 1958. 原子和量子理论. 王福山, 译. 北京: 科学出版社.

Westephal W H. 1964. 物理实验. 王福山, 译. 上海: 上海科学技术出版社.

王福山. 1983. 二十年代的海森堡//王福山. 近代物理学史研究（一）. 上海: 复旦大学出版社: 46.

王福山. 1983. 我在德国（1929-1940）的点滴回忆//王福山, 等. 近代物理学史研究（一）. 上海: 复旦大学出版社: 80.

王福山. 1986. 第二次世界大战期间德国的原子能工作//王福山, 等. 近代物理学史研究（二）. 上海: 复旦大学出版社: 26.

王福山, 许国保, 等. 1986. 简明物理学词典. 上海: 上海辞书出版社出版.

王福山. 1987. 海森伯//《中国大百科全书》物理学编辑委员会. 中国大百科全书·物理学·第二卷. 北京: 中国大百科全书出版社: 519.

伊丽莎白·海森伯. 1987. 一个非政治家的政治生活. 王福山, 译. 上海: 复旦大学出版社.

王福山. 金尚年. 1988. 纪念牛顿（原理）发表三百周年//贺崇寅, 等. 1990. 自然科学年鉴. 上海: 上海科学技术出版社: 35.

主要参考文献

复旦大学物理系. 1994. 王福山教授纪念册. 内部文集.

复旦大学物理系, 2005. 王福山//复旦大学物理系. 风雨春秋物理系. 内部文集: 11.
潘笃武. 2008. 王福山和海森伯. 自然杂志, 30 (2): 122.

撰写者

王纯尧 (1941~), 上海市激光技术研究所高级工程师 (教授级), 王福山长子。
潘笃武 (1935~), 复旦大学物理系教授, 王福山的学生。

周同庆

周同庆（1907~1989），江苏昆山人。物理学家和教育家。中国光谱学、真空电子学和等离子体物理学研究的先驱者之一。中国科学院学部委员（院士）。1929年清华大学物理系毕业后留学美国。1932年获普林斯顿大学博士学位，博士论文获普林斯顿大学金钥匙奖。1933年回国，受聘为北京大学物理系教授。1936年起任南京中央大学物理系主任。1943年起受聘为第一交通大学教授、物理系主任。1948年起任交通大学理学院院长。1952年全国高等院校院系调整，调至复旦大学物理系任教授，1954年起任光学教研室主任。曾任上海物理学会第一、二届理事长（1951~1965）。1953年领导研制成功X光管。抗战期间研制成功"磁伸缩式高频声波自动记录的回声测声仪"。与卢鹤绂、许国保合作编著了《受控热核反应》一书，培养了一批中国物理学家和光学专家。

一、生平概要

周同庆于1907年12月21日生于江苏昆山。1989年2月13日因病于上海逝世，享年82岁。

1925年毕业于南京东南大学附中，1925~1929年在清华大学物理系学习，获理学学士学位。1929年以清华物理系第一名的成绩获"庚子赔款"留学名额赴美国普林斯顿大学（Princeton University）研究院攻读博士学位，导师为康普顿（K. T. Compton）。1932年冬毕业，获哲学博士学位。其博士论文《二氧化硫的分子光谱》获得普林斯顿大学金钥匙奖。1933年，取道欧洲回国，考察欧洲一些国家科学和教育情况。1933年春至1936年，受聘为北京大学教授。在北京大学建立光谱学实验室，开展光谱学研究。1936~1943年任中央大学物理系教授、系主任。1937年，抗日战争爆发，随中央大学搬迁至重庆。受当时水利部委托研制"声测水深仪"。1943年转任交通大学物理系教授、系主任。1945年，日本战败投降，1946年随交通大学迁回上海。1948年任第一交通大学（上海）理学院院长。1950年，研制成玻璃真空系统。1951年接受与东北卫生部合作研制医用X光管的任务，在交通大学成立"电子管工作委员会",领导研究小组,开始研制工作。1952年全国高等院校院系调整,调任复旦大学物理系教授。X光管研究也随同移至复旦大学。1953年,在他的指导下,中国第一只X光管诞生。1954年,物理系建立光学教研室,任教研室主任。1955年,当选中国科学院数理化学部学部委员(院士)。1956年,参加制定"十二年科学技术规划",与王大珩一同主持物理学的光学部分。曾任第三届全国人民代表大会代表,上海市第五届政协委员会常委,中国物理学会理事(1951~1982),上海物理学会理事长(1951~1965)。

二、学术生涯

1907年12月21日周同庆出生于江苏省昆山县。父亲周梅初是中学的国文教师,为人正直,思想开明,新中国成立前帮助过学生中的地下共产党员。新中国成立之初曾任昆山县副县长。虽然家境清贫,周老先生还是积极鼓励和支持少年周同庆求学深造。周同庆14岁时,去南京进东南大学附中读书。在南京读书时十分崇拜刚从美国获得博士学位回国,在东南大学任教的叶企孙先生。在叶先生的影响下,周同庆对自然科学产生了兴趣。周同庆曾说过,父亲的民主开明思想和叶企孙先生的科学救国思想对他的世界观的形成有重要的影响。

1925年,周同庆中学毕业时,叶企孙刚应聘到清华大学创办物理系。周同庆就报考清华大学物理系,成为清华大学的第一届物理系本科生。到1929年夏,周同庆毕业时,同班同学有王淦昌、施士元和钟间一共四位。在周同庆大学四年中,清华大学物理系又聘请了萨本栋、吴有训和周培源等教授。物理系的许多课程都是叶企孙亲自讲授。叶企孙和吴有训等老师对周同庆在物理思想、研究方法方面有很大的影响,为他以后的科学研究奠定了良好的基础。1929年周同庆毕业时,以清华大学物理系第一名的成绩考取"庚子赔款"留学生,赴美国普林斯顿大学研究院深造。

周同庆在普林斯顿做研究生的导师是1927年诺贝尔物理奖获得者A.H.康普顿的哥哥K.T.康普顿,他们兄弟二人都是当时一流的物理学家。K.T.康普顿曾于1930~1948年任美国麻省理工学院院长。现在还保存周同庆当年的听课笔记,写的都是英文,字迹工整、清楚,还有不少注解和补充。从这些笔记可以看出周同庆认真的学习态度,严谨的工作作风。在研究生阶段的学习活动中,周同庆特别欣赏的是:工作日每天下午4时左右,在实验室工作的学生都聚集到一个房间,喝咖啡、吃点心。学生们轮流负责煮咖啡。大家聚在一起随便聊天,或讨论工作中的问题,交流研究心得。低年级研究生就可以趁这个机会向高年级研究生请教,高年级学生也总是热心地提供帮助。周同庆觉得他自己在这些活动中得到很大的教益，他不仅得到比他年资高的同学的帮助，在帮助别人的过程中自己也学到了知识。这种活动大大活跃了学生的学术思想，有益于培养优秀的科学人才。

1932 年年底，周同庆研究生毕业，得到物理博士学位。周同庆的博士论文题目是"二氧化硫的光谱"。论文发表在 1933 年的美国《物理评论》上。在这以前，周同庆还在《物理评论》上发表了题为"氩离子放电管移动辉纹的振荡"的论文；在 1932 年 4 月美国物理学会年会上做了《二氧化硫分子光谱的新体系》的报告，并收录在 1932 年美国《物理学会》会刊中。他的博士论文获得很高的评价，荣获普林斯顿大学颁发的金钥匙奖。周同庆曾向他的学生谈起论文答辩时的情景：论文答辩会是隆重、严肃的，除了答辩委员外，任何人都可自由参加并发言、提问。周同庆事先虽然做了精心准备，但还是有意想不到的问题，好在他都一一作了令人满意的回答。周同庆还记得，有一位坐在后排窗口、他不认识的老先生发言支持他，还称赞他的工作。虽然获得金钥匙奖，但是除获得奖状外，还要自己出钱购买一个金钥匙奖品。周同庆不慕虚荣，不愿把自己有限的金钱用在这项不实用的方面，宁可省下这笔钱，用于回国时绕道欧洲，考察欧洲一些国家的科学和教育事业。

1933 年，周同庆取道英国、德国和苏联回到北京，就任北京大学物理学教授。那时，日本侵略军进攻山海关的"榆关事件"刚刚过去，面对当时的形势，周同庆感到十分愤慨。他抱着科学救国的思想，想通过提高中国科学水平达到国家富强的目的。在北京大学工作的 3 年间，周同庆埋头实验室，在困难的条件下建立起光栅光谱实验室，带领一位助教，完成了 "Intensity Measurement of the Origin of the Mercury Band at 2842A" 和 "On the Ultra-Violet Spectrum of CuH" 两篇论文。

1934 年，与国怀芝女士结婚。

1936 年，周同庆应聘赴南京中央大学任物理系主任，教授光谱学课程。1937 年，抗日战争爆发，中央大学被迫迁往重庆。作为系主任，周同庆必须负责将仪器设备完整无损地搬到重庆。周同庆连自己家庭都顾不上照顾，连日连夜在实验室将仪器装箱打包，运往重庆。到重庆时，一方面仪器设备要保管妥当，免受日寇轰炸。另一方面还要安排实验，给学生上实验课。到重庆后，除了教学工作外，周同庆还希望为抗日战争多出一份力。他后来回忆说：抗战期间在重庆时，得知"长江嘉陵江一段因年久失治，潜伏沉岩暗礁，未被勘察标识，因此时常发生触礁翻船事故。我看到这种情形，心里挺着急。"抱着科学救国的思想，周同庆带领李博、林大中两位同事争取到当时水利部及水工试验所拨款，受委托研制"声测水深仪"项目，探测河道水深及水中暗礁。他们查阅科学资料和文献，经过研究，决定利用水中超声波传播和反射的原理来制造探测仪器。这种方法就是现在称为"声呐"的原理。声呐发明于第一次世界大战时期，用来对付潜水艇。第二次世界大战时期在大西洋和太平洋战争中有广泛应用。但是在当时的中国还没有这类设备。他们设计、制造仪器，还亲自坐船到江上实地试验。经过两年多的努力，终于制成"磁伸缩式高频声波自动记录的回声测声仪"。有关的论文发表在 1943 年《中央研究院学术汇刊》上。这项研究成果获得当时教育部的嘉奖，并移交有关部门使用。可是由于当时政府的腐败和无能，这项成果没有在抗战中发挥应有的作用。

1943 年秋，周同庆转到当时也已迁至重庆的交通大学任物理系教授及系主任。抗战时期重庆的大学教授的薪水是很低的，教授也不得不做一些兼差，增加收入，贴补家用。所以他又去兼任军令部技术室物理组长。除了可以增加一些收入外，周同庆觉得用自己的科学技术知识为抗日尽一份力也是应该的。他的工作是指导有关照相光学、色彩伪装和地雷探测等技术方面的问题。到 1945 年，抗战胜利前，他就辞去了这一兼职。

1946 年，交通大学迁回上海，周同庆也来到上海。1948 年，周同庆被任命为交通大学理学院院长。

1949 年春，解放军逼近上海，国民党军队想把交大校园用作兵营，限令仪器设备在三天内搬空。周同庆知道后，坚决反对。他是一个科学家，视科学仪器比自家的物品更为重要，这么匆忙地随便一搬，仪器设备肯定受到很大的破坏。通过谈判，争取到将"科学馆"和"工程馆"划在兵营之外。他自己作为理学院院长，和护校职工同吃同住于科学馆内，而将家属临时安顿在交大后门外信义新村的朋友家中，顾不上照顾他们。

1949 年上海解放后，工作和生活都安定下来。在讲课之外，周同庆又开始科学研究工作。由于西方封锁，物理实验室需要的高真空系统和真空元件缺乏。周同庆指导方俊鑫等研制成功玻璃高真空系统，受到当时上海市长陈毅的重视，新闻报道刊登在 1952 年 2 月上海多家报纸头条。通过高真空系统的研制，周同庆组织起研究队伍。1950 年，接受东北卫生部试制 X 光管的任务。1951 年，交通大学成立由周同庆主持的"电子管工作委员会"。物理系试制 X 光管，电机系制造高频感应炉。1952 年夏，全国高等院校院系调整，周同庆调至复旦大学任物理系教授。X 光管研制暂时停止。1953 年 3 月，复旦大学成立 X 光管研制实验室，接受轻工业部上海精密医疗器械厂的委托，继续原来在交通大学和清华大学开始而尚未完成的研制工作。有关方面抽调原来在该两校研制 X 光管的工作人员，恢复并进一步发展 X 光管的研制工作。X 光管研制组的成员除了周同庆、方俊鑫外，还有华中一、龙唐、冯华然、袁作义和蔡祖泉等人。1954年,由周同庆执笔,以"复旦大学物理系X光管研制实验室"的名义在《科学通报》上发表了两篇报告。在X光管试制过程中,解决了真空铸靶、阴极设计、金属和玻璃的封接等关键技术问题。1953年秋,中国第一支自制的X光管诞生。以后,又试制了几只X光管,经过实验室测试和医院的实地使用、检测,表明其性能参数大多与国外进口的同类型的X光管相同,达到实用标准。1956年移交南京电子管厂大量生产,供应医院使用。1954年以后,周同庆又指导华中一等人试制成功100千伏高压整流管,与X光机配套;指导蔡祖泉制成玻璃高真空扩散泵。这些工作不仅填补了国内空白,节省了大量外汇;更重要的是使中国的电真空器件的设计和制造步入了新的阶段。这些研究成果也用于充实教学内容,提高教学质量。周同庆一贯主张"理为基础,工为应用"。所以他也十分重视应用科学,他认为:"在大量实际问题研究的基础上理论和基本研究才会茂盛起来。创造性水平也是逐步提高的。经济文化工作中有大量严格说来并非创造性工作,却是必须做的。"他一生中取得的主要成果,可以说都是这种思想的体现。

X光管的研制过程中还培养出了一批科学人才。方俊鑫和华中一后来都成为著名的教授。方俊鑫是固体物理学方面的专家。华中一进一步发展了高真空技术,创立了真空电子学学科,是中国这一学科的创始人之一。蔡祖泉原是中法药厂玻璃工人,1951年周同庆将他调入交通大学参加研制高真空系统和X光管,后来成为著名的电光源专家、工人出身的教授。X光管研制组的其他成员在研制工作完成后,调至其他单位,都是科研工作中的骨干。周同庆一生中培养了许多科学家、教授和技术人才。他认为:"大量青年科学家要成长起来,培养的途径和他们自己的正确思想都是重要的。"

1955年,周同庆当选为中国科学院数理化学部学部委员(院士)。1956年,周同庆参加制定"十二年科学规划",与王大珩一同主持制定物理学的光学部分的规划。

1956年初,党中央发出"向科学进军"的号召。当时周同庆担任新成立的光学教研室主任,教研室有近10位青年教师都在他的指导下工作,共同努力建立光学专门化。1956年,他还招收了"副博士"研究生。在1955~1957年夏,大约两年中,他为四年级学生开了专门化课程——分子光谱学、固体发光。筹备光谱学及固体发光两个研究方向。从抗战时期开始,国内没有进行基础科学研究的条件,并且因为国家的需要,周同庆的研究工作都是在应用科学方面。要开始当时国内极其薄弱的基础科学研究,困难是很大的。在那一段时期中,周同庆感到责任重大,不仅工作非常勤奋,自己还努力学习最新的科学知识。为了解世界上物理学和光学研究的新进展，他自费订阅了俄文的《物理摘要》和《光学和光谱学》两份杂志，不放过每期杂志中重要的文章，考虑合适的研究课题。在周同庆的指导下，光学教研组的教师开出了：《应用光学》、《实验光谱学》、《原子和分子光谱学》、《光学专门化实验》等课程。国立列宁格勒大学（Ленинградский Государственный университет）物理系教授潘金（Н. П. Пенкин）于1957年春应邀来复旦大学物理系讲学，讲授《气体放电光谱学》一个月。除复旦物理系光学教研室的教师和研究生参加听课外，国内一些有关单位也派青年研究人员和教师参加听课。北京大学物理系光学教研室主任赵广增也带领两位研究生来复旦参加这次讲学活动。为了加强复旦光学教研室的力量，周同庆还聘请华东师范大学教授郑一善为光学教研室的兼任教授。在那一段时间里，在周同庆指导下，研究生和教师自己设计制造仪器设备，并且也购买了国外精密光谱仪器，建设光学实验室，准备进一步开展基础科学研究。在和学生们讨论科学研究方向时，他总是教导学生："科学研究是要开垦处女地。"就是说，科学研究不能老是跟在人家后面，重复人家走过的路，到人家已经去过的地方，而是要开发别人没有研究过的研究领域。他还说：出科学研究题目是非常重要的，找到合适的研究课题等于完成了任务的一半。所以周同庆总是教育学生在学习和研究工作中要善于发现问题，要有正确的思维逻辑。周同庆善于从繁复的数学公式中抓住物理本质，不迷失于复杂的数学公式中。一些曾在周同庆指导下做过研究工作的教师后来发现，思想方法和研究方法受到周同庆老师很深的影响，这种影响在他们一生中都起着有益的作用。

除了学校的工作外，周同庆还领导、组织上海光学协作组，上海一些光学基础科学和应用科学的研究人员定期在上海科学会堂集会，交流研究成果。通过协作组，周同庆给一些单位和研究人员学术上的指导和帮助。

但是，从1957年夏天开始，形势突然起了变化，一切工作都停顿下来。周同庆的两个研究生被下放到农村劳动。1958年，他受到批判。1960年起，周同庆又开始给大学本科生讲授普通物理课并指导几个学生开展气体放电的研究。1961年，周同庆又招收了两名研究生，进行气体放电光谱学和气体放电的研究，研究成果分别发表在1964年《复旦大学学报》和1965年《物理学报》上。1962年，他再招收两名研究生，研究大电流弧光放电的一些问题。1958年以后周同庆实际上没有全面领导光学教研室的科研和教学工作，只指导几名研究生和青年教师进行气体放电光谱学的研究。

1959年周同庆任《辞海》编辑委员会委员。

1962年出版了卢鹤绂、周同庆、许国保等人合著的《受控热核反应》，这是第一本中国的专家编著的论述有关题目的专著。可惜当时没有得到足够的重视和支持，上海缺乏进行这方面实验研究的条件，没有系统地开展有关的实验研究。

1963年开始，光学教研室一部分青年教师开始研究激光并试制激光器。虽然周同庆对激光也很有兴趣，还亲自写介绍信推荐一位青年教师去长春光学精密机械研究所学习。但是他始终没有被聘请到激光研究小组中指导研究工作。他过世后，从他的遗物中发现他钻研过不少有关激光的文献资料，写下许多读书笔记，还有未完成的激光研究的文章。

由于当时中国的条件，周同庆一生中大部分时间和精力都化在物理教学上。他是一名优秀的教师，在几十年的教学生涯中，培养出一代又一代的学生。在指导试制X光管的一段时间里，在研究工作繁忙的时候，他都没有中断给低年级大学生讲授基础课程。他讲过的课程包括"普通物理学"、"原子物理学"、"分子光谱学"和"光学"等等。他的讲课物理概念清晰，逻辑严密，富有启发性，是复旦大学物理系的特色课程之一。自50年代周同庆在复旦大学给物理系学生教授过原子物理课程以后，到"文化大革命"为止。复旦大学物理系的原子物理，物理系以外各系的原子物理、近代物理和量子物理学等课程都是光学教研室的教师担任的。这是周同庆创立的传统。有一段时期，周同庆不仅上原子物理大课，还亲自给学生上辅导课。周同庆的辅导课重点不在于教学生如何解习题，他特别强调思想方法：怎样提出问题，分析问题，又如何解决问题。听过他的课的学生都觉得收获很大。

50年代，周同庆曾和其他几位教授共同从俄文翻译史包尔斯基（Э. В. Шполъский）编著的《原子物理学》，由高等教育出版社出版。在很长的一段时期内是一本重要的大学教学参考书。

1966年"文化大革命"一开始，周同庆就受到冲击。1970年以后，他被分派到"理科大批判组"，翻译科学资料。当时被组织到"大批判组"翻译资料的有复旦大学理科各系的许多老教授。他们在这里可以不挨批斗，还可以读到新的科学文献资料，了解科学的新发展。老教授们翻译了许多自然科学的经典著作和文献，大多付印出版，不过都不能署名。教授们对于"理科大批判组"批判爱因斯坦和相对论这一主要任务一点也不热心，但他们大都不公开表示出来。周同庆却说："爱因斯坦的科学理论是以大量实验为基础的，如果要批判相对论，就要拿出实验依据来。"他是一个胸怀坦荡，坚持真理的科学家。

到70年代后期，周同庆的早老性痴呆症状逐渐显示出来，疾病越来越严重。1989年2月13日逝世。

三、科学成就

（1）领导研制成功中国第一支自制的 X 光管。

（2）研制成功"磁伸缩式高频声波自动记录的回声测声仪"。

（3）培养了一大批优秀的科学工作者和物理教师，其中和他关系较为密切而又著名的例如方俊鑫、华中一和蔡祖泉等。

四、周同庆主要论著

Chow T C（周同庆）.1931. Oscillations of travelling striations in an argon discharge tube. Phys Rev, 37：574.

Chow T C. 1933. The spectrum of sulphur dioxide. Phys Rev, 44：638.

Chow T C. 1935. Intensity measurement of the origin of the mercury band at 2842A. Chinese J Phys.

Chow T C. 1936. On the urtra-violet spectrum of CuH. Chinese J Phys.

周同庆.1943. A report on the manufecture of use of magneto striction type of echo sounding apparatus. 中央研究院学术汇刊,（1）.

复旦大学物理系 X 光管研制实验室.1954. 研制 X 光管的初步结果. 科学通报, 1 月号：53.

复旦大学物理系 X 光管研制实验室.1954. 研制 X 光管的新结果. 科学通报, 5 月号：53.

史包尔斯基（Э. В. Шпольский）.1954. 原子物理学. 周同庆, 等, 译. 北京：高等教育出版社.

周同庆.1955. X 光管制造与基本物理研究. 复旦学报（自然科学版）, 1：79.

卢鹤绂, 周同庆, 许国保, 等.1962. 受控热核反应. 上海：上海科学技术出版社.

陈叔琦, 周同庆.1964. 空气中火花通道等离子体的冷却规律. 复旦大学学报（自然科学版）, 9（3）：359.

陈林棠, 周同庆.1965. 在等离子体中镁离子谱线 Mg II 4481 A 的宽度和位移. 物理学报, 21（9）：1591.

主要参考文献

周同庆.1996. 周同庆//中国科学院学部联合办公室. 中国科学院院士自述. 上海：上海教育出版社：129.

复旦物理系.2005. 周同庆//复旦物理系. 风雨春秋物理系. 上海：复旦大学：27.

潘笃武.2007. 我的老师周同庆先生//复旦大学退休教职工管理委员会、复旦大学退（离）休教师协会、复旦大学老教授协会、上海市退休职工大学复旦分校. 心印复旦园. 上海：复旦大学出版社：62.

撰写者

潘笃武（1935～），复旦大学物理系教授，周同庆的研究生。

施士元[*]

施士元（1908～2007），上海崇明人。物理学家和教育家。中国核物理学和核物理教育的开拓者和奠基人之一。1929年清华大学毕业后，赴法国留学深造，1933年获巴黎大学博士学位，是居里夫人为中国培养的唯一物理学博士。1933年回国，历任中央大学物理系教授兼系主任，南京大学教授兼教研室主任等职。曾任江苏省物理学会理事长；中国物理学会核物理分会常务委员；中国核学会质谱分会副主任；中国科普作家协会常务理事；江苏省科普作家协会理事长；《质谱学报》主编等职。30年代，测定内转换β能谱，定出γ射线能量与核能级，肯定重原子核有能级存在；开展对液态钾的X射线研究，发现液态中存在近程有序。50年代，研究$AuCu_3$有序无序转变动力学，证明有序无序转变是一种成核成长的相变过程。60～70年代，参加核数据研究，提出计算中子和轻核反应散射截面的理论模型。他毕生从事高等教育工作，创办了南京大学金属物理、核物理两个专业，培养了一批优秀物理人才。主编《核反应堆理论导论》、《汉英物理学词汇》，参编《英德法俄汉物理学词典》。

一、生平概要

施士元，笔名万乙，英文名 Sze Shih-Yuan，英文笔名 Skimtao Shih Yuan。1908年3月20日出生于上海崇明。2007年9月28日于南京逝世，享年99周岁。

1. 1914～1929年

1914～1920年，施士元就读于上海崇明三乐小学（现三乐中学）。1920～1925年，就读于上海浦东中学，曾被选为学生会会长，参加上海"五卅运动"。1925年，以物理、化学、数学三门课程均满分的成绩，考入清华大学，成为清华大学物理系首届毕业生。施士元在他的回忆录中写道："清华大学的校训是'天行健，君子以

---

[*] 本文撰写过程中得到南京大学物理系王凡、赵经武、臧文成、祝世宁先生，中国原子能科学研究院苏宗涤先生的热情帮助，在此一并表示感谢。

自强不息；地势坤，君子以厚德载物'，'自强不息'，意在提醒每个学生，乃至每个人、整个民族，无论遇到什么困难，都不能自甘暴弃，不能落后于人、这样的民族才有希望。'厚德载物'，是本着'大学之道，在明明德'的原则，规劝人们要以德为重，与人为善，以健全国民的人格。回想我在清华读书的四年，似乎从未有人对这个校训作过解释，我们也就各有理解，不知不觉，在人生的道路上，'自强不息，厚德载物'这八个字始终贯穿着我的奋斗历程。"

2. 1929~1933 年

1929 年毕业后，考取江苏省官费留学，赴法国巴黎大学镭研究所（Radium Institute）攻读博士学位，师从两项诺贝尔奖得主、核物理学家玛丽·居里夫人（M. S. Curie）。1933 年获法国巴黎大学博士学位。

1929~1933 年，施士元在法国巴黎大学镭研究所居里夫人指导下，攻读博士学位。当时巴黎大学镭研究所，是全世界放射性研究的三大中心之一，拥有全世界最强、最齐全的放射源装置。在加速器没有充分发展之前，放射源是核物理研究的主要手段。这为施士元取得重要研究成果创造了条件。

在居里夫人指导下，施士元主要从事核谱学实验工作，发现 α 射线精细结构的能量与 γ 射线的能量严格相等，证实了核能级的存在。他的博士论文答辩委员会由三人组成：居里夫人、佩兰（又译为"拜拉"，J. B. Perrin，诺贝尔奖获得者）、德比尔纳（又译为"特比扬"，André Debierne，锕元素发现者）。施士元在回忆录中说："我回顾自己的一生，认为居里夫人对我的影响最大，她那不屈不挠的性格、那严谨的工作作风、对科学的执著的追求的精神，让我终生受益。"

3. 1933~1952 年

1933~1934 年，施士元任中央大学物理系教授兼系主任，1935~1946 年任中央大学物理系教授。1945~1946 年，施士元任临时大学物理系教授兼系主任。1946~1952 年任中央大学物理系教授兼代系主任。

1933 年回国后，由于缺乏放射源，施士元的科研方向发生了较大的变化。1933~1937 年，他主要从事声学光学研究。

1937 年抗日战争爆发，中央大学迁往重庆。日本飞机常来轰炸。为了避免空袭，图书仪器均藏于防空洞中，开展教学科研工作非常困难。在这样极端艰苦的条件下，施士元与中央大学师生一起仍坚持教学，并结合当时的社会需要开展科研工作，参与物理学会工作。

1949 年新中国成立前夕，施士元用智慧抵制中央大学迁往台湾，为保存高等教育资源做出贡献。

4. 1952～1966 年

1952～1987 年，施士元任南京大学物理系教授，先后兼基础物理、金属物理、原子核物理教研室主任。1984 年，任南京大学物理系名誉系主任。

20 世纪 50 年代，为了满足国家工业建设、原子能事业发展需要，施士元先后受命领导创办了南京大学物理系金属物理、原子核物理两个专业。他组织师生自行动手修理设计制造仪器设备，创建实验室。连续发表了 10 多篇论文，翻译出版了《伦琴结构分析·第一卷》（俄译本）（1954、1958）、《X 射线晶体学》（英译本）（1959）、《角动量理论》（英译本）（1963）、《核理论精选》（英译本）（1966）四部译著。编写出版了《核反应堆理论导论》（1960），这是当时中国唯一的一本反应堆理论书籍，多年一直是从事反应堆工作人员的入门教材。

5. 1966～1987 年

1966 年"文化大革命"开始，施士元被抄家、批斗，送到江苏溧阳农村参加劳动。后被招回学校，成为"5·16"分子的深挖对象。不久又被送去挖防空洞。这阶段，科研教学工作完全中断。70 年代，施士元参与接待来宁访问的美国科学家代表团之后，施士元获彻底解放，重新获得了开展教学科研工作的权利。

1976 年第二机械工业部（简称二机部，后更名为"核工业部"）下达核参数理论计算工作任务，他领导的南京大学理论核物理研究组参加了核数据工作，并承担轻核核数据的理论计算任务。他们是第一期（1975～1979 年）核数据协作网中的成员之一。在此期间，核数据协作网获得的相关集体奖包括：1978 年科学大会嘉奖；国防科委 1978～1979 年重要成果二等奖；1985 年国家科学技术进步二等奖。

七八十年代，他参与翻译出版了《二十世纪物理学》（英译本）（1979），参与编撰出版了《英德法俄汉物理学词典》（1980）、《英汉物理学词汇》（1985）。

80 年代，他开始利用放射性同位素开展核技术应用工作。当时因身体原因，不能经常到实验室参加工作，但仍查阅文献、和师生研讨如何利用加速器产生的放射性同位素，开展穆斯堡尔效应、核电子寿命谱分析、碳-14 年龄的测定；用正电子湮没技术，研究高分子材料；用穆斯堡尔方法，研究异常血红蛋白；开展医用电子直线加速器的研制和应用。在他的关心指导下，核物理实验室、加速器实验室、核电子学实验室、探测器实验室等逐步建立起来，南京大学物理系科研成果累累，其中，医用电子直线加速器的研制，1986年获得国家教委科技进步一等奖。

6. 1987~2007年

1987年，施士元因类风湿性关节炎，双膝变形，行走不便，于79岁高龄退休。退休后，坐在轮椅上完成了三件大事：①手工编写了130万字的《汉英物理学词汇》并出版（1993）；②手工编写了100万字的《汉英环境科学词汇》并出版（2002）；③自学并完成了100余幅油画。当时没有计算机。他凭借一台机械英文打字机，用硬纸片粘贴了小槽，将词条逐条打印剪贴，自费聘请大学生帮助工作，完成两部《词汇》的编写。

1997年，施士元因心脏房室传导阻滞，心率过缓，安装了心脏起搏器，此后手无力再握笔写字画画，但他仍十分关心学科工作和年轻教师学生的成长，每有教师学生来访，都请对方谈谈有什么好消息。虽行走不便，但仍接受学生邀请，给他们做报告。

他多年有愿望，希望将毕生的经历和思考，撰写为回忆录出版，将自己的科学研究成果及创作的油画汇集出版，给后人留下一笔精神财富。正如他在回忆录前言中所写："即使这么高龄了，不妨也做一些对人民有益的事。"他给自己制订了这样的写作规范："高标准，严要求，少说废话。切不可浪费人力物力，浪费人们的时间。高瞻远瞩，深明事理，明辨是非。面向未来，缅怀既往，要有人情味。"

2007年9月，在南京大学校系领导的关心和支持下，经亲属、同事、出版社的共同努力，《施士元回忆录及其他》，终于在其去世前夕，由南京大学出版社出版。该书集长篇回忆文章、多幅珍贵照片、著述目录、十多幅油画于一体，反映了一名99岁高龄老人一生的经历、成就、思考。

施士元一生热爱祖国，辛勤耕耘，孜孜不息，全身心投入物理学科学研究和高等教育事业。他相信，人应当不断地改造自己、创造自己，永远求新。他的一生正是不断创新的一生。他备课认真、讲课深入浅出，诲人不倦，平易近人，是一位好教师。他的一生尽管历经曲折，遭遇不公，但他豁达大度，淡泊名利，心态平和。

二、科研工作和成就

1. 核谱学研究

1929~1933年，在居里夫人指导下，施士元主要开展核谱学研究，利用钍系和锕系的放射性同位素的内转换电子的能谱，测定γ射线的能量，完成了对钍B的β

射线、钍 C+C′+C″的 β 射线、锕系元素锕 C+C′+C″的 β 射线的磁谱测定，发现 α 射线的精细结构的能量与 γ 射线的能量严格相等，测定内转换 β 能谱，确定 γ 射线能量与核能级，肯定了重原子核有能级存在，证明原子核也属于量子力学系统。

这是人类首次观察证明原子核物理的 α 衰变和 γ 衰变仍然遵循量子力学规律，表明原子核仍然具有明确的分立能级，说明原子核有转动状态存在。原子核转动态理论，20 多年后才由阿玻尔提出。施士元的研究成果，是核物理学的重要发现。

研究成果分别在 Académie des Sciences《法国科学院院报》、法国 Annales de Physique《物理学年鉴》等重要期刊上发表。

2. 声学光学研究

1933～1937 年，施士元主要从事声学光学研究。声学主要研究球形声波的方向性。光学主要研究 X 光光谱分析研究，利用 X 光机和 Bragg 光谱仪进行光谱分析和拉曼效应的研究，研究了积分强度的光电定量光谱分析法、影响光谱线积分强度的因素等。

主要研究成果包括：①发现火花放电发出的球形声波在波阵面有各向异性特征。②用带电水喷嘴进行实验，证明适当的电场可使阴极射线聚焦和发散。这样的电场可被称为电透镜。③Zener 曾经计算六角晶体的 Debye-Waller 函数，但他的计算结果与实验结果不一致。通过简化的波动力学计算，由 X-射线晶体反射推导温度因子，说明 Debye-Waller 函数的一般表达式既适合各向同性的晶体也适合各向异性的晶体，并不需要修改。由此推断 Zener 对六角晶体研究中理论与实验结果出现差异，是因其计算中所用的特殊模型所致，该特殊模型需要修改。④对液态钾 X 射线衍射分析发现液态钾和液态钠的液体近程结构同属体心立方类（body-centered cubic type）。由此认为如果有两种由单一类原子组成的物质，假若它们的晶体结构属于同一类型，它们的液态近程结构也属同一类型。

研究成果在英国 Nature《自然》、American Physics Teacher《美国物理教师》、Chinese Journal of Physics 英文版的《中国物理》杂志等重要期刊发表。这些研究，因为抗日战争的爆发而中断。

3. 金属物理学研究

50 年代，配合中国重工业发展需要，施士元主要开展了金属物理学研究，研究的重点是 $AuCu_3$ 有序无序转变动力学。

主要研究成果包括：①发现有序化是一种相变过程，这种相变过程依靠空穴作为中间媒介来实现；②有序化过程并不遵守经典的相变时率方程式，而遵守时间的指数级数的关系；③固态相变过程中存在着表示原子从一种状态转变到另一种状态的几率，该几率和原子数及时间无关，它们随温度而变，并且决定于母相间隙的结构及原子的性质。

研究成果在《金属学报》、《物理学报》、《科学通报》、《南京大学学报》等学术期刊上发表。这些研究，虽因筹备原子核物理专业而中断，但为以后凝聚态物理学发展打下了基础。

4. 理论核物理学研究

50年代中期开始，配合中国原子能事业发展，施士元主要开展了理论核物理学研究工作，包括核模型、核结构、核反应、核磁共振等。

主要研究成果包括：①提出利用核磁共振吸收法分离同位素。②总结了核质基态的能量、核质中的密度分布、核质中的动量分布。③发现中子对和 α 结团之间存在着显著的耦合效应。④发现在中子和轻核反应中，存在着低能的准自由散射，这种散射是与原子核表面以外的核子或核子集团引起的；这种散射不同于普通的准自由散射，入射粒子能量很低；在核表面以外，核子或核子集团束缚较弱，较自由，因此其散射行为可与自由粒子相比拟。⑤总结了PAT在高分子材料研究中的应用，提出这是一个很有前途的领域。⑥在极低能量区中，理论与实验不一致。1983年，用准自由散射模型取得满意研究结果。

1976年，二机部下达了核参数计算的工作任务。施士元领导的理论核物理研究组，参加了中国原子能科学研究院蔡敦九先生领导的核数据工作，并承担轻核核数据的理论计算任务，是第一期（1975~1979年）核数据协作网研究组的成员。他们采用共振群的方法，计算中子打在一些轻核上的散射截面，顺利完成了核参数计算任务。

研究成果在《科学通报》、《原子核物理》、《核技术》、《南京大学学报》等期刊上发表。"中国核数据的编评与计算"于1978年获全国科学大会嘉奖，"重要核素的中子数据联合评价和《评价中子数据汇编》"获国防科委1978~1979年重要成果奖二等奖，《中国评价核数据库第一版CENDL-1》1985年获国家科学技术进步奖二等奖。

这些工作，后来发展成为核少体理论研究。

5. 学会、协会工作

物理学会工作，是施士元投入了大量心血的重要工作之一。他历任江苏省物理学会理事长、中国物理学会理事、中国物理学会核物理分会常务委员、中国物理学会质谱分会副主任、中国科学普及创作协会（后更名为"中国科普作家协会"）常务理事、江苏省科普作家协会理事长、《质谱》（后更名为《质谱学杂志》、《质谱学报》）主编等职。

1949~1981年，施士元任江苏省物理学会理事长长达32年。任职期间，江苏省物理学会会员人数从39人增长到一千余人。除1966~1977年"文革"期间以外，江苏省物理学会每年均举行一次全省年会。仅1978~1981年三年间，江苏省物理学会在国内外的学术活动达五十多次（包括邀请国外的物理学家作学术报告），参加学术活动有三千余人次，是中国科学界最活跃的学术团体之一，促进了物理学界的学术交流和学术水平的提高。

6. 科普工作

施士元一贯重视科普工作，将普及科学知识当作科学家不可推卸的社会责任。1945年8月14日，美国在日本广岛投下原子弹。8月15日，施士元在《中央日报》发表文章《论原子炸弹》，阐述原子弹能量的产生及巨大威力，引起公众的兴趣，随后应邀作了一系列有关原子弹的报告。新中国成立后，做了一系列关于和平利用原子能的报告，撰写科普文章、在电台做科普节目、组织科普展览和科普活动，撰写出版了《谈谈原子能》（1955）、《谈谈原子能和核爆炸》（1955，1974）、《光是什么？》（1957）等科普读物。

三、高等教育工作和成就

1. 维护和更新实验设备

新中国成立前夕，施士元坚决抵制将中央大学迁往台湾，并巧施对策将物理系的仪器设备、资料、人员保留下来。建国初期百废待兴，加之西方的经济封锁，教学科研经费极度匮乏，仪器设备难以得到更新。鉴此，施士元提出"充实基本实验设备，创造研究条件"的主张，带领师生，白手起家，维修研制了大批物理实验课用的仪器设备，保证了物理系和全校教学科研的正常进行。

2. 创建金属物理、原子核物理两个专业

1953~1958年，为了满足国家发展重工业的需要，施士元受命领导创建了南京大学金属物理专业，任金属物理教研室主任，在程开甲协助下，领导冯端、王业宁、

邱第荣等完成了金属物理实验室建设和课程建置，建成了南京大学物理系第一个金属物理专业。该专业日后发展为凝聚态物理专业。

1958年，为了配合国家发展原子弹事业，施士元又受命领导创建了南京大学原子核物理专业。他组织师生研制了相关仪器设备，包括加速器、探测器、质谱仪、β谱仪、核电子学的仪器等；建成了加速器大楼，后被称为"倍加楼"。核物理实验室、加速器实验室、核电子学实验室、探测器实验室相继建成。该专业为中国原子弹、氢弹、原子能事业的发展培养了大批骨干人才。1960年，核物理专业被评为先进集体，派代表参加了在北京人民大会堂召开的"全国文教系统群英会"。

3. 主讲的课程

从1933年回国到1949年，国内处于战争时期。战争期间，教师流动性大，开课教师常不足，这时，施士元作为系主任，总是自己承担更多的教学任务，有时甚至同时开三四门课。因此旧中国高校物理系的课程，除无线电外，他几乎都开设过。这期间，最重要的主讲课程是一年级的普通物理和四年级的近代物理，并指导毕业论文。抗战期间在重庆，施士元主讲的课程是光学、近代物理。

新中国成立后，施士元主讲了普通物理、光学、原子物理、近代物理、粒子物理、金属物理、X光结构分析、核物理和核理论等本科生课程，为研究生开设了相对论量子力学、角动量理论、基本粒子、场论等课程。

70年代末，施士元为核技术应用专业研究生和高能物理专业研究生，开设了穆斯堡尔效应、正电子淹没、配位场理论、基本粒子等课程。

施士元讲课，广征博引、生动形象、深入浅出，深受学生欢迎。

4. 培养的人才

施士元和老一代物理学家为南京大学物理学科发展创造了良好工作氛围，打下了良好的基础；培养了大批优秀人才，包括冯端、王业宁、章综、戴元本、经福谦等一批中科院院士和中国工程院院士。

从20世纪50年代中期至80年代后期，南京大学核物理专业从无到有，不断发展壮大，为国家培养了大批优秀核物理专业人才，这些人才后来成为中国原子弹、氢弹、原子能发电等研制开发工作中的中坚力量，为中国原子能事业发展做出了重要贡献。

施士元最优秀的学生之一是吴健雄。施士元的"近代物理学"，是吴健雄最感兴趣的课程之一。施士元曾任吴健雄本科毕业论文的指导教师，毕业论文的题目是

《晶体中X射线布拉格衍射方程的验证》。后介绍她去中央研究院物理研究所工作。70年代末，施士元写信给吴健雄，邀请她回国访问。1982年，吴健雄首次回国，到南京看望了施士元。自此，吴健雄几乎每年回国访问一次，并于1994年成为首批中科院外籍院士。每次回国，吴健雄都要拜见她的老师施士元。吴健雄曾说，真正将她领入物理学领域的人是施士元教授。

四、施士元主要论著

Sze S Y（施士元）. 1932. Sur le spectre magnétique des rayons β émis par le thorium B. Académie des Sciences, T194: 874.

Sze S Y. 1932. Sur le spectre magnétique des rayons β émis par le Th C + C′+C″. Académie des Sciences, T194: 2206.

Sze S Y. 1932. Sur les rayons β émis par le dépôt actif de l'actinium. Académie des Sciences. T195: 773.

Sze S Y. 1933. Spectre magnétique des rayons β émis par le ThB + C + C′ + C″et l' AcB + C + C′ + C″. Annales de Physique, (XIX): 59.

Skomtao S Y（施士元）, Su L K. 1934. Anisotropy of spherical sound waves. Nature, 133 (3354): 214.

Sze S Y, Su L. K. 1936. Effect of an electric lens on water jets. Amer Phys Teach, 4 (3): 139.

Sze S Y. 1936. Theory of the effect of thermal agitation on the reflection of X-rays by crystals. Chinese J Phys, 2 (2): 124.

Sze S Y. 1937. X-ray diffraction of liquid potassium and the body-centered cubic type of liquid structure. Chinese J Phys, (0): 14.

施士元. 1957. 代位合金中的空穴扩散和有序化. 物理学报, 13 (4): 245.

施士元. 1958. 回火第一阶段中马氏体的分解过程. 物理学报, 14 (2): 95.

施士元. 1959. Cu_3Au 有序化过程. 南京大学学报, (4): 17.

施士元. 1983. 低能准自由散射. 原子核物理, 5 (2): 178.

(苏) 柏基意（Г. Б. Бокий）, (苏) 巴赖柯希志（M. A. Порайкошиц）. 1954. 伦琴结构分析（第一卷）（1958第二版）. 施士元, 译. 北京: 高等教育出版社.

纪尼叶 A. 1959. X射线晶体学. 施士元, 译. 北京: 科学出版社.

施士元. 1960. 核反应堆理论导论. 上海: 上海科学技术出版社.

Rose M E. 1963. 角动量理论. 万乙（施士元笔名）, 译. 上海: 上海科学技术出版社.

姜奴西 F. 1966. 核理论精选. 万乙（施士元笔名）, 译. 上海: 上海科学技术出版社.

施士元. 1980. 用蒸发模型计算^3H (n, 2n) d 和^3H (n, 3n) p 的截面//第二机械工业部核数据中心. 核反应理论方法及其应用. 北京: 原子能出版社: 63.

祖贝 R. 1980. 英德法俄汉物理学词典. 物理学词典翻译组, 译. 北京: 原子能出版社.

施士元. 1993. 汉英物理学词汇. 南京: 南京大学出版社.

主要参考文献

南京大学高教研究所. 1989. 南京大学大事记: 1902-1988 南京: 南京大学出版社.

戴念祖. 1993. 20 世纪上半叶中国物理学论文集粹. 长沙：湖南教育出版社.
南京大学学报. 1999-12. 江苏省物理学会成立五十周年特刊.
陆埮，夏元复，王凡，等. 2007. 缅怀施士元先生. 物理, 36（12）：927.
施士元. 2007. 施士元回忆录及其他. 南京：南京大学出版社.

撰写者

施蕴陵（1936~），北京大学信息科学技术学院教授，施士元之长女。

施蕴渝（1942~），中国科学技术大学生命科学学院教授，中国科学院院士，施士元之二女。

施蕴中（1949~），南京中医药大学外国语学院副教授，施士元之三女。

周誉侃

周誉侃（1908~1976），江西清江人（生于湖北汉口）。物理学家和教育家。1936年武汉大学毕业后留学德国，1943年获哥廷根大学博士学位。1946年回国先后任中山大学物理系教授、系主任（1949~1966）。兼任广东省物理学会理事长（1958~1966）。留学期间从事光谱学理论和实验研究。他研究NdF_3晶体的吸收光谱，发现了一些晶格振动激发的谱线，从复合谱线中成功分离出纯电子跃迁谱线，总结了这些谱线的特点，并指出前人在Nd^{3+}能级排列顺序上的矛盾。还与博士论文导师K. H. Hellwege把Nd-Zn硝酸盐水溶液和固态盐的光谱进行比较，发现高浓度溶液光谱形式有强烈变异并确认变化原因；指出晶体的总吸收与偏振无关且总是小于溶液中的情形。回国后他致力于大学的物理学教育的建设和发展，在担任中山大学物理系系主任期间，设立许多新课程和新实验室，逐步规范教学制度，培养一批物理学人才，开展科研工作。所编《固体发光学讲义》是中国最早的固体发光学教材之一。主持创建中山大学半导体专门化教研室。

一、生平概要

周誉侃，祖籍江西省清江县，1908年6月6日生于湖北汉口。1976年11月13日，因脑血管疾病复发抢救无效，逝世于广州市，享年68岁。

周誉侃之父是经营湖南洪江桐油生意的商人，母为家庭妇女。1924年初中一年级时父亲病逝，周誉侃奉母命习商继父业，辍学到汉口一家川药号当学徒一年。后因不愿经商而复学，就读于南昌江西省立第二中学，高中二年级时获江西省中学自然科学竞赛第一名。他曾对此回忆道："我只比获得第二名的同班同学多解答了一道化学题，恰好就是一次集训后单独留下来跟指导老师讨论过的题目。"可见机遇是留给有准备的人的。

1936年，周誉侃毕业于武汉大学物理系，获理学学士学位。1936年9月，赴德国，开始十年留学生涯。1943年获哥廷根大学（Georg-August-Universität Göttingen）自然科学博士学位，博士论文题目为《关于氟化钕（NdF_3）的吸收光谱》（Über das Absorptionsspektrum des Neodymfluorids NdF$_3$)。1946 年 9 月初，周誉侃回国。1946~1976 年任中山大学物理系教授、物理系主任（1949~1966）。并先后兼任广东省物理学会理事、理事长（1958~1966）。1955 年，周誉侃加入了中国民主同盟。1963 年，周誉侃当选为广东省第三届人民代表大会代表。

二、学术生涯

1. 留学

1936 年 9 月，周誉侃自上海乘船赴德国，初时在皇家柏林工业高等学院（Königliche Technische Hochschule zu Berlin）和柏林大学 [即柏林弗里特里希-威廉大学（Friedrich-Wilhelm-Universität zu Berlin），东、西德分裂后，1949 年改名为柏林洪堡大学（Humboldt-Universität zu Berlin, HU Berlin）] 就读各一学期，都是修读理论物理学课程。1937 年秋赴莱比锡大学（Universität Leipzig）听海森堡（W. Heisenberg）和洪德（F. Hund）讲授的理论物理学课程。1938 年春又回柏林，到马克斯·普朗克研究所（Max-Planck-Institut）做光谱学方面的博士学位论文，同时在柏林大学听课。1938 年底，第二次世界大战即将全面爆发，学位论文指导教师应征入伍，普朗克研究所亦不允许外国人继续留所，故转学至哥廷根大学。

1939 年秋季学期起，周誉侃在哥廷根大学注册听课，每周约 10 小时。大致是理论物理学和实验物理学各 4 小时，另有 2 小时的小课；课后认真完成习题。这种注册听课的学习方式一直维持到 1943 年暑假前他取得博士学位为止。这段时间学校里的学生多数为女生，因为男生多已应征入伍了。

1940 年下半年，除听课外，周誉侃看了许多与金属相变和再结晶相关的书籍和论文，希望能跟这方面的专家、哥廷根大学理论物理研究所 Becker 教授（R. Becker）做博士学位论文。

1941 年春季学期开学后，他向 Becker 教授要到了一个金属熔液中晶胞的形成和发展的论文题目，看文献并作一些计算，但一学期内进展不大。学期末了时 Becker 教授建议放弃，并把他介绍给哥廷根大学第二物理研究所的讲师 Hellwege 博士（K. H. Hellwege）。一谈之后，Hellwege 博士同意指导作光谱学方面的博士论文。就这样，周誉侃便进入该研究所作论文，主要研究方向是稀土金属盐晶体和水溶液的吸收光谱和荧光光谱。

尽管并非完全出于主观原因，但是从理论物理到金属相变与结晶，再到原子分子光谱，如此再三变换博士论文方向仍然令周誉侃感到心情非常压抑。他曾写下的一段话是这样描述自己当时的心境的："这次再变换研究课题，我心中十分难过。别人做论文一般只需年多两年时间。而我一再转学，一再变题，很快就浪费了三年半以上的时间。"于是他下定决心，在哥廷根大学扎下根来。

由于战争原因，外国留学生的经济来源多半已断绝，学校对留学生采取了免交每学期约 100 马克注册费的政策。1941 年暑假前，他向柏林的亚历山大·冯·洪堡奖学金委员会（Alexander-von-Humboldt-Stiftung）申请奖学金。暑假后，申请得到批准，便领用洪堡奖学金以支持学习和生活费用，直至第二次世界大战结束时止。

1941 年夏秋之交，周誉侃开始利用棱镜摄谱仪以及曲率半径为 3m 和 6m 的凹面光栅摄谱仪，拍摄了多种稀土金属单晶的吸收光谱和荧光光谱，获得了许多第一手资料。

Hellwege 博士对博士论文的指导情况大体如下：每周 3~4 次到实验室，了解工作进展，询问有何困难；有针对性地解答问题，提供参考文献，介绍仪器使用和保护方法，并指出下一步要如何进行工作。每次谈话约 10 分钟。周誉侃在回顾博士论文的产生过程时常常感叹，导师一丝不苟的治学态度以及对学生严格要求与循循善诱相结合的教学方法，都给他留下了深刻的印记。

1942 年春，周誉侃始选定 NdF_3 晶体作为样品，在液态空气冷却条件下拍摄吸收光谱，并做了光度计和光强计算工作。秋季学期在实验中增加了横向磁场，主要用 3m 小凹面光栅摄谱。观察到了横向塞曼效应，即纯电子跃迁谱线在横向磁场中的分裂；还注意到横向磁场中 Nd 与 Pr 离子的吸收光谱中有无谱线分裂或者加宽的差异。此外还发现了前人在 Nd^{3+} 能级排列顺序上的一些错误。

1943 年 3 月，周誉侃把实验工作的结果加以总结，写成自己的博士学位论文《关于氟化钕（NdF_3）的吸收光谱》。论文投寄到 Zeitschrift für Physik（《德国物理学杂志》），因战争原因直至 1948 年才得以发表。他同时在哥廷根大学通过博士学位考试，获得自然科学博士学位。

此后，周誉侃继续在哥廷根大学第二物理研究所在 Hellwege 博士指导下作光谱学研究。他选择了当时尚少人研究过的稀土金属盐水溶液光谱作为研究对象，其中一个重要考虑是水溶液光谱应该较少受晶体场的影响。

1943 年下半年继续做上述工作，只是变更盐类、浓度、吸收管长度。指导教师在考试后仍来工作室指导，指导方法略同前，只是次数较少，大概每星期 1~2 次。

后来，他与导师一起总结了前段的稀土金属盐类水溶液吸收光谱研究工作，归纳成论文《电解质溶液结构的光学研究》投稿到 Zeitschrift für Physik 杂志，后发表于 1948 年。在这篇论文中他们指出，不同浓度的钕-锌硝酸盐水溶液光谱与固态盐的光谱相比，低浓度时溶液的光谱与晶体的光谱类似，而溶液浓度的峰值端光谱形式则发生了强烈的变异；他们初步解释了这种现象。另外还发现，晶体的总吸收小于所有溶液中的情形。

1944年周誉侃仍继续以上工作，只是摄谱底片供应不足，粮食供应亦坏极了，实验工作有一定困难，故亦做了一些关于晶体对称性对谱线分裂的影响的理论工作。

1945年周誉侃仍继续上面的实验工作和理论工作，直至哥廷根被盟军占领为止。此后哥廷根大学暂停办，他只好在家看看理论书籍，等候机会回国。

1946年9月初，周誉侃在意大利一港口乘船回国，9月底经香港转乘火车到达广州。

2. 稀土金属吸收光谱研究的综述

1941年春季学期末，周誉侃进入哥廷根大学第二物理研究所，在讲师Hellwege博士的指导下开始作光谱学方面的博士论文，研究的重点是稀土金属盐的晶体及其水溶液的吸收光谱。他查阅大量文献，用过饱和溶液自制Nd和Pr等的多种水溶盐类单晶，分别用棱镜摄谱仪、光栅摄谱仪及分光光度计等进行一系列的实验工作。他拍摄了单晶的吸收光谱和荧光光谱，积累了一大批稀土金属盐晶体的吸收光谱和荧光光谱资料，其中的吸收光谱是液态空气冷却条件下摄谱的。

经过一年多的实验研究和理论分析，并与前人的研究结果加以细致比较，他认识到前人的工作有不少可以改进的余地，某些结论甚至可能是错误的。审慎考虑以后，他打算把自己的研究重点放在解决这些疑难问题方面，例如其中令人最感兴趣的纯电子跃迁谱线。因为根据纯电子跃迁谱线可以确定稀土金属盐晶体中的稀土金属离子的能级，进而确定离子的结构。

一方面他发现，尽管前人已对稀土金属盐晶体的吸收光谱作过不少研究，但由于这类光谱通常十分复杂，人们往往难以把各类谱线按来源加以分离，即无法判断不同谱线的发生机理。他又知道，NdF_3晶体不含结晶水及络合离子，故其中的Nd^{3+}（三价钕离子）光谱应不含内晶格振动激发的成分，而只是外晶格振动激发与纯电子跃迁这两种成分的叠加。据此，他认为NdF_3的光谱必定比前人研究过的所有其他Nd^{3+}盐更加简单，故有可能利用这一特点从Nd^{3+}光谱中分离出纯电子跃迁谱线。

基于这种考虑，他选定NdF_3为样品，拍摄和测量了Nd^{3+}在可见区的7个谱线组和红外区的2个谱线组，发现了一些外晶格振动激发的谱线。由此，他成功地从叠加了外晶格振动效应的复合谱线中分离出纯电子跃迁谱线。于是，他比较合理地解释了Nd^{3+}光谱的谱线来源，其实验结果也达到了相当高的精确度。他的这些工作为后人解决类似问题提供了可以借鉴的思维模式以及一些实验方法。

他的研究报告还指出，纯电子跃迁谱线强而尖锐，而晶格振动谱线则相当弱且从电子跃迁谱线处起向短波方向弥散。此外，上述外晶格振动的频率高于水溶液中的 Nd 盐。

接着，周誉侃更在实验中增加了横向磁场，观察到了塞曼效应，即纯电子跃迁谱线在横向磁场中的分裂，包括与基能级 $^4I_{9/2}$ 以及其他能级相对应的谱线的不同分裂情形。另外，他还发现了原来在晶体电场中已经分裂的 Nd^{3+} 谱线在外磁场中会进一步分裂；与此相反，晶体杂质 PrF_3 中的 Pr^{3+}（三价镨离子）谱线在外磁场中却既无谱线分裂亦无谱线增宽。据此他得出结论：电子数目为奇数的 Nd^{3+} 的能级在偶对称晶体电场中还有进一步的简并性（Kramers 简并），而电子数目为偶数的 Pr^{3+} 的能级却正好相反。

周誉侃还根据反复出现于纯电子跃迁谱线组之间的恒定频率间隔，确定了与 Nd^{+++} 的基能级 $^4I_{9/2}$ 间隔为 $46cm^{-1}$ 和 $148cm^{-1}$ 的两个分裂分量。他认为，由于基能级的这同一种分裂状态表现在整个光谱中，NdF_3 中只包含了具有相同环绕晶场的同一种类型的 Nd^{3+}，这个结论与伦琴照相法确定的晶体结构相一致。

另一方面，周誉侃敏锐地察觉，前人在稀土金属能级的排列顺序研究方面有着不少矛盾。例如对于 Nd^{3+}，R. C. Gibbs、D. T. Wilber 和 H. E. White 计算了它可能的能级顺序，但由于其光谱相当复杂，当时只有洪德用半经验的实验方法证实了其中的基能级 $^4I_{9/2}$；而由 P. C. Mukherji 按洪德定则提出的其余能级的排列顺序，则不但与 J. C. Slater 的结论相抵触，且所用的四极辐射假设又和 Hellwege 的电偶极辐射实验发生矛盾。

周誉侃经过分析，决定从考察晶体能级分裂对内量子数 J 以及晶场对称性的依赖性着手，以核实上述几种观点的正确与否。他打算仍以 NdF_3 为研究对象的理由有二：其一是这种晶体结构是已知的，前人已证实 Nd^{3+} 位置上的电场有二重对称性，且 Nd^{3+} 周围的电场大大偏离了立方对称性；其二是从前人及自己的实验中可以确定，晶体中只有一种类型的 Nd^{3+}，所观测到的光谱应只是单个离子的光谱。他认为，正是由于这两个原因，将有可能根据能级分裂出来的分量数目和晶体对称性及内量子数 J 的内在联系，利用各单个谱线组中的谱线数目来确定相应能级的 J 值，从而判断各能级的位置。通过一系列实验，他测算了许多谱线组，根据单个谱线组的谱线数目算出相应能级的内量子数 J 值，确认了 Mukherji 根据洪德定则所提出的结论是不正确的，同时亦指出 Slater 的方法更为可靠。

用这种方法，他虽然尚未能完全确定 Nd^{3+} 的能级顺序，却相当有说服力地分别证实和否定了当时光谱学领域中一些有影响的观点。

周誉侃参考了许多文献，整理和分析了上述实验结果，于 1942 年底初步总结成自己的学位论文初稿。经过再三推敲，他的博士学位论文终于在 1943 年 3 月定稿，题目定为《关于氟化钕（NdF_3）的吸收光谱》。此文投寄当时物理学界的权威刊物德国 *Zeitschrift für Physik*（《物理学杂志》），因二次大战原因，直到 1948 年才得以发表。

获得学位后，周誉侃仍然在 Hellwege 博士指导下作光谱学研究，主要方向改为稀土金属盐水溶液的光谱。他当时考虑，稀土金属盐水溶液吸收光谱的研究基本上还是一个空白。另外从先前的实验中发现，晶体场对晶体谱线的分裂影响巨大，而水溶液光谱则基本摆脱了晶体场的干扰。如果把晶体的光谱与其水溶液的光谱相比较，估计比较容易从复合谱线中剔除源于晶格振动的谱线，从而分离出纯电子跃迁谱线。不过，溶液光谱应在晶体光谱线的略同位置上出现连续光谱亦即谱带，情况也许会更为复杂。

实验之初，他自己设计画图，请金工技工加工制成一高压氢灯，作为连续光谱光源，同时查阅了一些连续光谱的资料。此时研究所的液态空气供应出现困难，故实验工作只能在粗略控制的恒温下进行。

他制备了浓度在 0.00176～0.72 mol/L 之间的 11 种不同浓度 Nd-Zn 硝酸盐水溶液，把它们的光谱与固态盐光谱进行比较。实验中发现，低浓度时溶液光谱与晶体光谱类似，而在溶液浓度的峰值端光谱形式则发生了强烈的变异。另外，谱线的强度也随着 Nd^{3+} 浓度的升高而增大。这些变化当然是由紧挨着 Nd^{3+} 的环境对离子的干扰引起的。

为了解释这些现象，周誉侃和他的博士论文导师认为，溶液中应存在着两种（或更多种）类型的钕离子，即在所考察样品中最大程度稀释的溶液中差不多只有一种类型的离子，而在饱和溶液中则几乎只有另外一种类型的离子。由于溶液和晶体的离子形式不同，它们的环境结构也不同，故二者之间应存在着一种平衡。浓度较高者占有优势，其吸收强度至少是其他离子的两倍以上。在实验中还观察到，晶体中的总吸收总是小于所有溶液中的情形，且晶体的总吸收与偏振状态无关。

1944 年 6 月，他与导师一起总结了前段的稀土金属盐类水溶液吸收光谱研究工作，归纳成论文《电解质溶液结构的光学研究》（Optische Untersuchungen zur Struktur elektrolytischer Lösungen），亦投寄给 *Zeitschrift für Physik* 杂志，发表于 1948 年第 125 卷。

19 世纪下半叶至 20 世纪上半叶利用光谱学方法探索原子、分子和离子结构的热潮中，多数科学家并未能为自己的研究成果找到合适的技术应用领域，周誉侃亦是如此。然而，他和他的前、后辈光谱学家们对稀土金属离子能级顺序和结构的研究结果，在 60～70 年代激光器发明以及随后寻找合适的激光工作物质的另一轮热潮中得到了具体的应用，这也是这些科学家当时无法预料的。例如固体激光器中用作激光工作物质的有多种三价稀土金属离子，包括 Nd^{3+}、Pr^{3+}、Eu^{3+}、Ho^{3+}、Gd^{3+}、Tm^{3+}、Er^{3+} 等。其中的 Nd^{3+}，是钕玻璃激光器（Nd：Glass）和掺钕钇铝石榴石激光器（Nd：YAG）中的激活离子，是这两种最重要的固体激光器的工作核心。三价稀土金属离子尤其是 Nd^{3+}，在此后发展的自激活激光晶体、上转换发光材料以及光纤放大器中也都有着很好的广泛应用。

周誉侃当年还讨论过 Nd^{3+} 一些能级之间的吸收跃迁的规律，并且测算了与 Nd^{3+} 基能级 $^4I_{9/2}$ 的某一分量相应的一些谱线组。而我们现在知道：正是 Nd^{3+} 的这些能级，尤其是其基能级 $^4I_{9/2}$，在激光物理学中占有相当特殊的地位。

当然，周誉侃选定 Nd^{3+} 作为自己的研究对象之一只是一个巧合。但人们可以从这些先行者的足迹中得到线索，站在前人的肩膀上向上攀登。

3. 致力于中山大学物理系的建设和人才培养

1946 年，周誉侃乘船离开留学十年的欧洲，先到香港，再经香港转乘火车到达广州回到了阔别已久的祖国。是年 9 月起，周誉侃在国立中山大学理学院物理系任教授，他认为这一职务甚合其本人工作兴趣。

1949 年 10 月，广州解放。原物理系主任离任，周誉侃接任系主任。

1952 年，全国高等学校进行全面的院系调整。中山大学与岭南大学等校的文理科系合并为新的中山大学，原中山大学教学办公区由广州东北郊的石牌迁至南郊原岭南大学校址康乐园，而原中山大学教师住宅区亦由广州文明路随迁入康乐园。

新中国成立未久，百废待兴。而随着院系调整，新的中山大学物理系更迫切面临着人力资源和物质资源的整合。这时，继续担任系主任的周誉侃为中山大学的院系调整做了大量的思想工作和组织工作。他还让曾留学美国的原岭南大学教授高兆兰博士担任光学学科的带头人。这对物理系的学科建设，特别是光学学科的建设产生了深远的影响。

他根据当时推广的苏联办学经验，结合自己在德国求学和在中国学习及教学的体会，发动全系教职工一起开动脑筋，为中山大学物理系的中、长期发展精心设计了蓝图。他们按照高教部的教学大纲逐步制订了规范的教学制度，并分期分批设置许多新课程，建立了与课程体系匹配的许多新实验室，为培养新中国急需的物理学人才以及建设科学研究的基地作出了极大的努力。

同时，他在1952年便积极鼓励助教和学生进行科学研究，撰写并发表论文。当时他公开表扬被某些人认为是不问政治、纯技术思想特别浓厚的学生万舒民所作的论文了不起，后来被那些人指责为"原则性松弛，自由主义，只搞事务，缺乏思想领导，助长了万舒民及其他师生的纯技术观点"。

1953年，他编写的《热学讲义》在中山大学校内用作教材。

1954年，他领导中山大学物理系开始了基础课程改革，筹备开设光学专门化和金属物理新课程，并一步步有计划地建立起相应的专门化实验室。当年他还完成了中山大学的"物理研究的方法"的研究项目。

1957年1月，中国高等教育部组织以厦门大学校长王亚南为团长的中国大学代表团赴印度参加加尔各答大学建校100周年和孟买大学建校100周年校庆庆典。周誉侃作为代表团成员参加，并送加尔各答大学中山大学物理系自制仪器和中山大学学报一套，送孟买大学中山大学学报一套和广州植物志一册作为礼物，增进了国际科学和文化交流。

这一年，他还亲自动手编写了《固体发光讲义》并用于自己的教学实践中，这是中国最早的固体发光学教材之一。

1958年，他主持创建了中山大学半导体专门化教研室，这是中国最早建立的半导体专业人才培养基地之一。

20世纪50年代末，周誉侃带领系内中青年教师开展半导体基础研究，承担了中国"十二年科学技术发展规划"中的"杂质在半导体中扩散规律的研究"项目，取得了较高学术水平的研究成果，并在进行研究的过程中培养了不少中青年科研人员，活跃了中山大学物理系的科研工作。

同期，为了配合我国教育事业发展的步伐，也为了让物理系有符合教学、科研发展需要的足够空间，他与同事们经缜密探讨后向学校提出建设中山大学新物理楼的规划。后来规划得以实施，在新楼建设过程中，从设计到施工他都亲自过问，还经常到工地巡查。

周誉侃家的客厅，在相当长的一段时期内成了物理系的行政会议室以及为年轻教师准备的示教室。差不多每天晚上，他都会在这里或与同事们商量系务，或指导青年教师以提高教学和科研业务水平。客厅里还挂着一块小黑板，让年轻老师在此模拟课堂教学。此外，他还经常到学生宿舍巡视，辅导学生的学业。因此，他自己的备课和写讲义等工作通常只能从晚上十一二点钟开始，往往延续至凌晨两三点钟，甚至到四五点钟，然后在书房的小铁床上抓紧时间休息以待次日的忙碌。他的身体原来十分强壮，但连续多年的超量工作渐渐损害了他的健康，他终于在1958年因脑血管疾病病倒。学校有关领导对此极为关心，积极组织治疗。他病情缓解后便到从化等地疗养。经大半年休养，他又恢复了往日的精力，继续夜以继日地工作。

周誉侃十分注重人才的培养，尤其是国家迫切需要的半导体物理专业和无线电物理专业人才。20世纪60年代初期，他不断推荐有潜质的中青年教师到国外进修或者作为研究生培养。在他留下的推荐书中，对被推荐人的学习、教学、研究和进修经历以及长处和不足一一细致描述，并结合当时国家和学校的发展规划，为这些教师制订了明确的专业前进方向。

20世纪60年代初期及中期，他陆续招收了半导体物理专业的研究生。从现存文件可以看到，他从多方面关心研究生的成长，要求既严格，指引也足够清晰。例如，他为研究生悉心制订年度以及在学三年的个人学习计划，对所有环节包括政治理论课、外国语、专业课、专题论文、实习、科学出差以及毕业论文等都一一规定了要求以及检查的方式和日期。尤其有特色的是，他会在一段时间内请研究生每周都把下周的工作计划写在一张小纸条上交给他存留，这种方法有助于研究生养成良好的工作习惯，让他们学会安排自己的时间和进度。又如在1963级研究生许志良的第一学年论文上，他为论文试拟了题目，建议将全文分为若干节并为各节拟出小标题，指明引言和结束语两段的写作要点，还要求在正文的几节之间添加相互贯通的简短衔接文字。这种指导方式，正是在引导研究生走向正式发表论文的方向。而另一方面，研究生也及时向他反映自己的感受和学习需求。由此可见，他与研究生的联系是多么密切无间。这样的师生关系，一定程度上模拟了他自己攻读博士学位时的情境。

周誉侃担任系主任的1949~1966年期间，在开展行政工作时，总是与物理系的党组织默契配合。先后多任党组织负责人谈到与系主任周誉侃的工作合作时，都表示彼此合作十分愉快，因为他总是以大局为重，以团结为重。他也十分注意培养中青年老师，如李华钟、李修宏等担任物理系的行政领导工作。

周誉侃担任系主任期间，坚持承担着物理学的教学工作。例如，他在1952年所填履历表草稿显示自己每周有3小时光学以及2小时近世物理课程。又如1957~1958学年度第2学期的中山大学物理系《物理专业二年级普通物理（光学部分）教学日历》表明，他在该学期授光学课程的时数是68节；该日历最后一行还有这样的附注："因为教学时数比大纲少8节，不能再减，遇假需要补课。"

在中山大学任教期内，他先后在物理系开设过理论物理、普通物理、量子力学、原子结构、理论力学、电动力学、固体发光学等多门课程，还兼授其他系的公共物理课。他授课概念明晰，条理清楚，强调理论与实际相结合，以理论指导实践。而且他平易近人，与学生们有广泛的接触，很受学生欢迎。尽管他并不十分善于表达，但他学识渊博，治学严谨，工作认真，给学生和同事们留下了极其深刻的印象。

周誉侃的后半生致力于大学的物理学教育事业，以为祖国培养人才为己任，不仅传授知识，而且讲做人的道理，使学生终生受益。他培养的物理学人才遍布祖国各地，他的不少学生在海内外物理学界享有声誉。

1964年，周誉侃担任当年的广东省高考阅卷委员会委员兼物理科主任委员。

"文化大革命"期间，虽然学术大环境很差，但他依然惦记着自己的专业，留意着国际上半导体物理学领域的最新进展。在1972年发下的中山大学图书馆借书证上，记载他在1972年9月2日至1975年4月28日这两年多中借书55次。另外他还是广州外文书店的常客，总在有计划地搜求可以得到的最新外文资料。即使在这样一个特殊的时期，他还是根据当时的条件，在"文革"后期编写了一些校内使用的讲义，包括《半导体物理》、《半导体电工学和电学基础》、《硅材料的制备和性质》等。

晚年，他的身体状况不好，但他仍然尽自己的能力关心物理系的建设和发展，对各教研室的教学和研究方向提出有益的建议。临终前，他嘱咐家属，将自己多年积累的教学和研究资料包括中、西、日、俄文书刊共583册，无偿捐赠中山大学物理系。

中山大学物理系能够在原有的薄弱基础上逐步发展壮大，成为教学条件优越、科研条件完善的人才培养基地和科学研究基地，周誉侃和他的同事们功不可没。

三、周誉侃主要论著

Chow Y K. (周誉侃). 1948. Über das Absorptionsspektrum des Neodymfluorids NdF$_3$. Zeitschrift für Physik, 124: 52.

Chow Y K, Hellwege K H. 1948. Optische Untersuchungen zur Struktur elektrolytischer Lösungen. Zeitschrift für Physik, 125: 18.

主要参考文献

林木欣, 周显光. 1993. 周誉侃//戴念祖. 20世纪上半叶中国物理学论文集粹. 长沙: 湖南教育出版社: 596.

周显光. 1996. 周誉侃//沈克琦. 中国科学技术专家传略: 理学篇: 物理学卷1. 石家庄: 河北教育出版社: 468.

撰写者

周显光 (1948~), 华南师范大学物理与电信工程学院副教授, 传主之子。

周小明 (1978~), 广州大学华软软件学院软件工程系教务员, 传主之孙。

张文裕

张文裕（1910～1992），福建惠安人。核物理学家，宇宙线和高能物理学家。中国宇宙线和高能实验物理的奠基人之一。中国科学院学部委员（院士）。1931年毕业于燕京大学物理系，1933年获硕士学位后留学英国。1938年获英国剑桥大学博士学位后回国。1938～1943年先后任四川大学和西南联合大学物理系教授。1943～1956年应邀先后任美国普林斯顿大学研究教授和普渡大学物理系教授。1956年回国，先后任中国科学院近代物理研究所宇宙线室主任，苏联杜伯纳联合核子研究所中国组组长，原子能所副所长等。1973年起先后任高能物理研究所所长、名誉所长；兼任中国科学技术大学近代物理系主任；曾任中国物理学会副理事长、中国核学会副理事长；中国物理学会高能物理分会理事长；《中国科学》、《科学通报》副主编、主编等。1944～1945年，与罗森布鲁姆共同发明多丝火花室。1948年，用自己设计制作的多层金属箔云室，在宇宙线 μ 子吸收的实验中观察到与负 μ 子相关的 1～5MeV 的 γ 辐射。这是 μ 原子的第一个实验证据。这一发现开拓了一门称为"μ 子物理"的新兴的原子物理和核物理学科。致力于中国宇宙线和高能物理实验科学的发展，为中国高能物理研究基地的建设、为北京正负电子对撞机的建成奠定了基础，在高能物理领域培养了一批人才。

一、生 平 概 要

张文裕于1910年1月9日出生于福建惠安。1992年11月5日因病在北京逝世，享年83岁。

1923年在福建泉州培元中学学习。1927年考入北京燕京大学物理系。1931年毕业，留校任助教，同时攻读硕士学位。1934年获燕京大学理学硕士学位，同年考取庚子赔款留英公费生。1935年赴英国剑桥大学（University of Cambridge）卡文迪什（Cavendish）实验室攻读博士学位，导师是著名物理学家、诺贝尔奖获得者卢瑟福（E. Rutherford）。1938年获剑桥哲学博士学位。同年秋天回国，任四川大学教授。后应南开大学聘请，转任西南联合大学物理系教授。其后，曾兼任云南大学物理系教授。1943 年，应美国普林斯顿大学（Princeton University）帕尔默（Palmer）物理实验室邀请，到该实验室从事核物理和宇宙线研究。1949 年，转任普渡大学（Purdue University）物理系教授。1956 年 6 月由美国回国，担任中国科学院近代物理研究所（1958 年改称中国科学院原子能研究所）研究员、宇宙线研究室主任，领导国内的宇宙线研究。1957 年，当选为中国科学院数理化学部学部委员（院士）。1958 年，兼任中国科学技术大学教授。1959 年，到苏联杜布纳联合核子研究所（Обьединённый Институт Ядерных Исследований, Дубна）工作，担任中国组组长，并领导一个国际联合研究组。1964 年回国，担任原子能研究所副所长。此后，一直致力于中国高能物理实验基地的建设。1973 年，担任中国科学院高能物理研究所首任所长（1984 年后为名誉所长）。1978～1984 年，兼任中国科学技术大学近代物理系主任。1979 年中美两国签订高能物理合作协议后，他担任第一、二届中美高能物理合作委员会中方主席。从 50 年代至 80 年代中期，先后担任《中国科学》和《科学通报》副主编、主编。担任中国物理学会副理事长、中国物理学会高能物理分会理事长、名誉理事长和中国核学会副理事长。1978 年加入中国共产党。曾任第二、三届全国人民代表大会代表，第四、五、六届全国人民代表大会常务委员会委员。

二、学 术 生 涯

张文裕出生在福建惠安沿海山村的一个普通农民家庭，当时他家靠几亩薄田和一家中药店维持一家十几口人的生计。在兄弟姐妹八人中，排行第四的张文裕唯一幸运地被送去读书。上过两年私塾，四年小学，他考上了泉州培元中学。后因兄、姐相继早逝，父亲要他回家干活养家，但在老师、亲友的劝说和资助下，他才得以继续上学。念了三年半中学，为了反抗家庭包办婚姻，张文裕带着培元中学校长的推荐信，只身来到北京，在燕京大学谢玉铭教授的帮助下，经过补考，被破格录取进入燕京大学物理系学习。在校学习期间，张文裕一面读书，一面打工，养活自己并缴纳学费。他帮老师改过卷子，帮别人补过课，在学校农场果园当过小工，到过水利工地帮助测量等。幼年和青年时期的艰难生活，养成了他勤奋努力、自强不息的性格。1931 年张文裕完成了大学学业，因学习成绩优异，大学四年级时就被录用担任燕京大学物理系助教，同时进行研究生学习。1933 年取得硕士学位。

在燕京大学的四年学习，张文裕打下了扎实的物理基础，受到了实验物理的良好训练。他在晚年回忆说，这所大学的物理教学强调实验，在理论教学和实验教学的关系中以实验为主，要求学生了解每一个实验的原理，掌握每一个实验的方法，动手操作，获得数据，正确处理数据，写出合格的书面报告，并在定期举行的讨论会上口头报告。在张文裕往后几十年的科学生涯中，他一贯重视由科学实验获得真知，由科学实验获得发现，在大学期间老师们的培养和教诲得到了秉承和发扬。

1934年张文裕通过了庚子赔款公费留英考试，1935年到英国剑桥大学留学，进入卡文迪什实验室攻读博士学位。当时，卡文迪什实验室已有六十多年的历史，对近代物理学的发展作出过许多具有里程碑意义的贡献。电子的发现、中子的发现、元素转变的发现等，使它成为世界上最有声望的物理学研究中心之一。当时的实验室主任卢瑟福，是一位被誉为原子物理学之父、硕果累累的核物理学家。他早年关于放射性的研究，确立了放射性来自原子的内部，确立了一种原子可以转变为另一种原子；他通过 α 粒子穿过物质薄箔的大角度散射，发现了带正电的原子核的存在；他以 α 粒子轰击稳定核，第一次实现了人工核反应。这些重大贡献，载入了物理学发展的史册。到30年代中期，虽然量子力学和原子模型理论已经得到发展，但是原子核的结构还不很清楚，人工放射性才发现了一年多，复合核理论刚刚提出。卡文迪什实验室的考克饶夫（J. D. Cockcroft）和瓦耳顿（E. T. S. Walton）在1932年造出了世界上第一台高压倍加器，第一次实现了由人工加速的质子引起的核反应。利用天然和人工放射性元素，以及高压倍加器加速的粒子流，卡文迪什实验室正在开展一系列变革原子核的、引领核物理研究潮流的实验研究。经历了多年艰辛生活的磨砺，能够在这个时机进入这个实验室，能够得到当代物理学大师和许多名师的指导，张文裕格外珍惜这个难得的机会，刻苦攻读。

在卡文迪什3年多，他参加了几项最前沿的核物理研究。一开始在埃里斯（C. D. Ellis）领导的天然放射性实验组工作。第一个课题是用放射性氡的 α 粒子轰击 ^{27}Al，发生核反应得到放射性元素 ^{30}P，并伴随中子的发射。氡源的周围充以二氧化碳气体，用改变二氧化碳气压的方法改变 α 粒子的能量，他观察到了 ^{30}P 的共振能级，但与伴随质子发射的放射性同位素 ^{30}Si 的共振能级相比，不如后者尖锐。对实验结果的分析表明，用中间核产物形成的玻尔（N. Bohr）理论可以解释中子发射的激发函数。他的第二个课题采用 α 粒子轰击 ^{25}Mg，也观察到了放射性同位素 ^{28}Al 的产生并存在具有类似特点的共振能级，此时 ^{28}Al 的产生伴随质子的发射。这两个实验的结果表明，实验上观察到的共振效应与伴随的发射粒子相关，而原子核的位垒并未表现共振能级。张文裕在晚年回忆这一段的工作时说："当时对原子核的结构还不很清楚。卢瑟福和玻尔有二十几年的师生和合作关系，玻尔提出原子核的液滴模型后，我们就想用 α 粒子作探针去研究核的结构。当时已经认识到不同能量的

α粒子都可以进入核，但有选择，有的能量进去的多一些（即有共振现象），表明核不是光滑的，不是一个点，而是有大小的，有连续性；不是一个刚球，而是一个软的东西。"

在埃里斯组的工作使张文裕受到了实验核物理的严格训练。张文裕后来回忆说："埃里斯是我在核物理和核技术方面的启蒙老师。名义上，我的导师是卢瑟福，但真正的导师是他。埃里斯对工作很负责，对学生很关心。他亲自教我制备放射源。为了制备氡放射源，清早四五点就要开始工作，他都来帮助我。他教我如何写文章，每篇文章都经他修改后才送给卢瑟福审阅，然后再送出去。我们相处得很好，后来他要到伦敦大学当教授，建议我跟他一块去。"由此可以看到卡文迪什实验室强调实验、强调动手的优良传统和严谨的学风，对年轻研究人员的严格要求和热情关心，也可看到张文裕勤奋学习、刻苦钻研、深得导师喜爱的情景。

随后，张文裕在考克饶夫领导的高压倍加器组参加了两项核反应研究工作。一项是用高压倍加器加速的氘核轰击轻元素 ^{7}Li，产生放射性元素 ^{8}Li 并伴随质子发射，^{8}Li 又通过发射 β 射线转变为 ^{8}Be。仔细测量末态质子的射程，发现伴随 ^{8}Li 产生的质子总达不到能量守恒所预期的射程。对此，他们提出的一种可能的解释是：^{8}Be 总是产生于激发态，退回基态时放出两个 α 粒子。测量 α 的能谱，发现它是一个连续谱，由此判断激发态的分布很宽，半衰期仅约 10^{-16} 秒。这一工作以"来自轻元素放射性衰变的 α 粒子"为题发表于 1937 年的 Nature。该文在最后特别指出："^{8}Be 产生于激发态的解释虽然与实验现象相符，但不是仅有的可能解释。对 β 射线能量分布的解释必须小心，因为 β 放射现象并不简单。"当时实验上尚未发现中微子，这一段话充分表现了张文裕和合作者们的严谨的科学态度。

张文裕的另一项研究是与哥德哈伯（M. Goldhaber）及嵯峨根（R. Sagane）合作，利用高压倍加器的束流轰击不同的靶核，产生新的放射性元素。稍早于他们几个月，波特（W. W. G. Bothe）等用质子束轰击 Li，再用得到的 17.5 MeV 的 γ 去轰击不同的元素，产生了六种新的放射性元素 ^{68}Ga、^{78}Br、^{106}Ag、^{112}In、^{120}Sb 和 ^{179}Ta。张文裕和他的合作者首先用质子束重复了波特的几个实验结果。但重复别人的实验不是他们的主要目的。他们考虑到，从稳定原子核拿掉一个中子的阈能比 17.5 MeV 明显的低，因而试图用中子去产生新的放射性同位素。他们改用氘核轰击 Li 和 B，得到能量低于 13.5 MeV 的中子，通过"中子丢失"反应，产生了上述六种新放射性元素的前五种，并测量了每一种放射性元素的半衰期和相对产额。他们发现，在相同的高压倍加器束流下，使用氘产生的中子比使用质子产生的 γ 可达到高几倍、几十倍至上百倍的放射性元素产额。在这些工作中，他们还注意到一种短寿命同位素的产生，判断是氧受到中子的激活。这种激活很强，测得衰变半寿命为 8 秒。最后确定为 $^{16}O(n, p)^{16}N$ 过程。张文裕在晚年回忆说："这些过程现在早已熟悉，可在当时还完全不清楚，是头一次研究。其中，中子和 ^{16}O 的反应在反应堆的设计中要非常小心地考虑，因为冷却水或重水或气冷里有氧，产生出来的 ^{16}N 有放射性，会造成辐射损伤。"他们的这一工作以"高能 γ 射线和中子产生的放射性"为题发表于 1937 年的 Nature 上。

到 1937 年，正当卡文迪什实验室的核物理研究捷报频传，新发现层出不穷之际，张文裕却再也安不下心继续做研究了。抗日战争已经开始，南京失陷，日寇大屠杀，种种恶行，英国报纸登载的很详细。他回忆说："在剑桥，国内去的几个同学天天用很多时间看报，看完就讨论，都想回国参加抗日，完全没有心绪作研究或学习了。"国难当头，一代青年满腔热血要报效祖国。他向剑桥研究生院提出了提前考试的要求。

经一再申请，他被同意提前考试。1937 年 12 月，张文裕完成了《核嬗变的共振效应和放射性同位素的形成》的博士论文。考试中，论文部分很快就通过了。考试小组的老师们非常了解，张文裕在论文涉及的几项研究中作出了主要的贡献：制备放射源，建造各种形式的电子计数器，维护和运行高压倍加器，处理数据和撰写论文等，他们对张文裕的研究工作很满意。但张文裕没有想到的是，还考了许多涉及基础实验课的内容。这一部分他没有做准备，考试没有被通过。他又用了三个月把大学学的基础课，特别是实验基础课，彻底复习了一遍。又参考、学习了剑桥本科的学习内容，顺利通过了考试。张文裕回忆说，虽然燕京是强调实验的，但仍然不够，要求仍不一样。经过这次考试，张文裕对实验基础的重要性有了更加深刻的体会。

为了等待 1938 年 7 月颁发博士证书的典礼，张文裕通过同在卡文迪什留学的同学李国鼎与国内联系，以防空学校校长黄振球的名义介绍他到柏林 AEG 工厂学习探照灯技术，计划学成回国后就在防空学校服务，为抗日作贡献。

1938 年 11 月初，结束了三年多的留英生涯，抱着回国参加抗日救亡的强烈愿望，张文裕离开剑桥经马赛、河内，回到昆明。在燕京大学的后期，张文裕的勤奋好学得到了比他低两年的物理系女生王承书的青睐，两人开始相恋。1937 年，由于战乱，王承书已好久不通音讯，下落不明，使张文裕放心不下。他回到昆明，才获悉王承书执教的湘雅医学院已迁到贵阳。张文裕即到贵阳同阔别多年的恋人会面，同时等待工作的消息。等了一个多月，得知防空学校已搬至桂林，而且要他"另谋高就"。随后，经过物理学家吴有训介绍，张文裕到四川大学任物理学教授。半年后，又应南开大学聘请，转任西南联大物理系教授。1939年9月，张文裕和王承书在吴有训主持下在昆明结婚。这是一对感情和睦、目标一致、终生投身科学事业的伴侣。王承书于1941年到美国留学，是气体动力学专家。后半生献身于中国核工程物理研究，1981年当选为中国科学院院士。

张文裕在西南联大开了核物理课程《天然放射性和原子核物理》。这是国内第一次开核物理课程，对象是助教和研究生。有了在卡文迪什实验室这个核物理前沿研究中心的经历，慕名前来听课的人不少，虞福春、唐敖庆、梅镇岳（他们当时是助教）、杨振宁（当时是研究生）都参加过听课。这门课开了两次，张文裕说"我也从开课中学了不少东西。"

除了教学，受过科班实验核物理训练的张文裕最关心的还是要开展本行的实验研究。抗日战争期间的西南联大，虽是全国最知名的高等学府，也不可能提供开展核物理实验研究的哪怕是最起码的条件。张文裕想了许多办法，自己努力创造条件。他回忆说："我和赵忠尧先生想建造一台静电加速器，一有功夫就上街去跑杂货摊，想凑一些零件。跑了两年，除了找敲水壶的工人作了一个铜球，搞到了一点输送带，做了个架子外，其他一无所获，最后不得不放弃了这个计划。两年的努力算是徒劳了。我们感叹地说，这项工作只有留给后代去完成了！"

"由于做核物理的条件不具备"，张文裕说，"我就改做宇宙线。有三个年轻人帮忙，什么都从零开始，自己准备工具和材料，自己吹玻璃作盖革计数管。做出了三根计数管，组成三路符合，后来又扩充到四路符合。"这个四路符合的计数管探测器虽然简单，在当时十分困难的条件下却得来不易。他们在郊区找了个仓库，用它测量了宇宙线强度随天顶角和方位角的变化，所得结果在当时中国物理学会的年会上作了报告。

他和夫人王承书合作，分析当时能够获得的核物理数据。他们分析了β衰变中禁戒衰变、容许衰变和核能级等的数据，将实验数据与费米（E. Fermi），柯罗平斯基（E. Konopinski）以及于乌伦贝克（G. E. Uhlenbeck）的β衰变理论作了比较。工作中得到赵忠尧和王竹溪的关心和讨论。其结果写成两篇论文，于1942年在 *Science Record* 发表。

1942年，日本侵略军侵占了缅甸和云南怒江以西的地方，昆明常遭敌机轰炸，局势愈来愈乱，西南联大的教学很不正常，在国内开展核物理研究的希望更加渺茫了。张文裕想起在剑桥时认识的美国物理学家莱登伯（R. Ladenberg），时任普林斯顿大学帕尔麦实验室研究教授。经过联系，莱登伯邀请张文裕去他的实验室进行访问研究。

1943年秋天，张文裕辗转经过印度、北非、巴西，来到美国普林斯顿帕尔麦实验室。这是美国历史最长的实验室。美国老一辈著名的物理学家许多都在这个实验室工作过。有一个时期，帕尔麦实验室的教师约有四分之三在卡文迪什作过研究。它继承卡文迪什的传统，教学和科研的精神、办法都学卡文迪什，很强调科学实验的重要性。有过几年卡文迪什实验室经历的张文裕，对帕尔麦实验室的科研环境很是适应。

1942～1949年，张文裕在普林斯顿的研究工作取得重要成果。他与罗森布鲁姆（S. Rosenblum）合作，利用普林斯顿回旋加速器80厘米直径的磁铁，建造了一台α粒子能谱仪，并测量了多种放射性元素的α粒子能谱。这台谱仪呈半圆形，在直径的一端放置α放射源，用狭缝限制α束流的方向，作为"物"空间。从狭缝出来的不同动量的α粒子经过磁铁偏转，在直径另一端的"象"空间形成分开的线状能谱，能量分辨率相当好。为了记录经过磁偏转的α粒子，他与罗森布鲁姆一起发明了世界上最早的多丝火花探测器。这台多丝火花室由八根丝组成，只对游离大的α粒子灵敏。这在当时是核探测技术的重要创新，也是后来大型丝室、漂移室等速度更快、定位更精的电子学探测器的前驱。张文裕常向同事们说："这种探测器的主意是罗森布鲁姆提出的，我不过完成了设计、加工，使它成为现实，特别是在强磁场与真空中可以使用。有的文章谈到这种新型探测器时只提到我，没提到罗森布鲁姆，这是不公道的。罗森布鲁姆是法国人，比我年长十三岁。他是居里夫人（M. Curie）多年的助手，也是长射程α粒子的发现者，是一位很有经验的前辈。他比我早一年多到普林斯顿，我和他在一起工作只有九个月他就回巴黎了。我跟他学了很多东西，要是他不回去，我可以向他学得更多，工作可以做得更好。"这段话充分体现了张文裕的科学精神和道德情操。

张文裕用这一台谱仪首先测量了钋的α能谱。测出的能谱主峰位置和前人的结果一样，但是更准确。由于灵敏度更高，能量分辨更好，在低能方向还测到了几条精细结构的谱线，强度约为主峰的万分之一。这是用测α粒子射程决定α粒子能量的方法不可能测到的。后来，另一个组用比较小的α谱仪也观察到了相似的现象。很难把这些α粒子解释为核内来的。理论物理学家伽莫夫（G. Gamow）对此很感兴趣，张文裕和他讨论过，想到的几个机制都被否定了。到1945年，由军事科研转回来的人越来越多，实验室要恢复回旋加速器，不得不拆掉α谱仪，这些谱线终未得到深入的观察和研究。事隔多年，张文裕对此仍引为憾事。

1947年，张文裕开始设计、建造一套观察宇宙线慢介子，研究介子被原子核吸收过程的云室系统，准备以更高的探测灵敏度，记录介子停止后各种可能的产物，特别着力于观察介子停止后约 100MeV 静能量的去向，目的在于弄清介子的性质，澄清当时困惑物理学家的一个关于介子的难题。1935 年，日本物理学家汤川（H. Yukawa）建议了一种将质子和中子结合在一起的、传递核力的媒介粒子，并推算其质量约为电子质量的 300 倍。十分巧合地，安德孙（C. D. Anderson）和尼德迈耶（S. H. Neddermeyer）在 1934~1936 年间研究宇宙线中带电粒子穿透物质的能力，发现了宇宙线中的一种新的带电粒子。因它们的质量介于电子和质子之间，这种新粒子被称为介子。介子发现之后，一些物理学家认为它们就是汤川所预言的传递核力的粒子。在随后的几年，可能由于第二次世界大战的原因，关于宇宙线介子性质的研究并没有实质性的进展。战后，一些基础性研究又陆续开展起来。可以说，直到 1946 年，在宇宙线中发现的介子仍被认为就是直接联系于核力的粒子。张文裕在深入调查和分析后，认为澄清这个问题的关键，是通过实验了解负介子停止之后的"命运"。因为正介子靠近原子核时，会被核的库仑场排斥而有足够的时间发生自由衰变；负介子则被原子核吸引。如果介子传递核力，负介子在发生自由衰变之前更早就应发生核作用。于是他决定设计一个云室系统来专门研究这个问题。他的实验方案是：首先用一米厚的铅层将宇宙线介子慢化，又通过符合计数管选择进入了云室的介子，通过反符合计数管去掉侧向进入的粒子，以及进入云室但未停止的介子。为了能尽可能多地记录下介子停止时的行为，他在云室内放置了多层不同厚度的金属箔（在三个实验阶段，分别放置铝箔、铁箔和铅箔）。这一实验设计的优点和特点非常突出：如果负介子引起了核作用，原子核受到激发，蒸发出来的几个 MeV 的核碎片可以用云室看到；如果负介子与核发生作用并把它的约 100MeV 的静止能量给了核，可以在云室中看到平均含几个分叉的星形核碎片；如果负介子与核作用后，如费米和泰勒（E. Teller）预期的，其 100MeV 静止能量被 γ 带走，多层薄箔云室正适于对这个 γ 进行测量；如果负介子停止并被核俘获，如惠勒（J. A. Wheeler）预期的，在一个玻尔轨道到另一个玻尔轨道间发生辐射跃迁，则多层薄箔云室应该可以观察到几个 MeV 的 γ 射线转换出来的电子。在发生反应产生核碎片或出现 γ 的情况下，使用不同种类的金属箔可观察它们对原子核靶质量的依赖。带电粒子在云室中的游离度和射程可被用于区分介子、质子和核碎片。在当时，为了弄清介子的性质，这确实是一个很完善、很先进的实验设计。

这套云室系统 1947 年开始设计，当年就完成了建造、安装和调试，显示了张文裕娴熟高超的实验技术。1948 年投入实验观测，到 1949 年 1 月即在 *Modern Physics Review* 上发表了全面介绍该实验和实验结果的论文。就在他设计、建造和运行云室的阶段，对介子性质的研究获得了一些新的结果。1947 年，考弗西（M. Conversi）、潘西尼（E. Pansini）和匹香尼（O. Piccioni）对宇宙线介子和原子核之间的相互作用进行了实验研究，得到的证据表明介子与核的作用非常微弱。也是1947年，鲍威尔（C. F. Powell）和他的合作者开发了用照相乳胶探测带电粒子的技术，并将乳胶置于高海拔地区，用于宇宙线粒子探测。他们先是观察到宇宙线中的一种小质量的带电慢粒子，可以进入原子核并产生重粒子（即核碎片）的发射。他们把这种粒子也称为介子。随后，他们又观察到宇宙线带电介子在乳胶中停止产生次级介子的现象，从而确定宇宙线中有两类介子：第一类介子（π介子）可以衰变为第二类介子（μ介子），后者正是宇宙线中的贯穿成分［注：自1962年发现两类中微子之后，"μ介子"一词不再使用，而称为μ子］。尽管张文裕设计云室时提出的一部分问题已被上述实验结果回答，他仍然仔细分析了自己获得的数据。在张文裕的这篇论文中，详细报道了实验的结果。一个重要结论是：没有观察到μ介子和原子核的核作用。另一个重要结论是：当负μ介子停止在金属箔上，发现有$1\sim5$MeV的低能电子或电子对发出，低能电子或电子对的方向指向负μ介子停止的地方。后一结果是考弗西和鲍威尔他们的实验没有、也不可能得到的。

张文裕的发现表明，当负μ子穿过云室的金属片逐渐慢化后，通过与原子核的电磁相互作用而被原子核俘获，这时负μ子处于绕核的特征玻尔轨道，可以具有不同的能态，而且可以从较高的能态向较低的能态跃迁。在登载张文裕论文的同一期 Modern Physics Review 上，惠勒发表了《μ^-介子和核的电磁相互作用的一些结果》一文，肯定了张文裕对μ^-停止并发射$1\sim5$MeV的低能电子的实验结果，是μ^-核俘获并在能级之间跃迁第一个实验证据。这种现象后来被称为μ介原子（或μ子原子）。由于μ子的质量比电子大二百倍，μ子在μ子原子中的某一玻尔轨道只应为电子相应轨道的二百分之一，即μ子比电子离核更近，用μ子作为探针来观察核结构要准确得多。所以，μ子原子的发现对于原子核结构的研究具有十分重要的科学意义。

张文裕的这一重要发现促进了物理学家要尽快建造μ子工厂来深入研究原子核。μ子工厂利用加速器产生大流量的慢μ^-，可以用它形成大量的μ子原子，并通过测量μ^-在不同玻尔轨道间跃迁所辐射的γ射线（或硬X射线，或X射线）来研究原子核的结构。1953年，第一台μ子工厂在哥伦比亚大学造成，第一个实验就是检验张文裕的宇宙线结果。没有几天就通知张文裕，二者定性的结果完全一样。由于μ子可以位于核外许多不同的能态，有很多种跃迁，放出的X射线有的能量很相近，要求X射线探测器有很高的能量分辨率。在60年代之前，这方面的研究受到X射线探测技术的局限。1964年半导体探测器发明后，X射线的能量分辨率提高了几倍、几十倍。美籍华裔物理学家吴健雄从1964年就开始用半导体探测器测量μ子原子。他们研究组花了20年工夫，差不多对所有的原子核都用μ子原子作了研究。1977年，吴健雄和赫斯（V. W. Hughes）总结了这个领域的研究结果，在三大卷的巨著《μ子物理》一书中写道："当减速的负μ子被原子核俘获时，形成μ子原子。用云室研究减慢和俘获宇宙线负μ子时，第一个观察到产生X射线的是张文裕。"张文裕的这一发现，常被称为"张辐射"、"张原子"。

一个重要的科学发现常常导致一门新兴学科或技术的发展。μ子原子是一种新的物质形态，它的发现导致了μ子物理的发展，并开创了奇异原子研究的新领域。这一过程还揭示了宇宙线实验和加速器实验之间的关系，以及开发先进的粒子探测技术的重要性。对此，张文裕深有体会地说："精确定量的工作靠宇宙线是不行的，宇宙线做出定性的工作就可以了。用宇宙线作十年，用加速器一两分钟就可以了。定量的研究要用加速器作。发现一种新的物理现象只是认识的开始。而物理学的发展，定量的研究是很要紧的。"他又说，"探测器的分辨率很重要，没有半导体探测器的发展，就不会有今天μ子原子的深入研究。"今天，μ子物理研究领域已经硕果累累，张文裕作为这个学科领域的开拓者，在国际科学界享有盛誉。

1949年，张文裕转任普渡大学物理系教授。他把在普林斯顿使用的仪器带到普渡，继续进行μ子吸收现象的实验研究。到1954年他已找到21张指向停止μ$^-$的电子和电子对的照片。在普渡大学这段时间，他系统地研究了海平面宇宙线的贯穿簇射，并对奇异粒子Λ°作了系统全面的研究。他们当时对θ°（即短寿命中性K介子，K_s^0）和Λ°寿命的测量，θ°为$0.80×10^{-10}$秒，Λ°为$2.8×10^{-10}$秒，同30年后粒子表所列结果相当接近，可见在奇异粒子发现的早期，他们的实验研究已达到很高的水平。

1949年新中国成立了，张文裕受到极大鼓舞，准备尽快回国为国家建设和科学发展贡献自己的力量，只因夫人临近分娩未能成行。随后因朝鲜战争爆发，回国变得困难了。1956年，张文裕夫妇冲破重重阻碍，终于带着6岁的儿子回到了祖国的怀抱。

回国以后，张文裕在中国科学院近代物理研究所领导宇宙线研究。看到国内科学研究的条件和规模同出国前的情况已大不一样，他充满信心。位于云南的宇宙线高山站是当时国内仅有的高能物理实验基地，为了在比当时加速器所达到的能量更高的能区进行宇宙线核作用研究，张文裕提出了在云南高山站增建一套当时国际上规模最大的云室组的建议。他回国时就带回了建造大云室用的高级平面玻璃和一些实验仪器。大云室组于1958年开始建设。建成后，观察到了一个可能的大质量带电粒子，并开展了一系列宇宙线课题研究，培养了中国一代宇宙线研究人才。

1961年，张文裕受政府委派，前往莫斯科杜布纳联合核子研究所接替王淦昌教授，担任该研究所的中国组组长，并领导一个联合研究组。在中苏关系恶化的困难条件下，他们坚持开展基本粒子物理的研究。他们研究了高能中子在丙烷泡室中产生的各种基本粒子的产生截面、衰变形式和寿命，以及与其他粒子的相互作用等。他们把当时已知的重子共振态归纳成核子激发态和超子激发态，提出了一个重子能级跃迁图，并对 Λ° 超子和核子散射过程进行了研究。当时这一类事例的数据很少，从 100 多万张丙烷泡室的照片中筛选出十几个 Λ° 和质子的弹性散射事例，给出了在平均动量 2.7GeV/c 下，Λ°p 弹性散射的总截面和角分布。后来，从加速器引出较强的次级 Λ° 束流来做这一散射实验，已是 70 年代的事了。

截至 1964 年中国组退出杜布纳联合核子研究所，中国每年要向该所提供大笔经费，在国内却没有自己的粒子加速器实验基地。对于深切体会到科学实验在科学发展中的重要性，以及利用加速器高强度粒子束的定量实验在粒子物理研究中的重要性的张文裕，这是他心目中最大的缺憾。自 1964 年由苏联回国，直到他去世，他孜孜以求的就是要建立中国的高能物理实验基地，培养和形成中国的高能物理研究队伍。1972 年 9 月初，张文裕与朱洪元、谢家麟等 18 位科学家写信给周恩来总理，提出了发展中国高能物理事业的想法，建议建造一座中国自己的高能加速器，开展高能物理的研究。不到两个星期周总理就作了亲笔批示，强调"这件事不能再延迟了。科学院必须把基础科学和理论研究抓起来，同时又要把理论研究和科学实验结合起来。高能物理研究和高能加速器的预制研究，应该成为科学院要抓的主要项目之一。" 1973 年中国科学院高能物理研究所成立，张文裕担任所长，开始了加速器方案的论证，以及加速器和探测器的预制研究，建设了所需的实验室和规模较大、工种较齐全的机械加工厂，为以后建造加速器和探测器提供了良好的物质条件。1981 年，国家调整高能物理基地建设方案，他主持论证，最后确定了建造正负电子对撞机，并选择正负电子束流的能量位于粲物理研究的最佳能区。

张文裕为发展中国的高能物理事业呕心沥血，贡献了他晚年的全部精力，直至生病期间还坐着轮椅到对撞机工地了解工程的进展。可以令他欣慰的是：北京正负电子对撞机于 1988 年建成，1989 年实现对撞。它的运转已使中国粲物理研究的许多方面跻身国际领先地位。高能电子放出的同步辐射光，已用于能源、材料、生物、化学、生命科学、凝聚态、表面物理和超大规模集成电路等方面的应用研究，对解决有关科学技术问题作出了贡献。

1957 年 12 月，张文裕受中国科学院委托去斯德哥尔摩参加李政道、杨振宁的诺贝尔奖授奖仪式，带去了国内科学界对他们的祝贺。张文裕为加强中国与国际高能物理界的合作、友谊与交流作了大量工作，为中国的高能物理研究走向世界作出了贡献。1956年，他应邀访问了欧洲核子研究中心（European Organisation for Nuclear Research）。1958年，他代表中国高能物理研究者赴日内瓦参加了第九届国际高能物理会议。1972年，他随中国科学家代表团出访英国、瑞典、加拿大和美国。1973年，他率领中国高能物理代表团出访美国、西欧。他曾担任第一、二届中美高能物理合作委员会中方主席，开辟了中美高能物理领域合作的局面，派遣了大批研究人员出国学习，掌握先进技术，为北京正负电子对撞机和北京谱仪的建设打下了良好基础。这支队伍后来已成为我国高能实验物理及加速器建造的中坚力量。

张文裕把培养一支高素质的科研队伍作为他后期工作的主要目标之一。他曾长期在学校工作，十分重视科研与教育相结合，在国内、国外都培养了不少学生。1958年起，他在中国科学技术大学任兼职教授，主讲《普通物理》这一门重要的基础课程。以后他又兼任中国科学技术大学近代物理系主任，对该系的建设和学生的培养给予了极大关注。张文裕在科研和教学中始终突出"物理学是一门实验科学"这一思想，十分重视科学实验，包括对实验方法的研究、实验仪器的制作和实验技能的训练。高能物理实验是典型的大科学实验，往往需要几十人、甚至几百人的通力合作，他十分强调对科研人员协作精神的培养。

张文裕把培养年轻一代作为一个老科学家义不容辞的责任，十分爱护学生、后辈，热心帮助他们成长。对于年轻科研人员，他总是热情鼓励，耐心指导。他常说，老年人要为青年人创造条件，年轻人要超过老年人。他热烈响应报刊的邀请，为青年人写文章谈学习方法，谈治学经验。对于中青年科学工作者的一些新思想和建议，他总是满腔热情给予支持。他鼓励中年科学家总结工作，写成专著，热情为他们写序言，给以推荐。他主张科研人员多写科普文章，宣传科学，要求有经验的科研人员要与教学相联系，重视培养研究生。

热爱祖国，为振兴祖国的科学事业不遗余力、奋斗不止，贯穿在张文裕的全部生活中。他的严谨踏实的科学态度，他的孜孜不倦的探索精神，他的谦逊、宽厚、平易近人，深受晚辈的尊敬和爱戴。

三、科 学 成 就

（1）30年代，利用人工放射性和人工加速粒子进行原子核反应的研究，用中子丢失反应高产额地产生了几种新的放射性同位素。

（2）1944~1945年，与罗森布鲁姆共同发明多丝火花室，应用于建造高精度α磁谱仪，对几种重放射性元素的α能谱进行了精确测量。

（3）1948 年，在宇宙线 μ⁻ 介子停止的实验研究中，发现 μ⁻ 介子被原子核俘获、在不同玻尔轨道间跃迁、发出 X 射线辐射的现象，给出了 μ 子原子存在的第一个实验证据，由此开拓了 μ 子物理学科。

（4）50 年代初，利用海平面宇宙线贯穿簇射对奇异粒子 Λ^0 和 K_s^0 的一些性质进行了研究。

（5）1961～1964 年，对加速器产生的 Λ^0 超子和核子的散射过程进行了研究。

（6）致力于中国宇宙线和高能物理实验科学的发展，为中国高能物理研究基地的建设、为北京正负电子对撞机的建成奠定了坚实的基础，在高能物理领域培养了一大批人才。

四、张文裕主要论著

Chang W Y（张文裕）, Szalay A. 1937. The formation of radio-aluminum (^{28}Al) and the resonance effect of ^{25}Mg. Proc Roy Soc, A159: 72.

Lewis W B, Burcham W E, Chang W Y. 1937. α-particles from the radioactive disintegration of a light element. Nature, 139: 24.

Chang W Y, Goldhaber M, Sagane R. 1937. Radioactivity produced by gamma rays and neutrons of high energy. Nature, 139: 962.

Chang W Y, Wang C S. 1942. Analysis of beta-disintegration data. Part II. The probability of beta-disintegration and the complexity of the atomic nuclei. Sci Rec, 1: 103.

Chang W Y, Rosenblum S. 1945. A simple counting system for alpha ray spectra and the energy distribution of Po alpha-particles. Phys Rev, 67: 222.

Chang W Y. 1945. Short range alpha-particles from Po. Phys Rev, 67: 267.

Chang W Y. 1946. A study of the alpha-particles from Po with a cyclotron-magnet alpha-ray spectrograph. Phys Rev, 69: 60.

Chang W Y. 1946. Low energy alpha-ray spectra and mechanism of alpha-decay. Phys Rev, 69: 254.

Chang W Y. 1946. Low energy alpha-particles from radium. Phys Rev, 70: 632.

Chang W Y. 1948. Search for heavy particles from stopped mesons. Phys Rev, 74: 1236.

Chang W Y. 1949. Evidence of low energy gamma-rays (1-5MeV) from stopped negative mesons. Phys Rev, 75: 1315.

Chang W Y. 1949. A cloud-chamber study of meson absorption by thin Pb, Fe and Al foils. Rev Mod Phys, 21: 166.

Chang W Y, Winkler J R. 1949. Cloud chamber equipment for study of infrequent cosmic-ray processes. Rev Sci Instrum, 20: 276.

Chang W Y. 1949. Further experiments on sea-level mesons stopped at thin Pb foils. Phys Rev, 76: 170.

Chang W Y, Castillo G D, Grodzins L. 1953. Further results from the study of sea-level penetrating showers. Phys Rev, 89: 408.

Chang W Y. 1954. Sea level mesons stopped in thin Pb and Al foils. I. Possible emission of charged nuclear particles and related events. Phys Rev, 95: 1282.

Chang W Y. 1954. Sea level mesons stopped in thin Pb and Al foils. II. Low energy gamma rays. Phys Rev, 95: 1288.

张文裕. 1961. 由宇宙线（10^{11}-10^{14}eV）引起的高能核作用. 物理学报, 17: 271.

Vishnevsky V F, Du Y T, Moros W T, et al. 1964. On the possible scheme of production of lamda-hyperons via isobars in pion-p-interaction at 7-8 BeV energy. JETP, 46: 232（in Russian）.

张文裕. 1965. "基本粒子"的实验研究近况. 物理学报, 21: 1831.

主要参考文献

丁林恺. 1989. 关于选著及有关的回忆//叶铭汉, 等. 张文裕论文选集. 北京: 科学出版社: 286.

汪雪瑛, 霍安祥. 1989. 一位受人爱戴的长者——张文裕教授. 现代物理知识, 6: 1.

何景棠. 1993. 张文裕//卢嘉锡, 等. 中国现代科学家传记·第四集. 北京: 科学出版社: 118.

叶铭汉. 1994. 纪念张文裕先生. 现代物理知识, 3: 36.

况浩怀, 霍安祥. 2002. 张文裕先生发现 μ 原子. 现代物理知识, 4: 52.

撰写者

丁林恺（1936~），中国科学院高能物理研究所研究员，张文裕的学生，1964 年以后与张文裕在同一个研究所和研究室工作。1986 年参与编辑《张文裕论文选集》，负责收集、整理张文裕论文，笔录张文裕口述，并成文。

吴乾章

吴乾章（1910~1998），海南澄迈人。晶体学家。中国X射线晶体学和人工晶体学的开创者和奠基人之一。1936年中央研究院物理研究所研究生毕业。抗战期间，参加中央研究院物理所西迁和福建崇安东南观测队，获得中国首次日全食对地磁影响的完整资料。1949年留学英国曼彻斯特大学攻读X射线晶体学。1951年回国，历任中国科学院物理研究所研究员，晶体学研究室副主任、主任、所学术委员会委员等职，并兼任原子能研究所六室室主任等职。吴乾章自1951年开展X射线多晶衍射物相分析方法的研究；1956年指导开展了针对衍射相位问题的光学模拟X射线单晶体衍射的研究；1959年起又组织结构分析"直接法"的研究，并倡导把X射线、电子和中子三大衍射技术结合起来。50年代末开始，吴乾章带头开展人工晶体的研究工作，成功地克服了水晶生长后期裂隙等问题，生长出大块高质量水晶晶体。1970年以后，吴乾章强调相图等基础研究对晶体生长的重要性，并提出了"难长晶体"的研究方向。他积极推动《人工晶体学报》杂志的出版和发展。为新中国X射线衍射分析的研究作出了奠基性贡献；也为推进中国晶体结构研究和培养人才作出重要贡献。

一、生平概要

吴乾章1910年出生，1998年10月10日于北京病逝，享年88岁。

吴乾章原名吴宗朱，青少年时期在海南读完初中后，去南京继续求学。1928年，他借用族人"吴乾章"的高中文凭，跨过高中，直接考取了当时的中央大学。

1933年，吴乾章毕业于南京中央大学物理系，并于次年考取了中央研究院物理研究所第一批研究生（共3人）。1936年研究生毕业后留任该所助理员，研究地磁学。1937年，抗日战争爆发，中央研究院物理所西迁，先后到达广西、贵州和重庆等地。吴乾章与所内同事一起，历尽千辛万险，保护科研仪器和图书资料运送到后方，并坚持一路进行地磁测量和普查。1941年，吴乾章参加了赴福建崇安研究日全食与地磁场关系的观测队，在中国首次获得日全食对地磁影响的完整资料。

1945年抗战胜利后，吴乾章跟随中央研究院物理所从重庆返回南京，继续开展了地磁测量和相关的研究工作。1949～1951 年他留学英国，在曼彻斯特大学（University of Manchester）理工学院物理系攻读 X 射线晶体学。当得知新中国成立后，他立即回到中国科学院应用物理研究所（1958 年改名为物理研究所）工作，历任助理研究员、副研究员、研究员，晶体学研究室副主任、主任、所学术委员会委员等职，并在原子能研究所兼任六室室主任，负责和指导中子衍射研究。他还先后担任中国科技大学（晶体专业教研室主任）、中国硅酸盐学会及晶体生长专业委员会、北京硅酸盐学会、四机部 11 所、地质部地质力学研究所（兼职研究员）等单位的多项兼职。

吴乾章自 1951～1957 年利用 X 射线多晶衍射物相分析方法，开展了鞍钢提高炼钢平炉耐火材料使用寿命的研究。同时，他还为国内培训了数十名 X 射线物相分析人员。他的这些工作与所内其他同事的研究工作一起，为新中国 X 射线衍射分析的研究作出了奠基性贡献。

1959 年，吴乾章倡导和组织了晶体结构分析的"直接法"研究，并组织单晶结构分析电子计算机程序的编写工作，解出了多个未知结构。1958 年，他兼任原子能研究所六室室主任，倡导把 X 射线、电子和中子三大衍射技术结合起来互相补充的研究。他为推进中国晶体结构研究和培养人才作出重要贡献，在此领域出现了一批优秀科学家，如范海福、梁栋材、李方华院士等。范海福主持开展的"直接法"研究，取得重要进展，是物理所最具特色的成果之一。

50 年代末开始，吴乾章作为室领导，领导物理所人工晶体生长的研究工作，在他的指导下，研究组成功地克服了后期裂隙问题，生长出大块高质量水晶晶体。

1970 年以后，吴乾章强调基础研究对晶体生长的重要性，在此领域宣传和推广相图研究，根据光学晶体和高温超导晶体的研究积累，提出了难长晶体的研究方向。

吴乾章是中国硅酸盐学会晶体生长与材料专业委员会发起人，积极推动《人工晶体学报》杂志出版，并任第一、二届编委会主任。他的努力促进了学术交流和扩大了中国晶体生长学科在国际上的影响。

二、学术生涯

1. 求学和早期研究

吴乾章出生于广东省海南澄迈县拔南村（现属海南省海口市）一个乡村教师家庭，家境相当清苦。在家乡澄迈县私立修道国民小学和琼州琼南小学读书时，常靠开小生药铺的外祖父接济。青年时的吴乾章在离家 50 华里的海口市广东省第六师范初中就读，经常与贩鱼的挑夫结伴半夜起身疾走，以便到校能赶上第一节早课。由于当时全海南没有高中，吴乾章初中毕业后与同乡结伴去南京寻学。在大城市读书很贵，家庭担负不起，吴乾章就想跳过高中，直接考进大学，以便早日毕业找个工作糊口，于是借用了一个名叫吴乾章的族人的高中文凭报考了中央大学（那时文凭上没有照片）。同时为了保险，又用自己的初中文凭报考了当时南京最有名的高中——安徽中学。结果两个学校同时考取。这次高考成功，改变了他的一生。从此读研究生，出国留学，做研究工作，成为科学家。现在村里吴氏祠堂仍留有一块"光荣榜"石碑，上面第一名就是吴乾章，鉴刻着他"留学英国曼彻斯特大学"和"中国科学院物理研究所任研究员"的两个经历。

吴乾章在1928~1933年间在中央大学物理系攻读物理学。毕业后返回当年报考过的南京私立安徽中学当了一年多的教员。1934年，中央研究院物理所（简称：中研院物理所）招收研究生，吴乾章成功考取，成为中研院物理所的第一批研究生。他师承潘承皓先生，研究课题是建立全国的标准时间系统。当时的野外测绘定经纬度需要标准时间来观测太阳、月亮或北极星的位置。在没有全国标准时间的时代，出野外要带四五个精密机械钟，出发前用存在地下室的精密摆钟校准，到了野外再取几个钟的平均值定时。潘承皓从国外引进了石英钟，比机械钟精确了好几个数量级。吴乾章与老师一起把它组装起来，再用无线电播出标准时间信号，大大提高了当时勘探、找矿和地图绘制的精确度。吴乾章在导师的影响下培养了动手能力，在装配石英钟的过程中，每装一个部件，就绘图仿造一个部件，期望仿造出国产的石英钟。由此练就了很强的动手能力，在后来的抗战迁徙途中，用在了地电找水和修理发报机等方面。

1936年，吴乾章在中央研究院物理所研究生毕业，留下任助理研究员，跟随陈宗器、陈志强等专家研究地磁学。1937年，抗日战争全面爆发，为了保护中国的科学摇篮不被日寇摧毁，中研院的同事们走上了漫长的西迁之路。他们保护着地磁台的仪器和资料，在"南京大屠杀"前一周逃出了围城，冒着日军飞机轰炸，躲避着追兵和地方土匪，忍受着饥寒病痛的折磨，历尽艰辛，换乘火车，河轮，汽车等各种交通工具，穿越了苏、皖、赣、湘、桂、黔、川七省，辗转芜湖、南昌、长沙、桂林、柳州、丹州、桂林、贵阳，历时几年，行程万里，最终到达重庆北碚。

在这样艰难的条件下，吴乾章和中研院物理所同事仍然坚持一路进行地磁测量和普查。1941年9月21日的日全食带从新疆入境，本影横扫中国腹地。抗战中的中央研究院组成两个观测队，西北队在甘肃临洮侧重天文观测。东南观测队同时进行天文和地磁观测。吴乾章参加了陈宗器率领的东南队，前往福建崇安（今武夷山市)。因时逢阴天而导致天文观测失败，但地磁观察获得了期望的结果。当时吴乾章拖着肺结核的病躯，借住在福建示范茶场的畜牧场里，与雇用的农民一起用脚踏发电机供电，保证了当时的测量。

在1940～1945年期间，吴乾章先后在广西丹州、福建崇安，以及重庆北碚，开展了各种地磁测量。先后写出了"一九四一年日食观察报告"，"东南观测队地磁观测普通报告"，"地磁观测报告 福建崇安1941年9月～12月"，"北碚地磁志"等观测资料。在当时艰苦的环境中吴乾章曾用"饥饿疗法"战胜了严重的赤痢，久患的肺结核病也不治自愈。他曾自豪地说"治好病，等于战胜了日本人"，表现了抗战必胜的坚定信念和乐观、开朗的性格。在这段期间，吴乾章与中研院的同事一起，完成了科研战线上不动枪炮的抗战，不愧为典型的中国爱国知识分子。在重庆北碚的测量工作中，吴乾章得识李四光先生，并参加了他的课题工作，这成为新中国成立后兼职地质部地质力学研究所研究员的渊源。

抗战胜利后，吴乾章跟随中研院物理所从重庆返回南京。在回迁前后的一段时间，他继续开展了地磁测量和相关的研究工作，先后发表了"拉科氏水晶扭力水平磁强仪的一些改进"和"原子核中最大中子差额之几种性质"等一些科研论著。

1949～1951年，吴乾章留学英国，在曼彻斯特大学理工学院物理系攻读X射线晶体学。那时正是原子能、高能物理领导潮流的时代，他开始申请的留学国家是美国，可是美国加州大学与国家实验室的加速器有国防项目背景，对访问学者要做背景调查，接收函迟迟不到，于是就去了英国。在办好赴英国手续后美国的接收函也来了。留学生活很清苦，正在土崩瓦解的国民党政府已经顾不上他们这些公费留学生了。在英国，吴乾章师从英国皇家学会（Royal Society）会员、英国曼彻斯特大学H. Lipson（W. L. Bragg 的学生）教授，专攻X射线单晶体结构分析及方法研究。1951年，吴乾章在英国听说大陆解放了，义无反顾地放弃了正在攻读的博士学位，动身回国，投身于新中国的建设。

2. 中国X射线晶体学和人工晶体学研究

1951年，吴乾章回到应用物理研究所。并在原子能研究所和李四光兼任所长的地质部地质力学研究所兼任研究员。

自1951年开始，应用物理所开始了X射线晶体学的研究。吴乾章针对新中国成立初期中国钢铁工业急需耐火材料的情况，利用X射线多晶衍射物相分析方法，对耐火材料的耐用性进行研究。这期间的研究论述包括"平炉炉底的初步研究报告"，"1953年某地镁矿所煅烧的镁砂品质测定"，"大石桥镁砂的吸水性"，"平炉炉底新炼炉法的理论研究"等。与同一时期的陆学善、刘益焕等采用粉末衍射分析方法，开展的包括合金有序度相变在内的研究工作，对中国的 X 射线衍射晶体学起到了奠基作用。他们成为新中国第一代"晶体人"，吴乾章还提出了"单晶体 X 光劳厄背射归咎总图的绘制和定向方法"。

60 年代前期，在经历"反右"、"双反"等一连串运动之后，科学界迎来了相对稳定的工作环境。吴乾章抓住这一有利时机，在当时强调理论联系生产实际的大环境下，上书院领导，得到杜润生秘书长"单晶体结构分析的工作能联系实际的，要做；不能联系实际的，也要做"的明确指示，并以此鼓励同事坚持基础研究。据此他在物理所重新组建了一个从事单晶体结构分析的研究组，包括了 X 射线和电子衍射分析，倡导和组织了对结构分析"直接法"的研究。他经常参加该组的活动，把握该组的队伍建设和研究方向。这个研究组的固定人员大约有十个。他们的学科背景包括数学、物理、化学和医学，有研究人员和技术人员。组内有几个相对独立的课题，有时互相学习，有时讨论甚至争吵，但是没有学术压制，营造了良好的学术氛围。他提出"发明一个新方法可能胜过解出十个新结构"，为年轻人的成长尽力创造条件，鼓励和支持搞方法研究。1958 年，吴乾章兼任原子能研究所六室室主任，与原子能所共同开展了用中子衍射方法研究晶体结构的工作。他根据"三大衍射"（X 射线、电子和中子与晶体的相互作用）三者之间的共性和各自的特殊性，提出了把 X 射线、电子和中子三大衍射技术结合起来互相补充的研究思路。为了使新中国科技人员的知识结构迅速达到国际先进水平，吴乾章请苏联专家约·维·亚沃尔斯基（И. В. Яворский）来指导工作。特别是采用了研究组集中读书的方法，学习苏联晶体学专家季达依格罗茨基（А. И. Китайгородский）所著的《晶体结构分析理论》；采取请数学所王寿仁先生讲授概率论基础，本组助理研究员讲解物理意义相结合的方式。他的物理思想和学术方法，培养了一批新中国的青年才俊，如范海福、梁栋材、李方华等，为推进中国晶体结构研究和培养人才作出重要贡献。为此，这个组还得到中国科学院副院长吴有训的直接关心和支持。在这一切所形成的"小气候"下，这个组和计算技术研究所董蕴美（现为中科院院士）等人合作，编写了中国第一个通用的单晶体结构分析电子计算机程序库；和上海药物所有关人员合作，在国内首先开展了中药有效成分中的天然有机物的晶体结构测定；和生物物理所林政炯等人合作，经过长期针对蛋白质晶体学的准备，在 1966 年秋天启动了胰岛素晶体结构分析的实验工作。这个组还在国内首先开展了单晶体的电子衍射结构分析研究；开展了 X 射线晶体学和电子晶体学中的方法研究。这个小组有三位成员后来当选为中国科学院院士。其中范海福主持开展的"直接法"研究，将直接法的应用从60年代的小分子单晶体结构分析扩展到蛋白质结构和调制结构的分析，以及扩展到电子显微学中的图像处理。他们的工作多年来一直具有重要的国际影响。

新中国建立时，晶体生长学科是个空白。在制订《十二年科学技术发展规划》时曾经有一种议论，认为只有等待派遣留学生去外国学习回来，或聘请外国专家来指导才能够把这门学科建立起来。吴乾章于1958年带头开展人工晶体生长研究，组织领导和参与了晶体生长研究工作。他和中科院的同事一起，选用水溶液法、焰熔法、提拉法、温梯法、水热法和助熔剂法等不同的单晶生长方法进行了各种晶体生长的研究。中科院大跃进成果展览曾展出过物理所的人工晶体样品。在较短时间内，中国科技工作者就将红宝石、水晶和金刚石等具有重要应用价值的功能单晶体研制成功，并使其产业化。几乎在同一时间，又先后研制成氟化锂、氟化钙和掺铊碘化钠等品质优良的单晶。70年代初期起，研制成α-碘酸锂、掺钕钇铝石榴石、合成云母等单晶，为中国的经济和国防建设作出了贡献，并形成了一支千人以上的晶体生长专业研究队伍，为深入开展中国的晶体生长学科研究打下了坚实的基础。与此同时，一大批晶体产品进入国际市场，使中国人工晶体材料生长在国际晶体生长界占有了重要的一席之地。吴乾章因此成为大家公认的中国晶体学的先驱，晶体生长的奠基人。

吴乾章与水晶研究组的科研人员在晶体生长方面的一个重要研究成果，是找出了人工水晶生长中产生"水晶生长后期裂隙问题"的规律，在国内首次成功地生长出优质、大块人工水晶。20世纪60年代，人工水晶成为中国军用物资，战机、坦克和步兵电台中都需要用水晶制成的谐振器。所谓水晶后期裂隙，是一种大致平行于生长方向的宏观缺陷，开始生长阶段是没有的，到生长后期才出现条状开裂，使晶体变得不透明。要生长出大块优质光学水晶，必须克服后期裂隙。为解决这个问题，吴乾章经常参与水晶生长的第一线工作，与实验人员一起讨论，组织大家把平时记录的数据汇总起来，同时也密切联系军工生产单位，增加数据积累。最后终于找到了裂隙与生长条件（温度、压力、溶液浓度等）的关系，发现在开裂和不开裂之间存在着一条综合条件的临界线，当时他称为人工水晶的"生死线"。后来经过贾寿泉和姜彦岛等绘出了更完整、更科学的人工水晶生长条件图，为成功生长出可用于压电和光学的大块优质水晶作出了重要贡献。解决了水晶后期开裂问题以后，很多单位前来参观、学习。吴乾章都热情接待。当时的建材部人工晶体研究所先后派两批人来学习水晶生长技术，回去后分别在陕西铜川建厂生产和在北京用更大的高压釜生长出尺寸超大的人工水晶。大连、上海、襄樊等地的工厂也先后派人来学习水晶生长技术，所有培训和学习都是免费和无保留的。来学习的人有技术人员，也有工人，有大城市来的，也有从山沟沟来的，知识水平不齐，生活习惯各异，吴乾章都热忱相待，亲自为他们讲课，回答他们的问题。在吴乾章的研究论著中，这方面的文献很少，但这一研究成果为后来国内人工水晶产业化奠定了基础。

"十年动乱"后，吴乾章参加了包括光学晶体和超导晶体在内的各种晶体生长研究工作。在他的指导下，做了3∶8铌酸锂、7∶2铌酸锂等具有包晶反应相变的晶体生长的研究。其中，一项比较有重大意义的工作是在吴乾章的指导下，与美国朱经武教授合作完成的铅铋酸钡晶体生长的研究工作。在钇钡铜氧氧化物超导材料被发现之前，铅铋酸钡晶体是国际上首批研究的具有超导特性的氧化物超导材料。他们为朱经武研究小组在高温超导方面的重要研究项目提供了铅铋酸钡单晶样品。

他在工作中发现，大多数高性能功能性单晶的融化-凝固特性，都不是简单的同成分融化，而是属于复杂的包晶反应类型。这造成了单晶生长的困难，品质降低和生长条件难以优化等问题。他认为单晶生长研究应该避免过去的盲目实验模式，而应该通过加强基础研究来提高单晶生长的科学性和技术水平。他通过会议，培训和讲座等各种形式，向本领域的科技人员讲解相图，提醒大家重视相图研究。自1980年开始，吴乾章根据许多光学晶体具有熔点高和包晶反应的内禀性质，以及为了满足应用功能而需要重掺杂这样三个特点，提出了"难长晶体"的研究方向。

所谓"难长晶体"是指那些生长环境相当恶劣，凝固行为不可能发生在、或不得不远离固液同成分相变点，生长的热力学驱动力远低于一般情况的晶体。主要原因是：①原始物质的熔点太高。为了适应生长装置、降低凝固点，熔体中不得不加入大量的助溶剂；②具有包晶反应特性。为避免第二相的出现，熔体的成分不得不配置到远离凝固体成分的位置点；③重掺杂物质的分凝效应。为满足功能所需要的掺杂水平，熔体的杂质浓度不得不配置到远离需要值的浓度水平。这三个原因造成了需要的单晶生长，必须在一种脆弱的、亚稳的热力学状态下进行，而必须避免的第二相、枝晶、包裹物、夹杂、裂隙的生成，以及掺杂成分偏离等物相反应，则具有比单晶生长具有更高的热力学驱动倾向。当生长条件（温度、温度梯度、界面形状、边界成分等）一旦出现并不很大的起伏波动，单晶生长状态将很容易失去原有的亚稳势垒保护。而这些造成缺陷的物相反应将以比单晶生长大得多的产率和速度不可逆转地发生，严重破坏单晶生长的进程，使已经生长了几天、几周，甚至几个月的单晶毁于一旦。

吴乾章提出了"难长晶体"的判据 G/V（在获得一定质量要求的单晶生长的条件中，G 为温度梯度，V 为生长速率）。通过对国内外大量晶体生长数据去粗取精，去伪存真的总结归纳，将各种单晶的生长难易程度大致分成"容易"、"较难"和"困难"三类。归纳总结中还提出了在海量的晶体生长文献报道中判断其中温度梯度、生长速率等数据的准确性和与其他生长条件的关系的方法。这一判据可以将以往本领域的一些零散结论归纳在一起,并具有了更广泛、更适用和更量化的特点。

吴乾章认为,相图给出的物相变化,是基于平衡态下的物理规律,而单晶生长是一个动态过程,因此,他将凝固中的一个重要问题,"组分过冷"作为解决"难长晶体"问题的切入点。他反复强调晶体生长必须充分重视"组分过冷",借用一个国外同行的话强调组分过冷的重要性:要把组分过冷这几个字(constitutional supercooling)刻在单晶生长实验室的门上。他查阅了大量关于"组分过冷"研究的文献。从各种晶体的相差几十倍之多的 G/V "成功值"的浩瀚数据中发现了 G/V 的"成功值"和"临界值"的比率,仅相差 1.2~1.5 倍这一规律。最终提出,将 G/V 的"临界值"定义为"难度指数",使"难长晶体"成为了一个比较完整的晶体生长理论。

单晶生长涉及诸多影响因素,是一个复杂系统中的物理过程。吴乾章提出的"难长晶体"理论,使单晶生长学科的科技人员避免了在寻找最优实验条件过程中的盲目性和随意性,在复杂的单晶生长过程中突出关键问题。针对组分过冷,液流状态,物质供求,配料成分,动态过冷度等一系列问题,可以通过设置生长方向,晶体旋转,温度分布,生长气氛,克服"爬行"等各种控制条件,找到获得单晶、提高质量的方法。

"难长晶体"理论的提出,不仅提高了国内单晶生长的水平,也受到了国外同行的重视。改革开放初期,中国科技人员在国外期刊发表文章较少,国外同行常常让中国留学人员把国内发表的中文论文翻译成英文,供组内人员阅读参考。1990年某国外期刊一年内连续翻译转载了《人工晶体学报》历年发表的12篇文章。如今,在中国目前的原料纯度,机械加工,电子学和自动控制等综合工业技术水平的现状中,中国能够成为世界单晶大国,属于高技术产品的单晶可以打入国际市场,吴乾章提出的"难长晶体"理论对此作出了重要的贡献。

3. 学科建设

吴乾章不仅是一位有成就的物理学家,而且是一位杰出的科学研究的组织者,对中国的单晶生长学科的学科建设作出了重要的贡献。

早在1958年国家创办中国科学技术大学时,在物理系中就设置了晶体学专业,由物理所的晶体学研究室对口支持。这就是为什么其他大专院校都把晶体学专业设在化学系，唯独中国科学技术大学把晶体专业放在物理系的原因。吴乾章兼任专业教研室主任，1959 年即开始招生，为培养中国晶体学急需的人才作出了贡献。后来，以晶体专业委员会的名义又组织了数届晶体生长学习班和理论讲座，为培养青年科研人员，提高科技人员的专业素质起到积极作用。

吴乾章为了尽快地发展我们国家的晶体生长事业，在 60 年代初期，即向中国硅酸盐学会建议下设晶体生长与材料专业委员会。1978 年在全国科学大会的鼓舞下，吴乾章联合中国科学院物理所、上海硅酸盐所、上海光机所、福州物构所、山东大学、北京人工晶体研究所、郑州模料模具厂、电子工业部 11 所等单位，发起筹建全国性的人工晶体生长学术团体：中国硅酸盐学会晶体生长与材料专业委员会。从 1979 年起，开始以专业委员会的名义派代表团参加国际会议。

吴乾章于 1960 年在北京召开了首届全国晶体生长学术会议，开创了"晶体生长与材料学科"的学术交流。后来逐步建立起全国晶体生长与材料学术会议章程，每三年召开一届会议，计划和安排选出一届又一届会议主持人与会议地址。每次与会者多达 500 多人。70 年代后期还邀请国外同行与会，有来自美国、日本、英国等国的学者均不止一次参加会议，对建立中国晶体界与国外的联系，对提高中国晶体生长行业的国际声誉很有帮助。中国的晶体生长与材料研究受到国际晶体生长组织机构的重视，中国晶体生长与材料学术专业委员会于 1998 年加入国际晶体生长组织（COCG），2010 年在中国北京举办了第 16 届国际晶体生长会议（ICCG-16）。

"文化大革命"后，一段时间国内出现了两个人工晶体杂志，致使中国晶体材料的研究论文分散发表在国内的不同刊物上，不利于学术交流。为了给本领域科研人员高等院校师生提供一个有效的平台，促进人工晶体学科的学术交流、人才培养，以及扩大与国外同行的交流，推动中国晶体生长和晶体材料的发展，在吴乾章的协调下，劝说一个刊物停办，将另一个刊物办成晶体生长与材料专业委员会的会刊，以后又发展成现在的《人工晶体学报》。为了提高刊物的水平和影响度，吴乾章担任了第一、二届编委会主任，亲自出面征稿和推荐稿件，组织高水平综述性文章。他带头将自己研究组正在进行的"难生长晶体的晶体生长"方面的研究成果 5 篇研究论文交给《人工晶体学报》发表，并在此后将大部分研究论文在《人工晶体学报》发表，并号召专业委员会的委员带头为学报组稿、撰写和推荐稿件。《人工晶体学报》公开发行后不久，立即被国内外知名检索期刊和数据库检索，首批进入"中国自然科学核心期刊"。后被 EI、CA、俄国的《文摘杂志》、日本《科技文献速报》、英国 Physics Abstracts 等国际权威检索刊物和数据库收录，刊登的文章也常被国外有关期刊转载和介绍。改革开放后，美国和日本的一些研究机构常常让中国留学人员将每期发表的文章译成英文。1990年国外的一家期刊一年内连续转载了《人工晶体学报》历年发表的12篇文章。

吴乾章十分重视晶体生长的基础理论研究工作。他针对中国晶体生长基础理论研究比较薄弱的情况，在1977年年底"全国自然科学学科规划"会议时，就提出召开全国晶体生长理论讨论会的建议。为了组织好这次全国首届晶体生长理论讨论会，他邀请了陆学善、闵乃本等专家就晶体生长基础理论方面的六个研究课题作专题报告，首届晶体生长理论讨论会在1978年如期举行，来自全国各研究所和高等院校从事晶体生长研究的110多名科学家、教授以及中青年科学工作者欢聚一堂。会上的六个专题报告：晶体生长的成核理论；相界面结构和界面动力学；热量和物质的输送过程；晶体的形态稳定性；流体的流动效应和杂质效应，于1981年由《人工晶体》出版发行。

吴乾章非常重视晶体学科的书籍的出版，为了反映国内外晶体生长技术与理论成果和进展，1977年组织和主持编写《人工晶体》一书，并于1978年由科学出版社出版。专著包括理论部分和实践部分，既列举了各类方法和装备，又反映了重要的工艺技术和鉴定技术，是一部既深入又具体的优秀著作。该书出版以后，受到国内外有关读者的好评，对培养人才与推动中国晶体生长学科发展起到积极作用。1995年，中国晶体生长科学与技术又取得了长足的进展，在国际上有了相当大的影响，为了反映这一时期国内外晶体生长学科中包括人造金刚石，人造云母，人造宝石，新型非线性光学晶体，薄膜的新发展。在吴乾章的组织下，借助中科院的经费支持，将1981年版的《人工晶体》增订再版，定名为《晶体生长科学与技术》（上下册），纳入"凝聚态物理丛书"，于1997年7月首发，严济慈先生题写了书名，当时的中科院院长卢嘉锡为之作序。

三、学 术 成 就

（1）作为中国第一代"地磁人"，参加了中国最早期的地磁测量和普查工作，为中国勘测、找矿和地图绘制作出了贡献；

（2）倡导和组织"三大衍射"的晶体结构分析研究，为中国晶体学研究作出了奠基性的贡献；

（3）开创了中国人工晶体研究工作，解决了水晶生长后期裂隙等重要科学问题，为中国单晶生长基础研究的发展和单晶产品打入国际市场作出了重要贡献；

（4）提出"难长晶体"理论，提升了中国单晶生长学科的基础研究水平，提高了中国此领域研究工作在国际上的影响力；

（5）为中国人工晶体的学科建设作出了重要贡献。

四、吴乾章主要论著

陈宗器，陈志强，吴乾章. 1942. 东南观测队地磁观测普通报告（民国三十年九月二十一日日全蚀时观察报告）. 中国日蚀观测委员会.

陈宗器，吴乾章，刘庆龄，胡岳仁. 1949. 北碚地磁志. 气象学报，183：81.

吴乾章，张乐㥯. 1949. 拉科氏水晶扭力水平磁强仪的一些改进. 中国地球物理学会刊，2：196.

吴乾章，何作霖，张乐㥯等. 1954. 1953年某地镁矿所锻烧的镁砂品质测定. 金属研究工作报告会刊，5：1.

吴乾章，张赣南，张乐㥯，等. 1957. 平炉炉底新炼炉法的理论研究. 钢铁，3：1.

经仲智（物理所晶体学室，集体笔名）. 1976. 晶体生长与相图. 化学通报，(1)：59.

吴乾章，陈庆汉，田万春. 1980. 晶体生长与品质鉴定. 硅酸盐学报，(1)：80.

吴乾章，陈庆汉，殷绍唐，等. 1982. 晶体生长的难易程度及其与组分过冷现象的关系. 人工晶体学报，(1)：1.

付正民，田万春，殷绍唐，等. 1983. 包晶体生长所用熔体的最佳成分. 人工晶体学报，(1)：1.

方跃，刘一苇，等. 1985. 氧化物超导体 $BaPb_{1-x}Bi_xO_3$ 单晶的生长及其低温超导现象. 人工晶体学报，(2)：77.

滕晨明，李方华，杨大宇，吴乾章. 1986. $K_2Nb_8O_{21}$ 晶体的电子衍射和点阵象研究. 硅酸盐学报，(4)：484.

Fang Y, Rong X S, Han C Y, et al. 1987. Reaction of the superconductive oxide $BaPb_{1-x}Bi_xO_3$ with La_2O_3. Mater Res Bull, 22：249.

吴乾章，等. 1988. Crystal Growth of $YBa_2Cu_3O_x$. 人工晶体学报，Z1：205.

Rong X S, et al. 1988. Superconductivity of La-doped $BaPb_{1-x}Bi_xO_3$ with $X=0.4$. Chin Phys, 9：203.

吴乾章，黄家山. 1989. BiSrCaCuO 体系中的 C 相. 低温与超导，(2)：42.

黄家山，王高尚，傅正民，等. 1989. X 射线粉晶衍射谱在超导氧化物 $YBa_2Cu_3O_x$ 研究上的应用. 低温与超导，(1)：47.

Wu Q Z（吴乾章），et al. 1989. Crystal growth of $YBa_2Cu_3O_x$. Mater Res Bull, 24：1325.

储少岩，王绪威，程先安，等. 1992. 固相反应时 $Bi_{1.92}Pb_{0.32}Sr_2Ca_{1.7}Mg_{0.3}Cu_{3.07}O_x$ 超导体中 2223 相的生长. 物理学报，(12)：2024.

Wu Q Z, et al. 1992. Synthesis and crystal growth of the high-Tc phase in BiPbSrCaCuO system with variation of excess concentrations of CaO and CuO. J Appl Phys, 71：2772.

主要参考文献

陈立泉. 2010. 从"地磁人"到"晶体人"——纪念吴乾章先生百年诞辰. 物理，9：634.

陈天鹏. 2010. 怀念尊敬的吴乾章先生. 物理，9：637.

范海福. 2010. 我的导师吴乾章先生. 物理，9：640.

李方华. 2010. 纪念老科学家吴乾章先生. 物理，9：641.

陈展超. 2007. 尘封六十载. 北京：红旗出版社.

撰写者

吴光恒（1952~），中国科学院物理研究所研究员，吴乾章长子。

吴建永（1953~），美国乔治城大学（Georgetown University）教授，吴乾章次子。

吴进远（1956~），美国费米国家实验室（Fermi Lab.）高级工程师，吴乾章三子。

潘孝硕

潘孝硕（1910~1988），浙江吴兴（今湖州市）人。磁性物理学家。中国近代磁学研究的开拓者之一。1933年中央大学物理系毕业，1938~1943年留学美国麻省理工学院，研究合金磁性，获理学博士学位。1946年回国，先后任南开大学和国立中央大学教授。1950年后任中国科学院应用物理所研究员，参与建立并担任磁学组组长和磁学研究室主任。潘孝硕曾任中国电子学会应用磁学分会主任。潘孝硕的研究涉及铁族-贵金属磁性、永磁和软磁金属磁性材料的脱溶、超结构和磁化机制，金属磁性薄膜的磁性，以及非晶磁性合金和自旋玻璃的结构变化、弛豫和磁相变等。他在长达半个世纪的学术生涯里培养了一批磁学研究和教学人才，在推动和领导中国磁学研究方面作出了重要贡献。

一、生平概要

潘孝硕1910年10月31日出生于浙江省吴兴县（今湖州市），1988年病逝于北京，享年78岁。

潘孝硕1920年入湖州绉业小学，1924年进湖州的东吴大学第三附属中学。它是一所私立的教会学校，注重自然科学（理科）的教学。1928年夏毕业后潘孝硕考入了国立中央大学（现南京大学）物理系，1933年夏毕业，获理学学士学位。

潘孝硕大学毕业后进入国立中央研究院物理研究所任助理员（1933~1938），最初在丁西林领导下参加该研究所属下的南京紫金山地磁台的建立和地磁观测工作。1934年施汝为从美国回国，受聘到该研究所开展物质磁性研究工作。潘孝硕在1937年被调到施汝为的研究组，在中国第一个磁学研究机构——中央研究院物理研究所磁学研究组开始从事磁学研究工作，1937年潘孝硕和施汝为合作发表了论文《各向同性铁磁体的磁性》，这是潘孝硕的第一篇磁学研究论文。

---

* 本文参考了曾先后在中国科学院物理研究所磁学研究室工作的李国栋、张寿恭、章综、赵见高和王荫君研究员以及北京大学戴道生教授等撰写的怀念潘孝硕先生的文稿，在此对他们表示衷心感谢。

1938年年初，潘孝硕赴美国麻省理工学院（Massachusetts Institute of Technology，MIT）留学深造，在美国著名磁学专家F. Bitter指导下攻读学位，1939年2月获物理学硕士学位，1943年2月获理学博士学位。抗日战争结束前，潘孝硕无法回国。滞留美国期间，他先后任麻省理工学院工业合作部研究员，哈佛大学（Harvard University）水下声实验所研究员，美国海军部（代号SECNAV）新伦敦水声实验所研究员，研究用超声探测潜艇的声呐装置中的磁致伸缩器件。抗日战争一结束，潘孝硕很快于1946年回国，受聘任南开大学物理系教授、并在1947～1948年出任物理系主任，之后转往中央大学物理系任教授（1949～1950）。1950年后任中国科学院应用物理所研究员，参与建立并担任磁学组组长和磁学研究室主任，直到他病逝的1988年前仍亲临科研，坚持不懈。

二、学术生涯

1. 早期从事磁学研究（1910～1950）

潘孝硕早期从事磁学研究的时，主要做的是关于合金磁性的研究，研究了铁-贵金属、铁-稀土金属合金磁性和磁性金属的磁化机制。

他曾经研究含Fe量低于3 wt%的Cu-Fe磁稀释合金和含Fe量达37 at%的Au-Fe合金的磁性与温度、磁场和成分的关系，实验结果表明：Cu-Fe合金在14～1300K和0～1.5T范围内测得的磁化率和磁化强度与磁场的关系曲线上有反常出现，因而指出Fe原子在合金中并非无规则均匀分布，可能有局域成团甚至有自发磁化微区存在。淬火的过饱和Au-Fe合金为铁磁性，在退火热处理时，在约450℃发生脱溶，最后生成的富Au和富Fe相在室温均为铁磁相，磁分析和X射线衍射谱都证实这种合金的脱溶机制主要为非均匀型。在较为系统地研究Au-Fe和Au-Ni合金的磁性与温度和成分的关系时，他发现Fe原子在稀释合金中具有较高的磁矩，磁化率随温度变化快，而Ni原子却似乎失去磁矩，磁化率较低并呈复杂的温度关系，合金变为铁磁性的临界浓度分别为8 at%（Fe）和40 at%（Ni），也显示很大的差别。

他曾研究含1.07～37.8 at% Fe的Ce-Fe合金在77～200K温区和高达3.5 T磁场中的磁性，在77.145～300K的X射线衍射谱中，发现在100～150K温区有磁性上的突然变化，以及含1.07 at% Fe的Ce-Fe合金相结构上的变化。

铁磁性多晶体的旋转磁化是他的博士论文的主要内容，他曾系统地研究了纯Fe和Fe-Co合金在不同温度的正常磁化曲线，实验表明这些多晶体采用折合单位后的正常磁化曲线都互相重合，因而指出：由晶粒间界等引起的内磁场的影响是很小的。

他还从单晶体的磁畴、畴壁和磁化理论解释了他的实验结果和物理设想。此外，他还研究了纯 Fe 和 Fe-Co 合金在各种温度下接近饱和时的磁化过程。他曾用磁性分析方法研究 76 Ni-24 Fe 和 50 Ni-50 Fe 的坡莫合金在 450℃下经长时间（2-3 天）退火热处理并缓慢冷却（约 40℃/h）后，其饱和磁化强度比从 900℃淬火的合金分别增加 3.9% 和 1.3%，指出这是由于退火导致合金中出现部分有序产生的。他用实验表明，这两种磁性合金中有序结构的形成过程的温度范围分别为 640~400℃ 和 800~400℃。前一种合金的有序已由其他作者用 X 射线衍射加以证实。

2. 建设与领导应用物理研究所磁学室（1950~1966）

1950 年夏潘孝硕应中国科学院之邀，调到中国科学院应用物理研究所（南京分部）任研究员，再次与施汝为一起从事磁学研究工作。从 1950 年起，施汝为在潘孝硕的帮助下建立起了新中国的第一个磁学研究组（室），1952 年又一起转到北京应用物理所（1958 年改名物理研究所），以后他们长期合作进行磁学研究。他们亲密合作，同舟共济，逐步把研究内容扩展遍及磁学各个领域。研究工作的深入，常常把基础研究和发展材料结合起来，把材料的性能和技术应用与国家建设结合起来。1956 年后施汝为担任应用物理研究所所长，潘孝硕任磁学室主任，磁学室的领导工作就主要落到潘孝硕身上。经过十年左右努力，使物理研究所磁学室成为了学科齐全、基础雄厚、研究深入、设备完善、人才辈出的在国内外磁学界颇有影响的研究单位。

第一个五年计划期间，国家开始进行大规模经济建设，百业待兴，各研究机构的高级研究人员都很少，工矿企业技术力量尤为缺乏。物理研究所磁学组有较强的指导力量，有基本的研究设备，因此，义不容辞地肩负着进行磁学基础研究和支援兄弟单位和工业建设的多重任务。1952 年开始，施汝为和潘孝硕在应用物理所磁学组设立了铝镍钴（AlNiCo）永磁和硅钢片软磁两个研究题目。潘孝硕负责前者，研究铝镍钴合金的成分、热处理和磁性，获得了可改善永磁性能的最佳热处理条件。潘孝硕还带领年轻人到哈尔滨附近生产仪表用永磁材料的阿城电表厂，了解生产中提出的实际磁学问题，并把样品带回北京深入研究。他们还曾利用热磁分析方法进而研究了成分近于 Fe_2NiAl 的 Fe-Ni-Al 三元合金的饱和磁化强度、矫顽力和居里点随成分和热处理的变化。实验结果与"继续脱溶"假说符合，发现一种相（β′相）的继续脱溶是可逆的。这些结果也有助于定性地解释铝镍钴型永磁合金的脱溶动力学过程和产生高矫顽力的主要原因。不但在铝镍钴合金研究中发表了多篇论文，而且解决了生产中的问题。

应国家急需，潘孝硕还协助施汝为在硅钢的研究中开始了晶粒取向钢片的研制，制定出中国第一个普通硅钢片国家检验标准，及其使用的相应装置。他们亲自动手，指导年轻人进行实验研究，并接受工厂派人来所实习。在这些研究工作中，一边工作一边建立实验用的各种冶炼、热处理、测量、检验等仪器设备，为磁学研究奠定了基础。他们在同兄弟单位的合作中毫无保留，他们亲临工厂现场指导，使大家都很受鼓舞。

潘孝硕指导建立了静磁磁强计、磁转矩仪、Sucksmith 环秤、低温（液氮）强磁场等测量设备，用磁转矩仪测定取向度的实验技术，为研制冷轧取向硅钢和冷轧取向硅钢薄带起了很大的作用。此外，他们还研究了面心立方钴在室温和高温的转矩和磁各向异性随温度的改变，根据在 335～375℃间转矩曲线随温度的剧烈变化推知样品发生相变。

1955 年后，潘孝硕同施汝为根据国际上磁学的发展和国家建设的需要，在磁学室增设了铁氧体磁性材料及高频磁性的研究组。在 1956 年制定"十二年发展科学技术远景规划"期间，潘孝硕参加了关于全国磁学规划的讨论。规划涉及微波、电子计算机等新技术中的磁性材料。潘孝硕作为主要执笔者起草了中国磁学研究发展的十二年远景规划，对磁学研究在国民经济与科学上的意义和作用作了说明，介绍了在苏、美、英、德、法、日等国磁学研究的大致发展状况，同时对磁学研究在国内发展的状况、已具备的条件、研究方向、中心问题、发展规模和应采取的措施、重要的图书资料、设备、经费以及需要解决的重大问题等都作了详细说明。该规划对中国磁学的迅速发展，起了很重要的作用。

1958 年，潘孝硕再次带领年轻人到中国科学院计算技术研究所、电子学研究所和北京大学、清华大学等单位了解他们对磁学研究的要求。除了进一步加强雷达技术等需要的微波铁氧体及其物理基础铁磁共振的研究外，并陆续开展了电子计算机用的金属磁膜和矩磁铁氧体的研究。到 1960 年，物理所磁学室的研究组设置已经从金属永磁的研究扩大到了矩磁、高频铁氧体、微波铁氧体与铁磁共振、金属磁膜和磁性理论等各重要领域。同时根据磁学室实验设施建设的需要，组建了电子学组。这些组的研究工作对中国的计算技术和微波技术的发展起过重要的作用。磁学室也从只有单一的经典的金属永磁和软磁材料研究单位发展成为一个包括金属和铁氧体在内、研究内容更广泛、力量更雄厚的磁学研究基地。

潘孝硕在指导全室研究工作的同时，亲自参加薄膜磁性和磁膜存储器的研究工作，获得了大量成果，完成了一批国家任务。在 20 世纪 60～70 年代初期，他主要指导关于与电子计算机有关的磁性金属薄膜的研究及相关磁化机制的研究。在中国第一届（1963）和第二届（1964）全国磁学和磁性材料会议上，他和合作者提出了多篇有关 Fe-Ni 合金和坡莫合金薄膜的磁性、热处理和磁化机制等方面的报告，并在1964年的磁学讨论会（山东济南）上作了《坡莫合金薄膜》和《交换各向异性》两个评述报告。他指导他的研究生分别研究了金属磁膜的畴壁蠕变机制和六角晶系铁氧体的磁性。薄膜磁性和磁膜存储器的研究一直持续到1972年。

在这一时期中，潘孝硕还撰写了《十年（1949～1959）来的中国磁学》、《磁学和磁性材料的进展》（1960）和科学技术发展规划中的磁学部分（1962）。

3. 坚持不懈志在千里（1966～1988）

在1966年"文化大革命"开始后，潘孝硕亲自参与的磁膜存储器研究因为关系到国防任务并未完全停止，但科研的深入已很困难，工作更多是利用过去几年（1958～1966）的研究成果与工艺制造方面。当时他已年近六旬，但还和年轻人一起早来晚归地参加磁膜的测试分析。因为科研工作的放松和"文化大革命"导致的思潮波动，那时年轻人已少有阅读国外文献资料。潘孝硕仍自己订阅了美国应用物理杂志 *Journal of Applied Physics*、*IEEE Transactions on Magnetics* 等，还阅读了大量文献资料，密切关注着世界磁学发展的动向，并把重要文献翻译成中文，用他绢秀的行书清楚地写在厚厚的稿子上，供年轻人阅读。在"文化大革命"中虽然在名义上他已经不再领导研究室或研究组，但通过他的学识和行动，仍然对研究工作的发展起做决定的影响。

1972年之后，"文化大革命"进入后期，科研工作逐步恢复。在潘孝硕的倡议下，磁学研究室开展了非晶态磁性材料的研究，他具体指导并参加研究，使非晶态磁性的研究进展很快。"文化大革命"结束和1978年召开全国科学大会以后，研究工作基本上恢复了正常，潘孝硕恢复了磁学研究室的领导工作，陆续开展了记录磁粉、磁泡、稀土永磁和磁光效应与材料的研究。他还关心新实验技术，如弱磁信号处理等；研究穆斯堡尔效应、中子衍射和核磁共振等在磁学研究中的应用，在他的领导下逐步建立起多种基本磁测量仪器以及快淬、蒸发、溅射等大型设备，磁学室的研究工作和实验条件取得了新的更大的发展。"文化大革命"结束后，中国科学院恢复招收研究生，并从此建立了学位制度，潘孝硕以年近七旬的高龄，仍招收了多名研究生并亲自辅导培养。同时还指导其他年轻的研究生导师工作。随着国家确立改革开放的政策，科研上的国际的交往日趋增多，潘孝硕积极地支持，选派了磁学研究室多位优秀年轻人出国进修。经过他多年不懈的努力，一大批磁学科技骨干成长起来，分布遍及全世界。

20世纪70~80年代，潘孝硕主要指导非晶磁性合金和自旋玻璃的磁性及相关物理问题的研究。分别研究了Fe-B系和Fe-Co-B-Si系非晶合金的热处理效应和晶化动力学，观测到这些合金的较窄的激活能谱和磁场热处理中的磁各向异性重取向，并在结构弛豫基础上进行了讨论；研究了这些合金的低温电阻反常现象，发现类Kondo（近藤）型的电阻最小，指出电阻率中的温度T^2项来源于电子-声子散射；用先进的方法研究了这些合金的磁性和穆斯堡尔效应，得到磁化强度与带面夹角随Co含量的增加而减小，表明应力-磁致伸缩各向异性随C_0含量的增加而减小的变化规律；研究了含C_0合金的X射线光电子能谱，发现了内层电子能级的结合能和费米面态密度随C_0含量的变化关系。在研究Fe-B系和Fe-Cr-B系非晶合金在25T脉冲强磁场和7T恒定磁场中的磁化强度和磁电阻时，发现一些性质反常与晶态Fe-Ni Invar合金非常相似，指出Fe-Cr-B合金的低温电阻反常可以用磁的影响来解释。他们曾较为系统地研究了在Fe-B非晶合金用不同含量的Ti、V、Cr、Mn、Nb、Mo、Ta或W等过渡金属部分替换Fe时，对磁性和晶化行为的影响，大量的实验结果表明：TM（过渡金属）-M（类金属）之间较TM-TM或M-M之间具有更强的相互作用，原子半径差越大，键合作用也越强，因而使非晶态更稳定；合金的平均外层电子浓度减少能导致非晶合金的稳定性增加。系统地研究了非晶态薄带$(Pd_{0.94}Ag_{0.06})_{87-X}Si_{13}Fe_X$的自旋玻璃性能，发现$x \leqslant 5$ at%仅有顺磁-自旋玻璃转变；5 at%<X<10 at%出现顺磁-铁磁-自旋玻璃双转变；$x \geqslant 10$ at%时不出现自旋玻璃态，获得该非晶态合金系的磁相图。

4. 胸怀全国培养人才

潘孝硕不但长期亲自参加和指导磁学研究工作，而且极为重视年轻科研人员的培养，关心磁学的学术活动，为中国培养了几代磁学科研和教学人才，推动了国内磁学学术活动以及同国外磁学界的学术交流。他为人正直，平易近人，对自己要求严格。这些业绩和优点，使他在磁学界享有很高的声誉，深受磁学界同仁的敬重和爱戴，担任中国电子学会理事，及其所属应用磁学分会主任，在推动和领导全国磁学研究方面作出了很大的贡献。

在新中国成立初期，施汝为和潘孝硕一起，富有远见地招考和争取分配到一批年轻的大学生。当时一般人对磁学是很生疏的，在国内从事磁学研究的还不到十人，大学里既没有磁学专业，也没有专门的磁学课程。潘孝硕会同组内其他高级研究人员共同开设了"现代磁学"课，为进研究所不久的年轻学生全面了解磁学学科的内容打好基础。并组织每周一次的磁学讨论会，全组人员轮流在会上作学术报告，内容或是自己的科研工作汇报，或是某一磁学专题。专题内容可以由报告人自己选定，也可以是指定文献的读书报告。通过交流心得体会，活跃了学术气氛，培养了科研人员的钻研进取精神和独立工作能力。

1952 年高等学校院系调整后，在几所大学的物理系建立了磁学专业，有北京大学、南京大学、山东大学和东北人民大学（现在的吉林大学）等。它们都先后派青年教师，如北京大学钟文定、戴道生等、南京大学翟宏如、山东大学陈梅初和东北人民大学陈慧男等，以及临毕业的本科生到当时国内唯一从事磁学研究的中国科学院应用物理研究所磁学组，从事科研工作，听课和参加学术报告会，做一两年的进修或实习。1953 年潘孝硕等在磁学组内为他们讲授磁学课，他们回校后成了第一批创办磁学专业的骨干教师，为扩大中国磁学研究和培养专门人才作出了很大贡献。当时与北京大学的合作尤为密切，潘孝硕等专家都曾去北京大学为高年级学生讲授"铁磁学"课，并指导学生研究实习。在潘孝硕建议下，南京大学把重点放在铁氧体、微波铁氧体及铁磁共振上。后来，南京大学在这方面作了很多工作。

1958 年，中国科学院创办中国科学技术大学，物理系设磁学专业。潘孝硕亲自编写铁磁学讲义，还为磁学专业的课程设置、专业实验室的筹建、教师的培养、讲课教师的选聘和毕业论文的指导等项工作，逐一安排落实。可以说，中国科学技术大学磁学专业的开办和发展，是同潘孝硕等前辈磁学家的帮助分不开的。

1959 年前后，一些省建立了科学院，由于磁学在计算机、无线电电子学、自动化、微波等新技术中都有较重要的应用，一些省选派了年轻科研人员来物理研究所磁学室进修。此外磁学研究室还接受了一批磁性材料相关工厂的技术人员进修。由潘孝硕等讲课培训，按照各自不同的研究方向，为全国各地各单位培养了一大批研究技术人员。30 年后一位研究员回忆道：我们这批刚出校门踏入社会便走进物理学研究权威机构的年轻人的一个最深刻的印象，就是施先生和潘先生和蔼可亲，平易近人，很关心我们这些年轻人的成长。因为我们绝大部分都不是磁学专业毕业的学生，所以他们除了经常给予指导外，还专门安排了指导老师，用专业理论武装我们，除在研究室里开设一些专业课程外，还允许我们到中国科学技术大学听课。

潘孝硕虽是研究室主任，但在 1959 年前，他没有专门的办公室，和大家在同一个实验室里办公，每天早来晚走，工作非常认真负责。记得有一次为了证实一篇文章中的一些数据，他让年轻人额外做了实验，实验前非常仔细地进行指导和耐心地讲解，实验后又认真地进行了核对，绝不放过任何一个疑点。潘先生平时对任何报告、文章的要求都是一丝不苟，哪怕是一个错别字甚至标点符号错误也不放过。这种严谨作风，对年轻人教育很深。

在 20 世纪 60 年代初，为了贯彻"调整、巩固、充实、提高"方针，潘孝硕又亲自带人到四川成都为中国科学院成都分院西南物理研究所讲学和商定该所以应用磁学为重点的规划。后来又参加了在四川绵阳建立磁学研究所（即现在的绵阳应用磁学研究所）的计划和筹备工作。

20 世纪 60 年代初期，潘孝硕开始在物理研究所招收和培养研究生。他不但对应试的研究生仔细考察和认真挑选，而且在入所后培养期间既热情关怀他们的学习和工作，又时时启发他们独立思考和不漏过实验中的细节。一名学生在他指导下做毕业论文《铁镍磁性薄膜的转矩特性》，学生测了五个样品，其中两个样品转矩曲线十分古怪，学生找到他说两个样品坏了，是不是换两个，他耐心对学生说：这两个样品虽不是好样品，但它正是我们研究为什么会出现这些反常现象的最好样品。这样的教导使初次涉入科研工作的学生受益匪浅。

他要求学生打好基础，对磁学领域要有全面了解。在这个思想指导下，20 世纪 60 年代初他要求学生阅读当时国际上最重要的磁学会议的近三年发表的所有各分组的重要论文，并向他汇报学习心得。受过他指导的几代科研人员和研究生都有这种很深的体会：他循循善诱地引导你进入一个个磁学课题，他周到细致地告诉你做实验时容易被忽略的细节，他经常注意有关的数据，他在审阅学生论文初稿时，不但注意论文内容的安排、数据和曲线的处理，而且连文辞的表达、写字的规范和标点的使用都极认真修改。对学生提出的问题不经思考绝不作答。这些都曾给跟随他工作过的几代科研人员留下极为深刻而难忘的印象。

潘孝硕很重视与有关单位的协作和磁学的学术活动。他和国内很多单位如钢铁研究总院、北京科学技术大学（前北京钢铁学院）、中国科学院上海冶金研究所、沈阳金属研究所、西南应用磁学研究所、兰州大学等都有过长期良好的合作共事关系。他积极参与学会工作和全国性及国际性的磁学会议，推动中国磁学的学术交流，重视学术水平的提高。他和施汝为高瞻远瞩，积极争取选派留学生到国外留学，加快培养人才，支持和推荐研究人员到国外访问和做一段研究工作，学习国外经验；不断邀请外国著名科学家来所访问，请他们讲学或工作，以便更多的人在接触中学到新东西。20 世纪 50 年代中，他曾去印度参加学术会议。"改革开放"后，他很想看看国外 30 多年来科研发展状况，1958 年日本邀请他参加快淬会议，因病未能成行。去世前，在赴德国探亲之际，他还顺便访问了有关磁学的研究所。

潘孝硕曾多次参加过有关磁学的编写工作，极为认真负责。甚至在他 70 岁高龄时期，在参加《中国大百科全书·物理学》和《当代中国丛书·中国科学院》有关磁学条目和文章的编写时，他仍然很细致周密地考虑了磁学部分的框架，亲自撰写了磁学长条，对合作者写的初稿也提出了许多宝贵而中肯的意见。

在潘孝硕培养的几代科研人员和学生中，有许多已成了磁学众多领域的学术带头人和国内外知名学者，有的已成为一些研究所和研究室的学术领导。

5. 成就永驻风范长存

潘孝硕出生在鱼米之乡的富裕家庭，很受父母钟爱，自幼受到良好的家教。他的青年时代，国家贫穷落后、正处在遭受日本侵略的患难时期。那八年里，潘孝硕留学美国，走上了潜心研究物理科学的道路，在麻省理工学院研究合金磁性，训练了良好的科研素养。新中国成立以后，他正逢其时，得以把自己的全部身心和专长贡献给国家的科研事业。

在以后几十年的日子里，潘孝硕工作勤恳，治学严谨，成果丰硕。他的研究内容涉及铁族-贵金属磁性、永磁和软磁金属磁性材料的脱溶、超结构和磁化机制，金属磁性薄膜的磁性和磁化机制，非晶磁性合金和自旋玻璃的晶化、结构弛豫和磁相变等对磁性的影响等。他在国内外学术刊物上发表了数十篇磁学论文，这些论文中具有创新的结果和独到的见解，在国内外产生深远的影响，曾被磁学界的专著和论文多次引用。

在培养后学时，潘孝硕诲人不倦，循循善诱，且处处以身作则，使学生受益良多；在与同事合作中，他任劳任怨，坦诚相见，不计较个人得失，深受到大家的尊敬。他在长达半个世纪的学术生涯里还培养了遍及全国的几代磁学研究和教学人才，在创建和发展中国磁学和磁性材料研究事业中，留下了宝贵的财富。

潘孝硕为人诚恳，作风正派，严于律己，宽于责人，谦虚谨慎，以平等的态度待人，树立了一个值得尊敬和学习的科学家的形象，也受到广泛的拥戴。他在领导和推动全国磁学研究上作出了很大的贡献，是中国近代磁学的一位深有影响的开拓者。

三、潘孝硕主要论著

Shih J W, Pan S T（潘孝硕）. 1939. 各向同性铁磁体的磁性. Chinese J Phys, 3: 27.

Pan S T. 1939. 叵姆合金超结构的磁检证. Phys Rev, 56: 933.

Bitter F, Pan S T, et al. 1941. 固溶体的磁性研究 II. 淬火的 Cu-Fe 合金. Phys Rev, 60: 134.

Pan S T, et al. 1942. 铁磁性 Au-Fe 合金. J Chem Phys, 10: 318.

Clark J R, Pan S T, et al. 1943. Ce-Fe 合金的磁性. Phys Rev, 63: 134.

Kaufmann A R, Pan S T, et al. 1945. 顺磁性 Au-Fe 和 Au-Ni 合金. Rev Mod Phys, 17: 87.

Pan S T. 1951. 多晶铁磁体的旋转磁化. Chinese J Phys,8:322.

施汝为,潘孝硕. 1951. 永磁铁合金热处理的初步报告. 科学通报,2:750.

潘孝硕,陈慧男. 1955. 一个钴晶体的各向异磁性. 物理学报,11:499.

王焕元,潘孝硕,等. 1960. 用磁分析法观察某些Fe-Ni-Al合金的脱溶过程. 物理学报,16:214.

陈一平(潘孝硕,李国栋的笔名). 1960. 磁学和磁性材料的进展近况. 科学通报,530.

潘孝硕. 1964. 叵姆合金薄. 见中国物理学会编. 1964年磁学讨论会文集. 北京:科学出版社:176.

潘孝硕. 1964. 交换各向异性//中国物理学会. 1964年磁学讨论会文集. 北京:科学出版社:266.

王鼎盛,陈冠冕,潘孝硕,1973. 磁膜畴壁蠕移的频率特性. 物理,2:169.

Guo H Q, Pan S T, et al. 1981. $Fe_3Co_{71}Si_{13}B_{23}$金属玻璃的磁退火和晶化动力学. J Magn Magn Materials,23:156.

Yang F M. Pan S T. et al. 1983. Magnetization and magneforesisfance of amorphous Fe-B and Fe-Cr-B Alloys in high magnetic field//Date M. High Field Magnetism. North Holland:121.

郭慧群,潘孝硕,等. 1984. 非晶态$(Fe_{1-x}Co_x)_{78}Si_{9.5}B_{12.5}$合金的磁性和Mossbauer谱研究. 金属学报,20:B205.

詹文山,潘孝硕,等. 1985. Cr,Mo,W对非晶态(Fe-B)基合金磁性的影响. 金属学报,21:B199.

郭慧群,潘孝硕,等. 1986. 非晶态合金的射线光电子能谱研究. 物理学报,35:B1077.

沈保根,潘孝硕,等. 1987. 成分和过渡金属对铁基非晶态合金晶化行为的影响. 金属学报,23:B220.

撰写者

王鼎盛(1940~),中国科学院物理研究所研究员,中科院院士,1962~1966年随潘孝硕做研究生。

陈仁烈

陈仁烈（1911～1974），湖北武昌人。物理学家和教育家。1933年燕京大学毕业，1935年获燕京大学理学硕士学位。此后历任长沙湘雅医学院讲师，兼任长沙雅礼中学高中物理教员；武汉大学物理系讲师；湘雅医学院副教授、教授兼任主任。1947年出国深造，1951年获美国南加州大学博士学位。留学期间曾在美国纽约癌症纪念医院实习，从事放射治疗癌症的研究。1951年回国，任北洋大学、天津大学物理系教授（1951～1952），南开大学物理系教授、理论物理教研室和基础物理教研室主任、物理系副系主任（1952～1974）。曾任天津市物理学会理事长。陈仁烈从事教育工作40余年，尤其是在南开大学物理系的教学和担任南开大学物理系副系主任工作期间，作出了重要贡献。他编著的《统计物理引论》一书，成为全国高等院校相关课程教学重要参考书。

一、生平概要

陈仁烈，又名约西。1911年2月25日出生在湖北省武昌一个基督教牧师的家庭，1974年9月14日逝世，终年63岁。

其父陈崇桂曾任湖北荆州神道学院教员，后为自由布道牧师。陈仁烈14岁时，因其父出任冯玉祥将军的随军牧师，获机会就读于冯玉祥将军所办北京育德中学，在那里受到了爱国主义教育和严格的体育锻炼。后因军阀混战，陈仁烈随全家避难于绥远省萨拉齐（今内蒙古土默特右旗），不幸得了严重的风湿性心脏病，并转为慢性伴随一生。在养病期间，他仍刻苦自学，17岁时以同等学历考取了上海新民中学高中三年级，次年以优异成绩考取上海沪江大学物理系。

陈仁烈在上海沪江大学期间，不仅学业优秀，而且积极参加课外活动。他在沪江大学校刊上发表哲学与文学相关联的评述文章，参加全校讲演比赛。他以《青年学子应有的抱负》作为演讲题，阐明一个既有广博知识、又有专业特长的教育家对于社会和人生的意义。此演讲获得全校第3名。他还参加学校组织的话剧团，在演出中担任角色。

两年后，陈仁烈转入燕京大学，继续学习物理学。此时，正值日本侵略者发动九一八事变，他和其他爱国学生一起，投身于抗日救亡的爱国运动中。他不顾体弱病重，随同百余名进步学生组织的请愿团，南下赴南京请愿。这次行动虽未达到预期目的，但此行之所见所闻，使他深受触动，他的教育救国信念更加明确，更加坚定。

1933年，陈仁烈燕京大学毕业，毕业论文的题目是《北平大气梯度》。1933~1935年在燕京大学研究院深造，在英籍导师威廉·班德（W. Band）指导下，研究银金属导线的纵向热电效应。他的硕士论文《银导线的纵向热电效应》得到好评。

陈仁烈渴望以其所学的知识尽快报效国家，欣然接受了长沙雅礼中学之聘，将青春年华献给中学物理教育。随后长沙湘雅医学院又聘他兼任物理科讲师。1940年1月，陈仁烈受聘为武汉大学（其时该校在四川乐山）物理系讲师，3年后又回到湘雅医学院（当时该校在贵阳，后又迁到重庆）任副教授、教授，兼任物理科主任。

1947年年底，陈仁烈赴美国深造，在美国南加州大学（University of Southern California）物理系随华肖（S. D. Warshaw）攻读实验核物理，从事测定电子通过β谱仪的能量损耗。并在纽约癌症纪念医院（Memorial Sloan-Kettering Cancer Centre in New York）实习，研究人工放射性治疗。1951年2月被授予博士学位。陈仁烈取得博士学位后，博士生的毕业典礼要等到6月份举行。他急切地要回到刚刚解放的祖国，投身于新中国的建设事业中。他的研究工作是原子核实验物理，深恐受到美国当局的阻拦，于是毅然决定不参加毕业典礼，立即返回祖国。他的博士文凭，是在他逝世多年后才由他的妻妹从美国带回，在他的有生之年，竟然未能亲眼一见。

1951年3月陈仁烈从美国归来抵达厦门，5月北上到达天津，受聘于北洋大学物理学系任教授。不久，北洋大学易名为天津大学，紧接着，全国范围内各大学的院系调整，天津大学物理系合并到南开大学，组建成南开大学物理系，陈仁烈教授担任副系主任，主管物理系的教学工作。

陈仁烈在繁忙的行政工作、教学工作之外，还热心于社会服务。他在1953~1956年连续当选为南开大学工会委员、工会副主席。1954年加入中国民主促进会，不久当选为民主促进会南开大学支部委员会主任委员，后又担任民主促进会天津市委员会主任委员。1957年他担任天津市物理学会理事长（1957~1966）。在1963年中国物理学会第二届全国代表大会上，当选为中国物理学会理事（1963~1974）。

陈仁烈出身于牧师家庭，幼年在教会学校读书，后又留学美国，在历次政治运动中不可避免地要受到"关注"。陈仁烈对工作认真负责，被认为是"有权力欲望"；他敢于坚持自己的意见，被认为是"不服从领导"。他的领导工作能力未能得到充分发挥。然而，他对所负责的全系教学工作，始终尽职尽责。

虽然陈仁烈回国后仍然继续从事 β 谱仪的研究工作，还在 1955 年南开大学学报（自然科学）第 5 期上发表过"β 谱仪放射源的配置"论文。在 1958 年那个"大跃进"时期，南开大学物理系"白手起家"搞的项目中，就有建造 β 谱仪。然而，从事多年 β 谱仪研究的陈仁烈，却无缘参与这项工作。

陈仁烈身患多种疾病。在他 15 岁那年，为逃避战乱，从北京迁居到绥远，先是感染了猩红热，后又患上了风湿性心脏病。兵荒马乱又地处边远，根本没有医治条件，只能在家调养。虽然保住了一条性命，可是留下后遗症。抗日战争时期，到达湖南沅陵的第二年，陈仁烈不幸又罹患当地流行的一种恶性传染病，因为没有治疗这种恶疾的特效药物，患者死亡率很高。在家人的精心护理下得以摆脱死神，但很长时期内低烧不退，身体极度虚弱。可是他一向不顾身体有病，全力以赴地工作。在他 53 岁时，风湿性心脏病发展成为永久性心房纤维颤，每分钟心脏跳动达到 400～600 次。在无法除颤的情况下，只能在必要时服用洋地黄以防心力衰竭，心律不齐仍然严重。医生嘱咐他只能做些轻微的工作，但他照样在可容纳百余人的阶梯教室讲大课。在"文化大革命"受迫害的几年中，他得过心肌炎、右上肢动脉栓塞，两次心力衰竭四场大病。由于他有为正义求生的坚强意志才活了下来。到 1971 年恢复工作时，仍然干劲十足地投入工作，仍然和以前一样全身心地投入教学，仍然认真地备课写讲义，在大教室上课，仍然和以前一样，敢于发表自己的意见，公开表示不赞成"开门办学"，不同意降低教学质量。他把此前尝遍的各种苦头早已弃之脑后，仍然无怨无悔地工作着，他仍然精神百倍地走上讲台。每次上课，无论冬夏，都是大汗淋漓。他就用毛巾垫在前胸、后背和腰间吸收汗水。直至 1974 年 5 月 23 日讲完课后突然昏迷，急送医院。住院后诊断为脑栓塞，昏迷了一个多月后苏醒，神志亦完全清楚。当他发现左半身偏瘫时，还庆幸右侧可以活动。他说，右手可以写字，回家后可以搞翻译，可以完成已经开始撰写的著作。他扳着手指细数眼前的工作说：学生要上课，研究生要指导，系里有教学工作，副系主任怎能在家养病，终日无所事事？反过来看，就因为生命短促，更需要抓紧时间工作，活着就是和生命抢时间，就要讲工作效率。他仍然谋划着还能再做些什么，还能为后人多留些什么。3 个月后他再度昏迷，虽经全力抢救，再也没有苏醒过来。1974 年 9 月 14 日，63 岁的陈仁烈教授，永远地离开了他一生炽爱的教育事业，告别了他精心培养的青年学生，永远地走下了他眷恋的讲台。对陈仁烈教授的逝世，凡是认识他的人无不感到深切地惋惜。在四十多年受教于他的众多学生内心中，永远怀念自己的恩师。

二、学 术 生 涯

陈仁烈赴美国留学时年已36岁,当他抵达美国洛杉矶时,美国移民局以"患有严重心脏病,丧失谋生能力"为借口,不准许他登岸。陈仁烈据理力争,又经过多方交涉,美国当局以"每半年必须接受一次严格身体检查"为条件,方准入境,才能在美国南加州大学物理学系攻读原子核实验物理。到达美国后,无论在学习方面还是在生活方面,都是非常紧张的。虽然他的健康状况不佳,却始终充满了朝气,奋力进取,与健康的人没有任何差别。

(一) β 谱仪研究

(1) 1951年2月,陈仁烈发表博士论文《用双薄透镜型β射线谱仪对电子通过物质时可几能量损耗的研究》。

20世纪40~50年代,β谱仪是研究原子核实验物理的一件重要仪器,测定放射性元素(包括人工放射性元素)的β谱可以确定原子核能级,深入了解原子核的结构;而测定β谱的形状又可以对原子核内结合力的理论研究给以有力的判据。为了正确地测定β谱,除了从各方面改进β谱仪的设计和制造及提高谱仪的准确度和分辨率外,如何减少以至消除由于放射源装配不当而产生的误差,是β谱仪实验研究工作中的一个重要内容。陈仁烈的工作重点,不仅在β谱仪的改进和调试,他还用β谱仪对中等能量的电子(0.08~1.03MeV)通过物质时能量的耗损作了深入的研究。他的实验设计精巧,实际操作能力很强,他可以在机床上加工制作实验中需要的一些零部件。陈仁烈实验使用的β谱仪是在Deutsch及其同事们设计的薄透镜基础上再由Quade和Halliday设计建造的改进型。陈仁烈对谱仪的准直系统作了精细的调整和校正,用已知元素的谱线标定、校正谱仪的线性。在谱仪的腔室内安装了特殊的防护板。实验证实,加了这个装置后,β谱仪几乎完全没有电子散射。陈仁烈选择一些具有显著线状谱的放射性同位素作为电子源,探测器用盖革-米勒(Geiger-Müller)计数管。最可几能量损耗的实验,就是在上述各种实验条件下观察并测量多种放射源谱线峰值的改变。将实验结果与Landau的能量分布公式及Bethe-Bloch公式算出的数值做了比较,其实验误差在允许范围之内。其中,对于纯金属(如铍和铝),其实验值与理论值符合,对于石墨,其实验值更接近对称分布;对于化合物材料,实验值比理论值稍高。陈仁烈从化合物的分子结构上对其作出了合理的解释。

（2）陈仁烈在 β 谱仪方面的研究改进工作，大多是与其导师华肖合作的。他和他的合作者在 1950 年间发表了 4 篇论文。1951 年与华肖在美国《物理评论》上发表的"电子穿透物质时的能量损耗"的总结性文章尤其受到物理学界重视。

在改进的 β 谱仪上，他和华肖测定了 P^{32} 的 β 谱。

（3）陈仁烈就如何减少、及至消除由于放射源配装不当而产生的误差撰写了论文《β 谱仪放射源的配置》。文章就放射源配置方面由于放射源的自吸收作用、放射源的不均匀分布、放射源衬托物体的散射、放射源的静电起电作用等引起的实验误差，并对相应的解决方法作了分析和介绍。文章发表于 1955 年《南开大学学报（自然科学）》。

（二）长期从事教学，誉满天下

1. 早年献身中学物理教育事业

陈仁烈在燕京大学取得硕士学位时，正值大好青春年华，他心怀壮志，要去实现他教育救国的理想。于是，他毅然决然地接受长沙雅礼中学的聘书，把自己风华正茂的岁月，奉献给中学的物理学教育事业。

2. 抗日战争时期坚守大后方

陈仁烈到达雅礼中学不久，长沙湘雅医学院随即慕名前来，聘请他为该院物理学科讲师。正当陈仁烈开始向学生讲授物理学知识时，日本侵略者的炮声在长沙城外轰然响起。为了逃离战火，湘雅医学院迁校到大后方的贵阳。

抗日战争时期，雅礼中学的新校址选在贫穷的湖南省西部沅陵。陈仁烈毅然离开条件较好的贵阳，到达条件艰苦的沅陵，而且主动要求住到学生宿舍，与学生朝夕相处，更好地了解学生，帮助学生。他不仅在学业上指导学生，而且在经济上接济那些困难的学生。他在雅礼中学执教到 1940 年方才离去。

离开雅礼中学，陈仁烈来到四川乐山，任武汉大学物理学系讲师。在乐山武汉大学，陈仁烈为了跟踪当时科学的发展，始终利用课余时间阅读国外最新的物理学书刊和显微胶片资料，始终关注原子核物理学的进展。虽然当时他身患重疾，生活困难，教学任务繁重，这些困难都不能动摇他获取知识，使自己学有所长的渴望。多年的勤奋攻读与专业知识的积淀，为以后在学术上的发展作了充分的准备。

3 年后，湘雅医学院聘请陈仁烈任该学院物理学科的副教授，并任该科科主任。于是随同湘雅医学院到达重庆。1947 年，在湘雅医学院晋升为教授，继续担任物理学科主任。

3. 留学归来扎根在天津

陈仁烈在南开大学担任物理系副系主任,工作虽然繁忙,却一直在教学第一线讲授主要课程,曾先后开设了分子物理、理论力学、统计物理、固体物理等基础课和专业课,为各门课编写了适合中国教学实际的讲义。他撰写的《统计物理引论》于1959年由人民教育出版社出版,并在1963、1979年两度再版。该书被多所大学采用,作为物理系必学的"四大力学"教材之一。60年代初念过该书的戴念祖迄今还有深刻的印象。它将统计力学的基本概念讲述得条理清晰、逻辑严谨,辅以计算实例,学生学过后能牢记不忘。陈仁烈注重学术交流,多次邀请著名物理家来南开大学物理系作学术报告,他也几次到沈阳、成都等地交流讲学。

陈仁烈在南开大学物理学系工作20多年,为了实现为国家培养人才的宏图大志,始终坚持在教学第一线。他的学识渊博,基础深厚,而且口齿伶俐,语言精练,思路清晰,讲课时引导学生积极思考,极富启发性。他的讲课非常出色,深受学生欢迎。邻校的一些学生,兄弟院校的进修教师都慕名前来听课,因此,讲课的教室总是座无虚席,有人甚至在教室的走道上坐下听陈先生讲课。

陈仁烈备课认真,即使是他教过多年的课,每次课前都要重写教案,和讲新课一样下工夫;他还非常重视课后辅导,经常在晚间为学生答疑。为了不影响学生学习,有时在图书馆门厅,有时甚至到学生宿舍的走廊里,坐在自带的小凳子上给学生辅导。他不只注意学生的学业,更关心学生品德。1959年第12期《高等教育》上曾发表陈仁烈教授撰写的《我是怎样在物理学教学中对学生进行政治思想教育》一文。从培养学生辩证唯物主义世界观、培养学生的民族自尊心和加强学生品德教育三个方面,总结自己教书育人的经验。

陈仁烈为人正直、诚实、待人热情诚恳,乐于助人。除了他直接授业的学生外,凡是有人向他提出有关物理学方面的问题,都尽其所能给以满意的答复。如果是自己之所不知,或者知之不确,他都认真地去查阅资料,多方设法,准确地给以回答。学生们和他讨论问题时,觉得陈老师平易近人,没有架子。他还多次应邀给天津市中学生讲授原子能、半导体方面的知识。无论路途多远,都是骑着一辆半新飞鸽牌自行车,准时到达,从不延误。笔者当时是天津市第三中学高中学生,曾在天津三中(现铃铛阁中学)的阶梯教室和天津女二中(后改名为天津26中学,原校址已拆迁,改建成现今意式风情区的音乐广场)礼堂,听过陈先生的专题讲座。时隔将近50年,及今忆及,仍如昨日。

南开大学物理系几次调整教学计划，他都亲自参与；建立教师梯队，培养青年教师，他都亲自安排；每学期的课程表、任科的教师他都要亲自过问和检查。陈仁烈还亲自到课堂、实验室和学生宿舍，听取学生对教学工作的意见和改进教学的建议。他到课堂听青年教师讲课，热情诚恳地提出建议，传授自己多年积累的教学经验。他尊敬老年教师的经验，爱护青年教师的热情，团结全系教职工一道工作。陈仁烈一生从事教育事业，他的学生遍及国内外，其中一些人已是著名的专家、教授，在南开大学物理系的教授、副教授中，师从陈仁烈教授的为数不少。陈仁烈毕生耕耘的教育沃土，已是硕果累累，桃李满天下。他坚信，在青年学生中蕴藏着未来的科学家、教育家，并以此勉励自己，要勤奋又精细地耕耘这方人才的沃土，使潜在的人才破土而出，茁壮成长。

他在雅礼中学任教时教过的学生中，就有"两弹一星功勋奖章"获得者、贡献卓著的科学家陈能宽院士。陈能宽1939年初中毕业后，以总分最高考取设有奖学金的、由长沙内迁到沅陵的雅礼中学，受教于陈仁烈。20世纪50年代初，留学美国归来的陈能宽教授，曾到南开大学与恩师陈仁烈相聚，共忆师生情，畅谈报国志。

陈仁烈以奖掖后人为己任，对有志进修的青年，给予热情的帮助。四川省三台新生中学有一位教师，陈仁烈通过信函，指导他在固体物理学方面进修提高。给他介绍参考书，并购书赠予以资鼓励，为他修改论文并向有关学术刊物推荐。由于多年来的关怀、指导，这位中学教师于1989年调到西南民族学院。

三、陈仁烈主要论著

Band W, Jen J, Chen J L（陈仁烈）. 1935. Longitudinal thermoelectric effect in silver wire. Proc Phys Soc（London），47：904.

Band W, Jen J, Chen J L. 1936. Longitudinal thermoelectric effect in mercury. Proc Phys Soc（London），48：164.

Chen J L. 1950. Test of rupture strength of thin plastic film. Rev Sci Instrum, 21（5）：491.

Warshaw S D, Chen J L. 1950. The probable energy loss of electrons in matter. Phys Rev, 80（1）：97.

Warshaw S D, Chen J L, Appleton G L. 1950. The beta-spectrum of P^{32}. Phys Rev, 80（2）：288.

Atta C M V, Warshaw S D, Chen J L, Taimuty S I. 1950. A double thin lens beta-ray spectrometer. Rev Sci Insturm, 21（12）：985.

Chen J L. 1951. A study of the probable energy loss of electrors in matter with a double thin lens beta-ray spectrometer. Doctoral Dissertation, The Univ South Cal（南加州大学博士学位论文）.

Chen J L, Warshaw S D. 1951. The energy loss of electrons passing through matter. Phys Rev, 84（2）：355.

陈仁烈. 1955. β谱仪放射源的配装. 南开大学学报（自然科学），5：61.

陈仁烈. 1959. 统计物理引论. 北京：人民教育出版社.（1963年、1979年再版）

主要参考文献

马子振, 王松立. 1993. 陈仁烈//戴念祖. 20世纪上半叶中国物理学论文集粹. 长沙: 湖南教育出版社: 727.

撰写者

白金骆（1934~），南开大学物理科学学院副教授。从事高等光学教学，以及南开大学校史研究等。陈仁烈的学生。

王竹溪

王竹溪（1911~1983），湖北公安人。物理学家和教育家，文字学家。中国热力学与统计物理学研究的先驱和开拓者，中国理论物理教学体系的主要奠基人，中国早期物理学学术交流和传播的重要推动者。中国科学院学部委员（院士）。1933年毕业于清华大学，1935年获清华大学研究院硕士学位。1938年获英国剑桥大学哲学博士学位后回国。历任西南联合大学教授，清华大学物理系系主任，北京大学物理系理论物理教研室主任和理论物理研究室主任、北京大学副校长，兼任中国科学院原子能研究所核材料研究室主任。曾任中国物理学会副理事长、中国计量测试学会副理事长；北京市科学技术协会副主席；九三学社中央副主席等职。长期主编中国《物理学报》、主持审定中国物理学名词和主持指导我国物理教学和教材编写工作。他关于平衡与稳定的理论是热力学的基础性理论，他对中国热力学统计物理的教学和发展有长久和深远的影响。他与汤佩松合作关于植物细胞水分关系的热力学理论是这个领域开创和奠基性的工作。他的《热力学》和《统计物理学导论》以及他与郭敦仁合著的《特殊函数概论》是科学技术人员在工作中重要的工具和参考书。他教过或指导过的青年中后来最有名的是杨振宁、李政道与林家翘。

一、生平概要

王竹溪名治淇，字竹溪，以字行，1911年6月7日生于湖北公安县，1983年1月30日在北京病逝，终年72岁。

1922~1926年就读于武昌荆南中学旧制初中部，1927~1928年就读于武昌第二中山大学（武汉大学前身）理科预备班，1929年上海麦伦书院（Medhurst College）高中毕业，1933年清华大学物理系毕业。1935年获清华大学研究院硕士学位，导师是周培源，论文《旋转体后之湍流尾流》发表于《清华大学学报（理科报告）》。

1934年考取第二届"留美庚子赔款"留学生，但改往英国。1935年赴英入剑桥大学菲茨威廉屋学院［Fitzwilliam House，1966年后改称菲茨威廉学院（Fitzwilliam College）］，导师为英国皇家学会会员福勒（R. H. Fowler，1889~1944），研究统计物理。论文《气体通过金属的扩散》1936年发表于《剑桥哲学学会会刊》，论文《被吸附原子间有相互排斥作用的吸附膜之性质》1937年发表于《伦敦皇家学会会刊》，论文《具有长程相互作用的吸附作用之统计理论》和《被吸附粒子间具有长程相互作用的吸附作用之分子运动论》1938年发表于《剑桥哲学学会会刊》，长篇论文《具有长程相互作用的超点阵之统计理论》分成Ⅰ、Ⅱ两部分发表于《伦敦皇家学会会刊》，以论文《吸附理论及超点阵理论的一个推广》获剑桥大学哲学博士学位。

1938年8月回国，任西南联合大学的清华大学物理系教授。1949年5月任清华大学物理系主任。1952年9月调任北京大学物理系教授，理论物理教研室主任，后又兼任理论物理研究室（现理论物理研究所的前身）主任。1962年3月被国务院任命为北京大学副校长。1960~1966年兼任中国科学院原子能研究所（现中国原子能科学研究院的前身）二部六室（金属物理研究室）主任。1955年6月选聘为中国科学院数理化学部委员（院士）。1980年被聘为教育部高等学校理科物理教材编审委员会主任和国务院文字改革委员会委员。1981年被聘为国务院学位委员会理科评议组成员。

1943年任《中国物理学报》编委兼干事，1951~1982年任《物理学报》（原《中国物理学报》）主编，1978年任《中国科学》和《科学通报》副主编，1979年任《中国大百科全书·物理卷》主编。1963年7月当选为北京市科学技术协会副主席，8月为中国物理学会副理事长，1978年8月连任中国物理学会副理事长，11月当选为中国计量测试学会副理事长，兼任基本常数专业委员会主任，1979年10月任中国物理学会物理学名词委员会主任，1980年3月当选为全国科学技术协会委员。

1959年9月任第二届北京市政治协商委员会委员，1964年当选为第三届全国人民代表大会代表，1977年11月任第五届北京市政治协商委员会委员，1978年12月任第五届全国政治协商委员会委员。1952年5月加入九三学社，1979年9月加入中国共产党，10月当选为九三学社第三届中央副主席，1980年2月当选为九三学社北京市分社主任委员。

二、求学与学术生涯

王竹溪出生于一个富裕的传统农业家庭。他的家族祖籍江西南昌，明万历年间移居湖北公安，几经辗转，最后在麻豪口镇潭子湾定居，开荒种地。他的曾祖父开始步入仕途，考取贡生。他祖父是补廪秀才，逐渐发达，成为方圆数十里内的首户。他的父亲王才俊同治十年（1871年）入邑庠成秀才，民国初年曾任区团总。王竹溪的母亲黎雨生是同县杨家厂南五洲人，生于勤劳人家，性格温顺善良，是一位任劳任怨操持家务的贤妻良母。家庭的影响，铸就了王竹溪待人真诚实在、正直善良的个性，养成他一生节俭朴素、勤奋务实的作风。

王竹溪兄弟姐妹六人，他行五，而在兄弟三人中行三。他的启蒙教育始于家塾，三岁起就跟父兄和姐姐学《三字经》、《百家姓》和《千家诗》。四岁时，父亲取《诗经·卫风》中"瞻彼淇奥，绿竹猗猗"之义，为他取学名治淇，字竹溪。十一岁前他一直念私塾，接受了中国传统的基础教育，这为他后来成为兼通文理学贯中西的学者打下了初步的国学基础。接着他先后在麻豪口小学和武昌荆南中学接受新式初等教育，并进一步在第二中山大学理预科和上海的教会学校麦伦书院完成高中学业。王竹溪在进大学之前，已经打下中西两种文化的初步基础。

记性和个性都极强，这是王竹溪禀赋中两个显著的特点。他博闻强记，从小就表现出来。在麦伦书院时写中文作文，他总是先在胸中把全篇句子都想好，然后提笔一气呵成。一篇文章长的可有两千多字，能够从头到尾在心中记住。后来王竹溪讲课作演讲，也从不用讲稿。两个小时的课，两手空空就去了。备课只是从家到教室的几分钟，骑在自行车上一边骑车一边想想就行。两堂课讲下来，阶梯大教室上下两层的两排四块大黑板都不够用，满满的公式推演，一步一步工工整整清清楚楚，从不出错。遇到重要的公式，他还能随口说出是他书上第几页的第几式。通常的理科教学都强调理解，认为理解是记忆的基础。而王竹溪还注重记忆，他反复强调若不记住一些基本内容和重要公式，则根本无法在头脑里进行思考，也就谈不上深入的理解。"文化大革命"期间在一次专业性的大会上，有人发言说"王竹溪是资产阶级专家权威，我们不能听他的。"王竹溪上去作答，并没有直接反驳。他心平气和地从最基本的量子力学薛定谔方程开始，一步一步严格推演，最后给出了被那位发言者批评的结果。讲完后王竹溪放下粉笔走下讲台，全场鸦雀无声。那个年代在那种场合，没人敢鼓掌，沉默无语就意味着心服口服地接受。若没有丰富的积累和过人的记忆，在那种猝不及防的情况和政治高压的氛围下，能够有勇气和胆量毫无准备就成竹在胸信心十足地走上那个讲台吗？所以说，很好的记性是成就一位学者的重要条件之一。

成就一位学者的另一重要条件，是具有很强的个性。一次过年，王家宾朋满座。街上舞龙灯、耍狮子、骑竹马，吸引了大人孩子们夹道围观。幼年王竹溪竟然不为所动，而专心致志地在墙上描摹大门的对联。客人惊奇地问："你怎么不去看龙灯?"他一本正经地回答:"白日莫闲过,青春不再来。窗前勤苦学,马上锦衣回。"俗话说,三岁看大,七岁看老,从一个人的蒙童时代,就可以看出他将来的性情与作风。小小年纪就有如此志向,对自己认定的事这般投入,而不为环境所左右,不为潮流所动摇。这种独立不羁的个性和特立独行的作风,在他后来对学问的探索与研究中得到了充分的表现。这种独立而不从众的思考与判断,是作为一个学者最重要的品性之一。王竹溪后来选择清华大学和选择物理,都是他独立思考做出的判断与抉择。

王竹溪1929年同时考取中央大学和清华大学。中央大学在南京,清华大学在北平。那个时代南京是官场,上海是商场,而北平则学者云集人文荟萃有最好的学术氛围。当时的说法是:当官上南京,赚钱去上海,做学问到北平。梁启超当时在清华大学主持国学研究所,王竹溪读过他的《饮冰室文集》和许多散文。仰慕梁启超之名,想做学问,所以王竹溪选择了清华大学。进清华大学后,他想学物理。二哥铭西劝他学工程,说将来好找事做。听了铭西的话,王竹溪进清华大学后第一年注册在土木工程系。他在上海读书的费用都是他二哥负担的,所以他懂得做事赚钱的重要。但是他真的很想学物理,于是第二年就转入了物理系。像二哥这样至爱亲属的劝说,和社会生活环境的压力,都不能改变自己的判断和抉择,这就是王竹溪的个性。还值得提到的是,入学后的考试,他成绩最好的是数学。数学有一题是解析几何的椭圆问题,他用平面几何方法证出,给教师孙光远很深的印象。所以孙先生多次劝他入数学系。但是他的兴趣在物理,也没有接受孙先生的劝说。

选择清华大学的物理,是王竹溪走上学术生涯最关键的一步。那时的清华大学物理系,在叶企孙的努力经营下蒸蒸日上,成为中国最主要的物理学中心。中国物理学会就是1932年由李书华、叶企孙等十九人在清华科学馆210号聚会宣告成立的。可以说,那是中国物理学发展由小溪开始汇聚成大流逐渐形成气候的时期,叶企孙则是引领这一潮流的一位主帅和掌门人。王竹溪学物理而选择清华大学投到叶企孙麾下,就直接接触和进入了中国物理学界的主要圈子。特别是遇到周培源,成为周的"一代相知",后来辅佐周主持北大和中国物理学会,与周培源结成了持续一生的深厚的师生情谊。

周培源是叶企孙主持清华理学院和物理系时最早聘到的教授之一,他很快就发现王竹溪"能深入理解物理概念并具有数学计算的特殊才能"。而王竹溪早就显露出对于数学的特殊天赋与兴趣。他很小就跟堂姐治英学会珠算。在荆南中学念书时,又跟父亲的朋友周成武学会不定方程的解法。当时家中有一本几何书,王竹溪从中学了割圆法,即由外切和内接多边形求圆周率。他初中毕业时曾在武昌买到一本程大位的《算法统宗》，学习了珠算开方法和其他中国传统算术的方法，并且发现，中国算术的开方法实质上与西方的笔算法是一样的。在南京考中央大学时，有一道阿波罗尼（Appolonius）圆的几何题，他未能做出。考完后回武昌等待发榜期间，他就到母校第二中山大学图书馆查资料，找到了这个题目的解法。可以看出，王竹溪自小就一直对数学抱有极大的兴趣。这种兴趣，决定了他在物理学中选择理论物理，而在理论物理中选择与数学关系更密切的基本理论。他选择物理纯粹是出于浓厚的兴趣和爱好，而不是作为一种谋生的职业和手段，不含追名逐利的动机。

因为有浓厚的兴趣，他学得十分主动和投入。有三点与一般人不同。首先，他不是单纯地获取和堆积物理知识以及前人的物理经验，而是把学习当作自己来研究和发展物理的过程。所以他每学一门新的理论，都会写出详尽而系统的笔记，按照自己的思路和逻辑整理成一个完备和自洽的体系。同学们很快就发现，要想深入地理解和学好一门课，最好的途径就是借阅王竹溪的笔记。后来他做了教授，他的分析力学、热力学、电动力学、量子力学、统计力学和数理方程的笔记，都是历代弟子必读的经典。他量子电动力学重正化的算稿，也曾在熟人圈中传阅。而按照自己的逻辑和思路来把理论整理成一个完整适用的体系，这对于研究基本理论的人来说是特别重要和必需的。比起众多的实际物理问题来，基本理论的问题既稀少又困难。一旦问题成熟和显现出来时，对理论体系有全面系统了解的研究者，就能不失时机地把握和解决问题作出贡献。

与一般人不同的另一点是，对于遇到的问题，在其物理、数学以及一般思考等不同方面，他都有清晰的分析和判断，绝无含糊与混淆。"文化大革命"中有人以克劳修斯（R. E. Clausius）的"热寂说"为由，写文章批评热力学，把"热寂说"与热力学混为一谈。江青、张春桥和姚文元都作了批示，企图继批相对论之后借此再搞一场批热力学的运动。经办人员来找王竹溪，王看后说这文章是错的，克劳修斯用错了热力学，"热寂说"是克劳修斯的错而不是热力学的错。他为此在《自然科学争鸣》上发表论文"'热寂说'不是热力学第二定律的科学推论"，一锤定音，从而使这场批判胎死腹中。

与一般人不同的第三点是，他不仅是跟随教授和从书本来学习，而且很早就开始从原始论文来获取最新的知识和经验。王竹溪进清华大学时，正是20世纪物理学飞速发展英雄辈出的黄金时期。由普朗克（M. Planck）量子论所引起的物理学观念变革，最终导致量子力学的建立。总结这一新理论的专著和教科书于1928~1932年期间才相继问世。王竹溪学习量子力学的具体方法，是跟随和阅读创立量子力学的所有原始论文。德布罗意（L. de Broglie）的论文是用法文写成的，狄拉克

（P. A. M. Dirac）的论文是用英文，而玻恩（M. Born）、海森伯（W. Heisenberg）、约旦（P. Jordan）以及薛定谔（E. Schrödinger）的论文则都是用德文发表。王竹溪不仅英文很好，而且在学习音韵学的基础上又选修过德语、法语和意大利语。他后来说，德布罗意的博士论文有二百多页，他从头到尾仔细看过。狄拉克那篇建立电子相对论性波动方程的论文发表于1928年，这个方程现在叫做狄拉克方程，其中包含四个4×4的矩阵，称为狄拉克矩阵，他当时看完这篇论文，就记住了这些矩阵，几十年都不忘。而因为看过和熟悉狄拉克的论文和工作，为他带来了去剑桥留学的契机。

1935年7月，狄拉克应邀访华，来到北平。他在清华大学分别就"电子理论"和"正电子理论"做了两次演讲，这是他获得诺贝尔奖的主要工作。王竹溪早已认真读过狄拉克1928年的那篇经典论文，以及他前后相继发表的一系列论文，了解和熟悉他的工作。所以王竹溪为狄拉克的演讲做纪录是得心应手游刃有余，给狄拉克留下很好的印象。在接触和交谈中，王竹溪表示希望跟随狄拉克做研究，做他的研究生。而狄拉克则答应把王竹溪推荐给他自己的老师福勒教授。剑桥大学一位流体力学专家审阅并认可了王竹溪做研究生的论文《旋转体后之湍流尾流》。于是，王竹溪的留学机会就从留美转为留英，具体落实到剑桥大学。

福勒，1914年起在剑桥任教，1925年当选为英国皇家学会会员，是当时英国置身于统计力学和量子论这两大前沿的一位主要人物。他的工作主要是在统计力学和热力学方面，于1922年提出著名的达尔文（Darwin）-福勒法，即最速下降法，这是今天任何一本统计物理教科书都讲授的基本算法。他是理论天体物理学的奠基人之一，1926年他根据费米-狄拉克量子统计法断言，白矮星是由高密度的简并气体组成的，使之保持稳定的原因是泡利不相容原理。他又发展了相变和磁性物质、合金以及溶液中的集体现象的理论。他还运用量子统计和电离理论研究了高温高压下物质的状态。1928年，他根据量子力学的隧道效应说明了电子从金属上冷发射的现象，这被称为福勒-诺德海姆（Nordheim）模型。福勒建立了一个物理学派，王竹溪到剑桥后，成为福勒学派中的第一位中国人。

福勒的学派是一个团队，大家都在同一个领域围绕某些问题共同工作，当时的兴趣集中在金属、合金以及溶液中的集体现象和相变问题。王竹溪的第一项研究，是气体通过金属的扩散。在金属薄片一边的气体，在高压下会透过金属而逸出到另一边去。里查孙（O. W. Richardson）用统计理论推出的公式表明，气体分子的扩散率与压强的平方根成正比，与金属片的厚度成反比，比例系数与温度有关。斯米色斯（C. J. Smithells）和冉斯莱（C. E. Ransley）做了一系列实验，发现对于氢气通过镍片的扩散，即使压强加到 112 个大气压，扩散率都像里查孙公式那样与压强的平方根成正比，但在压强低时扩散率比里查孙公式给出的要高。在论文发表前，他们把手稿给王竹溪看过。王竹溪要做的，就是解释为什么压强低时实际扩散率比里查孙公式预言的要高。

氢气是双原子分子气体，它扩散进入金属的过程，首先是分解为原子吸附在金属表面，然后被吸附的原子再扩散进入金属内部。当然还存在相反的过程：吸附于表面的两个原子又结合成氢分子，蒸发而回到氢气中。在金属片的另一侧表面，也发生类似的过程。不同的是，另一侧氢气很稀薄，密度和压强都接近零。在金属内部，氢原子密度从一侧到另一侧逐渐下降。根据这个模型假设，可以推出里查孙公式。仔细检查分析推理的每一步，没有查出问题，所以问题可能出在作为推理出发点的物理模型假设上。王竹溪想到，进入金属的氢原子也可能又回到金属表面，与吸附于表面的一个原子结合成氢分子，回到氢气中。原来有 5 个方程，王竹溪又加上 2 个。联立这 7 个方程，可以解出扩散率与压强的关系。结果表明，在压强很高时，扩散率与压强的平方根成正比，这与里查孙的公式一致。而在压强很低时，扩散率与压强成正比，比里查孙公式预言的要高。这些结果与斯米色斯和冉斯莱的实验相符，这就解释了里查孙公式与实验的偏离。这说明，已经扩散进入金属的氢原子又回到金属表面与表面吸附原子再结合成氢分子，是真实而要认真考虑的物理。

氢原子吸附在镍片表面形成的薄膜是一种吸附膜，它包含了新的重要的物理。所以在完成《气体通过金属的扩散》这篇论文后，王竹溪接着就来研究吸附膜的性质。吸附膜与相应的气体处于热平衡时，温度、压强和衬底表面被吸附膜覆盖的覆盖率这三者之间存在确定的关系，即二维体系的物态方程。在温度不变时，压强与吸附膜覆盖率的关系称为吸附等温线。福勒和派尔斯（R. Peierls）1936 年研究了近邻吸附原子间有吸引的情形。他们的计算表明，当温度低于一临界值时，等温线有一个不稳定区域，表面吸附膜的覆盖率会突然从小变大，发生不连续的改变，即二维体系的相变。这是在金属蒸气凝聚在固体表面上时已经观测到的实验现象，福勒与派尔斯的工作对此做出了解释。王竹溪则进一步用贝特（Bethe）-派尔斯近似来计算近邻吸附原子间有排斥的情形。他通过几个数学变换，巧妙地证明了对于近邻吸附原子间有排斥的情形，在温度一定时，覆盖率与压强的关系是没有临界点的简单形式，从而表明不存在相变。

考虑近邻相互作用只是一种初步的近似，进一步的研究需要考虑吸附原子间次近邻以上的相互作用，即存在长程相互作用（主要是电偶极子间的静电力）的情形。王竹溪的第三个工作，就是推广现有统计理论到吸附粒子间有长程力的情形，给出在这种情形的等温线以及吸附热的变化。

如何处理粒子间的相互作用，是统计物理计算的难点与核心。针对不同的相互作用类型和物理问题，发展了不同的近似方法。王竹溪在这里提出的近似方法，是假设分布的变化只局限于以某个格点为中心的圆圈内，在此圆外的分布是均匀和连续的。可以期待，如果逐步增大这个圆圈的半径，使得包含在圆内的格点越来越多，算得的结果就会越来越接近，近似的程度也就越来越好。最简单和粗略的近似，就是取这个圆圈的半径等于吸附粒子的近邻间距。在这种情况下，确定粒子分布的方程还不太复杂，王竹溪算出了它的解。他发现，这个解与派尔斯的结果完全一致。也就是说，在只考虑吸附粒子近邻相互作用时，他提出的近似方法与贝特方法给出的结果相同。

王竹溪的这项研究，把气体与其在固体表面的凝聚物合起来作为一个统一的体系来处理，是一个统计理论，给出的是气体凝聚和凝聚物蒸发达到平衡时的平均性质。另一方面，若把气体与凝聚物分别作为两个体系，从微观过程的动力学分析来研究，就可以直接研究它们之间的相互作用以及如何达到平衡，即吸附作用的分子运动论。这是王竹溪的第四个工作。他这个工作最后落脚到气体通过金属的扩散上，把所得的蒸发率与凝聚率的公式运用于气体通过金属的扩散，发现相互作用的效果并不改变他先前在略去相互作用时所得扩散方程在压强很小和很大时的结论。值得一提的是，那个年代还没有电脑，连手摇式的机械计算机也不普遍。王竹溪处理实验数据的数值计算，都是用手工进行的。为了有效地进行计算，他把在计算中遇到的一个函数编算成可以查阅的表格，附在了论文的末尾。这是他自幼养成的一贯细致和务实的风格。

气体通过金属的扩散、吸附膜的热学性质、吸附作用的统计理论和分子运动论，这些研究所涉及的都是平面点阵，而构成点阵的单元也只有一种原子，例如镍或钨。王竹溪在这些具体问题的研究中所积累的经验、建立的理论和采用的近似如何推广运用于更一般和普遍的情形，就是他要进一步研究的问题。一方面，他把研究从二维平面点阵推广到三维立体点阵。另一方面，把构成点阵的单元从一种原子推广到两种原子，即从单纯的元素推广到合金或化合物。

对于二元合金超点阵，除了同种原子间的作用，还要考虑不同原子间的作用，比简单点阵的情形复杂。在王竹溪之前不久，贝特于1935年给出了两种原子数相等的超点阵的统计理论，不过只限于考虑近邻原子间的作用。1936年，派尔斯把贝特的理论推广到两种组元的浓度不相等的情形，但是仍然只考虑了近邻原子间的作用。1937年张宗燧（1915~1969）则把贝特的理论推广到包括了次近邻原子间的作用，不过是限制在两种组元的浓度相等的情形。王竹溪现在所做的，是一个更普遍的理论，它既能处理组元浓度相等，也能处理组元浓度不等的情形。而且不限于只在近邻与次近邻原子之间才有作用，它所包含的是一种普遍的长程相互作用，只要求相互作用能随着距离的增加下降得足够快，使得很远原子的贡献可以忽略，从而晶体形状与维数不至于影响超点阵的状态就行。同样，这个理论对晶格结构也没有具体限制，可以适用于一般的点阵。

算出两种原子在点阵格点上的分布，就算出了体系规则有序的程度。原子的分布概率与体系的温度有关，所以体系的有序度与温度有关。加热使体系温度逐渐升高，存在一个临界温度，体系在这个温度下突然变化，从有序变到无序，发生有序-无序相变。晶体的这种相变，在实验上可以用X射线来直接探测。用X射线探测合金晶体的结构，发现在温度不太高时，不同原子在点阵上的分布具有一定的规则，基本上是有序的。而当达到和超过一个临界温度时，这种规则性就消失，各种原子在点阵上的分布完全杂乱无章。对于不同的合金，这个临界温度不同。

王竹溪针对简单立方和体心立方点阵做了具体计算，黄铜（CuZn）就是体心立方的超点阵。相互作用势能取与距离的幂次成反比的形式，他算了幂次等于4、6、10、20和无限大等五种情形。幂次6给出中性原子间的范德瓦尔斯吸引，而无限大对应于贝特的第一级近似。算得的体系有序度随着温度增加而下降，一开始下降得非常缓慢，有序度基本上是1，属于通常晶体的情形。在临界温度附近一个很小的温度范围内，有序度急剧地下降到零，发生从有序到无序的相变。贝特的第一级近似（幂次为无限大）给出的相变温度范围比较宽，王竹溪算得的结果（幂次为6的长程相互作用）有所变窄，但是仍然比实验结果宽。他最后讨论了相互作用的形式对于结果的影响，考虑了比与距离的幂次成反比更符合实际的相互作用势能，但并不能给出更明显的改进。这个工作的论文太长，分成I、II两部分，以总的题目《具有长程相互作用的超点阵之统计理论》发表于1938年的《伦敦皇家学会会刊》。

王竹溪在剑桥3年，一共完成了6篇论文。1938年7月，他以论文《吸附理论及超点阵理论的一个推广》（The theory of adsorption: including the effects of short and long-range forces between the adsorbed particles; and, An extension of the theory of super-lattices: to include long-rang interactions）获剑桥大学哲学博士学位。

相变是统计物理研究的重要前沿，王竹溪回国后一直跟随这个领域的进展。首先，他继续研究晶体有序-无序相变，推出了贝特理论中自由能的公式，写成论文《有序无序变化统计理论之自由能》。贝特理论并没有计算配分函数，有序度的平衡值是用一种间接的办法得到的。然而，对于某些问题，为了确定有序度的值，需要知道亥姆霍兹（Helmholtz）自由能或与之等价的配分函数。在贝特理论的基础上，王竹溪从配分函数的一个近似公式出发，求得了亥姆霍兹自由能的表达式，并具体讨论了吸附作用的问题。接着，他对这个理论又作了改进。采用局域巨配分函数，在推广到包含长程相互作用的贝特理论里，他得到配分函数的一个近似公式，处理了高阶近似，并且运用于吸附作用的问题。这个理论是完全普遍的，计算量也大为减少，可以实际运用于具体问题，1945 年发表于美国《物理评论》。此外，他紧紧跟随国际上超点阵领域的发展，很快就熟悉和掌握了 1938 年他离开剑桥后新提出的基尔库德（J. G. Kirkwood）方法，用来研究吸附作用中的超点阵问题，并对这个方法进行深入的分析，写出《基尔库德之有序无序变换理论对于吸附现象之应用》（与梅镇岳合作）和《关于超点阵基尔库德理论之注释》两篇论文。除了自己继续研究外，他还引领和指导林家翘、应崇福、杨振宁、李荫远、梅镇岳和徐亦庄等人在超晶格相变的不同方面进行了研究。

在西南联大期间，王竹溪对热力学进行了系统和深入的研究。这些研究涉及活塞两边气体趋于平衡的过程、范氏气体的性质、高级相变、勒夏特列原理、平衡与稳定之理论等。前三个工作是对热力学中一些专门问题的具体探索，后两个工作则关系到热力学基本理论的逻辑与表述，属于真正基础性的研究。

在早期的热力学中，有一条由勒夏特列（A. Le Châtelier）提出而被布劳恩（F. Braun）推广了的勒夏特列原理或勒夏特列-布劳恩原理：把系统平衡态的某一因素加以改变之后，将使平衡态向抵消原来因素改变的方向转移。这个原理回答的问题，是系统平衡态在外界扰动下的变化方向。这个问题可以根据热力学第二定律来回答，王竹溪做了仔细的分析。他把这个原理涉及的具体情形分成三类，指出这三类情形的严格分析都依赖于平衡态的稳定条件。他发现，在大多数情形吕·查德原理的回答都与热力学理论给出的一致。但他也举出两个要用到热力学麦克斯韦（Maxwell）关系的例子，勒夏特列原理的回答与热力学理论给出的相反。于是王竹溪得出结论："由于不能毫无歧义地应用这个原理，看来最好是把它完全忘掉，在所有的情形都采用热力学的严格推导。"现在在严谨的热力学书中，已经不提这个原理了。

平衡与稳定是热力学最基本的一个主题，是经典热力学的基础与核心。对这个问题，热力学的奠基人吉布斯（J. W. Gibbs）和普朗克都已经透彻地研究过。王竹溪的工作，是对他们的理论的改进、推广与运用。改进是在理论的逻辑结构与推演方面。

达到平衡的力学、热学和化学三个必要条件，可以从热力学基本原理推出来。

吉布斯推导时用的主要是能量极小判据：在总的熵与体积保持不变时，体系的能量取极小。而普朗克推导时用的是一个单独的判据，即熵增加原理：在总的内能与体积保持不变时，体系的熵取极大。王竹溪指出，吉布斯的理论普遍而且完整，但论据不是十分直接，跟随起来相当困难。普朗克的理论表述非常清晰，而其数学处理却相当繁重，因为在熵的表达式中温度出现在分母。王竹溪倾向于普朗克的熵判据，因为对于孤立系统来说，容易满足能量和体积不变的条件，而很难保持熵为常数。这两个判据导致相同的结果，人们自然会选择数学上更方便的做法。吉布斯证明了这两个判据是等价的，但是在他的证明中没有明确地说出总体积不变这个条件，而且只考虑了变化为无限小的情形。王竹溪按照普朗克的思路，从熵定理出发推出了吉布斯判据，并且是考虑有限大小的变化。这个做法十分清晰简洁，用他论文中的话说，"我相信是更清晰地表现了基本的思想"。当然这里没有对与错的分歧，王竹溪追求的是思维的简单与逻辑的完美。在20世纪初期那一代物理学家中，玻恩是数学功底最好、也最注重理论的数学结构与形式表述的一位，玻尔则更欣赏物理的直观与直觉。王竹溪显然是玻恩而不是玻尔的类型。

王竹溪还与植物生理学家汤佩松（1903～2001）合作，研究了植物细胞的水分关系。细胞如何与外界交换水分，涉及细胞壁内外的水分穿过细胞壁的流动与平衡。作为一个热力学体系，这就是压强、温度和化学势趋向平衡的过程。生物学家测量细胞内外的压强，逐渐形成了一些关于压强的概念，用压强来分析和判断水分流动方向。压强的概念虽然简单直观，但是因素复杂，很难发现简单的经验规律。在另一方面，化学势的概念虽然抽象不直观，但比较简单容易运用，特别是对细胞的水分关系这样单纯的问题。汤、王二位明确提出，水分化学势在细胞内外的差，可以作为水分是倾向于流入或流出细胞的量度，并称之为细胞水分流动的趋势（tendency）。这个工作1941年在美国《物理化学学报》（*Journal of Physical Chemistry*）发表之后有如石落深山没有反应，植物生理学界仍然继续使用压强的概念。

十多年后的1956～1958年间，中国植物学界有过一次关于植物细胞水分运动的讨论。这次汤、王再次联手。为了检验和印证他们的热力学理论分析，汤佩松与梅慧生用浸泡在蔗糖水溶液里的马铃薯做实验，在恒温下测量不同浓度的糖水中马铃薯的膨胀。王竹溪则先把汤-王理论从细胞浸泡在水中的特殊情形推广到浸泡在溶液中的更一般情形，接着把理论表述成生物学家通常惯用的渗透压形式。王竹溪写成论文《关于植物细胞吸水的热力学理论》，在《科学记录》1958年的中文与英文版同时发表。汤-梅的实验则发表于1957年植物生理学年报（1957 *Plant Physiology*

Bulletin, 48-54.）。遗憾的是，汤、王这次的努力仍然没有得到响应。

两年后，与汤、王相同但独立地，斯莱梯耶和泰勒在英国《自然》杂志上著文 [R. O. Slatyer and S. A. Taylor, *Nature*, 187（1960）922.]，提出用水分化学势描述植物含水状态，用水分化学势梯度描述植物细胞水分运动的趋向和限度。六年后，克拉默等人进一步在美国《科学》杂志发表文章（P. J. Kramer, et al, *Science*, 153（1966）889.），肯定和完善了水分化学势的描述体系。自此，用水分化学势描述植物水分关系的热力学体系才取代了用压强描述的力学体系，成为植物生理学界的主流。现在植物生理学界把水分化学势简称为水势。从1941~1966年，汤、王的工作领先了整整四分之一世纪！

三、最主要的学术成就

1. 专著《热力学》

这既是对热力学理论系统、完整和严谨的表述，也是对他的研究工作的全面总结，书中对卡拉氏（C. Caratheodory）理论的介绍和关于热力学方法论的讨论体现了王竹溪理论物理研究的风格、品味和一生的追求。这是半个多世纪以来一直在流传的经典著作，对中国热力学的教学与研究有着深远影响。此书在1987年被评为高等学校国家级优秀教材特等奖，而在实际上，他在西南联大时期关于热力学的研究，当时就以题目《热学问题之研究》得到国民政府教育部的褒奖；享誉学术界。为了纪念王竹溪对提高中国物理教学和教材质量作出的历史性贡献，继承大师优良传统，鼓励后学，高等教育出版社于1998年捐资设立了"王竹溪物理学讲习基金"。

2. 专著《特殊函数概论》（与郭敦仁合著）

这是一部可以取代惠泰克与瓦特孙的经典名著《近代分析教程》（E. T. Whittaker and G. N. Watson, A Course of Modern Analysis）的数学工具书，英文版由世界科技出版社（World Scientific, Singapore）出版，在国外受到广泛的好评。

3. 编撰《新部首大字典》

这是自许慎的《说文解字》以来中文字书发展收字突破五万的里程碑。"新部首"并非传统意义上把汉字综合分类的部首，而是像英文字母一样用来分解汉字的字元。王竹溪突破传统的综合思维，采取物理的分析思维，提出和采用一种新的检字法，引领了汉字检索机器化的研究。在字典发行的基础上，还设立了"王竹溪博才奖"。

四、王竹溪主要论著

Wang C C（王竹溪）. 1934. Turbulent wake behind a body of revolution. The Science Reports of National Tsing Hua University, A2: 307.

Wang J S（王竹溪）. 1936. On the diffusion of gases through metals. Proceedings of The Cambridge Philosophical Society, 32: 657.

Wang J S. 1937. Properties of adsorbed films with repulsive interaction between the adsorbed atoms. Proceedings of the Royal Society of London, A161: 127.

Wang J S. 1938. Statistical theory of adsorption with long-range interaction. Proceedings of The Cambridge Philosophical Society, 34: 238.

Wang J S. 1938. The kinetics of adsorption with long-range interaction between adsorbed particles. Proceedings of The Cambridge Philosophical Society, 34: 412.

Wang J S. 1938. Statistical theory of superlattices with long-range interaction I. General theory. Proceedings of the Royal Society of London, A168: 56.

Wang J S. 1938. Statistical theory of superlattices with long-range interaction II. The simple cubic lattice and the body-centred cubic lattice, Proceedings of the Royal Society of London, A168: 68.

Tang P S, Wang J S. 1941. A thermodynamic formulation of the water relations in an isolated living cell. J Phys Chem, 45: 443.

Wang J S. 1945. Approximate partition function in generalized Bethe's theory of superlattices. Phys Rev, 67: 98.

Wang J S. 1947. Free energy in the statistical theory of order-disorder transformation. The Science Reports of National Tsing Hua University, A4: 341.

Wang J S. 1948. Thermodynamics of equilibrium and stability. Chinese J Phys, 7: 132.

王竹溪. 1955. 热力学. 第1版（1960年第2版）. 北京：高等教育出版社.

王竹溪. 1956. 统计物理学导论. 第1版（1965年第2版）. 北京：高等教育出版社.

Wang Z X（王竹溪）. 1962. Theory of heat conduction in the presence of radiation, Sci Sin. 11: 185.

王竹溪. 1963. 简明十位对数表. 北京：科学出版社.

Wang Z X, Chang L Y. 1964. On the calculation of the Virial coefficients of hydrogen gas from experimental data. Sci Sin, 13: 1212.

王竹溪、郭敦仁. 1965. 特殊函数概论. 北京：科学出版社.

王竹溪, 1979. 汉字检索机器化的一个方案. 自然杂志, 2: 508.

王竹溪. 1988. 新部首大字典. 上海：上海翻译出版公司；北京：电子工业部出版社.

Wang Z X, Guo D R. 1989. Special Functions. Singapore：World Scientific.

主要参考文献

王竹溪. 1981-12-20. 回忆童年的一些事. 手稿.

湖北公安县政协. 2000. 王竹溪传. 北京：华文出版社.

王正行. 2008. 严谨与简洁之美——王竹溪一生的物理追求. 北京：北京大学出版社.

撰写者

王正行（1939~），北京大学物理学院教授，王竹溪的学生和研究生。

王天眷

王天眷（1912～1989），浙江黄岩人。物理学家。核电四极矩共振研究开拓者之一。中国波谱学及量子时间频率标准研究的开拓者和主要奠基人之一。1954年获美国哥伦比亚大学物理学博士。1960年回国后，先后在中国科学院武汉物理所和中国科学院物理所任研究员。曾任中国科学院武汉物理所所长，中国物理学会波谱专业委员会、中国计量测试学会时间频率专业委员会、中国电子学会量子电子学和光电子学专业委员会主任委员。50年代初，在核电四极矩共振研究中发明反馈振荡器检波电路（被称为"王氏电路"），首次探测到核电十六极矩的存在。他是C. Townes微波激射器研究组成员，负责研制第二台氨激射器并检验激射器性能，通过比对测试验证了氨激射器极高的频率稳定度。C. Townes因对微波激射器和激光器的贡献获1964年诺贝尔物理学奖。王天眷回国后，在武汉物理所创建了磁共振波谱学科，培养了一批磁共振波谱学和量子频标的科技骨干。在他带领下研制成氨激射器和氢激射器，对中国时间频率计量事业起到奠基性的作用。他领导完成了铷激射器原子频率标准和铷原子钟等重大军工任务，他参与制订了中国的波谱学发展规划，为发展中国近代波谱学起了十分重要的作用。

一、生平概要

王天眷于1912年4月20日生于浙江省黄岩县（现台州市），1989年2月20日因病逝于北京，享年77岁。

王天眷是遗腹子。父亲王卓，1911年10月赴武昌参加辛亥革命起义，与清军激战中英勇牺牲，年仅21岁。未成年时王天眷享受国民政府抚恤金，幼年就读于黄岩宁溪南渠小学，1925年转入乌岩小学，1926～1929年就读于黄岩县立中学校。就读的中小学中有一批追求进步和革命的青年教师。王天眷在中学开始接触进步思想，形成他的爱民族救中国的理想和影响他一生的民族与国家的利益高于一切的世界观。长子王周平说，50年代初搬家时发现父亲青年时代阅读的《共产党宣言》、《国家与革命》、《反杜林论》等大量书刊和写的追求进步的词诗。王天眷说，"我童年的时候受过较深刻的爱国主义思想气氛的熏陶，经受过"五卅"、"五三"等惨案和 1925~1927 年大革命的影响，读了不少爱国诗词小说，听了不少爱国演说，看了不少爱国文章，参加过反日游行，抵制过日货，很热情，很纯洁，对帝国主义非常仇恨，好像是先天带给我的性格，与生俱来，疾恶如仇，常常为国家、为人民痛哭流涕。"

1929~1932 年在上海交通大学预科学习，后为电机系一年级学生。他说："当我在 20 岁的那年（1931 年），就遇到九一八事变，我那时在上海交大预科三年极（等于高中三年级）读书。我有一腔热血，要救国，要抗日。上海学生的爱国游行，向南京国民党政府的请愿示威，包围上海市国民党政府，大大小小的行动，没有一次不参加的。'一·二八'战争在上海爆发，使我更深刻的领受帝国主义的横蛮残暴。"他积极参加抗日救亡运动和爱国学生运动，1932 年加入中国共产党，任上海交通大学党支部书记，夏天退学被派到共青团上海法南区委工作。1933 年 2 月被捕，家人求王父生前的好友陈果夫营救，被拘留 40 多天后无条件保释，奉母命去杭州与柯桂娥结婚、找事、求学于浙江大学。为了离开杭州去北方，他于 1934 年考入清华大学物理系。清华期间，他积极参加以一二·九学生运动为代表的北平大专院校学生的一系列抗日救国运动，1936 年秋恢复了中共党组织关系。

1938 年毕业后到 1942 年期间，在清华大学（抗战时期在云南的西南联大）无线电研究所任助教讲师，参与研制军用无线电机、航空用短距离通话机等设备。1942~1943 年，在重庆大学电机系任讲师。1943~1947 年在航空委员会空军通信学校先后任教官、编辑科长、教授科长、研究委员等职，讲授"电磁学"等理论课，编写《军用电话学》、《航空无线电定向》等教材，安装调试雷达设备。1945 年日本投降后，赴广州组织接收日方在白云山的雷达系统，成绩显著。王天眷是一位受学员欢迎和学校当局器重的无线电教官，因政治信仰的冲突，他一直希望脱离通信学校。1947 年 7 月终于获得中华教育文化基金董事会资助去美国留学。他牢记出国的目的就是要学到真本领，将来报效祖国。回国后他在报告中写道："当时我觉得全国快要解放，我党需要在科学上大干特干，我决定去美国好好认真地学，要学到真本领，将来为党为人民服务。当时我确凿抱着这个愿望而出国的。"1948 年 12 月获美国俄亥俄州立大学（The Ohio State University at Columbus）理学硕士学位后，即到哥伦比亚大学（Columbia University）物理系继续深造，师从汤斯（C. H. Townes）开展拓展核电四极矩共振波谱学的前沿研究，1954 年获得博士学位。1954~1957 年，任哥伦比亚大学辐射研究所（Columbia Radiation Lab, Columbia University）副研究员，参与研究微波激射器。1957~1959 年，任美国爱第立托儿公司（Arthur

D. Little Inc.）研究员。1959～1960 年旅居法国期间，任法国国家科学研究中心（Centre National de la Recherche Scientifique）原子钟实验室顾问。

留美初期，王天眷积极参加进步留学生组织和各项社会活动。1949 年 6 月，旨在推动留美学子归国建设新中国的"留美中国科学工作者协会"成立，他当即加入，并参加庆祝中华人民共和国成立大会，"一人一元慰问中国人民解放军"等一系列"响应解放，准备回国"的活动。他拒不加入美国籍，托回国同学带书信报告在美工作学习情况。因为参加留美协会，受到美移民局的调查和传讯。朝鲜战争爆发后，被移民局扣留了护照，被禁止离境回国，他非常焦虑和苦恼。为了掩护自己争取早日取回护照，他专心工作，不参加社交活动。七八年后，他在科学上取得了成绩，在学术界也有了一定的知名度。于是，他聘请律师与美国移民局交涉，于 1958 年年底取回过期多年的护照。在更换护照时，又受到了纽约国民党领事馆近一年的刁难。领到新护照后，王天眷立即决定绕道回国，经英国牛津大学（University of Oxford）物理系主任勃里奈（B. Bleaney）的担保和法国原子时钟委员会发出赴法讲学的邀请，获得去欧洲各国的签证。去欧洲前，他把扣除回国旅费后的所有积蓄用来购买实验器材和订购长达 20 年的 Physical Review Letters、Physical Review 和 Physics Today 三种原版杂志，并委托他清华大学的老师、约翰霍普金斯大学（The Johns Hopkins University）物理系教授任之恭代为处理一切未完之事。1959 年 8 月 5 日王天眷偕妻子徐骥宝（清华大学物理系十级同班同学）及两岁幼女离开美国，访问和考察了英国牛津大学等科研机构。1959 年 9 月～1960 年 2 月在法国科学研究中心担任顾问，在法国巴黎大学和陪爽霜大学讲学并指导研究生。在中国驻法国和瑞士大使馆的帮助下，他绕道奥地利、匈牙利、苏联等国，历尽周折，于 1960 年 3 月 9 日举家回到北京。

他回国后，立即写报告，要求恢复党的组织关系。在当时的历史条件下，他妻子从台湾去美国与他结婚的事实和 1951 年后"不关心政治"的表现，使他的身份受到质疑和调查。在和平宾馆滞留七个月后，留京工作的请求没有获准，被分配到了武汉。他相信组织，积极主动地配合调查，欣然前往武汉安家。回到祖国就是回到了家，他满腔热情地投入工作。上班时去各房间查看一遍，每晚到实验室巡视一遍。他关心所里的大小事务，对清洁卫生、生产生活等也很有兴趣。所里举办横渡东湖的集体游泳活动，他同样兴致勃勃地参加。60 年代困难时期，他与大家一起克服各方面的种种困难，积极创造条件开展研究工作。尽管在"文化大革命"中首当其冲受到冲击和批判，他始终坚持忠于祖国科学事业的信念，对回国后受到的委屈和不公正待遇没有怨言。80 年代后期，女儿问他："受了那么多的委屈，你对回国后悔吗?"他说:"挨巴掌,也是自己人打的!"他对祖国和同胞的感情,尽在"自己人"这三个字中。王天眷的党籍,直到 1979 年 5 月才予以恢复。1979 年 5 月 29 日他在记事本上抒发了感慨:

> 四七流光似转轮,霸权魔手半沉沦。
> 申江号角鸣长夜,燕市磨刀动鬼神。
> 海外文章传激射,胸间肝胆为人民。
> 天风白发催霜鬓,老树含英科学春。

文中"四七"指从 1932 年加入党组织到 1979 年恢复组织关系,过去了整整四十七年。

1960 年 10 月至 1981 年 2 月,他历任中国科学院武汉物理研究所(前期曾称中南物理所、湖北物理所)研究员、研究室主任、副所长、所长等职务。1981 年 3 月调中国科学院物理研究所任研究员、博士生导师,直至 1989 年 2 月去世。

王天眷曾任湖北省人民代表大会常务委员会委员（1979～1981）,中国人民政治协商会议第五、六、七届全国委员会委员（1978～1989）。在学术界致力于建立中国物理学会波谱专业委员会(现对国外称中国磁共振学会),曾任该委员会第一至四届主任（1980～1988）,中国电子学会量子电子学和光电子学专业委员会主任、顾问,中国计量测试学会时间频率专业委员会主任,波谱与原子分子物理国家重点实验室第一届学术委员会（1986～1989）主任。

二、学 术 生 涯

王天眷天资聪颖,学习刻苦努力。从中学时期起就喜爱古体诗词,毛笔字写得不错。闲暇时,或推敲吟诗,或挥毫自娱,这种生活模式几乎贯穿了他的一生。虽然他喜爱文科,在"工业救国"思想的引导下,还是选择了理科。30 年代中期的清华,在当时的中国物理领域内独领风骚。教过他的,有叶企孙、吴有训、萨本栋、周培源、赵忠尧和任之恭等。朝夕相处的,有品学兼优、意气风发的同学少年。清华时期所受的熏陶以及同窗师生之间的深厚情谊,对其一生的影响,远远超越了学术的边界。

1947 年 7 月由中华教育文化基金董事会选派赴美留学。1948 年 12 月在美国俄亥俄州立大学获得理学硕士学位,论文题目为"测量原子核磁矩的射频线路"。多年以后,俄亥俄州立大学授予他杰出校友称号。

王天眷的博士生导师汤斯思维敏锐,富有科学探索精神。汤斯小组成员夜以继日地工作，实验室灯光昼夜通明。哥伦比亚大学物理系，群英荟萃，有一批很有声誉的物理学家，先后十余人获诺贝尔奖。每星期的学术讨论，有来自世界各地的大物理学家。一次，一位欧洲的大师来访，演讲完毕后会场很安静。王天眷提问，台上台下，一问一答，讨论得很热烈。对话一结束，全场爆发出友善的大笑。原来，绝大多数的美国同行听不懂两位带有浓重外国口音的英语。物理系活跃宽松的学术气氛，开拓进取的钻研精神，使王天眷的科研能力得到了很好的培养、锻炼和发挥。

核电四极矩共振是50年代初期发展起来的新的研究领域，王天眷以拓展核电四极矩共振研究作为博士论文的主题，对各种不同分子的氯（Cl）和锑（Sb）的同位素的核电四极矩相互作用及其随温度变化的关系做了系统的理论分析和实验测量。在 Physical Review 上发表了《氯同位素的核电四极矩耦合之比值》、《同位素中核电四极矩耦合常数的比值及随温度的变化》和《固体中氯和锑同位素的纯原子核电四极矩共振谱线》等论文，受到电四极矩波谱研究者的广泛关注，成为核电四极矩共振研究领域的开拓者之一。核电四极矩是表征原子核电荷分布偏离球对称程度的一个重要物理量，它与核外电子产生的电场梯度相互作用形成一系列电四极能级，通过外加射频场使能级间产生共振跃迁，称为核电四极矩共振。通过研究共振谱线的频率、线宽及其与环境的变化关系，获得原子核的电荷分布、核外电子结构和固体分子结构的有关信息，是物质微观结构分析的重要谱学手段。为了探测四极矩共振的微弱信号，他改进了再生式接收电路，发明了"信号反馈振荡检波电路"，采用此电路的谱仪线形好、灵敏度高，成为20世纪50~60年代核电四极矩研究高潮中的主要谱仪电路之一，被称为"王氏电路"。

他对核电四极矩共振做了很多深入细致的理论分析和高精度频率测量，总结出温度、晶体结构、相变、晶格运动和缺陷等对核在晶格中周围电荷分布、电场模式和电场梯度变化的影响。实验证明氯核四极矩耦合常数$(eqQ)_{35}/(eqQ)_{37}$的比值在1.268736~1.268973之间，此变化取决于化合物及温度。对于p-二氯苯，氯的耦合常数的温度系数和耦合比随温度的变化都显示出与Bayer振动效应理论非常好的一致性，从而证实了耦合常数比值随温度变化源于点阵热振动。他的精确测量结果证实了核四极矩共振频率对样品温度的变化非常敏感，精确度可达万分之几，此发现后来被利用来制造高精度的温度计。更为重要的是：核四极矩共振频率因为核十六极矩的相互作用的影响发生了改变，他认定一些原子存在着核电十六极矩相互作用。但是，核电十六极矩非常微弱，一直未找到证实它存在的检测方法。1955年，他以高精度（百万分之一）的实验技术成功地测量出锑的核电四极矩共振频率因十六极矩相互作用影响而产生的微小变化（十万分之几），首次用实验证实了锑同位素在三溴化锑晶体中存在电十六极矩的事实。

1985 年,他总结国际上 30 年来关于核电十六极矩相互作用的理论和实验进展,指出实验困难所在和解决方法,测出了锑同位素在三硫化二锑晶体中的核电十六极矩相互作用。通过进一步的研究和理论推算,指出核电十六极矩和场相互作用的能量与核电四极矩和场的相互作用的能量的比值均为 10,理论与实验完全吻合。在核电四极矩和十六极矩谱研究中的成果受到国际物理学界的肯定和重视。

王天眷完成博士论文《固体中纯原子核电四极矩共振谱线》后,留校加入汤斯小组研究微波激射器。

高低两能态粒子布居数反转的原子(或分子、离子等)系统受微波辐射场激励时,受激态原子齐同作共振发射跃迁,称为微波受激辐射。1951 年,汤斯突然想到了利用分子体系的受激辐射实现电磁波的振荡和放大,他选择氨分子作为激活介质,利用氨分子锥形结构中的一对能级来实现受激辐射。1954 年研制成功第一台氨激射器。为了证实它的频率的超高准确性和稳定性,立即由王天眷研制第二台氨激射器,6 个月后第二台氨激射器投入运行。通过两台激射器输出信号频率的对比,证明了两台氨激射器的秒级频率相对稳定度为 4×10^{-12},小时级频率相对稳定度为 1×10^{-10},这一结果成为极高稳定度的频率标准,成为百万年不差 1 秒的原子时间频率标准。它仅有量子的散粒噪声,用作高灵敏度放大器其噪声系数可接近于 1。因为放大能量来自量子作用,故称量子放大。用作微波波谱仪,具有更高的灵敏度和更好的分辨率,使谱测量的分辨率提高一个数量级以上。进而他们展开了更深入的理论和实验研究,分析其特性和各种条件的影响,改进氨激射器微波谐振腔和分子束源等关键部件的设计,努力减小各种频移和频率波动,研制频率准确度和稳定度更高的新系统。他们的成功激起了许多人的兴趣,人们竞相研制和改进分子振荡器。更重要的意义在于,由微波延伸至光频,成为光受激发射(Laser)理论的先导,导致了激光的发明,开创了激光新时代。王天眷以其深厚的物理基础和优良的实验技术参与了受激发射项目的理论和实验工作,发表了一系列论文,为氨微波激射器的研制成功作出了重要贡献。1959 年微波激射器取得专利,汤斯拿出一笔专利收入分给了共同参与开创工作的戈登(J. P. Gordon)、蔡格(H. J. Zeiger)和王天眷三人。1964 年汤斯获得诺贝尔物理学奖后立即致电,让他分享成功的荣誉与喜悦,同时赠予一笔奖金,感谢他当年所做的工作。

1960 年回国后,王天眷全力以赴地开拓和发展我国波谱学研究事业,首先在中国科学院武汉物理所创建磁共振波谱学科,到北京大学、吉林大学等校宣传讲课,吸引毕业生来武汉工作。他十分重视理论基础的学习,对进所的大学生进行基础课的考试，指出没有扎实的"四大力学"基础就不是合格的大学生，鼓励年轻人自学补习，并亲自授课提高研究组成员的理论基础。同时，他带领大家克服各种困难建立实验条件、研制科学仪器，通过科学实践，培养和造就研究骨干。在科研工作中，他对实验记录、数据处理、论文的写作以及实验图表中的误差要求非常严格，他要求年轻人实验记录必须做到真实、准确、详细，要求记全全体在场实验人员，对于重要实验事件要求记准到几点几分，做到一丝不苟。在撰写文章时，强调要署名共同参与的研究工作者，对给予帮助者要致谢等。他认真、严谨的治学态度和对研究工作极大的热情，使得跟随他的年轻人终身受益。1984年1月王天眷成为中科院物理所首批博士生导师，他对每位学生与进所的年轻人入所教育的第一课是谆谆教导大家要热爱祖国、报效祖国，要热爱科学研究、勇于创新。2011年8月他的博士生张杰（上海交通大学校长、中科院院士）在《科学时报》上发表《我与中科院的缘分》一文回忆说，1985年他考入中科院物理所读博士学位时，"王天眷先生告诉我：做一个好的理论物理学家不容易，做一个好的实验物理学家也不容易，而能够同时将理论物理和实验物理都做好更不容易。但是一个人如果有坚实的理论物理基础，从事实验物理研究方向就会比较明确，对实验现象的理解就会更加深刻。反过来如果作理论物理研究时，能有很强的实验物理基础，理论研究也更能切合实际。"王天眷的一生始终贯穿着理论与实验紧密结合的学风，他的谆谆教诲并身体力行，让他的学生们受益匪浅。

  王天眷回国之时正值60年代经济困难时期。到达武汉后，与大家一起克服各方面的种种困难的同时，立即投入工作，相继成立了核电四极矩共振、量子计时及受激发射、核磁共振谱、顺磁共振谱四个研究组，提出了前五年研制设备、培养干部、建立现代化实验室，后五年开展物质的电磁共振及其量子计时及受激发射前沿研究的学科发展设想。到所一年多时间，研制成以再生式讯号回授的振荡检波探测核四极矩共振的自动记录谱仪，测得1.5毫升的二氯化苯多晶样品在室温下的讯号的信噪比达到133∶1，谱线失真很少。1962年，在研制出氨分子激射器电子学测试系统和建立起真空系统后，立即用他在美国加工的氨激射器物理系统关键器件（分子束喷头、四极集聚器、谐振腔等）和购置的1.25厘米微波元器件开始总装，抓紧调试。他与青年科技人员一起，常常工作到后半夜，不分节假日。当时实验大楼在晚上十一时锁门，加班的人要把用自行车锁链锁住的一道对开铁栏门拉开，从门缝中钻出来，然后再翻一道两米多高的物理所大院的铁栏门，才能回宿舍区。王天眷体胖，自己钻不出去，每次都要有人帮忙把铁栏门拉开、再连拉带推地帮他挤出去。一次在翻越大院铁栏门时，他的裤子被铁栅栏刮了个洞。所领导知道后，给了研究组一套钥匙，从此终结了"钻门缝翻围墙"的历史。1963 年他们建成了我国首台 3-3 线氨分子振荡器（即氨分子激射器），随后他下实验工厂指导加工波导元件、谐振腔等关键部件，建立完全自制的 3-3 线氨分子振荡器。3-3 线是 $^{14}NH_3$ 氨分子复杂微波谱线中最强的谱线。由于强度高，激射器容易振荡，首先被采用，其频率准确度在 10^{-8} 左右。利用 3-2 线研制激射器，因分子内在作用的影响，频率准确度更高。但是，3-2 线的强度只有 3-3 线的四分之一，要求更强的高电压聚焦，研制难度更大。王天眷带领青年们不断进取，1965 年研制成功 3-2 线氨激射器，并作为中国科学院重大成果在全国新仪器、新产品、新材料、新工艺展览会上展出。武汉物理所实验工厂的老师傅们回忆这段经历时说，王先生没有一点架子，平易近人，与工人师傅们一起研究加工方案，教他们安装调整的技巧和关键。由于氨激射器的谐振腔尺寸太小，车间里没有精密刀具，他提议采用挤压成形的办法做出腔体，并亲自参与手工抛光，边抛光边测试，使光洁度达到▽-12，终于使谐振腔的品质因数达到了 10 000，满足了氨激射器的起振要求。60 年代后期，在他带领下率先研制氢激射器，1978 年两台改进型氢激射器达到了国内先进水平，获全国科学大会奖。1982 年 9 月在杭州召开的国际时间频率讨论会，报告了氢钟秒级稳定度为 2.5×10^{-13}，与国际先进氢钟相当。王天眷领导开拓了中国的量子时间频率标准研究，对中国时间频率计量事业起到重要的奠基作用，他被推选为中国计量测试学会时间频率专业委员会第一届主任委员。

1965 年秋，中央批准重新启动核潜艇工程，有关部门向王天眷询问研制潜艇用原子钟的可行性，1966 年 1 月 11 日武汉物理所与相应部门签署了试制协议，他负责技术指导。3 月初，他带领课题组在国内进行考察和调查研究，组织大家进行了认真的方案论证，制订出适合国情的研制铷汽泡型原子频率标准的技术方案。他们克服了没有参考资料、没有同位素铷、没有合适的石英晶体与微波器件等种种困难，大胆探索，不断创新，经过三年多努力，于 1969 年 7 月 1 日研制成我国第一台铷汽泡型原子频率标准，次年通过了工程的系统试验。1970 年 10 月国务院、中央军委工程领导小组向科学院下文，明确由武汉物理所承担核潜艇工程配套用铷原子钟研制任务。经过试验样机、工程样机、定型样机等多个阶段的不断改进，排除"文化大革命"时期的种种干扰，首批铷原子钟按期装艇。随后的十多年里，课题组参与了工程任务的一系列试验、维护及换装任务，直至 1985 年几台正式样机交付装艇使用。

根据发展中国"两弹一星"的战略决策和统一部署，1971 年国防科委通过科学院下达武汉物理所开展铷激射器原子频率标准的研制任务，以建立中国国家频率短期稳定度计量标准，用于应用工程任务的各种精密频率源的检定测试和精密雷达的准确同步，从而实现对飞行体的位置、速度等参数的精密测量与控制。当时是"革命委员会"体制，所里成立以年轻人为组长的铷激射器课题组，王天眷仍然给予高度的关切和有力的指导，共同研究疑难问题，以他丰富的经验辨认出首次捕捉到的掩埋在噪声中的微弱的铷激射器受激发射信号，物理实验取得突破性进展。经过不断摸索，调整系统参数，增强受激发射信号，实现了稳定的自持振荡。1979 年正式样机交付使用，其稳定度、输出功率等指标达到当时国际先进水平，成为国家的频率短期稳定度的标准，这是世界上首例实用化的铷激射器频标。铷激射器投入使用后，多次为国家重大工程服务，在中国首次向太平洋发射洲际导弹试验中发挥了作用，受到中共中央、国务院、中央军委的贺电嘉奖，PBR-2 型铷激射器原子频率标准获 1978～1979 年度国防科研成果一等奖和 1985 年国家科技进步一等奖。

在开展原子频标研究的同时，他领导的波谱学研究室开展了核磁共振、顺磁共振、核电四极和光磁共振等基础性研究工作，也取得了一批重要成果。为了促进学术交流和人材培养，1972 年创办学术期刊《频标与显示》，他请郭沫若题写了刊名。1983 年 6 月国内磁共振波谱领域唯一的学术性期刊《波谱学杂志》创刊，他亲自为其题写刊名。

在晚年时，他自豪地说："我在国内的贡献主要是创建了波谱学研究室，建立了这么一支队伍。""我主要是做原子钟、氨分子钟、波谱、核磁共振、光磁共振等多项研究工作。"

王天眷秉性耿直，直言不讳。虽然在回国后的工作安排以及在"文化大革命"中受到不公正的待遇，科研工作也曾被迫中断，他矢志不改忠诚祖国科学事业的信念。粉碎"四人帮"后不久他便挑起了领导研究所的重担，致力于开拓和发展我国的波谱学研究事业。

20 世纪 60～70 年代激光研究发展迅速，很多波谱学研究者转往激光领域，波谱学研究处于低潮。王天眷在各种学术会议上宣讲波谱学的研究内容、发展前景及其重要意义，他大声疾呼"波谱学的发展将会是光芒万丈"，激励了从事波谱学研究的年青科学工作者的信心。由于他的推动和影响，波谱学作为物理学的分支学科被首次纳入 1977 年的全国自然科学学科规划。他起草的波谱学发展规划经国务院批准实施，对指导波谱学事业的发展起到了积极作用。波谱学从此蓬勃发展，为国家的经济建设和国防建设作出了贡献。王天眷作为中国近代波谱学的主要开拓者之一，发挥了重要作用。

1979 年冬，在他的倡导和努力下，中国成立了波谱学与原子分子物理学学科专业委员会筹备小组。1980年，中国物理学会正式成立了波谱和原子分子物理学专业委员会，并在北京首次召开了这两个专业的全国性学术会议。1982年正式分为波谱学与原子分子物理学两个专业委员会，他生前一直是波谱学专业委员会的主任委员。

波谱学专业委员会的成立和学术会议的召开在国内产生了很大影响，吸引了广大科学工作者聚集在一起交流讨论互相帮助，促进了波谱学科的快速发展。1979年10月王天眷率中国科学院波谱考察团访问美国，历时一个月，访问考察了包括美国著名大学、实验室和大公司企业等15个单位。1981年11月受日本核磁共振学会邀请他率中国物理学会（波谱）访日团参加在东京召开的第20届核磁共振年会，考察核磁共振研究机构和生产厂商，向日本同行介绍了中国波谱学的发展。

20年后重访美国，看到国际上科学、教育和其他方面的迅速发展，联想我国"文化大革命"造成的创伤，他感慨万千。他详细写出了考察报告，对中国波谱学研究及国家科技、教育等提出了一系列建议。其中包括：确保科技经费；重视研究与生产的差别；强调创新、攻坚和突破；探求对科学研究的有效管理方法；加强学术交流，养成良好的学术道德；选派优秀的研究生和访问学者出国深造等等。他亲自写信与国外一些著名教授、学者联系，推荐武汉物理所一批青年人去国外学习深造，这批青年人有力地促进了武汉波谱学研究基地的发展，成为创立和发展波谱与原子分子物理国家重点实验室、武汉磁共振中心和中国科学院原子频标重点实验室的中坚力量。

1981年，王天眷从武汉调到北京中国科学院物理研究所，实现了他多年想到北京工作的愿望。年近70的他，一到北京便兴致勃勃地投入到物理所光学实验室的多项前沿研究工作中。他亲自参与单原子检测实验方案的确定，实验测量和数据处理，采用激光共振离化的方法，首次做到了在作用区内达到单个铯原子的探测水平。他瞄准国际前沿课题，研究团聚和制备纳米颗粒的新方法，纳米薄膜和颗粒的纯度优于已有的报导。他带领学生开展$PbCl_2$分子光解离过程的激光光谱研究，为光物理实验室的发展做出了重要的贡献。他热心工作，没有节假日，直到生命的尽头。

王天眷病逝后，为了永久纪念这样一位爱国心和责任心极强的科学家，以他的精神鼓舞青年科技工作者。1993年，在波谱学界叶朝辉院士等人倡议和社会各界集资支持下，成立了"王天眷基金会"，设立"王天眷波谱学奖"，以奖励全国范围内优秀的青年波谱学工作者。2002年该奖已被国家科学技术奖励工作办公室批准为社会力量设立的科学技术奖项，一批"王天眷波谱学奖"获得者已成为中国当代波谱学事业的领头人。

三、科 学 成 就

1. 核电四极矩共振研究领域的开拓者之一

在核电四极矩共振研究中，王天眷发明了再生式信号反馈振荡检波电路，创制了谱线线形好、分辨能力强的核四极矩共振谱仪，成为 20 世纪 50～60 年代核电四极矩共振研究的主要谱仪电路之一，被称之为"王氏电路"。在核电四极矩共振谱的高精确（百万分之一）测量的基础上，发现并实验证实了核电十六极矩相互作用的存在。

2. 微波激射器开创性研究的主要成员

王天眷是哥伦比亚大学微波激射器研究组的主要成员之一，微波激射器的开创性研究工作是光受激发射理论的先导，最终导致了激光的发明，开创了激光新时代，汤斯因此获 1964 年诺贝尔物理学奖。

3. 中国波谱学、量子时间频率标准及磁共振波谱学研究的开拓者和主要奠基人之一

王天眷创建了磁共振波谱学科，培养了一批磁共振波谱学和量子频标的科技骨干。在他带领下研制成氨激射器和氢激射器，对中国时间频率计量事业起到奠基性的作用。他领导完成了铷激射器原子频率标准和铷原子钟等重大军工任务，他参与制订了中国的波谱学发展规划，为发展中国近代波谱学起了十分重要的作用。

四、王天眷主要论著

Wang T C（王天眷）.1948. A radio frequency circuit for the measurement of nuclear magnetic moments. Master thesis, Ohio State University.

Wang T C, Townes C H, Schawlow, et al. 1952. Quadrupole coupling ratio of the Chlorine isotopes. Phys Rev, 86: 809.

Wang T C, Townes C H. 1954. The ratio of Quadrupole coupling constants of isotopes and their variation with temperature. Phys Rev, 94: 767.

Wang T C. 1953-1954. Pure nuclear quadrupole spectra in solids. Doctor dissertation, Columbia University.

Gordon J P, Wang T C, Zeiger H J, et al. 1954. Molecular microwave oscillator and high resolution spectrometer. Sci, 120: 780.

Wang T C. 1955. Pure nuclear quadrupole spectra of Cl and Sb isotopes in solids. Phys Rev, 99: 566.

Shimoda K, Wang T C, Townes C H. 1956. Further aspects of the theory of the maser. Phys Rev, 102: 1308.

Wang T C, Javan A. 1957. Two cavity maser spectrometer. Bulletin of American Physical Society, Series ll, 2: 209.

Alsop L E, Giordmaine J A, Townes C H, Wang T C. 1957. Measurement of noise in a maser. Phys Rev, 107: 1450.

Giordmaine J A, Wang T C. 1960. Molecular beam formation by long parallel tubes. J Appl Phys, 31: 463.

Wang T C. 1960. Influence des fluctuations du nombre des Molécules sur la fréquence d'un maser oscillateur a faisceau moléculaire. Le Journal de physique et le radium, 21: 261.

王天眷. 1964. 关于物质的电磁共振和量子放大. 科学通报, 5: 386.

王天眷. 1980. 共振波谱学对原子分子物理的贡献和展望. 现代物理（自然杂志增刊），1: 1.

王天眷, 张志三. 1982. 应用激光探测单个原子和分子的问题. 激光, 9 (5): 10.

王天眷, 张祖仁, 李兆霖, 等. 1982. 单个绝原子的激光探测. 激光, 9 (5): 17.

Wang T J. 1985. Nuclear electric hexadecapole interactions in solids. J Magn Reson, 64 (2): 194.

张杰, 程丙英, 张道中, 等. 1988. $PbCl_2$分子的光解离. 物理学报, 5: 41.

Wang T J, Yang J C. 1989. On nuclear electric hexadecapole interactions (NEHI) in solids. J Mol Struct, 192: 387.

主要参考文献

李丽云, 左白秋, 张泽渤. 2010. 王天眷//汪前进, 黄艳红. 中国科学院人物传·第一卷. 北京: 科学出版社: 533.

郑耀华, 左白秋. 2001. 王天眷//沈克琦, 戴念祖. 中国科学技术专家传略: 理学编: 物理学卷2. 北京: 中国科学技术出版社: 43.

钱临照. 1994. 波谱学//"当代中国"丛书编辑委员会. 中国科学院（上）. 北京: 当代中国出版社: 326.

撰写者

裘鉴卿（1940~），中国科学院武汉物理与数学研究所（原武汉物理研究所）研究员，1961~1981年与王天眷在同一研究组或研究室工作。

李丽云（1942~），中国科学院武汉物理与数学研究所研究员，1965~1981年与王天眷在同一研究组或研究室工作。

王开绚（1957~），博士，王天眷之女。

王承书

王承书（1912～1994），湖北武昌人（生于上海）。物理学家，气体动力学和铀同位素分离专家，中国铀同位素分离理论研究的奠基人。中国科学院学部委员（院士）。1934年毕业于燕京大学物理系，1936年获硕士学位。1944年获美国密歇根大学博士学位，先后任密歇根大学副研究员、研究员，并曾两度在普林斯顿高等研究院工作。早年在国外致力于稀薄气体动力学的研究，第一个提出求解玻尔兹曼方程的本征值理论，并推导出适用于多原子气体的修正玻尔兹曼方程。1956年回国后，历任原子能研究所热核聚变研究室副主任、铀同位素分离研究室副主任；二机部第605所副所长、大型气体扩散机研制总设计师；核工业部科学技术局总工程师、部科学技术委员会常委等职；曾兼任中国核学会常务理事、同位素分离分会理事长等职。她在中国开创了受控核聚变和等离子体物理领域的研究，并为其发展打下了坚实基础；开拓并领导了中国铀同位素分离的研究，在有关理论及实际应用方面作出重要成果；领导并参与研制成功中国第一台大型浓缩铀扩散机；在领导气体离心法与激光分离铀同位素的研究方面作出了卓有成效的成绩。并培育了一支该学科领域的理论研究队伍。其研究成果1978年获得全国科学大会奖和国防科委特别奖。

一、生平概要

王承书1912年6月26日出生于上海，不久，全家迁居北京。1994年6月18日因病卒于北京，享年82岁。

王承书姐妹四人，分别取《诗经》、《书经》、《礼经》、《易经》中的一字，取名承诗、承书、承礼和承易。她在《中国科学院院士自述》中说："我出生于上海市的一个封建家庭。父亲早年中进士，后又被清政府派送日本留学，民国初年曾任内务部警政司司长兼警官高等学校教授。我从四岁半入学，直到大学毕业都是在教会学校读书。我童年时的家庭应该是简单的，而实际上很复杂，这使我痛恨封建社会。"

青少年时期的王承书对科学的兴趣就十分浓厚，自小就有一股不服输和自强不息的精神。她体弱多病，小学六年级和初中三年级时曾两次因病休学一年，但却通过自学补上了功课，并与原班同学一起参加了升学考试，而且两次都以优异的成绩被录取。她一直以居里夫人作为自己的榜样，顽强拼搏、刻苦钻研。1930年她考上燕京大学物理系。她认为，当时世界上最先进的自然科学是物理学，而当时中国的物理学远远落后于世界，学好物理可以实现自己的抱负。在该班13个入学新生中，她是唯一的女性。经过逐年淘汰，1934年仅毕业了4名学生，王承书名列榜首，并获得金钥匙奖。继而她又用两年时间攻读研究生，并于1936年获硕士学位后留校任教。1937年抗日战争爆发，王承书离开北京，之后几年，她辗转于南京、武昌、桂林、贵阳等地求学和工作，此间曾在湘雅医学院任讲师一年多。她在自述中说："我的学生时代，正值中国外受帝国主义的压迫，内受军阀与反动政府的统治时期，由于对当时状况的不满，养成了很浓厚的民族主义思想和正义感。"

1941年美国接受了王承书的申请，同年8月到密歇根大学（University of Michigan）攻读博士学位。1944年通过博士论文答辩，后又从事两年博士后工作。1946~1956年任密歇根大学副研究员和研究员，并曾两度在普林斯顿高等研究院（Princeton Institute for Advanced Study）工作。

1949年，新中国成立了，这一伟大事件强烈地激起了王承书报效祖国的赤子之心。她明确地表示："虽然中国现在很穷，进行科研的条件差，但我不能等别人把条件创造好了再回国，我要亲自参加到创造条件的行列中去，我的事业在中国。"为了避免美国政府在她回国时制造麻烦，回国前她就将有关书刊和资料分成300多个邮包，从美国陆续寄往北京。1956年她回到祖国，目睹了祖国翻天覆地的变化，暗下决心，要以十倍的精力，百倍的热情拼命工作，要把自己的全部智慧和力量奉献给祖国。

1956~1958年，王承书被安排在中国科学院近代物理研究所理论研究室工作，兼任北京大学物理系教授，讲授热力学和统计物理学。1958~1961年，核工业部原子能研究所筹建热核聚变研究室，她被调到该室从事理论工作，从事受控聚变反应及等离子体物理方面的工作，参加了填补我国这方面空白的业务组织领导具体业务工作，领导并参加了两个为研究受控聚变装置的物理设计及参数选择。20世纪60年代，因苏联撤走专家，中国第一个分离铀同位素的工厂面临无法启动的严峻形势，王承书以国家利益为重，毅然接受了自己从未搞过的铀同位素分离工作，从此，王承书的名字在中国物理界悄然无声地消失了，她与吴征铠、钱皋韵等化学、物理和工程方面的专家一起，开始了她后半生的默默奉献。1961~1965年任原子能研究所铀同位素分离研究室副主任，为中国第一座铀分离工厂的启动进行了若干理论课题的研究，参加了级联的定态、动态的计算及分析，任 4 号机的总设计师，主持和参加了参数选择等工作。1965~1978 年任二机部华北 605 所副所长；第三研究院革委会副主任；大型气体扩散机研制总设计师，参与和指导了有关扩散机的改进，新工厂的级联设计计算等工作。1978~1994 年任核工业部科学技术局总工程师和部科学技术委员会常委，任中国自行设计和加工的大型气体扩散机、大型铀同位素分离专用设备的总设计师和"七五"国家重点科技项目——第二代和第三代分离铀同位素技术项目——"离心法"和"激光法"分离铀同位素专家组组长。

王承书 1961 年加入中国共产党，是中国人民政治协商会议第二届全国委员会委员，第三、四、五届全国人民代表大会代表。1981 年被选聘为中国科学院数学物理学部学部委员（院士）。1980 年后，任中国核学会第一、二届常务理事，中国核学会同位素分离分会第一届理事长和第二届名誉理事长，并兼任清华大学工程物理系教授和大连理工学院物理系教授。

二、学术生涯

我这一生中，事业占据了我整个生命的三分之二，为此，我失去了一个女人应给予家庭的一切。但是，我并不后悔，因为，作为一个女人，事业和家人是很难两全的。

摘自《中国科学院院士自述》

1941 年，王承书在她的新婚丈夫、物理学家张文裕的积极支持和她自己的努力下，得到了美国密歇根大学的巴尔博奖学金，这是该项奖学金首次破例接收一个已婚妇女的申请，从此，王承书开始了艰辛的国外求学和科研之旅。在美国期间，王承书主要从事气体分子运动论的研究，在求学和从事研究工作期间，发表了多篇处于当时这一领域世界前沿的、主要是有关稀薄气体动力学方面的重要论文。她的导师和合作者是电子自旋的发现者之一，后来成为理论物理学方面学术权威的乌伦贝克（G. E. Uhlenbeck）教授。这一段合作显然给乌伦贝克教授留下了深刻的印象，数十年后，乌伦贝克还在 1980 年流体力学年鉴上发表文章，对他与王承书在这一时期的研究作了回顾和高度评价。

众所周知，物质都是由微观粒子（分子、原子）组成的。气体分子运动论就是用统计的方法研究气体中大量微观粒子（分子）的运动，从而得出气体宏观属性规律的理论。气体的宏观属性可用分子的速度分布函数求得，所以，求解分子的速度分布函数就是这一理论的核心。1872 年玻尔兹曼（L. Boltzmann）导出了速度分布函数必须满足的非线性积分微分方程，即著名的玻尔兹曼方程，但该方程当时无法求解。直到 40 多年后（1916～1917 年）查普曼（S. Chapman）和恩斯科克（D. Enskog）才第一次给出在一般情况下求解的一种方法。即将分布函数展开成克努森（Knudsen）数的幂级数的逐级近似方法。根据其一级近似所得的流体动力学方程，就是通常适用于连续介质的纳维-斯托克斯（Navier-Stokes）流体动力学方程组，对纯分子流区得出了明确的解。而对处在两个极端之间的过渡区，即稀薄气体区则最难求解，此时必须考虑高阶项的作用，阶数愈高，相应的边界条件愈难确定，求解愈复杂，甚至无法求解。1935 年伯纳特（D. Burnett）导出了二阶近似的流体动力学方程，即伯纳特方程。王承书和其导师就是致力于在稀薄气体区中用查普曼-恩斯科克的方法研究气体的运动特性，从而试图解决求解过程中的收敛问题和边界条件问题。1948 年，通过慎重的，反复的分析和推算，王承书发现了查普曼和考林（T. G. Cowling）的力学经典著作 The Mathematical Theory of Non-Uniform Gases （《非均匀气体的数学理论》）一书的第一版中关于伯纳特结果的重要错误，并给出了正确的结果。在此基础上，她在求解声波的色散和吸收问题中发展了三阶，甚至部分四阶近似的流体力学方程，扩展了玻尔兹曼方程的应用范围。此外，原始的玻尔兹曼方程只适用于单原子气体，单原子分子模型是球对称的，除了平动能外没有其他的内能。但自然界中存在的气体大多是多原子气体，分子除了有平动能外还有其他的能量形式（如转动能、振动能等），在碰撞过程中各种形式的能量之间会出现互相转换。王承书和其导师吸取了量子力学中的方法，在 1951 年提出了适用于多原子分子气体的广义的玻尔兹曼方程，后被人们广泛地称为"WCU"方程（C. S. Wang and Uhlenbeck）。1952 年王承书又首次证明了对于麦克斯韦（Maxwell）气体线性化的玻尔兹曼微分积分算符的本征函数，也就是索南（Sonine）多项式，并求出了它的本征值的谱。通过王承书的工作，无论从理论或实际应用上来看，都使玻尔兹曼方程的求解在数学上达到了更完整，更可靠的程度。

王承书的成就对当时的高空物理和气体动力学研究是极有价值的。但由于某些原因，论文"On the transport phenomena in rarefied gases."（1948）（"单原子气体中声音的传播"）；"On the dispersion of sound in helium."（1948）；"On the theory of the thickness of weak shock waves."（1948）；"On the propagation of sound in monatomic gases."（1952）；"The kinetic theory of a gas in alternating outside force fields: a generalization of the Rayleigh problem."（1956）未能及时公开发表，直到 1970 年，乌伦贝克才在美国为她公开发表。王承书在国外的研究成果已在美国、俄罗斯、意大利和国内许多学者的著作中被多次引用。

1956 年年底，王承书回到了久别的祖国，被分配到近代物理研究所，仍从事气体动力学的理论研究。同年年底，有关领导希望王承书改行从事铀同位素分离的研究工作，当时她已 40 多岁，要从头搞一项自己从未搞过的工作，困难可想而知。在美国她就听说，这是一项保密程度极高、难度极大、当时还是相当神秘的技术，世界上也只有极少数几个国家掌握。国家把这么重大的任务交给她，是她绝对没有想到的。经过慎重考虑，她明确表示，这项工作谁都没干过，谁干都不容易。相对而言，别人的工作都早已步入正轨，而且还带着年轻的同志，只有我刚回国，我去干，对所里工作的影响最小。于是，她悄悄地做起了准备。1958 年春，所里给王承书分配了 8 名北京大学刚毕业的大学生，要求她给他们讲授同位素分离理论课程。她参考美国学者柯恩（K. Cohen）的理论著作，边学边讲，培养出了这批从事这方面工作的人才，为中国铀同位素分离事业创造了一个良好的开端。此时，原子能研究所决定筹建热核聚变研究室，王承书被调往该室从事理论工作。1959 年，王承书去苏联实习 3 个月，在回国的火车上，她顾不上休息，仅用不到一周的时间，就译出了有关热核聚变研究的 Project Sherwood（《雪伍德计划》）一书（译者笔名郭臻），此书成为以后从事该项工作人员的一本重要参考资料。经两年努力，王承书对这项技术已十分熟悉，并产生了浓厚的兴趣。当时热核聚变是世界上最前沿最热门的科技领域之一，她还做好了打算，准备加入这项激烈的国际"竞争"，在"起跑线"上和西方发达国家一决高低。但是，20 世纪 60 年代初，苏联撤走专家，使全部用苏联机器装备起来的、尚待启动的中国第一个铀同位素分离工厂陷入困境。资料不全，问题成堆，人才匮乏……1961 年 3 月，有关领导再次请来了王承书，希望她隐姓埋名，再次参与到这项关系国家命运的工作中来。王承书二话没说，当天下午就到原子能研究所铀同位素分离研究室报到，之后就一直进行了数十年的铀同位素分离理论研究工作。

铀-235 同位素原子在吸收热中子后会产生裂变连锁反应，释放出巨大能量。但是，在天然铀中，铀-235 丰度只占 0.7%，必须将其丰度值富集到 3% 左右才能作为核电站的燃料，富集到 90% 以上才能作为核武器的装料。一个铀同位素分离工厂就是把许多分离铀同位素的单元，以一定的方式联在一起，组成"级联"，生产出铀-235 丰度达到要求的产品（精料）。级联理论是工厂运行的理论基础，它包括定态和动态两部分。净化级联是定态研究的重要课题之一。因为由矿中开采出的铀元素中共存着许多杂质，这些杂质尽管含量很低，但由于其分子量远远小于铀-235，因而它们在主级联产品中的富集程度要比铀-235 高得多，造成产品中杂质含量超过合格标准。净化级联是专门设计的一个小级联，它以主级联的精料产品为供料，杂质富集到它的精料中，它的贫料才是达到合格标准的最终产品。要严格计算最终产品中各种轻杂质的丰度是十分困难的，苏联专家撤走时虽留下了净化级联的原设计，但大家对这个设计是否适用心中无数，时间又十分紧迫，王承书带领钱皋韵等专家运用数学上不完全自洽的简化计算方法，结合分析，得出了物理图像清晰、工程上已足够应用的结果。与此同时，也设计了一个试验级联进行检验。实验结果与简化计算符合得相当好，在以后工厂实际的净化级联投入运行后，获得了满意结果。

动态研究主要是研究在正常运行中的级联受到"干扰"后混合气体的行为。级联是个一体化的系统，任何干扰都有可能波及整个级联，使产品的丰度值受到影响。工厂分批启动方案的研究就是动态研究中的一个重要课题。在王承书负责并指导下，成立了一个级联理论小组，进行了大量的计算。为了增加实践经验，她每年都要去几次工厂了解情况，对计算结果进行反复检查和认真分析，最终得出了级联中丰度随时间变化的理论曲线。1963年底，工厂第五批机器启动，这是最关键的时刻，王承书还没来得及与准备从苏联杜布纳联合核子研究所回国探亲的张文裕先生见面，就去工厂了。在工厂，她和大家一起不断地核对理论曲线和实测数据，1964年元旦就在这样紧张的工作中度过，当看到实测结果同理论计算很好地吻合，丰度果然达到预期值时，大家欢欣鼓舞，庆祝胜利。王承书为提前完成供给中国第一颗原子弹的装料计划作出了贡献。

为了适应对浓缩铀需求的增长，1964年国家下达了研制大型铀同位素分离专用设备的任务。王承书担当了总设计师的重任，并亲自参加物理参数的选择工作。这是完全由中国自行设计、制造的大型专用设备，周恩来总理曾两次指示要抓紧研制定型。但由于"文化大革命"的影响，直到20世纪70年代后期该机才设计定型。该项目1978年获得全国科学大会奖和国防科委特别奖。

1978年王承书调到核工业部直属机关从事组织、领导科研生产和培养人才的工作。她经常下工厂和科研单位，深入实际，掌握情况，为上级部门提供了关于中国铀同位素分离工厂的经济性分析报告。她瞄准世界上第二代分离方法的新技术，并预见到设备寿命问题是这项技术成败的关键之一，为此，她不顾自己年事已高，率先从头学起，并组织科研人员经过十多年的共同努力，取得了突破。目前，第二代方法在中国已实现了工业应用，在她的指导下，第三代方法也已取得重大进展。

王承书的本专业是理论物理，但她十分重视实践。在参与铀同位素分离理论工作后不久，她就提出：搞理论工作不能从理论到理论，更不能满足于推演数学公式，铀同位素分离工厂有大量的工艺和工程问题要解决，理论工作者必须做到理论建模结合物理图像，最后能以物理图像或实验验证来解读理论结果，这样的理论对工程技术和流程工艺才有指导作用。在参加工作的几十年里，她在不同场合反复强调这个指导思想并付诸实践，造就了一批工程技术领域中既有理论水平又有实际经验的科学工作者。在组织领导工作上，她一直主张能"并联"完成的工作任务就不要"串联"，并强调这样做不只是为了争取时间，而是工程科研工作的特点所决定的，因为工程科研每项阶段性工作之间本来就有内在关联，不可能清晰地划分，后一阶段工作的某些结果可能会对前一阶段工作的内容提出修改意见，如果能提前交叉进行研究，既节约了时间，又节省了费用。实践证明了她这一思路的正确性。

她对科研论文和课题总结报告的编写有很严格的要求，首先是强调语法和逻辑性，对于文章中出现的因果倒置、有因无果或有果无因的语句，她认为这是思维混乱的表现。此外，她还强调科研文章中的实验结果必须要有误差分析；小数点后的位数要取得合理；物理量单位必须合乎标准甚至标点符号都不允许出错等等。凡是受过她这种近乎苛刻的科学训练的科技工作者，事后都深深感到这些都是必备的基本功，是受用一辈子的财富。

数十年来，王承书同广大工人、工程技术人员和科研工作者一起，在极其困难的条件下，开创了中国的铀同位素分离事业。她在担负组织领导工作的同时，还不断学习新的知识，亲自讲课，亲自参与研究，在铀同位素分离理论领域中做了大量开拓性工作，解决了工厂运行中遇到的一个又一个理论难题，培养了一批又一批优秀科研人才，在中国铀同位素分离事业的各个阶段作出了重要贡献。

王承书一生刻苦勤俭，严于律己，宽以待人。20世纪三年困难时期，为了弥补办公经费的不足，她用自己的钱购买大量纸张供科研人员使用；她还把自己外出办事的出差补助费、各种奖励和稿费捐献给单位购买书籍和文具，并资助中国核学会铀同位素分离分会开展学术交流活动。临终前，她还把所有藏书都捐献给了核工业部第三研究院。

但是，社会上知道王承书的人是非常少的，她生前总是婉拒记者的采访，极少出头露面，回国后几乎没有发表过公开论文，严格地恪守她对钱三强的承诺——隐姓埋名一辈子。这不仅是对一个领导的承诺，而是对一种神圣职责的承诺。这不是所有的科学家都能做到的。

数十年来，王承书在中国铀同位素分离领域里，默默无闻、辛勤耕耘，为中国铀同位素分离事业作出了重要贡献。当她年逾80时，还在研究新问题，开创新途径。她这种贯穿一生的执著精神，体现了老一代科学技术工作者的崇高品德。

三、主要学术成就

王承书在科学方面的主要成就分国外、国内两个方面。在美国期间，主要是提出了求解玻尔兹曼方程本征值的理论，扩展了玻尔兹曼方程的应用；在国内，主要是奠定了中国铀同位素分离的理论基础。

四、王承书主要论著

王承书，张文裕. 1934. Automatic continuous records of the at mospheric potential gradient（大学毕业论文）. 物理学报，Ⅰ：2.

王承书，张文裕. 1942. Analysis of beta disintegration data. Part Ⅰ, the sargent curve and the Fermi and K. U. theories of beta-radioactivity. 科学记录，Ⅰ：98.

王承书，张文裕. 1942. Analysis of beta disintegration and the complexity of atomic nuclei. 科学记录，Ⅰ：103.

Wang C S. 1949. On the continuous gamma-radiation accompanying the beta-decay of nuclei. Phys Rev, 76：364.

Wang C S, Uhlenbeck G E. 1949. Transport phenomena in very dilute gases Ⅰ. Univ. of Michigan Report.

Wang C S, Uhlenbeck G E. 1950. Transport phenomena in very dilute gases Ⅱ. Univ. of Michigan Report.

Wang C S, Uhlenbeck G E. 1951. Transport phenomena in polyatomic molecules. Univ. of Michigan Publication, USA, CM681.

Uhlenbeck G E, Wang C S. 1952. Is there a necutral μ-meson. Phys Rev（L），85：684.

Wang C S, Uhlenbeck G E. 1953. The heat transport between two parallel plates as function of the Knudsen number. Univ. of Michigan：Project M999 Eng Res Inst.

Wang C S, Uhlenbeck G E. 1954. The Couettec flow between two parallel plates as function of the Knudsen number. Univ. of Michigan：Project M999 Eng Res Inst.

Wang C S, Uhlenbeck G E. 1956. On the behavior of a gas near a wall, a problem of Kramer's. Univ. of Mechigan：2457-1-T.

Wang C S, Uhlenbeck G E. Boer J de. 1964. The heat conductivity and viscosity of polyatomic gases. Studies in Statistical Mechanies, 2.

Wang C S, Uhlenbeck G E. 1970. On the transport phenomena in rarefield gases. Studies in Statistical Mechanies, 5.

Wang C S. 1970. On the dispersion of sound in helium. Studies in Statistical Mechanies, 5.

Wang C S. 1970. On the theory of the thickness of weak shock waves. Studies in Statistical Mechanies, 5.

Wang C S, Uhlenbeck G E. . 1970. On the propagation of sound in monatomic gases. Studies in Statistical Mechanies, 5.

Wang C S, Uhlenbeck G E. 1970. The kinetic theory of a gas in alternating outside force fields：a generalization of the Rayleigh problem. Studies in Statistical Mechanies, 5.

主要参考文献

中国科学院学部联合办公室. 1996. 中国科学院院士自述. 上海：上海科学出版社.

高玉兰. 1989. 通向成功之路——记工程物理学家王承书 核科学家的足迹. 北京：原子能出版社.
诸葛福，黄更生. 1993. 记核科学家王承书. 现代物理知识 5（1）：18.

撰写者

陈念念（1941~），核工业理化工程研究院研究员，中国工程院院士。王承书同事。

杨澄中

杨澄中（1913~1987），江苏武进人。核物理学家。中国科学院学部委员（院士）。中国原子核科学事业的开拓者之一。1937年毕业于中央大学物理系，1950年获英国利物浦大学博士学位。1951年回国。曾任中国科学院近代物理研究所所长、名誉所长，中国物理学会常务理事、核物理分会理事长，甘肃省物理学会理事长和甘肃省科协副主席。他是国际上最早研究轻核削裂反应的学者之一，1949年首次测量了（d, p）反应的出射质子角分布，得到了削裂反应机制的证据。1957年率领一批青年科技人员赴兰州，创建了中国科学院兰州物理研究室。1959年领导建成了中国第一台高压倍加器。1963年领导建成1.5m回旋加速器。1965~1970年，承担国防科研任务，领导完成了一批重要热核材料的轻核反应数据测量。领导开创了中国重离子物理实验研究，提出并领导了中国第一台大型分离扇重离子回旋加速器的建造，该装置于1988年建成。1979年获全国劳动模范称号，1982年获国家自然科学奖三等奖，1992年获国家科技进步奖一等奖。他为中国原子核物理和加速器科学技术培养了一批人才。

一、生平概要

杨澄中1913年4月17日出生于江苏省武进县，1987年12月28日于兰州逝世，享年74岁。

杨澄中出身于一个中学教师家庭，学生时代就勤奋好学，成绩优异。1937年毕业于中央大学物理系，留校任助教、讲师。1945年冬去英国留学，先后在莱士特大学（University of Leicester）物理系和利物浦大学（The University of Liverpool）物理系攻读研究生，并兼任利物浦大学助理讲师。1949年完成了 ^{27}Al、^{24}Mg 和 ^{31}P 的（d, p）和（d, α）反应研究，1950年获得哲学博士学位，并受聘为利物浦大学物理系讲师。1951年回国，出任中国科学院近代物理研究所（1953年改名为物理研究所，1958年又改名为原子能研究所）副研究员。1957年根据中央的部署，他受命率领一批青年科技人员赴兰州，创建了中国原子核物理后方研究基地——中国科学院兰州物理研究室。1962年由于"613"工程处负责建造的1.5m回旋加速器即将建成，上级决定兰州物理研究室和"613"工程处合并，成立中国科学院近代物理研究所，杨澄中出任副所长（所长空缺）。后来又担任中国科学院近代物理研究所所长、名誉所长。兼任中国物理学会常务理事、核物理分会理事长，甘肃省物理学会理事长和甘肃省科协副主席等职务。1980年加入中国共产党。1981年当选为中国科学院学部委员并任数理化学部核学科组组长。他是中国原子核科学事业的开拓者之一。是第二、三、五、六届全国人大代表，第三、四、五届甘肃省政协副主席。1979年荣获全国劳动模范称号。

二、学 术 生 涯

20世纪30年代，N. Bohr提出了原子核反应的复合核模型，成功地解释了许多核反应现象。但其后的研究发现，在低能轻核反应中，核反应不经过复合核阶段，而是入射粒子与靶核中的少数核子通过直接相互作用来完成，轻核削裂反应（stripping reaction）是最典型的例子。在英国利物浦大学攻读研究生期间，杨澄中抓住这一重要现象，在J. R. Holt教授指导下，于1949年利用他自己研制成功的微分电离室，开展了^{27}Al、^{24}Mg和^{31}P等的(d, p)和(d, α)反应研究，测到了^{27}Al(d, p)^{28}Al反应的出射质子明显的前冲分布，得到了轻核削裂反应机制的证据。1950年，他以"原子核削裂反应"为题的论文获得哲学博士学位。杨澄中是世界上最早研究轻核削裂反应的学者之一。

1951年，为了报效祖国，杨澄中辞去了英国利物浦大学的聘任，放弃了在核物理前沿取得更大成就的机会，携妻女回国，献身于祖国的原子能科学事业。他是新中国成立初期回到祖国的科学家之一。回国后，他参加了中国第一个原子能科学研究机构——北京的中国科学院近代物理研究所初期创业的工作，任副研究员和物理组副组长。当时中国的原子能科学研究基本上是一片空白，设备落后，连一台粒子加速器都没有。西方国家对中国实行封锁，苏联和东欧国家能够提供给的核物理实验设备又非常简陋。在这种情况下，杨澄中同赵忠尧一起，于1955年领导建成了中国第一台大气型700kV质子静电加速器。在杨澄中的领导下，研制成功了中国第一批用于原子核物理实验研究的闪烁探测器和核电子学仪器。这些设备为中国开展原子核物理实验研究创造了条件。1957年杨澄中在北京还负责设计建造了中国第一台400kV高压倍加器。

根据国家科学发展的长远规划，为适应国防研究与原子能科学技术发展的需要，1956年，中央对中国原子能科学事业的发展作出了战略性安排和科学布局。创建中国核科学事业后方研究基地，成为当时的迫切任务之一。在这种历史条件下，1957年，杨澄中受命率领一批青年科技人员，从首都北京奔赴兰州，创建了中国科学院兰州物理研究室，为在祖国的西北腹地建立原子核物理研究基地，开始了新的艰苦创业。在当时极其困难的条件下，他领导研究室全体人员奋发努力，短期内改进并重新安装、调试成功了从北京搬迁到兰州的400kV高压倍加器，达到了设计指标，于1959年投入运行，为近代物理研究所早期开展的快中子物理和轻核反应以及后来的一项重要国防科研任务提供了条件。同年，在兰州召开了中国高压倍加器现场会，将这项加速器技术向全国推广。随后，物理研究室的科技人员与上海先锋电机厂合作设计和建造成功600kV高压倍加器，由先锋电机厂生产并向全国供货。与此同时，在杨澄中的领导下，研制了用于核物理实验的多种类型的粒子探测器，如蒽晶体和NaI（Tl）晶体、气体计数器和裂变电离室等。并研制出一批核电子学线路，如线性放大器、高压稳定电源和脉冲甄别器等。杨澄中带领科技人员利用这些装置和自制的仪器设备，在兰州开展了轻核反应和快中子物理研究，取得了许多重要成果。更为重要的是，通过这些工作锻炼培养了一支从事原子核物理研究的队伍。

1958年中国从苏联引进1.5m回旋加速器，并在兰州成立了"613"工程处，承担安装和调试任务。到1960年末，刚刚完成加速器主要部件的安装，苏联政府就撕毁合同，撤走专家，带走了设计图纸和资料，终止了未到货设备的供应。当时正值中国3年经济困难时期，在上级领导支持下，杨澄中带领全体工程技术人员，发扬"自力更生，奋发图强"的精神，克服重重困难，使1.5m回旋加速器于1963年5月建成出束，正式投入运行。这是当时国内最大的回旋加速器，它的建成为中国的原子核物理研究创造了重要的实验条件。此前一年即1962年，中国科学院兰州物理研究室与"613"工程处合并，成立了中国科学院近代物理研究所，杨澄中出任副所长。这样，经过7年多的艰苦创业，到1965年，在祖国的西北腹地兰州建成了一个包括加速器科学技术、实验核物理、理论核物理、核化学、核电子学和核辐射探测器等门类齐全的原子核物理综合性研究所，并已初具规模。

1965年，中国科学院近代物理研究所接受了二机部下达的与氢弹研制有关的两项主要热核材料的核数据测量任务，测量低能氘-氚和氚-氚反应截面，以及阈值14MeV中子对^{6}Li、^{7}Li的非弹性碰撞截面和次级中子能谱。在杨澄中的精心组织和亲自参加下，集中了全所的主要科技力量，建立了5个实验组进行攻关。不仅利用了近代物理研究所已有的1.5m回旋加速器、400kV和600kV高压倍加器，而且专门建造了一台50kV离子源和一台150kV高压倍加器。在攻坚阶段，正值"文化大革命"初期，虽然受到一些干扰，但是杨澄中等从未间断研究工作。全所科技人员经过 5 年的艰苦努力，终于在 60 年代末圆满完成了 15～150keV 氚-氚反应总截面和 13.8～114.3keV 氚-氚反应总截面的绝对测量，测量误差均小于±5%；同时圆满完成了阈至 14Mev 中子对 ^{6}Li 和 ^{7}Li 的非弹性碰撞截面及次级中子能谱测量，其截面测量精度在±10%左右。这两项任务的完成，为中国的氢弹研制提供了自己的实验数据，并检验了国外文献上相应的测量数据，澄清了某些分歧。从测量结果和测量技术水平看，两项研究分别达到了当时的国际水平和国内先进水平，获得二机部的高度评价和 1978 年全国科学大会奖。杨澄中为这两项国防科研任务的完成作出了重要贡献，他不仅是组织者和主要业务领导者，而且亲自参加了其中重要的实验工作，解决了一系列关键性的理论和技术难题。例如，攻克了用量热器方法测量加速器束流强度的热阀的关键技术，推导了用小回旋质谱计分析气体靶纯度的理论公式，推导并修改了快中子对轻核的透射实验中的活化法和球壳法的理论公式等。

20 世纪 70 年代，国际上重离子物理发展成为核物理研究的重要前沿领域。1970 年，近代物理研究所把 1.5 米回旋加速器改建成能够加速碳、氮、氧的重离子加速器，合成了 3 种超钚元素的同位素。其后的 1973～1984 年，杨澄中领导全所科技人员，用 ^{12}C、^{14}N 和 ^{16}O 三种重离子束轰击 30 多种靶核，开展了大质量转移、轻粒子发射等 7 个方面的系统研究，得到了一批具有创新意义的研究成果。1974 年，杨澄中通过对 ^{12}C+^{209}Bi 反应测量数据的系统分析，肯定了重离子反应中的 ^{8}Be 大质量转移反应机制。该成果（"重离子核反应中的大质量转移反应机制研究"）获得 1982 年国家自然科学三等奖。

为了使中国的重离子物理研究尽快走向国际前沿，杨澄中与相关人员在 1972 年向二机部和国家科委提出了在兰州建造大型分离扇重离子回旋加速器（HIRFL）的建议，并主持和参与了概念性设计及立项论证。1976 年 11 月，国家计委批准了 HIRFL 的建造计划，代号为"7611"工程。从那时起，杨澄中为 HIRFL 的设计和建造倾注了巨大的精力。他根据工程建设的需要调兵遣将，对全所科技力量进行了调整和组合；亲自主持确定了加速器的主要参数，并以深厚的学识指导设计工作的进行；他以年近七秩之身同年轻人一起出国考察，在全国上下和大江南北跑加工；当他生病住院时，躺在病榻上还念念不忘 HIRFL 设计建造中遇到的难题。HIRFL 于 1988 年 12 月建成，成为国际上为数不多的重离子物理研究装置。经国家鉴定和验收，其主要技术指标达到了 20 世纪 80 年代国际先进水平，其成果（"兰州重离子加速器的设计与建造"）获得 1991 年中国科学院科技进步特等奖和 1992 年国家科技进步一等奖。然而遗憾的是，一年前病魔夺去了杨澄中的生命，他没有能够同他创建的研究所一起享受加速器胜利建成的喜悦。

HIRFL的建成标志着中国的回旋加速器技术进入了国际先进行列，并为建立开放的重离子加速器国家实验室，开展中能重离子物理基础和应用研究创造了实验条件。如今，近代物理研究所已发展成为中国重离子物理研究的重要基地之一。杨澄中作为中国重离子加速器和重离子物理研究的先驱而载入中国原子能科学技术发展的史册。

杨澄中在分析国际上已经发现的近百个β-延迟中子先驱核的资料后，于1983年提出了β-延迟中子先驱核线的概念。他指出，由于实验条件的限制，在中子滴线附近一时难以合成新的核素时，还不如仔细研究一下 $N/Z = 1.587$ 这条线附近的核素更有现实意义。他的这一思想对后来近代物理研究所合成和研究首批新核素具有重要的指导意义。

杨澄中为中国原子核物理研究和加速器科学技术的发展孜孜不倦地奋斗了37个春秋，成果累累，功绩卓著。纵观他的后半生奋斗历程，有挫折也有成功，不管是顺境还是逆境，30多年来一直在原子核物理的前沿领域拼搏，即使在患病期间也从未停下脚步。他晚年还兼任上海原子核研究所研究员、复旦大学教授，在病情稍有好转时即赶赴上海原子核研究所讲学。他逝世前几个月病重住院期间，还全面认真地分析了近代物理研究所多年来积累的重离子物理实验数据，总结经验，为研究生和业务骨干讲课。他学风严谨，事业心强，善于抓住实验现象透析其本质。做实验常常是头天深夜拿到数据回家分析，第二天一大早带着计算结果坐在实验室等待睡晚来迟的年轻人。不用多说一句话，这是无言的身教，使年轻人知道做科研是要付出艰辛的。作为一名实验物理学家，他不但物理和理论基础扎实，造诣深厚，分析问题具有深邃的洞察力，同时知识面广、技术全面，吹玻璃和上车床都难不倒他。他思维敏捷，讨论问题时面对一个复杂的数学算式，往往能当场迅速给出一个粗略的得数。有趣的是，这个数同以后的精确计算结果常常是相差无几。他培养后进认真负责，诲人不倦，哪怕是刚入道的年轻人找他提出最简单的问题，也从不拒绝。但是，他对下属要求甚严，要想在他面前得到表扬那是很难的，经常听到的是批评。然而，如果发现他对你的工作在层层加码，那实际上就是对你原来工作的肯定。

杨澄中也是一位优秀的科技工作组织者。30多年来，在他的领导下，近代物理研究所坚持"以重离子物理基础研究为主，积极开展核技术应用"的办所方针，不断发展壮大，取得数百项研究成果，这其中都凝聚着他的心血和汗水。他工作作风民主，尊重党委的领导，重大问题都要同领导集体讨论决定。他生活俭朴，不搞特殊，在近代物理研究所和学术界都享有很高的声望。

三、科 学 成 就

1. ^{27}Al(d, p)^{28}Al 的出射质子角分布

1949 年，杨澄中通过本实验测量到出射质子的明显前冲分布，在世界上首次得到了轻核削裂反应机制的证据。

2. 400 keV 高压倍加器的设计与建造

这是中国第一台高压倍加器，1959 年建成投入运行，为中国科学院近代物理研究所早期开展的快中子物理和轻核反应以及后来的一项重要国防科研任务提供了实验条件。1959 年在兰州召开了中国高压倍加器现场会，将这项加速器技术推向全国。

3. 15~150 keV 氘-氚反应和 13.8~114.3 keV 氘-氘反应总截面测量，以及阈 -14 MeV 中子对 ^{6}Li 和 ^{7}Li 的非弹性碰撞截面和次级中子能谱测量。

1965~1970 年期间，杨澄中领导并亲自参加完成了以上两项国防科研任务，实验结果分别达到当时的国际水平和国内先进水平，为中国的核武器研制提供了自己的核数据，并检验了国外文献报道的测量数据，澄清了一些分歧，获得 1978 年全国科学大会奖。

4. ^{12}C+^{209}Bi 反应研究

20 世纪 70 年代，杨澄中通过对近代物理研究所开展重离子物理以来实验数据的系统分析，肯定了在 ^{12}C+^{209}Bi 反应中，存在 ^{8}Be 大质量转移的反应机制。该成果获得 1982 年国家自然科学奖三等奖。

5. 兰州重离子研究装置 HIRFL 的设计与建造

该装置于 1988 年建成，使中国的回旋加速器技术进入了世界先进行列，为在中国开展中能重离子物理研究创造了实验条件。获得 1991 年中国科学院科技进步奖特等奖和 1992 年国家科技进步奖一等奖。

四、杨澄中主要论著

Young C T（杨澄中）. 1949. Inelastic scattering of deuterons. Nature, 164: 1000.

Young C T. 1950. The Angular distribution of protons from the reaction ^{27}Al (d, p) ^{28}Al. Proc Phys Soc (London), 63A: 8833.

杨澄中. 1960. 400kV 高压装置的建造与（D, D）中子能谱测量. 物理学报, 16: 160.

杨澄中. 1960. 高压倍加器的性能和用途. 原子能科学技术, 3: 110.

杨澄中. 1961. 2.52MeV 中子弹性散射角分布测量. 原子能科学技术, 10: 547.

杨澄中. 1962. 原子核反应和核结构. 物理学报, 18: 275.

杨澄中. 1966. 2–3MeV 能区的中子总截面. 原子能, 2: 65.

杨澄中. 1975. 重离子物理浅淡——展望原子能科学技术新发展. 兰州：中国科学院近代物理研究所.

杨澄中. 1981. A Detailed Study of the Reaction Mechanism for ^{12}C on ^{209}Bi at 61.1-73.0 MeV. Nucl Phys, A354: 589.

杨澄中. 1982. 核反应实验数据的综合分析及今后工作的初步考虑. 核物理动态, 1: 1.

杨澄中. 1983. 建所以来科研工作总结（1957–1983）. 兰州：中国科学院近代物理研究所.

杨澄中. 1985. β 延迟中子发射体岛和中子先驱核线. 核物理动态, 2: 1

杨澄中. 1989. 轻核反应截面测量. 北京：科学出版社.

主要参考文献

魏宝文, 刘建业, 李桂生. 2001. 杨澄中//沈克琦, 戴念祖. 中国科学技术专家传略：理学编：物理学卷 2. 北京：中国科学技术出版社：52.

撰写者

魏宝文（1935~），中国科学院院士、研究员。曾任中国科学院近代物理研究所所长。

刘建业（1937~），研究员。曾任中国科学院近代物理研究所理论物理研究室主任、所学术委员会主任。

岳海奎（1953~），中国科学院近代物理研究所办公室主任。

葛庭燧

葛庭燧（1913～2000），山东蓬莱人。固体物理学家。固体内耗和滞弹性领域的奠基人之一。中国科学院学部委员（院士）。1937年清华大学毕业，1943年获美国加利福尼亚大学博士学位。1943～1949年先后在美国麻省理工学院和芝加哥金属研究所进行科学研究。1949年回国后，先后任清华大学教授兼中国科学院应用物理研究所研究员，中国科学院金属研究所副所长，中国科学院合肥分院副院长、固体物理研究所所长等。

他发明的"扭摆内耗仪"在国际上称为"葛摆"，被国内外广泛采用，大大地推动了内耗研究的发展。他发现的晶界内耗峰在国际上称为"葛峰"，在材料科学中有广泛的应用。为了解释晶界内耗峰的机制，他提出了晶界的"无序原子群模型"，在国际上称为"葛模型"。他对多晶材料的内耗和其他滞弹性质进行了综合研究，奠定了滞弹性理论的实验基础。1956年获中国科学院科学奖金（自然科学）二等奖；1982年获国家自然科学奖三等奖；1989年获内耗与超声衰减最高国际奖——C. Zener奖；1996年获桥口隆吉材料科学奖和何梁何利基金科学与技术进步奖；1999年获美国金属和材料协会R. F. Mehl奖等。著有《固体内耗理论基础——晶界弛豫与晶界结构》。

一、勤奋求学　初显身手

葛庭燧于1913年5月3日出生在山东省蓬莱县潮水镇大葛家村的一个农民家庭，祖上世代务农。他在本村小学读书时，常在课余时间帮家里干些农活，从小养成了劳动的习惯。父亲葛启斌曾在北京一家面粉厂里当学徒，八国联军占领北京后，徒步逃回家乡。从小就听父亲讲过外国侵略者欺负中国人的悲惨故事，他立下了"学好本领，使祖国富强"的决心。在蓬莱县城第八中学毕业后，在兄长帮助下到北京师范大学理预科学习。1930年考取清华大学物理系。1933年因学习劳累，患了严重的肺病，休学两年，住在北平西山福寿岭贫民疗养院里。返校后，在进步同学的影响下，他怀着强烈的爱国热情，积极参加了"一二·九"学生运动，并加入了"中华民族解放先锋队"。

1937年由清华大学毕业后，他考入燕京大学物理系研究院，并担任该系的半时助教，1940年获硕士学位，论文题目是"钠的吸收光谱分析研究"。在这里他结识了刚从美国回国在物理系任教的何怡贞博士。1940年7月应西南联合大学吴有训、叶企孙教授的邀请，赴昆明担任该校物理系教员。1941年7月在上海与何怡贞女士结婚，并于8月一同去美国。

他怀着学好本领、将来报效祖国的愿望来到美国，在加利福尼亚大学伯克利分校（University of California, Berkeley）物理系攻读博士学位。他刻苦学习，成绩优秀，只用两年时间就于1943年获得了博士学位。论文题目是"不可见紫外光源的研究"，这是一项与军事有关的研究工作。1943~1945年他在美国麻省理工学院（Massachusetts Institute of Technology）光谱实验室工作，曾参加美国曼哈顿计划，进行"铀及其化合物的光谱分析"工作；又在该学院的辐射实验室进行远程雷达天线的研究。由此获得了美国国防委员会颁发的两张奖状和一枚奖章。

二、内耗开拓者　学科奠基人

1945年9月，著名理论物理学家C. Zener教授到麻省理工学院为新组建的芝加哥大学（University of Chicago）金属研究所招聘人员，并作了一个题为"金属中的滞弹性和内耗谱"的报告。内耗（Internal friction）是材料在机械振动过程中由于内部原因引起的能量损耗，在工程上是材料阻尼性能的指标。内耗谱就是这种能量损耗随着频率、温度等外部参量的变化谱，由于它能够灵敏地反映材料内部微结构的状态和变化，因而是一种有潜力的物理检测工具。葛庭燧从这个报告中认识到"内耗谱"这个新兴的研究领域，将与光谱同样在物理学中占有重要的位置，并将能应用于祖国的经济建设。从此他迈进了内耗领域，并成为这个领域终生不渝的开拓者。

1. 扭摆内耗仪

1945年11月他应聘到芝加哥大学的金属研究所工作，承担的研究题目是：用内耗方法研究金属晶界的力学性质。那时内耗测量只能在声频范围内进行，在这样高的频率下很难完整地观察到晶界内耗。他敏锐地认识到，只有用低频测量才能观察到晶界内耗的全貌，于是就开始了低频内耗仪的创建。

当时芝加哥大学金属研究所正在筹建初期，各种实验条件都不具备。他克服了种种物质上的困难，凭着扎实的物理学功底，想到在大学物理实验里曾用扭摆来测量金属杆的切变模量，扭摆的频率可以通过调节转动惯量和试样尺寸来改变。他又想到可以通过自由振动时的振幅衰减来测量内耗。于是他就用一些简单和廉价的元件，精心设计和研制出了世界上第一套"扭摆内耗仪"。

这种扭摆内耗仪可以很方便地用来测量低频内耗和动态弹性模量随温度的变化，从而能够方便地测出一些物理化学过程的激活能，使内耗和动态弹性模量的宏观测量能够提供试样内部微结构的信息。他发明的"扭摆内耗仪"，填补了低频内耗测量的空白，是内耗测量技术的一个重大创新。

这个装置在1947年发表以后，很快被世界各国的科学工作者广泛采用，大大促进了内耗研究的发展。由于它结构简单、造价低廉、而又能得出重要成果，因而受到许多科学家的称赞。英国著名科学家康恩（R. W. Cahn）称赞为"战后最天才的发明"。这种"扭摆内耗仪"在国际文献上称为"葛氏扭摆"或"葛摆"（Kê pendulum），并在"物理学辞典"中列为词条。

扭摆内耗仪的发明，带动了用内耗方法对材料科学中众多问题（如原子扩散、位错、界面、相变等）的研究，导致了大量新成果的出现。世界各国用扭摆内耗仪作为主要仪器发表的论文，到1992年就已达千篇以上。多年以来用扭摆测量内耗的仪器已经有了许多改进，但它的基本物理原理仍然保持了原始扭摆的设计。

此外，1947年他还根据在大学做物理实验时所用的转动线圈电流计的原理，创制了扭转线圈装置，用来测量恒应力下的蠕变、和恒应变下的应力弛豫。他还在1949年研制出了可以测量极高内耗的强迫振动扭摆。

2. 晶界内耗峰

葛庭燧于1947年用他的扭摆内耗仪在多晶纯铝中，首次观察到一个由晶界引起的内耗峰。这种内耗峰在多晶试样中出现而在单晶中不出现，因而是由晶界引起的。他用晶界黏滞性滑动的模型，解释了晶界内耗峰出现的原因。除了纯铝以外，他还在铜、铁、镁、和铜-锌合金等多种金属和合金中观察到了晶界内耗峰，说明它是一种普遍的现象，并得到了众多实验室的验证。国际文献上把晶界内耗峰称为"葛氏内耗峰"或"葛峰"（Kê peak）。

晶界内耗峰在材料科学中有广泛的应用。葛庭燧1949年关于铜的晶界内耗和含铋影响的研究就指出，铋在晶界区域的偏聚是使铜变脆的原因。这项工作表明，内耗是研究微量杂质在晶界偏聚的有效工具。后来有不少人用晶界内耗峰来研究硼和稀土元素等微量元素在晶界的偏聚及其对材料性能的影响，并用来研究晶界在材料制备和使用过程中的变化等。

为了解释晶界内耗峰的微观机制，葛庭燧于1949年提出了晶界的"无序原子群模型",认为晶界中包含着原子排列的"有序区"和"无序区",晶界的黏滞性滑动是由无序区中的原子群重新排列所引起的。这种模型在国际上称为"葛氏晶界模型"或"葛模型"(Kê model),在晶界研究的发展史上占有一定的地位。在后来的几十年里,人们对晶界结构的研究已有了很大的进展,但晶界区域中存在"有序区"和"无序区"的观点至今仍然受到肯定。

3. 滞弹性理论的验证

葛庭燧在研究晶界内耗峰的同时,又综合研究了多晶材料的其他三种滞弹性性质。他发现四种滞弹性性质(内耗,切变模量随温度的变化,恒应力下的蠕变,恒应变下的应力弛豫)的实验结果经过理论换算,可以用一条综合曲线来表示。这些结果可以用晶界黏滞性滑动的模型加以解释,并且与 C. Zener 教授的滞弹性理论的预期相符。滞弹性(Anelasticity)是指材料在受到弹性应力后,应变要经过一个弛豫过程才能达到与应力相应的平衡值的现象。由于应变落后于应力(滞弹性),才产生了内耗和其他三种滞弹性现象。

葛庭燧的论文在 1947 年发表以后,C. Zener 教授随即于 1948 年出版了他的经典名著《金属的弹性和滞弹性》。书中对葛庭燧的研究结果给予了高度评价,并详细引证了他的实验结果,作为滞弹性理论的证据。在这本只有 163 页的专著中,引用葛庭燧的工作 15 次、图 6 个、表 1 个。苏联科学家于 1954 年将 C. Zener 的这本专著连同葛庭燧的 11 篇论文翻译成俄文,汇集成《金属的弹性和滞弹性》一书,由苏联科学院出版。1957 年英国科学家麦克林(D. McLean)教授在他的名著《金属中的晶粒间界》一书中,专门辟出一章来介绍葛庭燧的工作。后来国际上有关晶界和内耗的许多专著和综述性论文中,也详细地引证了葛庭燧的研究结果。正是葛庭燧的研究结果,奠定了滞弹性内耗理论的实验基础。由于葛庭燧对固体内耗和滞弹性领域做出了开拓性和奠基性的贡献,因而他被国际上公认为固体内耗和滞弹性领域的奠基人之一。

除了上述研究工作外,葛庭燧还于 1948 年发现了钽中含碳、氮和氧引起的内耗峰。斯诺克(J. L. Snoek)于 1941 年在含碳、氮的 α 铁中发现了内耗峰,并提出了内耗峰的微观机制。葛庭燧的这项发现表明,填隙式溶质原子在体心立方晶体中引起的斯诺克内耗峰是一个普遍的现象,并促进了它的推广应用。

葛庭燧在 1945~1949 年的 4 年里,一共发表了 18 篇关于内耗和滞弹性的学术论文,都是由他单独署名发表的。他在这段期间做出的卓越贡献,为他赢得了很高的国际声望,也打下了他终生科学事业的基础。

三、坚持不懈　成果丰硕

1. 胸怀祖国　不断开拓

1949年10月1日，新中国成立了。葛庭燧怀着满腔的爱国热情，急切地盼望早日回到祖国的怀抱。他放弃了在美国丰厚的物质待遇和优越的工作条件，于1949年11月偕夫人何怡贞、女儿葛运培（7岁）、儿子葛运建（2岁），冲破重重阻难，由香港转道回到祖国的怀抱，时年36岁。

回国以后，他先后在清华大学和中国科学院应用物理研究所、中国科学院金属研究所（沈阳）、中国科学院固体物理研究所（合肥）工作。在回国后的50年中，他坚持不懈地在内耗领域开拓着，并把研究领域扩展到固体缺陷与力学性质以及相关的生产实际问题。

1949~1952年，他是清华大学物理系当时最年轻的教授之一，并兼任中国科学院应用物理研究所研究员。他在清华大学物理系建立了中国第一个内耗实验室，称为"金属物理实验室"。他带领容保粹和孔庆平两位青年，首先把他从美国带回的一套扭摆内耗仪组装起来，又用国内元件建立了一套扭摆内耗仪和一套扭转线圈装置，进行钢铁中的内耗和蠕变的研究，取得了回国后第一批实验结果，写出了两篇论文。

他还在清华大学开设了中国第一个"金属物理"课程。那时国内外还没有一本现成的金属物理教材，他根据最新的国际文献编写讲稿，由于内容新颖、理论联系实际、讲解深入浅出，听课的本科生和研究生非常踊跃。

1952年冬，葛庭燧怀着用专业知识服务祖国大建设的愿望和热情，由首都北京来到东北重工业基地沈阳，参加中国科学院金属研究所（以下简称金属所）的筹建工作，任研究员和研究室主任（后来任副所长）。他带领容保粹、孔庆平、周本濂、王其闵、钱知强、马应良几位青年，自制了多套扭摆内耗仪，还建立了扭转线圈装置和声频内耗装置，结合一些国产的工程材料进行内耗和力学性质的研究，取得了一批创新性的成果。连同前期在北京的工作在《物理学报》和《中国科学》上用中、英文发表了11篇论文。其中三篇论文被前苏联科学家翻译成俄文，在学术期刊《金属物理和金属学》上全文转载。由于这批研究成果，他于1956年获得中国科学院科学奖金（自然科学）二等奖，获奖项目名称是"金属中的内耗与力学性质的研究"。

这项获奖成果中包括新发现的"碳在面心立方系合金钢与金属中微扩散所引起

的内耗峰",并提出了新的内耗机制。所发现的内耗峰是一种弛豫型内耗峰,由内耗峰测出的激活能与碳的扩散激活能一致,因而是由碳在基体中的扩散所引起。以往人们用内耗方法研究填隙式溶质原子的扩散只能在体心立方晶体材料中进行。这个内耗峰的发现,使得这种研究也可以在面心立方晶体中进行。获奖成果中还包括新发现的"钢中马氏体回火转变所引起的内耗峰",为用内耗方法研究固态相变的动态过程提供了途径。

获奖成果中还包括"多晶纯铁的高温蠕变和加碳的影响"。所研究的滞弹性蠕变经过理论换算与晶界内耗峰相符,并且蠕变激活能与晶界内耗激活能相符,从而表明这种蠕变是由晶界滑动引起的。获奖成果中包括的"钢铁中碳、氮的扩散、脱溶和沉淀",表明内耗可以用来研究钢铁生产中实际问题。获奖成果中包括的"铁在稳定磁场中的声频内耗",是国内首次得出的声频内耗实验结果。

在20世纪50年代,葛庭燧为了解决抚顺钢厂高温材料的寿命问题,在金属所建立了中国第一台蠕变试验机来进行蠕变试验,解决了工厂急迫的实际问题。他还从蠕变激活能的概念出发,提出用提高温度的方法,通过短期试验来推测长期蠕变寿命,并推广到国内很多工厂应用。他与美国学者多恩(J. E. Dorn)分别独立提出的这种外推方法,在"材料科学与工程手册"上称为"葛庭燧-Dorn"外推方法。

葛庭燧深刻地认识到固体缺陷在内耗和力学性质研究中的作用。他反复强调,只有具备了固体缺陷的深层次知识,才能把内耗和力学性质的研究提高到较高的水平。因此,他在20世纪50年代就积极组织位错理论的学习。金属所内的位错理论学习,由他亲自讲课。由于位错应力场的部分比较难懂,他就邀请弹性力学专家胡海昌来金属所详细推导和讲解。他还全文翻译了英国科学家科垂耳(A. H. Cottrell)的名著《晶体中的位错和范性流变》,由科学出版社出版,供大家学习。1960年他又与钱临照先生等一起在长春组织了全国性的"晶体缺陷和金属强度"学习报告会。这个学习报告会的文集,于1962年由科学出版社出版,对于中国固体缺陷和力学性质的研究,起到了很好的推动作用。

此外,他还多次到沈阳和辽宁省的一些工厂,作无损探伤方面的科普报告,帮助工厂解决无损探伤的技术问题,并写出了《声发射》和《无损检验和全息照相》等科普读物,由科学出版社出版。

葛庭燧为祖国科学事业辛勤工作的同时,得到了党和人民的关爱和尊重,感受着春天的温暖。1955年他当选为中国科学院学部委员(院士)。同年他参加了以郭沫若为团长的访日科学代表团,他是代表团中最年轻的一位成员。访问期间,他在日本几个著名大学作了学术报告,受到日本学术界的高度评价。代表团回国时,受到了毛泽东主席的接见和设宴款待，毛主席还与他进行了亲切的交谈，使他受到了极大的鼓舞，也使他更加坚定了跟着共产党走的决心。1956 年他在参加制定中国十二年科学技术规划的期间，参加了以二机部部长刘杰为团长的代表团访问前苏联，在当时的苏联作了多场学术报告，受到了同行科学家的热情欢迎。

后来他也经历了一段冬季的严寒，在 1957 年的"整风反右"运动中，以及在 1966 年开始的十年浩劫的"文化大革命"中，他受到不公正的批判和对待。他的研究工作和研究团队也因此陷入了停顿和解体的状态，这使他受到了很大的打击。

尽管如此，由于他对党坚定不移的信念和对科学的执著精神，还是坚持不懈地顽强地继续工作着。他带领王中光、张进修、李广义、孙宗琦等几位青年，把内耗研究扩展到力学实验的动态过程。为此，他们在拉伸试验机上安装了扭摆内耗设备，由内耗获得范性形变过程中位错运动和变化的信息。他们把内耗与交变载荷下的疲劳联系起来，用测量能量消耗的方法来探测疲劳损伤和裂纹形成的机理。他们还观察到铝铜合金中内耗随着振幅而反常变化的非线性内耗，以及铁锰合金马氏体相变温度范围内出现的位错内耗峰。这批研究结果于 1982 年获得国家自然科学奖三等奖，获奖项目名称是"位错内耗与范性形变机理研究"。

2. 科学岛上　再创佳绩

1978 年中共十一届三中全会的召开，又迎来了科学的春天，他的研究工作也焕发了新的活力。1979 年他加入了中国共产党，实现了他多年来的愿望。1978 年他参加了以中国科学院党组书记李昌为团长的中科院代表团访问欧洲，在德国和荷兰访问了 38 天。这次访问，使他与外国科学家中断了 20 年的交往得以恢复。为了扩展国际合作交流的渠道，1979 年 5 月他应德国马普（Max-Planck）学会金属研究所所长赛格（A. Seeger）教授的邀请，率领张进修、李广义和孙宗琦三位青年，到斯图加特（德语：Stuttgart）进行内耗合作研究一年多时间。1980 年又应邀到法国国家应用科学院（INSA）担任客座教授，讲学一年。

1980 年 9 月葛庭燧调任中国科学院合肥分院副院长，负责筹建固体物理研究所，所址坐落在合肥市西郊的董铺岛。当时组织上考虑到他年事已高，安排他家住到市内一套比较舒适的住宅。可是他坚决不肯，为了工作方便，他和夫人何怡贞住进了董铺岛上的普通住宅。在董铺岛上，除了固体物理所以外，还有先期建立的中国科学院三个研究所：等离子体物理所、安徽光学精密机械所、和合肥智能机械所。这里空气清新、风景宜人，1998 年 9 月江泽民主席到这里视察时，称赞此岛为科学岛，并亲笔题写了"科学岛"三个大字，从此董铺岛也被称为"科学岛"。

葛庭燧积极为固体物理所选聘科研骨干，领导大家从无到有地建立实验室，还为研究生和工作人员讲课，很快就使研究工作开展了起来。固体物理所于1982年正式成立，他担任所长（后来任名誉所长）。1985年中国科学院批准在该所成立"内耗与固体缺陷重点实验室"，他兼任主任。

他带领博士研究生崔平、方前锋、程波林、文亦汀等、和研究人员朱震刚、张立德等，在内耗实验技术、晶界内耗、非线性内耗、功能材料内耗的研究方面，又取得了新的进展，成果多次获得了中国科学院的自然科学奖和科技进步奖。

他们在早期的正扭摆和后来的自动倒扭摆的基础上，研制出了计算机控制的"多功能内耗仪"。这种世界先进水平的内耗仪，可以用自由衰减法或强迫振动法、通过程序控制来测量在不同频率下内耗和动态弹性模量随温度的变化，又能进行准静态的滞弹性测量，并对数据进行实时处理和作图，使内耗测量更加简便和准确。他们还与法国合作研制出了疲劳超声内耗仪，用来研究疲劳过程中的损伤机理。

在晶界内耗方面，针对国外个别人对晶界内耗峰起源的怀疑，他们反复进行内耗实验并结合电镜观察，进一步证明了晶界内耗峰是由晶界引起的，而不是由晶内位错引起的。他们观察到了由竹节晶界引起的内耗峰，发现内耗峰的高度与竹节晶界的数目呈正比，并提出了描述竹节晶界内耗峰的四参量模型。他们还在只含单个晶界的双晶试样中观察到了晶界内耗峰。这些工作进一步加深了对晶界内耗机制的认识。他们还把内耗应用于研究晶界对材料性能影响的一些实际问题。

在非线性内耗方面，他们系统地研究了铝铜和铝镁合金中、由点缺陷与位错交互作用引起的非线性内耗，提出了引起非线性滞弹性内耗的物理模型，并用数学关系式进行描述。从而在实验上和理论上突破了经典的线性滞弹性内耗理论的框架，开辟了"非线性滞弹性内耗"这个新的研究领域。

他们还结合一些新型功能材料的发展，用内耗方法研究了高温超导材料的磁通钉扎，以及在锰铜合金中加铝以得到高阻尼和高强度材料的途径。

此外，在他的支持和倡导下，所内的其他课题组也根据各自情况开展了一些内耗工作，如液态和软物质的内耗、非晶态材料的内耗、蠕变和疲劳过程中的内耗等也取得了一些创新性的成果。

除了内耗研究外，葛庭燧也敏锐地注视着其他研究领域的动向。1984年他就邀请国际纳米材料研究的先驱者——德国格莱特（H. Gleiter）教授到合肥作报告，他还写文章介绍纳米材料的制备和特性。从而使合肥固体物理所的纳米材料研究在国内较早地开展起来。

1989年他主持了在北京召开的第九届国际内耗与超声衰减会议，并荣获内耗与超声衰减最高国际奖——C. Zener 奖。1996 年他荣获桥口隆吉（R. R. Hasiguti）材料科学奖和何梁何利基金科学与技术进步奖。1999 年荣获美国金属和材料协会（TMS）学术最高奖——R. F. Mehl 奖。他一生发表了 200 余篇学术论文以及多本著作和译作。他在科学上的卓越贡献，不仅在国际学术界享有崇高的声誉，也受到了祖国人民的尊敬，曾当选为中国全国人民代表大会第三、五、六、七届代表。

他是一位热爱祖国、勤奋工作、生活简朴的科学家。他的学生和跟随过他的工作人员，很多已成为祖国科技和教育战线上的骨干。2000 年 4 月 29 日，他因患癌症在合肥逝世，享年 87 岁。他的卓越贡献和对科学的执著精神永远是我们学习的榜样。

四、主要科学成就

1. 扭摆内耗仪的发明

葛庭燧发明的"扭摆内耗仪"，可以很方便地用来进行低频内耗和动态弹性模量的测量，是内耗测量技术的一个重大创新。由于它结构简单、造价低廉、而又能得出重要成果，因而很快被世界各国的科学工作者广泛采用，大大促进了内耗研究的发展。这种扭摆内耗仪在国际文献上称为"葛氏扭摆"或"葛摆"，并在"物理学辞典"中列为词条。此外，他还创制了"扭转线圈装置"，用来进行准静态的滞弹性测量：即恒应力下的蠕变、和恒应变下的应力弛豫。后来他又带领研究人员和研究生对扭摆内耗仪进行了许多改进，研制出了计算机程序控制的"多功能内耗仪"，使内耗测量更加简便和准确。但它的基本形式仍然保持了原始扭摆内耗仪的设计。

2. 晶界内耗峰的发现和研究

葛庭燧用他的扭摆内耗仪在多晶纯铝中，首次观察到一个由晶界引起的内耗峰。除了纯铝以外，他还在多种金属和合金中观察到了晶界内耗峰，说明它是一个普遍的现象。国际文献上把它称为"葛氏内耗峰"或"葛峰"。他率先应用此内耗峰研究了微量杂质在晶界的偏聚及其对性能的影响，从而带动了晶界内耗峰在材料科学中的广泛应用。为了解释晶界内耗峰的微观机制，他提出了晶界的"无序原子群模型"，认为晶界的黏滞性滑动是由无序区中的原子重新排列所引起的。国际上称这种模型为"葛氏晶界模型"或"葛模型"。他还研究了竹节晶界试样中内耗峰，发现内耗峰高度与晶界数目呈正比，并提出了描述竹节晶界内耗峰的四参量模型。

3. 奠定滞弹性理论的实验基础

葛庭燧综合研究了多晶材料的四种滞弹性性质（内耗，切变模量随温度的变化，恒应力下的蠕变，恒应变下的应力弛豫），发现它们的实验数据经过理论换算可以用一条综合曲线来表示。这些结果可以用晶界黏滞性滑动的模型加以解释，并且与 C. Zener 教授的滞弹性理论的预期相符。C. Zener 教授在他的经典名著《金属的弹性和滞弹性》中详细引证了他的实验结果，作为滞弹性理论的证据。正是葛庭燧的研究结果，奠定了滞弹性内耗理论的实验基础。

4. 点缺陷弛豫型内耗峰的新发现

葛庭燧发现了钽中含碳、氮和氧引起的弛豫型内耗峰，表明填隙式溶质原子在体心立方晶体中引起的斯诺克内耗峰是一个普遍的现象。后来他又发现了碳在面心立方晶体中微扩散引起的内耗峰，并提出了这种弛豫型内耗峰的机制。以往人们用内耗方法研究填隙式溶质原子的扩散只能在体心立方晶体中进行。这个新内耗峰的发现，使得这种研究也可以在面心立方晶体中进行。

5. 非线性滞弹性内耗的实验和理论研究

葛庭燧系统地研究了铝铜和铝镁合金中由点缺陷与位错交互作用引起的非线性内耗，提出了引起非线性滞弹性内耗的物理模型，并用数学关系式进行描述。从而在实验上和理论上突破了经典的线性滞弹性内耗理论的框架，开辟了"非线性滞弹性内耗"这个新的研究领域。

6. 材料力学性质的研究

葛庭燧从蠕变激活能的概念出发，提出用提高温度的方法，通过短期试验来推测长期蠕变寿命，并推广到国内很多工厂应用。这种外推方法在"材料科学与工程手册"上称为"葛庭燧-Dorn"外推方法。他把内耗与交变载荷下的疲劳联系起来，用测量能量消耗的方法来探测疲劳损伤和裂纹形成的机理。他由形变过程中的内耗测量获得位错运动和变化的信息，提出了范性形变过程中的位错动力学模型。

五、葛庭燧主要论著

Kê T S（葛庭燧）. 1947. Experimental evidence on the viscous behavior of grain boundaries in metals. Phys Rev, 71：533.

Kê T S. 1947. Stress relaxation across grain boundaries in metals. Phys Rev, 72：41.

Kê T S. 1948. Internal friction in the interstitial solid solution of C and O in tantalum. Phys Rev, 74: 9.

Kê T S. 1948. Internal friction and precipitation from the solid solution of N in tantalum. Phys Rev, 74: 914.

Kê T S. 1949. A grain boundary model and the mechanism of intercrystalline slip. J Appl Phys, 20: 274.

Kê T S. 1949. Grain boundary relaxation and the mechanism of embrittlement of copper by bismuth. J Appl Phys, 20: 1226.

葛庭燧, 孔庆平. 1954. 多晶纯铁的高温蠕变和加碳的影响. 物理学报, 10: 365.

葛庭燧, 容保粹, 王业宁. 1955. 钢铁中碳、氮的扩散、脱溶和沉淀. 物理学报, 11: 911.

葛庭燧, 王其闵. 1955. 碳在面心立方系合金钢与金属中微扩散所引起的内耗峰. 物理学报, 11: 387.

葛庭燧, 马应良. 1955. 钢中马氏体在回火转变中所引起的内耗峰. 物理学报, 11: 479.

葛庭燧, 钱知强. 1956. 碳在面心立方系合金钢中扩散内耗的机构. 物理学报, 12: 607.

葛庭燧, 周本濂. 1957. 用压电晶片法研究铁在稳定磁场中作横振动时的声频内耗. 物理学报, 13: 142.

葛庭燧, 王中光. 1962. 铝在疲劳载荷下所发生的基本过程. 物理学报, 18: 379.

葛庭燧, 张进修. 1975. 金属范性形变低频内耗的位错动力学模型. 物理学报, 24: 87.

Kê T S, Cui P, Su C M. 1984. Internal friction in high-purity aluminum single crystals. Phys Stat Sol A, 84: 157.

Fang Q F, Kê T S. 1990. Low temperature internal friction peaks associated with the interaction between dislocations and point defects in dilute aluminum-magnesium solid solutions. Acta Metall Mater, 38: 419.

葛庭燧. 1993. 竹节晶界内耗峰的发现及其机理的研究. 力学进展, 23: 289.

葛庭燧. 1997. 非线性滞弹性内耗的实验和理论研究. 金属学报, 33: 9.

Kê T S. 1999. Fifty-year study of grain boundary relaxation. Metall Mater Trans, 30: 2267.

葛庭燧. 2000. 固体内耗理论基础——晶界弛豫与晶界结构. 北京: 科学出版社.

主要参考文献

祖贝 R. 1981. 英德法俄汉物理学辞典. 王同亿, 等, 译. 北京: 原子能出版社.

Zener C. 1965. 金属的弹性和滞弹性. 孔庆平, 周本濂, 等, 译. 北京: 科学出版社.

麦克林 D. 1965. 金属中的晶粒间界. 杨顺华, 译. 北京: 科学出版社.

师昌绪, 李恒德, 周廉. 2004. 材料科学与工程手册（上卷）. 北京: 化学工业出版社.

单文钧. 2007. 金属内耗研究大师——著名爱国物理学家葛庭燧. 合肥: 中国科学技术大学出版社.

撰写者

孔庆平（1930～），中国科学院合肥物质科学研究院固体物理研究所研究员、博士生导师，长期在葛庭燧领导下做研究工作。

钱三强

钱三强（1913～1992），浙江湖州人（生于浙江绍兴）。原子核物理学家。中国科学院学部委员（院士）。1936年清华大学毕业，1940年获法国国家博士学位，导师是约里奥-居里夫妇。1946年发现铀核三分裂和四分裂现象，并对三分裂机制给出合理解释，得到国际物理学界公认，并获法国科学院德巴微（Henri de Parville）物理学奖。1948年回国任清华大学物理系教授，兼任北平研究院原子学研究所所长。新中国成立后，组建了第一个核科学研究基地——中国科学院原子能研究所，并任所长。他广泛吸纳和培养所需人才，为中国原子能事业的创立和第一颗原子弹、氢弹研制，作出了突出贡献，1999年被追授国家"两弹一星功勋奖章"。参与中国科学院及中国科学院学部的组建，并长期担任院和学部的领导工作，为全院工作决策，特别是组织协调全院重点力量支持原子能事业发展、加强学术领导、开展国际学术交流等方面，发挥了重要作用。倡导建立中国科学学和科技政策研究会，并任首届理事长。曾任全国自然科学名词审定委员会首届主任；自然科学与社会科学联盟委员会主任，积极推进科学普及和交叉科学发展。

一、生平概要

钱三强1913年10月16日出生于浙江绍兴，原籍浙江湖州。1992年6月28日在北京逝世，终年79岁。

1919年启蒙于北京高等师范学校（1923年改为师范大学）附属小学，次年转入由蔡元培创办并兼任董事和名誉校长的"孔德学校"（"孔德"系取法国哲学家Auguste Comte的姓）。1929～1931年就读于北京大学理科预科，准备提高英文水平后再考上海交通大学学电机工程，实现孙中山的"实业救国"理想，1931年改变初衷入北京大学物理系本科，1932年又改考清华大学物理系，1936年毕业获理学学士，同年任北平研究院物理研究所研究助理员，从事光谱学研究。1937年考取法国居里实验室镭学研究生；博士论文导师是发现人工放射性共同获得1935年诺贝尔化学奖的伊莱娜·居里（I. Curie）和弗里德里克·约里奥（F. Joliot）夫妇（习惯取二人姓,称约里奥-居里夫妇)。1940年4月获法国国家博士学位。由于二战爆发滞留欧洲,1945年在英国布列斯托尔大学(University of Bristol)鲍威尔(C. F. Powell)教授实验室学习核乳胶技术(鲍氏因该项技术1950年获诺贝尔物理学奖),并在法国首先应用核乳胶技术。1946年起先后任法国国家科研中心研究员、研究导师,1946年末获法国科学院(Académie des Sciences)"德巴微物理学奖"。1946年冬~1947年春发现铀核三分裂和四分裂现象,并对三分裂机制给出合理解释。1948年夏受聘回国任清华大学物理系教授,兼任北平研究院原子学研究所研究员、所长。1949年参与中国科学院的组建和对原有研究机构的接收、调整和重建,先后任科学院计划局副局长、局长。1950年负责筹建中国科学院近代物理研究所,先任副所长,半年后任所长,1958年建成原子反应堆和回旋加速器后改名为原子能研究所,该所成为中国第一个原子能科学技术研究基地,为第一颗原子弹、氢弹研制提供了人才和一些技术储备的作用。1953年率中国科学院代表团访问苏联,促进学术交流和学部的建立,任中国科学院学术秘书处秘书长,1954年加入中国共产党,1955年被选聘为首批中科院学部委员(现称院士)。历任中国科学院副秘书长、副院长、数学物理化学学部主任,二机部副部长,浙江大学校长,中国科学技术协会副主席、名誉主席,中国物理学会副理事长、理事长,中国核学会名誉理事长,国务院学位委员会副主任,全国自然科学奖励委员会副主任委员,中国自然科学名词审定委员会主任等。是第一、三、四、五届全国人民代表大会代表,第一、六、七届全国政治协商会议常务委员。1999年被追授国家"两弹一星功勋奖章"。

二、学 术 生 涯

1. 结缘物理学

钱三强生长在开明进步的文化世家。父亲钱玄同早年留学日本,参加了同盟会,主张推翻清朝统治;师事章太炎,致力于文字学、音韵学和经学史略研究与教学,曾任北京师范大学、北京大学教授,积极参加新文化运动,和陈独秀、胡适、刘半农、沈尹默、李大钊一起编辑《新青年》,鲁迅的第一篇白话小说《狂人日记》,由钱玄同登门约稿写成并首先载于该刊。

钱三强从小学二年级起就读于北平"孔德学校",该校由蔡元培创办,最早实行十年一贯制,主张德智体美劳全面发展。由于从小接受新型教育和新思想熏陶,钱三强1929年在"孔德学校"毕业时,读到孙中山的《建国方略》,受其影响萌生了"工业救国"思想,决意报考交通大学学电机工程。由于"孔德学校"用法文教学，而交大用的是英文，怕跟不上，便先考了北京大学理科预科，准备提高英文水平后再考交通大学。两年预科后，逐渐对物理学发生兴趣，1931年改变初衷考入北京大学物理系本科，1932年又转考清华大学物理系重读一年级。这样，钱三强在北京大学预科和本科多读了三年。

清华大学四年中，钱三强得到吴有训、叶企孙、萨本栋等名师的悉心指教，注意内容与方法、理论与实际、动脑与动手相结合，全面吸取知识。1935年吴有训开设"实验技术"选修课，钱三强自动报名参加，并学会了吹制玻璃仪器。他的毕业论文由时任系主任吴有训指导，要求独立制作一个真空系统，试验金属钠表面对真空度的作用。第一次做试验时，由于吹制的玻璃真空系统结构应力不均匀发生了爆炸，真空泵中的水银流了一地，人险些受伤，后来找出原因重做，终于成功，毕业论文获得了90分。1936年清华物理系同届毕业有何泽慧、王大珩、于光远等10人。当时钱三强有两个可供选择的就业去向，一个是南京军工署，一个是北平研究院物理研究所，他选择了后者。吴有训很高兴，亲自写了推荐信给物理研究所所长严济慈。钱三强到职后任助理研究员，由严济慈指导做分子光谱研究，他和严济慈合署的研究论文《铷分子离解的带状光谱和能量》，1937年发表在美国《物理评论》第52卷，这是钱三强科学生涯的开端。同年夏，在严济慈支持下，钱三强考取中法教育基金公费赴法读镭学博士研究生，为期三年。博士论文的指导老师是两位诺贝尔奖获得者约里奥-居里夫妇。

2. 科学与追求——法国11年

1937年卢沟桥事变后，钱三强怀着矛盾的心情从上海乘船赴法，原以为三年的留学计划历经了十一年时间。这十一年的科学历程，大致上可分为三个阶段。

（1）前期。在伊莱娜·居里主持的巴黎大学（Université de Paris）居里实验室，钱三强首先系统聆听了导师每周两次讲授的放射学基础课，还有她关于错失发现中子的研究总结。伊莱娜指导钱三强做的第一项实验，是用中子轰击铀和钍，观测其产生的与镧相似的放射性元素所放出的 β 射线能谱是否相同，以进一步验证刚发现不久的核裂变现象。实验开始，伊莱娜用化学方法提炼出铀和钍受中子照射后产生的两个半衰期为3.5小时的镧放射源，而后钱三强用自己仿制的威尔逊云室观测 β 射线能谱，结果证明用中子打击铀和钍后，产生出镧 α 射线是相同的、产生出的是同一种同位素。他们合署的研究报告《铀和钍产生的稀土放射性同位素辐射的比较》，发表于法国物理学会会刊《物理学与镭学学报》。这项实验，既是物理学上第一个支持裂变现象的成功实验，也是钱三强接受严谨科学态度锻炼的难得机会。

时隔 50 年后（1989 年），钱三强在回忆这次实验时说："尽管当时的实验数据准确无误，她（指伊莱娜·居里）还是在结论文字中加了'在实验误差范围内'这样的话，她的科学精神，她那朴实无华的结论风格，给我树立了很好的学习榜样。"

在弗雷德里克·约里奥主持的法兰西学院（L'Institut de France）核化学实验室，钱三强先协助导师改建了一台有效灵敏时间由 0.1~0.2 秒提高到 0.3~0.5 秒，并能自动照相记录的云室设备（约里奥称其为"可变压力威尔逊云室"），1939 年初约里奥就是用它拍到了世界上第一张云室裂变照片。关于这张照片，钱三强还有一段"交学费"的经历：约里奥第一次拍的实验照片，由他和钱三强一起在暗室冲洗，他们有说有笑很开心，不经意中钱三强把显影液和定影液容器放错位了，结果照片报废，后来约里奥重做实验才又捕捉到这张珍贵照片。因此，该件设备和那张照片作为重要历史证物，一直陈列在巴黎"居里博物馆"内，说明文字写道："法兰西学院内由钱三强改建的威尔逊云室（1938）"，云室上方是那张放大了的裂变照片。

钱三强的博士论文《含氢物质在 Po-α 粒子轰击下所产生的质子群》，1940 年 4 月通过法国科学院组织的答辩和评审，并获得博士学位。两个月后巴黎沦陷，钱三强的三年公费资助也已到期，但又回不了国，面临极大困境，甚至连吃饭都成为问题。同年 10 月起，在两位法国导师的支持下，钱三强获得了"居里-卡内基奖学金"资助。该奖学金是由老居里夫人接受美国慈善家安德鲁·卡内基（A. Carnegie）捐赠而设立的，宗旨是"使一些成绩斐然的学生和科学家可以全心致力于研究。使那些有志于研究和有研究才能的学者不会中断研究，从而完成他们的志愿"。这样，钱三强摆脱了生活困境，继续在两个实验室进行科学研究，主要是用不同方法研究天然放射性物质的 γ 射线能谱和强度。他在研究钍的射线强度时，在射线强度正常情况下，发现一束有 37 千电子伏的钢的 γ 谱线，尤其在某些 γ 光谱中测到了 50 千电子伏的谱线，而且具有比理论预想低得多的内部转换数值。这项实验结果在 1941 年 1 月发表后，引起一些国家研究机构的重视。

1941 年冬，钱三强准备从马赛乘船回国，由于太平洋战事突发，途中受阻于里昂近一年。其间，他接受比利时籍莫朗（M. Morand）教授邀请，在里昂大学（Université de Lyon）物理研究所做短期研究，并指导一名学生做毕业论文。这时的研究工作，除了因陋就简进行有关重水的浓缩实验，主要用照相底版记录 α 粒子径迹，并着重研究底片的感光机制，这项研究成为早期探索乳胶的尝试，当时在里昂物理学会报告后颇受重视，一些生产照相胶片的厂家找到钱三强，希望合作。到 1945 年，英国布列斯托尔大学鲍威尔刚发明核乳胶技术时（其因该项发明获 1950

年诺贝尔物理学奖），伊莱娜·居里便委派曾在里昂学习过具有基础的钱三强前往学习，他很快学会了。鲍威尔教授对钱三强很友好，在没有正式出产品的情况下，他选了一些尚未出厂的乳胶片，让钱带回巴黎试用。伊莱娜派了三个青年学者（R. 沙士戴勒、L. 微聂隆和 H. 法拉吉夫人）跟钱三强学习，结果钱三强成为了法国核乳胶工作的开创者。

以上是钱三强科学历程的第一阶段，用他自己的话说，这一阶段主要是打基础，做科研"练习"。

（2）中期。1942年底钱三强由"自由区里昂"重返"占领区巴黎"之后，科学研究开始了一个新阶段。他获得法国国家科学研究中心的奖学金资助，在居里实验室和法兰西学院独立选题进行研究，还接受约里奥委托指导他的两名研究生。尽管时值巴黎尚在希特勒德国占领下，环境危险艰难，但钱三强潜心科学，努力发奋，每年发表的研究报告和论文，多时（如1943年）6篇，少则（如1944年）年4篇，研究内容比较前沿，镭的放射线研究是他做得较为深入和系统的一个方面。如1944年12月约里奥向法国科学研究中心提交的"关于钱三强工作情况的记录"中写道："自1942年起，钱三强进行了系统的关于镭的放射线研究工作。他的研究成果证明镭的 γ 光谱至少具有六条谱线，其中主要的 γ_A 谱线为四级特征，且 γ_E 具有的能量正好等于 γ_A 能量的一半。L 能级的激发概率取决于 γ 射线的内部转换情况和 L 谱线强度减少的概率是不相容的，这种矛盾现象同样可在对锕的观测中看到，可以通过可能存在着具有弱能量的核 β 射线与 L 能级的电子产生了相互干扰加以解释。"其间，钱三强另一项重要实验是根据贝特（H. A. Bethe）的关于高速带电粒子与物质相互作用的理论，用云室研究电子径迹末端的弯曲，并通过理论计算首先求出5万电子伏特以下中低能电子的"真射程"，及其能量关系曲线。此外，还单独或与他人合作完成了其他几项实验。1944年底，钱三强被聘任为法国国家科学研究中心研究员。

1945年夏，钱三强受伊莱娜委派到英国学习核乳胶技术并代表出席战后首次英法宇宙线会议。行前他提出，希望到伦敦帝国学院（Imperial College London）汤姆孙（G. P. Thomson，1937年因晶体对电子衍射的成就获诺贝尔物理学奖）教授的实验室工作一段时间，以便熟悉原子核领域的最新研究进展，对将来回国开展研究有利［因为其时汤姆孙正与美国有关机构合作，领导"莫德（Mauad）委员会"研究铀作为爆炸物的实际用途，而且曾经跟约里奥一起做链式反应实验的奥地利学者哈尔班（H. V. Halban）也已在那里工作］。两位法国老师一向主张科学交流，反对彼此封锁，欣然支持钱三强的想法，并给汤姆孙写了推荐信。1945年6月初的一天，钱三强拜访了汤姆孙，对方热情接待，也对钱去工作表示了欢迎态度。但随后（6月4日）汤姆孙给约里奥发了一封信，希望知道更多关于钱的个人情况。6月12日伊莱娜亲自回信汤姆孙："您应当对钱三强先生的情况放心。他是一个和蔼可亲的人，而且他又是一个人才。他在我们实验室工作期间，约里奥和我本人同他相处得极其愉快。"但后来，钱三强因为和清华同学何泽慧开始了科学合作等原因，没有去汤姆孙实验室工作。

钱三强和何泽慧的首次合作，是在他们结为伉俪之前的1945年。那时何泽慧在德国海德堡波特（W. Bothe，因发明"符合法"获1954年诺贝尔物理学奖）教授的研究所用磁云室研究锰-52正电子能谱，首先观测到正负电子弹性碰撞现象（即正负电子碰撞后不发生湮没）。她把记录这一过程的照片寄给正在布列斯托尔出席英法宇宙线会议的钱三强，当这一奇异现象在会上报告后，引起与会者普遍重视，并被英国《自然》杂志报道称之为"一项科学珍闻"。钱何这次成功合作，对他们后来的科学生涯乃至人生历程，都起了决定性作用，科学合作促成了他们珠联璧合。1946年春他们在巴黎结为终身伴侣。

（3）后三年。钱三强的科学研究，进入到一个更高阶段。这个时期他不仅发表的论文多（共19篇），而且有的具有"头等重要性"（约里奥语），最具代表性的是他领导研究小组发现铀核三分裂和四分裂现象，并独立对三分裂机制给出合理解释。

这项研究起始于1946年夏的英国剑桥。其时，世界各国知名物理学家云集剑桥举行牛顿诞辰300周年大会（因二战推迟4年举行），同时还有多个专题讨论会。钱三强和何泽慧从巴黎赴会，还有中国物理学家吴大猷、周培源、彭桓武、胡济民、梅镇岳、胡宁等分别从美国、英国、爱尔兰、加拿大同时来到剑桥，这是一次战后喜相逢。何泽慧的正负电子弹性碰撞论文被邀请到基本粒子与低温会议上报告，论文是由钱三强代为宣读的，反响依然热烈。就在同一次会议上，英国卡文迪许实验室费瑟（N. Feather，曾是卢瑟福的学生）教授的两位青年助手格林（L. Green）和李弗西（D. Livesey）报告了他们用核乳胶研究裂变的实验，投影了他们记录到的一些裂变碎片的径迹照片，清楚看到裂变的两个碎片径迹方向相反，呈一条直线，中间部分显得浓密，两个末端则比较稀疏，像一个哑铃形状，这是典型的原子核发生（二分）裂变。在他们投影的裂变照片中偶尔出现了一个"两重一轻"的三叉形径迹，报告人只是简单说那条较轻的径迹是裂变后第二次发射的α粒子，与裂变无关，与会者也并未注意这一少见现象。但钱三强对它引起了兴趣，回到巴黎后，他立即带领两位法国研究生（沙士戴勒和微聂隆，稍后何泽慧参加进来）用当时最先进的核乳胶做实验，并且把乳胶片先放在一种特殊配制的硝酸铀酰溶液中适当浸泡，使其减敏达到减少裂变碎片和 α 粒子互相干扰的效果，让它们以不同的密度显现出来。连续几个星期的实验做下来，他们观测到许多的裂变（二分裂）哑铃状径迹，其中也找到一些剑桥会议上偶见的两重一轻三叉形径迹。几十年后，钱三强记得当时的情况是"泽慧参加之后，由于她的细致和耐心，孜孜以求，结果是她找到的最多"。

在伊莱娜·居里的支持下，钱三强用她专管专用的唯一一台高倍显微镜，对这些三叉形径迹逐一进行分析，发现大多数三条径迹处于共同的起始点，这显然不能解释是"二次发射"；而且那条被解释为 α 粒子的径迹，比天然 α 粒子的射程要长得多，这说明它的能量比 α 粒子更高。钱三强据此得出初步结论，认为用"核裂变一分为三"比用 α 粒子解释更为合理。1946 年 11 月 18 日，钱三强小组以《俘获中子引起的铀的三分裂》为题，在法国科学院《通报》发表了第一篇三分裂的文章，这是对核裂变的一种新认识。

同年 11 月，钱三强小组的研究又有重要进展：一次实验中观察到一个与前不同的三分裂事例——三条径迹都比较粗而且短，明显是三个裂变碎片；11 月 22 日，何泽慧首先观察到第一个四分叉的径迹，于 12 月 23 日发表《铀的四分裂实验证据》（次年 2 月又发现第二例四分裂）。

钱三强小组的工作，先后在法国几种刊物和英国《自然》、美国《物理评论》发表后，引起一些国家的研究机构（如英国卡文迪许实验室、加拿大乔克河实验室、美国的三位物理学家等）重视，他们用不同方法做实验，都观察到了三叉形裂变径迹，但他们发表研究报告却解释较轻的那条径迹是 α 粒子；特别是卡文迪许实验室费瑟教授还派人到巴黎，考察了钱三强小组的实验，虽然看后提不出问题，而他们后来发表的研究文章，结论仍坚持认为是 α 粒子，不是三分裂变。

当时的这些不同认识，即使有的是出自权威机构和权威科学家，但并没有动摇钱三强的研究兴趣，他们的实验一直在做，掌握的数据越来越充分，先后又发表了几篇研究报告，特别是 1947 年 3 月 31 日钱三强单独完成的《论铀的三分裂的机制》一文。这篇文章在大量实验基础上，经过分析计算，得出质量、动能和角分布等关键数据，结合理论考虑，令人信服地论证了铀核三分裂这一新的裂变方式的存在，后来该文被视为这个领域的经典性文献之一而受到重视。例如，1980 年 12 月 3 日钱三强访美参观劳伦斯国家实验室，因发现超铀元素而分享 1951 年诺贝尔化学奖的西博格（G. T. Seaborg）陪同参观并亲自讲解，在中午餐会时，西博格还将他当年保存的《论铀的三分裂的机制》等三篇文章的复印本，当面回赠给文章作者钱三强，说："对你的这篇文章，我一直留有深刻印象。"

英国布列斯托尔大学鲍威尔教授当时就支持钱三强的研究结论，他专门发了一封祝贺电报到巴黎，电文中有一句幽默的话，说他从中"分享了反射过来的荣誉"，意思是钱三强的发现是用了他发明的核乳胶技术，使他感到光荣。

英国卡文迪许实验室费瑟教授接受钱三强的研究结论经历了漫长的时间，直到1969年在维也纳举行的裂变物理学和化学国际会议上，这位老人发表演讲时说道，他愿意放弃过去的认识，同意关于三分裂的解释。

在法国，钱三强的研究自始至终得到约里奥-居里夫妇的支持。1947年春，约里奥在巴黎的世界科学工作者协会上郑重宣布了三分裂的发现，说这是二战后物理学上一项有意义的工作。同年冬，钱三强晋升为法国国家科学研究中心研究导师，这样的头衔以前中国留法学者从未获得过。

1948年4月，钱三强回国前，约里奥-居里夫妇共同签署了一份对钱三强的评语，是伊莱娜亲笔写的，写满了两页纸，其中写道："我们可以毫不夸张地说，10年期间，在那些到我们实验室并由我们指导工作的同时代人当中，钱最为优秀。我们这样说，并非言过其实。"

3. 回国

钱三强在物理学前沿所做的工作，特别是关于三分裂的发现，在国内格外引起关注，当时北平、南京多个研究机构和大学给他发函寄路费，邀聘他回国，尤其清华大学梅贻琦校长还答应除了教学以外，拨出五万美金为他组建一个"原子物理研究中心"，并商定这个研究中心将联合北京大学、北平研究院合办。这是钱三强梦寐以求的一件事，所以他选择接受清华约聘，并决定在1948年5月回国，当时何泽慧刚生产不足半年，他们毅然怀抱婴儿历经一个月零八天的海轮颠簸抵达上海。

当轮船还在西贡港停留的时候，钱三强预感到行李中那些"数年集得之放射物"恐遭海关扣留，便上岸给北平研究院李书华副院长寄了一封信，希望他设法帮忙通关，但无济于事，他的行李被美国情报机构掌控的海关扣压了近两个月，直到8月中才拿到行李回北平。没有想到原先商定的原子物理研究中心计划，也遭到美国驻华大使馆封杀，搞得胡适、梅贻琦、萨本栋很无奈，钱三强更是满怀希望一场空。他一方面在清华物理系讲授普通物理和近代物理，到中法大学每周讲授一次原子物理；同时，北平研究院为钱三强新组建了一个原子学研究所，由他兼任所长，何泽慧为专职研究员。那时一个所的人员和经费都少得可怜，像样的仪器一件也没有，原子学所只是对氧化铀的晶体结构做了些简单探测。

几个月后时局发生变化，钱三强借口母亲有病拒绝"南迁"，坚持留在北平迎接解放。1949年3月他意外得到北平文管会通知，让他准备参加4月将在巴黎举行的保卫世界和平大会，大会主席是约里奥-居里先生，率领中国和平代表团的团长是郭沫若，代表团秘书长是钱三强在巴黎相识的刘宁一，代表团中一大批各界知名人士（如马寅初、张奚若、钱俊瑞、许德珩、翦伯赞、田汉、洪深、丁玲、许广平、徐悲鸿等），钱三强是代表团中唯一的核物理学家。接到通知后他想，如果这次能带些外汇当面托请约里奥帮助买些最必需而遭禁运的科学仪器带回来是好机会，他的建议被汇报到尚在西柏坡的"党中央"，3月22日周恩来副主席批准带五万美金由钱三强商刘宁一酌办。后来由于西方敌对势力阻挠，中国等共产党国家代表团改赴布拉格分会场出席和平大会，钱三强托人带五千美元转交给在巴黎的约里奥。一贯主持正义的约里奥用这笔钱买了一些小型仪器（如100进位计数器等）和图书资料，先后由核物理学家杨澄中和核化学家杨承宗带回到钱三强任所长的近代物理研究所，发挥了作用。

中国科学院近代物理研究所，是1950年初接收原中央研究院和北平研究院的有关机构而重新组建的，钱三强为此做了许多奠基性的工作，如广泛吸纳国内外专门人才，他亲赴上海请来吴有训担任所长，他寄信到浙江大学邀请来王淦昌，又当面邀请清华大学的彭桓武一起参与筹建，还发信到国外动员中国学者回国，他1949年4月写给中国留美学者的两封信，都被登在《留美学生通讯》上，对许多人起了现身说法的鼓励作用。短短几年时间，近代物理研究所由建所时的十几人，很快发展到五六百人，一大批有造诣、有理想、有实干精神的原子核科学家，从美国、英国、法国、德国、东欧和国内有关大学、研究单位纷纷来到所里，组成了名副其实的中国原子核科学研究中心。

4. 转换角色

钱三强回到国内特别是新中国成立以后，他再也没有在实验室做具体的研究工作，而是服从需要，遵照领导安排，选择了科学组织管理工作。1949年6月他参加全国自然科学工作者代表会议的筹备工作，参与讨论向第一届全国政治协商会议提交"建立国家科学院"的提案，随后与丁瓒、恽子强一起撰写"建院草案"，分工负责提出全院研究机构的设置及布局；中国科学院初创时，他又全面参与各项具体政策、方针、制度的制定。曾在中央宣传部科学处工作的龚育之有这样的评价："中国科学工作的'制礼作乐'，三强同志'与有力焉'"。

1953年钱三强率领第一个科学代表团访问苏联，包括自然科学（如华罗庚、赵九章、朱洗、贝时璋、冯德培、张钰哲、张文佑、吴征镒等）、工程技术（如梁思成、曹言行、于道文、陈荫壳等）和社会科学（如刘大年、吕叔湘等）方面的知名专家，在苏进行了为期三个月的全面考察，参观考察了近百个研究机构和十余所大学，还有一批工矿企业。代表团集体总结写出的报告，得到科学院和国务院批准，对中国一段时期加强学术领导、重视培养科学干部，有目的、有计划、有重点地开展科学研究等方面，发挥过重要作用。

1955 年建立学部委员制度，是钱三强访苏代表团总结提出的团结全国科学界，发挥科学家作用的措施之一。虽然这一制度后来在实行中遭遇挫折，"文革"中更是备受破坏，而当 1980 年恢复学部活动以及 1990 年学部委员增选开始步入制度化、规范化发展的关键阶段，都有钱三强在其中所起到的独特作用。他所做的这些工作，为后来中国建立院士制度奠定了基础。

建立原子核科学基地进而发展到原子能技术应用，是钱三强最主要的工作领域，也是他最想实现的目标。早在 1950 年近代物理所确定研究方向和任务时，他就主持提出"以原子物理学和放射化学为主，发展原子核科学技术的基础，为原子能应用做准备"。1955 年中央决定研制原子弹，他和李四光受邀向毛泽东主持的中央书记处扩大会议讲解原子能技术和铀资源，积极支持中央的决策，并成为实施中央决策的特殊角色。他被任命为二机部副部长，同时他担任所长的原子能研究所划归二机部建制，经过近十年的艰苦努力、协同攻关，终于在 1964 年 10 月 16 日试爆了中国第一颗原子弹，两年零八个月后第一颗氢弹也试验成功。这其中，钱三强起到了无可替代的作用，作出了突出贡献，1999 年党中央、国务院和中央军委追授他"两弹一星功勋奖章"，被誉为共和国的功臣。

三、主要科学成就和贡献

（一）发现原子核三分裂和四分裂，并对三分裂机制给出合理解释

铀核因俘获中子或受带电粒子（或光子）的轰击，激发而分裂成两个较轻的核，这是 1938 年底发现的核裂变现象（亦称二分裂）。1939 年，玻尔（N. Bohr）和惠勒（J. A. Wheeler）在提出核液滴模型理论时，以及 1941 年美国物理学家普赖深特（R. D. Present）都曾考虑过，铀原子核在吸收一个中子后，获得了足够的激发能，有可能分裂成三个原子核。但在较长时间里这一预言没有得到实验证实。

1946 年底 1947 年初，钱三强在巴黎居里实验室领导研究小组，通过大量实验首先证实了玻尔等理论物理学家的预言，这就是原子核三分裂和四分裂的发现。这一发现被公认是物理学上一项有意义的工作，不仅深化和丰富了对裂变反应的认识，

同时由于它是研究断裂点特性的一种直接、有效的探针，在裂变机理研究中有独特作用，因而迄今它仍然是核裂变领域的研究对象。

（二）在中国核武器研制中的主要贡献

1. 关于第一个原子反应堆和第一台回旋加速器

1955年4月，钱三强和刘杰、赵忠尧组成政府代表团赴苏联谈判并达成"协定"，苏方援建一座7000千瓦功率的原子反应堆和一台25百万电子伏的回旋加速器；7月钱三强被任命为负责"堆"和"器"建设的国家建筑技术局副局长，10月他率40余人的"热工实习团"赴苏参加堆和器的审查设计，并在苏学习各相关专业技术，达半年有余；1958年9月反应堆和加速器在钱三强领导的原子能所建成并交付使用，中国原子能事业进入到有决定意义的阶段。

2. 关于研制扩散分离膜

扩散分离膜是铀浓缩分离机上的核心元件，当时只有美、苏、法掌握该项技术，被列为最绝密级。1960年，钱三强先在原子能所组织王承书、忻贤杰、钱皋韵等近20人进行先期探索性调查研究，继而，他亲往上海，组织冶金所、原子能所、沈阳金属所、复旦大学等60余名研究技术人员，决定由吴自良技术总负责进行联合攻关。其间，钱三强亲自协调，针对问题分工合作，"起到了1+1>2、2+2>4的作用"，于1963年秋实验室试制成符合应用要求的甲种分离膜，同年底工厂量产达几千支，满足了1964年试爆第一颗原子弹的需要。

3. 关于点火中子源

合成氚化铀，是原子弹引爆装置的又一核心部件，称为"点火中子源"。接受这项任务后，钱三强决定在原子能所内组织攻关小组，委派王方定负责，并把自己1948年从法国带回的铅-210放射源（其中含铋-210、钋-210衰变产物）交给王，以做试验用。研究实验小组在钱三强的亲自过问下，以简易工棚当实验室，艰苦奋斗，克服困难，经过三个寒暑反复试验，终于在1963年12月试制成4个氚化铀小球，攻克了第一次核试验的又一难题。

4. 关于氢弹理论预研究

在组织原子弹攻关正紧张繁忙的时候，钱三强本着一贯"预为谋"的指导思想，并且得到二机部部长刘杰的支持和授权，1961年开始在原子能所集中黄祖洽、于敏、何祚庥等理论骨干，还亲自邀请华罗庚、谷超豪参加数值计算，对氢弹理论进行预研究。研究小组多时达到 40 余人，到 1964 年底共写出研究报告和论文 69 篇，工作成果和进展主要有两方面，一是对氢弹的各种物理过程进行探讨和研究，包括有关核反应截面的调研、整理、分析和估算；中子在氢弹爆炸过程中的作用；铀层绝缘作用和装置中温度变化的临界点，给出了反应延续时间的数量级等。二是对氢弹作用原理和可能结构的探索研究，包括认识和发现点火点和燃烧点是两个临界点；为解决点火，必须使热核反应能源大过能耗；认识到提高氘化锂-6 燃烧的关键所在；氢弹设计的关键在于使氘化锂-6 压缩成尽可能高的密度等。所有这些预研究工作和参加预研究的主要人员（共 31 人），于 1965 年 1 月全部由原子能研究所合并到核武器研究所，和核武器研究所的同志一起在原有对原子弹研制和对氢弹预研认识的基础上，在第一颗原子弹爆炸两年零八个月后，1967 年 6 月 17 日成功爆炸了中国第一颗氢弹，创造了世界上从原子弹发展到氢弹最快的纪录。

四、钱三强主要论著

Ny T Z, Tsien S T（钱三强）. 1937. Band spectra and energy of the rubidium molecule. Phys Rev,（2）: 91.

Curie I, Tsien S T. 1939. Comparaison du rayonnement des isotopes radioactifs des terres rares formés dans l'uranium et le thorium. Journ de Phys,（10）: 495.

Tsien S T. 1942. Intensité des rayons γ mous du radioactinium. Journ de Phys,（3）: 1.

Tsien S T. 1944. Intensité des rayonnement γ du radium. D C R,（218）: 503.

Tsien S T, Lecoin M, Pérey M M. 1943. Surle rayonnement γ de l'actimium. K C R,（217）: 146. ［Cahiers de Phys, 1944（26）: 10.］

Tsien S T. 1944. Relation entre le parcours de l'énergie des électrons de vitesses moyennes et faibles. Annales de Phys,（19）: 327.

Tsien S T, Frilley M L. 1945. Spectre L de fluorescence du radium. D C R,（220）: 144.

Tsien S T, Marty C. 1945. Sur les photoélectrons des rayons γ du radium. D C R,（220）: 688.

Curie I, Tsien S T. 1945. Parcours des rayons α de l'ionium. Journ de Phys,（6）: 162.

Tsien S T, Bachelet M, Bouissiére G. 1946. Parcourset structure fine des rayons α du protactinium. Phys Rev,（69）: 39. ［Journ. de Phys, 1946.（7）: 167.］

Tsien S T, Ho Z W, Vigneron L, Chestel R. 1946. Preuve experimentale de la quadripartition de l'uranium. C R,（223）: 1119.

Tsien S T, Ho Z W, Chastel R, Vigneron L. 1947. Energies et fréquences des phènoménes de tripartition et quadripartition de l'uranium. C R,（224）: 272.

Tsien S T, Ho Z W, Faraggi H. 1947. Sur l'énergie de fission du thorium. C R,（225）: 825.

Tsien S T. 1947. Sur le mécanisme de la tripartition de l'uranium. C R,（224）: 1056.

Tsien S T, Ho Z W, Chastel R, Vigneron L. 1947. Nouveany modes de fission de l'uranium: Tripartition et quadripartition. Journ de Phys, (8): 165.

Tsien S T, Marty C, Dreyfus B. 1947. Sur l'éstimation rapide des énergies d'electrons de vitesses moyennes et faibles. Journ de Phys, (8): 269.

钱三强. 1989. 重原子核三分裂与四分裂的发现. 北京: 科学技术文献出版社.

主要参考文献

钱三强. 1989. 重原子核三分裂与四分裂的发现. 北京: 科学技术文献出版社.

钱三强. 1993. 钱三强文选. 杭州: 浙江科学技术出版社.

葛能全. 2002. 钱三强年谱. 济南: 山东友谊出版社.

葛能全. 2003. 钱三强传. 济南: 山东友谊出版社.

撰写者

葛能全（1938~），中国工程院编审，1976~1992年任钱三强秘书。

马仕俊

马仕俊（1913～1962），四川会理人。理论物理学家。1935 年北京大学物理系毕业，1935～1937 年在北京大学留校做研究生。1937～1941 在英国剑桥大学女王学院学习，1941 年获博士学位。1941～1946 年受北京大学聘请在昆明西南联合大学任物理学教授，除为研究生讲授量子力学、原子核和量子场论等高等课程外，还指导青年教师从事介子理论方面的研究。1946 年以后出国，相继在美国、英国、加拿大和澳大利亚的多个研究机构和大学从事研究或教学。马仕俊早期研究集中在介子理论和量子电动力学两个方向，后来更专注于量子场论的基本理论和方法，他所发表的一些论文受到国际学术界的关注，是中国最早从事量子场论研究并取得重要结果的科学家之一。

一、生平概要

马仕俊，四川省会理县人，1913 年生于北京。1931 年入北京大学物理学系学习，1935 年毕业，获理学学士学位。马仕俊毕业后被北京大学理科研究所物理学部录取为研究生，在吴大猷教授指导下进行学习和研究，于 1936 年发表了他最早的关于氦原子双激发态变分波函数的计算和关于氦原子双激发态谱线观测的两篇学术论文。1937 年马仕俊考取了公费留学英国，入剑桥大学女王学院（Queens'College, University of Cambridge），跟随当时在英国布里斯托尔大学（The University of Bristol）工作的著名理论物理学家海特勒（W. Heitler）研究介子理论，1941 年获哲学博士学位。时值二次世界大战，马仕俊回到国内，受聘于北京大学。从 1941～1946 年在昆明任西南联合大学教授，在极其艰苦困难的条件下从事教学和研究工作。抗战胜利后，马仕俊再次出国，相继在美国普林斯顿大学高等研究所（Institute for Advanced Study, Princeton University）（1946～1947），爱尔兰都柏林高等研究所（Dublin Institute for Advanced Studies, Dublin, Eire）（1947～1949）、美国芝加哥大学核物理研究所（Institute for Nuclear Studies, The University of Chicago）（1949～1951）、加拿大渥太华国家研究院（Division of Physics, The National Research Council, Ottawa, Canada）（1951～1953）以及澳大利亚悉尼大学物理学院（School of Physics, University of Sidney, Sidney, Australia)（1953～1962）从事研究和教学。1962年1月27日在澳大利亚悉尼不幸逝世,终年49岁。

二、学 术 成 就

马仕俊是中国最早从事介子理论研究的物理学家之一,他到英国留学时汤川秀树的介子理论刚提出两年。从这时起,他开始研究介子理论及量子电动力学。从1940～1945年,他相继研究了介子理论中氘核的光磁蜕变及其磁矩、原子核的静电偶极矩、质子对库仑定律的偏离、质子与中子的受激态、在辐射阻尼影响下带电介子的散射及其相对论性公式、散射问题中积分方程的近似解等问题,取得了重要成果,其中一些工作是在西南联合大学期间极其困难的条件下进行和完成的。

1946年以后,马仕俊的研究更多地集中在量子场论的基本理论和方法上。这个时期他最著名的成果是1946年发表的"海森堡特征矩阵理论中分立能谱的多余零点"以及1947年发表的"论海森堡关于S矩阵的普遍条件",在这两篇论文中,他不仅指出了对于一类特殊的势场,存在不与任何封闭体系定态分立能谱相对应的多余的零点,海森堡关于S矩阵的普遍条件不成立,而且提出了保证普遍条件成立的附加条件。他对S矩阵理论的这一重要贡献,已成为理论物理学经典教科书中的内容［朗道（Л. Д. Ландау）、栗弗席兹（Е. М. Лифшиц）《理论物理学教程》第三卷,《量子力学（非相对论理论）》一书的"弹性碰撞"一章,从1948年的第一版到2002年的第六版,一直引述马的这个结果］,这两篇原始文章至今仍被引用。至今仍不断被引用的马仕俊的工作,还有1949年他与海特勒合作的"分立态辐射阻尼的量子理论"以及1953年发表在《现代物理评论》的综述"对氘的虚能级的解释",前一篇文章属于解决辐射阻尼问题的早期经典论文之一,后一篇文章则因其精确细致的计算和透彻的解释,对后来需采用虚能级解决具体问题的学者仍有借鉴作用。

马仕俊对中国早期理论物理学教学和科学研究有独特贡献,1941～1946年在西南联大时期,他开设过力学、气体运动理论等大学本科课程和量子力学、理论物理、原子核及量子场论等研究生课程,培养了一批优秀青年。杨振宁和李政道在"悼念马仕俊博士"一文中曾说:"他是一位极其认真的老师,讲稿准备得非常整齐。我们两人曾在不同时期（1941～1943年和1945年）听过他的课"。杨振宁后来还谈道,1943年春他曾从马先生开设的课程中学习过量子场论并对自己产生过重要影响。西南联大期间,他带领青年教员虞福春和薛琴访开展介子理论和量子电动力学方面的研究，共同在国际重要刊物发表论文3篇，马仕俊一人单独发表8篇。

马仕俊精炼的文风给人留下深刻印象。他的文章十分简练准确，那篇关于S矩阵多余零点的文章的篇幅大约只有《物理评论》的半页，而详细解释氘的虚能级的综述文章，虽然包括了113个数学公式，也仅有7页半的篇幅；他的严谨学风感人至深，其认真精神实堪为后世楷模。1948年他在都柏林访问时，发现1942年他与虞福春在《物理评论》发表的一篇论文中有一处正负号的错误，当即致信《物理评论》刊出更正，并称"本作者（马仕俊）为我们这篇合作文章的此一错误负责"。

抗战胜利后马仕俊长期在国外工作，1960年与赴英参加英国皇家学会（Royal Society）成立300周年纪念的彭桓武先生见面时，他向彭讲述了多年在国外漂泊的苦恼和打算回国工作的愿望。令人惋惜的是，他未及实现回国愿望，竟在一年多后于失望中结束了自己的生命。马仕俊先生一生勤奋工作，留下近40篇科学论文，作为中国最早从事量子场论研究的理论物理学家，他为中国理论物理研究和教学作出了可贵的贡献。

三、马仕俊主要论著

Wu T Y, Ma S T（马仕俊）. 1936. Variational wave functions of doubly excited states of helium. J Chin Chem Soc, 4: 344.

Ma S T. 1940. Photomagnetic disintegration and magnetic moment of the deuteron in the meson theory. Proc Camb Phil Soc, 36: 351.

Ma S T. 1940. Electrostatic dipole moment of a nucleus in the meson theory. Proc Camb Phil Soc, 36: 438.

Heitler W, Ma S T. 1940. Inner excited states of proton and neutron. Proc Roy Soc A, 176: 368.

Ma S T, Yu F C, 1942. Electromagnetic properties of nuclei in the meson theory. Phys Rev, 62: 118.

Ma S T. 1942. Calculations of the scattering of meson by the matrix method. Phys Rev, 62: 403.

Ma S T. 1943. A relativistic formula for the scattering of meson under the influence of radiation damping. Proc Camb Phil Soc, 39: 168.

Ma S. T, Shüeh C F. 1944. Scattering of charged mesons under the influence of radiation damping. Proc Camb Phil Soc, 40: 167.

Ma S T. 1946. Redundant zeros in the discrete energy spectra in Heisenberg's theory of characteristic matrix. Phys Rev, 69: 688.

Ma S T. 1947. On a general condition of Heisenberg for the S matrix. Phys Rev, 71: 195.

Ma S T. 1949. Relativistic formulation of the quantum theory of radiation. Phys Rev, 75: 535.

Heitler W, Ma S T. 1949. Quantum theory of radiation damping for discrete states. Proc Roy Irish Acad, 52A: 109.

Ma S T. 1949. Vacuum polarization in the positron theory. Phil Mag, 40: 1112.

Ma S T. 1951. Retarded nuclear interaction. Phys Rev, 82: 275.

Ma S T. 1952. Bound states and the interaction representation. Phys Rev, 87: 652.

Ma S T. 1953. Interpretation of virtual level of the deuteron. Rev Mod Phys, 25: 853.

Ma S T. 1956. On the vacuum current. Nucl Phys, 1 (2): 112.

Ma S T. 1956. Contact and core interactions according Dirac's relativistic theory of electron. Nucl Phys, 2 (4): 347.

Ma S T. 1958. The causal function and the causality condition. Nucl Phys, 7 (2): 163.

Ma S T. 1959. Causality in quantum field theory. Nucl Phys, 11 (4): 696.

主要参考文献

金新. 1993. 马仕俊//戴念祖. 20世纪上半叶中国物理学论文集粹. 长沙：湖南教育出版社：855.

高崇寿. 2001. 马仕俊//沈克琦，戴念祖. 中国科学技术专家传略：理学编：物理学卷2. 北京：中国科学技术出版社：98.

撰稿者

刘寄星（1938~），中国科学院理论物理研究所研究员，曾任理论物理研究所副所长等。

20 世纪中国物理学发展大事记

(1901~2000 年)

1902
- 京师大学堂设政治、文学、格致、农业、工艺、商务、医学七科。格致科下分天文学、地质学、高等算学、化学、物理学、动植物学六目。

1904
- 年初,何育杰赴英国学习物理。
- 张贻惠入日本东京高等师范学校学习数学和物理。

1905
- 夏元瑮赴美国伯克利学校、耶鲁大学学习物理。

1907
- 李复几(1881~1947)获德国波恩大学物理学博士学位。这是中国第一位出国学习物理学并最早获博士学位的留学生。

1908
- 清政府学部(相当于今日教育部)审定、上海商务印书馆出版《物理学语汇》,收术语近千条,英、汉、日三种文字并列。

1909
- 何育杰在英国曼彻斯特大学获学士学位归国,先后在京师大学堂和北京大学任教。
- 夏元瑮从美国转入德国柏林大学深造,师从物理学家普朗克(M. Planck, 1858~1947)。
- 胡刚复、梅贻琦(1889~1962)赴美留学。他们是庚子赔款的第一届留美生。此后,赴美国、英国、法国、德国、日本等地的物理学留学生逐渐增多。

1912
- 京师大学堂改为北京大学,格致科改为理科,理科下设物理学门。
- 夏元瑮回国,出任北京大学理科学长。
- 金陵大学设立理科物理门。

1913
- 北京大学理科招数学、理论物理、化学各一班学生。这是中国大学物理学本科招生的开始,也是北京大学物理系的开端。

1914
- 留学美国芝加哥大学的李耀邦(1884~1940)在美国《物理评论》上发表博士论文《以密立根方法利用固体球测定 e 值》,这是中国人在国际物理期刊上发表的第一篇学术论文。
- 丁西林入英国伯明翰大学学习物理。

1915
- 南京高等师范学校成立，设理化部。

1916
- 梅贻琦于1914年获美国伍斯特理工学院（Worcester Polytechnic Institute）学士学位，回国任清华学校物理教师。1921年又赴美学习，1922年获芝加哥大学机械工程硕士学位，任清华大学物理首席教授。1926年任清华大学教务长，1931~1948年任校长。
- 北京大学理科物理门的第一届学生孙国封、丁绪宝（1894~1991）、郑振埙、刘彭翊、陈凤池5人毕业。这是中国最早的物理学本科毕业生。

1917
- 齐鲁大学设理科物理门。
- 9月，许崇清在《学艺》第2卷发表文章，第一次叙述了爱因斯坦的狭义相对论。

1918
- 胡刚复获美国哈佛大学博士学位，回国任南京高等师范学校（1921年改为国立东南大学）教授，物理系主任（1918~1925）。

1919
- 4月，夏元瑮多年致力于大学理科课程的制定，"办理学务，著有功绩"，获得大总统（徐世昌）颁发的三等"嘉禾章"。
- 4月，北京大学废文、理、法科之名目，设置系级行政单位，物理学门改为物理系，物理系主任为何育杰（1918~1920，1919年前称教授会主席）。
- 南京高等师范学校理化部改为数理化科。
- 大同大学成立物理系。胡刚复任系主任。

1920
- 颜任光1918年获美国芝加哥大学博士学位后回国，任教于北京大学。丁西林1919年获英国伯明翰大学理科硕士学位后回国，任教于北京大学预科。颜任光和丁西林主持北大物理系工作。颜任光任系主任（1920~1925），丁西林任预科主任。北京大学首开物理实验课。
- 1920~1921年，英国哲学家罗素（B. Russell，1872~1970）来华讲学，其中一讲《物之分析》专门演讲爱因斯坦相对论哲学问题。相对论和爱因斯坦引起中国人的兴趣。
- 科学名词审查会编制的《物理学名词》刊发，英、德、法、日、汉五种文字的物理学名词对照列条。

1921
- 春，蔡元培（1868~1940）抵柏林。他和夏元瑮一起访问了爱因斯坦，并邀请爱因斯坦来华讲学。
- 4月，《改造》杂志（第3卷第8期）出版相对论号。夏元瑮译《安斯坦相对论浅释》发表于此。1922年又以《相对论浅释》为书名，由商务印书馆出版。这是中国第一本相对论译著。

- 叶企孙和杜安（W. Duane）、帕默（H. H. Palmer）合作测定了普朗克常数 h 值。
- 东南大学（前身为南京高师）数理化科分为数学、物理、化学3个系。

1922
- 1月，《少年中国》杂志第3卷第7期出版"相对论号"。
- 8月，饶毓泰获美国普林斯顿大学博士学位后回国，任南开大学物理系首任主任。
- 秋，燕京大学与协和大学医预科合办生物、化学、物理3个系，燕京大学的郭察理（C. H. Corbett）为物理系主任。
- 11月13日，爱因斯坦到日本讲学路过上海，受到上海各学术团体热烈欢迎。瑞典驻上海总领事正式通知爱因斯坦，他获得了1921年诺贝尔奖。
- 12月，《东方》杂志第19卷第24期出版"爱因斯坦号"。

1923
- 厦门大学成立数理系。
- 1月1日下午3时，由日本回国路过上海的爱因斯坦在工部局礼堂为在上海的犹太人讲演相对论。1月2日爱因斯坦乘船离开上海。
- 叶企孙完成博士论文《液体静压力对铁、钴和镍的磁导率的影响》，获哈佛大学博士学位。
- 李书华编《普通物理学实验讲义》由北京大学出版部出版。

1924
- 北京师范大学物理系从数理系中独立出来，张贻惠任物理系主任（1924~1927）。
- 1924~1926年，吴有训在美国芝加哥大学从事X射线散射的研究，连续发表论文9篇，对证实和完善康普顿于1923年发现的效应帮助极大。吴有训因研究康普顿效应，1925年获博士学位。

1925
- 叶企孙出任清华大学教授，筹建并主持物理系工作。他先后聘请了吴有训、周培源、萨本栋、赵忠尧、任之恭为教授。
- 颜任光和丁佐成在上海创办了中国第一个科学仪器工厂——中华科学仪器馆。1927年，扩展业务，更名为"大华科学仪器股份有限公司"，从此中国有了自己设计生产的物理仪器和仪表。
- 燕京大学成立物理系，安德孙（P. A. Anderson）接替郭察理任系主任（1925~1929）。
- 《科学》杂志连载"科学名词审查会"审定的物理学和算学名词。

1926
- 李书华任北京大学物理系主任（1926~1927）。
- 叶企孙任清华大学物理系主任（1926~1934）。
- 谢玉铭与郭察理合著《物理学原理及其应用》一书的英文本出版。该书于1928年译成中文并由上海商务印书馆出版。这是一本具有浓厚的中国特色的大学普通物理教学参考书。

1927
- 燕京大学物理学科开始招收研究生。
- 成都大学设物理系。
- 南京国民政府合并在江苏省内的东南大学、河海工程大学等9所高校，于次年定名为中央大学，吴有训任首届物理系主任。
- 王守竞于1927~1928年在美国研究量子力学，他第一次把量子力学应用于分子现象，并以氢分子基能态的变分法计算不对称陀螺的转动能及二原子间的相互作用，取得了重要成果。王守竞1929年回国，任浙江大学物理系主任（1929~1931）。

1928
- 3月，中央研究院理化实验研究所成立，11月该所物理部分改为中央研究院物理研究所，丁西林任所长，地址设在上海。
- 周培源获加利福尼亚理工学院博士学位。
- 张绍忠在浙江大学创办物理系。
- 岭南大学设立物理系。
- 交通部第一交通大学（上海交通大学）创办物理系，裘维裕任系主任（1928~1948）。

1929
- 清华大学物理系培养的第一届学生王淦昌、周同庆、施士元、钟间毕业。
- 夏元瑮任北京大学物理系主任（1929~1931）。
- 9月，北平研究院成立，设物理研究所，李书华任副院长（1929~1949）兼物理研究所所长（1929~1930）。
- 9月，德国物理学家海森伯（W. Heisenberg, 1901~1976）访问中国，参观了在上海的中央研究院物理研究所，并被聘为该所名誉研究员。
- 谢玉铭任燕京大学物理系主任（1929~1932）。该系培养了孟昭英（1906~1995）、褚圣麟、毕德显（1908~1992）、张文裕、袁家骝（1912~2003）、卢鹤绂等物理学家。
- 燕京大学物理系两名硕士生魏培修、吴敬寰毕业，此为中国大学物理系培养研究生之肇始。
- 1929~1930年，赵忠尧在加利福尼亚理工学院研究γ射线在物质中的吸收和散射现象，发现重元素的反常吸收还伴随着一种特殊的辐射。事实上他发现了正负电子对的湮没辐射。

· 吴有训在清华大学做 X 射线散射研究，并将他的论文《论 X 射线被单原子气体散射的总散射强度》寄英国《自然》杂志发表，开创了国内研究在国外期刊上发表的先河。

1931
· 10 月，国际联盟中国教育考察团专家来华。考察团四位专家之一——法国物理学家朗之万（P. Langevin，1872~1946）建议，中国物理学工作者应联合起来，成立中国物理学会。

· 教育部刊行《物理学名词》（教育部增订本）。

· 严济慈任北平研究院物理研究所所长、镭学研究所所长（1931~1948）。

1932
· 5 月，军政部兵工署理化研究所成立，其中物理部分有金属实验室、弹道研究室、光学实验室、材料实验室、电学实验室。

· 8 月 22~24 日中国物理学会在清华大学举行成立大会暨第一次年会。大会选出会长李书华、副会长叶企孙、秘书吴有训、会计萨本栋等人组成的学会领导。成立了译名委员会（后改称物理名词审查委员会）、学报委员会和物理教学委员会。

· 萨本栋编纂的《物理学名词汇》由中华教育文化基金董事会编辑委员会印行出版。

· 何增禄在加利福尼亚理工学院从事真空技术的研究，发明了有 7 个喷嘴的扩散泵，称为"何氏泵"，泵的速度因子被称为"何氏系数"。

· 12 月 1 日，吴有训致函国际纯粹和应用物理联合会（IUPAP）秘书长，代表中国物理学会申请加入联合会。

1933
· 1 月 7 日，IUPAP 秘书长复函吴有训，接纳中国物理学会为该会会员。同年 6 月中国物理学会推举赵元任，吴有训参加 IUPAP 会议，并参加该会的符号、单位及名词委员会。

· 10 月，《中国物理学报》（Chinese Journal of Physics）第 1 卷第 1 期在上海出版（实际上推迟到 1934 年春印出）。

· 11~12 月，意大利物理学家、无线电发明人马可尼（G. Marconi，1874~1937）来华参观访问。12 月 8 日，马可尼在上海交通大学工程馆前为"马可尼铜柱"奠基，11 日参观尚在建设中的真如上海国际无线电台。

· 饶毓泰任北京大学物理系主任（1933~1944）。

· 萨本栋用中文编著《大学普通物理学》（上、下两册），由商务印书馆出版。该书在较长时期内作为中国大学教学用书。
- 吴大猷在美国密歇根大学获博士学位，1934年回国，任北京大学物理系教授。他的论文预言了超铀元素的存在，指出其中14种新元素类似周期表中的稀土族。

1934
- 吴有训任清华大学物理系主任（1934～1937）。
- 12月，美国物理化学家朗谬尔（Irving Langmuir，1881～1957）来华，受到中国物理学会、中国化学学会等团体的欢迎。
- 国立编译馆刊行中国物理学会物理学名词审查委员会审定和通过的《物理学名词》。
- 中国物理学会派王守竞参加在伦敦举行的国际纯粹和应用物理联合会大会。
- 中国物理学会就度量衡和大、小数命名法提出建议，并为当时科学界所采纳。
- 谢玉铭和豪斯顿（W. V. Houston）合作在《物理评论》上发表有关氢原子巴耳末线系的精细结构的论文。他们实际上最先用光学方法观察到"兰姆移位"，这个研究成为14年后关于重整化理论的先导性重大成果。

1935
- 7月，英国物理学家狄拉克（P. A. M. Dirac，1902～1984）来华。
- 霍秉权在国内首次制成威尔逊云室。
- 郑太朴（1901～1949）译牛顿的《自然哲学的数学原理》，由上海商务印书馆出版。

1936
- 6月19日中国物理学会等9个单位组成的中国日食观测委员会赴日本、苏联观测日全食。

1937
- 5月20日～6月7日，丹麦物理学家玻尔（N. Bohr，1885～1962）来华，分别在上海、杭州、南京和北京讲学。
- 七七事变后，华北、华东、华南、中南等地大学、研究机构和学术团体纷纷向西南、西北内迁。中央研究院物理研究所先从上海迁到香港，后迁桂林，再迁重庆；北平研究院物理研究所迁到昆明。清华、北大、南开3所大学先后迁至长沙、昆明，在昆明组成国立西南联合大学。北方其他一些学校先后迁至西安、城固，组成西北联合大学。
- 范绪筠（1912～2001）获麻省理工学院博士学位，回国任西南联大和清华大学教授（1937～1948）。1942年在西南联大提出金属与半导体的点接触理论。

1938
- 西南联大时期（1937～1946.6）的清华大学成立特种研究所，叶企孙任主任委员。下设航空研究所（所长庄前鼎，成立于 1936 年）、无线电研究所（所长任之恭，成立于 1937 年）、金属研究所（所长吴有训，成立于 1938 年夏）。
- 龚祖同在德国柏林工业大学攻读博士学位，急于回国抗战而放弃学位答辩，任昆明兵工署二十二厂（昆明光学仪器厂）设计专员，不久，他负责设计并组织用现代化方法批量生产出军用 6 倍双目望远镜。

1939
- 吴大猷编著《多原子分子的振动光谱及其结构》一书，获中央研究院丁文江奖金。该书曾两次在美国翻印出版。
- 萨本栋著《双矢量电路分析》（英文本）一书在美国出版。该书立即被选为国际电工丛书，并获中国电机工程师学会第一次荣誉奖章。
- 马大猷在美国发表《矩形室中低频简正波分布》等论文，将声学中的简正波理论发展到实用阶段。
- 严济慈、钱临照试制成功中国第一台显微镜。
- 余瑞璜在昆明清华大学金属研究所开始从事晶体结构分析的 X 射线强度新综合法的创立与发展研究，并将 X 射线分析法在中国第一次应用于生产，分析了云南、贵州的铝矿。

1940
- 中国科学社特设"何育杰物理学纪念奖金"，这是中国有史以来第一次为物理学专设的奖项。首次获奖者为葛庭燧、马振玉。
- 周培源在《中国物理学报》1940 年第 4 卷第 1 期上发表《计算表观应力的雷诺法的推广和湍流的性质》一文，在国际上首次提出需要研究湍流的脉动方程，并用求剪应力和三元速度关联函数满足动力学方程的方法建立起湍流理论。

1941
- 任之恭（1906~1995）在清华大学无线电研究所制成电子管等器件。

1942
- 1 月，王淦昌在美国《物理评论》发表短文，提出用观察轻原子核 K 俘获过程中的核反冲来验证中微子存在的实验方案。
- 教育部学术审议会本年度科学奖金授予周培源关于湍流理论、吴大猷关于多原子分子振动光谱与结构为自然科学类一等奖；周同庆关于磁伸缩式自动记录回声测声仪为应用科学类二等奖。
- 贵州地区物理学分会和浙江大学物理系共同举行牛顿 300 周年诞辰纪念会。延安自然科学研究会也召开了纪念牛顿 300 周年诞辰大会。

1943
- 北平研究院物理研究所自抗战起已制成 200 架专科以上学校用显微镜、水晶仪及石英振荡器，主持者严济慈、钱临照等。

1945
- 秋，受美国"曼哈顿工程"和在日本广岛、长崎爆炸原子弹的影响，国民政府军政部部长陈诚和次长俞大维召见曾昭抡（1899~1967）、华罗庚（1899~1985）和吴大猷，咨询中国原子弹发展计划。
- 抗日战争胜利后，各大学和学术机构开始内迁。中央研究院物理所从重庆北碚迁回上海。北平研究院物理所迁回北平，镭学所迁上海。

1946
- 1月15日，中国物理学会于昆明发表"关于原子能问题意见书"，其要点为：联合国组织中应设立原子能委员会，其职责为①保证原子能之应用应为和平目的而发展；②保证原子能不用为大规模毁灭性之武器；③组织视察团，调查各国关于研究及应用原子能之情形；④设立联合国原子能实验室，共同研究重要问题，并与各国研究机构取得联系。
- 5月，胡宁在爱尔兰都柏林高等研究院研究广义相对论，简化了爱因斯坦的方法，提出并计算了双星系统的反辐射阻尼，为以后观测引力波提供理论准备。
- 夏，奉国民政府派遣，吴大猷携学生朱光亚、李政道赴美考察原子科学。鉴于美国政府"保密"，他们考察未果，分别转入美国各大学工作或学习。
- 戴运轨创建台湾大学物理系。

1947
- 严济慈著《普通物理学》，分别由正中书局、龙门书局出版。
- 黄昆在英国从事固体物理研究，提出了固体中因杂质缺陷导致X光漫散射的理论。他所发现的固体中的这种漫散射后来被称为"黄散射"。
- 葛庭燧在美国芝加哥大学研究金属内耗理论，首次提出"扭摆"，后被命名为"葛氏摆"；首次观察到晶粒间界的内耗峰，后被命名为"葛氏峰"。
- 8月3日，鉴于地球物理学工作者队伍壮大，原在中国物理学会中的地球物理学工作者在上海中央研究院成立中国地球物理学会。

1948
- 中央研究院物理所从上海迁至南京，所内设原子核学实验室，赵忠尧被委派前往美国参观在太平洋比基尼群岛进行的氢弹试验后在美为该室购置静电加速器关键器材和仪器设备。
- 3月，中央研究院经协商选出院士人选。物理学家被选为院士的为：吴大猷、吴有训、李书华、叶企孙、赵忠尧、严济慈、饶毓泰七人。
- 中国物理学会推举吴有训、吴大猷、施汝为、严济慈组成国际纯粹和应用物理联合会中国委员会，并准备参加本年7月8日至15日在阿姆斯特丹举行的国际纯粹和应用物理联合会会议（后因故未成行）。
- 夏，钱三强回国，任清华大学物理系教授兼北平研究院原子学研究所所长。

此时，原北平研究院镭学所已改为原子学研究所。原镭学所上海分部改为北平研究院物理研究所结晶学研究室，由陆学善任主任。

1949
- 7月23日中国物理学会理事会议决定成立"中国物理工作者论文编目委员会"，推选钱伟长为召集人，王竹溪、王淦昌、赵广增、陆学善、施士元、梁百先（1911~1996）七人为委员。经初步调查，在20世纪近半个世纪内共发表约730余篇物理学论文。其中，实验研究方面，1940年以前主要在原子物理方面，1940年以后主要在原子核物理方面，而1937~1944年论文数目显著减少，理论方面，1930年起逐年增加，1937~1944年并无显著减少。
- 8月8日中央大学改名为南京大学，施士元任物理系主任。
- 11月1日，中国科学院成立。

1950
- 2月上旬，中国科学院决定将中央研究院物理研究所与北平研究院物理研究所合并组建中国科学院应用物理研究所，但该两所的原子物理研究部分并入中国科学院近代物理研究所。
- 5月19日中国科学院近代物理研究所成立，吴有训任所长。1951年钱三强任所长。1953年10月6日该所更名为中国科学院物理研究所，1958年7月该所更名为中国科学院原子能研究所（又称401所），钱三强任所长。原来在中关村的部分为原子能研究所一部，在京郊房山坨里新建的研究基地为二部。
- 8月15日中国科学院应用物理研究所成立，严济慈任所长，1958年10月该所更名为中国科学院物理研究所。
- 洪朝生在美国普渡大学发现杂质能级上的导电现象，形成了杂质导电的概念。

1951
- 8月12~17日，中国物理学会第一届全国会员代表大会在北京召开，会上选出理事长周培源、副理事长钱三强、秘书陆学善、会计毛鹤龄。会议决定创办《物理通报》，主编杨肇燫。
- 黄昆在《自然》和《皇家学会会刊A》发表《离子晶体中的晶格振动与光学波》及《论辐射场与离子晶体的相互作用》两篇文章，建立了被学术界称谓的"黄昆方程"，首次提出了光子与横光学声子相互耦合形成的新的元激发——极化激元（polariton）。
- 中国科学院近代物理所王淦昌和肖健等在云南东川落雪山海拔3185 m处建成了中国第一个高山宇宙线实验室。

- 经中国物理学会推荐的《物理学名词》草案公布。

1953
- 中国物理学会决定,《中国物理学报》从第 9 卷第 1 期开始改用中文出版,更名为《物理学报》,同时将外文名称改为 Acta Physica Sinica。
- 中国科学院金属研究所在沈阳成立,李薰(1913~1983)任所长。

1954
- 玻恩和黄昆合著的《晶格动力学》出版,该书被列入"牛津经典物理著作丛书",该书一版再版,被译成多国文字,是固体物理学教科书及晶格动力学专著的标准参考文献。

1955
- 年初,南京大学物理学系成立声学教研室,系主任魏荣爵兼任声学教研室主任,下半年,建立了中国第一个声学专业和中国大学第一个声学实验室。
- 1952~1955 年,中国科学院应用物理所贾寿泉(1930~)设计组装了中国第一台可拆式 X 光机;何寿自己设计和安装了中国第一台细聚焦 X 光机。
- 7 月,马大猷调入中国科学院应用物理所,开展了声学研究工作。
- 8 月 1 日,国务院决定在北京大学设立物理研究室,胡济民任室主任,虞福春和朱光亚任副主任。从全国各校物理系选拔学生调入北京大学物理研究室转学核物理专业。这是中国第一个专门培养核科技人才的基地。1958 年 12 月 11 日,北大物理研究室改为原子能系,1961 年 6 月 3 日改名为技术物理系。
- 9 月,清华大学在机械制造系设立培养核科技人才的工程物理专业。1956 年 10 月,清华大学正式设立工程物理系,何东昌(1923~2014)任主任。
- 北京大学、复旦大学、南京大学、厦门大学和东北人民大学(后改为吉林大学)五校联合在北京大学物理系开办中国最早的半导体物理专业,黄昆任教研室主任,谢希德任教研室副主任。
- 中国科学院近代物理所赵忠尧、杨澄中、叶铭汉、孙良方(1925~)等建成中国第一台 700 keV 质子静电加速器。

1956
- 年初,中国物理学会召开半导体学术会议。
- 5 月 26 日,苏联提供的一座 7 MW 实验性重水反应堆和一台磁铁直径为 1.2 m 的回旋加速器开工兴建,1958 年夏在原子能所先后建成。
- 11 月 1 日,中国科学院应用物理所洪朝生等在自制的氢液化器上首次将氢液化。
- 中国物理学家按照国家要求制定了"物理学十二年远景规划草案",其中原子能、半导体、电子学、计算机等被列为全国科学技术发展 12 年(1956~1967)远景规划中的 12 项重点任务。

- 中国科学院近代物理所何泽慧等研制成功核乳胶探测器，戴传曾和李德平等研制成功卤素计数管和强流光电二极管。
- 同济大学建成中国第一个混响室，开展材料吸声特性和测试方法标准研究；1957年，同济大学建成中国第一个隔声室，开展建筑构件隔声和隔声测量方法标准研究。
- 《原子能》杂志创刊，系俄文杂志《原子》的中译本。

1957
- 6月，中国科学院兰州物理研究室成立，杨澄中任副室主任。1962年1月1日，经中国科学院和二机部共同商定，将兰州物理室和负责1.5 m回旋加速器建设的613工程处合并，在兰州成立中国科学院近代物理研究所，杨澄中任副所长。
- 11月，中国科学院应用物理所林兰英（1918~2003）用自行设计和加工的单晶炉，成功拉制了中国第一根锗单晶；王守武、吴锡九（1932~）等成功研制出中国第一只pnp型合金结锗晶体管。
- 12月，李政道（1926~）和杨振宁（1922~）因对宇称定律的研究获诺贝尔物理奖。
- 中国科学院近代物理所赵忠尧、李正武、梅镇岳、金建中、叶铭汉、孙良方等建成2.5 MeV质子静电加速器。

1958
- 6月13日，中国第一座实验性原子反应堆在原子能所正式运转，10月1日，反应堆生产出33种放射性同位素。
- 6月，中国科学院武汉物理所成立。
- 7月13日，核武器研究所（即北京第九研究所）成立。1964年2月25日改称二机部第九研究院。1985年1月，更名为中国工程物理研究院。
- 7月，中国科学院应用物理所用改进的单晶炉拉制出中国第一根硅单晶。
- 9月，中国科学院应用物理所王守觉（1926~）等研制成功截止频率为150 MHz的中国第一只锗合金扩散高频晶体管，为研制晶体管计算机创造了条件。
- 10月28日上海技术物理研究所成立，汤定元任所长。
- 中国科学院原子能所梅镇岳、郑林生等建成多种β，γ谱仪，进行核谱学研究。
- 中国科学院吉林金属物理研究所成立，芶清泉任所长。该所先后更名为吉林物理所，东北物理所和长春物理所。1999年和长春光机所整合为长春光学精密机械与物理研究所。

- 中国科学技术大学成立，设技术物理系，首任系主任施汝为；设原子核物理与原子核工程系，首任系主任赵忠尧。
- 中国物理学会和中国科学院数理化学部联合召开固体电子理论学术会议
- 中国物理学会和中国科学院数理化学部联合召开全国光谱学会议
- 由苏联引进的两台 25 MeV 电子感应加速器先后在北京大学和清华大学调试出束，并投入运行。
- 中国科学院兰州物理研究室完成 400kV 高压倍加器调试，引出氘束的流强约 150μA。

1959
- 2 月 24 日，由中国科学院原子能研究所设计、制造和安装的中国第一座轻水零功率反应堆建成并达到临界。
- 3 月 9 日，王淦昌等在苏联杜布纳联合核子研究所发现反西格玛负超子。
- 6 月，钱三强应中央要求推荐朱光亚为原子弹研制的科学技术领导人。
- 8 月，中国科学院上海原子核研究所成立。2003 年 6 月改名为中国科学院上海应用物理研究所。
- 中国科学院物理所洪朝生等建成中国第一台氦液化器并首次获得液氦。
- 中国科学院电子所声学研究室主持了北京人民大会堂的音质设计。

1960
- 1 月 19 日，清华大学游泳池式研究性反应堆工程开工。该堆于 1964 年 6 月建成，次年 4 月反应堆提升至额定功率。
- 7 月 1 日中国科学院半导体研究所成立。王守武任副所长。
- 7 月 12 日，中国科学院电子学研究所成立。
- 7 月中国科学院光学精密机械研究所在长春成立。王大珩（1915~2011）任所长。

1961
1 月，中国物理学会和中国科学院原子核科学委员会联合召开原子核物理学术会议。
- 9 月，中国科学院长春光机所王之江（1930~）、邓锡铭（1930~1997）等研制出中国第一台（红宝石）激光器。
- 中国科学院新疆物理研究所在乌鲁木齐成立，2002 年和新疆化学所整合成立新疆理化所。
- 朱光亚主持起草了"原子弹科研设计制造与试验计划纲要及必须解决的关键问题"和"原子弹国家试验项目与准备工作的初步建议及原子弹装置塔上爆炸试验大纲"两份重要的纲领性文件，提出了原子弹试验应分两步走，第一步以塔爆方式进行，第二步再以空投方式进行。

1962 · 1月，朱光亚主持起草了"关于自力更生建设原子能工业情况"的报告，提出了进行原子弹装置正式试验的"两年规划"上报中央。
· 3月，中国科学院西安光学精密机械研究所成立，龚祖同任所长。

1963 · 3月，在邓稼先、彭桓武和周光召等领导下中国第一颗原子弹理论设计方案诞生，邓稼先在历史性文件上签字。
· 6月，中国科学院近代物理研究所1.5 m回旋加速器调试成功，内靶束流达到3mA。
· 9月，中国科学院物理所何寿安等在自主研制的压机上用静态高压法在中国最先合成了人造金刚石。
· 中国科学院原子能所谢家麟等建成中国第一台30 MeV电子直线加速器。
· 中国科学院半导体所王守觉等在中国首先研制成功硅平面工艺和平面器件，为109丙计算机的研制成功作出重要贡献。

1964 · 《声学学报》创刊，马大猷任主编。
· 8月21~31日，中国物理学家参加北京科学讨论会（有44个国家和地区的代表参加），在会上报告了高能物理与原子核物理、固体物理、快中子物理等方面的工作。
· 10月4日，王淦昌提交《利用大能量大功率光激射器产生中子的建议》，提出激光核聚变概念。
· 10月16日，中国第一颗原子弹试爆成功。
· 中国科学院原子能所丁渝等建成中国第一台精密原子束磁共振仪。
· 中国科学院声学研究所成立，汪德昭任所长。
· 中国科学院上海光学精密机械研究所成立，首任所长王大珩。

1965 · 4月，中国自行设计建造的第一座工程性试验反应堆在二机部194所建成并提升至额定功率。
· 9月，于敏带领的理论团队在上海取得了中国氢弹的突破性物理设计方案。
· 由原子能所14室和东北503所在四川省乐山市建成二机部585所，首任所长李正武。1985年扩建于成都市。1988年10月，改名为核工业西南物理研究院。
· 中国科学院原子能所张文裕、肖健等在云南落雪山附近建成了新的高山宇宙线观测站（简称云南站），拥有3个大型云室。
· 中国科学院原子能所杨衍明等研制成功256道脉冲幅度分析器。

1966 · 北京基本粒子理论组（朱洪元、胡宁、何祚庥、戴元本和中国科学院原子能所、数学所、北京大学等单位理论工作者）合作研究提出了基本粒子层子模型。
- 7月，中国物理学家参加在北京召开的国际物理讨论会。会上中国学者报告了层子模型的工作。
- 10月，中国第一座生产钚-239的石墨轻水反应堆建成。
- 10月，《物理学报》、《物理通报》停刊。

1967
- 6月17日，中国第一颗氢弹全当量空投试验成功。

1968
- 中国科学院半导体研究所研制成功卫星所需的硅太阳能电池，提供给"实践一号"及其他卫星使用。

1969
- 12月26日，中国科学院物理所在新建成的 1×10^5 J 角向箍缩装置放电中，成功观测到聚变反应产生的热核中子，是中国核聚变研究首次得到热核中子。

1970
- 中国科学院近代物理所将 1.5 m 回旋加速器改建为中国第一台重离子迴旋加速器，先后加速了 ^{12}C、^{16}O、^{14}N 等较轻的重离子，开始了重离子核物理的基础研究。该加速器于 1987 年改造升级为 1.7 m 的扇形聚焦回旋加速器（SFC）。
- 中国科学院安徽光学精密机械研究所在合肥成立。
- 中国科学院近代物理所完成氘-氘、氘-氚反应总截面和快中子—^6Li，^7Li 的非弹性碰撞截面及次级能谱测量任务，前者达到当时国际水平，后者达到当时国内先进水平。
- 3月中国科学院半导体研究所完成中国第一颗人造卫星——"东方红一号"的微波信标机的制造并交付使用。

1972
- 《物理》杂志创刊，主要发表介绍物理学知识和进展的文章，也刊载学术论文。
- 中国科学院原子能所云南宇宙线观测站发现一个可能的重质量荷电粒子事例。

1973
- 2月1日，中国科学院高能物理研究所成立，张文裕任所长。
- 4月，中国科学院上海光学精密机械研究所利用单束钕玻璃激光照射氘冰靶产生了热核聚变中子。
- 8月，由中国科学院物理所、生物物理所和北京大学有关人员组成的北京胰岛素晶体结构研究组完成 1.8Å 分辨率猪胰岛素晶体结构的测定工作。

1974
- 7月1日，由中国科学院物理所和电工所研制的 CT-6 托卡马克装置首次放电成功，中国第一个托卡马克装置投入运行。
- 《物理学报》复刊，主编王竹溪。

1975
- 由多位诺贝尔奖获得者参加的美国固体物理代表团访问中国大陆物理学研究机构和大学。

1976
- 《高能物理与核物理》和《高能物理》（科普杂志）创刊，两刊主编均为朱洪元。

1977
- 北京大学黄昆到中国科学院半导体所任所长。

1978
- 中国科学院半导体所在王守武领导下研制成功大规模集成电路4096位动态随机存储器（4K DRAM），成品率达到20%。
- 5月，中国科学院理论物理研究所成立，彭桓武任所长。
- 8月1~15日，在江西庐山召开中国物理学会年会，与会学者602人。其间召开并调整了理事会，理事长为周培源。
- 9月，中国科学院等离子体物理研究所在合肥成立。
- 《原子核物理》、《低温物理》创刊。

1980
- 1月5~10日，在广东从化召开了基本粒子理论讨论会，国内学者，海外华侨和华裔学者百余人参加了会议。
- 5月，国际激光会议先后在上海、北京举行。
- 中国《核聚变》杂志创刊，一年后改名为《核聚变与等离子体物理》，主编李正武。
- 中国科学院半导体所研制成功10万小时连续工作的波长为0.85 μm AlGaAs/GaAs双异质结（DH）激光器。

1981
- 5月4日，中国自行设计建造的第一座高通量工程试验反应堆在中国核动力研究设计院实现高功率运行。
- 《物理学进展》创刊，主编冯端。
- 美国物理联合会〈American Institute of Physics〉编译出版《中国物理》（Chinese Physics），选译《物理学报》等12种中文刊物上的学术论文在该刊发表。

1982
- 1月，《大学物理》创刊，主编赵凯华。
- 3月，中国科学院固体物理研究所在合肥成立，所长葛庭燧。
- 5月，中国科学院低温技术实验中心在北京成立，主任洪朝生。
- 8月30日~9月3日，在上海召开了格拉斯曼广义相对论国际会议。
- 12月17日，中国科学院高能所周清一（1921~2008）、王书鸿（1941~）

等建成了中国第一台质子直线加速器，1985 年出束，1989 年鉴定验收。
- 中国科学院福建物质结构研究所研制出偏硼酸钡单晶。
- 《应用声学》创刊，主编应崇福。

1983
- 10 月，中国科学院物理所王震西等公布研制出第三代稀土永磁合金的结果，中国成为国际上少数几个研制出第三代稀土永磁合金的国家。
- 中国科学院半导体所、物理所和沈阳科学仪器厂研制成功中国第一台自主创新分子束外延设备，生长出高纯 GaAs 和多种二维结构材料。

1984
- 1 月 1 日，中国加入国际原子能机构，并在当年 6 月被该机构理事会一致通过为指定理事国。
- 8 月，Chinese Physics Letters（《中国物理快报》）创刊，主编黄祖洽。
- 10 月，周光召、赵凯华、杜祥琬赴意大利参加 IUPAP 大会。中国物理学会重返国际纯粹和应用物理联合会。
- 核工业西南物理研究院研制成功托卡马克装置环流器一号（HL-1）。中国科学院等离子体物理所研制成功托卡马克装置 HT-6M。
- 中国科学院高能所李惕培（1939～）等利用放置在 50 000 m^3 气球上的硬 X 射线望远镜成功观测到蟹状星云及其脉冲星的硬 X 射线。

1985
- 3 月，秦山核电站反应堆主体工程开工，到 1991 年 12 月 15 日首次并网发电成功，结束了中国大陆无核电的历史。
- 9 月 2～7 日，在北京召开了"国际粒子物理和核物理讨论会"。
- 11 月，在北京召开了"尼·玻尔（N. Bohr）一百周年诞辰纪念会"。
- 中国科学院沈阳金属所郭可信（1923～2006）、叶恒强（1940～）等发现五重旋转对称和 Ti-V-Ni 二十面体准晶。

1986
- 3 月，科学家王大珩、王淦昌、杨嘉墀（1919～2006）、陈芳允（1916～2000）给中央领导写信，建议国家实施高技术研究发展计划获批，中国"863"计划开始实施。
- 8 月 5 日，中国科学院半导体所在林兰英的领导下，在中国发射的返回式卫星上成功地从熔体中生长出两块 GaAs 单晶。
- 10 月 14 日北京现代物理研究中心在北京大学成立，李政道任主任。
- 10 月 17 日中国高等科学技术中心（CCAST）在北京成立，李政道任主任。
- 10 月 29 日至 11 月 3 日，在北京召开宇宙线超高能核作用国际讨论会。
- 11 月，北京大学与上海先锋电机厂联合设计，建成具有束流脉冲化功能的 4.5 MV 高压型离子静电加速器，填补了中国 3～7 MeV 和 14～16 MeV 单色中子能区的空白。

1987
- 2月，中国科学院物理所赵忠贤等研制出液氮温区以上的高温超导体。首次公布了超导体的成分。
- 3月2日，中国物理学会决定，为纪念胡刚复、饶毓泰、叶企孙、吴有训等四位前辈的贡献，特设立胡刚复、饶毓泰、叶企孙、吴有训物理学奖励基金。
- 6月26日，神光I号高功率激光器在中国科学院上海光学精密机械研究所建成。
- 6月29日~7月1日，在北京召开了1987年高临界温度超导体国际会议。
- 8月17日，在北京召开了第八届国际发光学会议。
- 9月1日，纪念牛顿的《自然哲学的数学原理》出版300周年大会在北京举行。
- 中国科学院半导体所国内首次实现AlGaAs/GaAs量子阱激光器室温脉冲激射。
- 《化学物理》创刊，主编楼南泉（1922~2008）。

1988
- 8月，中国科学院高能所的VAX 785计算机通过卫星数据通讯线路连接到瑞士日内瓦欧洲核子研究中心（CERN）的计算机上，是中国大陆第一台连接到互联网的计算机。
- 10月16日2×2.2 GeV的北京正负电子对撞机（BEPC）实现正、负电子对撞。次年北京谱仪移入对撞点，联调成功，运行正常。北京同步辐射装置对用户开放。
- 11月17~18日，IUPAP执委会在北京召开。
- 12月12日，兰州重离子加速器（HIRFL）正式投入运行，从大型分离扇重离子加速器首次引出中能碳离子束流，使近代物理所的重离子核反应研究从低能区为主转入以中能区为主。

1989
- 《高能物理》杂志改名为《现代物理知识》，主编黄涛（1940~）。
- 8月，在北京举行了国际内耗与超声衰减会议，会上葛庭燧获C. Zener奖。
- 9月5~8日，在北京召开国际高临界温度超导体会议。

1990
- 4月24~27日，第十三届国际低温工程会议在北京召开。
- 在西藏羊八井（海拔4300 m）中国科学院高能所谭有恒（1938~）等人建成宇宙线观测站，完成首期广延大气簇射阵列建设，可进行超高能γ天文观测和超高能宇宙线研究。

1991
- 中国科学院等离子体物理研究所将苏联的超导托卡马克 T-7 改建成 HT-7 装置。
- 中国原子能科学研究院在 HI-13 串列加速器上首次合成了 ^{90}Ru，1992 年中国科学院上海原子核所首次合成了 ^{202}Pt，1992 年中国科学院近代物理所首次合成了 ^{208}Hg 和 ^{185}Hf 两种新核素，实现了中国新核素合成零的突破。中国科学院近代物理所后来在重质量丰中子区和质子滴线附近的部分核区先后合成了 12 种新核素。
- 中国工程物理研究院建成 3.3 MeV 脉冲放电大电流（脉冲电流 2 kA，脉冲宽度 60 ns）电子加速器曙光一号。
- 由中国科学技术大学负责设计和研制的"合肥同步辐射加速器及光束线实验站"通过国家鉴定和国家验收，"国家同步辐射实验室"建成并正式对国内外开放。该电子同步辐射加速器的能量为 800 MeV，平均束流强度为 100～300 mA。

1992
- 9 月，第十四届国际声学大会在北京召开。
- 中国科学院高能所郑志鹏（1940～）、李金（1941～）等人在北京正负电子对撞机和北京谱仪上完成了"τ轻子质量测量"实验。

1993
- 5 月，中国科学院高能所谢家麟主持的北京自由电子激光装置成功产生红外激光辐射，成为亚洲第一台产生自由电子激光的装置。
- 8 月 31 日，北京大学主办的第五届国际离子源会议（ICIS'93）在北京召开。
- 中国工程物理研究院建成用于闪光 X 光照相的 10 MeV 直线感应加速器（能量 10 MeV、脉冲电流 2.3 kA、脉冲宽度 60 ns），1995 年该机升级为 12 MeV。

1994
- 9 月 4～7 日在南京大学召开近代声学国际学术讨论会。
- 9 月北京大学重离子物理研究所经过 6 年的努力，用国产铌材制成中国第一只射频超导谐振腔，在 1.5 GHz 下，加速梯度达到 21 MV/m，完成了国内第一个射频超导实验室的建设。
- 北京大学重离子物理所研制成功整体分离环-射频四极场（ISR-RFQ）离子加速装置，实现了 300 keV N$^+$ 出束；1999 年 1 MeV O$^+$ RFQ 加速器出束，之后又在国际上首次实现了正负氧离子的同时加速。

1995
- 8 月，第十九届国际统计物理学会议在厦门大学举行。
- 8 月 5～9 日，首届全球华人物理学大会在汕头大学举行。

	· 8 月 10~15 日，第十七届轻子光子相互作用国际会议在北京举行。
	· 8 月 21~26 日，第八届国际核物理大会在北京召开。
	· 8 月 29~9 月 2 日，第十四届国际 X 射线光学及显微分析会议在广州召开。
1996	· 5 月，北京大学升级改造了基于 6 MV 加速器超灵敏质谱计，对 ^{14}C 的测量，在 10^{-15} 的灵敏度下达到 4×10^{-3} 的精度，领先当时的国际水平。
1997	· 4 月，首届浅海声学国际会议在北京召开。
	· 6 月 2 日，在杨振宁推动下，清华大学高等研究中心（后改为高等研究院）成立，主任聂华桐（1935~）。
	· 7 月，中国科学院近代物理所建成了一条 35 m 长的弹核碎裂（PF）型反对称双消色差放射性核束流线，为中国开展放射性核束物理研究提供了良好的条件。
	· 8 月 19~23 日，"第七次亚洲及太平洋地区物理会议（7thAPPC）"在北京召开。会议期间 AAPPS 召开了理事会，会上陈佳洱当选为 AAPPS 下一届（1998~2000 年）主席。
	· 德国夫琅禾费学会颁发金质奖章表彰马大猷建立的宽频微穿孔吸声板设计理论。
	· "第十四届国际非线性声学会议"，"第九届国际光声光热会议"和"国际超声应用研讨会"在南京大学召开。
	· 新版《物理学名词》出版。
1999	· 3 月，中国物理学会设立"王淦昌物理奖"。
	· 6 月，中国科学院理化技术研究所成立。詹文山（1941~）任所长。
	· 9 月 18 日在北京举行表彰大会，党和国家领导人向 23 位为研制"两弹一星"作出突出贡献的科技专家授"两弹一星功勋奖章"，其中有物理学家于敏、王大珩、朱光亚、陈能宽、周光召、钱学森（1911~2009）、程开甲、彭桓武、王淦昌、邓稼先、赵九章（1907~1968）、钱三强、郭永怀（1909~1968）等（其中后五人为追授）。
	· 中国科学院近代物理所研制成功 14.5GHz 电子回旋共振（ECR）多电荷重离子源，引出束流 Xe^{26+} 70 μA，Pb^{27+} 20 μA，居于国际领先地位。
2000	· 7 月 21 日中国实验快堆在中国原子能科学研究院首次实现临界运行。
	· 8 月 20~25 日，"第十七届国际拉曼光谱学大会"在北京召开。
	· 9 月 12~15 日，"第二届跨世纪物理学前沿问题研讨会"在北京召开。此会议从 2001 年起，由中国物理学会主办，并更名为"中国物理学会秋季会

议"。
- 10月6~7日，IUPAP执委会和专业委员会主席联席会议在北京召开。IUPAP副主席杨国桢主持了"Physics in China"的专题报告会，介绍中国大陆物理研究和教育情况。
- 神光 II 号装置在上海高功率激光物理联合实验室建成。
- 中国科学院高能所赵政国（1956~）等在北京正负电子对撞机和北京谱仪上完成了"R值测量"实验。
- 国际低温工程委员会授予洪朝生 Mendelssohn 奖，表彰他对中国与国际低温工程发展所作出的杰出贡献。

(O-3731.01)

ISBN 978-7-03-026170-0